英汉语比较与翻译 13

上海外语教育出版社

ENGLISH-CHINESE
COMPARATIVE STUDY
AND TRANSLATION

罗选民　主编

外教社

图书在版编目（CIP）数据

英汉语比较与翻译.13 / 罗选民主编. -- 上海：
上海外语教育出版社，2023
ISBN 978-7-5446-7423-2

Ⅰ.①英… Ⅱ.①罗… Ⅲ.①英语—对比研究—汉语
②英语—翻译理论—研究 Ⅳ.①H31②H1

中国国家版本馆CIP数据核字(2023)第024475号

出版发行：**上海外语教育出版社**
 　　　　　（上海外国语大学内） 邮编：200083
电　　话：021-65425300 (总机)
电子邮箱：bookinfo@sflep.com.cn
网　　址：http://www.sflep.com
责任编辑：董　新

印　　刷：上海宝山译文印刷厂有限公司
开　　本：850×1168　1/32　印张20.625　字数536千字
版　　次：2024年11月第1版　2024年11月第1次印刷

书　　号：ISBN 978-7-5446-7423-2
定　　价：65.00元

本版图书如有印装质量问题，可向本社调换
质量服务热线：4008-213-263

英汉语比较与翻译

（13）

主　　编：罗选民

执行主编：刘建达

目　录

中西文化比较研究

翻　译　研　究

专题论坛发言

Contents

Keynote Addresses

Contrastive Linguistic Studies

Contrastive Cultural Studies

Translation Studies

Symposium Addresses

致辞-专论
Keynote Addresses

中国英汉语比较研究会第六届理事会工作报告

中国英汉语比较研究会会长　罗选民

（2018 年 11 月 9 日　广东外语外贸大学）

中国英汉语比较研究会自成立以来，在英汉语言对比、文化对比和英汉互译三大研究领域开展了一系列卓有成效的学术活动，有力地提升了我国外语教育领域的科研水平，促进了中外交流，意义重大，使命光荣。

在老一辈学者倡导和示范下，研究会形成了"崇尚科学，刻苦钻研，严谨治学，勇于创新"的优良学风。研究会的专家学者们在各自的工作岗位上兢兢业业，勤勤恳恳，教学科研硕果累累，成绩显著，为推动我国英汉语比较与翻译研究的蓬勃发展贡献了应有之力。

2014 年是中国英汉语比较研究会成立 20 周年，也是研究会顺利换届后新一届理事会工作的开局之年。

2014 年 8 月底，在清华大学举行的"第十一次全国学术研讨会"上，经民主选举产生了研究会第六届理事会、常务理事会和领导班子，我有幸被推选为会长。新的理事会成员在地域分布上更加广泛，在年龄结构上更加合理，在专业分布上更加互补。

四年来，研究会第六届理事会始终恪守研究会会风，继承和发扬研究会的文化精神，在广大会员的热情支持和积极参与下，在英汉语比较、翻译和跨文化研究方面开展了各项活动。借迎接民政部评估之东风，研究会进一步完善了顶层设计，规范和制定了研究会的各项制度。值得一提的是，研究会近年来吸纳了国内外语界多个知名的学术研究团体作为研究会的二级机构，壮大了队伍，形成了多元包容的新格局。此外，研究会在搭建国内东西部地区学术交流和对话的平台和加强国际层面的学术交流等方面也取得了可喜的成绩。

现将这四年来的主要工作总结如下：

一、迎评促建，评建结合，迈出改革新步伐

根据《社会组织评估管理办法》和全国性社会组织评估的相关规定，民政部和教育部决定对 2010 年 12 月 31 日前在民政部登记成立、未参加过评估的社会组织开展评估工作，迎评工作成为新一届研究会领导班子和理事会面临的头等大事。为此，研究会成立了迎评核心小组，由我担任组长，成员包括荣誉会长潘文国教授，顾问王菊泉教授，现任学会副会长、秘书长杨文地教授以及秘书处工作人员。2014 年 12 月上旬，中国英汉语比较研究会第六届常务理事会第二次会议专门讨论了 2015 年迎接民政部和教育部评估的工作，做了一系列的动员与安排。此外，会议还讨论了二级机构的管理、研究会财务管理等问题并形成了有关的文件，酝酿了有关教育培训、社会服务、刊物和出版、学术评奖等事宜。在那次会议上研究会未来四年的发展蓝图基本上勾勒成形。

2015 年 10 月，研究会向民政部提出了正式的评估申请，接受民政部和教育部对研究会的整体评估，并在 10 月底在线提交了相关材料。2016 年 1 月民政部正式公布了该年度接受评估的社会团体名单并决定同年 3 月对研究会进行现场评估。

这次评估是展示研究会 20 余年来所取得成就的重要契机，对研究会的未来发展至关重要。为了迎接评估，研究会做了大量的准备工作，召开了多次评估筹备工作会议。

迎接现场评估前夕，我和王菊泉、严辰松教授等一起审定研究会材料。令人感动的是，王、严两位当天和中南大学外语学院相关领导以及秘书处工作人员一起，在文印室连夜修改展板内容，一直工作到凌晨 4 点钟。

研究会最终于 2016 年顺利通过民政部、教育部评估,圆满地完成了这一艰巨的任务,获得了 3A 的评分。这对于一个完全是学术性的、非营利性的社会组织来说已是不错的成绩。

民政部和教育部评估的目的是以评促建,以评促改,以评促管,评建结合。通过迎评,研究会进一步完善了各项规章制度,理顺了内部关系,落实了各项规划与举措,改革创新迈出了新步伐。

二、建章立制,研究会工作有法可依,有章可循

法规和制度是一个学会能够健康持久发展的保证。本届常务理事会以迎接民政部、教育部评估为契机,集中学习了相关法律、法规和文件,讨论通过或修订了一系列研究会管理文件,以规范研究会工作,真正做到了有法可依、有章可循、有据可查。

2014 年第六届常务理事会第二次会议讨论并一致通过了《中国英汉语比较研究会二级机构管理办法》《中国英汉语比较研究会财务管理制度》《中国英汉语比较研究会二级机构财务管理制度》等文件,为研究会在民政部和教育部的管理下顺利健康发展提供了制度保证。研究会还按照民政部相关文件的要求,设立了独立账户,配备了专职财务人员,实行独立核算,并按照税务相关要求,定期申报纳税。规范成熟的财税管理制度是检验社会组织合法性的重要指标之一。

此后,研究会还陆续出台了《秘书处办公室管理制度》《档案管理制度》《印章管理制度》《公文管理制度》等日常管理制度。此外,还制定了《中国英汉语比较研究会关于举办讲习班(培训班、研修班)管理办法》《中国英汉语比较研究会优秀成果评奖条例》等管理条例。我们还在酝酿制定《研究会网站与自媒体管理制度》《信息报送制度》等文件,做到制度完善、架构清晰、文件齐备。

三、依规管理,发挥二级机构的积极作用

中国英汉语比较研究会是在民政部注册登记、接受教育部业

务管理、具有法人资格的全国性学术社团。近年来,由于民政部加强了对社团的管理,全国共有 15 个学术研究团体加盟,研究会队伍不断扩大。这些二级机构成为研究会组织建设和文化建设不可缺少的组成部分,在形成研究会研究领域多元化、研究主题专门化以及跨界合作、服务社会等方面都发挥了积极作用。各二级研究机构努力加强组织建设和人才培养,积极组织各类学术活动,大大扩展了中国英汉语比较研究会的学科内涵和外延,为全国外语教育与学术发展做出了巨大贡献。

近年来,民政部对部分社会组织年检存在的问题进行了工作通报,相关社会组织在遵守法律法规、加强党建工作、开展业务活动及规范分支机构管理等方面存在问题。教育部办公厅也发布了关于进一步加强教育部社会组织管理工作的通知,着重提出要加强对二级机构的管理。

根据教育部、民政部的相关要求,我们做了一系列工作来加强对二级机构的管理,规范其运作,确保其依法办会。

《中国英汉语比较研究会二级机构管理条例》要求:分支机构开展活动应使用规范的名称,名称前应冠有"中国英汉语比较研究会"字样,未经常务理事会批准,不得以研究会名义或变相以研究会名义进行宣传和组织活动,不得在会议等活动名称前冠以"中国"或"全国"等字样;举办重大活动,应事先通过研究会秘书处进行备案,活动通告要通过研究会秘书处提交研究会审阅;等等。各二级机构应对照规章,进行自查自纠。如有违反,研究会将考虑对该二级机构进行整改,直至在民政部备案中剔除该二级机构。

2014 年 3 月,民政部印发《社会组织抽查暂行办法》的通知,研究会根据《办法》对所有二级机构以定期和不定期两种方式进行抽查。对抽查中发现的问题,告知相关二级机构,并依法向社会公布,接受社会监督。

我们将按照民政部、教育部的各项规定,在现有基础上,进一步加强对研究会特别是二级机构的管理,凝心聚力,攻坚克难,共同创造研究会发展的新辉煌。

四、设置奖项,试行行业科研评价新机制

中国英汉语比较研究会群英荟萃、人才济济,既有在学界享有盛誉的中老年学者,也有才华横溢的青年才俊。为反映我国语言科学和文化翻译的研究成果,褒奖做出突出贡献的中国学者,调动科研创新积极性,繁荣和促进相关研究,2015年,研究会印发了《中国英汉语比较研究会优秀成果评奖条例(试行版)》。2016年我们开展了中国英汉语比较研究会"首届英华学术/翻译奖"的评审工作,来自海内外数百名翻译研究、翻译实践、语言学、应用语言学、文化对比与研究领域的优秀学者积极报名参与。2017年11月底,研究会全国理事会暨"英华学术/翻译奖"终审会在中南大学外国语学院召开,在会上通过了《中国英汉语比较研究会优秀成果评奖条例(修订版)》。《条例》将奖励名称定为"英华学术/翻译奖"。会议还制定了一系列评奖细则。

根据收到的申报评奖作品的情况,经咨询研究会前辈并结合常务理事会青岛会议讨论的结果,我们决定本次评奖以申报与提名相结合,被提名和报名的参评作品分为论文、专著和译著三种类型,涵盖语言学与应用语言学、翻译研究与翻译作品、文化对比研究三个方向。

通过设定评奖的具体范围和等次、组建评奖委员会等一系列前期工作,我们于2017年年底完成了初审、复审及终审程序。终审专家组由国际和国内15位德高望重、与评奖作品没有利害关系的知名学者组成。最后,评审委员会根据成果的学术价值、科学性、创新性、难度、学术和文字规范及社会影响等,分三个等级对提交的90部参评成果打分并决定了获奖等次,共评出特等奖2名、一等奖3名、二等奖8名、三等奖14名、提名奖9名。

首届"英华学术/翻译奖"颁奖典礼将在本次大会常务理事会工作报告结束后进行。

五、开设跨学科研习班，搭建东西部学术对话平台

研究会决定本着"理论创新、学科交叉、面向西部、连接内地"的理念，开设"一带一路"语言、文化与翻译跨学科研究讲习班，以期拓宽教师的学科理念，丰富教学素养，提升科研能力，应对新时期新环境下的新挑战。

2017年7月，研究会在大理大学成功举办第一期"一带一路"倡议下的中国外语跨学科研习班，以国内著名学者为主的涵盖语言、文化、翻译以及大数据等领域的专家教授团队进行了为期一周的授课，意在搭建让国内东部发达地区与西部特色地区平等、深入交流的学术对话平台，在东西部彼此学习和交流中，切实帮助西部地区缩小与东部地区的学术差距，同时让东部地区深入体会西部地区的特色学术资源，在双向学习的过程中真正实现文化共通、资源共享，最终有效疏导出一条能够充分发挥外语优势，同时结合地方资源，东西联手跨区域、跨学科、跨资源合作的发展道路。

第二期研习班于2018年7月在新疆大学成功举办，报名人数与参与高校都大大超过大理班。新疆班共有研习员89名（学员中有二级教授、博导、全国人大代表、省级教学名师等），其中西部高校教师占42%，有博士学位的占30%，有不少是院长、系主任。毕业典礼上，研习员踊跃发言，表示此次研习班课程科学合理，贴近学术前沿，为今后教学和科研的提升指明了方向，相信经过研究会的努力，跨学科研习班会越办越好，为推动国家"一带一路"倡议所提倡的文化共通、资源共享贡献力量。

此外，二级机构也举办了一些有特色的暑期研讨项目，如中西语言哲学专业委员会的"夏日书院"，迄今已举办13届，收到了良好的效果。

六、举办国际会议，促进东西方文化和学术交流

四年来，研究会举办了各类学术会议，包括全国学术研讨会、

高层论坛和专业会议,做到了形式多样、争鸣求真。研究会的国际化程度日益彰显,与港澳台及海外学术界联系广泛,交流与合作频繁。研究会还在国内外多次召开国际会议。研究会在"走出去"的同时,坚持"请进来"的方针,注重借鉴吸收海外优秀学术成果。

2015 年 10 月,"第四届亚太地区翻译与跨文化论坛"在英国杜伦大学举行。来自英国、美国、德国、法国、意大利、西班牙、澳大利亚、新西兰等国家和地区的 90 余名专家学者参加了此次国际学术会议。论坛的官方国际英文期刊《亚太翻译与跨文化研究》(*Asia Pacific Translation and Intercultural Studies*)自 2014 年起由泰勒-弗朗西斯出版集团旗下的劳特里奇出版社在英国正式出版发行以来,取得了骄人的成绩。据劳特里奇出版社的内部文件,该期刊近几年的下载率在语言与翻译类期刊中位于前三名。该刊为亚太地区的学者提供了一个国际性的学术交流平台,促进了亚太地区与全球其他地区的翻译与跨文化研究领域的学术互动,促进了东西方文化的交流。

2016 年 10 月,"第五届亚太地区翻译与跨文化论坛"在美国夏威夷大学召开。此次论坛由美国夏威夷大学与广东外语外贸大学联合主办,会议主题为"翻译与社会",有来自美国、加拿大、英国、挪威、丹麦、澳大利亚、印度、泰国、菲律宾、日本、韩国以及中国等 19 个国家和地区的近 80 所高校约 130 名专家学者参加了此次跨文化、跨地域的学术盛会,为历届论坛参会人数之最。夏威夷大学校长 David Lassner 出席了会议并致辞。

2016 年 11 月,"跨越边界:第一届国际作家、翻译家、评论家高峰论坛"在广州成功举办。不同领域的知名翻译家、作家、出版商和学者共聚一堂,各抒己见,为中国文化的对外推介出谋划策,从不同侧面共同探讨文化译介的有效机制。

2017 年 10 月,"第六届亚太翻译与跨文化研究论坛"在美国加州大学伯克利分校英文系召开,本次会议由加州大学伯克利分校与广东外语外贸大学联合承办。本次会议的主题为"翻译与世界文学",来自世界各地的 60 余名专家学者出席会议,其中美国艺术科学院院士、欧洲科学院院士、美国桂冠诗人等占了六位。本次论坛在选题设计、组织运作、学术出版、文化理念等方面均体现了国际一流水准。论坛的成功举办为中国学术机构、学术团体和中国学者加强文化自信、与世界一流高校和学者进行平等学术对话、在国际舞台上讲好中国故事提供了成功范例。本论坛再次强调了翻译及翻译研究的社会功能,为不同语言文化及学科领域的学者提供了交流观点的平台,进一步促进了亚太及世界其他地区翻译跨学科研究。

2017 年 12 月,"东方与西方:第二届国际作家、翻译家、评论家高峰论坛"在广东外语外贸大学成功举行。论坛的主题为"翻译与世界文学:中国的视角"。与首届论坛不同,本届在主旨发言之外,另设三个分会场,分别以"翻译与形象""中国文化对外译介与传播"及"跨学科翻译研究"为议题进行分组讨论。来自美国、英国、西班牙、加拿大、波兰、澳大利亚等不同国家和地区的知名翻译家、作家(作曲家)、编辑、出版商和我国学者、专家共聚一堂,在为期三天的会议上发言和交流。本次论坛吸引了数百名国内外高校师生积极参与讨论。

尤其值得一提的是,论坛上,由波兰诗人哼曲、澳大利亚 Marrion 女士听写、著名作曲家于京君配乐的作品"Ode to Transwriting"已经完成,作为论坛的坛歌。

七、加强出版、网络和自媒体建设,增进沟通,扩大对外宣传

当前,我们已经进入了大数据时代和自媒体时代,研究会与时俱进,积极应对。

研究会网站已经全新改版,正式上线运营。此次改版对界面进行了优化,增加了在线申请入会等功能,并做到了与二级机构网站的链接。

研究会还开通了微信公众号,积极拥抱自媒体时代。

在上海外语教育出版社的大力支持下，除延续《英汉语比较与翻译》的出版外，中国英汉语比较研究会《会员通讯》的印制工作也顺利进行，迄今已经出版六期。研究会的学术辑刊《亚太跨学科翻译研究》于2015年创刊，如今出了六辑。

八、党建工作

2015年11月，教育部办公厅印发《教育部社会组织党的建设工作座谈会纪要》。纪要指出：与中央的要求相比，教育系统社会组织的党建工作基础还比较薄弱；不少社会组织存在重学术、轻党建的苗头，有的党组织不健全，有的没有开展经常性的组织生活，日常组织战斗堡垒作用没有得到充分发挥。

研究会深入学习领会相关政策措施，结合自身特点，完善和加强自身及二级机构的党建工作。根据《关于加强社会组织党的建设工作的意见（试行）》和中组部、教育部机关党委的具体指示及建议，研究会2017年3月以秘书处挂靠单位为基础，以秘书长杨文地为党支部书记，常务理事李清平及秘书处工作人员仲文明、马新强为党支部成员成立了功能型党支部，推动并开展党建工作，上级党组织则为中南大学外国语学院党总支。在研究会召开理事会、常务理事会期间，成立临时党支部，党支部书记为庄智象副会长。每年年检向教育部和民政部提交相关党建活动总结材料，党建不合格，年检一票否决。由于研究会重视党建工作，近四年的年检结果均为合格。

九、开源节流，完善研究会财务制度

研究会是非营利性组织，以学术为生命，穷的是物质，富的是精神。为了将有限的经费用在刀刃上，研究会千方百计开源节流，减少开支，增加收入。

通过本届（第六届）常务理事会的努力，研究会不但建立了完善的财务制度，还开源节流，使原来账面上的零数值增长到现在的将近 50 万。

　　研究会 2017 年开始创办的"'一带一路'语言、文化与翻译跨学科研究讲习班"是研究会的主要经济来源。2017 年和 2018 年两期研习班不仅促进了东西部文化交流，扩大了研究会的影响，还为研究会提供了最主要的经济来源。两次研习班共收入学费 51 万元，所收学费基本上花在研习班上。研习班不能把盈利作为目标。我们的做法是，邀请讲课学者（含国际学者）一律不提供机票和住宿，只给微不足道的讲课酬金。因此，两次研习班的开支只包括不多的资料费、场地费、专家劳务费以及其他组织人员的劳务费等，除去缴纳国家法定税收 4 万元，两次研习班为研究会共盈利 30 余万元。

　　此外，通过积极宣传常务理事、理事以及会员的义务和职责，收取单位会员费、个人会员费共计近 10 万元，并有计划购买理财产品，4 年间共盈利近 2 万余元。我们还规范二级机构账户，收取 10% 的管理费，此项收益为 1 万元。

　　2014 年以来，随着上述各项工作的全面开展，研究会秘书处的工作量比以往多了好几倍。尤其是随着研习班的开办，我们申领了税务发票，成为小规模纳税人，这就意味着我们的财务不仅受到国家财政部的监控和管理，还要受到地方税务的监管，每个月、每个季度、每年都要向国、地税局及时申报和交纳国家法律法规规定的各种税种。随着国家财政票据的改革、国家税收税务改革，各种新规章、新办法层出不穷，但是秘书处财务处的工作人员从来没有延误过任何工作，总是及时按照国家的新规定认真进行财政票据、增值税发票的申领和管理工作，认真履行纳税义务。

　　尽管工作任务重，秘书处所有工作人员（上至会长、副会长、秘书长，下至办事员、出纳、会计）都是义务劳动，不发放任何工资、薪金或劳务费。此外，为了给研究会节约开支，我们还严格控制差旅费的报销。2014 年以来，只报销了财务人员为数不多的几次与财政和税务直接相关的差旅费用，其他人员基本都没有报销过任何差旅费。研究会会长为研究会办事,其差旅费用基本都使用自己的科研经费。

在节省开支的前提下,研究会为退休常务理事参加工作会议提供交通和住宿费用。

研究会目前这种可喜的经济状况是与常务理事单位主动承担会议、为研究会减负分不开的。如 2014 年、2016 年、2018 年的三次研究会全国大会分别由清华大学、上海交通大学和广东外语外贸大学承担费用开支,中南大学承办了 2016 年民政部专家现场评估会,还承办了一次常务理事会议、两次理事会议。其他承办过研究会工作会议的理事单位包括浙江财经大学、中山大学、中国海洋大学、华中科技大学、北京外国语大学、北京第二外国语学院等等。这些学校为会议提供了资助,在此,我代表研究会,向为研究会的发展默默做出贡献的单位和个人表示感谢!

十、不足之处与努力方向

研究会作为国家一级学会,会员众多,二级机构不断增加。为了办好研究会,不负前辈的期望,为会员做好服务工作,我们仍需做更进一步的努力。回顾过去的四年,我们还有以下不足之处:

1. 二级机构管理还较为松散。研究会在业务上接受教育部的指导,在管理上接受民政部的领导。两个部委对社会组织二级机构管理极为重视,出台了一系列文件加以规范指导。由于研究会二级机构众多,涉及人员广泛,目前在组织管理上还较为松散。

2. 仍需进一步加强研究会网站建设和自媒体建设。研究会将与时俱进,进一步加强网站建设和管理,实现无纸化办公,提高效率。同时,我们还要审慎积极地加强自媒体建设,及时分享研究会动态信息;对照评估指标,进一步加强在科普、公益等方面的工作,做到学术研究服务社会、服务国家战略。

3. 进一步开展专业人才表彰、青年人才培养工作。以"英华学术/翻译奖"为契机,带动业内青年人才的成长与发展。

记得在 2015 年在杭州召开的全国理事会上，我提出了研究会工作要着重加强的九个方面，现在来看，九项工作大都已经落实。我们将扎扎实实，一步一个脚印，继续完善不足之处，做好会员服务，不断改进我们的工作。

我们对过去充满感激，感谢研究会前辈筚路蓝缕，以坚毅不挠之精神、严谨治学之品质，肇造我会；感谢各常务理事单位、理事单位全力支持与协助；感谢各位同仁献计献策。站在新的起点，我们将秉承“只争朝夕”的态度，更加重视研究会自我能力的提升发展，凝神聚力，砥砺前行，推进研究会各项事业实现新发展，不负众望，不辱使命！

谢谢大家！

Pragmatics and Translation: Translation in Context

Roberto A. Valdeón

When I was invited to give a speech at this conference organized by the China Association for Comparative Studies of English and Chinese, I was told that the association includes a number of branches such as language, literature, and intercultural communication. For this reason, I would like to talk about a topic that relates to all three, namely pragmatics. It is a research field, a discipline, which of course is not new, although, in the case of translation studies, the interest in the topic is relatively recent. However, it should be pointed that, back in the 1960s, Eugene A. Nida, one of the forefathers of translation studies, had stressed the relevance of pragmatics. In his *Towards a Science of Translating*, published in 1964. Nida proposed the application of Chomsky's branch of formal linguistics to translation, but also stated:

> *Pragmatics, in contrast to both semantics and syntactics, deals with the relation of symbols to behavior. This element of meaning is increasingly recognized as important, for in communication the effective meaning of any message is what gets through to the receptor.* (*Nida 1964: 35*)

In this quotation he highlighted the concept of behavior and argued that pragmatics was related to translation and behavior. We do not normally use behavior when we talk about translation nowadays. Instead we prefer context or situation. Later, in his book *The Theory and Practice of Translation*, co-authored with Charles R. Taber, and first published for the United Bible Societies in 1969, Nida wrote about other fundamental elements when translating, one of which is in fact pragmatics. He was indeed among the first ones to discuss pragmatics in translation studies as a discipline.

In line with this, Gregory Rabassa, a practicing translator, also paid particular attention to pragmatics and context. He is well-known for his translations of some of Latin American literary masterpieces, including Gabriel Garcia Marquez's *One Hundred Years of Solitude*. In an interview conducted by Thomas Hoeksema for the Center for Translation Studies at the University of Dallas, Rabassa stated:

> *I am not sure now what I might have really meant when I said that dialogue is more difficult in fiction than in drama. I imagine I meant that on the stage we have the added help of the director and the actor to make the dialogue come alive and ring true. The writer (and through the translator) must do all this on the printed page.* (*Rabassa & Hoeksema, 1978*)

The point that he is highlighting here is that translators have to make the dialogue sound natural and spontaneous. He added:

> *I do not care much for the technique in the original and I try to get by in a translation by some other means, relying heavily on the reader's imagination. Sometimes one can invent a sort of artificial rusticism, if that is what the author is trying to convey.* (*Rabassa & Hoeksema, 1978*)

In order to do this, very often translators have to rely on the reader's imagination, even if you compare relatively close languages like English and Spanish, different languages in terms of grammar and pronunciation, but close because we share similar vocabulary. So, Rabassa added that what translators have to do is to resort to a kind of artificial rusticism. Rusticism here should be understood as naturalness. However, Rabassa also claimed, this rusticism or naturalness is likely to be artificial, because it's not the language we use in everyday situations, but rather we imitate it. In fact, he also argued that, "the aim is to reproduce the work, clone it in another tongue, so to speak, and all the warts and hairs should be there" (Rabassa & Hoeksema, 1978) and added that "Modern dialogue has got to be natural. Maybe some people just don't know how to talk" (Rabassa & Hoeksema, 1978). In his view, "Accuracy, indeed, must be sought consciously, while flow is left to instinct or whatever else we want to call it" (ibid).

If we turn to reference books in translation studies, you can see that the introduction of pragmatics is very recent. Although Nida's book was published in the 1960s, translation scholars began discussing pragmatics relatively recently, as shown in the entries devoted to the topic in the *Routledge Encyclopedia of Translation Studies* (1998), the *Handbook of Translation Studies* (2010 - 2013), and *Routledge Companion to Translation Studies* (2009). These three reference books devoted entries and chapters to the interface between languages, pragmatics and translation, particularly the second one, which includes a section on "relevance theory". In the last one, Basil Hatim underscored that translation studies, "enriched by pragmatics, radically changes the way we approached the translation process" (Munday 2008: 41). Thus, pragmatics can assist us when we are translating.

On the other hand, a few books have been devoted to pragmatics and translation, *The Pragmatics of Translation*, being probably the first one. This collection explores how language is used to convey information, express feelings, persuade, and so on, as Leo Hickey, his editor, mentioned, "From the point of view of what is (potentially) done by the original author in or by the text, what is (potentially) done in the translation as a response to the original, how and why it is done in that way in that context" (Hickey 1998: 4). In other words, he emphasizes what languages can potentially say. It's not so much about what we say and about what the words we use; it's about what words can mean in a specific context.

For their part, Hatim and Mason (1990: 100) proposed a pragmatic approach to translation in order to move away from the "atomistic speech-art analysis towards a more dynamic concept of the text as an evolving entity". In this sense, they believed that we should consider three dimensions of context: communicative, pragmatic and semiotic, which can be achieved by means of transfer skills: effectiveness, efficiency and relevance (Hatim and Mason 2005). Most importantly, they argued, translators need to be able to decipher the illocutionary implications of texts, that is, what words mean in a particular situation. Let us remember that when we talk about locutionary, we talk about the words themselves, while illocutionary refers to the intended meaning of those words. For example, if someone walks into the sitting-room and we are watching television, they might ask "Are you watching this?". In this context, you are not normally expected to answer yes or no to the question; instead, as the intended meaning is "Can I change another channel?", we are supposed to say something like "Not really, change it if you want" or "Yes, but is about to finish". This is what illocutionary refers to here, and this is why Hatim and Mason argue we have to bear in mind the context and the language. Therefore, translating a question like "Are you watching this?" into another language might require some adaptation or modulation.

Thus, we can argue that the interface between translation and pragmatics deals with real problems. At this point, we can highlight three types of challenges for the translator related to language and context:

> *Regional differences. For example, there are numerous differences between American English and British English, such as "truck"/"lorry","soccer"/"football". Translators need to be aware of the context in order to find the right word.*
>
> *Formality/Informality: Words such as "ain't" and "gonna" are examples of colloquialisms. Colloquial expressions are very specific; they are used in informal context and might reflect, among other things, the relationship between the participants. Colloquial expressions are used widely throughout English-speaking populations, but they are not necessarily the same everywhere, nor do they have the same implications.*
>
> *Swearwords: Some words are considered inappropriate in some varieties of a given language. For example, the Spanish verb "coger" (meaning "take") is a common word in European Spanish, but it is a taboo word in Latin America. In other cases, a word can be considered extremely rude in one language but mild in the target language and vice versa (e.g. the taboo word for the female genitalia is a mild taboo word in Spanish and French and extremely offensive in English).*

In addition to the above, Hervey (1998: 15 – 16) mentioned other three features that should be taken into consideration when translating, namely (1) illocutionary particles such as the word "please" in "please come home"; (2) intonation as in "Excuse me", where a falling intonation would have very different implications from a rising one; and (3) sequential focus, as in the syntax of "Home he came", where the initial position of "Home" gives it special emphasis.

Pragmatics is of particular relevance in the case of audiovisual translation. In 1978 Gregory and Carroll initiated the discussion on the importance of orality in fiction. They differentiated between formal orality, semi-formal orality and informal orality. Gregory and Carroll also mentioned that even the great playwrights, such as Shakespeare, Bernard Shaw or Pinter, attempted to imitate spontaneous speech by introducing features of informal English. These writers made use of a number of grammatical patterns of spontaneous speech such as elision, exclamatory units and tag questions. For instance, playwright Arnold Wesker, who wrote about London's working classes in the 1960s and 1970s, tried to imitate the way Londoners spoke by using features of working-class language in the speech of his characters, i.e. by deleting auxiliaries (You already here?), and by introducing discourse markers ("well") and colloquial forms ("Nah!") (Wesker 1976).

When discussing these features, translation scholars have used a number of terms, although they refer to the same (or very similar) concept. For example, they have used "feigned", "fictive" and "fictional" orality (Brumme and Espunya 2012), and "prefabricated" orality (Baños-Piñero and Chaume 2009). In linguistics, Biber et al. (1999) used "simulated dialogue". For her part, Cadera (2012) mentioned that spontaneous dialogue has a number of features, as it aims to reflect dialects, ethnolects, sociolects or any other features aiming at portraying a realistic and/or critical fictional world. She argued that authors tend to imitate spontaneous and dynamic everyday speech in order to create realistic fictive dialogue (Cadera 2012).

We have seen the case of literature, and mentioned the case of audiovisual translation because it has such a big industry in the West and elsewhere. The important point about audiovisual translation is that besides all the problems mentioned before, we have an additional one: whereas in literary translation, we can in principle make the text longer, in the case of audiovisual translation this is not acceptable, as it is constrained translation because in dubbing we should try to use the amount of time allotted to each character while in subtitling audiences can only read a certain number of characters. Therefore, some elements might need to be omitted. As mentioned, both literary authors and screen writers tend to imitate colloquial speech. Quaglio, who has studied the way in which spontaneous language is used in audiovisual texts, has found out that writers tend to use colloquial discourse markers and interjections (2009), lexical bundles (2009) and expletives and slang (2009: 109 – 112). In connection with this, a number of translation scholars have studied the way in which these pragmatic elements can be translated. For example, Italian researcher Maria Pavesi (2009: 91) claims that "in Italian, like in other southern Romance languages, personal pronouns not only perform deictic and anaphoric functions but also express pragmatic values of emphasis and contrast, and are used for reference identification". For example, Spanish "No sé" (I don't know) means the same as the full "Yo no sé" (I don't know). On the other hand, English personal pronouns tend to be mandatory and cannot be dropped, although in some conversational contexts they are omitted, e.g. "I don't know/Don't know". Thus, Spanish and English differ in their use of personal pronouns: in Spanish the pronoun "yo" is not mandatory, while in English "I" is compulsory. However, English speakers omit it in spontaneous rapid speech, while Spanish speakers may add "yo" for emphasis. Consequently, translators need to be aware of the different contexts in which these forms are used and of their different implications.

　　Let us now look at the problems that may arise in the use of another element of colloquial speech, i.e. interjections. For example, "Oh" is a very common interjection is English, but when it needs to be conveyed into other languages, then the context needs to be considered：

    Oh!

- Oh, I should have read the guide first!

           ——唉，我应该先读说明书的!

- Oh, how awful!   ——嗯，太可怕了!
- Oh yeah!   —— 哎，是啊!
- Oh, well!   ——哈，好吧!
- Oh, right!   ——哎，好吧!
- Oh, God!   ——哦，天啊!

    （Qin and Valdeón 2019：343）

Therefore, in order to translate "Oh" into Chinese we need to consider the context, as the same interjection in English needs to be rendered in different ways in Chinese. If we consider the Spanish case, the translation of "Oh" will be more complex, because Spanish speakers do not use this interjection very often, even if it does exist. Let us now turn to other features of informal English, as exemplified by the following question：

- You wanna cuppa?
- Translation：
  - 你/ 想要 ／喝 ／一杯/　茶/ 吗?
  - [you /want to/ drink/ a cup of / tea/ do]
- Colloquial Chinese：
  - 来 ／ 杯 ／ 茶 /?
  - [give/ a cup of/ tea]

This is an example that I have used in China. When I discussed this question with my Chinese colleagues, they favoured the first option, which would be more formal or neutral. However, they also provided another more colloquial version, pointing to the fact that Chinese can also convey a similar degree of informality, although the problem would be to decide in which situations Chinese speakers will opt for the former and in which ones for the latter. In Spanish, though, the omission of some of the elements of the sentence would turn it more colloquial.

Another interesting problem when translating informal English is the case of obscene or taboo language. Swearing is particularly complex for a number of reasons. First, because we normally deal with a type of language that is forbidden. Second, because we do not normally take these words literally. Third, because it tends to reflect the strong feelings and emotions of the speaker. For example, let us take the so-called F word in English as example: speakers rarely use literally, but rather to express strong emotions such as anger or surprise. Once again, we need to know the context in which these words are used and why the speakers use them. For this reason, Peter Newmark, another popular translator scholar here in China, proposed a scale when dealing with the pragmatics of translation. I believe this scale might contribute to deciding the degree of formality of certain texts, although there is considerable overlapping between some of them (e.g. taboo and slang).

- Officialese   The consumption of any nutriments whatsoever is categorically prohibited in this establishment.
- Official   The consumption of any nutriments is prohibited.
- Formal   You are requested not to consume food in this establishment.
- Neutral   Eating is not allowed here.
- Informal   Please don't eat here.
- Slang   Lay off the nosh.
- Taboo   Lay off the fucking nosh (Newmark 1988: 14).

If we compare the very top one and the very bottom one, we can see that the message is the same, that is, "you are not supposed to eat here". Of course, the implications are completely different. The first one will be extremely formal in a very formal context (or even jocular), and the last one would be used either between friends or when the speaker wishes to express anger if he or she does not know the listener very well. In connection with this, a number of authors, who have studied how taboo words are translated into other languages, have concluded that the tendency is to standardize this type of vocabulary. The studies include language pairs including English on the one hand, and Spanish, French, Swedish, Finnish, and also Chinese on the other. Sheng-Jie Chen (2004) claims that subtitles in Taiwan of China tone down most swearwords in compliance with the expectations of the target audience, who are less inclined to use offensive language, particularly women. More recently, Han and Wang (2014) have underscored that this tendency is still applicable. However, in Europe the tendency may be changing, at least in some languages. Nowadays translators tend to maintain the original in the translation, but more work needs to be done.

I would like to finish with this particular extract from the story "Here We Are" written by Dorothy Parker in 1931 and its translation into Spanish in order to highlight the importance of pragmatics:

'Well' the young man said.

'Well' she said.

'Well, here we are,' he said.

'Here we are,' she said, ' aren't we?'

'I should say we were,' he said, 'eeyop! Here we are.'

'Well' she said.

'Well' he said, 'well'.

(Parker 1931/1999: 127)

This is a conversation between two characters. The speakers used the interjection "Well" as many as six times. If you don't have the situation, we might wonder "What is the relationship between the speakers here? Are they very intimate or not?" The two speakers are a newlywed couple on their way to the honeymoon, but what is interesting is that they do not show much excitement. The exchange is repetitive, we do not see any emotions. This is what Dorothy Parker wanted to reflect by creating a boring repetitive exchange reminiscent of two strangers meeting in a lift and trying to make conversation. However, when we turn to the Spanish version:

-¡Por fin! -exclamó el.

-Si, por fin-dijo la mujer.

¡Bueno, aquí estamos!, ¿verdad?

-Desde hace un reto, mi vida, ¡Aquí estamos!

Bueno-dijo ella.

(¡Aquí estamos!)

(Parker 2015)

The translator has changed the implied meaning by making wrong choices. Instead of six "Wells", the Spanish text uses "¡Por fin!" with exclamations marks, which in fact express the emotion that is missing in the original (Married ... at last!). The pragmatic effect here is clearly different, which also alters the relationship between the speakers. In addition, the translator has added "mi vida" meaning "my darling" or "my love". This way, as we compare the two texts, we can see that the pragmatic effect of the Spanish version does not resemble the implications of the source text. This example clearly illustrates the importance of pragmatics when rendering a text into another language.

References

[1] Baños, Rocío and Chaume, Frederic. Prefabricated Orality: A Challenge in Audiovisual Translation. *InTRAlinea*. 2009. Available at http://www.intralinea.org/specials/article/Prefabricated_Orality.

[2] Biber, Douglas, et al. *Longman Grammar of Spoken and Written English* [M]. Harlow: Longman, 1999.

[3] Brumme, Jenny and Espunya, Anna (Eds.). *The Translation of Fictive Dialogue*[M]. Amsterdam: Rodopi, 2012.

[4] Cadera, Susanne M. "Representing Phonetic Phonetic Features." In *The Translation of Fictive Dialogue*, edited by Jenny Brumme and Anna Espunya[C]. Amsterdam: Rodopi, 2012: 289 - 304.

[5] Chen, Shen-Jie. "Linguistic Dimensions of Subtitling." [J]. *Meta* 49 (1): 115 - 124.

[6] Gregory, Michael and Carroll, Susanne. *Language and Situation. Language Varieties and Their Social Contexts*[M]. London: Routledge, 1978.

[7] Han, Chong, and Wang, Kenny. Subtitling Swearwords in Reality TV Series from English into Chinese[J]. *The International Journal of Translation and Interpreting*, 2014, 6 (2): 1 - 17.

[8] Hatim, Basil and Mason, Ian. *Discourse and the Translator*[M]. Harlow: Longman, 1990.

［9］ Hatim, Basil and Mason, Ian. *The Translator as Communicator*［M］. London: Routledge, 2005.

［10］ Hervey, Sándor G. J. Speech Acts and Illocutionary Function in Translation Methodology［A］. In The Pragmatics of Translation, edited by Leo Hickey［C］. Clevedon: Multilingual Matters, 1998: 10 - 24.

［11］ Hickey, Leo (Ed.). *The Pragmatics of Translation*［C］. Clevedon: Multilingual Matters, 1998.

［12］ Munday, Jeremy (Ed.). *The Routledge Companion to Translation Studies*［M］. London: Routledge, 2008.

［13］ Newmark, Peter. *A Textbook of Translation*［M］. New York: Prentice Hall, 1988.

［14］ Nida, Eugene. *Towards a Science of Translating*［M］. Leiden: Brill, 1964.

［15］ Parker, Dorothy. "Here We Are" in The Best American Short Stories of the Century, ed. by John Updike and Katrina Kenison［C］. Boston: Houghton, 1931/1999.

［16］ Parker, Dorothy. 2015. Colgando de un hilo［M］. Madrid: Penguin Random España.

［17］ Pavesi, Maria. Pronouns in Film Dubbing and the Dynamics of Audiovisual Communication［J］. *Vigo International Journal of Applied Linguistics*, 2009,(6): 89 - 107.

［18］ Quaglio, Paulo. *Television Dialogue: The Sitcom Friends Versus Natural Conversation*［M］. Amsterdam: John Benjamins, 2009.

［19］ Qin, Huang and Valdeón, Roberto A. Intercultural Pragmatics and the Translation of English Expletives into Spanish and Chinese［J］. *Babel* 65 (3): 337 - 354.

［20］ Rabassa, Gregory and Hoeksema, Thomas. The Translator's Voice: An Interview with Gregory Rabassa. By Thomas Hoeksema［J］. *Translation Review*, 1978, 12 (1): 40 - 51. URL: http://translation.utdallas.edu/resources/Interviews/RabassabyHoeksema.html.Consulted 12 May 2020.

［21］ Wesker, Arnold. *The Plays of Arnold Wesker*［M］. London: Harper & Collins, 1976.

（作者通讯信息: University of Oviedo, Spain roberto.valdeon@gmail.com）

西方"语言学"学科名称的
术语演变

李葆嘉　邱雪玫

　　语言学界一直使用 philology（通译"语文学"）、grammar（通译"语法学"）、linguistics（语言学）这些术语，然而前两个术语在历史上为何含义？何时变成现在这样的理解？第三个术语出现在何时？为何出现？其含义发生过什么变化？语言学史诸书阙如，词典条目中也未厘清。至于德语的 Linguistik（语言学）与 Sprachwissenschaft（语言科学）①这两个术语的出现先后及其关系，在国内外语言学词典中的解释亦有舛误。

　　可以认为，某一学科名称术语的出现时间、含义及演变，不仅与学术史研究相关，而且反映了当时学者对该学科认识的发展变化。因此，厘清某一学科名称古今术语的来龙去脉，对拓展学术视野、提高理论自觉具有启迪作用。需要说明的是，本文的考论基于笔者十多年来搜集的 70 种原版（从 15 世纪到 19 世纪，包括拉丁文、荷兰文、德文、法文、英文、俄文等）文献，即受限于这些文献。如果将来发现更早文献使用过这些术语，则有必要加以修正。

1. 古希腊的 philologia：爱好文献语言知识的"语言学"

　　古希腊时期，首先出现的是与文学（传统含义）关系密切、爱好文献语言知识的术语 philologia（>②拉丁语 philologie>法语

① 　根据德文书写规则，Philologie、Grammatik、Linguistik、Sprachwissenschaft 等首字母大写。
② 　符号">"表前者变化为后者，符号"<"表前者来自后者。

philologie／德语 Philologie＞英语 philology）。

公元前 560 年，雅典就有了公共图书馆，公元前 4 世纪公共图书馆在希腊已普遍存在。公元前 259 年，埃及国王托勒密一世（Πτολεμαίος ο Σωτηρ，BC 367 - BC 282）始建亚历山大里亚图书馆，收藏公元前 4 世纪—公元前 3 世纪甚至更早时期的手稿。当时学者对之校理研究，把这种知识活动称为 philologia（φιλολογία）。该词由 philo（φιλος“爱好”）+logia（λογια＜λόγος“说话、语言”）组成，故其词源义或词面义是“爱好+语言知识”。公元前 234 年，博学的哲学家、诗人、地理学家和天文学家埃拉托色尼（Eratosthenes of Cyrene，约公元前 274—公元前 194 年）任历山大里亚图书馆馆长，他自称 philologos（爱好语言知识者/语言学家）。这些学者主要研究的是当时及此前几个世纪的希腊语，故 philologia 的含义就是“（希腊）语言知识=语文学/语言学”。公元前 2 世纪，罗马人继承了古希腊学术传统。此后，拉丁语的 philologie 通过“文学”逐步延伸到“古典语言活动所成就的文明与历史记载”，也就是从古典语文学延伸到对古典语文学所记历史的研究。文艺复兴运动（14—16 世纪）以来，philologie 成为专指对古典（希腊-罗马时期）语文学加以研究的“语言学/语文学/文献学”。

1673 年，德国教育家博代克（Johann Bödiker，1641 - 1695）在科恩高中任校长期间，主张使用德语（而不是拉丁语）进行教学，首次提出 Deutsche Philologie（德语语文学）这一概念，把 Philologie 与德语教学和研究联系起来。1777 年，沃尔夫（Friedrich August Wolf，1759 - 1824）到哥廷根大学申请攻读当时未有的“古典学”，学校为此专门新设该专业（称为 studiosus Philologia）。这一 Philologia 专业，指的是对古希腊文明（除了文献，还包括文物和历史考古）进行考察的历史科学，以再现古希腊精神、信仰、生活以及生态，与传统概念有所不同，但存在内在联系（必须掌握古希腊语文知识）。沃尔夫任哈雷大学教授期间，曾为之新造德文术语 Altertumswissenschaft，由 Altertums（古代文明、古典时代）+

wissenschaft（学术、科学）构成。19 世纪的德国古典学形成两派：以赫尔曼（Gottfried Hermann，1772－1848）、里奇尔（Friedrich Wilhelm Ritschl，1806－1876）、拉赫曼（Karl Lachmann，1793－1851）等为代表的"语言派"（Sprachphilologie）和以伯克（August Böckh，1785－1867）、缪勒（Karl Otfried Müller，1797－1840）、雅恩（Otto Jahn，1813－1869）等为代表的"纪实派"（Sachphilologie）。而维拉莫维茨-默伦多夫（Ulrich von Wilamowitz-Moellendorff，1848－1931）则试图融合两派，其《古典学史》（*Geschichte der Philologie*，1921）仍用传统术语 Philologie。无论何派，只有经过古典语文学（klassische Philologie）的训练，掌握校勘、考证、辨伪等方法，才能从事古典学研究。

　　19 世纪对早期欧洲语文学（语言学）史的研究，所用术语仍是 Philologie，如德国格拉芬罕（Friedrich August Gräfenhan，1807－1876）的《上古时代的古典语文学史》（*Geschichte der klassischen Philologie im Alterthum*，1843）、希尔策（Carl Friedrich Hirzel，1808－1874）的《古典语文学的基本特征》（*Grundzüge zu einer Geschichte der classischen Philologie*，1862）。

　　综上，基于历史上的引申，古希腊语 philologia（拉丁语 philologie）逐步成为一个多义词：

　　0. 古希腊"爱好+语言知识"
　　　1. 古典语言+文字研究，汉译"语文学（语言学）""文字学"
　　　　"古典语言学"
　　　　2. 古典语言+文学研究，汉译"语文学""古典语文学"
　　　　　3. 古典语言+文献研究，汉译"语文学""古典文献学"
　　　　　　4. 古典语言+文献、文化（历史/考古）研究，汉译
　　　　　　　"古典学"

后面的引申义总是包含了前面的含义，作为内核语义的"语言知识"总是处于其基础部分。

2. 古希腊的 grámmatik：讲究读写技艺训练的"语言学"

除了 philologia，古希腊还有一个 grámmatik（＞拉丁语 grammatica ＞古法语 gramaire ＞中古英语 gramere ＞现代英语 grammar／德语 Grammatik）。古希腊语的 grámmatik（读写知识／语言学）＜grámmatikós（读写者）＜grámmat（字母）＜gram（书写）。philologia 和 grámmatik（γραμματική）指的都是语言研究，但前者与"文学、文献"知识的关系更密切，而后者与字母、读写技艺的关系更密切。

公元前 4 世纪，在色诺芬（Xenophon，公元前 440—公元前 355 年）、柏拉图（Plato，公元前 427—公元前 347 年）的论著中出现了 grammatikós／grammatikoús（读写者，有文化的人）。古希腊流传下来的最早的语言学专著也与亚历山大里亚有关。亚历山大大帝将希腊文明传播到东方，希腊化时期（公元前 323—公元前 30 年）的一项主要活动就是希腊语教学，而希腊语教学需要教科书。亚历山大里亚学派的狄奥尼修斯·特拉克斯（Dionysius Thrax，BC 170－BC 90）在 *Téchnē Grámmatiké*（据原初义可译为《读写技艺》，据后来通行义可译为《文法技艺》）中，提出"文法是诗人和散文家通常使用的经验性知识"。（Γραμματική ἐστιν ἐμπειρία τῶν παρά ποιηταῖς τε καὶ συγγραφεῦσιν ὡς ἐπὶ τὸ πολὺ λεγομένων）。该书包括：练习朗读和注意韵律、诗意表达解释、讲解冷僻词和典故、探索词源、类比规则、诗歌批评六部分。其中，除了类比规则（讲词类八分，涉及形态范畴）之外，其余的内容都不在 20 世纪 grammar 的研究范围之内。然而，狄奥尼修斯·特拉克斯的 *Grámmatiké* 就是西方的原型 grammar。

随着古罗马帝国的扩张，拉丁语作为国际化语言在欧亚地区流行，外族人学习拉丁语的活动推动着拉丁语语法的研究。在中世纪，拉丁语几乎成为欧洲语言研究的唯一对象。4 世纪，罗马帝国学者多纳图斯（Aelius Donatus，320－380；约 353 年定居罗马）

撰有拉丁语的《文法技艺》（*Ars Grammatica*），包括语音、字母、拼音、诗律、重音、正误、诗歌语言、比喻等内容。其书名用拉丁语的 ars 对译希腊语的 téchnē，用拉丁语的 grammatica 对译希腊语的 grámmatiké。约在 4 世纪后期到 5 世纪前期，东罗马的迪奥梅德斯·格拉玛提库斯（Diomedes Grammaticus）也撰写了一部《文法技艺》（*Ars Grammatica*），该书分为三册：第一册是八种词类，第二册是语法和风格，第三册是诗学、重音和韵律等。该书收在法国印刷商尼古拉斯·简森（Nicolas Jenson, 1420–1480）1476 年印刷的《拉丁文法学家合集》（*A Collection of Latin Grammarian*）中。6 世纪，东罗马帝国学者普里西安（Priscian, 512–560，在君士坦丁堡讲授拉丁文）在其《文法原理》（*Institutiones Grammaticae*）中提出语法研究的基本主体（构词的字母，即语音）、综合主体（完整的话语，即语句）和一般主体（有意义的声音，即语词）。该书在西欧沿用数百年，其传抄本上千种，长期左右着中世纪的语法学研究。8 世纪 90 年代，英格兰学者约克的阿尔昆（Alcuin of York, 735–804）出版了一部《文法技艺》（*Ars grammatica*），其第一卷以问答形式讲解多纳图斯的《文法技艺》，其他三卷分别是正字法、修辞技艺和方言描述。

1481 年，西班牙萨拉曼卡大学教授内布利哈（Antonio de Nebrija 1441–1522）出版《拉丁文入门》（*Introductiones Latinae*，1840 年版更名为 *Grammatica Latina de Antonio de Nebrija*），包括韵律、正字法、形态、句法、修辞、词表六部分。1492 年，内布利哈又刊行《卡斯蒂利亚语语法》（*Gramática de la lengua Castellana*），卡斯蒂利亚语即西班牙语的旧称，为西班牙语文走向世界奠定了基础。1682 年，西班牙传教士万济国（François Varo, 1627–1687）在中国闽东地区完成《官话技艺》（*Arte de la Lengua Mandarina*，1703），1684 年完成拉丁文书稿《中国语文法》（*Grammatica linguae Sinensis*，1835），参考的就是内布利哈的《拉丁文入门》。1716 年，旅法华人学者黄嘉略（Arcade Hoang, 1678–1716）编撰的《中语

文法》（*Grammaire chinoise*，手稿现存于法国国家图书馆），第一编
包括语文知识（文法、词汇、汉字、官话与方言）和语文应用（礼仪
用语、商贸会话、商品知识、信函诉状等）。在向法国王室呈交书稿
的信函中，黄嘉略写道："远臣日夜勤劳，以思报答。兹者修成通**中
语**一书兼夫小录，以佐西方志士学习**中土言语**、风俗、礼统者也。"
据此，当时对汉语的称呼是"中语"。

　　自法国波尔·罗瓦雅尔学派的阿尔诺（Antoine Arnauld，1612–
1694）和朗斯洛（Claude Lancelot，1615–1695）出版《普遍唯理语
法》（*Grammaire générale et raisonnée*，1660）以后，英国学者亨利
（M. A. John Henley，1692–1756）编有《通晓多语的语言学者，或
现存重要语言的普遍语法》（*The Complete Linguist，or an Universal
Grammar of the Considerable Tongues in Being*，1719–1721），德国
学者坎兹（Israel Gottlieb Canz，1690–1753）刊行《普遍语法便捷
入门》（*Grammaticæ universalis tenuia rudimenta*，1737），法国学者
博泽（Nicolas Beauzée，1717–1789）刊行《普遍语法或对语言必备
要素的合理阐述，以之作为研习所有语言的基础》（*Grammaire
générale，ou Exposition raisonnée des éléments nécessaires du langage，
pour servir de fondement à l'étude de toutes les langues*，1767），法
国学者谢贝兰（Antoine Court de Gébelin，1725–1784）刊行《通过
言语自然史的深思对原始世界与现代世界的分析比较，或普遍语
法和比较语法》（*Monde primitif，analysé et comparé avec le monde
moderne，considéré dans l'histoire naturelle de la parole；ou
grammaire universelle et comparative*，1774）。grammaire générale、
universal grammar、Grammaticæ universalis、grammaire universelle 这
些术语已相当于"普通语言学"。

　　直到 19 世纪中期，传统的 grammatica 仍然保有"广义语法学"
或"语言学"之义。德国学者施莱歇尔（August Schleicher，1821–
1868）所撰《印度日耳曼语诸语比较语法纲要》（*Compendium der
vergleichenden Grammatik der indogermanischen Sprachen*，1861，

1862)中的"比较语法"即"比较语言学"。英国学者本多尔
(Herbert Bendall,生卒未详)将该书节译为《印欧语比较语法纲要:
梵语、希腊语和拉丁语》(*A Compendium of the Comparative Grammar of the Indo-European, Sanskrit, Greek, and Latin Languages,* 1874)。德国学者布鲁格曼(Karl Brugmann, 1849 – 1919)和德尔布吕克(Berthold Delbrück, 1842 – 1922)合著的《印度日耳曼语言比较语法概要》(*Grundriß der vergleichenden Grammatik der indogermanischen Sprachen,* 1886, 1989, 1890, 1893),英国学者赖特(Joseph Wright)、康韦(Robert S. Conway)和劳斯(William D. Rouse)将其译为《印欧语比较语法原理》(*Elements of the Comparative Grammar of the Indo-European Languages,* 1888, 1891, 1892, 1895)。1870 年代,德国比较语法学家库尔提乌斯(Georg Curtius, 1820 – 1885)则挪揄以布鲁格曼为首的德国新一代语言学家为青年语法学派(Jung-grammatiker)。

英国传统语法的蓝本是拉丁文法,通常包括正字、正音、词源(形态)、句法、诗法五部分。1755 年,约翰逊(Samuel Johnson, 1709 – 1784)在《英语词典》(*A Dictionary of the English Language*)第一卷中将"语法"定义为"正确运用词语的技艺",包括正字、词源、句法和韵律。1891 年,斯威特(Henry Sweet, 1845 – 1912)的《新英语语法》(*A New English Grammar*)把正字、词源、诗法划出去,仅包括语音、词法和句法三部分。1895 年,纳斯菲尔德(John Collinson Nesfield, 1836 – 1919)的《英语文法系列·第四册》(*English Grammar Series, Book IV*)依然是传统模式,包括五个部分:第一部分词法、句法,第二部分习惯用法,第三部分句子变化,第四部分构词,第五部分修辞、诗体和诗律等。只有在美国的里德(Alonzo Reed,生卒未详)和凯洛格(Brainerd Kellogg, 1834 – 1920)1880 年出版的《英语高级教程:英语语法和作文》(*Higher Lessons in English, a Work on English Grammar and Composition*)中 grammar 才出现了与 20 世纪通行的狭义"语法"相当的用法。

综上，从公元前 2 世纪到公元 19 世纪，grammatik（拉 grammatica，英 grammar）的含义并非现在通常所谓的"词法＋句法"，总体而言：

> 语法（语言构造和使用之法）＝文字（字母、正字法）＋语音＋词源（构词）＋形态（词类）＋句法（句子构造与变化）＋用法（修辞、诗律、惯用语）。

尽管不同作者的实际研究有所取舍，但 grammatik（语言学/文法学/语法学）囊括了后世"语言学"的所有研究内容，这一点却是明显的史实。

3. 18 世纪的 Linguistik：从记录异邦语言到调研世界语言

16 世纪以来，随着新航路的发现，逐步出现了一些记录遥远异邦语言的字母表、词表、语法和会话手册等资料，Linguistik 这一新术语在 18 世纪下半叶出现。

关于 Linguistik/linguistique/linguistic(s) 的出现时间，查到三种说法。

第一种，网络上 Sweetii 在"关于 philology"条目下写道："查了一下词典，把两个词的词源贴在这里。……linguistics 的词根是 lingu(a)-tongue，……linguistics 迟至 1777 年才见诸学界使用。"（http://www.iciba.com/philology，2009-10-13 15∶29∶29）遗憾的是，我们查阅了哈特曼与斯托克（Hartmann & Stork）的《语言与语言学词典》（上海辞书出版社，1981）、哈杜默德·布斯曼（Bussmann）的《语言与语言学词典》（外语教学与研究出版社，2000）、Matthews 的《牛津语言学词典》（外语教学与研究出版社，2000）、Hoad 的《牛津英语词源词典》（上海外语教育出版社，2000）、Crystal 的《剑桥语言百科词典》（外语教学与研究出版社，2001），皆未提及 linguistics 的来历。

第二种说法，匈牙利裔英国语义学家乌尔曼（Stephen Ullmann，1914－1976）在《语义学：意义科学引论》（*Semantics: An Introduction to the Science of Meaning*）中提及：

> The term linguistics itself was formed at that time: it appeared in French in 1826 (la linguistique) and in English eleven years later (at first without an *s*). (Ullmann, 1962: 3)
>
> "语言学"（linguistics）这一术语的成形时间——1826 年见于法语（la linguistique），并在 11 年后见于英语（起初没有 *s*）。（李葆嘉译）

照此推算，linguistic 约在 1836 年见于英语。乌尔曼提供的出处是"See the *New English Dictionary* and Bloch-Wartburg's *French Etymological Dictionary* (3rd ed., Paris, 1960). Cf. J. Perrot, *La Linguistique*, Paris, 1957: 14."。

第三种说法，法国符号学家拉斯捷（François Rastier）在《符号学的三位一体，三元和语言的语义学》（*La triad sémiotique, le trivium et la sémantique linguistique*）中写道：

> Historiquement, la sémantique est le secteur de la linguistique qui s'est constitué le plus tard. Un indice ténu, mais révélateur: le mot *linguistique* apparaît en français en 1812 et *sémantique* en 1883 seulement; en allemand, *Linguistik* est attesté dès 1777, et *Semasiologie* (supplanté plus tard par *Semantik*) en 1832.(Rastier 2008)
>
> 从历史上看，语义学是后来形成的语言学领域。一条隐隐约约但有启发性的线索：术语"语言学"1812 年见于法语，而"语义学"1883 年才出现。在德语中已经证实，"语言学"最早见于 1777 年，而"语意学"（后来换成 Semantik）①见于 1832 年。（李葆嘉译）

拉斯捷提及 linguistique"1812 年见于法语"，比乌尔曼查阅到

---

① 为有所区别，先出现的德语术语 Semasiologie 汉译"语意学"，后出现的法语术语 sémantique 汉译"语义学"。

的要早 14 年。至于 sémantique 见于 1883 年,指的是法国布雷阿尔的《语言的心智规律:语义学简述》(*Les lois intellectuelles du langage: fragment de sémantique*)。Semasiologie 见于 1832 年,指的是德国莱斯格的《拉丁文语言科学讲稿》的第二卷《语意学即意义科学》(*Semasiologie oder Bedeutungslehre*),该书写于 1825 年,出版于 1839 年。重要的是,拉斯捷所言 Linguistik"最早见于 1777 年",与 Sweetii(斯威特)的"迟至 1777 年才见诸学界使用"吻合。

从关键词"Linguistik 1777"开始搜索,出现包含关键词的句子;然后扩大搜索,渐渐集句成段:

> The claim for a German source is quite confirmed by the documents quoted by Moldenhauer (1957). First, Moldenhauer notes the use of *Linguistik* by the Father Micheal Denis (1729 – 1800) in his *Einleitung in die Bücherkunde* (1777: I. 274; 1778: II. 366). The word is synonymous with *Sprachenkunde* and is only a general label for the classification of books concerning vocabularies, alphabets, grammars and dictionaries. Secondly, Moldenhauer refers to J. S. Vater (1771 – 1826) for the use of the term in its modern meaning in his introduction to the second volume of Adelung's *Mithridates* (1809). The word had already been used in the title of an ephemeral journal founded by Vater and Johann Bertuch (1747 – 1822) a year before, the *Allgemeines Archiv für Ethnographie und Linguistik* (1808). The presentation of the journal gives the following definition for the science referred to by the word:
>
> [9] … < sie untersucht > die Eigenheiten der verschiedenen Sprachen, die sie demnach classificirt (…) und daraus auf ihre Abstammung und Verwandschaft schließt.(Auroux 1987: 450)

莫尔登豪尔(1957)援引的文献充分证实该术语来自德语。首先,莫尔登豪尔注意到神父迈克尔·丹尼斯在《书籍研究导论》(1777: I. 274; 1778: II. 366)中使用了 Linguistik(语言学)。该术语与德语的 Sprachenkunde(语言学)同义,而仅用于那些通常标注了某地区的词表、字母、语法和词典的书籍分类。其次,莫尔登豪尔指出,约·泽·伐特(1771－1826)在阿德隆主编的《语言大全·第二卷·序言》(1809)中,在现代意义上使用了该术语。而此前一年,该术语已被伐特和约翰·贝图克(1747－1822)用于临时期刊《民族志和语言学总体档案》(1808)的标题中。该杂志对这一术语所涉及的科学用以下定义描述:

> [9]……[仔细调研]不同语言的特性,对之进行分类……并推导其谱系和亲属关系。(李葆嘉译)

此后检索文献发现,以上网络上查到的引文来自法国语言学家奥鲁(Sylvian Auroux)的《法语"语言学"一词的最早使用(1812－1880)》(*The First Uses of the French Word 'Linguistique' (1812－1880)*)一文。其文所引莫尔登豪尔的《语言学(*lingüistica*)和等效术语起源传播考》(*Notas sobre el origen y la propagación de la palabra linguistique (lingüistica) y términos equivalentes*)刊于阿根廷库约国立大学的《语言学研究所年鉴》(1957)。莫尔登豪尔(G. Moldenhauer, 1900－1980)是德国语言学家和中古史专家,1922 年在哈雷大学研究古法语,获博士学位,1924—1929 年任马德里大学"德国和西班牙科学研究中心"主任,1930 年任波恩大学副教授,1939 年任维也纳大学教授,二战结束后移居阿根廷。

首先使用 Linguistik 的丹尼斯(J. Micheal Denis, 1729－1800)是奥地利目录学家,1747 年毕业于耶稣会帕绍学院,1759 年任维也纳特蕾西亚耶稣学院教授。1773 年耶稣会受到压制,学院关闭后,他仍留下负责图书馆。在此期间他编撰了《书籍研究导论》(*Einleitung in die Bücherkunde*),1777 年出版了第一卷《参考书目》(*Bibliographie*),1778 年出版了第二卷《文学史》(*Literargeschicht*)。莫尔登豪尔列出的仅仅是:Linguistik 见于 1777:I. 274;1778:II. 366。

我们务必核查丹尼斯的原版书,第一卷《参考书目》中凡两见:

Darunter waren die popowitschischen für **Linguistik** und

Naturgeschicht, die gayischen für Geschicht und Politik, die lebzelterischen für classische Literatur die wichtigsten.（Denis 1777：I. 206）

　　其中包括最重要的语言学和自然史学的波波维奇式理论，历史和政治的同性恋者（放荡者），以及古典文学的华而不实者。（李葆嘉译）

　　Die **Sprachenkunde** oder **Linguistik** enthält folgende Bücher：I. die glossologischen oder Abhandlungen von den Sprachen, II. die graphischen oder Abhandlungen von der Schreibekunst und den Buchstaben, III. die Sprachlehren oder Grammatiken, IV. die Wörterbücher oder Dictionarien.（Denis 1777：I. 274）

　　语言学（德语母语词）或语言学（拉丁文新造词）包括以下书籍：1. 关于语言的术语或论文　2. 文字和字母的图形或论文　3. 语言教材或语法书　4. 词典或字典。（李葆嘉译）

据丹尼斯给出的 Linguistik 的外延，其内涵即多种语言（文字）的记录或描述。

在第二卷《文学史》中凡三见。首先见于目录。Philologie（文献学）栏目中列出：Literargeschicht（文学史）、Bibliographie（书目）、Archäologie（考古学）、Kritik（批评）、**Linguistik**（语言学）、Rhetorik（修辞学）、Poetik（诗学）、Symbolik（符号学）、Epigraphik（碑铭学）、Polymathie（博学）（Denis 1778：II. 2）。根据该目录，Linguistik 是 Philologie 的一个分支或门类。

然后见于第 16 页：

So viel von gelehrten Arbeiten, die zur biblischen Kritik gehören；denn von den h. Sprachen wird in der **Linguistik** die Rede seyn.（Denis 1778：II. 16）

大量学术著作属于圣经考证，因为语言将以语言学的名目提及。（李葆嘉译）

接下来，从 366 页到 379 页讨论的是"语言学"内容：

Linguistik. Wir sollen nun auch von der **Sprachenkunde**, als dem Vorhofe zu allen Schatzkamcm der Gelehrtheit reden. (Denis 1778; II. 366)

语言学。我们现在还应该把语言学（德语词）视为所有学术宝库的中庭。（李葆嘉译）

这部分内容是一篇通论，提及若干语言学家（包括语言哲学家、比较语言学家、语法学家、传教士语言学家等）和语言学论著。其中，德语词 Sprachenkunde 两见，都是与 Linguistik 同现。

1777 年是欧洲学术史上不平常的一年。这一年，沃尔夫到哥廷根大学申请攻读古典学，借用传统术语 Philologie 指称新设学科。这一年，丹尼斯面对世界不同地区的语言资料新造 Linguistik（Sprachenkunde）。一个追溯古典文明的重建，一个面向世界语言的调查。

对 Linguistik 这一术语加以明确定义并且进一步传播的，是哈雷大学神学家和东方语言教授伐特（Johann Severin Vater，1771 – 1826）。1801 年，他在《试论普通语法学》（*Versuch einer allgemeinen Sprachlehre*）中提出展开"语言比较研究"（Vater 1801；258 – 259）；1808 年，他把民族研究和语言分类结合起来，并对 Linguistik 进行了现代意义上的界定。1809 年，伐特在《语言大全·第二卷·序言》（*Mithridates oder allgemeine Sprachenkunde*. Vol. II. Vorrede）中写道：

habe ich … mit unermüdlichem Eifer für die **Linguistik**, der ich meine Anstrengungen widme, diesen zweyten Theil des Werkes ausgearbeitet. (Vater 1809; iii)

我……对语言学怀有孜孜不倦的热情，全力以赴完成了本书第二卷。（李葆嘉译）

Ich habe … zu entwerfen, und hoffe damit den Freunden der **Linguistik** einen Dienst erwiesen zu haben. (Vater 1809; ix)

我必须这样设计……并希望能为语言学的朋友提供服务。（李葆嘉译）

至于法语 linguistique 借自德语 Linguistik 的线索,需要梳理。拉斯捷提及 linguistique"1812 年见于法语"(拉斯捷文献中有 Auroux 1987),我们还是要细阅奥鲁的考述:

> Historically, one must distinguish between the term *linguistique* and the term *linguiste*. The latter appeared in the 17th Century …, with the meaning "polyglot". … The modern meaning of the term (which signifies "a man who is an expert in linguistics", …), appears, of course, only when the word *linguistique* comes to be used in French. The first occurences of this modern meaning are only to be found in works in which *linguistique* is quoted as in the *Histoire de la Langue Française* by the Abbé Gabriel Henry (1753 – 1835; cf. 1812: II. 96; see also the table of contents), or in the *Dissertation sur l'Etymologie* by Champollion-Figeac (1829: XXX). (Auroux 1987: 447 – 448)
>
> 从历史上看,人们有必要区分术语"**语言学**"(*linguistique*)和术语"语言学家"(*linguiste*)。后者出现在 17 世纪……,含义是"通晓多种语言者"。……该术语的现代含义(其意"专长于语言学的人"……),当然,在法语中仅仅谈到"**语言学**"(*linguistique*)这个词时才出现。这种现代意义的首次出现,仅见于引证"**语言学**"(*linguistique*)的论著,比如神父加百利·亨利(Gabriel Henry, 1753 – 1835; cf. 1812: II. 96; 也见其目录)的《法兰西语言史》,或商博良的《词源论》(Champollion-Figeac 1829: XXX)。(李葆嘉译)

在亨利的《法兰西语言史》,linguiste 凡两见,都是用法文翻译伐特的《民族志和语言学总体档案》标题。严格说来,这还不是在法语中的流通使用。

在商博良的《词源论》(*Dissertation sur l'Etymologie*)中,linguistes(语言学家)凡一见,而 linguistique 也仅一见:

> Comme ils étoient presque tous le produit du troisième période

de confusion déjà énoncé, ce n'étoit plus sur des mots analogues
d'origine et de formation, que les **linguistes** devoient porter le scalpel
de l'analyse et appliquer les règles d'assimilation. (Champollion
1829: XXX)

由于它们几乎都是上述第三阶段混乱的产物,因此对这些来
源和构造类似的词语,**语言学家**不必再携带分析的手术刀和运用
同化规则。(李葆嘉译)

Mais la **linguistique** rend trop de bons services à l'histoire, pour
que la véritable science des étymologies ne reprenne pas, dans
l'estime publique, la place qui lui est due: c'est aux savans dont
l'Europe lettrée honore le plus les travaux, à la lui assurer.
(Champollion 1829: XXXI – XXXII)

但是**语言学**为历史提供了许多有益的服务,因为真正科学的
词源学不会在公众中重新获得其应有地位:这是对那些素有欧洲
文学最高贡献的学者的认可。(李葆嘉译)

从奥鲁的文中,还可以提取法语"语言学"(linguistique)早期
传播的一些关键点:

Further evidence can be given for the thesis which asserts that
linguistique is a translation from the German *Linguistik*. To my
knowledge, the first occurence is to be found in Henry's work
(1812). The historian of the French language uses the word twice
(I: 2; II: 96) to translate the title of Vater's journal which he
quotes. (Auroux 1987: 450)

法语的"语言学"(linguistique)是德语"语言学"(Linguistik)
的翻译,可以为该论断提供进一步的证据。据我所知,第一次出现
见于亨利的著作(1812)。这位法语史学家两次使用该词(I: 2;II:
96)翻译他所引用的伐特主办期刊的标题。(李葆嘉译)

For the introduction in French of the word *linguistique*, the most
important author seems to be the ltalian-born A. Balbi (1782 –
1848), who published in Paris his famous *Atlas Ethnographique du
Globe* (1826). (Auroux 1987: 449)

对于用法语引入"语言学"(linguistique)这个词,最重要的作者似乎是出生于意大利的巴尔比(1742—1848),他在巴黎出版了著名的《全球民族志地图集》(1826)。(李葆嘉译)

Antoine has noted (1971：375) that the *Dictionnaire Classique de la Langue Française* (1827) contains an article "Linguistique" which gives the definition "Science des Langues". (Auroux 1987：448)

安东尼(1971：375)注意到《法语经典词典》(1827)中收录了词条"语言学",给出的定义是"语言的科学"。(李葆嘉译)

由此可见,法语从德语中接受和传播"语言学"这一术语的线索是:丹尼尔(1777)→伐特(1808)→亨利(1812)→巴尔比(1826)→《法语经典词典》(1827)→商博良(1829)。

至于英语的情况,查英语词源在线(https://www.etymonline.com/word/linguist)可知:(1) linguistic (adj.)见于 1824 年,含义是"属于语言或与之有关的研究",来自德语的 linguistisch(1807)。《圣经资源库》(*Biblical Repository*, Vol. vii., no. 21, Jan. 1836)说:"对于通过比较诸语言而能形成的这门科学,一些德国作者使用了 Linguistic 一词,然而未被普遍采用,并且有可能引起一些异议。"(To the science which may be formed by comparing languages, the term Linguistic has been applied by some German authors. It is not, however, generally adopted, and is liable to some objections.)(2) linguistics (n.)见于 1847 年,含义是"语言的科学",也称"比较语言学"(1822)。

在 19 世纪的语言学界,Philologie 和 Linguistik(法语 linguistque)这两个术语都在使用,其区别在于:前者的对象是留存文献的古典语言,后者的对象涉及世界各地的多种语言;前者的方法以文献考据为主,后者的方法以调查分析(涉及比较研究和谱系分类)为主。1843 年,德国学者格拉芬罕的《古代古典语文学史》(*Geschichte der klassischen **Philologie** im Alterthum*),用的仍是 Philologie。1883 年,瑞典学者诺伦(Adolf Noreen, 1858‐1925)用法语撰写的《瑞典语言科学的历史概述》（*Aperçu de l'histoire de la science linguistique suédoise*）已用 linguistque。直到 20 世纪，随着英美文化的全球传播，英语的 linguisitics 才逐步成为研究多种语言的学科的通名，而 philology 则局限于研究古典语言学、历史语言学或比较语文学的专业或学科。

4. 19 世纪的 vergleichende Grammatik：突显语言关系研究的方法论

通常认为，19 世纪德国学者使用"比较语法"这一术语，受到当时风行的"比较解剖学"的影响。1675 年，英国解剖学家格鲁（Nehemiah Grew，1641－1712）出版《树干的比较解剖学》（*The Comparative Anatomy of Trunks*），首次提出"比较解剖学"这一术语。然而，早在 100 年前，即 1574 年，日内瓦大学希伯来语教授伯特伦（Bonaventure Corneille Bertram，1531－1594）出版的《希伯来语和阿拉米语比较语法》（*Comparatio Grammaticae Hebraicae et Aramicae*）已经使用"比较语法"这一术语。封面上说明：

> Subiunctum est ad huius **comparationis** praxin dotale quoddam instrumentú illis omnibus linguis & dialectis, ex veteri Hebræorú ritu conscriptú, ab eodé Cornelio interpretatione & notis quibusdam illustratum. (Bertram 1574 operimentum)

> 增加了对所有这些语言和方言研究的有效**比较**工具，利用书写希伯来语的古老规则，通过相同的标记说明和解释科尼利厄斯。（李葆嘉译）

在"希伯来语和阿拉米语比较前言"（*Praefatio in comparationem linguae Hebraicæ & Aramicæ*）开篇，伯特伦就写道：

> Nitia **comparationis** illius qua linguam Hebraicam & Aramicam inter se cõferre, & Aramicæ linguæ dialectos inter se committere instituimus, ab earum linguarum & dialectorum primordüs &

progreslu omnino repetenda sunt. (Bertram 1574 Praefatio: i)

　　对希伯来语与阿拉米语加以相互**比较**,并展开阿拉米语各方言之间的比较,所有语言及其方言,从其开端到此后发展都要全部追溯。(李葆嘉译)

用现在的术语来说,伯特伦对闪米特语族内部的两种主要语言展开了比较研究。

　　欧洲学者关于语言亲属关系的研究,可以追溯到 12 世纪冰岛学者(疑为 Hallr Teitsson, 1085 – 1150) 的《第一篇语法论文》(*Fyrsta Málfræð iritgerðin*, 约 1122—1133 年间)。在 13—16 世纪,学者们的比较视野不断扩展。到 16 世纪下半叶和 17 世纪上半叶,语言关系研究成为尼德兰(包括当时比利时) 学界的流行主题。当时欧洲的一批学术精英云集莱顿,他们具有明确的研究对象及目的,并且不断探讨方法论。1647 年,荷兰学派的集大成者莱顿大学教授伯克斯洪(Marcus Zuerius van Boxhorn, 1612 – 1653) 不但论证了比较语言学的本体论(斯基泰语系,即印欧语系),而且阐明了比较语言学的方法论。作为“比较解剖学”的提出者,英国学者格鲁 1668—1671 年在莱顿大学攻读医学硕士学位,受到莱顿学术思想的熏陶。

　　关于语言比较的学科名称(含早期核心术语),其发展轨迹大体如下:

拉 lexicum symphonum“词汇和谐”(Gelenius 1537)

　　linguarum affinitate “语言亲和”(Postel 1538)

　　cognatione“血统关系”(Périon 1554)

　　comparatio grammaticae“比较语法”(Bertram 1574)

荷 vergelijcken “比较”(Boxhorn 1647)

　　taelverwanten ... vergeleken word“亲属语言……进行比较”(Kate 1723)

　　法 grammaire universelle & comparative “普遍和比较语法”(Gébelin 1774)

德 vergleichende Sprachlehre "比较语法"（Vater 1801）

vergleichende Grammatik "比较语法"（A. Schlegel 1803；
F. Schlegel 1808）

vergleichende Sprachenkunde "比较语言学"（F. Adelung
1815）

法 grammaire comparée "比较语法"（Raynouard 1821）

英 comparative philology "比较语文学"（Müller 1849）

法 philologie comparée "比较语文学"（Jehan 1858）

英 comparative grammar "比较语法"（Bendall 1874）

comparative and historical linguistics "比较和历史语言
学"（Jespersen 1924）

historical-comparative linguistics "历史-比较语言学"（当代）

"词汇和谐"见于波希米亚学者杰勒纽斯（Sigismund Gelenius，1497－1554）的《四种关系密切的欧语的词语和谐》（***Lexicum symphonum*** *quo quatuor linguarum Europae familiarium*，1537）。"语言亲和"见于法国学者波斯特尔（Guillaume Postel，1510－1581）的《关于希伯来语和古老民族的起源，以及各种语言的亲和性》（*De originibus seu de Hebraicae linguae et gentis antiquitate déque variarum **linguarum affinitate***，1538）。"血统关系"见于法国学者佩利雍（Joachim Périon，1498－1559）的《论高卢语的起源，及其与希腊语的血统关系》（*Dialogorum de linguæ Gallicæ origine*，*eiusque cum Græca **cognatione***，1554）。

1647 年，伯克斯洪在《对女神尼哈勒尼亚之谜提问的解答，关于希腊语、罗曼语和德意志语起源于斯基泰的清晰证明，以及这些民族各种古代遗存的发现和阐述》（*Antwoord van Marcus Zuerius van Boxhorn*，*Gegeven op de Vraaghen*，*hem voorgestelt over de Bediedinge van de Afgodinne Nehalennia*，*onlancx uytgegeven. In welcke de ghemeine herkomste van der Griecken*，*Romeinen*，*ende Duytschen Tale uyt den Scythen duydelijck bewesen*，*ende verscheiden Oudheden van dese Volckeren grondelijck ontdeckt ende verklaert worden*，1647）中，列出亲属语言比较的一些词语清单（Boxhorn 1647：6-7，67-68，78-80，88-99），并且使用了"比较"（vergelijcken）这一术语。

Laet ons nu oock sien de hedendaeghsche Lettousche tale，ende andere，ende de selsde met der Griecken ende Romeinen tale *vergelijcken*.（Boxhorn 1647：94-95）

现在让我们考察同时期的拉脱维亚语和其他语言，将其与希腊语和罗马语进行**比较**。（李葆嘉译）

接着，伯克斯洪（Boxhorn 1647：95-98）列出了立陶宛语与拉丁语、古撒克逊语与拉丁语、古撒克逊语与希腊语、俄罗斯语与拉丁语、波希米亚语与拉丁语、波希米亚语与希腊语、瑞典语与拉丁语、瑞典语与希腊语、丹麦语与拉丁语、丹麦语与希腊语的词语比较表（李葆嘉等 2020）。在比较的实践过程中，伯克斯洪提出了一些基本原则：（1）区分传承词和外来词；（2）区分系统特征和貌似同源；（3）兼顾词汇比较和语法比较；（4）区分远古形态和革新形态；（5）类似的语法异常现象或不规则变化，是亲属关系的关键证据。（Driem 2005：286）

"亲属语言……进行比较"这一提法，见于荷兰学者凯特（Lambert ten Kate，1647-1731）的《以最可靠的基础和最高雅的学识，介绍荷兰语的精要知识，思考和论述最有用的特性和规则变化，并对最重要的古老语言和幸存至今的亲属语言，如中古哥特语、法兰克-德意志语、盎格鲁-撒克逊语及当代高地德语和冰岛语进行比较》（*Aenleiding tot de Kennisse van het Verhevene Deel der Nederduitsche Sprake waer in Hare zekerste Grondslag，edelste Kragt，nuttelijkste Onderscheiding，en geregeldste Afleiding overwogen en naegespoort，en tegen het Allervoornaemste der Verouderde en Nog-levende Taelverwanten，als 't Oude Mæso-Gotthisch，Frank-Duitsch，en Angel-Saxisch，beneffens het Hedendaegsche Hoog-Duitsch en*

Yslandsch, ***vergeleken word***, 1723)(李葆嘉等 2020)。

1774 年,法国学者谢贝兰(Antoine Court de Gébelin, 1725 – 1784)在《通过言语自然史的深思对原始世界与现代世界的分析比较,或普遍语法和比较语法》中专门论述普遍语法和比较语法。他在导言(Discours Préliminaire)中写道:

> Ces quatre Livres, qui ont pour objet la Grammaire considérée en elle-même, indépendamment de l'aplication qu'on en a faite dans chaque Grammaire Nationale, & où l'on raporte néanmoins les procédés d'un grand nombre de Peuples, à cause dé leur conformité avec ces Principes, font suivis d'un cinquième Livre, destiné, sous le nom de **Grammaire Comparative**, à faire voir qu'il n'existe aucun procédé, dans quelque Langue que ce foie, dont on ne puisse rendre raison par ces Principes combinés avec l'esprk individuel de chaque Langue, & que toutes les Langues ont le plus grand raport entr'elles. (Gébelin 1774: xxxv – xxxvi)
>
> 前四卷以语法本身为对象,而与各自民族语法中的应用无关,虽然其中包含了若干民族的习惯用法,但这是由于它们符合这些原则。随后第五卷,标题是"**比较语法**",以表明无论何种语言,如果不经过这一流程,也就无法结合每种语言的个性精神来证明这些原则的合理性,而所有语言之间都有最充分的联系。(李葆嘉译)

在"第五卷:比较语法"(Livre V. Grammaire Comparative)中,谢贝兰不但揭示了特定语法与普遍语法的关系,而且阐明了创立比较语法的必要性:

> Les Grammaires particulières ne sont en effet que les principes de la Grammaire Universelle & primitive, modifiés par le génie particulier de chaque Langue; elles peuvent donc toutes se ramener à une mesure générale; ainsi se formera la **GRAMMAIRE COMPARATIVE** qui fait voir les raports de toutes les Grammaires particulières, & de quelle manière les principes communs à toutes se modifient dans chacune, avec les raisons nécessaires de chacune de ces modifications.

Spectacle brillant & unique, où l'oeil aperçoit la raison de tout, & où
l'on dévelope à chaque Peuple les causes de toutes les régies qu'il suit
dans les Tableaux de ses idées, & dont il ne pouvoit connoître les
raports avec l'ordre nécestaire des Langues. (Gébelin 1774: 558)

　　实际上,特定语法仅仅是普遍语法和基元语法被每种语言的
特定天赋所修改的原则,因此它们都可以转化为一般规则。而将
要创立的**比较语法**,旨在显示所有特定语法的记录,以及各自如何
以某种方式修改共有原则,并为每种变化提供必然的理由。如此
精彩绝伦的奇观,让你看到一切现象的原因,了解我们每个民族遵
循其观念清单发展所有规则的缘由,以及难以知晓的语言必要规
则的联系。(李葆嘉译)

可以看出,谢贝兰的"比较语法"相当于后人所谓的"对比语言
学",而非亲属关系比较。换而言之,谢贝兰是对比语言学研究的
先驱。

　　这门寻找语言亲缘关系的学科,长期以来一直属于"语法"
(grammatica)。尽管伯特伦(Bertram 1574)已经使用拉丁文的"比
较语法",但未引起关注。直到 19 世纪初,在比较解剖学风气的影
响下,德国学者才为这门学科正式加冕。1801 年,伐特在《试论普
通语法学》中提出建立"比较语法"(vergleichende Sprachlehre,
Vater 1801: 259),重在揭示不同语言结构的差异,还不是专门意
义上的亲缘比较语言学。1803 年,奥古斯特·施莱格尔(August
Wilhelm von Schlegel, 1767 - 1845)在《本哈迪〈语法学〉评校》
(*Recension von Bernhardis Sprachlehre*)中提出的"比较语法"
(vergleichende Grammatik)才明确指向语言亲缘关系研究
(A. Schlegel 1847: 152)。1808 年,弗里德里希·施莱格尔
(Friedrich Schlegel, 1772 - 1829)在《论印度人的语言和智慧》
(*Über die Sprache und Weisheit der Indier*)中沿用其兄的术语,并
且多有推阐(F. Schlegel 1808: 28)。1815 年,德裔俄国语言学家
和历史学家弗里德里希·冯·阿德隆(Friedrich von Adelung,

1768－1843)出版《凯瑟琳大帝对比较语言学的重要贡献》(*Catharinens der Grossen Verdienste um die **vergleichende** Sprachenkunde*)。1849 年,德裔英国学者缪勒(Friedrich Max Müller,1823－1900)发表《论印欧语比较语文学与人类早期文明的关系》(*On the **Comparative Philology** of the Indo-European Languages in Its Bearing on the Early Civilization of Mankind*)。

此外,法语的"比较语法"见于雷努阿尔(François Just Marie Raynouard,1761－1836)1821 年出版的《欧洲拉丁人语言与行吟诗人语言的**比较语法**》(***Grammaire comparée** des langues de l'Europe latine,dans leurs rapports avec la langue des troubadours*)。法语的"比较语文学"见于耶汗(Louis-François Jéhan,1803－1871)1858 年出版的《语言学和比较语言学词典》(*Dictionnaire de Linguistique et de **Philologie comparée***)。英语的"比较语法"见于本多尔(Herbert Bendall)的译著《印欧语比较语法纲要》(*A Compendium of the **Comparative Grammar** of the Indo-European*,1874)。

进入 20 世纪以后,1924 年,丹麦学者叶斯柏森(Otto Jespersen,1860－1943)在《语法哲学》(*The Philosophy of Grammar*,1924;Rpt.,1951)中有四个术语与之相关。

(1) 比较语言学:研究亲属关系的语言学

　　This is true not only of historiocal linguistics in the stricter sense,but also of **comparative linguistics**,which is only another branch of the same science,supplementing by analogous methods the evidence that is accessible to us in historical sources,by connecting languages whose common "ancestor" is lost to tradition. (Jespersen 1951: 31)

　　这不仅对严格意义上的历史语言学是正确的,而且**对比较语言学**也是如此,后者只是同一科学的另一分支,通过类比方法,以历史方式补充我们能得到的证据,将那些遗忘了共同"祖先"承传

的语言联系起来。（李葆嘉译）

It is also a common conviction among **comparative linguists** that the old Aryan participles in -*to* and -*no*, which are at the bottom of our weak and strong second participles, were at first neither active nor passive in character. (Jespersen 1951: 169)

> 这也是比较语言学家的普遍认可：古雅利安语的分词-*to* 和-*no*，位于我们弱和强的第二类分词的底部，起初的特性既不表主动，也不表被动。（李葆嘉译）

（2）比较和历史语言学：研究亲属关系的语言学

In the nineteenth century, with the rise of **comparative and historical linguistics**, and with the wider outlook that came from an increased interest in various exotic languages, the earlier attempts at a philosophical grammar were discountenanced, and it is rare to find utterances like this of Stuart Mill. (Jespersen 1951: 47)

在 19 世纪，随着**比较和历史语言学**的兴起，以及对各种外来语兴趣的日益增长而视野拓宽，哲学语法的早期努力受到冷遇，像斯图尔特·米尔①这样的表述实属罕见。（李葆嘉译）

（3）比较和历史语法：比较语法+历史语法

It is quite true that we should base our grammatical treatment of English on the established facts of **comparative and historical grammar**, but one of the most important truths of that science is the differentiation which in course of time has torn asunder languages that were at first closely akin, thereby rendering it impossible to apply everywhere exactly the same categories. (Jespersen 1951: 178)

确实，我们应将对英语的语法处理建立在**比较和历史语法**证实的事实上，但是该科学最重要的真相之一是变异，即最初紧密类

---

① 斯图尔特·米尔（John Stuart Mill, 1806-1873），19 世纪最有影响力的英语语言哲学家，著有《逻辑系统》（*System of Logic*, 1843）、《自由论》（*On Liberty*, 1859）和《功利主义》（*Utilitarianism*, 1861）等。

似的语言随着时间流逝已支离破碎地变异,因此不可能将完全相同的范畴应用于每个地方。(李葆嘉译)

(4) 比较语法:接近于对比语言学

In *Modern Language Teaching*, March 1915, he said that a straight line led from the earliest grammarians, who did not see any analogy between English and Latin grammar, to a gradually increasing recognition of the same cases as in Latin, a full understanding of the agreement of the two languages having only been made possible after **comparative grammar** had cleared up the relationship between them. (Jespersen 1951: 176)

在 1915 年 3 月出版的《现代语言教学》中,他①说存在一条线索,从最早的语法学家在英语和拉丁语法之间看不出任何类似之处,到对与拉丁文相同情况的逐渐认可,只有在**比较语法**明确了它们之间的关系之后,才能完全理解这两种语言的一致性。(李葆嘉译)

下面是叶斯柏森在《语法哲学》最后的论述:

In elementary schools the only grammar that can be taught is that of the pupils' own mother-tongue. But in higher schools and in the universities foreign languages are taken up, and they may be made to throw light on each other and on the mother-tongue. This involves **comparative grammar**, one part of which is the **historical grammar** of one's own language. The great vivifying influence of *comparative and historical grammar* is universally recognized, but I may be allowed to point out here before I close that the way in which the facts of grammar are viewed in this volume may *open out a new method in comparative grammar, or a new kind of comparative*

---

① 根据上下文,"他"指牛津大学梅森学院的希腊语和拉丁语教授松嫩辛(Edward Adolf Sonnenschein, 1851 - 1929)。此外,松嫩辛在《语法的灵魂》(*The Soul of Grammar*, 1927)中阐述了与《语法哲学》不同的观点。

grammar. … This comparison need not be restricted to languages belonging to the same family and representing various developments of one original common tongue, but may take into consideration languages of the most diverse type and ancestry. The specimens of this treatment which I have given here may serve as a preliminary sketch of a notional ***comparative grammar***.(Jespersen 1951: 346 – 347)

> 小学教的语法仅针对学生的母语。但在高中和大学会用到外语,它们可能被用来相互阐明,并用来阐明母语。这就涉及**比较语法**,其中一部分是自己语言的**历史语法**。虽然**比较语法和历史语法**充满活力的巨大影响是普遍公认的,然而,请允许我在搁笔之前指出,该书中审视语法事实的方法可能开创了**比较语法的一种新方法**,或者一种新的比较语法。……这种比较不必局限于所属同一语系、从某种原始共同语各自发展而来的语言,而可以充分考虑那些类型和谱系差异极大的语言。我在此给出的处理样本,可作为所设想的**比较语法**雏形。(李葆嘉译)

叶斯柏森设想的"一种新的比较语法",指的就是对比语言学。

直到 1941 年,美国学者沃尔夫(Benjamin Lee Whorf,1897 – 1941)发表《语言与逻辑》("Languages and Logic")一文,才明确区分了"比较语言学"(comparative linguistics)和"对比语言学"(contrastive linguistics)这对术语(Whorf 1941:240)。

从上世纪 50 年代以来,中文论著中的常见术语是"历史比较语言学",然而就网络检索结果来看,英语文献中常见的是叶斯柏森使用的 comparative and historical linguistics(比较和历史语言学),或 comparative linguistics(比较语言学),未见与汉译术语"历史比较语言学"相对的 historical comparative linguistics,类似的是 historical and comparative linguistics、historical-comparative linguistics,偶尔可见的是 comparative historical linguistics。对这门寻找语言亲缘关系的学科,当代学界从两方面限定:一是"比较的",承袭了 19 世纪初期所强调的方法论;一是"历史的",依据的是 20 世纪初期共时与历时二分说,从而定型为"比较和历史语言学"或"历史-

比较语言学"。然而,早期核心术语"词汇和谐""语言亲和""血统关系"等,关注的是本体论,若就此而言,这门学科的名称似乎应为"亲缘比较语言学"(kinship-comparative linguistics)更为适宜(李葆嘉 2005)。

5. 19 世纪的 Sprachwissenschaft:语言科学性的不同取向

在西方,还有一个术语"语言科学"(德语 Sprachwissenschaft,英语 linguistic science 或 science of language),意在强调语言学的科学性质(潜台词:与 18 世纪末之前的语文学或语言学有别)。

英国的哈特曼和斯托克(R. R. K. Hartmann & F. C. Stork)在《语言与语言学词典》(*Dictionary of Language and Linguistics.* London:Applied Science Publishers,1972)中解释:

> 语言科学(linguistic science)这一术语概括了上述研究以及语音学和语义学。(黄长著等译 1981:201)

《语言与语言学词典》编者注明:linguistic science 是 linguistic 的替换术语。现据查考,linguistic science 见于辉特尼(Whitney 1867,1875)的论著,是为了强调其语言学(语言是社会制度)研究与缪勒(语言有机体学说)、施莱歇尔(自然主义学派)受到生物学影响的语言学不同。

德国的布斯曼(Hadumod Buβmann)的《语言学词典》(*Lexikon der Sprachwissenschaft.* Stuttgart:Alfred Kroner Verlag,1990)这样解释:

> Sprachwissenschaft **语言科学**[也作→Linguistik],一门学科,其目的在于从理论和实践的各个重要方面对语言和言语及其与其他相关科学的关系进行描写。(陈慧瑛等译 2003:510)

现据查考,Linguistik(Denis 1777)是依据拉丁语词根造出的德语词,而 Sprachwissenschaft(Bernhardi 1805)是后起的母语德语词。

《语言学百科词典》对"语言科学"的解释是:

语言科学 对语言研究的一般名称。这一用语(science of language)在国外的出现早于语言学(语言学一词源自德语 Sprachwissenschaft,于 19 世纪上半叶开始使用),二者的含义基本相同。(戚雨春等 1993:459)

英语的 science of language(Müller 1864),可能是德语 Sprachwissenschaft(Bernhardi 1805)的仿译,而德语的 Linguistik 出现于 18 世纪 70 年代(Denis 1777)。

下面就我们翻检的原版书,将"语言科学"这一术语分语种或国别加以大体梳理。

5.1 德语 Sprachenkunde →Sprachwissenschaft

与 Linguistik 等义的德语词 Sprachenkunde 已经见于 18 世纪 70 年代(Denis 1777)。德语的 Sprachwissenschaft 由 sprache(语言)+wissenschaft(学术、科学)构成。据文献检索,这一术语最早见于本哈迪(August Ferdinand Bernhardi, 1769 - 1820)的《语言科学原理》(*Anfangsgründe der Sprachwissenschaft*, 1805)。本哈迪早年在哈雷大学学习哲学,后与施莱格尔兄弟交往,属于浪漫主义的成员之一。其语言学著作还有《拉丁语法全书》(*Vollständige lateinische Grammatik*. 2 vols. Berlin und Leipzig:C. A. Nicolai, 1795, 1797)、《希腊语法全书》(*Vollständige griechische Grammatik*. Berlin und Leipzig:C. A. Nicolai, 1797)、《语法学》(*Sprachlehre*, 2 vols. Berlin:H. Frölich, 1801, 1803)等。本哈迪在《语言科学原理》前言中提出:

Die Form endlich in diesem Werke ist durchaus **wissenschaftlich** mit den gehörigen Unterabtheilungen und Hinweisungen um das Verständniß zu erleichtem und den Organismus deutlich zu machen, versehen. Mein nächstes Geschäft aber wird seyn, den griechischen Sprachschatz **wissenschaftlich** zu ordnen und zu überschauen. (Bernhardi 1805 Vorrede:viii)

最后,这部著作的方法是**科学的**,用适当的细化和参考文献来帮助理解,使语言有机体更清晰。而我接下来的事,将是**科学地**整理和核查希腊语词表。(李葆嘉译)

"科学的"方法就是把语言有机体刻画得更清晰,"科学地"整理就是使其系统化。本哈迪的"语言科学"受到18世纪下半叶生物有机体学说的影响。

《语言科学原理》包括三大部分:导论(Einleitung)、纯理语言科学(Reine Sprachwissenschaft)和应用语法学(Angewandte Sprachlehre)。在导论第一章"语言和语言科学"(Sprache und Sprachwissenschaft)中,本哈迪写道:

> Als Princip jeder dieser Ansichten kann man festsetzen: a) Für den historischen: die Sprache, welche ihre Wurzel in der Vernunft hat, entwickelt sich nach nothwendigen Gesetzen, aber bewußtlos und nach eben solchen blühet und vergeht sie wieder, b) Für den philosophischen: Die gebildete Sprache, ohngeachtet sie immer den Ursprung einer bewußtlosen Ausbildung an sich trägtkann auf ihrer höchsten Stufe auf die einzelnen Vorstellungearten, ihre Verhältnisse zu einander und ihre Reihen zurückgeführt und zwar vollständig zurückgeführt werden, und diejenige Wissenschaft, welche dies leistet, heißt **Sprachwissenschaft**. (Bernhardi 1805 Einleitung: 6)

作为这些观点的原则,我们可以表明:a) 对于历史而言:语言的根源在于理性,它根据必然规律发展,但在不知不觉中,正是按照这样的规律繁荣,再趋于消亡;b) 对于哲学而言:富有教养的语言,尽管总是带有某种无意识形成的开端,但在其高层次上,可以追溯到各个概念模式、彼此之间的关系及其层级,并且确实予以从整体上追溯到这些,而实现此目的之科学被称为**语言科学**。

本哈迪拥有丰富的语言学知识,其语言学成就在当时影响很大。除了受到生物有机体学说的影响,他还传承了德国唯理主义和浪漫主义。

本哈迪的思想影响了哈雷大学教授莱斯格(Christian Karl Reisig, 1792 - 1829)。作为西方语义科学的创始人,莱斯格接受了 Sprachwissenschaft 这一术语,并为其学生哈泽(Friedrich Haase, 1808 - 1867)、哈泽的学生赫尔德根(Ferdinand Heerdegen, 1845 - 1930)所沿用。莱斯格著有《拉丁文语言科学讲稿》(*Vorlesungen über lateinische Sprachwissenschaft abgehalten ab* 1825, 1839);哈泽也著有《拉丁文语言科学讲稿》(*Vorlesungen über lateinische Sprachwissenschaft abgehalten* 1840, 1874, 1880);赫尔德根著有《语言科学的一般结构和适用范围,尤其是拉丁语语法系统》(*Üeber Umfang und Gliederung der Sprachwissenschaft im Allgemeinen und der lateinischen Grammatik insbesondere*, 1875, 1878, 1881)。

沿用这一术语的,还有斯坦塔尔(Heymann Steinthal, 1823 - 1899)的《洪堡特的语言科学和黑格尔哲学》(*Die Sprachwissenschaft Wilh.v. Humboldt's und die Hegel'sche Philosophie*, 1848)和《希腊和罗马的语言科学史》(*Geschichte der Sprachwissenschaft bei den Griechen und Römern*, 1863)、施莱歇尔(August Schleicher, 1821 - 1868)的《达尔文理论与语言科学》(*Die Darwinsche Theorie und die Sprachwissenschaft*, 1863)、波特(August Friedrich Pott, 1802 - 1887)的《洪堡特与语言科学》(*Wilhelm von Humboldt und die Sprachwissenschaft*, 1876)等。此外,本费(Theodor Benfey, 1809 - 1881)在《19 世纪初以来的德国语言科学和东方语文学的历史,以及对早期的回溯》(*Geschichte der Sprachwissenschaft und Orientalischen Philologie in Deutschland seit dem Anfange des 19. Jahrhunderts mit einem Rückblick auf die früheren Zeiten*, 1869)中区分了 Sprachwissenschaft 和 Philologie,意在突出德国学者比较语法研究的科学性。

5.2　法语 la science du langage→la science linguistique

1827 年,《法语经典词典》(*Dictionnaire Classique de la Langue*

Française. p. 581)中收录了词条"LINGUISTIQUE, s. f. Science de langues(语言科学)"。1849 年,比利时裔法国学者查维(Honoré Joseph Chavée, 1815 – 1877)在《印欧语词汇学》(*Lexiologie indo-européenne*, 1849)中提出"词汇科学"。

> Pour **la science lexiologique**, l'étude comparative et approfondie des vocabulaires n'est qu'un moyen d'arriver par l'analyse à la connaissance et à la classification des vocable simples ou primitifa dans chaque système de lingues. (Chavée 1849: x)
>
> 对于词汇科学而言,词表的比较和深入研究,仅仅是通过分析以了解每种语言系统中的简单或原始词项知识和分类的一种手段。(李葆嘉译)

1864 年,法国学者鲍德里(Frédérie Baudry, 1818 – 1885)发表《语言科学及其现状》(*De la Science du langage et de son état actuel*)。此后沿用此术语的有谢涅特(Antheime Edouard Chaignet, 1818 – 1901)的《词语构造研究中的语言科学哲学》(*La philosophie de la science du langage étudiée dans la formation des mots*, 1875),佩齐(Domenico Pezzi, 1844 – 1905)的《语言科学研究导论》(*Introduction à l'étude de la science du langage*, 1875),布雷阿尔(Michel Alfred Bréal, 1832 – 1915)的《语言科学》(*La science du langage*, 1879)。直到 1883 年,瑞典学者诺伦在用法文撰写的《瑞典语言科学史概述》中,才用 la science linguistique 替换了 la science du langage。

5.3 英语 science of language→linguistic science

英语的"语言科学"术语来源相对复杂。首先,1861 年,德裔英国学者缪勒在《语言科学讲座》(*Lectures on the Science of Language*, 1864)中,用的是 Science of Language,按照德语 sprache+wissenschaft 仿译。他还把语文学(philology)和语言学(linguistics)区分为不同性质的学科——前者属历史科学,后者属自然科学。

作为缪勒的追随者,英国学者塞斯(Archibald Henry Sayce,1845-1933)在《语言科学引论》(*Introduction to the Science of Language*,1880)中沿用这一术语。其次,留德美国学者辉特尼(William Dwight Whitney,1827-1894)在《语言和语言研究:语言科学原理十二讲》(*Language and the Study of Language: Twelve Lectures on the Principles of Linguistic Science*,1867)、《语言的生命和成长:语言科学纲要》(*The Life and Growth of Language: An Outline of Linguistic Science*,1875)中,用的都是 Linguistic Science,而在《东方与语言研究:吠陀经、阿维陀经;语言科学》(*Oriental and Linguistic Studies: The Veda; the Avesta; the Science of Language*,1873)中用的却是 Science of Language。前者为了与德国学者的术语相区别,而后者则与缪勒的术语相同。

5.4 俄语 языковедение → языкознание／науки о языке

这里俄语中的"语言科学"指波兰裔俄国语言学家博杜恩(Бодуэ́н де Куртенэ́,or Baudouin de Courtenay,1845-1929)及其学生克鲁舍夫斯基(Николай В. Круше́вский,or Nikolay. V. Kruszewski,1851-1887)在 19 世纪 70 年代以来使用的术语。作为现代语言学理论的创始人,博杜恩对"语言科学"的阐述值得关注。

第一个俄语术语:Языко(语言)+знание(科学),来自德语 Sprache+wissenschaft 的仿译。

1871 年,博杜恩在《对语言学和语言的若干原则性看法》(Некоторые общие замечания о языковедении и языке)中开篇明义:

> Наука,часть которой составляет избранный мною предмет,—**языковедение**;следовательно,то,что относится к **языковедению**,вполне применимо и к сравнительной грамматике индоевропейских язьшов,хотя эта последняя обладает также некоторыми

специальнымп, ей исключительно присущими свойствами, чуждыми **языковедению** как науке вообще. Это обусловлено сущностью предмета исследования, равно как и известными, исторически выработавшимися приемами.

В сегодняшней общей характеристике нашей науки я постараюсь прежде всего определпть ее границы, показав, 1) чего от нее нельзя ожидать и 2) что именно составляет ее сущность, — и потом постараюсь определить природу объекта этой науки, то есть природу языка. (Бодуэн 1963 T. I: 47)

我选择的学科语言学是科学的一个分支。因此,与语言学有关的内容也完全适用于印欧语系的比较语法,尽管后者也具有一些特殊的专门的固有特性,而语言学通常是一门科学。这是由其研究主题的性质以及众所周知的历史悠久的技术所决定的。

就我们科学的当代一般描述,我首先将尝试确定其界限,揭示(1)从中不可能期望什么,以及(2)其本质究竟是什么——从而试图确定这门科学所研究对象的性质,即语言的性质。(李葆嘉译)

1889 年,博杜恩在《语言科学的任务》(«О задачах **языковедения**»)中进一步明确:

Так как основа языка является чисто психической, центрально-мозговой, то, следовательно, **языкознание** относится к психологическим наукам. Но так как язык может реализоваться только в обществе и так как психическое развитие человека вообще возможно только в общонии с другими людьми, следовательно, мы имеем право сказать, что **языкознание**—наука психологично-социологическан. Те же, которые считают язык «организмом» и относят языкознание к естественным наукам, заблуждаются. (Бодуэн 1963 T. I: 217).

由于语言的基础纯粹是心理的,即大脑中枢的,因此**语言科学**应归结于心理科学。然而,由于语言只能在社会中实现,并且由于个体心智通常只可能在与他人交往中发展,所以我们有理由认为,**语言科学**属于心理-社会科学。那些认为语言是"有机体"并将语

言科学归属于自然科学的人是错误的。（李葆嘉译）

博杜恩所界定的"语言科学属于心理-社会科学"，也就是现代语言学的性质。

1901 年，博杜恩在《语言科学，或 19 世纪的语言学》（«**Языкознание**, или **лингвистика**, XIX века»）中同时使用了Языкознание（语言科学）和 Лингвистика（语言学，来自德语的Linguistik），并且提出只要确定了语言的本质，二者的内涵就是等同的。博杜恩阐述了语言学成为科学的原因和条件。

Показателем развития научной мысли XIX в. является всерастущая связь между различными науками, а следовательно, и связь между **языкознанием** и другими науками, близгшмн к нему по той или иной причине. Правда, происходит все большая специализация в проблемах исследования, но наряду с этим появляется стремление к постоянному синтезу, обобщению, к установлению общих точек зрения. (Бодуэн 1963 Т. II: 8)

19 世纪科学思想发展的标志是各门科学之间不断增长的联系，因此**语言科学**和其他科学之间的联系由于种种原因而越来越密切。的确，研究问题的专业化程度是在不断提高，但与此同时，人们也希望不断地进行综合和概括，以建构共同的观点。（李葆嘉译）

В самом ближайшем будущем, т. е. уже в XX в., **языкознанию** придется решить следующие задачи: … 3. Где только можно, применять метод эксперимента. … 5. Нужно чаще применять в **языкознании** количественное, математическое мышление и таким образом приближать его все более и более к наукам точным. 6. **Языкознание** будет становиться все более точной наукой также в зависимости от того, насколько в его базисной науке, в психологии, будет совершенствоваться метод качественного анализа. … 15. Языковые обобщения будут охватывать все более

широкие нруги и все более соединять **языкознание** с другими
науками: с психологией, с антропологией, с социологией, с
биологией. (Бодуэн 1963 Т.II: 16 - 18)

在不久的将来，即20世纪，**语言科学**必须解决以下问题：……
3. 尽可能使用实验方法。……5. 在语言科学中有必要更多地运
用定量分析的数学思维，从而使它越来越接近精密科学。6. 语言
科学要越来越成为精密科学，同样取决于其基础科学和心理学如
何进一步完善定性分析方法。……15. 语言的一般化研究将覆盖
越来越广的领域，并且语言科学与其他学科，如心理学、人类学、社
会学、生物学之间的联系也将越来越多。(李葆嘉译)

1903 年，在《论语言现象的心理基础》(«O психических
основах языковых явлений»)中，博杜恩预言了神经语言学的出现：

Если со временем **и обнаружится связь с динамическими**
изменениями или химическими изменениями в нейронах
(нервных клетках), или связь с изменениями физической
энергии - тем лучше. Тогда результаты обеих сфер исследований
будут готовы для объединения их в одну общую научную
систему. (Бодуэн 1963 Т. II: 65)

如果不久的将来，**能够发现神经元(神经细胞)的动态变化与**
化学变化，或与物理能量变化之间的联系——太好了。到那时，这
两个领域的成果将会连接成一个共同的科学体系。(李葆嘉译)

1904 年，博杜恩发表了题名《语言科学》(«Языкознание»)的
论文。

Языкознание, языковедение, иначе лингвистика (от
латинскго lingua язык), глоттика, глоттология(от грческого, γλ
ὦ σσα, γλ ὦ ττα, язык), в тесном смысле этого слова есть
систематическое, научное исследование явлений языка в их
причинной связи. В более обширном смысле под **языкознанием**
следует понимать веяное исследование языка, всякое мышление

об языковых фактах, хотя бы даже ненаучное и несистематическое. Человека, занимающегося **языкознанием**, зовут по-русски языковедом, лингвистом, глоттологом, даже язычником. **Языкознание** как наука обнимает собою ознакомление с языком или речью человеческою во всем ее разнообразии и ее научное исследование. (Бодуэн 1963 Т. II: 96)

　　语言科学、语言学,还有其他的词形 lingvistika(来自拉丁语的 lingua"语言"),glottika,glottologiya(来自希腊语的 γλῶσσα,γλῶττα "语言")。从狭义上,语言学是对语言现象中的因果关系进行系统的科学研究。从广义上,**语言学**应被理解为对语言的痴迷研究,人人都在思考语言事实,即使不科学和不成系统。从事语言学研究的人,在俄语中被称为语言科学家、语言学家、声学家、甚至异教徒。作为一门科学,**语言学**包含对人类语言或各种言语多样性的精通,及其所开展的科学研究。(李葆嘉译)

　　Хотя из **языкознания** извлекалось до сих пор мало практической пользы, но тем не менее мы имеем право предполагать, что в недалеком будущем применение **языкознания**, как и его основной науки — психологии, сыграет весьма важную роль как в педагогике, так и в разных сферах практической жизни. (Бодуэн 1963 Т. II: 101 - 102)

　　虽然从语言科学的研究中取得的实际效益迄今很少,但是我们仍然有理由认为,在不远的未来,语言科学的应用会像其主要基础学科即心理学一样,将在教育和日常生活的各个领域发挥极其重要的作用。(李葆嘉译)

　　此处要义是,狭义的或严格的语言学才是"语言科学",并且预言,在不远的未来,语言科学会在不同领域发挥重要作用。

　　第二个俄语术语 Науки о языке(语言的科学)来自法语 la science du langage 的仿译,见于克鲁舍夫斯基的博士论文《语言科学概论》(《Очерк науки о языке», 1883)。

　　值得注意的是,尽管德法英俄的语言学家都在使用"语言科学"这一术语,但各自理解不尽相同。本哈迪的语言科学受到当时生物有机体学说的影响,莱斯格师生认为语言科学是历史科学,缪勒、施莱歇尔等认为语言科学是自然科学(生物主义),斯坦塔尔等认为语言科学是心理科学,辉特尼认为语言科学是社会科学(语言是社会制度)。同样以"语言科学"为题撰文,布雷阿尔的《语言科学》(Bréal 1879)凸显的是人文-心智属性(人本主义),博杜恩的《语言科学》(Бодуэн 1904)强调的是心理-社会属性(涉及神经机制)。

6. 余论

　　综上所述,在西方2 000多年的语言学史上,尽管先后出现的术语所体现的研究对象和理论方法有所差别,但是西方从古到今只有一个"总的语言学科"。以往的西方语言学史研究,通常采用的是按时间分期(如罗宾斯的《简明语言学史》:第二章希腊、第三章罗马、第四章中世纪、第五章文艺复兴时期及其以后、第六章现代时期的前夕、第七章19世纪),我们是否可以换一个角度,根据这些学科名称术语的嬗变来确定西方语言学研究的主要阶段呢?

世　　纪	BC 3－2	AD 12	AD 15	AD 17	AD 18	AD 19	AD 20	AD 21
传统语文学	萌芽	延续	延续	延续	延续	延续	延续	延续
比较语言学		萌芽	延续	成熟	延续	鼎盛	延续	延续
普通语言学				萌芽	延续	成熟	延续	延续
语言科学						萌芽	延续	发展

这种划分的基础,也就是这些学科名称的术语所反映的历史上西方学者对该学科认识的变化:

　　(1)古希腊的 philologia 和 grámmatik 都是基于希腊语研究,

前者侧重于爱好文献语言知识,后者侧重于讲究读写技艺训练。前者的旨趣在于存古,一开始就有综合性或跨学科倾向(故可引申为文献学、古典学);后者的旨趣在于为今,一开始就与语言知识的应用技艺密切相关。特拉克斯 *Téchnē Grámmatiké* 的问世,受到希腊语教学需求的驱动,故 grámmatik 此后常作语法(语言学)教材之名。直到 19 世纪,grammatica(Grammatik,grammar)仍然等值于语言学。

(2)追溯语言关系或语言比较的研究萌芽于 12 世纪。16 世纪上半叶,出现"词汇和谐""语言亲和""血统关系"等核心术语,突显的是本体论。16 世纪下半叶,伯特伦(Bertram 1574)提出"比较语法"(comparatio grammaticae)。17 世纪中叶,伯克斯洪(Boxhorn 1647)建构斯基泰语系并阐明历史比较法。18 世纪初,凯特(Kate 1723)发现日耳曼语历史音变定律。19 世纪初的德国学者(A. Schlegel 1803, F. Schlegel 1808, F. Adelung 1815),受比较解剖学思潮的影响,用德语的"比较语法"(vergleichende Grammatik)、"比较语言学"(vergleichende Sprachenkunde)为该学科加冕,突显的是方法论。20 世纪的"历史-比较语言学",既强调方法论,又顺应了共时、历时二分说。

(3)17 世纪 60 年代,阿尔诺和朗斯洛的《普遍唯理语法》(1660)可视为普通语言学的萌芽。18 世纪,英国的亨利(Henley 1719, 1721)、德国的坎兹(Canz 1737)、法国的博泽(Beauzée 1767)和法国的谢贝兰(Gébelin 1774)的术语 grammaire générale、universal grammar、Grammaticæ universalis、grammaire universelle 已相当于"普通语言学"。尤其值得关注的是,谢贝兰已揭示:"特定语法仅仅是普遍语法和基元语法被每种语言的特定天赋所修改的原则,因此它们都可以转化为一般规则"(Gébelin 1774:558)。18 世纪晚期,丹尼斯(Denis 1777)提出"语言学"(Linguistik);19 世纪初,伐特(Vater 1808)定义其为涵盖世界各种语言研究的学科名称。19 世纪普通语言学的成就,主要表现为结构类型学

(F. Schlegel 1808；A. Schlegel 1818；Humboldt 1820，1835；Steinthal 1850,1860；Schleicher 1862，1863）。

（4）在19世纪,对"语言科学"的理解或取向受制于所受到影响的交叉学科。19世纪上半叶,受生物学(自然哲学)和历史学(历史哲学)的影响,故形成自然科学取向(生物有机体学说、自然主义)和历史科学取向。19世纪中期以来,随着心理学和社会学的兴起,语言科学转变为心理科学取向(语言是心理表征)和社会科学取向(语言是社会制度)。更值得注意的是综合性取向：一是社会-心理取向(Бодуэн 1889),二是人文-心智取向(Bréal 1897),前者是19—20世纪之交"现代语言学"的理论基础,后者是20世纪下半叶认知语言学的理论渊源。

史实表明,学科交叉并非20世纪50年代才兴起。19世纪的语言研究已经先后与生物学、心理学和社会学交叉,形成了第一代生物语言学(包括进化语言学)、第一代心理语言学(包括认知语言学、神经语言学)和第一代社会语言学(包括功能语言学)。20世纪下半叶的所谓"新兴交叉学科",皆植根于19世纪的语言研究传统中(李葆嘉 2018)。

如要追问西方语言学研究的第五阶段,那么18世纪末,匈牙利语言学家和科学家肯佩伦(Wolfgang von Kempelen，1734—1804)的《人类语言的机制和口语机器的描述》(*Mechanismus der menschlichen Sprache nebst Beschreibung seiner sprechenden Maschine*. Wien：F. B. Degen，1791),就是当今人工语能模拟的先驱。20世纪50年代以来,随着计算机科技、现代脑科学和分子生物学的形成与发展,语言科学研究终于迈进了"语言科技"的新时代(李葆嘉 2002)。

参考文献

［1］ Adelung, F. *Catharinens der Grossen Verdienste um die vergleichende*

Sprachenkunde［M］. St. Petersburgh：Friedrich Drechsier, 1815.

［2］ Antoine, G. La grammaire et la linguistique vues à travers les dictionnaires allemands, anglais et français du 19ème siècle［A］. *Interlinguistica. Festschrift zum 60. Geburtstag von Mario Wandruszka.* Tübingen：Max Niemeyer, 1971. 371－383.

［3］ Arnauld, A. & C. Lancelot. *Grammaire generale et raisonnée*［M］. Paris：Chez Pierre le Petit, 1660.

［4］ Auroux, S. The First Uses of the French Word "Linguistique" (1812－1880)［A］. In：Hans Aarsleff, L. G. Kelly & Hans-Josef Niederehe (eds.). *Papers in the History of Linguistics: Proceedings of the Third International Conference on the History of the Language Sciences*［C］. Amsterdam：Benjamins. 1987. 447－459.

［5］ Бодуэн де Куртенэ (Baudouin de Courtenay). 1963. (1) 1871. Некоторые общие замечания о языковедении и языке («Журнал Министерства Народного Просвещения» 153：279－316)［A］. (2)1889. «О задачах языковедения»［A］. (3)1901. «Языкознание, или лингвистика, XIX века»［A］. (4)1903. «О психических основах языковых явлений»［A］. (5)1904. «Языкознание»［A］. In：Бодуэн де Куртенэ. «Избранные труды по общему языкозназнанию»［M］. Издательство Академни Наук СССР, Москва. 2 тома.

［6］ Balbi, A. *Introduction à l'Atlas Ethnographique Du Globe*［M］. 2 vols. Paris：Rey & Gravier, 1826.

［7］ Baudry, F. *De la Science du langage et de son état actuel*［M］. Paris：August Durand, 1864.

［8］ Beauzée, N. *Grammaire générale, ou Exposition raisonnée des éléments nécessaires du langage, pour servir de fondement à l'étude de toutes les langues*［M］. Paris：J. Barbou, 1767.

［9］ Benfey, T. *Geschichte der Sprachwissenschaft und Orientalischen Philologie in Deutschland seit dem Anfange des 19. Jahrhunderts mit einem Rückblick auf die früheren Zeiten*［M］. München：Cotta' schen Buchhandlung, 1869.

［10］ Bernhardi, A. F. *Anfangsgründe der Sprachwissenschaft*［M］. Berlin：Heinrich Frllich, 1805.

［11］ Bertram, B. C. *Comparatio Grammaticae Hebraicae et Aramicæ.*［M］.

Genevae: Apud Eustathium Vignon, 1574.

[12] Boxhorn, M. Z. *Antwoord van Marcus Zuerius van Boxhorn, Gegeven op de Vraaghen, hem voorgestelt over de Bediedinge van de Afgodinne Nehalennia, onlancx uytgegeven. In welcke de ghemeine herkomste van der Griecken, Romeinen, ende Duytschen Tale uyt den Scythen duydelijck bewesen, ende verscheiden Oudheden van dese Volckeren grondelijck ontdeckt ende verklaert worden*[M]. Leyden: Willem Christiaens vander Boxe, 1647.

[13] Bréal, M. A. La science du langage [J]. *Revue scientifique de la France et de l'étranger* 43: 1005 – 1011, 1879.

[14] Brugmann, K. & B. Delbrück. 1886, 1989, 1890, 1893. *Grundriß der vergleichenden Grammatik der indogermanischen Sprachen* [M]. Staassburg: Karl J. Trübner. Trans. by J. Wright, R. S. Conway & W. D. Rouse. *Elements of the Comparative Grammar of the Indo-European Language*[M]. New York: Westermann and Co., 1888, 1891, 1892, 1895.

[15] Canz, I. G. (Israele Theophilo Canzio). *Grammaticæ universalis tenuia rudimenta*[M]. Tübingæ: Litteris Josephi Sigmundt, 1737.

[16] Chaignet, A. Edouard. *La philosophie de la science du langage étudiée dans la formation des mots*[M]. Paris: Librairie Académique, 1875.

[17] Champollion-Figeac, M. Dissertation sur l' Etymologie [A]. In: B. de Roquefort. *Dictionnaire Étymologique de la Langue Françoise, ou les mots sont classés par families*[C]. Tome Premier. Paris: Decourchant, 1829.

[18] Chavée, H. J. *Lexiologie indo-européenne: ou Essai sur la science des mots sanskrits, grecs, latins, français, lithuaniens, russes, allemands, anglais, etc*[M]. Paris: Franck, 1849.

[19] Crystal, D. 剑桥语言百科全书(The Cambridge Encyclopedia of Language, Second Edition)[Z].北京:外语教学与研究出版社/剑桥大学出版社,2002.

[20] Denis, J. M. 1777 – 1778. *Einleitung in die Bücherkunde. Erster teil, Bibliographie* 1777; Zweiter teil, *Literargeschicht* 1778[M]. Wien: Joh. Thomas Edl.

[21] Driem, G. van. Sino-Austronesian VS. Sino-Caucasian, Sino-Bodic VS.

Sino-Tibetan, and Tibeto-Burman as Default Theory[A]. In: Prasada, Yogendra, Bhattarai, Govinda, Lohani, Ram Raj, Prasain, Balaram & Parajuli Krihna, *Contemporary Issues in Nepalese Linguistics* [C]. Kathmandu: Linguistic Society of Nepal. 2005. 285－338.

[22] Gébelin, A. C. *Monde primitif, analysé et comparé avec le monde moderne, considéré dans l'histoire naturelle de la parole*; *ou grammaire universelle et comparative*[M]. Paris: L'Auteur, 1774.

[23] Gébelin, A. C. *Histoire naturelle de la parole, ou Précis de l'Origine du langage et de la grammaire universelle*[M]. Paris: L'Auteur, 1776.

[24] Gelenius, S. *Lexicum symphonum quo quatuor linguarum Europae familiarium*[M]. Basileae: Froben, 1537.

[25] Gräfenhan, F. A. *Geschichte der klassischen Philologie im Alterthum* [M]. Bonn: H. B. König, 1843.

[26] Grew, N. *The Comparative Anatomy of Trunks, Together with an Account of Their Vegetation Grounded Thereupon*[M]. London: John Martyn, 1675.

[27] Guichard, E. *L'Harmonie etymologique des Langues, Hebraïgue, Chaldaïque, Syriaque, Greque, Latine, Françoise, Italienne, Espagnole, Allemande, Flamende, Angloise & c.* [M]. Paris: Chez Guillaume le Noir, 1606.

[28] Haase, F. *Vorlesungen über lateinische Sprachwissenschaft abgehalten 1840*[M]. Leipzig: Simmel, 1874, 1880.

[29] Heerdegen, Ferdinand. *Ueber Umfang und Gliederung der Sprachwissenschaft im Allgemeinen und der lateinischen Grammatik insbesondere* [M]. Erlangen: Deichert, 1875, 1878, 1881.

[30] Henry, A. G. *Histoire de la langue Française* [M]. 2 vols. Paris: Leblanc, 1812.

[31] Hirzel, C. F. *Grundzüge zu einer Geschichte der klassischen Philologie* [M]. Tübingen: L. Fr. Fues'schen Sortiments-Buchhandlung, 1862.

[32] Hoad, T. F. 牛津英语词源词典(*Oxford Concise Dictionary of English Etymology*)[Z].上海：上海外语教育出版社,2000.

[33] Humboldt, W. 1820 [Eng. translation]. On the Comparative Study of Language and Its Relation to the Different Periods of Language Development[A]. In: Theo Harden & Daniel J. Farrelly (eds). *Essays on Language*[C]. Frankfurt am Main; New York: P. Lang, 1997. pp. 1－22.

[34] Humboldt, W. 1836. *Über die Verschiedenheit des Menschlichen Sprachbaues und Ihren Einfluss auf die Geistige Entwicklung des Menschengeschlechts* [M]. Berlin: Gedruckt in der Druckerei der Königlichea Akademie der Wissenschaften. Rpt. Berlin: Verlag von S. Calvary & Co., 1876.

[35] Jéhan, Louis-François. 1858. *Dictionnaire de Linguistique et de Philologie comparée* [M]. Paris: Migne.

[36] Jespersen, O. *The Philosophy of Grammar* [M]. New York: H. Holt and Co., 1924; Rpt. London: G. Allen and Unwin, 1951.

[37] Johnson, S. *A Dictionary of the English Language* [M]. London: J&P Knapton, 1755.

[38] Kate, L. *Aenleiding tot de Kennisse van het Verhevene Deel der Nederduitsche Sprake waer in Hare zekerste Grondslag, edelste Kragt, nuttelijkste Onderscheiding, en geregeldste Afleiding overwogen en naegespoort, en tegen het Allervoornaemste der Verouderde en Noglevende Taelverwanten, als't Oude Mœso-Gotthisch, Frank-Duitsch, en Angel-Saxisch, beneffens het Hedendaegsche Hoog-Duitsch en Yslandsch, vergeleken word* [M]. Amsterdam: Rudolph en Gerard Wetstein, 1723.

[39] Kempelen, W. *Mechanismus der menschlichen Sprache nebst Beschreibung seiner sprechenden Maschine* [M]. Wien: F. B. Degen, 1791.

[40] Matthews, P. H. 牛津语言学词典 (*Oxford Concise Dictionary of Linguistics*) [Z]. 上海: 上海外语教育出版社, 2000.

[41] Moldenhauer, G. Notas sobre el origen y la propagación de la palabra linguistique (> lingüística) y ténninos equivalentes [J]. en *Anales del Instituto de Lingüística*, Universidad Nacional de Cuyo, Mendoza, 1957: t. VI., pp. 430 - 440.

[42] Müller, F. M. *On the Comparative Philology of the Indo-European Languages in Its Bearing on the Early Civilization of Mankind* [M]. Paris: Archives de l'Institut de France, 1849.

[43] Müller, F. M. *Lectures on the Science of Language: Delivered at the Royal Institution of Great Britain in April, May, & June 1861* [M]. London: Longman Green, 1864.

[44] Nebrija, A. *Introductiones Latinae* [M]. Salamanca: Salamanca University, 1481.

［45］ Nebrija, A. *Gramática de la lengua Castellana*［M］. Salamanca: Salamanca University, 1492.

［46］ Nesfield, J. C. *English Grammar Series, Book IV*［M］. Calcutta: Macmillan, 1895.

［47］ Noreen, A. *Aperçu de l'histoire de la science linguistique suédoise*［M］. Louvain: Charles Peeters, Libraire-Editeur, 1883.

［48］ Par Quater Professeurs de L'université. *Dictionnaire Classique de la Langue Française (Seconde Édition)*［Z］. Paris: Baudouin Frères, Libraires-Éditeurs, 1827.

［49］ Pezzi, D. *Introduction à l'étude de la science du langage*［M］. Paris: Sandoz et Fischbacher, 1875.

［50］ Périon, J. *Dialogorum de linguæ Gallicæ origine, eiusque cum Græca cognatione*［M］. Paris: Sebastianum Niuelliums, 1554.

［51］ Postel, G. *De originibus seu de Hebraicae linguae et gentis antiquitate déque variarum linguarum affinitate*［M］. Parisiis: Dionysius Lescuier, 1538.

［52］ Pott, A. F. *Wilhelm von Humboldt und die Sprachwissenschaft*［M］. Berlin: Verlag von S. Calvart & Co., 1876.

［53］ Rastier, F. La triade sémiotique, le trivium et la sémantique linguistique ［J］. *Nouveaux Actes Sémiotiques*, 2008, No.111. https://www.unilim. fr/actes-semiotiques/1640.

［54］ Raynouard, François Just Marie. *Grammaire comparée des langues de l'Europe latine, dans leurs rapports avec la langue des troubadours*［M］. Paris: Didot, 1821.

［55］ Reed, A. & B. Kellogg. *Higher Lessons in English: A Work on English Grammar and Composition*［M］. New York: Clark & Maynard, 1880.

［56］ Reisig, C. K. *Professor K. Reisig's Vorlesungen über lateinische Sprachwissenschaft (abgehalten ab 1825)*［M］. Leipzig: Lehnhold, 1839.

［57］ Sayce, A. H. *Introduction to the Science of Language*［M］. London: C. Kegan & Co., 1880.

［58］ Schlegel, A. W. 1803. Recension von Bernhardis Sprachlehre ［A］. In: Herausgegeben von Eduard Böcking. *August Wilhelm Schlegel's Sämmtliche Werke*, 12 Band. S. 141 - 153. Leipzig: Weidmann'sche Buchhandlung, 1847.

[59] Schlegel, A. W. *Observations sur la langue et la littérature provençales* [M]. Paris: A La Librairie Grecque-Latine-Allemande, 1818.

[60] Schlegel, F. *Über die Sprache und Weisheit der Indier, Ein Beitrag zur Begründung der Altertumskunde* [M]. Heidelberg: Mohr und Zimmer, 1808.

[61] Schleicher, A. *Compendium der vergleichenden Grammatik der indogermanischen Sprachen* [M]. Weimar: H. Boehlau. 1861, 1862. Trans. by H. Bendall. *A Compendium of the Comparative Grammar of the Indo-European, Sanskrit, Greek, and Latin Languages.* London: Trübner and Co., 1874.

[62] Schleicher, A. *Die Darwinsche Theorie und die Sprachwissenschaft - offenes Sendschreiben an Herrn Dr. Ernst Haeckel* [M]. Weimar: H. Böhlau, 1863.

[63] Steinthal, H. *Die Sprachwissenschaft Wilh. V. Humboldt's und die Hegel'sche Philosophie* [M]. Berlin: F. Dümmler, 1848.

[64] Steinthal, H. *Die Klassifikation der Sprachen dargestellt als die Entwicklung der Sprachidee* [M]. Berlin: F. Dümmler, 1850.

[65] Steinthal, H. Grammatik, Logik Psychologie, Ihre Prinzipien und Ihr Verhältniss zu Einander [M]. Berlin: Ferd. Dümmler, 1855.

[66] Steinthal, H. *Charakteristik der hauptsächlichen Typen des menschlichen sprachbaues* [M]. Berlin: F. Dümmler, 1860.

[67] Steinthal, H. *Geschichte der Sprachwissenschaft bei den Griechen und Römernk* [M]. Berlin: F. Dümmler, 1863.

[68] Steinthal, Heymann. Einleitung in die Psychology und Sprachwissenschaft [M]. Berlin: Ferd. Dümmler, 1871.

[69] Sweet, H. *A New English Grammar* [M]. Oxford: Clarendon Press, 1891.

[70] Sweetii. "关于 philology" [OL], 2009 - 10 - 13 15: 29: 29, http://www.iciba.com/philology.

[71] Ullmann, S. *Semantics: An Introduction to the Science of Meaning* [M]. Oxford: Blackwell, 1962.

[72] Vater, J. S. *Versuch einer allgemeinen Sprachlehre* [M]. Halle: Renger, 1801.

[73] Vater, J. S. Vorrede [A]. In: J. C. Adelung & J. S. Vater. *Mithridates oder allgemeine Sprachenkunde mit dem Vater unser als Sprachprobe in*

bey nahe fünfhundert Sprachen und Mundarten. Vol. II. Berlin：Vossische Buchhandlung，1809.

［74］ Varo, F. 1682. *Arte de la Lengua Mandarina*［M］. Canton，1703.

［75］ Whitney，W. D. *Language and the Study of Language: Twelve Lectures on the Principles of Linguistic Science*［M］. NewYork：C. Scribner，1867.

［76］ Whitney，W. D. *Oriental and Linguistic Studies: The Veda; the Avesta; the Science of Language*［M］. NewYork：C. Scribner's Sons，1873.

［77］ Whitney，W. D. *The Life and Growth of Language: An Outline of Linguistic Science*［M］. NewYork：D. Appleton，1875.

［78］ Whorf, B. L. Languages and Logic［J］. *Technology Review* 43：250－252+ 266+268+272.

［79］ 布斯曼（H. Bußmann），1990，陈慧瑛等译，2003，《语言学词典》［Z］.北京：商务印书馆，2003.

［80］ 布斯曼（H. Bussmann）著.语言与语言学词典［Z］.北京：外语教学与研究出版社，2000.

［81］ 哈特曼、斯托克（R. R. K. Hartmann & F. C. Stork），1972，黄长著等译，1981，《语言与语言学词典》［Z］.上海：上海辞书出版社，1981.

［82］ 李葆嘉.论语言科学与语言技术的新思维［J］.南京师范大学文学院学报，2002，（1），177－184.

［83］ 李葆嘉.从同源性到亲缘度：历史比较语言学的重大转折［A］.载王士元主编.李葆嘉主译，汉语的祖先［M］.北京：中华书局，2005.

［84］ 李葆嘉.当代语言学理论：植根于往昔语义学论著之中［R］. 英汉语比较研究会第二期英汉语言、文化、翻译跨学科研习班讲座［C］.新疆大学 2018 年 7 月 20 日.

［85］ 李葆嘉，王晓斌，邱雪玫.尘封的比较语言史：终结琼斯神话［M］.北京：科学出版社，2020.

［86］ 戚雨春等.语言学百科词典［Z］.上海：上海辞书出版社，1993.

　　（本文曾以《西方"语言学"名义考》为题（与邱雪玫合作）刊于《中国外语》2020 年第 3 期。现文为作者进一步深入研究的增订稿。）

（作者通讯信息：南京师范大学

nsdlbj@126.com）

跨院系多语种教师专业学习共同体建设的理论与实践探索①

文秋芳　张　虹

1. 引言

北京外国语大学(以下简称"北外")于 2015 年成立许国璋语言高等研究院(以下简称"许院")。许院成立的目的有多个:一是为了发扬许国璋先生自强不息的学术精神;二是为了打破院系壁垒,激发北外教师的内在动力和活力,为建设一支具有战斗力的语言学研究队伍搭建创新平台;三是为了帮助北外建设一支高素质教师队伍。许院分设理论语言学、翻译学和应用语言学三个方向,前两个方向分别由王文斌教授和王克非教授负责,第三个方向由本文第一作者负责;每个方向组建一个研究团队,即专业学习共同体(professional learning community, PLC)(DuFour & Eaker 1998)。

2018 年 1 月中共中央、国务院发布《关于全面深化新时代教师队伍建设改革的意见》,明确要求"加强院系教研室等学习共同体建设,建立完善传帮带机制",以"服务创新型国家和人才强国建设、世界一流大学和一流学科建设"。许院的成立完全符合这一文件的精神,能够助力北外"一流学科"建设。本研究将以许院应用语言学方向的 PLC 建设为例,阐述在一所外国语大学内有效建设跨院系多语种教师 PLC 的理论与实践。

① 本研究是教育部人文社科重点研究基地重大项目(编号:16JJD740002)子课题"产出导向法理论体系与实施方法研究"的阶段性成果。

2. 文献回顾

PLC 能够促进教师专业发展,对教师教学实践和学生发展产生积极影响(Vangrieken et al. 2017)。国内外现有 PLC 研究集中在中小学,主要涉及 4 方面:1)不同类型共同体的特征(Brouwer et al. 2012);2)共同体利益相关者的角色和影响(Owen 2014);3)共同体发展的影响因素及其成功运行的条件(Zhang *et al.* 2017);4)中学英语教师和高校研究者合作共同体的运行及其效果(Wang & Zhang 2014;王蔷,张虹 2012)。高校跨院系 PLC 建设的相关研究较少,主要论述其意义与挑战,比如高校内部跨学科、跨院系的交流有助于成员增进对其他研究领域的理解,学会运用整合性思维产出创新研究成果,提升解决复杂社会问题的能力(Erichsen & Goldenstein 2011)。不同院系和学科之间存在明显的界限和壁垒,给 PLC 持续发展造成障碍(Halverson 2003),而如何消除障碍、促进高校教师 PLC 运行的实证研究尚不多见。已有研究仅初步探讨了校本和跨校高校英语教师 PLC 建设的理论框架(文秋芳,任庆梅 2011;文秋芳 2017)和实践成效(文秋芳,任庆梅 2012;常小玲,李春梅 2015;文秋芳 2019)。以"跨院系/跨学科(外语)教师共同体"为关键词在中国知网上的"主题"和"全文"检索结果显示,相关文献为 0 篇。相比之下,论述 PLC"应然"的文献层出不穷,更加突显了将"应然"构建成理论并将理论应用于实践的相关研究缺失。

为弥补这一空缺,本研究着重阐述北外跨院系多语种教师 PLC 建设的理论构建与实践探索。

跨院系多语种教师 PLC 的理论与实践:辩证研究范式

本研究采用辩证研究范式,从系统问题入手,旨在不断优化理论,优化实践和阐释。为实现"三优化",研究需要迭代循环,每个循环至少包括学习借鉴、提出理论、实践理论和反思阐释 4 个环节(参见文秋芳 2018)。

3. 研究问题

本研究需要解决的问题是：在一所外国语大学，如何有效建设跨院系多语种教师 PLC？这一系统问题可以细分为 3 个子问题：1）跨院系多语种教师 PLC 建设的理论框架及其要素是什么？2）如何将其应用于 PLC 建设？3）PLC 活动如何开展？为回答这些问题，我们需要一个顶层设计的 PLC 理论框架，然后研究 PLC 的运行流程，边运行，边思考，再将流程理论化。

3.1　学习借鉴，构建新的理论框架

本研究第一作者组织并参与建设过两个为期两年左右的高校外语教师 PLC：一个是校本英语教师 PLC，9 名成员均来自北外；另一个是跨校英语教师 PLC，55 名成员分别来自北京市 7 所大学（北外、中国政法大学、北京化工大学、北京林业大学、北京联合大学、北京工业大学和首都医科大学）。这两项都是中国特色 PLC 建设，经过两轮理论-实践互动（文秋芳 2017），取得了预期成效。

作为前两个 PLC 建设的延续，本研究的不同之处在于，PLC 虽然在同一所高校建设，但跨院系、跨语种，有其自身特点。例如，成员授课语种不同，无法互相帮助解决各自课堂教学中遇到的具体困难，并且 PLC 中部分非通用语教师从未发表过论文，也未受过研究方法的系统训练，成员之间的研究能力悬殊。根据前期两个 PLC 建设的理论与实践经验（文秋芳 2017），同时考虑跨院系多语种教师 PLC 的特点，文秋芳（2019）对跨校 PLC 建设的理论框架（见图 1）进行了修订，为第三轮理论-实践互动提供理论框架（见图 2）。

图 1 和图 2 的两个框架基本结构相同，都由四要素构成：第一是成员，第二是目标，第三是中介（手段），第四是机制。这四要素在 PLC 建设初期虽有先后顺序，但是一旦 PLC 运行起来就成为一个相互联系、相互促进的整体，因此各要素之间都用双向箭头相连，紧密联系，缺一不可。与图 1 相比，图 2 有两个明显的不同点。

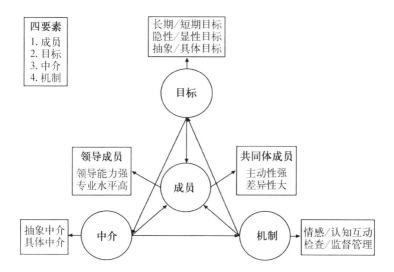

图 1 跨校外语教师 PLC 建设的理论框架

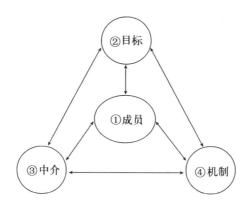

图 2 跨院系外语教师 PLC 建设的新理论框架

第一,删除了每个要素的具体解释,原因有二:一方面,不同 PLC 可能具有自身特点,而图 1 将其固化,限制了理论的解释力和应用范围;另一方面,图 1 对某些要素解释不全面,例如将建设 PLC 的中介只分为抽象和具体两类,而根据社会文化理论,"人"也可以作为中介。第二,要素两两之间的单向箭头改用双向箭头,以突显各要素之间的互动性。

3.2 实践新理论

按照图2的新理论框架,我们逐一阐述新理论四要素的实施,再以案例说明PLC建设的流程①。

3.2.1 四要素的落实

（1）PLC建设成员

许院于2016年下半年正式履行签约手续。初始领导小组成员3名,签订"学者工作坊合同"②的一般成员14名。后来,由于研究项目变动,成员研究兴趣改变,个别人员有所调整,但是总体人数有增无减。目前PLC成员共有35人,平均年龄38岁,平均教龄13年,其他信息如表1所示。

表1　PLC成员构成

成员类别	人数	语　种	单 位 来 源	职　称
领导小组成员	3	英语	中国外语与教育研究中心	教授1名,副教授2名
一般成员	32	法语、德语等25个语种	亚洲学院、非洲学院、欧洲语言文化学院、专用英语学院、法语语言文化学院、德语学院、日语学院等	副教授9名,讲师23名

① 建设跨院系多语种教师PLC时,我们与成员交流运用的不是学术话语"PLC",而是"教师团队""工作坊"等常用语。
② 后期新增人员尚未签订正式合同,但同样履行合同规定的责任。他们原本不能中途参加,但其加入共同体的意愿强烈,因此我们采取了来者一律欢迎的做法。

"学者工作坊合同"规定了 PLC 领导小组和成员各自的责任和义务。PLC 领导小组承诺做到：① 学期内，每月开展 1 次应用语言学论文写作研讨活动，并对论文选题、撰写给予集体和个别指导；② 每年为成员课题选题和申报书撰写提供 4 次辅导。PLC 成员承诺做到：① 学期内，每月参与工作坊组织的学术活动，不得无故缺席；② 按照工作坊领导小组制定的工作计划，按时完成规定任务；③ 参加工作坊期间，应能撰写论文，并提出课题设想、研究设计、撰写项目申请书；④ 每年提交达到发表要求的论文 1 篇；⑤ 3 年内，提交纵向课题申请书 1 份。合同制能在形式上保证双方对参加 PLC 的严肃态度。

（2）PLC 建设目标

目标既是 PLC 建设的起点，也是终点。目标有长期与短期、集体与个体之分。跨院系 PLC 建设的长期目标是为北外一流外国语言文学学科中应用语言学方向建设一支高素质教师队伍，促使成员形成为国家战略服务的学术自觉、学术视野和研究能力，并能正确处理教学与研究的关系，牢记教书育人的首要职责，成为研究—教学双能型师资。PLC 建设的短期目标是完成 3—5 个课题、5 部专著，平均每年发表不少于 10 篇高质量论文。成员的目标是每年撰写 1 篇达到发表要求的论文，3 年内提交 1 份纵向课题申请书，完成 1 部专著的撰写。

我们认为 PLC 任何长期目标的制定都要考虑北外的宏观规划，凸显多语种特色，牢记"为人民、为社会"研究的使命，并且必须从短期目标入手，将长期目标具化为可操作、可考核的短期目标。短期目标的确定要从 PLC 成员的"生存"需求出发，比如发表论文、晋升职称等（文秋芳，张虹 2017a）。人的需求分为高、低等不同层次。我们要将高层次需求内嵌于低层次需求，从低层次需求入手，让 PLC 成员脚踏实地开展研究，逐步做到仰望星空。

（3）PLC 建设中介

中介是实现目标的手段，也是 PLC 成员之间直接互动的载体。中介有"物"和"人"之分；物质中介有抽象与具体之分。对跨院系 PLC 而言，抽象中介是指相关理论，如话语分析、功能语言学、产出导向法理论等；具体中介指研究选题、论文范例、论文写作框架、论文草稿等。"人"的中介有他人和自我之分。他人中介指能够提供各种帮助的人力资源，比如 PLC 内的领导小组成员、同伴或者 PLC 外的专家；自我中介指 PLC 成员自身的能力、付出和努力。如果只有他人中介，没有自我中介，PLC 任务也难以完成。随着 PLC 的发展，他人中介的作用逐渐削弱，自我中介的作用日益明显，这说明 PLC 成员在不断成长。所有中介中，最为关键的是能够全面考虑所有成员兴趣和能力的课题。在过去近 4 年中，我们精心选择了多个研究课题（示例见表 2），实践表明这些课题都符合跨院系 PLC 建设的长期和短期目标。

表 2　PLC 课题示例

序号	时间周期	课 题 名 称	研 究 成 果
1	2016 年 1 月至 12 月	基于联合国成立 70 周年大会上各国领导人讲话的国家形象构建分析	2017 年发表论文 15 篇，其中 CSSCI 来源期刊（含扩展版）论文 11 篇，核心期刊论文 4 篇
2	2017 年 1 月至 12 月	外媒对"一带一路"倡议的认知	2018 年发表 CSSCI 来源期刊（含扩展版）论文 11 篇
3	2018 年 1 月至 12 月	产出导向法在非英语语种教学中的应用	2019 年发表 CSSCI 来源期刊（含扩展版）论文 6 篇

（4）PLC 建设机制

在校本和跨校 PLC 建设中，机制问题并未得到充分探究，因此 PLC 建设机制是本研究的重点。经过几年探索，我们凝练出政策型"拉-推"和任务型"拉-推"两类机制（见图 3）。逻辑上说，前一类机制应先于后一类机制运行;每类机制中,"拉"应先于"推",情感上的"拉-推"应先于制度或认知上的"拉-推"。PLC 实际运行过程中,两类机制需要共同发力,形成良性互动,因而难以分出先后顺序。

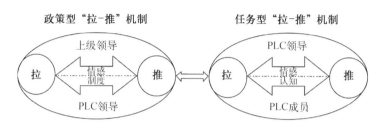

图 3　PLC 两类"拉-推"机制

政策型"拉-推"机制用于校、院、系领导与 PLC 领导之间,体现在情感和制度层面。情感上的"拉"指校、院、系领导在指派 PLC 领导时,要体现诚意和信任,亲自邀请,并说明理由。例如,许院的正、副院长均由北外校长聘任,并冠以"许国璋讲席教授"头衔。情感上的"推"是让 PLC 领导感受到 PLC 建设是一项光荣使命和责任,必须完成任务。制度上的"拉"主要体现在行政层面的支持。例如,北外给许院每年提供活动经费,配备兼职秘书、院长助理等。制度上的"推"指学校每学期检查与督促 PLC 运行。

任务型"拉—推"机制主要作用于 PLC 领导与成员之间,体现在情感和认知层面。情感上的"拉"首先体现在 PLC 领导身上。他们对 PLC 成员真诚相待,在共事中友好热情,营造"安全、互信、互助"的集体氛围,树立"我为人人、人人为我"的风气。PLC 领导让每个成员感受到,在这样的 PLC 中互相学习、共同进步是一个赋能增效的好机会,每个人都在为自己的进步而付出。其次,情感上的"拉"指 PLC 成员之间的相互支持、理解、鼓励等,并且 PLC 成员对 PLC 领导也有"拉"的作用。随着 PLC 领导对 PLC 成员,尤其是对非通用语教师繁重工作和生活负担的了解,他们的敬业精神、敢于接受挑战的勇气、坚持不懈的努力深深感动了 PLC 领导，促使 PLC 领导更愿意为他们提供帮助。比如，有位教师在某日凌晨 2 点多通过电邮发送修改稿，并表示歉意："家有小娃，除了开会和各种工作，只有半夜能安静专心地做自己的研究，一不留意又拖到这么晚才发给你。意见回来后我尽快认真修改。"

情感上的"推"主要包括两方面。其一，PLC 领导小组对 PLC 成员严格管理。成员参与活动须签到，随意迟到、缺席应感到内疚；同伴之间应互相帮助，取长补短，自私自利应遭到摈弃。这些做法能够促使 PLC 成员形成集体荣誉感和责任感。其二，成员之间互相推动。我们建立了微信群，充分发挥群体监督作用。例如，别人都按时提交了"作业"，未完成任务的成员自然会感受到"同伴压力"，努力跟上研究进程。需要说明的是，PLC 成员没有从情感上明显地"推"领导小组成员，但存在隐性的"推"。领导小组必须履行对学校和 PLC 成员的承诺，不然良心会受到谴责。

认知上的"拉"大体包含三方面。其一，PLC 领导把 PLC 的大目标分解为小任务，每个小任务有清晰的程序指导；同时 PLC 领导给成员提供学术资源，细致耐心地指导成员的学术发展。比如，为了帮助 PLC 成员完成表 2 第 1 项课题研究，PLC 领导邀请专家开设了"中美官方话语的比较研究"和"批评话语分析的主要研究方法"两场讲座，并请他们推荐理论书籍，为 PLC 成员开展相关领域研究提供理论支撑。其二，PLC 成员在认知上"拉"动领导小组成员。比如，领导小组成员从 PLC 成员那里学到不同国家的国情和文化，丰富了知识等。其三，PLC 成员之间在认知层面"拉"动彼此。PLC 成员发挥各自不同的优势，通过共同研讨、阅读和修改论文等方式互相帮助。

认知上的"推"主要涵盖三方面。其一，PLC 领导小组为课题每项任务设立明确的目标，安排具体任务，设定截止时间和质量要求，秉持"一个都不放弃"的态度，严格要求成员。其二，PLC 成员对 PLC 领导小组产生"推"力。比如，成员每次准时交送阶段性成果时，领导小组必须及时阅读、反馈，这样才能推动工作进展。带领整个 PLC 做各项课题研究的责任也推动着领导小组不断学习,从而给予成员较为恰当的指导。其三,PLC 成员之间的交流督促彼此尽力按时完成各自的研究。

对于政策型"拉-推"机制和任务型"拉-推"机制,我们强调先"拉"后"推",目的就是先提供情感支持和实际帮助,再提要求,这样,未从事过学术研究的非通用语教师就不会畏难退缩。简言之,认知上的"拉-推"要边拉、边推,边推、边拉;每次步子要小,但节奏要快,"拉-推"之间的力度要恰当,避免过度"拉"滋长依赖性,过度"推"损伤自尊心。当然,"拉-推"力度的均衡不靠数学公式计算,而是靠人与人之间的交流和感受。

3.2.2　PLC 活动流程举例

本研究的跨院系 PLC 活动大致遵循图 4 的流程。整个流程分为 3 个阶段:第一阶段为论文成稿前的准备工作,第二阶段为反复修改论文,第三阶段为论文成稿后的活动。当然,图 4 是为便于阐述的示意图,未能准确反映 PLC 学习的复杂性、交叉性和循环性。下面以跨院系 PLC 开展的第一个课题研究为例具体说明活动流程。

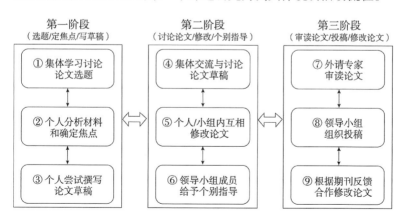

图 4　PLC 活动流程

(1)第一阶段:选题/定焦点/写草稿

第一阶段包含3项任务:① 集体学习讨论论文选题;② 个人分析材料和确定焦点;③ 个人尝试撰写论文草稿。这3项任务用双向箭头联系,表明相邻两项任务之间有循环,不是一次性完成。相比之下,第一项任务最困难。由于PLC成员的院系来源、授课语种和学科背景等因素,很难找到一个全体成员都有兴趣参与的课题。为提高效率,领导小组在集体讨论会之前召开预备会,形成初步构想供集体讨论。以2015年12月召开的第一次集体选题会议为例,预备会商量所得的课题是:各国领导人的话语特征分析。这一话题在集体会上提出时,立刻引发了热烈讨论,比如:不同国家有不同的政体,有的国家总统权力最大,有的是总理权力大,哪些人能算作国家领导人?什么场合的发言能够代表国家?是在国内的发言,还是多边外交场合的发言?话语分析的目的是什么?经过争论和商议,集体会形成初步共识:发言材料要么主题相似(如新年贺词),要么场合相同(如G20峰会、世界气候大会等);课题的目的是了解各国领导人话语的不同特征,以便我国外交话语更能被不同国家的受众理解,提高我国外交话语影响力。

第一次会议并未确定分析材料,但商定在寒假中先收集各国领导人的新年贺词和讲话原文,并将外语材料译成中文,以供不同语种的教师讨论。第二次会议之前,领导小组阅读成员提交的材料,商量如何分析材料。根据材料,我们认识到决定材料可比性的关键因素是相同的外交场合,而不是相似主题。为使所有成员都有材料可分析且使分析具有可比性,我们决定选择2015年第70届联合国大会一般性辩论中各国领导人的发言作为分析语料,因为分析各国领导人在这种重要的多边国际场合的发言有其现实意义。这个建议在第二次会议上得到所有人的支持。之后,每个成员找到对象国领导人的发言,确定分析焦点,并尝试撰写论文草稿。实际上,第一阶段尽管所有PLC成员都赞同选题,但包括领导在内的所有成员都不知如何分析讲话内容、如何撰写话语分析论文。从这个层面来说，我们都在同一个起点上摸索前行。

（2）第二阶段：讨论论文／修改／个别指导

第二阶段的任务主要包括：① 集体交流与讨论论文草稿；② 个人／小组内互相修改论文；③ 领导小组成员给予个别指导。集体讨论与修改论文是 PLC 成员互相学习的好机会。我们邀请草稿质量较好的作者先介绍论文撰写，分享自己的体会，然后其他人报告撰写内容，最后共同讨论写作中碰到的问题和困难，商量对策。这种交流非常有效。各个成员虽然分析的对象国话语语种不一样，但分析思路可以互相借鉴。

第 1 项和第 2 项任务经过五六个来回，才进入个别指导阶段。比如，《语言三大元功能与国家形象构建——以斯里兰卡总统第 70 届联大演讲为例》一文的作者前后修改了 11 稿，修改涉及论文题目、理论框架、结构、内容、措辞、摘要、参考文献等方面。PLC 领导小组对该文第二稿提出的修改意见是："全文只有第四部分是从语言学切入谈国家形象构建，而前面提到的关系、价值观分析并未融入语言学手段，建议将语言学手段与话语分析的内容结合展开分析。第四部分语言学手段过多，每一点都出击，但不深入。"这是第一个课题，修改的轮次较多。PLC 成员学习能力很强，随着 PLC 建设的推进，个别指导的用时逐步减少。

（3）第三阶段：审读论文／投稿／修改论文

第三阶段的任务主要包括：① 外请专家审读论文；② 领导小组组织投稿；③ 根据期刊反馈合作修改论文。非通用语教师普遍反映，在 CSSCI 来源期刊发表论文特别难。引用率是 CSSCI 来源期刊的重要参考指标，而非通用语论文一般不易获得引用，这是期刊必须考虑的现实问题。对此，PLC 领导小组想到的解决方法是组织专栏论文。同一专栏刊发的论文涉及不同国家、不同语种，可能被同时引用，从而增加引用率。

为保证稿件质量，除了第二阶段的集体修改、同伴修改、个别指导修改，每篇论文投稿之前还要经北外曾担任期刊主编、编辑经验丰富的教授审读并提出修改意见,再由 PLC 领导小组协助检查论文格式与文献。投稿之后,按照期刊反馈的论文外审意见,PLC领导与论文作者一起商量修改方法,作者修改论文,回应审稿意见。

　　每篇论文从选题到定稿至少需要打磨 1 年时间。特别是第一篇论文的撰写,大部分成员从零做起,PLC 领导小组和成员需要付出的时间和精力相对更多,成员感受到学术写作的困难也更大。PLC 成员不是单单完成论文撰写,更重要的是学习研究方法和掌握论文撰写的要领。第一篇论文完成之后,在后面论文撰写中PLC 领导小组为成员提供的帮助逐步减少,成员独立研究的能力不断增强,论文质量相应提高。

4. 反思与阐释

　　四年多的跨院系 PLC 建设实践表明,新修订的四要素理论框架具有较强的应用性,尤其是两类"拉-推"机制的创新运用确保了 PLC 建设成效。为了更有效地推进 PLC 运行,以下从 3 个方面展开反思与阐释:1) 建设好跨院系 PLC 的关键;2) PLC 组织者的收获;3) PLC 存在的问题和发展方向。

　　四要素框架中,"成员"位于中心位置,表明"人"是第一要素。PLC 中每个个体都是经过千挑万选进入北外,语言水平高,思想素质好,但要使一群不同院系的教师组建 PLC,和谐、愉快地共同工作和生活三四年并有所收获,并非易事。建设跨院系 PLC 最关键的是,PLC 领导小组要有高超的组织力和心甘情愿为教师服务的精神。例如,研究课题都经过领导小组事先策划,充分考虑所有成员的需求,又避免互相碰撞而产生矛盾。领导小组还向所有成员说明论文署名只有作者本人,对论文写作提供过帮助的人可在文中加注致谢,从而提高了成员的研究积极性。再如,领导小组采取多种措施保障论文质量,包括一对一指导修改、外请专家审读等。

　　作为跨院系 PLC 领导小组,我们花费时间和精力帮助教师提高科研能力,同时我们也收获满满。第一,作为教育研究者,我们对不同类型 PLC 建设的理论与实践充满好奇,跨院系 PLC 为我们提供了最佳的实践场域和丰富的研究数据,以此反复检验理论的科学性和可行性。第二,我们对北外乃至全国高校非通用语教师的现状和困难获得深刻了解(文秋芳,张虹 2017b)。他们是一个值得尊敬、关心、帮助的群体。第三,我们开阔了视野,拓宽了眼界。跨院系 PLC 领导小组成员均为英语教师,对非英语国家情况了解有限。在论文讨论和修改过程中,我们初步了解了罗马尼亚、挪威、芬兰、荷兰、意大利、斯里兰卡、埃及等国家的国情、政情和社情。

　　总体而言,跨院系 PLC"拉-推"机制行之有效,但仍需应对一些困难。第一,当工作职责或家庭负担过重时,教师有时难以按时完成 PLC 的任务,研究进度不能与其他成员同步,这就需要我们人性化、灵活地处理任务完成的截止时间。第二,教师分散在不同院系,确定每个成员都能参加活动的时间极其不易。我们有时只能挑节假日或周末,实在没办法就只能选择绝大多数人能安排的时间。尽管跨院系 PLC 遇到上述困难,实践表明在非通用语专业建设初期,当教师面临教学、科研、职称晋升等多重挑战时(文秋芳,张虹 2017b;张虹 2019),高校出面支持教授组建跨院系 PLC对年轻教师专业发展可谓"雪中送炭",是帮助他们走出困境的得力措施。

5. 结语

　　本研究阐述的跨院系多语种教师 PLC 建设的理论框架仍在探索之中。我们相信通过辩证研究范式,该理论会不断完善,实践会不断优化,反思和阐释会不断深化。关于 PLC 运行机制,本研究囿于篇幅,只是从 PLC 领导小组和研究者角度通过一个课题案例进行阐释,PLC 成员以及高校领导对"拉-推"机制实施效果的看法有待另文探究。习近平总书记在 2018 年全国教育大会上强调,教师"承载着传播知识、传播思想、传播真理,塑造灵魂、塑造生命、塑造新人的时代重任"(习近平 2018)。教师要承担此重任,必须要终身学习,持续发展。我们期待更多教育研究者和管理者参与建设不同类型的 PLC。各级领导要充分发挥 PLC 政策型"拉—推"机制的作用,拿出实招,为建设高素质教师队伍搭建坚实平台,为建设教育强国提供人力资源保障。

注释:课题的时间周期是包含研究计划时间。实际上,PLC 成员的论文从撰写到录用的时间并不一致,约需半年到一年多的时间。

参考文献

[1] Brouwer, P., et al. Fostering teacher community development: A review of design principles and a case study of an innovative interdisciplinary team[J]. *Learning Environments Research*, 2012, 15(3): 319 – 344.

[2] DuFour, R. & Eaker, R. *Professional Learning Communities at Work: Best Practices for Enhancing Student Achievement* [M]. Bloomington, IL: Solution Tree, 1998.

[3] Erichsen, E. A. & Goldenstein, C. Fostering collaborative and interdisciplinary research in adult education: Interactive resource guides and tools[J]. *SAGE Open*, 2011, 1(1): 1 – 11.

[4] Halverson, R. R. Systems of practice: How leaders use artifacts to create professional community in schools [J]. *Education Policy and Analysis Archives*, 2003, 11(37): 1 – 35.

[5] Owen, S. Teacher professional learning communities: Going beyond contrived collegiality toward challenging debate and collegial learning and professional growth[J]. *Australian Journal of Adult Learning*, 2014, 54(2): 54 – 77.

[6] Vangrieken, K. et al. Teacher communities as a context for professional development: A systematic review[J]. *Teaching and Teacher Education*, 2017, 61: 47 – 59.

[7] Wang, Q. & Zhang, H. Promoting teacher autonomy through university-

school collaborative action research［J］. *Language Teaching Research*, 2014, 18(2)：222－241.

［ 8 ］ Zhang, J., Yuan, R. & Yu, S. What impedes the development of professional learning communities in China? Perceptions from leaders and frontline teachers in three schools in Shanghai ［ J ］. *Educational Management Administration & Leadership*, 2017, 45(2)：219－237.

［ 9 ］ 常小玲,李春梅.高校英语教师跨校互动发展团队的行动研究［M］.北京：外语教学与研究出版社,2015.

［10］ 王蔷,张虹.高校与中学英语教师合作行动研究的实践探索——在行动中研究 在研究中发展［M］.上海：上海教育出版社,2012.

［11］ 文秋芳.大学外语教师专业学习共同体建设的理论框架［J］.外语教学理论与实践,2017,(3)：1－9.

［12］ 文秋芳.“辩证研究范式”的理论与应用［J］.外语界,2018,(2)：2－10.

［13］ 文秋芳.“外语金课”与“金牌外语教师团队”［J］.外语教育研究前沿, 2019,(4)：3－10.

［14］ 文秋芳,任庆梅.探究我国高校外语教师互动发展的新模式［J］.现代外语,2011,(1)：83－90.

［15］ 文秋芳,任庆梅.互动发展模式下外语教学研究者的专业成长［J］.外语界,2012,(4)：16－22,29.

［16］ 文秋芳,张虹.倾听来自高校青年英语教师的心声：一项质性研究［J］.外语教学,2017a,(1)：67－72.

［17］ 文秋芳,张虹.我国高校非通用外语教师面临的挑战与困境：一项质性研究［J］.中国外语,2017b,(6)：96－100.

［18］ 习近平.习近平出席全国教育大会并发表重要讲话［Z］.2018.www.gov. cn/xinwen/2018－9/10/content_5320835.htm?tdsourcetag = s_pctim_ aiomsg.

［19］ 张虹.国标背景下高校非通用语教师身份认同研究［J］.中国外语, 2019,(5)：77－84.

（作者通讯信息：北京外国语大学
文秋芳：wenqiufang@bfsu.edu.cn
张虹：crystalsmile630@126.com）

从生态批评话语分析到
和谐话语分析

黄国文

1. 引言

　　生态批评话语分析（Eco-critical Discourse Analysis）是在话语分析、批评话语分析的基础上发展起来的，但它所涉及的范围要宽广得多，不仅仅是研究社会结构中的话语实践问题，而且还研究人与自然以及人与其他物种（包括人与动物、植物）之间的关系问题。与批评话语分析一样，生态批评话语分析也具有明显的价值取向，与分析者的世界观、意识形态关系紧密。但是，无论是批评话语分析还是生态批评话语分析，通常都是站在"弱者"和消极的立场看待事情，希望通过批评、揭露或挑战的方式来改变现状。因此，分析者通常是站在"弱势"（被弱化、被边缘化、被控制、被压迫、被剥削）的一方，往往与社会主流相悖。

　　本文在回顾话语分析、批评话语分析、积极话语分析（Positive Discourse Analysis）和生态批评话语分析的基础上，对所提出的"和谐话语分析"（Harmonious Discourse Analysis）（黄国文 2016；赵蕊华，黄国文 2017）进行勾画，试图从其哲学根源、研究目标与原则、理论指导、研究方法与研究对象等方面对中国语境下的生态话语分析模式进行探讨。

2. 话语分析、批评话语分析与积极话语分析

　　简单地说，话语分析开始于 20 世纪 50 到 60 年代，发展于 70 年代，成熟于 80 到 90 年代。最近 20 多年来，话语分析的研究发

展迅猛。由于它涉及了很多学科领域,因此其影响力已经超越了语言学领域的其他任何一门学科(黄国文,刘明 2016)。

2.1 话语分析的发展

话语分析的发展历程,与发生在哲学界的"语言转向"(the linguistic turn)和人文社会科学研究领域的"话语转向"(the discursive turn)联系紧密。所谓的"语言转向",指的是 19 世纪末到 20 世纪中期,西方哲学在经历了古希腊形而上学和近代理性主义与经验主义之争之后,开始认识到哲学中诸如"思维"和"意识"等问题本质上是语言问题,这样语言就被认为是哲学反思自身传统的一个起点和基础。所谓的"话语转向",就是越来越多的人认识到,"语言问题"不是孤单句子本身的问题,而是语言在现实生活(使用)中的话语或语篇,因此,必须把关注点集中在现实的话语,探索语言的实际使用及其对社会生活的影响。社会科学研究出现"话语转向"的主要原因是:社会生活(包括人与人之间的关系)随着社会的发展,在性质上一直在发生变化,因此,人们赖以生存的话语成了社会实践的主要"中介",因为社会生活(包括言语、行为)的本质是话语的,是受到话语影响和操控的。

由于话语分析涉及很多学科领域,因此它的属性就是"多学科"或"跨学科",话语分析的方法也就是多学科或跨学科方法。从目前的研究状况看,话语分析有很多种路向(approach),不同的研究路向是由各自的理论来源、学科背景、研究目标和方法决定的。例如,会话分析主要源于北美的社会学,功能话语(语篇)分析主要是根据系统功能语言学理论,批评话语分析则是受到 Karl Marx、Mikhail Mikhailovich Bakhtin、Antonio Francesco Gramsci、Louis Althusser、Michel Foucault 等人的影响,基于批评语言学(Critical Linguistics)的话语分析路向。不同的分析方法之间的界限并不是清晰分明的,而是相互交叉甚至相互包含和借鉴,它们是并存的。实际上,不同的研究路向处在一个连续体上,一端是语言学,另一端是社会文化分析。

话语分析视角的多样性、方法的不一致性和解释的差异性彰显了它的性质和生命力,因为语言是多样的,社会生活的本质是丰富多彩的,人们的世界观是有差异的。要真正了解话语与社会的各种错综复杂的关系以及话语在社会生活中的影响力和操控力,就必须不断从不同的学科领域中汲取营养,促进学科之间的对话,这样才能满足我们对话语分析的需求。

2.2　批评话语分析

我们(黄国文,徐珺 2006)曾参照 Cook（1998/2001）的分类,区分了话语分析的三种研究路向:（1）英美学派（the British-American School）;（2）以法国哲学家福柯（Michel Foucault）的理论为基础的学派;（3）批评话语分析学派。英美学派主要指发端于英美研究传统的话语分析,其根源可以追溯到 20 世纪初中期伦敦学派奠基人 John R. Firth 对言语意义的研究,关注点从语言使用开始。福柯学派主要受法国哲学家福柯的影响,强调话语在社会实践中的影响力和操控力,因此它更注重社会文化分析(涉及话语秩序、意识形态、社会联盟与社会活动)以及语言、话语使用过程中折射出的社会现象和社会问题,而不是语言分析或话语分析本身。

批评话语分析学派介于两者之间,是在它们的基础上建立和发展起来的。批评话语分析也称“批评语言学”,有时也称“批评性语言研究”（Critical Language Study）或“语言学批评”（Linguistic Criticism）。它不仅研究语言的作用,而且研究语言为什么会有这样或那样的作用(功能)。研究者不仅仅对话语表达的意义(或隐藏的意义)感兴趣,而且对其如何产生那些特定的意义感兴趣。它认为语言并不是一种客观透明的交际工具,话语是一种社会实践;它希望通过分析语言的表现形式来揭露意识形态对话语的影响、制约和操控以及话语所折射出的社会结构和权势关系,使话语对意识形态起反作用,影响意识形态和价值判断。因为它将话语看作社会实践的一种方式,所以它既强调社会文化因素对话语的影响、制约和操控作用,也强调话语对社会文化的构建和促进作用。

顾名思义,批评话语分析的出发点是"批评",但随着研究的不断发展,关于"批评"就有了一种新的定义。很多人都把批评话语分析中的"批评"理解为批判、揭露、否定。但是,也有一些批评话语分析者对 critical 有不同的理解。例如 Wodak(见 Kendall,2007)就明确指出,critical 指的是"不想当然"(not taking things for granted),要揭示复杂性,要挑战"还原主义"(reductionism)、"教条主义"(dogmatism)和"二分法"(dichotomies),要自我反思(self-reflective);critical 不是指大家平常所说的否定意义,它也包括提出不同的选择(alternative)。

系统功能语言学的意义和形式("潜势"与"实例")之间辩证关系的思想、语境(文化语境、情景语境、上下文语境)与语言之间关系的思想、语言的元功能思想和语言的"干预"(intervention)作用(功能)思想,在批评话语分析研究中被广泛使用。无论是系统功能语言学还是批评话语分析,它们都关注话语在社会中的作用,都通过社会和文化因素来突出语言对社会的影响。系统功能语言学与批评话语分析有相似或重叠的地方(Matthiessen,2009:20),但从"批评"的角度看,批评话语分析表现得比较直接和公开,因为它的初衷是要对社会的权势关系和不公平进行揭露。系统功能语言学比较温和,虽然它的基本出发点就是关注社会问题,是个有社会理据的理论。它强调要将语言置于其社会环境和社会实践之中进行考察,通过这样来解释语言的特征和本质;同时也强调要将语言学应用于其社会环境之中,把语言学当作一种干预方式,对社会活动进行审视和思考,这就是 Halliday(1993/2003:223)所说的关注社会问题的语言学(socially accountable linguistics)。因此,在很多批评话语分析的活动中,容易找到系统功能语言学的身影。

2.3 积极话语分析

积极话语分析是相对于批评话语分析而言的。但是,正如 Stibbe(2018a:168)所说,它不是用来替代批评话语分析,而是用来"补缺"(complementing),在批评的基础上寻找正面的、积极的方方面面。虽然批评话语分析能揭示意识形态和权力关系以及社会中的不平等关系,但这种做法本身是站在消极的立场上去观察和分析问题的,因此其后果很多是消极的、反主流的或反政府的。因此,就有人开始思考应该以什么立场去分析话语与社会实践的关系问题。例如,Kress(1996, 2000)和 Luke(2002)都提到,批评话语分析不仅要揭示社会中的不平等、不人道和有害的事实,更应该通过批评阅读、分析和解构把解构转化为一种建构,应该通过揭示不平等去创造一个公平的社会,而不能太过于强调批评和批评研究,不然会让人们感觉自己生活在一个十分不好的环境里。Kress(2000)还提出了"设计"(design)这一概念,指出话语分析不应该从消极的立场出发,而应该有意识地设计美好的未来。Luke(2002)则主张以建设性的方式使用权力。

"积极话语分析"这一术语是 Martin(2004/2012)首先提出来的。他所说的积极话语分析采取的是"进化的"(evolutionary)而不是"革命的"(revolutionary)方式。他认为,批评话语分析是解构的,而积极话语分析是建构的;批评话语分析是对残酷的"现实"(realis)的批评分析和揭露,而积极话语分析则是对美好的"非现实"(irrealis)的不断争取。这个分析框架的假定是,我们需要的是建构性的理论,要选择互补而不是对抗,要采取"阴/阳"视角,用其来弥补批评话语分析在考察权力关系时对社会造成的不良影响,通过话语分析实现和平语言学,建设一个更美好的社会。因此,积极话语分析不像批评话语分析那样聚焦"霸权"争斗(控制与反控制)问题,而是注重"社区"和谐(结盟与协商)问题。在过去的十多年里,有很多学者从不同的角度对积极话语分析进行探讨（如 Macgilchrist 2007；Bartlett 2012，2018；Stibbe 2015，2018a），Stibbe（如 2015，2018a，2018b）则把这一概念用于生态语言学研究。

有些学者（见 Bartlett，2018：137；Stibbe，2018a：174）认为，积极话语分析与批评话语分析一样，过分看重语言的作用，而没有更多地从话语产生的社会因素去考虑语言所传递的意义；但也有些学者（如 Stibbe 2014：124）认为，在推广积极语篇（positive text）方面，积极话语分析比批评话语分析做得更好。这是因为它们的站位不一样，一个是对立的角度，另一个是联盟的态度。Bartlett（2018：145）则认为，话语分析的不同路向如果形成一个"实践连结"（a nexus of practice），就可以为话语分析的积极和干预取向建立一个制高点。简单地说，积极话语分析和批评话语分析的最大不同点是：前者除了考察消极的因素外，还寻找或希望积极的方方面面，不像后者那样站在"弱者"的立场，只关注社会中的消极情况。

3. 生态批评话语分析

生态语言研究是 20 世纪 70 年代慢慢发展起来的。对于语言生态或生态语言学的研究，一开始就显示了这是一个跨学科领域的课题，因为它至少涉及语言与生态这两个学科的问题。由于生态的问题越来越变成所有人关注的问题，又因为关于生态的话语分析总会涉及对目前普遍面临的生态环境问题的评价、批评和对改进生态环境的建议和呼吁，所以就自然地与批评话语分析有共通之处，因此就有了"生态批评话语分析"（Fill & Mühlhäusler 2001），所涉及的话题有政治报告、绿色广告、环境问题报告等。2001 年出版的《生态语言学读本：语言、生态与环境》（Fill & Mühlhäusler 2001）所收录的 27 篇文章中有 9 篇属于生态批评话语分析方面的内容。Halliday（1990）就被认为是生态批评话语分析的急先锋（参见 Stibbe 2018a：165 - 166）。

　　批评话语分析与生态批评话语分析的最大不同点是：前者研究的是社会结构中人与人之间的关系；后者则把研究范围扩大到自然中各种物种之间的关系，尤其是作为自然界物种的人与其他物种(包括动物、植物)之间的关系，因此涉及的问题包括气候变化、生物多样性的流失、资源的消耗、化学物质所带来的污染等。

　　随着生态问题越来越严重，各个学科对于生态问题更加重视，导致"生态转向"(the ecological turn)的出现(Stibbe 2015)。早在30年前，李继宗、袁闯(1988)就论述了当代科学的生态学化问题，认为当代科学思维方式的变化清楚地反映出科学的生态学化趋势，生态学或生态问题研究已经并将继续从多方面推动当代科学的综合趋势。我国生态学家李文华院士主张用基础生态学、广义生态学和泛义生态学的界定来揭示生态学的内涵：(1)基础生态学属于自然学科，研究的是不同水平生物与环境之间的相互关系；(2)广义生态学指的是研究包括人类在内的生物群体与周围环境和社会发展之间的相互关系的科学；(3)泛义生态学则是指综合运用生态学原理和方法及由此抽象出的哲学思想和文化内涵来探索自然界和人类社会现象及其本质，它是生态学向自然科学和人文社会科学领域的扩展与延伸(邹冬生，高志强 2013：1)。

　　在生态转向的大环境下，出现很多与生态有关的学科，就人文科学与社会科学而言，就有生态心理学、生态女性研究、生态社会学、生态批评、环境沟通、生态文学、生态语言学等。在一定程度上说，现在什么学科都与生态有关。因此，在生态语言学界，Alexander & Stibbe(2014)提出"对生态话语的分析"(the analysis of ecological discourse)(如对生态环境有关的话语的分析)和"对话语的生态分析"(the ecological analysis of discourse)进行区分。他们认为，在自然界中形成、保持、影响或破坏人与人、人与自然中的其他物种和一切环境的关系这些复杂的过程中，语言是起重要作用的。因此，生态语言学要研究人与人、人与其他物种和一切与环境有关系的问题。因为从生态视角看，所有话语都反映和影响甚至控制了人们的所作所为和所思所想,从而导致人们对周围的一切(包括与其他人、与自然、与环境)的认知、态度和行为。生态语言学要研究的问题之一就是语言在人与人、人与其他物种和环境的可持续发展关系中的影响和作用以及它们之间错综复杂的关系。基于这样的假定,他们(Alexander & Stibbe 2014:109)特别指出,生态语言学的研究范围不仅仅限于那些关于生态问题的话语(如与环境问题、生物多样性流失有关的话语),而应该包括可能导致人们对生态系统造成影响的所有行为和话语。这种观点的理据是:所有话语都会对人们的行为产生影响,人们的行为又会对生命赖以依存的生态系统造成影响。基于这样的观念,他们提出,我们应该从生态的角度对所有话语进行分析,即话语的生态分析(the ecological analysis of discourse),而不仅仅是分析与生态环境问题有直接关系的话语。

Stibbe(2015)把话语解释为"故事",即一种影响着人类看待世界的方式、存在于每个人大脑中的认知结构。这些故事影响或左右着我们的一言一行;我们根据头脑中的故事来生活,这就是我们信奉和践行的故事(stories-we-live-by)。他把话语分成了三种类型:有益性话语(beneficial discourse)、破坏性话语(destructive discourse)和中性话语(ambivalent discourse)。决定话语类型的标准主要是研究者个人的意识形态、伦理准则、价值观、生态哲学(Stibbe 2015:11–12, 2018a:175)。这就是说,同样一个故事,持有不同的伦理准则、生态哲学的人会有不同的判断。例如,"先污染再治理"对于急于大力推动工业化发展的人,应该是"中性话语"(既有有益的方面,也有破坏的方面);而对于认为无论什么时候(包括在工业化初期)都应该以生态为中心(ecology-centred)的人来说,就是破坏性话语。像"先污染再治理"这样的话语,就是一个故事,是一种认知、观念、看法、态度等,如果我们接受、信奉、践行这样的故事,那就变成了我们行为中的原则和理念。因此,Stibbe(2015)指出,对于破坏性话语,我们要揭露、批评、抵制;对于有益性话语,我们要宣传、鼓励、支持;对于中性话语,我们要一分为二看问题,分析利弊,考虑改进的方式。

4. 和谐话语分析

　　与其他人文学科和社会学科一样,语言学研究除了要有原创性外,还应该追求本土化和本土特色。我们(黄国文 2016)提出的"和谐话语分析"就是这方面的尝试。我曾明确指出,和谐话语分析是在中国语境下提出的,目的在于促进人与人之间、人与其他物种之间、人与自然之间以及语言与生态之间的和谐关系。我认为,"在中国语境下,'生态'不仅仅是指生命有机体与其生存环境之间的关系以及它们之间的相互关系和相互作用所形成的结构和功能的关系,而是被用来表示'和谐',人与自然的和谐、人与人之间的和谐"(黄国文 2016:12)。这是因为,在中国,"和谐"已经成为发展的关键词,它强调各种关系的和谐一致(见赵蕊华、黄国文,2017)。

　　要构建和谐话语分析模式,需要对其哲学根源、研究目标与原则、理论指导、研究方法与研究对象进行深层次的探讨。在最近的一些文章中,已经涉及很多这些问题的讨论(如黄国文,2016,2017;赵蕊华,黄国文 2017;Zhou 2017;周文娟 2017;Zhou & Huang 2017),但讨论还不够深入,有很多问题还没有涉及。

4.1　哲学根源

　　在中国语境下讨论生态语言学问题,首先要找到自己的"生态位"和生态哲学观的根源。中国的人文精神与西方的人文主义是不同的:"中国哲学绝不是离开自然而谈论人文,更不是在人与自然的对立中形成所谓人文传统。恰恰相反,中国哲学是在人与自然的和谐统一中发展出人文精神"(蒙培元 2004:2)。中国哲学的根本精神就是"生"的问题,"生"的哲学就是生态哲学,就是人与自然的和谐关系(蒙培元 2004:5)。中国的生态哲学是在中国特定的历史长河和文化背景下形成的,与中国的生态环境和社会发展紧密相连。中国哲学中的"天地以生物为心""人以天地生物之心为心""天人合一"都是主张要与自然界万物和谐相处,以自然界为精神家园。无论是孔子之儒家的"天生万物"还是老子之道家的"道生万物",都是讲世界的本源(天或道)与包括人在内的自然界的生成关系和和谐关系,因此,有学者认为儒家和道家的"哲学本质上是生态哲学"(乔清举 2013:331)。虽然儒家与道家在"天人合一"的解释上有差异(儒家侧重"人文",道家侧重"自然"),但在"天人合一"这一理念的理解上,基本的含义都是"人与自然的内在统一"(蒙培元 2004:3)。

　　儒家是"以人为中心"的,这是它的精髓。以人为中心就是重视人在万物中的重要地位,把人的问题放在重要的位置上。"人是万物中最'灵'的,也是万物中最'贵'的"(蒙培元 2004:58)。人与其他物种一样,都是自然界赋予的,但人不同于其他物种(如动物),人有道德意识,人有仁性;在处理人与自然的关系上,人起着关键性的作用;但是,儒学的"以人为中心""实际上是以人的'问题'为中心,不是以人的'利益'为中心"(蒙培元 2004:62)。

　　这里说的儒家的"以人为中心"理念,与现近代西方哲学文化中的"人类中心主义"是不同的。人类中心主义是一种与宗教和唯心主义有联系的反科学观念,认为人是宇宙的最终目的和宇宙的中心,主张人是自然界的主宰,居于自然界的中心地位;它的"根本出发点是人与自然的二元对立"(蒙培元 2004:55)。但是,正如郑家栋(2003:11)所说的,儒家思想的核心"并不在于一般的追求自然和谐,而在于谋求自然和谐与差等秩序的统一","'和谐'中本来就包含了'差等'";"'差等'之对于儒家是更为本质的东西",这种"差等"观念导致儒家认同和接受现实的伦常法规和等级秩序。从这一点看,自然界的物种是有"差等"的。

　　基于这样的认识,我们(黄国文 2017)在探讨和谐话语分析模式时,提出了"以人为本"的基本假定,并明确指出,"以人为本",

就是以人民为本;"以人为本"与新中国坚持全心全意为人民服务的根本宗旨和科学发展观是一脉相承的。

4.2 研究目标与原则

我们(黄国文,赵蕊华 2017)曾对生态话语分析的目标进行勾画:探索语言与生态的相互关系和相互作用,揭示语言对各种生态关系(包括人类之间的生命可持续关系、人类与其他非人类有机体的生命可持续关系、人类与自然环境的生命可持续关系)的影响。这个定义是基于 Halliday(2007)所说的"系统生态语言学"(systemic ecolinguistics)而提出的,所涉及的内容基本不包括"机构生态语言学"(institutional ecolinguistics)所涉及的内容。从这个定义可以看出,我们研究的语言学理论支撑是 Halliday(如 Halliday & Matthiessen 1999, 2014; Halliday 1990, 2007)的系统功能语言学,指导我们研究的核心问题是 Halliday(2007:14)所说的"How do our ways of meaning affect the impact we have on the environment?"(我们的意指方式如何左右我们对环境的影响?)。

我们(黄国文,赵蕊华 2017)还提出了生态话语分析的总原则:与天人合一、人类和平、社会和谐、生态环保一致。这与中国主流的、正能量的、和谐的生态观并行不悖。这个原则指导着我们对话语的各种生态解释。我们清楚地认识到,同一个语篇或话语,持有不同生态观的人就有不同的反应和解释,因为他们信奉着不同的假定和遵守着不同的原则。基于我们(黄国文,2017)的生态哲学观,我们提出了"良知原则""亲近原则""制约原则"来具体指导生态话语分析。

4.3 理论指导

和谐话语分析的语言学理论指导主要是 Halliday 的系统功能语言学(如 Halliday & Matthiessen 1999, 2014)。Halliday(1993/2003:223)早年开始语言学学习和研究时就跟同伴试图寻求"马克思主义语言学"（Marxist linguistics）。他明确指出,马克思主义语言学一直是他自己追求的长远目标,他毕生的精力"致力于在政治语境中研究语言"（见 Martin 2013：118;另见韩礼德,何远秀,杨炳钧 2015;何远秀,杨炳钧 2014;何远秀 2016）。在 2015 年 4 月的一次访谈中,韩礼德（Halliday）明确地说,"我是用马克思主义的语言观和方法来研究语言的"（韩礼德,何远秀,杨炳钧 2015：1）。

和谐话语分析所要遵循的是被称为"新马克思主义语言学"（Neo-Marxist linguistics）（Martin 2000）的系统功能语言学原则（见何远秀 2016）,因此我们推崇辩证唯物主义,采取整体论（多元论、系统论）而不是二元论。我们采用系统功能语言学作为和谐话语分析的语言学理论支撑,一方面把语言看作政治活动的工具,突出语言的干预功能,把语言研究置于政治语境中的社会实践;另一方面把语言与文化语境、情景语境和上下文语境结合起来,在语境中研究语言、语篇和话语以及它们传递的各种意义。

4.4　研究方法与研究对象

无论是话语分析、批评话语分析、生态批评话语分析,还是和谐话语分析,研究的起点都应该是用于表达意义的语言和语篇,因为现实是语言构建的。因此,研究的对象首先是语言、文本（话语）,可以采用定性分析,也可以采用定量分析。和谐话语分析方法是对语言、语篇和话语进行多维度、多层次的分析,包括话语所传递的或隐藏的世界观、价值观、意识形态、话语的语义和含义、话语的谋篇和结构、话语的语境、话语的表述、语言的选择、语法的特点、语言与环境和各种语境的关系等等。按照系统功能语言学的研究方法,就是采取三维视角（trinocular perspective，Halliday 1996/2002：408）:从上（from above）、从下（from below）、从周围（from roundabout）来进行分析（参见常晨光 2010;何远秀 2016）。

根据研究目标与原则,遵循所信奉的生态哲学观,和谐话语分析从语言的结构和使用分析入手,用生态的视角审视语言系统、语言结构和语言使用，并把语言放进生态系统中考察；具体分析表现在语言语义层、词汇语法层、音系层和语音层的特点，然后把语言分析和语境（文化语境、情景语境和上下文语境）分析一起考虑，根据自己的生态哲学观进行解读、解释和评估。当然，也可以先对话语所表达的宏观意义进行定位，然后通过语言分析来找到证据。

这个研究方法可以达到两个不同目的：一是作为意义表达的语言是怎样构建现实的，二是作为语言系统的语言实例（instance）是怎样反映语言的意义潜能（meaning potential）的。这其实是作为适用语言学和作为普通语言学的系统功能语言学的两个界面。

4.5　小结

无论是话语分析、批评话语分析、生态批评话语分析，还是我们提出的和谐话语分析，其本质都是与"政治"有关的。这个"政治"是广义的，它包含了很多内容。生态语言学家的生态观也是带有明显的意识形态和价值判断的。因此，我们在进行话语的生态分析时，需要考虑文化传统、政治导向、话语产生的背景、经济和社会发展阶段、历史影响以及社会的普遍价值观等。

上面所说的和谐话语分析的哲学观、假定、理论指导、研究目标、总原则和分析原则、研究方法与研究对象之间的关系是融合的和整合的，而不是分离的关系，它们是一个有机体的不同组成部分，互相影响，互相制约，相互作用，缺一不可。

5. 结语

生态语言学和生态话语分析是一个交叉学科，它的基本点是语言和话语，涉及生态学、文学、哲学、伦理学、美学等多个学科。简单地说，它属于广义的应用语言学。我们所提的和谐话语分析是以系统功能语言学为理论支撑，用整体的、多元的、功能的、系统的、选择的、进化的视角分析中国语境下的生态话语、话语生态和语言系统。

和谐话语分析与话语分析、批评话语分析、积极话语分析的最大不同之处是：后者的研究范围只限于人类社会的话语以及人与人之间的关系，而我们的研究范围是包括人类在内的自然以及自然界中人与其他物种的关系，而且是可持续关系。和谐话语分析与生态批评话语分析的研究范围都延伸至人与自然和其他物种的关系，但是前者并非只是揭示这些关系中的消极因素或揭露生态问题，而是主要从正面的、正能量的、和谐的因素进行分析和审视，它与生态批评话语分析形成"阴/阳"互补关系。另外，和谐话语分析应该借鉴 Wodak 对 critical 的解释（见 Kendall，2007），从自我反思做起，最终实现和谐发展的目的。这样看来，和谐话语分析与生态批评话语分析不是互补关系，而是处于"正面审视-负面批评"这个连续统上。因此，和谐话语分析的分析路径更为多元化。

生态话语分析是个具有明确价值取向的活动，所做的分析和结论与分析者的生态哲学紧密相连。我们所提出的分析框架是基于中国的历史背景、文化传承、社会发展阶段的实践，具有特别明显的本土意识。因此，它是"中国制造"的。

参考文献

[1] 常晨光.系统功能语言学理论与实践的辩证关系[J].外语与外语教学，2010，(5)：11-14.

[2] 韩礼德，何远秀，杨炳钧.系统功能语言学的马克思主义取向——韩礼德专题访谈录[J].当代外语研究，2015，(7)：1-3.

[3] 何远秀.韩礼德的新马克思主义语言研究取向[M].北京：中国社会科学出版社，2016.

[4] 何远秀.论韩礼德的实践辩证法语言研究思想[J].外国语文，2017，(2)：67-72.

[5] 何远秀，杨炳钧.韩礼德的马克思主义语言哲学观与方法论[J].东南学术，2014，(5)：20-25.

[6] 黄国文.外语教学与研究的生态化取向[J].中国外语，2016，(5)：1，9-13.

[7] 黄国文.论生态话语和行为分析的假定和原则[J].外语教学与研究，2017,（6）：880‐889.

[8] 黄国文,刘明.导读.话语分析核心术语[M].北京：外语教学与研究出版社,2016：ix‐xlii.

[9] 黄国文,徐珺.语篇分析与话语分析[J].外语与外语教学,2006,（10）：1‐6.

[10] 黄国文,赵蕊华.生态话语分析的缘起、目标、原则与方法[J].现代外语,2017,（5）：585‐596.

[11] 李继宗,袁闿.论当代科学的生态学化[J].学术月刊,1988,（7）：45‐51.

[12] 蒙培元.人与自然——中国哲学生态观[M].北京：人民出版社,2004.

[13] 乔清举.儒家生态思想通论[M].北京：北京大学出版社,2013.

[14] 赵蕊华,黄国文.生态语言学研究与和谐话语分析——黄国文教授访谈[J].当代外语研究,2017,（4）：15‐18,25.

[15] 郑家栋.自然和谐与差等秩序[J].中国哲学史,2003,（1）：11‐12.

[16] 周文娟.中国语境下生态语言学研究的理念与实践[J].西安外国语大学学报,2017,（3）：24‐28.

[17] 邹冬生,高志强 主编.当代生态学概论[M].北京：中国农业出版社,2013.

[18] Alexander, R. & A. Stibbe. From the analysis of ecological discourse to the ecological analysis of discourse[J]. *Language Sciences*, 2014, （41）：104‐110.

[19] Bartlett, T. *Hybrid Voices and Collaborative Change: Contextualising Positive Discourse Analysis*[M]. London：Routledge, 2012.

[20] Bartlett, T. Positive discourse analysis[A]. In J. Flowerdew & J. E. Richardson（eds）. *The Routledge Handbook of Critical Discourse Studies*[C]. London：Routledge, 2018：133‐147.

[21] Cook, G. Discourse analysis[A]. In K. Johnson & H. Johnson（eds）. *Encyclopedic Dictionary of Applied Linguistics: A Handbook for Language Teaching*[C]. Oxford：Blackwell/Beijing：Foreign Language Teaching and Research Press, 1998/2001：99‐101.

[22] Fill, A. & P. Mühlhäusler. *The Ecolinguistics Reader: Language, Ecology and Environment*[C]. London：Continuum, 2001.

[23] Halliday, M. A. K. New ways of meaning：the challenge to applied linguistics[J]. *Journal of Applied Linguistics*, 1990, （6）. Reprinted in J. Webster（ed）. *On Language and Linguistics*, Vol. 3 in *The Collected*

Works of M. A. K. Halliday[C]. London: Continuum, 1990/2003: 139 - 174.

[24] Halliday, M. A. K. Language in a changing world[J]. *Occasional Papers* (Applied Linguistics Association of Australia), 1993, (13). Reprinted in J. Webster (ed). *On Language and Linguistics*, Vol. 3 in *The Collected Works of M.A.K. Halliday*[C]. London: Continuum, 1993/2003: 213 - 231.

[25] Halliday, M. A. K. On grammar and grammatics[A]. In R. Hasan, C. Cloran & D. Butt (eds). *Functional Descriptions: Theory in Practice* [C]. Amsterdam: Benjamins, 1996: 1 - 38. Reprinted in J. Webster (ed). *On Language and Linguistics*, Vol. 3 in *The Collected Works of M. A.K. Halliday*[C]. London: Continuum, 1996/2003: 384 - 417.

[26] Halliday, M. A. K. Applied linguistics as an evolving theme[A]. In J. Webster (ed). *Language and Education*, Vol. 9 in *The Collected Works of M.A.K. Halliday*[C]. London: Continuum, 2007: 1 - 19.

[27] Halliday, M. A. K. & C. M. I. M. Matthiessen. *Construing Experience through Meaning: A Language-Based Approach to Cognition*[M]. London: Cassell, 1999.

[28] Halliday, M. A. K. & C. M. I. M. Matthiessen. *Halliday's Introduction to Functional Grammar*[M]. London: Routledge, 2014.

[29] Kendall, G. What is critical discourse analysis? Ruth Wodak in conversation with Gavin Kendall. *Forum Qualitative Sozialforschung/ Forum: Qualitative Social Research*, 2007, 8(2), Art. 29, http://nbn-resolving.de/urn: nbn: de: 0114 - fqs0702297.

[30] Kress, G. Representational resources and the production of subjectivity: Questions for the theoretical development of critical discourse analysis in a multicultural society. In C. R. Caldas-Coulthard & M. Coulthard (eds). *Texts and Practices: Readings in Critical Discourse Analysis* [C]. London: Routledge, 1996: 15 - 31.

[31] Kress, G. Design and transformation: New theories of meaning. In B. Cope & M. Kalantzis (eds). *Multiliteracies: Literacy Learning and the Design of Social Futures*[C]. Abingdon: Routledge, 2000: 153 - 161.

[32] Luke, A. Beyond science and ideology critique: Developments in critical discourse analysis[J]. *Annual Review of Applied Linguistics*, 2002, 22: 96 - 110.

[33] Macgilchrist, F. Positive discourse analysis: Contesting dominant

discourses by reframing the issues[J]. *Critical Approaches to Discourse Analysis across Disciplines*, 2007/1(1): 74 - 94.

[34] Martin, J. R. Grammar meets genre: Reflections on the Sydney School [J]. *Arts: The Journal of the Sydney University Arts Association*, 2000, (22): 47 - 95.

[35] Martin, J. R. Positive discourse analysis: Solidarity and change.载王振华编.批评话语分析/积极话语分析(马丁文集,6)[C].上海：上海交通大学出版社,2004/2012: 278 - 298.

[36] Martin, J. R. *Interviews with M. A. K. Halliday: Language Turned Back on Himself*[C]. London: Bloomsbury Academic, 2013.

[37] Matthiessen, C. M. I. M. Ideas and new directions[A]. In M. A. K. Halliday & J. Webster (eds). *Continuum Companion to Systemic Functional Linguistics*[C]. London: Continuum, 2009: 12 - 58.

[38] Stibbe, A. An ecolinguistic approach to critical discourse studies [J]. *Critical Discourse Studies*, 2014, 11(1): 117 - 128.

[39] Stibbe, A. *Ecolinguistics: Language, Ecology and the Stories We Live By* [M]. London: Routledge, 2015.

[40] Stibbe, A. Positive discourse analysis: Rethinking human ecological relations[A]. In A. F. Fill & H. Penz (eds). *The Routledge Handbook of Ecolinguistics*[C]. London: Routledge, 2018a: 165 - 178.

[41] Stibbe, A. Critical discourse analysis and ecology[A]. In J. Flowerdew & J.E. Richardson (eds). *The Routledge Handbook of Critical Discourse Studies*[C]. London: Routledge, 2018b: 497 - 509.

[42] Zhou, Wenjuan. Ecolinguistics: Towards a new harmony[J]. *Language Sciences*, 2017, 62: 124 - 138.

[43] Zhou, Wenjuan & Huang, Guowen. Chinese ecological discourse: A Confucian-Daoist inquiry[J]. *Journal of Multicultural Discourses*, 2017, 12/3: 264 - 281.

（本文刊于《中国外语》2018 年第 4 期）

（作者通讯信息：华南农业大学
flshgw@scau.edu.com）

英汉表达状态变化句子的
共核：变化复合体

严辰松

引言

状态变化(change of state)是语言必须表达的重要意义之一，各种语言概莫能外。

Vendler(1957：143—160)所说的四种事件类型——状态、活动、完成和完结，后两种属于状态变化事件，都具有终结性(telic)，与活动和状态事件的非终结性(atelic)相对。

状态变化事件最基本的语义要素是"变"或"成"(文献中常用BECOME 表示)。事件中的某个实体因某种内因或外因发生变化。表述这类事件如只是陈述变化而不交代原因，或部分交代原因，这样的句子叫做自成句(inchoative)(Van Valin & LaPolla 1997：102—125)；既陈述变化也同时交代原因的句子叫做使成句(causative)(Talmy 2000：472—475)①。使成句表达致使完成或致使完结，蕴含原因对变化结果的致使关系，语义上除了"变"以外，还添加了"使"(CAUSE)的意义。致使关系在汉语中也称"使役关系"，是具有跨语言共性的、普遍的语义范畴。自成句和使成句的例子如下：

> [1] a. The ice melted. (自成句)
>
>   b. The hot water melted the ice. (使成句)
>
> [2] a. 肉(煮)熟了。(自成句)

---

① 王力(1943/1985)把这类句式称为"使成式"。对使成式，文献中有不同的解读。本文集中讨论致使状态变化类使成式。参见邓守信(1991)。

　　　　b. 他用慢火煮熟了肉。(使成句)

　　例 1 和例 2 的两个句子都表述了同一实体的变化,只是句 b 表达了复杂、完整的致使关系,而句 a 只是简单表达了变化。此外,a、b 之间可进行使成/自成变换(transitive/inchoative alternation)。使成/自成变换是语言中包括主动/被动等各类变换的一类。

1. 核心意义和主体性过程

1.1　Fillmore：核心意义

　　Fillmore(1970) 发现,英语的状态变化动词(change-of-state verb)所表征的"核心意义"在几种句式中保持不变。这个核心意义涵盖受影响的主体及其受影响后状态变化的结果。至于结果是如何导致的,则不在核心意义之内。例如:

　　　　[3] a. I broke the window (with a rock).
　　　　　　 b. The rock broke the window.
　　　　　　 c. The window broke. (转引自 Fillmore 1970：123)

　　例 3a 和例 3b 都表述致使事件,属于使成句。例 3a 有施事 I,如果带有括号中的内容(with a rock),那么所表述的致因是完整的,既包含施行动作的人,也包含所使用的工具;如果不带括号中的内容,那么致因只归因于人,并不交代这个人使用何种手段达到了后面的结果。例 3b 以 the rock 为主语,将致因归因于工具,并不提及施行动作的人。例 3c 没有表达致因,只是表达了状态变化的结果,因此不能算是个使成句,属于自成句。

　　例 3 三个句子都表达了 the window broke 这一核心意义,这是它们的共核。三个句子共享一个承载状态变化结果的主体 the window。这一主体是语义角色 Patient 或 Theme①,它在使成句中

_____

① 　Patient 的意义是"经历动作且状态发生变化",而 Theme 的意义是"经历动作但未发生状态变化",两个词有时可替换使用(Wikipedia："Thematic relation")。

实现为宾语论元,而在自成句中实现为主语论元。例 3a、例 3b 两者与例 3c 之间属于使成/自成变换,两者核心意义相同,只是前者还表达了致使义。

1.2 Langacker:主体性过程

认知语法指出,语言由符号单位或符号结构组成,它们的意义取决于概念内容(conceptual content)和识解(construal)。概念内容是符号单位或结构的基底(base),识解是对基底内容的观察角度,识解的结果形成显影(profile)(Langacker 1987:182)。

认知语法认为,语言表征的动作过程或事件分自主和依存两种类型。有一种主体性过程(thematic process)表征一个主体的状态及其变化,例如"The window broke""The rod bent"或"The sheep awakened";另一种施事性过程(agentive process)则表征外因导致某主体发生状态变化,换句话说,表达一种致使关系。上述单纯表述状态变化的句子都有对应的表达致使关系的句子,即"Tony broke the window""Tony bent the rod"和"Tony awakened the sheep"(Langacker 2008:369 - 372)。图 1(a) 显示单表状态变化的主体性过程,(b) 同时显示施事性过程,(c) 表明施事性过程的前半部分无法独立存在(见星号)。

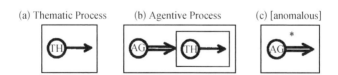

图 1 主体性过程和施事性过程(Langacker 2008:372)

施事性过程和主体性过程是对同一基底的两种不同识解,形成不同的概念结构。图 1(b) 的观察视角扫描完整的致使事件,致因和结果共现,且结果内嵌于整个事件之中。而图 1(a) 的视角只是聚焦于结果,对致因忽略不表,尽管这个外因有可能是存在的。

两相比较，主体性过程的概念结构是自主的、独立的，因为我们可以不考虑致因而只关注主体在状态上的变化结果。而施事性过程是依存，它有赖于主体性过程来表达完整的事件，主体性过程具有详述（elaborate）施事性过程的作用。

认知语法认为，自主/依存层次（A/D layering）是语言结构的基本特征之一。在这一层次中，自主成分（A）往往细化依存成分（D），从而组成更高层次的结构——（D（A））。在这样的配置中，自主成分比依存成分在语义和语形方面分量更"重"，如意义更为丰富、具体和明确。此外，由于依存成分有赖于自主成分得到完全的表述，它不大可能独立出现。比如，就语音而言，元音是自主的，而辅音是依存的；元音可独立构成音节，而辅音则需要元音的辅助才能构成音节。

在表达状态变化事件的两种结构中，处于最里层的主体性过程是自主成分，处于外层的是表施事性过程的依存成分，后者提供致使关系的能量来源，如施事（或工具）。主体性过程可以用不及物句型独立表达，由变化主体充任主语；而致使关系则使用及物句型，由提供能量来源的参与者施事或工具充任主语，变化主体充任宾语。这两个句式可抽象表示如下：

[4] a. X V_t Y
　　b. Y V_i（Langacker 1991：387）

4a 和 4b 两式重点表述的都是发生变化的主体 Y，都含主体性过程，由主体 Y 和状态变化结果（V_t 或 V_i）构成。不难看出，这两种句式之间也存在使成/自成变换。两种句式不同的是，4a 式包含了致因 X。

2. 英汉表状态变化句的共核：变化复合体

Langacker 所说的"主体性过程"与 Fillmore 所说的"核心意义"不谋而合，具有异曲同工之妙。两者都强调变化主体加变化结果的核心及自主的地位,无论在自成句还是使成句中,它们是守恒不变的,且在论元实现(argument realization)中,无论变化主体实现为自成句的主语,还是使成句的宾语,变化结果 R 始终指向表征这一主体的名词论元。按生成语法管约论(government and binding theory)的观点,该名词论元永远控制着 R。

我们不妨把"变化主体+变化结果"称为"变化复合体",这是所有表达状态变化句的共核。在有关文献中,这一变化主体有不同的表述:它是使役关系中的役事(Causee)(Huang 1988),是动作的客体或受事(Patient)(Jackendoff 1990),是能量传递链条上的受力者(force recipient)(Croft 1990,Rappaport Hovav & Levin 2001 等),是"经历状态变化的论元,通常称为'patient'或'theme'"(Levin & Rappaport Hovav 1995:83),是动作的受影响者(Affectee)(Li 1995),是"句中一般被理解为经历运动或状态变化的名词短语,称为'宿主'(host)"(Goldberg & Jackendoff 2004),等等。

归纳起来,这一主体"受到影响,经历状态变化,并且是变化结果 R 述说的对象"。我们把它称为"变元",而使成句中的实体致因可称为"致元",两者都是作为动结式复合谓语论元的语义角色。我们认为,变元及变化复合体是所有表达状态变化句共享的语义结构,具有跨语言的共性,英语和汉语也不例外。

2.1　英语

英语可由动词表达状态变化。Fillmore(1970)和 Langacker (2008)都以这些动词为例,然而英语也用动结式(Resultative)表达状态变化。这两种句式有密切的联系。

Levin(1993)列举了英语中 324 个表征外因致使状态变化意义的动词。这些动词分为 Break、Bend、Cook 和 Other Alternating Verbs 等四个大类,它们共同的特征是:1)可以进行使成和自成之间的变换;2)凡是状态变化可由工具导致,工具和施事都可实现为句子主语表达致因;3）在句末可增添表述变化结果的补语。

增添了结果补语的句式是英语的动结式,这是英语表达状态变化的又一个大类。英语动结式与汉语动结式在形式和语义上相似。两者都包含由动词充任的述语（V,又作 VP,P 为"短语"义）和由形容词充任的结语（R,又作 XP 或 RP:XP 涵盖形容词和介词短语,RP 意为结果短语）。形式上不同的是,汉语的 V 和 R 两者接续,而英语中两者由 V 的宾语隔开。

如不算表达空间意义的致使移动（caused-motion）,如 John danced mazurkas across the room,英语动结式可分成以下两个大类（Rappaport Hovav & Levin 2001）。我们发现,这些动结式也都含有"变元+变化结果"的"变化复合体"。

1. 简单自成句,R 指向主语:V 为不及物动词,无宾语。

　　［5］The pond froze solid.（变化复合体:the pond+solid）

2. 复杂使成句,R 指向宾语:V 为及物或不及物动词,宾语为常规、非常规或反身代词。

　　1）V 为及物动词,宾语为常规宾语

　　　　［6］The dog poked me awake.（变化复合体:me+awake）

　　2）V 为及物动词,宾语为非常规宾语

　　　　［7］They drank the pub dry.（变化复合体:the pub+dry）

　　3）V 为及物动词,宾语为反身代词宾语

　　　　［8］The cows ate themselves sick.（变化复合体:themselves <the cows>+sick）

　　4）V 为不及物动词,带宾语

　　　　［9］The joggers ran the pavement thin.（变化复合体:the pavement+thin）

5) V 为不及物动词,宾语为反身代词宾语

[10] We yelled ourselves hoarse. (变化复合体: ourselves<we>+hoarse)

2.2　汉语

汉语用多种句式表达状态变化,其中重要的是含述结结构的各种句式。"述结"即 VR(Verb+Result),又称"述补"或"动补",是汉语多种句式的复合谓语。汉语表达状态变化的各种句式可归纳如下图。我们发现,这些句式也同样包含变化复合体:

图2　表状态变化的汉语句式

2.2.1　单纯形容词/动词句式

说"单纯",是为了和带述结结构的句式相区分。例 2a 中"肉熟了"和"肉煮熟了"都表述状态变化,前者仅由性质形容词作谓语构成;后者加上动词"煮",由述结结构作谓语。汉语中表性状的单音节形容词很多可用作谓语。例如:

[11] a. 破草帽湿了。

b. 半边天空红了。

汉语也用一些动词表达状态变化,例如"倒""醒""醉"等。

[12] a. 电线杆倒了。

b. 张大伯醉了。

谓语"湿了""红了""倒了""醉了"分别述说主语"破草帽""半边天空""电线杆"和"张大伯"。这类句子属于自成句，表述状态变化，但不说明变化的原因。不难看出，这些句子本身就构成了变化复合体。

2.2.2　一般动结式

在[11]和[12]各句的谓词前加入动词 V，它们就变成了带述结结构的一般动结式，如"破草帽淋湿了""半边天空染红了""电线杆碰倒了""张大伯喝醉了"。我们认为，汉语动结式可以分为以下两个大类：

1. 自成句：V 为不及物动词或形容词，R 为形容词或动词，R 指向主语。

[13] 媛媛哭醒了。（变化复合体：媛媛+醒了）

[14] 老张累病了。（变化复合体：老张+病了）

2. 使成句，R 指向宾语：

1）V 为及物动词，R 为形容词或动词，宾语为 V 的常规宾语。

[15] 他酒后捅死了前女友。（变化复合体：前女友+死了）

2）V 为及物动词，R 为形容词或动词，宾语与 V 无句法关系。

[16] 母亲切破了手指头。（变化复合体：手指头+破了）

3）V 为及物动词，R 为形容词或动词，V 的施事不出现，受事充当主语，与 V 呈动宾倒装结构，宾语与 V 无句法关系或是其逻辑主语。

[17] 人头马喝哭志愿者。（变化复合体：志愿者+哭了）

4）V 为动词或形容词，R 为动词或形容词。主语与 V 和 R 都无语法关系。

[18] 昨天的婚宴喝倒了好几个人。(变化复合体:好几个人+
倒了)

从上面的例子可以看出,汉语动结式自成句形式上类似不及
物句,R 的语义指向是动结式的主语,而表达复合致使事件的使成
句类似及物句,R 的语义指向是动结式的宾语。①

2.2.3　带标记述结句式

汉语述结结构不仅出现在一般动结式中,还出现在"把"字
句、"被"字句、重动句等句式中。例如:

[19] a. 我嘴巴里流出的哈喇子把大师胸前的衣服都滴湿了。
　　　　("把"字句)(变化复合体:胸前衣服+湿了)

　　　b. 他的耳朵根已被那麻绳磨烂了。("被"字句)(变化
　　　　复合体:麻绳+烂了)

　　　c. 还乡团匪徒埋人埋累了……(重动句)(变化复合体:
　　　　还乡团匪徒+累了)

汉语表状态变化的各类句式之间可实现各种变换。如前所述,
单纯形容词/动词句式可加动词变为一般动结式。使成句和自成句
可实现双向变换,只是自成句向使成句变换时需添加施事(致元)。
此外,一般动结式可变换为"把"字句或"被"字句等句式。驱动变换的
是各种语用因素,如为了强调致因,我们可用"被"字句(如例 19b);为
了突出受影响而发生变化的主体,我们用"把"字句(如例 19a),等等。

2.3　比较

比较英汉语表达状态变化的句子,我们有如下发现:

① 汉语另有两小类形式上看似及物,但 R 指向主语的动结式,可以说是本文分类的例
外:1) 张三喝醉了酒;2) 刘翔跑赢了对手。第一类句末的名词"酒"是动词 V
"喝"的"宾语",这句话的变化复合体是"张三+醉了";而第二类句末的名词"对
手"是 R"赢"的宾语,这句话的变化复合体是"刘翔+赢了对手"。学界对这两个小
类多有论述,本文因篇幅所限不做细述。

　　1）表达状态变化的句子，都存在一个主体和关于这个主体发生状态变化的陈述。这个主体是受动作影响并发生状态变化的实体。在论元配置中，它可实现为不及物句的主语或及物句的宾语。这一实体我们称之为"变元"。

　　2）这个实体和状态变化结果一起，构成一个共生共存的"变化复合体"。这一复合体表达的是 Fillmore 所说的表状态变化动词的"核心意义"，Langacker 所说的"主体性过程"。

　　3）无论是在及物句还是不及物句中，表述变化结果的论元在句法上控制表变化结果的 R。变化复合体可表征为独立的句子。句子以变化主体为主语，以表状态发生变化的陈述为谓语。这种语义和句法都自主的句子，叫做自成句。

　　变化复合体同时也出现于使成句。如果自成句是简单句的话，那么使成句是由动作和结果两个子事件构成的表达致使关系的复杂句，是在自成句的基础上添加了致因。

　　4）无论是自成句还是使成句，变化复合体都体现了句子的核心信息。Langacker 认为它代表了主要的事件，是句子的中心，因为它是自主的，而"致使"部分是依存的。

　　5）在变化复合体保持不变的情况下，很多自成句和使成句之间可实现变换。汉语一般动结式和带述结结构的句式也可实现有条件的转换。各种转换及其实现的理据值得专门探讨。

3. 余论

　　确认变元和变化复合体这两个语义常项将有助于进行单一语言或跨语言的研究。例如，以变元和变化复合体为基础，我们可以重新确认汉语一般动结式的类型，分析这些类型与其他含述结结构句式之间的关系，考察它们之间的变换及所产生的语义、语用和语篇功能差异。这些都大有文章可做。从跨语言的角度，我们也可以以变元和变化复合体为基础，更好地推进在表达状态变化方面的英汉语对比研究乃至翻译研究。本文只是指出了英汉语有关方面的共同点。

参考文献

[1] Croft, William. *Typology and Universals*[M]. Cambridge：Cambridge University Press, 1990.

[2] Fillmore, C. J. The grammar of hitting and breaking[C]//R. Jacobs & P. Rosenbaum, eds. *Readings in English Transformational Grammar*. Washington DC：Georgetown Univ School of Language, 1970.

[3] Goldberg, Adele E. & Ray Jackendoff. The English resultative as a family of constructions[J]. *Language*, 2004, 80 (3)：532 – 568.

[4] Huang, C.-T. James. Wo pao de kuai and Chinese phrase structure[J]. *Language*, 1988, (64)：274 – 311.

[5] Jackendoff, Ray S. *Semantic Structures*[M]. Cambridge, MA：The MIT Press, 1990.

[6] Langacker, R. W. *Foundations of Cognitive Grammar. Vol. I: Theoretical Prerequisites*[M]. Stanford：Stanford University Press, 1987.

[7] Langacker, R. W. *Foundations of Cognitive Grammar. Vol. II: Descriptive Application*[M]. Stanford：Stanford University Press, 1991.

[8] Langacker, Ronald W. *Cognitive Grammar: A Basic Introduction*[M]. New York：Oxford University Press, 2008.

[9] Levin, Beth. *English Verb Classes and Alternations: A Preliminary Investigation*[M]. Chicago, IL：The University of Chicago Press, 1993.

[10] Levin, Beth and Rappaport Hovav, Malka. *Unaccusativity: At the Syntax-Lexical Semantics Interface*[M]. Cambridge, MA：The MIT Press, 1995.

[11] Li, Yafei. The thematic hierarchy and causativity[J]. *Natural Language and Linguistic Theory*, 1995, 13 (2)：255 – 282.

[12] Rappaport Hovav, Malka and Beth Levin. An event structure account of English resultatives[J]. *Language*, 2001, (77)：766 – 797.

[13] Talmy, Leonard. *Toward a Cognitive Semantics* (V. I)[M]. Cambridge, MA：The MIT Press, 2000.

[14] Van Valin, Robert D., Jr. and Randy J. LaPolla. *Syntax: Structure, Meaning and Function* [M]. Cambridge：Cambridge University

Press，1997.

［15］ Vendler，Zeno. Verbs and times［J］. *Philosophical Review*，1957，（56）：143 - 160.

［16］ 邓守信.汉语使成式的语义［J］.国外语言学,1991(3)：29 - 35,16.

［17］ 王力.中国现代语法［M］.北京：商务印书馆,1943/1985.

（作者通讯信息：广西大学
yanchensong@vip.163.com）

英汉语言对比研究

Contrastive Linguistic Studies

把论文写在祖国的大地上
——外语界语言学研究的一点思考

牛保义

前段时间,中国英汉语比较研究会会长罗选民教授应邀为《外语教学》组稿,让我写篇文章,深感荣幸。我 2008 年参加了《英汉语对比与翻译研究》(上海外语教育出版社,2009)系列丛书的编纂,主编了第三卷《认知·语用·功能——英汉宏观对比研究》。在展望英汉语宏观对比研究发展趋势时,我们曾提到:"汉语的主体性将在英汉语宏观对比研究中受到更多人的关注"(牛保义2009:10)。沿着这一思路,本文想借此机会,按照习近平总书记在哲学社会科学工作座谈会(2016 年 5 月 17 日)上提出的"加快构建中国特色哲学社会科学"的指导思想,联系我国外语界语言学研究的实际,冒昧谈谈个人的一点看法。

1. 外语界语言学研究现状管窥

外语界的语言学研究,取得了一些可喜的进展,但也存在着一些明显的不足,或者说是值得改进的地方。

取得的进展主要表现在以下几个方面:

(1)从教外语转向研究外语

许国璋(1991:I)曾经指出,"语言学界的学术活动,大体分为两类:中文系学人以音韵、训诂、方言、汉语语法的研究为主;外文系学人以介绍、解释国外诸语言学派的论点为主"。可能是受学科定位或某种因素的影响,过去教外语,不管是英语还是其他外国语言,就是教听、说、读、写、译。外语界的语言学研究就是向学生介绍外国的语言学理论、思想和观点。时而举出一些具体的语言实例,也是为了解释或说明这些理论、思想和观点。近些年来,随着外语教育的普及和深入,学人们在引介外国的语言学理论过程中发现,必须结合具体的语言现象,自己才容易弄懂这些理论,才能向学生讲清楚这些理论。于是,一些学者便开始在引介外国语言学理论的同时,把目光投向这些理论赖以产生的语言。

(2) 从引介国外语言学理论转向运用理论分析和解释具体语言现象

起初,我们引介外国的语言学理论是将其当作一门专业知识传授给学生,目的是让学生了解和掌握一些语言学概念、思想和观点。例如,什么是"转换生成语法"? 怎样画"树形图"? 改革开放以来,西学东渐,外国的语言学理论,包括一些新的思想和观点,被大批引介进来。随着语言学理论水平的发展和提高,学者们发现语言学理论并非"铁板一块",有些思想和观点是相互抵牾的、不协调的。比如,形式语言学认为,语言是自足的;认知语言学认为,语言是非自足的。此外,学者们还发现语言学理论并非"放之四海而皆准",有时候是"行不通"的。比如,英语代词作句子主语要用主格形式。但是为什么可以说"Him be a doctor"? 于是,学者们开始用一种怀疑或质疑的眼光看待语言学理论,并尝试将这些理论应用到具体语言现象的分析和解释中,一方面验证理论的真伪,另一方面旨在对语言本体有所发现。

(3) 从对外国语言的研究转向对母语汉语的分析和解释

大部分语言学理论都是语言学家们从自己母语中提炼出来的。这样就产生了英语语言学、俄语语言学、日语语言学,等等。因此,在运用语言学理论分析和解释具体语言实例的过程中,教英语的将语言学理论运用于分析英语现象,教俄语的将语言学理论运用于分析俄语句子,等等。在运用语言学理论分析和解释外国语言的同时,一些学者不由自主地联想到一些汉语的例子。尤其是近些年来,外语界的学者们对汉语被动句、把字句、兼语句和双宾句以及汉语隐喻、转喻等现象进行了积极的探索,还有一些外语专业的博士和硕士学位论文选取汉语为研究对象和客体。

（4）从对语言学理论的说明和解释转向对语言事实的理论概括和抽象

以往外语界的语言学研究有一个"潜模式"①，即选取一定的理论框架，如韩礼德提出的语言的"三大原功能"，或者 Sperber & Wilson 的关联理论等，用以分析若干语言实例，最后得出结论："语言的确有三大功能"，或"关联理论是正确的"。很明显，这些研究与其说是对语言现象的研究，倒不如说是对语言学理论的解释和说明。近些年来，随着国家大力倡导学术创新和学者们创新意识的增强，外语界一些语言学研究开始注重语言事实的理论概括和抽象，尝试提出新的思想和观点。例如，徐盛桓研究汉语、英语疑问句，在《中国语文》上发表语用嬗变思想；钱冠连研究《文心雕龙》《管锥编》《谈艺录》等，提出了汉语文化语言学理论，等等②。

以上是外语界语言学研究取得的一些进展，下面谈谈存在的问题。

（1）大部分研究还是围着外国的语言学理论打转转

我国汉语语法研究的历史表明，因机械模仿或照抄照搬人家的理论，忽视汉语自身的特质特征，走了不少弯路③，直接影响和阻碍了汉语语法理论的建设和发展（邵敬敏 2006；龚千炎 1997）。我个人认为，外语界的语言学研究，至今还存在着类似的问题：仍

---

① 这是一种"理论先行"的模式。"理论先行的危害就在于，在进入具体的材料之前，在研究本身并未呈现一种理论体系之时，就已经用一套理论的话语将结论本身包含在前提之中"（刘毅青 2014：120），束缚了人们的理论创新意识。

② 我们观察到，国内外语界有突出理论贡献的语言学研究，大都是研究汉语的，就连久居美国的赵元任可能也是靠《汉语口语语法》立足国际语言学领域的。

③ 笔者认为，根据邵敬敏和龚千炎对汉语语法史的研究，从某种意义上说，我国汉语语法理论体系，就是在修正、质疑和批判"机械模仿照搬国外语法理论，忽视汉语自身特征"的过程中发展和建立起来的。

然是围着人家的理论打转,自主创新意识淡薄。我们曾经做过这样一个比喻:上面提到的外语界语言学研究的"潜模式",就像数学老师在给学生讲"$(a+b)^2 = a^2 + 2ab + b^2$"这一数学公式,不管你用$(1+2)^2$、$(10+8)^2$,还是用$(200+9)^2$,最后还是"$(a+b)^2 = a^2 + 2ab + b^2$",永远搞不出什么新东西来。这样的语言学研究,"外国的语言学理论在那儿翻新,咱们也就跟着转"(吕叔湘1986,为龚千炎《中国语法学史》[语文出版社,1997]写的序言),转来转去,理论都是人家的,转不出自己的东西来,转不出自己的话语权。

(2)有些外语界学人对语言学研究创新有误解

近些年来,从上到下都在强调学术创新。究竟什么是语言学研究的创新呢?外语界一些学人认为,同一种语言现象用一种新的理论去分析和解释就是创新;选取一种全新的语言现象去分析和解释也是一种创新。这样定义"创新",从某种程度上讲,也许是可以接受的。但是,语言学研究真正意义上的创新,应该是对语言本体有新的发现、新的认识,或提出新的思想、观点、理论模型。如果同一种语言现象用新的理论解释一番,得到的结论文献中早有提及,那只不过是贴新的理论标签,换一种说法而已。这样的创新没有多大意义,或者根本就算不上创新,甚至是对创新的一种"亵渎"。同样,对一种崭新的语言现象(如网络流行语)进行分析探讨,得不出新的认识,也是对"创新"的一种误解。

(3)观察语言的能力有待提高

外语界语言学研究另一个值得注意的问题是:重理论引介,轻语言事实的挖掘。我们认为,就像歌唱家会唱歌、书法家会写字一样,观察语言的能力是语言学学人的"看家本事"。观察语言能力的深浅厚薄,正是语言研究功力的显现。可能是学科特点所限,或是传统势力的影响,一些学人(包括我自己)对语言本体的观察能力有限,表现为自己能看到的,人家已经看到了;人家看不到的,自己也没发现。有些研究得出的结论,自己认为是新发现(new findings),但在人家眼里,这些"新发现"与文献所述大同小异,并非是"言他人之所未言"。这种情况,要么是"雷声大,雨滴小",要么是"光打雷,不下雨"。

(4)对汉语语言学研究知之较少

钱冠连(1999:6-7)指出,"外语界学者的大多数汉语水平不高"。他们"虽说能直接借用国外语言理论,但由于没有过硬的母语功底,读不了艰深的汉语文献,进不了汉语专业领域(如音韵、训诂、方言、汉语语法),也难以有大的理论发现"(钱冠连1999:6-7)。钱先生说的是汉语语言水平;我们想说的是,大多数外语界学人对汉语语言学研究的成果和历史缺乏系统的、全面的了解和把握,融入不到汉语语法研究的大潮之中,研究成果不能引起汉语语言学研究者的高度重视。

(5)与汉语语言学界交流深度不够

较之过去,近些年来外语界和汉语界语言学学人往来多了起来。外语界语言学研讨有时邀请汉语语言学专家做主旨发言,一些汉语语言学学人主动参加外语界的学术研讨,两者有了一些"汇合"。但是,我们认为,这些"汇合"广度有限,深度不够。根据我们的观察,汉语界语言学学人参加外语界研讨,主要是想了解一些新的语言学理论知识;外语界邀请汉语语言学专家做学术报告,实属"阳春白雪,和者甚寡"。

(6)语言学理论体系建设意识淡薄

语言学理论体系建设意识淡薄有两方面的问题。一方面,我们的研究(比较有创新的)提出了一些新的概念、观点、思想,但仍难引起国外国内语言学领域的重视,我们认为原因是这些新思想、新观点是"零打碎敲",不成体系。另一方面,我们提出的一些新的思想和观点理论抽象不够,概括不到位。举个例子,认知语言学的构式语法研究,人家提出了认知构式语法、激进构式语法、体验构式语法、历时构式语法等。有人评论时说,朱德熙1981年提出的"高层次的语义关系"、马庆株1983年提出的"格式赋予意义"的观点,其实说的也是"构式"。

2. 对外语界语言学研究现状的反思

与汉语界语言学研究相比，外语界语言学研究至少在以下两个方面有着明显的优势。首先，学人队伍庞大。汉语界语言学学人主要是高校中文系教师和一些研究院所的专家学者；外语界语言学学人不仅有外文系的，还有从事大学英语教学的教师以及一些研究院所的专家学者。其次，语言学理论功底相对扎实。外语界语言学学人凭借其外语优势，具有较好的能力获取、消化和吸收外国的语言学理论。既有庞大的学人队伍，又有良好的理论储备，外语界语言学研究为什么仍然存在着以上诸种不足？为什么学术成果依然是低水平、重复劳动的多，原创的、有自己知识产权的少呢？原因非常复杂，有主观方面的，也有客观方面的；有内部的，也有外部的；有学术方面的，也有其他方面的；有历史的，也有现实的。这里笔者谈几点个人的简陋看法，意在引起大家更多的关注和思考。

（1）学科定位不科学

我们国家的学科分类中，一级学科有外国语言文学和中国语言文学。这一分类引发了一系列问题：两个一级学科里都有"语言学"，两个"语言学"怎样定位呢？这自然导致研究外国语言（英语、俄语、日语等）的"语言学"和研究中国语言（汉语）的"语言学"出现。这还进一步引发了两个一级学科各自"画地为牢"，你搞你的外语语言学，我搞我的汉语语言学，互不"干涉"，互不"侵犯"。①

（2）学术视野不开阔

学科定位不科学对汉语界和外语界语言学学人的学术视野有些负面的影响。比如，双方或多或少均有"门户之见"，缺乏互信和尊重。外语界语言学学人认为自己对外国的语言学理论了解比

---

① 直到现在，还有些人用怀疑的眼光问我们："外语界的怎么搞起汉语研究了？""外语博士怎么研究起'把'字句来了？"庆幸的是，2018 年 3 月"两会"上，有代表提出"建立语言学一级学科"；有关部门表示"正在考虑之中"。

较透彻,汉语语言学研究使用的理论大部分都是外语界学人引介过来的;汉语界语言学学人认为自己对汉语的研究比较深入,外语界学人就是会说、会写外语,语言学研究至多是将国外人家的理论引介进来。

（3）研究目的不明确

对外语界语言学学人来讲,我们搞语言学研究的目的究竟是什么？是为了学习国外的语言学理论,还是为了研究语言（可以是外语,也可以是母语）本体？是为外语教学服务,还是服务于普通语言学理论建设？是为了更好地使用语言,还是为了揭示语言的规律？是为了证实人家理论的普遍性,还是为了形成有自己特色和优势的新的理论体系？

（4）研究特色不明显

外语界语言学研究原创性成果较少,另一方面的原因是缺乏研究特色。实际上,外语界搞语言学研究,处于一种非常尴尬的境地。如果研究外语,由于缺乏对语言的深层次的感知和认识,要有新发现、提出新观点,是比较困难的。如果研究汉语,由于汉语水平（如古汉语水平）所限和对汉语语言学研究知之不足,要拿出让汉语语言学学人接受、在国际语言学领域站得住脚的成果,也非易事。

以上原因,看起来或许并不十分新鲜,但细想一下,上述诸种不足,无不与这些问题密切相关。

3. 外语界语言学研究的发展刍议

分析了现状,查找了原因,下面我们对外语界语言学研究未来的发展,谈谈个人的初步意见,以求教于各位方家。

习近平总书记在哲学社会科学工作座谈会（2016 年 5 月 17 日）上强调,要加快构建中国特色哲学社会科学,按照立足中国、借鉴国外,挖掘历史、把握当代,关怀人类、面向未来的思路,着力构建中国特色哲学社会科学,在指导思想、学科体系、学术体系、话语体系等方面充分体现中国特色、中国风格、中国气派。学习习近平同志的讲话精神,我们想到,外语界的语言学研究,为什么拿不出具有话语权的东西来? 为什么我们的研究成果外人不太看得起,国人不大愿意接受? 关键问题是,我们没有拿出像南仁东的单口射电望远镜、WS-2卫士二型远程火箭炮和350公里时速的高铁这样能体现中国特色、中国风格、中国气派的东西来。因此,我们主张外语界语言学未来的发展应当立足汉语,借鉴国外研究资源,据"汉"释"汉",把握国际语言学研究动态,努力为构建具有汉语特质的中国语言学理论体系做出贡献。

(1)立足汉语

针对上述外语界语言学研究的现状和原因,我们主张外语界语言学研究应当"立足汉语",把论文写在祖国的大地上。具体来讲,就是以汉语为主要研究对象①,从汉语角度审视外语,解决中国语言生活里的实际问题。

索绪尔在他的《普通语言学教程》里说的最后一句话是: The unique and true object in linguistics is language viewed in and for itself.(语言学唯一的、真正的目的,是语言自身,是为语言服务的。)外语界的语言学研究,不仅要介绍国外的语言学理论,更重要的是研究语言本体。外语界研究外国的语言,毋庸置疑,研究汉语是不务正业吗? 吕叔湘的看法是:"我们不能老谈隔壁人家的事情,而不联系自己家里的事情"(引自陈平1991)。钱冠连(1999)更进一步提出,"仅有外语研究的成果,没有对自己母语——汉语的研究,我们就不会给后人留下真正的财富,也就不足以在中国语言学界立足"。我们的体会是: 外语界学人不管学了多少年外语,

---

① 我们的基本认识是:语言学是研究语言的科学。研究什么语言呢? 恐怕还是研究自己熟悉的语言,可以是外语,也可以是母语。这里我们提出"以汉语为主要研究对象",是基于大多数外语界学人对汉语还是比对外语熟悉些,并不排除以任何一种外国的语言作为研究的客体。这样说,包括后文提到的"据'汉'释'汉'",可能有点"矫枉过正",大家可以讨论。

对外国语言的哲学、文化等深层次的理解和把握还是比较浅薄的。相比之下，外语界学人尽管患有"汉语先天不足"，但对自己母语的哲学、文化等深层次的理解和把握要多一些。因此，我们主张外语界语言学学人以研究汉语为主，从汉语角度审视外语。一方面，可以加深对外国语言的认识；另一方面，会对汉语一些习焉不察的现象有独特的发现或原创性的认识（牛保义 2017）。更为重要的是，像习近平同志所说的，"只有以我国实际为研究起点，提出具有主体性、原创性的理论观点，构建具有自身特质的学科体系、学术体系、话语体系，我国哲学社会科学才能形成自己的特色和优势"（2016 年 5 月 17 日习近平在哲学社会科学工作座谈会上的讲话）。

（2）借鉴国外研究资源

我们要想构建有自己特色和优势的语言学理论体系，提出具有向国外语言学挑战实力的有中国话语权的思想和观点，就得"吃透隔壁人家的事情"（钱冠连 1999）。因此，外语界语言学研究，不管是研究汉语还是外语，都要坚持"借鉴国外研究资源"，包括借鉴国外的语言学理论资源和语言资源。

借鉴国外语言学理论，有人主张就是将人家的理论化入我们对语言的研究，"化"成一种研究语言的方法或视角；有人认为就是用国外语言学理论当"镜子"，戴上这副有色眼镜去观察语言、认识语言；也有人将其视为运用国外语言学理论框架去分析和解释语言现象。这些看法都很有道理。我们的看法是，借鉴国外语言学理论，应当是批判性的消化和吸收。这里的"消化"，就是要用原汁原味的汉语事实去"消化"国外语言学理论，用汉语事实去拓展甚至颠覆国外语言学理论的有效性，从而建构自身的理论。"吸收"是在尊重语言事实的基础上，"择善"而用，而不是"不能越雷池一步"、削足适履地把语言事实"放"或"塞"进人家的理论框架内，去给人家的理论做注脚。

借鉴国外的语言资源，是指外语界的语言学研究可以站在外国语言（如英语、俄语等）的角度观察汉语，也可以站在汉语角度观察外国的语言（沈家煊 2011；牛保义 2017）。因此，借鉴国外的语言资源也可以说就是像王宗炎先生（2001）所说的："把外语研究和汉语研究结合起来。"只有这样，才易于看清汉语的"庐山真面目"，才易于发现汉语的特质所在，才易于建立起中国的语言学理论。

（3）据"汉"释"汉"①

中宣部刘奇葆部长（新华社北京 2015 年 7 月 28 日电）指出："用中国理论回答中国问题，用中国话语解读中国道路。""用中国理论回答中国问题"，在语言学研究里，可以是要据"汉"释"汉"，即摆脱印欧语的眼光，站在汉语语言文化角度看待汉语问题，从汉语实际出发解决汉语问题。要据"汉"释"汉"，我们应当从以下几个方面做起：

① 尊重汉语事实

外语界学人研究汉语，首先要尊重汉语事实。简单来说，汉语是什么就是什么。流水句就是流水句，将其看作"无主句"或"省略主语"，实际上是给它安上了无须有的"主语"。名词谓语句（如：今天星期天。），如果看作是"省略了谓语动词"，是印欧语的眼光，是对汉语特质的忽视或不尊重。试想，离开了对这些特质的观察、概括和抽象，得出来的结论可能就和 Today is Sunday 差不多，我们还凭什么去建立"中国特色语言学理论体系"呢？

② 了解和把握汉语遣词造句的文化、谋篇构架的文化，以及表情达意的文化

汉语语法研究认为，汉语的构词以复合为主，西方语言的构词以派生为主（吕叔湘 1979）。西方语言的句子是"焦点视"，汉语句子是"散点透视"。汉语句子是流块建构，是以"神"摄"形"；西方语言是"以形摄神"，是"法治"语言；汉语是"以神统形"，是"人治"语言（申小龙 1988）。只有了解和把握汉语语言的这些文化特质，我们才能有效避免过去那种"比附"和摆脱印欧语的眼光，才

---

① 　这是根据恩师徐盛桓先生的意见修改的。感谢徐先生提出的宝贵意见！

能朴素务实地去观察汉语,认识汉语,发现汉语自身的规律。

③ 全面了解汉语语言学研究的历史,深入研读汉语语言学研究取得的成果

沈家煊(2017a:132-133)提出,"西方的语言(指印欧语)及对语言的研究以范畴的分立为常态,中国的语言(指汉语)及对语言的研究以范畴的包含为常态。"看来,不仅是汉语语言自身有其特质,汉语语言的研究也存在着独特的地方。对于汉语语言研究的历史,龚千炎(1997)的《中国语法学史》将其分为五个时期:酝酿时期(475—1897)、创立时期(1898—1937)、文法革新时期(1938—1949)、繁荣发展时期(1949—1966)及开拓和深入时期(1976—　　)。每个时期都取得了一些重要的研究成果,如马建中的《马氏文通》、吕叔湘的《中国文法要略》、王力的《中国现代语法》和《汉语史稿》、赵元任的《汉语口语语法》、朱德熙的《现代汉语语法研究》等等。我们认为,外语界的语言学研究,不了解汉语语言学研究的这些历史及其所取得的成就,可能就是"瞎子摸象",摸到什么就说什么,可能会将"大象的耳朵"说成"扇子"。更为重要的是,了解汉语语言学研究历史和学术成果,就是要将具有汉语特质的中国语言学理论体系建立在汉语语言学历史和学术成果的基础之上。

④ 关注汉语语言学研究的热点问题,深化同汉语语言学界的合作

哪些是汉语研究的热点问题呢?吕叔湘1979年写的《汉语语法分析问题》结合我国语法学创建80年的历史和现状,对语法研究中几乎所有的问题,特别是涉及语法体系的问题,做了一个总检讨,既回顾了过去,又展示了今后研究的方向。吕先生提出的词类问题、句子的复杂化和多样化问题等,仍然是当今汉语语法研究的热门话题。外语界语言学学人只有了解这些热点问题,才能同汉语界语法学人有共同的话题,才能融入汉语语法研究的大潮中,才能同汉语语法学界有深度的合作。这样,外语界语言学研究取得

的成果才能被汉语界所接受，外语界学人才能在汉语语言学研究中立足，才能变"两张皮"为"一条龙"（王宗炎语）。

以上四点是我们对据"汉"释"汉"的诠释。这方面，徐盛桓先生（2017）最近对汉语含义的研究给我们开了个好头。徐先生（2017：6）指出："从我国本土文化的立场出发，分析汉语含义运用的实际，切实研究如何界定汉语含义现象的内涵和外延，审视汉语含义现象有什么自身的特点和汉语含义推导的论证规则亦即其推导规则，构建出符合汉语实际的含义理论。要对如此等等的问题做出有成效的探讨，除了要对语用-含义观有一个通透的认识以外，还需要对汉语含义现象的渊流和发展有比较清晰的了解，正所谓'观今宜鉴古，无古不成今'。"

⑤ 把握国际语言学研究动态

外语界的语言学研究，要想做好据"汉"释"汉"，还必须要有国际视野，时时把握国际语言学研究动态。当今的语言学研究与其他学科一样，呈现出明显的跨学科性、科学性趋势。前者主要是指语言学研究不但要借鉴人类学、哲学、文化学、认知科学、心理学、人工智能等学科的研究成果，还要从计算机科学、信息科学、神经科学等学科的发展中汲取营养。后者主要是指语言学研究光有定性的、内省的、共时的/历时的方法是不够的，还要借助语料库、脑电位、核磁共振等实验。因此，我们认为外语界的语言学研究要面向未来，追踪国际语言学研究前沿，坚持外语与母语研究相结合，坚持不断从其他学科中汲取营养，坚持内省与实验相结合、思辨与实证相结合、定性与定量相结合的研究方法。

必须明确，把握这些国际语言学研究动态的最终的目的，是要借鉴外来，不忘本来，将具有汉语特质的中国语言学理论体系建立在国际语言学领域的前沿。

4. 结语

以上，我们遵照习近平同志提出的加快构建中国特色哲学社会科学的指导思想,在分析外语界语言学研究现状和原因的基础上,对其未来发展提出了一些粗浅的看法。我们认为,外语界语言学研究要在中国语言学领域立足,在国际语言学领域有话语权,就应当立足汉语,借鉴国外研究资源,据"汉"释"汉",把握国际语言学研究动态,拿出有自己知识产权的、有国际竞争力的理论体系。我们的基本观点是:外语界的语言学研究,只有以汉语研究为主,走汉语研究与外语研究相结合的道路,才能为构建具有汉语特质的中国语言学理论体系做出贡献。

对以上想法,可能有人会说,汉语界语言学研究汉语顺理成章,外语界语言学也以汉语为主要研究对象,会不会被误认为是"自我中心主义"? 沈家煊先生(2017b:16)谈汉语韵律语法时说了一段话:

> 过去我们"美人之美",领会英语以轻重控制松紧的韵律之美,并且试着采用这种思路解释汉语的韵律,取得了一定成绩,发现了不少有待深入研究的问题。然而,要推进韵律语法的研究,我们不要忽视"各美其美",要重视汉语自身的韵律之美,这样才能达到"美美与共,天下大同"。

最后还想补充一点:取人之长,补己之短。外语界语言学研究不但要多了解汉语语言学研究的历史和取得的成果,外语界学人还应多向汉语界语言学学人学习,学习他们对语言现象敏锐的观察能力,学习他们对语言现象细致入微的描写能力,在对语言本体的挖掘上下大力气。

参考文献

[1] 陈平.现代语言学研究[M].重庆:重庆出版社,1991.
[2] 龚千炎.《中国语法学史》[M].北京:语文出版社,1997.
[3] 刘毅青.如何建构中国的理论[J].哲学研究,2014,(11):118-125.
[4] 吕叔湘.《汉语语法分析问题》[M].北京:商务印书馆,1979.

［ 5 ］牛保义.认知·语用·功能——英汉宏观对比研究［C］.上海：上海外语教育出版社,2009.

［ 6 ］牛保义.“对比”作为研究语言的一种方法——语言学研究方法讨论之三［J］.中国外语,2017,(1)：83－89.

［ 7 ］钱冠连.对比语言学者的一个历史任务［J］.外语研究,1999,(3)：5－10.

［ 8 ］邵敬敏.汉语语法学史稿［M］.北京：商务印书馆,2006.

［ 9 ］沈家煊.语法六讲［M］.北京：商务印书馆,2011.

［10］沈家煊.从语言看中西方的范畴观［J］.中国社会科学,2017a,(7)：131－143.

［11］申小龙.中国句型文化［M］.长春：东北大学出版社,1988.

［12］沈家煊.汉语“大语法”包含韵律［J］.世界汉语教学,2017b,(1)：3－19.

［13］王宗炎.语言对比小议［J］.外语教学语研究(3),2001：161－163.

［14］徐盛桓.赋诗言志：含义与类比思维［J］.外语教学与研究,2017,(1)：3－14.

［15］许国璋.《许国璋论语言》［M］.北京：外语教学与研究出版社,1991.

（作者通讯信息：河南大学

niubaoyi@126.com）

转喻思维与虚拟位移构式的建构

魏在江

1. 引言

近年来,随着认识的不断深入,语言学家认识到了转喻的重要地位。Langacker(2004,2009)认为,语法在本质上就是转喻性的。Taylor 1995：139)等语言学家声称转喻比隐喻更基本、更重要。Gibbs(1999)认为,人们转喻性地思考和说话,转喻形成了我们思维和谈论日常事件的方式,转喻思维是人们认识自然的基本思维方式之一。

在我们的生活中,我们常常使"事物人格化",即赋予他物以人的特征。虚拟位移即是这种情形,指句子表达的非生命的主体可以运动,其位移事件是虚拟的,并非真实的。虚拟位移是普遍存在的(pervasive),近年来受到人们的关注。我们认为,虚拟位移不仅仅是"以动写静",更是转喻思维方式的体现,**转喻思维是虚拟位移构式建构的认知理据**。本文拟在认知语言学理论基础上,以转喻思维为具体框架来分析虚拟位移构式的认知理据,试图说明此类句法建构的认知机制。

2. 位移与虚拟位移

位移是我们生活中最早、最基本、最广泛的经验之一(Johnson 1987),在我们所处的客观世界里,位移运动无处不在。现实位移(factive motion)和虚拟位移(fictive motion)是认知语言学中两个表示运动事件的概念。位移事件一直是国内外语言学研究的热点。Fillmore(1982,2006)首先使用"框架"(Frame)这个概念,将其看作知识所特定的统一框架，或者说经验的连贯图式化。
Langacker（1990）把客观位移表述为：物体在以时间为横轴、以空间为纵轴的坐标中移动，占据坐标中不同的点，最终点连成线，即由起始到终点的路径（"源域—路径—目标域"）。Talmy（2000：26）认为，一个位移事件由六个基本概念构成：（1）图形（Figure），指运动主体；（2）背景（Ground），指一个参照物体；（3）路径（Path），指位移的路径或存在的位置；（4）位移（Motion），指位移的出现；（5）方式（Manner），指位移方式；（6）原因（Cause），指使物体位移之力。这六个基本成分在位移事件中起着基本作用，其中路径是核心图式，见图 1：

[1] The ball   that the boy kicked   rolled   down   the hill.
     Figure   cause   motion   path   ground
                                   manner

图 1　位移事件语义结构成分图

与此同时，虚拟位移也受到语言学家的关注。Langacker（1987，2008）认为，虚拟位移反映了人们的主观心智结构，用来讨论实际生活中物体的实际存在，概念化主体没有意识到自己是在一个路径上移动，人的视线作为位移主体进行虚拟位移，在这一过程中自己的角色是主观的，因此他称之为"主观位移"（subjective motion）。Matsumoto（1996）也持同样的观点。Talmy（2000：104）对虚拟位移进行了系统的分类研究和论述，称其为 fictive motion，并将其定义为"以动态事物为基本参照点的结构来系统而广泛地描述静态场景的语言现象"。语言中的虚拟位移现象是以客观世界中发生的运动事件为认知基础的。虚拟位移构式包括下列成分：主体名词（短语）、虚拟动词，一个介词短语或者一个直接宾语。主体名词短语代表射体（trajector），沿着一条路径或者一条直线进行位移运动；动词表示位移方式、位移行为事件；路径介词短语等同于界标（landmark），表示射体的位置。

［2］a. The road **goes** along the coast.

　　b. A lake **runs** between the golf course and the train tracks.

这两个例子中,位移动词 go 和 run 用来描写静止状态的情景。[2]a 中,射体为 road,界标为 coast。[2]b 中,射体位移延伸至两个界标(golf course 与 train tracks)之间。在两个句子中,射体都是直线型的,占据了一个相对狭长的空间,沿着路径延伸,其空间信息被强调和突出。两句中位移动词的语义不包括状态的改变,属于典型的虚拟位移表达。虚拟位移构式已经引起国内学者的关注,如李秋杨(2014)、范娜(2013)、钟书能(2015,2016)、杨京鹏、吴红云(2017),他们的研究为本文提供了重要的参考。本文认为,转喻不仅仅是一种语言现象,更是一种句法建构的机理,因此拟从转喻思维的角度来分析虚拟位移构式的认知理据。限于篇幅,文中例子不一一注明出处。

3. 虚拟位移构式的转喻理据

按照传统修辞学的观点,虚拟位移是一种"拟人"修辞格。根据百度百科,拟人修辞方法,就是把事物人格化,将本来不具备人的动作和感情的事物变成和人一样具有动作和感情的样子。这种表达赋予事物以人类的行为特点,生动形象地表达出作者的情感,让读者感到所描写的物体显得更活泼、亲近,使事物更加生动形象。为什么人们用动态的方式描写、代替静态的事物和特征呢?我们认为,这就是转喻的体现,转喻思维方式的体现。何爱晶(2011)认为,转喻思维是一种为了寻找代偿而进行的思维活动,或者说是一种替代性思维,这就是转喻思维的本质属性。转喻作为人类的思维方式和认知机制,分布于语言结构的各个层面(包括音位、词义、语法、语篇、语用等),但语法中的转喻研究一直未能得到足够的关注和重视,其研究成果较为零散,未成体系(吴淑琼2013:1)。在此,我们想强调的是,转喻作为一种认知机制,是句法建构的重要法则和策略,是语言创新表达的重要机制。下面将通过实例来说明转喻思维是如何影响虚拟位移构式的建构的。

3.1 虚拟位移构式搭配的非对称性

拟人就是把事物人格化，即把事物当作人，和人一样有感情、有语言、有动作。虚拟位移构式中，位移主体、谓语动词以及路径短语之间呈现出一种搭配上的非对称性关系，即运动主体的不对称、位移方式的不对称、时间状语表达意义的不对称。虚拟位移中能与谓语动词和路径短语搭配的必须是**无生命的主体**，并且也不能是在人为作用力下移动的物体。虚拟位移主体具有[−生命]、[−移动]、[+空间延展性]和[+参照物]的语义特征。虚拟位移句的主语通常是具有[−不可移动]语义特点的实体，如田野、路径、甬道、河流、山川等均是无生命物体，处于静止状态，但均可以充当虚拟位移的主体，与之搭配的动词"穿过、拐向"都具有[+位移]的语义特征。人们往往用动态的句型来建构射体和界标的静态空间关系，赋予这些客体以生命特征。在虚拟位移构式中，语法转喻赋予非生命性的主体以生命性，从而赋予了非生命性位移主体的虚拟位移的可能。真实位移与虚拟位移的区别正在于主语上的生命与非生命的区别。此类结构的非对称性表现在位移动词用来描写静态情景。虚拟位移构式经常出现在一般现在时中，而不能用进行时，这是因为虚拟位移构式"已经"用一个隐含的状态变化表达了一个运动的情景，时间段的状语、方向性短语常常出现在虚拟位移构式中，时间段的状语表明主体需要多少时间沿着路径进行虚拟运动和位移，方向性短语描写了实际位移运动的方向。与路径有关的虚拟位移动词构式，可以容纳方式动词（manner verbs），如crawl、race 等。

[3] a. The road **crawls** from one vista point to another.

b. The highway **races** through the city.

c. The foot path **staggers** from the bar to the outhouse.

上面的例子都包含了一个"沿着路径的位移代替位移的方式"的转喻机制。方式动词经常被用在虚拟位移结构中,以此来强调虚拟位移主体非同寻常的特征。方式动词在此不是描写一个实际的位移事件和特殊的运动方式,而是传递一种虚拟位移的信息,包括虚拟位移是怎样沿着给定的路径发生的以及是怎样被概念者感知的等相关信息。虚拟位移所包含的位移事件由位移主体、位移路径和方式等概念要素组成,各要素之间产生一定的关联。理解此类句子需要概念者即语言使用者的一个心理扫描,一个沿着与主体名词短语相关路径的"运动",包含从起点到终点的"移动",需要一定的时间和一定的空间才能完成。人类语言中客观性与主观性的对立,直接决定了语言表达中真实和虚拟的对立。

[4] Highway 1 **runs** along the coastline. It **goes** through Half Moon Bay, Santa Cruz, Monterey and Carmel, and then **enters** the Big Sur region. Near Moro Bay, it **ambles** past the site of prehistoric Chumash settlement and later it **races** past the Madonna Inn near San Luis Obispo. After **leaving** Santa Barbara, it **crosses** into Ventura County, and then it **approaches** Los Angeles (Matlock, 2015).

上面的句子中黑体词汇并不表达实际的位移,但是它们却包含了位移运动的隐含意义。这些句子中的射体都是静态的,但是它们却可以直线性地、垂直性地沿着一定的方向延伸,这是虚拟位移构式包含的有趣的语义特征。说它有趣,是因为这样的非生命主体也可以位移。Langacker(1999)提出了顺序扫描,其意思是,要获得一个场景的连贯理解,概念者须施行一系列的连续转换。和现实位移一样,虚拟位移同样也有自己的空间维度和方向,影响着人们对时间和空间的认知推理。离开了顺序扫描,概念者只能激活各种空间位置或空间点,得不到整体的连贯图像。钟书能(2016)提出位移构式还应包括连贯性特征。静态的主体和动态的动词搭配,这本身就是一种非对称现象。虚拟位移构式中动词的转喻意义导致了虚拟位移构式中位移主体、位移时间的限制和要求。

3.2 动词词义的泛化转指

此类构式中,动词搭配能力很强,词义宽泛,带有位移方式成分。这些动词都是高频动词,与我们的生活息息相关,很容易用来描写类似的语言事实。此类结构中为什么动词的词义被泛化了呢?我们认为,语法转喻是此类虚拟位移构式中动词词义泛化的重要机制,引起了词义的变化和句法的重组,使不可能搭配变为可能。虚拟位移式中大部分主体都可以和 run、go 这种词义泛化的词搭配。当静态的主体与位移动词搭配并同时进入此类句式时,其静态意义与动态动词之间不相容,出现不可能搭配的情况。此时,语法转喻"结果代替动作""结果代替过程"等转喻机制就会改变词汇意义,赋予静态的主体以动态的特征。在语法转喻的诱引下,虚拟的动作意义被泛化,丧失了部分原来的固有意义,被赋予了转指的意义。

> [5] a. The road **snakes** to the port of Shakespeare Bay with a
>   lookout on the eastern side before **climbing** over the last
>   hill to Picton.
>
>   b. Customers descend the store from the parking levels by
>   elevators or by stairs that **scissor** down through the three-
>   story space.
>
>   c. A fountain of water **sandwiched** between leaning planes
>   of glass in the structure's wake.

例[5]中 snake、climb、scissor、sandwich 都是表示移动方式的动词,表达的是一种"转喻性移动",表达了经过起点、路径到终点这一过程。按照 Panther & Thornburg(1999)对转喻的分类,三个动词 snake、scissor、sandwich 都属于谓词转喻(predicational metonymy),即发生在谓语层面的指代转换,都有一个原因(行为、方式、事件)和结果的转喻指称关系,行为方式用来代替行为本身,行为结果代替行为原因,或者原因被用来指称结果等。但在物理空间上并没有发生真实的位移,它们都不可能按动词的实际移动方式发生运动,而是用其"位移方式"来转指"位移路径",这就是转喻的思维方式。虚拟位移背后的转喻机制为用客体的运动来指代物体的延伸形状,以路径上的运动指代路径(motion along a path for the path),这种转喻属于"目标域内含于源域"的转喻类型。此时,语法转喻直接导致了位移方式的非对称性、位移动词词义的泛化,对整个构式起着很强的制约作用。

[6] a. Then my thoughts **travelled** to the neighbors of the house that had been robbed.

b. The toll road **meanders** through the countryside.

c. Wine's flavors **glide** smoothly through the silky finish.

例[6]中 travel、meander、glide 等动词表达的都是虚拟位移,都包含从起点到终点的位移运动指代位移路径的转喻。这些动词虽然还保留了原来的移动、运动的意思,但这些动词在构式中仅仅是陈述事实而已,动态性明显泛化,句子的焦点也绝非动作本身,而是此类构式所描写的虚拟位移的整个事件,其至整个事件中路径信息才是句子的信息焦点。语法转喻导致了此类位移动词的词义泛化,使动词丧失了动作本身的部分特性,这就是意象图式(Johnson 1987),这样的意象图式总是与人的认知方式相吻合,语言使用者通过虚拟位移可以表达或推断有关场景的物理状态。此类构式各部分是一个相互关联的系统,相互关联,相互制约,转喻引起了句法结构中相应的变化乃至整个结构的变化。转喻思维具体体现在动词词义的变化、方式、状态和结果的变化等方面。这表明,人们用转喻的方式来建构这样的句法结构。

3.3 路径信息的完型共现

人类思维是无限扩展的,也是虚拟的、开放的,人类的思维具有无限扩展、无限延伸的可能。在虚拟位移构式的建构过程中,人们不仅关注位移,还关注位移的距离、时间的长短、位移的方向等等。路径信息在虚拟位移构式中起着非常关键的作用,它的识解影响到整体意义和结构,包括对于听话人来说语义和语法是否是可接受的。人们在观察、描述事物时总会选择一定的框架和参照物,事物被感知为具有运动特性的主体。在对构式中各个部分、元素做出精确理解和掌握的同时,我们更要强调构式的整体性。整体完型的认知在这个过程中是具有必然性的。我们之所以把虚拟位移结构视为构式,是因为它具有构式的完型及整体特征,这就要求我们以整体和全面的视角来把握这样一种句法结构。构式语法强调句法结构的整体性,对句法的描写须包括句法、语义、语用等几个层面,构式具有完型压制的功能。为什么路径信息非常必要呢? 很明显,没有路径信息,位移主体是怎么位移的呢? 在虚拟位移中,如果出现了带有方式成分的动词,位移动词的转喻义要求有路径方向的匹配以及路径成分与动词共现,以便构成一个完型,否则,信息将不可能被概念者完型感知,路径在虚拟位移构式中充当界标的功能。Matsumoto(1996)认为主要有这样几类范畴充当路径:（1）位移路径,如 avenue、bridge、footpath、highway、path、pavement、railway、road、tunnel、way;（2）位移场地和空间,如 beach、canyon、cliff、coast、desert、field、forest、hill、land、mountain、plateau。杨静(2013)提出了路源假说,认为虚拟位移就是人和路径互动的产物。在虚拟位移构式中,位移主体、位移动词和路径短语三者缺一不可,共同构成一个构式。如果没有路径信息、路径方位介词短语或空间表达,这个构式不可能存在,是不合格的结构。

　　[7] a. ? The road runs.
　　　　 b. ? The railroad tracks follow.

　　上例中由于缺少了路径信息,缺少了射体位移的界标,因而是不合语法要求的句法表达。下面两例由于有了路径信息,则是合法的表达:

[8] a. The road runs along the coast.

　　b. The railroad tracks follow the river from the Briceberg to EI Portal.

　　例[7]和例[8]说明,虚拟位移构式中动词和路径信息之间存在相互依存的关系。在此类构式中,位移动词要求路径短语的共现,这是一种句法的常规关系,位移动词的转喻意义直接激活了位移的方式、路径、时间,语法转喻直接影响到了整个句法结构的表达。Langacker(1987:247)认为,在虚拟位移中,观察者在心里对静态场景的扫描给该句子带来动态性。格式塔心理学的完型感知理论认为,时间和空间上彼此接近或临近的各部分可以组合在一起以便构成完型,当一个物体以一种不完全的形状呈现在感知者眼前时,会在人的心理上产生一种"完型压强"。构式对路径信息进行压制整合,这种整合更符合句子生成的认知格式塔原理。此类构式具有构式语法所主张的整合性特征,这样的整合具有整体大于部分之和的效应。语法转喻要求路径信息与位移动词共现,这样构成一个位移运动的完型,这是完型感知在句法结构上的投射。这说明转喻对句法具有重要的制约作用,句法背后往往潜藏着转喻的机制。

3.4　体验认知的重现

　　认知语言学的体验观为人们提供了研究位移现象的新视角。人们生活在自然中,体验外部世界,与外部世界建立起不可分离的联系,常常采用以动写静的方式,赋予他物以生命的特征,这是非常自然的事情。虚拟位移现象的体验性既有生理上的视觉体验、空间体验,也有心理上的意象转换,体现了人们对世界进行感知和概念化的方式。人们从身边的世界去采撷意象,去发掘诗意,去感知世界。人们可以在物理空间中运动,在田径场跑步,步行去上班,沿着河流漂流,顺着电梯上下移动等。不仅如此,人们的位移经验还包括心理的模仿和想象的运动,人们在想象空间内"位移运动"，这种模仿位移的能力是人类一般认知能力的重要组成部分。

　　为什么人们能够以动写静呢？这是因为虚拟位移事件直接体现了人类经验的再现和感知。人从自身出发对外界事物进行描述，用一种经验激活另一种经验，这是认知语言学体验哲学观的体现，也是联想的认知能力的体现。人们以多种方式经历运动位移，这些位移事件包括实际的空间位移。同时，人们也可以通过感知尤其是用视角来经历位移，这就是一种虚拟位移。人们经常"带电"，感觉到自己运动了，可是实际上完全处于静止的状态。例如，当你坐在静止的公交车上，看到相邻的另一辆公交车在移动，你却感觉到自己的位置在变化。Langacker（2008）强调意义是概念化的动态过程，不是对外在世界镜像式的静态描写，它更多需要概念化主体的主观识解，需要调动想象力和创造力。这在诗歌中体现得尤为充分。

> [9] The length of road that from yon mountain's base
> Through bare enclosures **stretches**，' till it's line
> Is **lost** within a little tuft of trees；
> Then，**reappearing** in a moment，quits
> The cultured fields，and up the healthy waste，
> **Mounts**，as you see，in mazes serpentine，
> **Led** towards an easy outlet of the vale.
> 　　　　（Wordsworth，"the Churchyard among the Mountains"）

　　华兹华斯的诗歌《在山上的墓地》赋予位移主体[−生命]、[−移动]和[+参照物]的语义特征。长长的、静静的小路在诗人的想象中延伸，虚拟位移动词 stretch、mount、led 表明一个时间段里视角的虚拟位移，在密林中消失（lost）后重现（reappearing），在迷雾中迂回环绕、攀援、延伸至小溪的出口。诗人为我们描绘了一幅美丽的图画：蜿蜒曲折的小路上，虚拟位移在发生、在延伸，空间的延展性带给我们无尽的遐想。没有这样的路径信息，就不可能有这样的虚拟位移，也就不可能有这样的动人画面。从认知的角度看，

这是认知主体在认知对象上沿着某个路径进行的虚拟运动,是真实空间在心理空间的一种投射。我们再来看中国唐代李白一首耳熟能详、脍炙人口的诗歌《望天门山》中的虚拟位移现象:

[10] 望天门山　李白

　　天门中断楚江开,碧水东流至此回。两岸青山相对出,
　　孤帆一片日边来。

此诗显示了一种动态美。这首诗用船的一部分"帆"代替了船,本身就是转喻;再赋予其动态的特征,虚实结合,化静为动,化动为静,相映成趣。其中"出"字用得特别传神,为转喻用法,与句中的主语"青山"构成了虚拟位移句,逼真地表现了在舟行过程中"望天门山"时天门山特有的姿态,突出了诗人豪迈奔放、自由洒脱、无拘无束的自我形象。李秋杨(2014)认为,汉语表达中最常使用的路径动词有"穿越、横贯、纵贯、贯穿、上升、下倾、蜿蜒、迂回、弯曲"等。Slobin(2017)论述了位移事件的类型学意义。杨京鹏、吴红云(2017)认为,汉语中存在三种特有模式:语用路径模式、动词路径模式和零路径模式。汉语中的虚拟位移构式,笔者将另文再论。我们用图2来总结本文的主要内容:

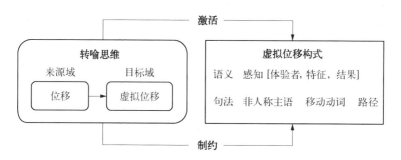

图2　虚拟位移构式的转喻理据

图2说明,转喻是虚拟位移构式得以形成的重要理据,转喻与语法的关系十分紧密,直接导致了构式的非对称性、动词词义的泛

化,也使动词和路径以完型的方式共现,使人类的体验重现。这样的理据不是为了标记的需要,而是我们感知位移的一种反映。人类具有模仿位移的自然能力,虚拟位移构式被系统性地用来描写静态场景。这不是琐碎和任意性的。这是由于我们与外部世界直接互动的经验所致,它反映了人类经验的运动本质和人类思维的体验性特征。

4. 结束语

　　转喻思维是人类更深层次的认识自然与改造自然的本源。人类在认知处理与加工过程中,对客观外部世界进行分析、综合、归纳、演绎、扩展,采用转喻思维的方式,赋予客体以人的主观色彩,这不仅仅是一种修辞现象,更是概念形成的理据所在。人们在观察、描述事物时总是从人的视觉感受出发,依据事物的运动特征、借助认知框架来观察静止的物体,赋予静态实体以动态的特征。这种运动现象是仿真的运动体验对人们认知概念化过程影响的结果。以动写静只是表象,转喻思维才是实质,转喻思维是人类一般的、普遍性的思维特征。虚拟位移构式是由人们的认知能力诱发的,通过一定的路径从心理的视角来模仿位移物体的空间位置,是人们在真实世界中运动经验的一种自然诉求和反映。本文提出转喻思维是虚拟位移构式建构的认知理据,从转喻思维的角度分析了虚拟位移构式的认知理据。研究表明,转喻思维是语法构式建构中的关键性因素,对句法结构的形成产生重要影响。转喻思维直接导致了虚拟位移构式搭配的非对称性、动词词义泛化、路径信息的完型共现以及认知体验的重现。本文的研究对修辞学也有助益,这是理解虚拟位移构式的新视角,值得进一步探讨。

参考文献

[1] Gibbs, Raymond. Speaking and thinking with metonymy[A]. In Panther & Radden（eds.）*Metonymy in Language and Thought*[C]. Amsterdam &

Philadelphia: John Benjamins Publishing Company, 1999. 61 - 90.

[2] Goldberg, Adele. *Construction: A Construction Grammar Approach to Argument Structure*[M]. Chicago: The University of Chicago Press, 1995.

[3] Walinski, Jacek Tadeusz. Atemporality of coextension paths [A]. In Babara Lewandowska-Tomaszczyk & Krzysztof Kosecki (eds.) *Time and Temporality in Language and Human Experience* [C]. Frankfurt and Main: Peter Lang, 2014. 103 - 119.

[4] Johnson, Mark. *The Body in the Mind — The Bodily Basis of Meaning, Imagination and Reason*[M]. Chicago: The University of Chicago Press, 1987.

[5] Langacker, R. W. *Foundations of Cognitive Grammar, Vol. I* [M]. Stanford: Stanford University Press, 1987.

[6] Langacker, R. W. *Foundations of Cognitive Grammar, Vol. II* [M]. Stanford: Stanford University Press, 1990.

[7] Langacker, R. W. *Grammar and Conceptualization*[M]. Berlin & New York: Mouton de Gruyter, 1999.

[8] Langacker, R. W. *Cognitive Grammar: A Basic Introduction* [M]. Oxford: Oxford University Press, 2008.

[9] Langacker, R. W. *Investigation in Cognitive Grammar*[M]. Berlin/New York: De Gruyter Mouton Press, 2009.

[10] Matlock, Teenie. The conceptual motivation of fiction motion [A]. In Gunter Radden & Klause Uwe-Panther (eds.) *Studies in Linguistic Motivation*[C].Berlin & New York: Mouton de Gruyter, 2009. 221 -248.

[11] Matlock, Teenie. Fictive motion [A]. In Ewa Dabrowska & Dagmar Divjak (eds.) *Handbook of Cognitive Linguistics* [C]. Berlin & New York: Mouton de Gruyter, 2015. 546 - 561.

[12] Matsumoto, Y. *Subjective Motion and English and Japanese Verbs*[J]. Cognitive Linguistics, 1996, 7(2): 183 - 226.

[13] Panther K.U.& Radden G. Introduction[A]. In Panther & Radden (eds.) *Metonymy in Language and Thought* [C]. Amsterdam & Philadelphia: John Benjamins Publishing Company, 1999, 1 - 14.

[14] Slobin. D. I. Afterword: typologies and language use [A]. In Iraide Ibarretxe-Antunano (eds.) *Motion and Space across Languages* [C]. Amsterdam/Philadelphia: John Benjamins Publishing Company, 2017.

419‐445.

［15］ Talmy, Leonard. *Toward a Cognitive Semantics: Conceptual Structure Systems. Vol. I & II*［M］. Cambridge：The MIT Press, Beijing：Foreign Language Teaching and Research Press, 2000/2012.

［16］ Talmy Leonard. Past, present, and future of motion research［A］. In Iraide Ibarretxe-Antunano (eds.) *Motion and Space across Languages*［C］. Amsterdam/Philadelphia：John Benjamins Publishing Company, 2017. 1‐12.

［17］ Taylor, John. Linguistic Categorization［M］. Oxford：Oxford University Press, 1995.

［18］ Yuan, Wenjuan. Fictive motion in Wordsworthian nature［A］. In Chloe Harrison, Louise Nuttall, Peter Stockwell, Wenjuan Yuan (eds.) *Cognitive Grammar in Literature*［C］. Amsterdam/Philadelphia：John Benjiamins Publishing Company, 2014. 177‐194.

［19］ 范娜.英语虚拟位移中的概念整合和转喻［J］.解放军外国语学院学报, 2014,（6）：99‐106.

［20］ 李秋杨.延伸型虚拟位移表达的类型学研究［J］.现代外语,2014,（6）：753‐762.

［21］ 李雪.汉英移动事件移动主体和参照物语言表达对比［J］.外语教学与研究,2011,（5）：689‐701.

［22］ 吴淑琼.基于汉语句法的语法转喻研究［M］.北京：中国社会科学出版社,2013.

［23］ 杨静.延展类虚拟位移的体验基础及其对句法的影响——路源假设［J］.西安外国语大学学报,2013,（3）：44‐47.

［24］ 杨京鹏,吴红云.英汉虚构运动事件词汇化对比研究——以 towards 为例［J］.外语教学与研究,2017,（1）：15‐25.

［25］ 钟书能,傅舒雅.英汉虚拟位移主体认知对比研究［J］.外语学刊,2016,（2）：32‐36.

（本文已刊于《外语教学与研究》2018 年第 4 期）

（作者通讯信息：广东外语外贸大学
weizaijiang@163.com）

为语言理论研究服务的
汉外对比方法论

1. 引言

在我国,汉外对比的早期理论目标是建立汉语自身的语法体系。后来,随着对比语言学学科意识的提高(许余龙 2001,潘文国,谭慧敏 2006 等),人们逐渐意识到汉外对比对建设普通语言学的意义。本文将为语言理论研究服务的汉外对比按照不同的理论目标分为两类,一类是为建设汉语语法体系的汉外对比,另一类则是为建设普通语言学的汉外对比。由于研究目标不同,两种对比研究的起点、方向、路径等方法论问题也表现出不同的特点。本文将从对比起点、方向、路径三方面比较两种不同的研究模式,旨在揭示理论对比方法论的多样性及其必要性。

2. 关于对比方法论的几种观点

2.1　对比与比较

潘文国、谭慧敏(2006:273 - 274)曾指出:"'比较'作为方法论来说,是一种侧重求'同'的研究;而'对比'作为方法论来说,是一种侧重求'异'的研究。"对比语言学的基本方法论是"由同求异"(同上:314)。"对比研究深入的过程,就是持续不断地找'异'的过程、不断地在'同'的表象中看出'异'的内涵的过程"(同上:315)。这个过程可以用图 1 表示。

从图 1 及上面的表述中可以看出,这里的"同"其实指的是语

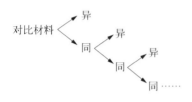

图1 "由同求异"的对比过程

言间的相似性。在求异的基础上，继续"由异求同"则是对比语言学在理论上或在哲学层面上的最终追求目标。最后求得的"同"是抽象的、高层次的语言共性。

徐通锵（2001）也曾区分了两种研究方法：对比与仿效。其中仿效与比较类似，是"由同求同"的研究方法，其"着眼点是语言的共性，自觉或不自觉地把西方的语法理论看成为语言共性的表现，因而认为它同样适用于汉语的研究，可以'依样画葫芦'地分析汉语的结构，而对语言事实与理论的矛盾则往往采取回避的态度"（徐通锵 2001，2）。显然，徐对仿效这种研究方法是持否定态度的。但如果不回避语言事实的种种现象，从语言共性出发发现所对比语言间各自的特点，即另一种"由同（语言共性）求异"的道路，是否有理论意义呢？下文将详细论述。

2.2　共同对比基础与相似性

许余龙（2001：36）明确指出，"具体语言对比研究的对比基础，是对两种以上语言进行对比描述的共同出发点或参照点，它通常是语言中普遍存在的（或至少是两种语言所共有的）某种属性或范畴"。然而有学者认为，"对比基础"的概念易导致循环论证，不宜作为对比的出发点，进而提出将"相似性"作为对比的起点（Chesterman 1998）："对比功能分析的出发点是语言学家、译者和二语学习者觉察到的两种语言之间在实际使用中的某种相似性。从这种语言实际使用中的相似性，我们可以进一步推断两种语言在抽象语言系统中存在的某种相似性。这种觉察到的相似性可能是模糊的，或者仅仅只是一种臆测。但正是这种觉察到的相似性，为对比研究提供了最初的可比性标准"（转引自许余龙 2007：25）。

2.3　双向性对比模式与单向性对比模式

许余龙(2001：10‑13)在介绍理论对比语言学时,曾区分了一般理论对比语言学和具体理论对比语言学①,并指出理论对比研究的一般模式是双向性的,如图2所示。

图2中的 X 是对比的出发点,即语言中某种普遍存在的属性、概念或范畴等现象,或者至少是对比中的两种语言所共有的某种现象。对比的双向性体现在要分别研究 X 在语言 A 和语言 B 中是如何体现和运用的,从而进行对比分析。区别于双向性的对比模式,还有单向性对比模式,如图3所示。

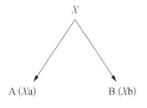

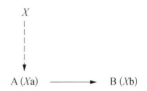

图2　双向性理论语言对比模式(同上：12)　　**图3　单向性应用语言对比模式**(同上：14)

许余龙认为,这种单向性的对比模式是应用对比研究的特点,所关心的是"某一语言现象 X 在语言 A 中的体现(Xa)在语言 B 中表现为什么"(同上：14)。但是,他同时强调了如果要使对比更加全面、更加深入,"就不应该忘记对比中的 X","就可能需要对 X 本身的性质进行探讨"(同上：15)。其实,随着研究的深入,这种

---

① 一般理论对比语言学有两个主要研究内容:一是"研究对比语言学的性质和任务,解决对比研究中的理论和方法问题"(许余龙 2001：10);二是"探讨对比语言学的一般原理与方法"(同上：11)。本文讨论的方法论问题应当属于一般理论对比语言学的研究范围。具体理论对比语言学的目的主要是"对两种或两种以上的语言进行尽可能详尽的深入比较,探索不同语言的内在特征"(同上：11);另外,还可用来"检验某一具体语言学理论的可行性"(同上：12)。本文的研究对象即为语言理论研究服务的汉外对比研究,属于具体理论对比研究。

单向性的对比模式也可以应用于理论对比研究,下文还将详细论及。

3. 为建设汉语语法体系的汉外对比研究方法论

由于中外语言研究传统不同,汉语的语法研究起步较晚,中国第一部语法著作《马氏文通》即是"以比较或对比的方法来建立汉语的语法的"(潘文国,谭慧敏2006:85)。可以说,汉语语法研究从一开始就和对比语言学脱不开关系。就目前的状况而言,"现存的语言学理论、方法、基本假设和基本概念,绝大多数都是在以西方语言为主要研究对象的基础上发展起来,然后再逐渐运用到其他语言的研究中去"(陈平2017:4)。因此,汉语研究要继续发展,仍离不开与其他语言的比较。下面分别从对比方向、出发点、路径三个方面简述为建设汉语语法体系的汉外对比研究方法论的特点。

3.1 从语言共性到汉语特性

许余龙(2017)根据对比的方向是将语言共性作为研究的起点还是终点,提出了两种不同的语言类型学视野下的语言对比研究。参照其分类的基础,这里将汉外对比研究分为两类:从汉语特性出发回到语言共性,从语言共性出发发现汉语特性。要建立汉语语法体系,就要充分发掘汉语的特性。因此,为了这一目的的对比研究的对比方向应当是从语言共性到汉语特性。

2.1节中提到,在引进国外的语言学理论时,如果不能充分注意到汉语的事实,而是"由同求同"的话,就变成了仿效,就不能为最终建设汉语的语法理论做出有意义的贡献。因而,在引进国外理论时,要做好结合与创新的工作。所谓"创新",就意味着要"由同(语言共性)求异"。这里讨论的语言共性主要指所有语言所共有的规律,而在哪些层面寻找这些规律,是一个重要课题。

3.2　共同对比基础

在汉外对比研究中,语言共性可以作为对比的出发点,即2.2节中提到的共同对比基础。共同对比基础可以有不同的类型,如许余龙(2001:37)就曾提出了9种对比基础,包括:物质实体、语言环境、交际情景、语言系统、语言结构、语言规则、语法功能、篇章功能和功能负荷量。这里想提出的问题是,是不是上述的所有对比基础都适用于汉外对比? 或是都有利于通过对比发现汉语的特点? 比如,如果承认汉语和西方语言的语法系统大不相同,那么,既然不同,语言系统、语言结构、语言规则等是否还可作为汉外对比的基础? 如果仍坚持以此为共同对比基础,那么还能发现多少汉语的特点?

徐通锵(1999:6)曾指出:"语言研究的传统是在不断克服自己薄弱环节的道路上前进的。吸收国外传统的理论和方法,也就是实现不同传统的结合,这是补正自己薄弱环节的一种重要途径。结合,这是以语言的共性为基础的。找不到真正的共性,'结合'就难以取得预期的成效。"我们不妨从语言共性这个角度来考虑,看看在哪些层面可以找到适合汉外对比研究的出发点。据沈家煊(1991)的介绍,除了天赋说之外,国外的学者多从以下几个方面来解释语言共性——语义和语用解释,认知、知觉和语言处理的解释,历时的解释。这给我们的启发是,在语义和语用、认知、历时等方面总结出的语言共性具有更广泛的解释力,能够覆盖特点各异的各类语言,更适合作为汉外对比研究的共同对比基础。王菊泉(2011:20-21)曾论述了把语义作为对比基础的优越性,另外几个方面也非常值得深入探索。

3.3　双向性对比

一旦找准了共同对比基础,理论上就可以开展2.3节所述的双向对比研究。但在实际操作中常常是按照图4模式进行的:

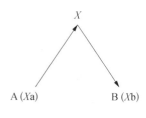

**图4　屈折型双向性
对比模式**

尤其是在借鉴国外的语言学理论时，对比基础 X 实际上是通过对其他语言（A）的研究得出的一个结果，可能是某种意义，或认知原则，或历时演变规律，等等，然后再以此为基础调查汉语（B）中表现该意义、认知原则、历时演变规律的情况。这种模式容易使研究者的眼光受到束缚，仅关注和（Xa）类似的语言形式。要想得到全面而可靠的发现，需要对汉语本身进行独立而系统的研究，避免受到其他语言的影响。如此，才能发现汉语的特色。

4. 为建设普通语言学的汉外对比研究方法论

汉语研究对普通语言学的建设具有重要的意义。王菊泉（2011：196）曾指出："汉语不仅在类型学上具有代表性，而且在语言的成熟性和历史文化内涵方面也堪与世界上任何语言相比而有余，在语言研究传统方面也是独一无二；普通语言学要是缺了对汉语这一块的深入研究，那必然是残缺不全的，其理论对于所有语言是否都适用也就很值得怀疑了。"要想把汉语研究融入普通语言学研究之中，汉外对比是必由之路。下面，我们也想从对比方向、出发点、路径三个方面简述为了建设普通语言学的汉外对比研究方法论的特点。

4.1　从汉语特殊现象到语言共性解释

这类对比研究是要为普通语言学的理论建设服务的，因而对比的方向是从汉语特性出发回到语言共性，通过对汉语语言事实的调查研究，从而验证、补充甚至修订语言共性理论。潘文国、谭慧敏（2006：315）将"由异求同"看作"对比语言学在理论上或在哲学层面上的最终追求目标"。要求得这个最终的目标，需要重视"由异求同"这种对比方向的方法论意义。"由异求同"与"由同求异"，既然对比的方向不同，对比的出发点及路径也会有不同的特点。

4.2　相似性

2.2 节中提到，相似性也可以作为对比的出发点。"由异求同"的对比研究，"同"是研究之后得到的结果，在研究之前是否相同，还不能确定。这样，对比研究也就不能再从共同对比的基础[4]出发。而相似性可以给对比研究提供合理的对比基础。共同对比基础一般是深层的、抽象的范畴、原则、机制等，相似性可以是表层的、具体的语言现象、规律等。从相似性出发，也顺应从汉语特殊现象到语言共性解释的对比方向。另外，从相似性出发进行对比研究，Chesterman（1998：54）曾提出过一套非常具体且具有可操作性的对比研究程序：

1）观察基本语料；

2）提出可比标准（语言 A 中的某一语言现象 X 和语言 B 中的某一语言现象 Y 具有相似性）；

3）提出问题：这种相似性的本质是什么？

4）初始假设：X 与 Y 是等同的；

5）验证假设：为什么初始假设可以得到支持或推翻？在什么条件下（如果有的话）可以维持初始假设？

6）修正假设：（在等同假设不成立的情况下）X 与 Y 的关系是这样的（具体表述），或 X 和 Y 的使用取决于这样的条件（具体表述）；

7）验证修正的假设。

（转引自许余龙 2005：13）

在上述程序的基础上，王蕾（2014）曾提出了一套以理论建设为最终目标的对比程序：

1）确定可比对象：通过观察语料，尤其可以利用平行语料库或可比语料库，捕捉到两种语言间的某种相似之处，并将相似之处

提炼为两种语言系统中的语言现象或用法,从而确定可比对象;

2）建立理论框架,用以描述语言现象,设计对比研究的观察维度;

3）提出假设,并进行实证研究验证假设;

4）修正假设,并验证修正假设;

5）结合对比结果,反观理论框架,进行理论探究。

虽然这套程序还有待实践的检验,但至少我们可以看到,从语言事实之间的相似性出发,通过对比研究,逐步得到解释力更强的理论,这是一条可行的路径。

4.3 单向对比

既然对比的出发点是语言之间的相似性,那么对比的路径就应该是图 3 所示的单向对比模式,即从语言 A 到语言 B 的对比。对于汉外对比来说,汉语既可以是语言 A,也可以是语言 B。如果对比的目的是引进、借鉴国外的语言学理论,那么外语是语言 A,X 是国外语言学理论中的某个现象,(Xa)是该现象在外语中的表现,这是已有理论中已经涉及的语言事实。汉语中可能存在与(Xa)相似的语言事实(Xb),通过对比(Xa)与(Xb),可以调查汉语中是否也存在 X 现象,从而反观关于 X 的语言学理论。如果对比的目的是将汉语研究中的发现融入普通语言学研究当中,从而丰富普通语言学理论,那么汉语是语言 A,X 是在汉语研究中发现的现象,外语是语言 B。(Xa)是已发现的汉语事实,(Xb)与(Xa)相似,但需要通过对比研究进一步观察(Xb)与 X 的关系,从而验证、完善关于 X 的语言学理论。

5. 总结

本文将理论汉外对比研究分为两类:为建设汉语语法体系而进行的汉外对比和为建设普通语言学而进行的汉外对比。不同的对比研究,其研究模式有不同的特点。从对比方向、出发点、路径三个方面来说,前一种汉外对比是从语言共性到汉语特性的对比方向,多以共同对比基础为出发点,一般采用双向的对比路径;后一种对比是从汉语特殊现象到语言共性解释的对比方向,以相似性为对比出发点,一般采用单向的对比路径。

参考文献

［1］ 陈平.引进·结合·创新——现代语言学理论与中国语言学研究［C］.北京:商务印书馆,2017.

［2］ 潘文国,谭慧敏.对比语言学:历史与哲学思考［M］.上海:上海教育出版社,2006.

［3］ 沈家煊.Hawkins《什么是语言共性》一书评介［J］.外语教学与研究,1991,(4): 65‐68.

［4］ 王菊泉.什么是对比语言学［M］.上海:上海外语教育出版社,2011.

［5］ 王蕾.换一种路径如何?——以致使范畴为例谈英汉对比的研究方法［R］.中国英汉语比较研究会暨 2014 英汉语比较与翻译研究国际研讨会,2014.

［6］ 徐通锵.汉语的特点和语言共性的研究［J］.语文研究,1999,(4): 1‐13.

［7］ 徐通锵.对比和汉语语法研究的方法论［J］.语言研究,2001,(4): 1‐7.

［8］ 许余龙.对比语言学［M］.上海:上海外语教育出版社,2001.

［9］ 许余龙.对比功能分析的研究方法及其应用［J］.外语与外语教学,2005,(11): 12‐15.

［10］ 许余龙.再论语言对比基础的类型［J］.外国语,2007,(6): 21‐27.

［11］ 许余龙.语言类型学视野下的对比研究［J］.《外语与外语教学》,2017,(5): 20‐28.

［12］ Chesterman, A. *Contrastive Functional Analysis*［M］. Amsterdam/Philadelphia: John Benjamins Publishing Company, 1998.

(作者通讯信息:上海海事大学
wangleikate@163.com)

汉语得益型隐性致使
构式综合考察

房战峰 张建理

1. 引言

汉语主动宾句除表述施事施力作用于受事或产生新实体之义之外,还能包含句法上隐含致使动词和使事兼语成分的致使义,如下面例[2]。此句可采用例[3]这种分析型致使句做近义解释。与例[3]相比,例[2]省略了致使动词"让"和使事兼语成分"配镜师"。例句[1][2]都采用主动宾形式,但句义有差异。前句的语义结构可表征为:[[配镜师 ACT]CAUSE[BECOME[眼镜<RESULTATIVE−State=配了>]]],读作"眼镜师施力导致眼镜配了"。后句的完整语义结构可表征为[[顾客 i ACT]CAUSE[[眼镜师 ACT][给自己 i]CAUSE[BECOME[眼镜<RESULTATIVE−State=配了>]]],读作"顾客 i 致使眼镜师给自己 i 施力导致眼镜配了"。对比两个语义结构可以看出:前句的主语是施事,致使语义已经词汇化;后句的主语是致事,具有[+致使性],使事兼语成分是"配眼镜"的真正施事,此致使语义并未发生词汇化,因致使语义的确认通常与语境因素有关。通过调查发现,迄今为止学界仅有陈昌来从隐性致使角度讨论过例[2]这类句子。本文将例[2]这种句法上隐含致使动词和使事兼语成分的形式功能配置称作"得益型隐性致使构式"(Implicit Causative Construction with Benefactives,以下简作 ICCB)。

  [1] 张三(眼镜师)配了眼镜。
  [2] 张三(顾客)配了眼镜。

[3] 张三(顾客 i)让配镜师给自己 i 配了眼镜。

本文首先探究汉语得益型隐性致使构式的语义句法特征及其联接方式、社会功能和认知理据,从语义特征和句法分布角度论证其独立存在性,最后从语言类型学角度判定其本质。

2. 相关研究及本文的理论准备

相关研究显示,例[1]、例[2]这类句子存在歧义的原因有二:(1)主语题元根据不同的语境可能会有不同的认定,如施事或语义复合体——策动、受益、受事、直接施事或间接施事、例[3]施事或领事、施事或受事、施事或致事。我们认为,前句的主语题元是施事;后句的主语题元可能是致事或领事,但不应该是受事。(2)主宾间是否存在领属关系可能有不同认定。例[2]主宾间存在领属关系,这有利于句子的解歧。必须承认,判定主宾间存在领属关系确实有利于歧义的消解,但有时 ICCB 的宾语并不是受事实体,而是事件性名词,①后者与主语的领属关系较为含混。因此,主宾领属关系的概括或许并不全面和准确。此外,还有学者从句子整体角度将句子"张三(顾客)拔了一颗牙"看作无标记被动句,如刘鸿勇、彭国珍。(刘鸿勇,彭国珍 2012)将此句看作无标记被动句或许是正确的。但是,如果扩大语言对象,将例[2]这类句子也包括在内的话,无标记被动句的观点并不正确。下文详述。

Goldberg 的构式语法理论主张:(1)语言的基本单位是形式和功能配对的构式,它们形成高度互联的语言网络系统;(2)构式具有独立于其成分加合的整体语义和功能;(3)高频使用的语言单位也是构式。Croft & Cruse 认为,局部义与整体义相关并受其

---

① 与事件性名词组合的动词以"做""办"等泛义动词为主,形成的动宾短语多种多样,如"做检查""做护理""办理赔""办按揭"等。这些动宾短语参照具体语境均可进入 ICCB。

调控,必须参照后者才能对前者做更好的描述和解释。本文在以上研究的基础上,拟基于构式语法对汉语得益型隐性致使构式展开综合考察。

3. ICCB 的语言实现

ICCB 的语言实现包括语言内部和外部调查两方面。前者涉及 ICCB 的整体形式功能配置、语义句法特征、语义句法联接方式,后者涉及 ICCB 的社会和认知理据。

3.1 ICCB 的整体形式功能配置

ICCB 采用主动宾形式表述因果事件,其形式功能配置如下:主语/致事+动宾短语/[动作+对象],构式义为"致事致使得益事件发生"。其中,"致事"指致使结构中致使某种得益事件得以发生的有灵性实体。"使事"指致使结构中直接实施某种动作的有灵性实体。"对象"指因动作影响而发生状态改变或产生某种新实体的无灵性实体,包括受事和结果等。笼统性动宾短语(如"做手术")并没有具体的受事,因此将宾语统称为对象更为合适。ICCB 的相关语例如下:

> [4] 9 月 7 日,在妻子的再三催促下,他去医院做了心电图。
>
> [5] 有回宋庆龄要做衣服,设计师来量尺寸时,宋患感冒……,即请李姐代替量身。
>
> [6] 孙四海来了,对他说:"明天我要下山一趟,配副眼镜,课就由你去上。"
>
> [7] 越来越多的美国病人去扎针灸,中国"神针"的影响越传越广。

ICCB 是否较为常用可通过语料库调查进行验证。我们在北大现代汉语语料库中随机选取四个动宾短语——"抽血""做衣服""拔牙""配眼镜"——进行调查,结果如表 1 所示。

表 1　相关动宾短语在两个构式中的使用频率对比①

动宾短语	总数	施事主语构式		得益型隐性致使构式	
		次数	%	次数	%
抽血	89	57	64	32	36
做衣服	55	25	45	30	55
拔牙	48	21	44	27	56
配眼镜	64	12	19	52	81

表 1 显示：与施事主语构式相比，ICCB 也是较为常用的语言现象。

3.2　ICCB 的语义特征

ICCB 的构式义表明，致事关心的是自己是否得益，使事是谁其实并不重要。因此，其语义特征可归纳如下：（1）隐性致使；（2）有益结果。如例[8]、[9]所示，隐性致使关系表现在划线部分，其内分别隐含裁缝和出入境警官，即使事兼施事。例[8]的划线部分可解释为"很多消费者都愿意请/让/叫裁缝为自己定制衣服"。此外，例[8]、[9]中主语期待的有益结果分别是"做好衣服"和"办好护照"。

[8] 既要着装美，又不愿被"宰"，所以<u>很多消费者都愿到裁缝铺做衣服</u>。

[9] 这时，10 个股东中有 2 个要求退股，<u>有四五个跑到广东，准备办护照出国</u>。

---

① 需要指出：（1）此表中的总数指人工除噪后符合本文研究目的的总语例数；（2）由于"抽血"和"做衣服"在语料库中出现的语例较多，因此我们随机选取 700 项语例人工除噪后做抽样调查。

综上，ICCB 语义上侧重致事而隐含致使动作和使事，这是其采用主动宾形式的重要条件。

3.3　ICCB 的句法特征

ICCB 的句法特征可归结如下：（1）句子通常采用主动形式。即使有被动形式，与 ICCB 也不相同。（2）处于句末的动宾短语通常不能与以下成分直接并置：副词"亲自"和"亲手"、表示具有某种技能的助动词"能/会"、表示起始义的趋向动词"起来"等。我们采用如下语言最小对立体形式对以上句法特征进行说明：

> [10] a. 李四（病人）拔了一颗牙。
>
> 　　　b. 李四（病人）被拔了一颗牙。
>
> [11] a. 李四今天去医院种了牙。
>
> 　　　b. *李四今天去医院亲自种了牙。
>
> [12] a. 李四（技师）能/会纹眉。
>
> 　　　b. *李四（顾客）能/会纹眉。
>
> [13] a. 李四（医生）镶起牙来。
>
> 　　　b. *李四（病人）镶起牙来。

以上 b 句不是 ICCB 句，原因是：[10b]是被动构式，表示主语实体的受动性，句义具有消极性，这与 ICCB 表示有益结果的语义特征不符；[11b]说明"李四"无法亲自实施种牙的动作；[12b]说明主语不具备实施"纹眉"动作的能力；[13b]说明主语无法直接实施"镶牙"这一动作。

3.4　ICCB 的语义句法联接方式

ICCB 的完整语义可采用元语言表述式进行表征，如图 1 顶层所示。大括号和中括号分别包括整个事件和次事件，A 和 C 分别是致事和动作实施的对象，V 是施力动作，斜体 V_v 和 B 分别是不凸显的致使动作和使事兼施事。

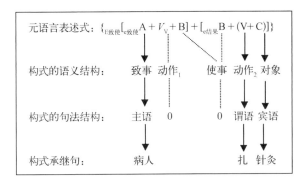

图1　"病人扎针灸"ICCB 句的语义句法联接构拟

语句实现(以向下箭头标示)过程中,元语言表述式默认的成分被隐含(斜体和 0 标示),凸显性题元和动作信息进入语义结构并形成相应的句法结构,最后嵌入具体词项,组成构式句"病人扎针灸"。

3.5　ICCB 的社会功能理据和转喻理据

我们认为,上述 ICCB 语言实现中的特殊性(即省略致使动作和使事)与社会功能因素和转喻操作有关。宗守云、杨素玲指出,社会生活的固有模式对构式义、构式成分、构式的形成有重要影响,是构式存在的社会理据。具体到本研究,ICCB 的特殊性可从社会生活维度作出解释:(1)个人的能力和待处理事件的难度之间有时不对等,需要他人的协作或代劳才能完成。(2)商贸活动中消费者有需求并愿意支付费用,商家可以提供相应的商品和服务并因此得利,双方互利互惠,相互依存。这种商贸活动通常由带有自利期望的消费者发起。(3)消费者的重要性远大于商家,人们在商贸活动中通常较多地关注消费者。据此,在商贸服务领域中,消费者可借助商家来获取某种有益结果。以上社会理据在概念层的体现就是转喻操作,具体而言就是:(1)ICCB 的致事可转喻替代使事，形成机制是致事比使事更为凸显，而且致事的存在往往可以蕴含使事的存在。这一转喻产生的句法结果是使事成分的省略。（2）ICCB的动作事件转喻替代涉及致事的有益结果，形成机制是致事更关心动作所带来的结果。由于动宾短语自身能够蕴含某种结果，因此该转喻并未产生直接的句法变化。

以上社会理据和转喻操作保证了ICCB既凸显重要信息又省略次要内容，是语言表述经济性原则的体现。

4. ICCB 与其他构式的异同及其本质

4.1　ICCB 与其他构式的异同

ICCB 语义上与分析型致使构式较为接近，句法上与施事主语构式或被动构式较为相近。但是，ICCB 与以上构式在语义特征和句法分布上呈现一定的差异性。下面拟通过实例具体说明这些构式的区别与联系。分析型致使构式与 ICCB 的类同点是都存在致使关系，如例［14］所示。但是两者有较大差异。第一，前者在句法形式上明示致使动词和使事，后者则不明示。第二，前者的致使力强度通过使用致使动词可强可弱，后者的致使力一般都较弱，如例［15］。例［15b］说明强致使构式不能近义转述 ICCB，弱致使构式则可以。第三，前者的语言使用情境并无严格限制，后者则不然。例［16］说明前者的使用情境可以是需要他人协助的活动领域，也可以是自行完成的。例［17a］说明 ICCB 的使用情境只能是需要双方合作的活动领域，因此［17b］不是 ICCB 句。

> ［14］a. 他去医院让医生给自己割了双眼皮。
>
> 　　　b. 他（顾客）割了双眼皮。
>
> ［15］a. 他去理发店请/让/催理发师理了头发。
>
> 　　　b. 他去理发店（请/让/＊催理发师）理了头发。
>
> ［16］a. 他请理发师烫了（他的）头发。
>
> 　　　b. 他请理发师吃了饭。

[17] a. 他去理发店烫了头发。

　　b. 他去餐馆吃了饭。

ICCB 与施事主语构式在句法结构上同形,但是同形不同义。例[18]中前两个划线句例示施事主语构式句,说明店商自产自销;第三个划线句例示 ICCB 句,因为此句中的主语是顾客。这些句子显示这里涉及语义不同的构式。我们还可通过成分添加的方法来辨别这两类构式,如例[11]至[13]所示。

[18](冥葬品店老板)我们自己不是不努力呀。洋车时行,我们就照样糊洋车;汽车时行,我们就糊汽车。我们知道改良,可是有几家死了人来糊一辆洋车或汽车呢?

ICCB 和被动构式的施事都可被隐含,但是 ICCB 不是被动构式。首先,ICCB 的主语题元从构式整体来看是致事。例[19][20]中前句主语有致使性,是致事;后句主语没有致使性,是受事。其次,ICCB 表述有益结果,致事几乎总是期待得益而非受难。例[21]中前句呈现有益结果,后句呈现受损结果,因此,两句分别是 ICCB 句和被动构式句。总之,ICCB 致事的致使性和结果的有益性是语义上区别于被动构式的主要特征。

[19] a. 他今天去领事馆办了签证。

　　b. 他的签证在领事馆办好了。

[20] a. 冯老板在银行办好了贷款。

　　b. 冯老板的贷款在银行办好了。

[21] a. 张三(病人)接好了腿。

　　b. 孔乙己(被)打断了腿。

综上,ICCB 在形式和/或意义上区别于上述构式,是可以独立存在的。

4.2　语言类型学视角下汉语 ICCB 的本质

从语言类型学角度看,致使结构一般分为分析型、形态型和词汇型三种,三者间因存在过渡形式而构成一个连续统。汉语中常见的致使结构是词汇型和分析型。此外,汉语致使结构还存在致使义隐含和题元省略现象。范晓讨论了致使义隐含在词汇和句法层面的现象,如"使命"句和"使成"句等(范晓 2000)。刘培玉、刘人宁指出使动句中存在致使动词隐含问题(刘培玉,刘人宁2015)。戚晓杰和张翀讨论了使事作兼语成分的隐含问题(戚晓杰 1996;张翀 2014)。但是,上述研究均未讨论过本研究中的汉语ICCB 可以同时隐含致使动词和使事兼语成分这一语言现象。汉语 ICCB 的本质到底为何?[1]

　　汉语 ICCB 不同于词汇型致使,因为它的致使结构是根据特定语境而设定的,并未将致使结构完全凝结在词汇层面。汉语ICCB 又不同于分析型致使,因为它在句法层面没有出现致使动词和使事。因此,本文将汉语 ICCB 看作一种从分析型致使向词汇型致使过渡的语言形式,其较为特殊但又很常见。

5. 结语

　　本文采用构式语法路向调查汉语得益型隐性致使构式的语义句法特征、语义句法联接方式、社会功能和认知理据,探明它与其他构式的联系和差异,并从语言类型学视角判定其本质。此构式的主要特点是语义句法的不对称性。本文从语言内外因素两方面对此不对称性进行描写和解释,展现了语言研究各个界面的互动关联。但是从研究对象上看,本文仅仅关注汉语隐性致使构式的得益型次类,对如"李四(病人)拔错了牙"这类受损型次类所涉甚少。希望以后的研究能够就致使和被动范畴的交叉地带做进一步调查。

---

[1]　ICCB 并不是汉语所独有的语言现象,英语和日语等语言中同样存在。我们将另文专述上述语言中 ICCB 的异同点。

参考文献

[1] COMRIE B. *Language Universals and Linguistic Typology: Syntax and Morphology*（*2nd Edition*）［M］. Chicago：University of Chicago Press，1989.

[2] CROFT W，Cruse D. Cognitive Linguistics［M］. Cambridge：Cambridge University Press，2004.

[3] DIXON R. A typology of causatives：form，syntax and meaning［G］// DIXON R A A. *Changing Valency: Case Studies in Transitivity*. Cambridge：Cambridge University Press，2000：30－83.

[4] GOLDBERG A. Constructionist approaches［G］//HOFFMANN T T G. *The Oxford Handbook of Construction Grammar*. Oxford：Oxford University Press，2013：15－31.

[5] GOLDBERG A. *Constructions at Work: The Nature of Generalization in Language*［M］. Oxford：Oxford University Press，2006.

[6] Song J. *Linguistic Typology: Morphology and Syntax*［M］. London/New York：Routledge，2001.

[7] 陈昌来.论现代汉语句子语义结构中的施事［J］.吉安师专学报：哲社版,1999(2)：69－77.

[8] 范晓.论"致使"结构［G］//中国语文杂志社.语法研究和探索（十）.北京：商务印书馆,2000：135－151.

[9] 李洁.被动式领主属宾句［J］.云南师范大学学报：对外汉语教学与研究版,2007(1)：56－60.

[10] 刘大为.(V+O)前两种不同语义性质的主语［G］//林祥楣.汉语论丛.上海：华东师范大学出版社,1990：67－85.

[11] 刘鸿勇,彭国珍.汉语中的"使动—被动"式领主属宾结构［J］.广东外语外贸大学学报,2012(4)：11－15.

[12] 刘培玉,刘人宁.从"动词核心"看隐性使动句［J］.汉语学报,2015(1)：56－64.

[13] 陆俭明,沈阳.汉语和汉语研究十五讲［M］.北京：北京大学出版社,2004.

[14] 戚晓杰.谈兼语的省略及其条件限制［J］.世界汉语教学,1996(2)：38－40.

[15] 史有为.施事的分化与理解[J].中国语言学报,1991(4):37-48.

[16] 袁毓林.一价名词的认知研究[J].中国语文,1994(4):241-253.

[17] 张赪.近代汉语使役句役事缺省现象研究——兼谈语言接触对结构形式和语义的不同影响[J].中国语文,2014(3):236-246.

[18] 宗守云,张素玲.社会固有模式对构式的影响——以"放着 NP 不 VP"为例[J].汉语学报,2014(3):22-30.

(本文已刊于《宁波大学学报(人文科学版)》2017 年第 4 期)

(作者通讯信息:宁波大学,浙江大学

房战峰:fangzhanfeng23@163.com

张建理:sis03@zju.edu.cn)

英汉构式 Let Alone 与"更不用说"认知对比研究
——基于 BNC 和 CCL 语料库

高文成　袁琳子

1. 引言

英语构式 let alone 作为语义-句法配对体,在意义建构、语法链接、语用等方面都有鲜明的特征。这些特征的背后隐藏着独特的认知动因。英语构式 let alone 与其对应的汉语构式"更不用说"相比,在语义、语法和语用三个层面既有共性又有差异性。这些语言共性和差异性背后的思维方式非常值得探讨,因为它可揭示人类语言的本质。众多汇流的微观语言研究必将加深人们对语言本体的理解,提升对本质的认识,因而具有重要的理论意义。但是到目前为止,对 let alone 或"更不用说"构式的研究,在国内并不多见。张滟(2010a,2010b)基于交互主观性认知观,利用"交互主观性"语义模型对"X(连)A 都/也 Y,更不用说/别说 B"构式和"X A Y, let alone B"构式的句法进行了研究,但只研究了一个语法层面,不是语义、语法、语用和认知四个层面的立体研究。肖任飞,张芳(2014)从语义、句法等方面对熟语化的"(更)不用说"进行了相关阐述,但也不够全面,没有认知解释。目前汉语界对"更不用说"构式的认知研究非常少。Fillmore(1988)和 Verhagen(2005)把构式 let alone 的语义概括为:F′<X A Y> let alone F′<X B Y>。其中,F′为否定语义,let alone 作为"否定极项"将两个直接或间接的否定断言连接起来,二者存在着蕴含关系。事实上,这些语言事实描写并不全面,let alone 还可以用来连接两个肯定的断言,如

"Most local girls were lucky to have ridden in a motor car, let alone learned to drive one."（BNC 语料库），这一类语言事实长期被忽略了。因此我们认为，这两个构式的语义、语法、语用和认知构成了一个四个平面的"尖锥体"，汇于"构式"这一顶点，共享"语境"这一平面，在一个既定语境中，该四面尖锥体共生互动。只有基于语料库、详细准确地描写前三个平面的语言事实（既包括连接直接或间接的否定断言，也要包括连接肯定断言的情形），然后再进行认知平面的解释，才能对其进行全面透彻的研究，才可能给我们带来关于语言本质的揭示性发现。故本文将基于英语 BNC 和汉语 CCL 语料库，采用四个平面的进路，对比研究 let alone 与"更不用说"构式。

2. 认知语言学理论基础

在 Lakoff（1987）、Brugman（1988）、Fillmore, *et al.*（1988）、Fillmore & Kay（1993）、Lambrecht（1994）等人研究成果的基础上，Goldberg（1995）提出了构式语法。Goldberg（1995：4）认为"构式"是"其中一个以上的形式或意义特征不能严格地从本构式的组构成分或语法中的其他构式预测出来"的语言单位。后来，Goldberg（2003：2）把"构式"总结为："假如说 C 是一个独立的构式，当且仅当 C 是一个形式（F_i）和意义（S_i）的对应体，而无论是形式或意义的某些特征，都不能完全从 C 这个构式的组成成分或另外的先前已有的构式推知。"10 年后，Goldberg（2013：15）又简化了构式的定义："具有不同复杂性和抽象程度的、归约化的、学得的形式-功能配对体"，此举减少了不同语法理论在"构式"定义上的分歧。构式语法的核心观点就是："构式具有独立于词汇意义之外的构式义，语义和句法之间的映射是通过构式而非词汇项完成的"（Goldberg 1995：28）。

构式语法（Goldberg 1995）具有优越性：1）避免动词的不合理义项；2）避免循环论证；3）保证动词语义的经济简洁；4）保留

语言结构的复合性;5）为句子处理提供证据。构式语法也有一定的局限性,如繁琐而无法反映语言使用者的理解过程,不重视语言产出和理解中的体验认知。故本文的理论基础是把构式语法的精髓和体验认知如射体、界标、凸显、概念化等理论相结合,以达到对该语言现象的解释更自然、心理真实性更强的效果,真正做到"心同所感""感同身受"(高文成,张丽芳 2014)。

3. 英汉"Let Alone"与"更不用说"构式的对比分析与认知解释

在这一部分,我们基于英国国家语料库(BNC)和北京大学中国语言学研究中心语料库(CCL)将针对英语 let alone 和汉语"更不用说"构式,从语义、句法结构和语用功能三个方面进行详细描写和对比分析,最后给出相应的认知解释。

英语构式 let alone 属于半固定构式,与其前后的成分一起形成一个语法和语义互动的结合体。这个构式主要起连接词语的作用,从认知语言学视角来看(Langacker 1987, 1991),侧画(profile)其前面的成分,而后面的成分充当基体(base)。从逻辑语义和句法的视角,可以表征成如图 1 的构式:

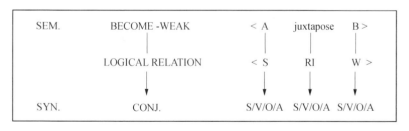

图 1 英语"let alone"构式

该构式并列连接(juxtapose)成分 A 和 B,语义(SEM)是"变弱"。它本身不是谓词,只表明一种由强 S(strong)变弱 W(weak)

的"退反性递进"（reversed increase，RI）逻辑关系。在句法层面，成分 A 可以充当不同的句法成分，如主语（S）、谓语（V）、宾语（O）或状语（A）；成分 B 也充当和 A 相同的句法成分；let alone 是没有否定标记的内容否定表达式，连接 A 和 B，属于相同句法成分的并列项，但 A 往往是下位语义项，B 是上位语义项。例如：

> [1] They cannot establish British companies across Europe, **let alone** across the world. 他们不能在全欧洲成立英国公司，更不要说在全世界。（BNC 语料库，作者译文）

在这个例句中，across Europe 和 across the world 都是状语，let alone 连接两个状语，也是状语的一部分，表达的是一种由强变弱、退反性递进的语义关系。这种退反性递进语义关系是通过否定下位语义项 Europe，let alone 连接上位语义项 the world，然后通过逻辑上的蕴含关系而实现的，因为下位语义项 Europe 的语义内容被包含在上位语义项 the world 之中（范围维度）。在这个例句中，let alone 的重要性在于两点：一是它本身是没有否定标记的否定内容表达式，二是它有基于蕴含逻辑关系的否定构式义。

汉语构式"更不用说"一般情况下也是和其前后成分形成一个语法和语义互动的结合体，起着连接侧画（焦点）和基体（背景）的作用，但位置比英语的 let alone 更灵活。从逻辑语义和句法的角度，汉语构式"更不用说"可以表征如图 2 所示：

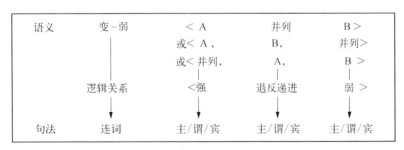

图 2　汉语"更不用说"构式

从上图可看出,构式"更不用说"也是并列连接成分 A 和 B,语义层面表达"由强变弱"的含义;逻辑层面也是表达一种"退反性递进"关系;在句法层面,成分 A 和 B 可以一起作句子的主语、谓语或宾语;"更不用说"作为连接成分,把并列成分 A 和 B 连接起来,它们属于相同句法成分的一部分,A 项往往是下位语义项,B 项往往是上位语义项,二者有基于某一维度的蕴含逻辑关系。例如,"他走都走不稳,更不用说跑了"一句中,"走"是下位语义项,其意义被包含在上位语义项"跑"之中,存在着基于难度的蕴含关系。"更不用说"在汉语中是有否定标记"不"的否定表达式,通过否定上下位语义项及凭借语义项的蕴含关系,从而达到"退反性递进"的否定构式义传导。

就句法分布来看,与英语构式 let alone 的中间位置不同,汉语构式"更不用说"可出现在三个位置,除了在两个并列成分的中间位置外,还可出现在句首或句末(详见下文表3)。

以上只是对这两个构式的静态描写和语义分析,尚未涉及任何动态的语境和真实语料。下面基于真实语料,对其进行四个层面的立体描写和深入分析。

3.1　Let alone 与"更不用说"句法结构对比分析

英语构式 let alone 的句法结构特点主要体现在搭配和类链接上。基于 BNC 语料库,以该构式为节点词(node)取其左右各四个跨距,得到了许多搭配语料。限于篇幅,我们只显示 BNC 中前 10 项较典型的搭配语料,具体内容如表 1 所示。

表 1 语料显示,英语构式 let alone 鲜用于句首,常常置于句中,其前面的部分往往是一个子句,用逗号隔开(如例 1—10);而其后面的部分较复杂,有四种情况:一个词(如例 1—3),或一个短语(如例 4—7、例 10),或一个子句(如例 8),或一个带定语从句的名词(如例 9)。此外,紧跟在 let alone 构式之后的成分要和前面的成分对称,即并列连接左右两个平行成分,词语对词语,短语对短语,子句对子句等。例如:

表 1 英语构式 let alone 的搭配语料(BNC)

1 rer stops, but Northern Ireland never <u>starts</u>	, **let alone** <u>stops</u>. 'Funnily enough, hailing from
2 e Carnelian, could <u>reasonably</u> expect him to invoke	, **let alone** <u>soon</u> ... The name of that alternative w
3 m difficult to find anyone who was <u>satisfied</u> with it	, **let alone** <u>enthusiastic</u>. A share for everybody wo
4 l not need to rig the election, or <u>buy voters</u>	, **let alone** <u>do anything</u> worthy. The situation
5 green come, they didn't even have a <u>garden</u>	, **let alone** <u>a window</u> box but a but neverthel
6 ormance # Inadequate funding <u>to maintain</u>	, **let alone** <u>to develop</u>, the existing range of public
7 establish British companies <u>across Europe</u>	, **let alone** <u>across the world</u>, if our monopoli
8 even know yet <u>that</u> he is back on the scene	, **let alone** <u>that</u> he's working with me, and as fo
9 <u>whom</u> the prospects of a home of their own –	, **let alone** <u>one which</u> they owned — seemed an
10 lucky you were to escape with <u>your lives</u>	, **let alone** <u>your horse</u>. But you'll be safe eno

[2] Lucky you were to escape with your lives, **let alone** your horse. 你够幸运逃命就不错了,更不用说你的马了。(BNC 语料库,作者译文)

例[2]为虚拟倒装句,句中 your lives 与 your horse 对称,用 let alone 连接。前面往往用逗号,两个并列名词短语都作介词 with 的宾语,整个介词短语作状语,表示逃走时的伴随状态。为了全面了解英语构式 let alone 的语法结构特点,通过基于 BNC 语料观察和统计,我们归纳出常见的九种类链接(详见表2)。

表 2 英语构式 let alone 的主要类链接

类链接的类型	
Clause, +**let alone**+V	Clause, **let alone**+VP
Clause, **let alone**+ADV	Clause, **let alone**+PP
Clause, **let alone**+ADJ	Clause, **let alone**+THAT CLAUSE
Clause, **let alone**+(ART) N	Clause, **let alone**+N+ATTRIBUTIVE CLAUSE
Clause, **let alone**+NP	

从表2可看出,英语构式 let alone 作为一个连接词语,很少用于句首,一般都用于句中,连接后面的对称成分,同时用逗号和前面成分隔开。该构式后接的成分类型大致可分为九种:动词(V)、副词(ADV)、形容词(ADJ)、(冠词+)名词([ART]N)、名词短语(NP)、动词短语(VP)、介词短语(PP)、that 子句(THAT CLAUSE)以及带定语从句的名词(N+ATTRIBUTIVE CLAUSE)等,例证见表1。

下面我们看汉语构式“更不用说”的句法结构特点。根据肖任飞、张芳(2010)的观点,汉语“更不用说”构式的语言手段复杂多样,“连……也……别说”只是其中的一小类复句,实际情况远比这个复杂得多。基于 CCL 语料库,我们对构式“更不用说”的搭配和类链接也进行了深入分析。汉语“更不用说”构式的使用最早可以追溯到北宋时期的《朱子语录》,但在古汉语中使用得较少,在 CCL 古汉语语料库中仅有 27 条相关语料。例如,“那些哥儿姐儿们更不用说了,要天上的月亮,也有人去拿下来给他玩”(曹雪芹《红楼梦》)。而在 CCL 现代汉语语料库中,“更不用说”构式的相关语料则是1 169 条。限于篇幅,我们只显示位于3个不同位置的10条典型搭配语料,如表3所示:

表3　汉语构式“更不用说”的搭配语料(CCL)

1	从道德上看,这不是好事,从信仰上看,	更不用说了。
2	只拿得两三块钱! 还有那些工厂的工人,	更不用说了。
3	阿谀奉承去勾引她。至于普通人,那就	更不用说了。
4	违法行为都不被视为侵权性行为,	更不用说　被视为宪法性侵权行为了。
5	够运用数学工具对语言进行研究,	更不用说　建立计算语言学的概念了。
6	时统一的世界商品市场尚未形成,	更不用说　统一的金融市场了。
7	一直到连的干部都要选得比较好,	更不用说　营团以上的干部。

8 更不用说	,当年清华也有一个分校在四川绵阳,就是如今的西南工
9 更不用说	,象征主义者对艺术语言的自主性的肯定预示了形式主义
10 更不用说	,它以一半多的铁矿石供应宝钢(7 168 万吨),其余供

从表3可看出，汉语构式"更不用说"的位置有三种情况：一是用在句子中间，并列连接A和B两个平行成分，如上表例句4—7，此时需要句末助词"了"；二是出现在句末，用逗号与成分B隔开，如上表例句1—3，此时也需要句末助词"了"；三是用在句首，单独引导一个B分句，如上表例句8—10，此时不需要句末助词"了"。相对于英语构式 let alone，汉语的"更不用说"位置更灵活，而英语的相对固定，这是第一条明显的差异。从搭配类型来看，汉语的后接成分包括名词、动词、名词短语、介词短语、子句，甚至复句，如上表中例句8。CCL 语料显示，在多数情况下，"更不用说"连接前后两个并列小句（X A Y）、（X B Y）。A 小句为 B 小句的基点句，B 小句是 A 小句的终点句，二者构成认知语法中基体（背景）和侧画（图形）的关系，其中基点句为基体，终点句为侧画。例如：

[3]被大山堵住了出路的下西渠村，半数以上的人还没出过山窝窝，**更不用说**山外的大世界(CCL 语料库)。

例句[3]中"更不用说"前的A部分"半数以上的人还没出过山窝窝"为基点句，亦是基体；其后的B部分"山外的大世界"是终点句，也是侧画。根据 Langacker（1987，1991）的认知语法观，基体和侧画构成一个意象，句子的产出和句义的理解实质上就是意象的建构和识解（construal）。注意力影响意象的识解。"更不用说"之后的成分是整个句子意象的侧画，即第一焦点部分；"更不用说"之前的成分是基体，即第二焦点部分。句中借助于否定标记"没"、下位语义项"山窝窝"及上位语义项"大世界"，形成"退反性递进"语义链条。

　　两构式间第二条明显的差异性是否定标记的位置。英语构式 let alone 的否定标记通常出现在 A 成分中，否定标记包括 not、never，或其他表示否定意义的副词如 hardly、barely，或特殊句法结构如虚拟语气。尽管 let alone 本身不含否定标记，但是它也属于一个否定极项（negative polarity item），否定极性是英语构式 let alone 的显著特征之一。汉语构式"更不用说"本身就包含了否定副词"不"，与其前或其后的语义成分关联，形成"退反性递进"关系。需要指出的是，汉语构式"更不用说"前面的成分有时是肯定的。例如：

[4] 二百年来，美术馆和博物馆本身作为一种建筑艺术，犹如一朵朵美不胜收的奇葩，异彩纷呈地盛开在世界各个角落，**更不用说**它们所敛聚的光彩夺目的艺术精品了。（人民日报，1995年7月）

例句[4]中，"更不用说"前面的句子表达的是肯定含义，没有否定标记，后面的也是肯定含义。但是，"美术馆"和"博物馆"是上位语义项，"艺术精品"是下位语义项，这样，上位在前，下位在后，二者还是形成了一个"退反性递进"语义关系，故句子成立。所以，"退反性递进"是该构式的核心语义，往往有否定标记，这时的顺序为下位语义项在前，上位语义项在后；但有时也表达肯定内容，这时往往需要上位语义项在前，下位语义项在后。

3.2　Let alone 与"更不用说"语义建构对比分析

构式的语法结构和语义紧密相联，二者存在着互动的界面。因此，在本部分我们将着重探讨这两个构式的含义和语义韵。Fillmore（1988）与 Verhagen（2005）都把构式 let alone 的语义概括为：F′<X A Y> let alone F′<X B Y>（见张滟 2010）。其中，F′为否定语义，let alone 作为"否定极项"将两个直接或间接的否定断言（X A Y）、（X B Y）连接起来。作为同一阶（scale）的并列成分（X A Y）与（X B Y）存在一种蕴含关系，即（X A Y）→（X B Y）。在这种蕴含关系下，将两个否定断言看作命题 A 和命题 B，言者在谈及 let alone 连接的两个命题时，会预设一个维度，并在此维度下进行量度比较。

[5] Jefferson didn't bother to offer him any eye contact, **let alone** any response to his jocularity. 杰弗森甚至不愿与他进行目光接触,更不用说回应他的滑稽动作(BNC 语料库,作者译文)。

在例句[5]中,说话者所预设的维度是交流深度。在此维度下,命题 A 蕴含了命题 B,命题 B 被包含于命题 A 之中。显然,从否定的交流深度来看,不愿与他进行目光接触,蕴含着更不愿进行深入的交流——动作互动。命题 A 的否定值要大于命题 B 的否定值。正是这种蕴含关系导致了并列成分(X B Y)的语义要强于(X A Y)的意义,二者实质上构成了退反性递进关系。退反性递进关系就是英语构式 let alone 的核心含义,是构式本身、其前后并列成分、句子的否定标记及下位-上位语义项排序共同作用的结果。再如:

[6] The 2000-plus troops were teenagers who had never seen a dead body before, **let alone** large-scale massacres. 这个两千多人的部队都是十几岁的孩子,他们之前连一具尸体都没见过,更不用说大规模的屠杀了(BNC 语料库,作者译文)。

例句 6 中,never 是否定标记,a dead body 是下位语义项,large-scale massacres 是上位语义项,在数量维度上形成上下包含关系,故 let alone 前后两部分形成蕴含关系。

英语构式 let alone 语义建构的第二个显著方面是语义韵,即习惯性被吸引的、具有某一类相同或相似语义特点的词汇反复在文本中与该构式共现,这样,该构式也"染上"了类似的语义特点,这种在特定语境中弥漫的语义特点就被称为"语义韵"(semantic prosody)。我们在 BNC 中随机抽取了含 let alone 的 100 条语料,统计结果表明:91%表示消极语义,5%表示中性语义,4%表示积极语义。英语构式 let alone 通常和 not、difficult、displease、disappointed、guilty、little、no 等表示否定或消极的词汇一起出现。所以,作为"否定极项"的 let alone,整体呈现出否定、消极的语义韵。这种消极语义韵体现为直接否定和间接否定两种情形。

需要指出的是,关于英语构式 let alone,有一类语言事实长期以来都被忽视了,即 let alone 被用来连接两个肯定断言的语言事实。例如:

[7] You good luck, and Lizzie's packed enough food for a whole squad, **let alone** two of us. 你运气好,丽西准备了够整个班的食物,更不用说咱们两个的(BNC 语料库,作者译文)。

汉语构式"更不用说",本身就包含了典型的表示否定的副词"不",在很大程度上也与否定语义关联。其前后两部分是蕴含关系,后一部分的语义力度大于前一部分的,也形成了"退反性递进"关系。例如:

[8] 打谷时,他争着踩打谷机,却从不用力踩过,**更不用说**挑谷了(CCL 语料库)。

例[8]中,"更不用说"前的部分是基点,之后的部分是终点,二者之间是递进关系,但语义力度是减弱的,我们称之为"退反性递进"关系。在"更不用说"构式中时常出现"拒绝、忘记、损害、害怕、怀疑、怀恨、憎恶、厌倦、压制、忽视、困难、复杂、难以、困扰、麻烦、发愁、危机、险恶、愤怒、生气、丑陋、错误、低、少、问题、缺乏、废旧、垃圾、勉强、刻板、暂时、困惑、惶恐、卑鄙、惊慌、圆滑、阴暗、凋零、浪费、傻头傻脑、阿谀奉承、误入歧途、反作用、部分理解"等贬义的准否定语(肖任飞,张芳 2014:112)。因此,汉语构式"更不用说"的语义韵从整体来看,也是消极为主的。

3.3　Let alone 与"更不用说"语用力度对比分析

根据 Fillmore(1988)的研究,在英语 let alone 构式中,信息量较大的 F′<X A Y>和其估值(evaluation)满足量的最大化准则(quantity maxim),信息量较小的 F′<X B Y>与其估值则满足相关的最大化准则(relevance maxim)。因此,F′<X A Y>所承载的信息量大于 F′<X B Y>的信息量,但 F′<X B Y>的语义力度强于 F′<X A Y>。值得注意的是,正因信息量较大的 F′<X A Y>对信息量较小的 F′<X B Y>进行了有力的支撑,从而使 F′<X B Y>的语用力度要大于 F′<X A Y>。例如:

[9] He couldn't afford much more than a set of plastic rings,**let alone** five gold ones 贵过一个塑料戒指他就买不起了,更别说5个金戒指了(BNC语料库,作者译文)。

在例句[9]中,尽管 let alone 前一部分的信息量大,但后一部分"5个金戒指"的语义力度更强。同样,在汉语构式"更不用说"中,无论在何种句法结构中,B 小句的语义力度都要强于 A 小句。这一点与英语构式 let alone 相同。也是因为 A 小句所承载的信息量大于 B 小句,从而使 A 小句对 B 小句形成一个有力支撑,以此达到基体衬托侧画的认知效果。例如:

[10] 他连床都下不了,**更不用说**上班了。

在例句[10]中,我们可以感受到,"更不用说上班了"的语用力度明显强于之前的"他连床都下不了",因为在这句话中,前一部分的信息量大于后一部分,但语义力度不同,可以"下床"不代表能"上班",而能"上班"一定可以"下床"。"下床"是最基本的生活能力,远比"上班"这一高级生活能力简单得多。正因为"下床"比"上班"简单,这种能力蕴含关系,使前者对后者逻辑上起到支撑作用,从而达到加强语义力度的效果。需要指出的是,这一"前弱后强"的语义力度效果与该构式中存在的"退反性递进"语义链条密不可分。下位语义项在前,上位语义项在后,加上否定标记,形成一个完整的"退反性递进"语义链条。例如,下床、洗漱、出门、乘交通工具、上班形成一个丰富的动作语义链条,由简单到复杂。若要形成后者的语义力度大于前者,就要借助于"连……都不,更不用说……"结构形成退反性递进关系,如"他连下床都不行,更不用说洗漱了","他连洗漱都不行,更不用说出门了"等等。在这两句话中,B 小句中的动作都是倒退一步,变成 A 小句中的动作——"下床"和"洗漱",故称为退返性递进关系。同样,B 小句的语义力度大于 A 小句。英语的 let alone 和汉语的"更不用说"构式一般都遵循这一语义排列原则,均表达前弱后强的语用力度,这是二者的语用功能共性。差异性在于,英语的全句只有一个否定标记,let alone 的后一部分没有显性否定标记,但表达的意义却是否定的;汉语的前后两部分都有显性否定标记,均表达否定意义。

3.4　Let alone 与"更不用说"共性和差异的认知解释

英语的 let alone 构式与汉语的"更不用说"构式在语义、语法和语用方面的确有许多共同之处。从语法来看,let alone 与"更不用说"都作为连接词,连接前后两个小句,即"A let alone B"与"A 更不用说 B"。构式 let alone 的表达式为 F<X A Y let alone B>和 F<X A let alone B Y>;在没有逻辑重音标记的前提下,汉语更加习惯使用"连……都/也……更不用说"这样的句式(张滟 2010)。二者都是双焦点结构,能够使听话者对说话者所暗含的命题做或肯定或否定的判断,并重新对其进行估值。从认知语法视角看,前一部分是基体(次焦点),后一部分是侧画(主焦点),二者构成基体-侧画结构,基体衬托侧画,形成一个意象。基体-侧画结构共性是由背景-图形的认知规律所决定的。根据 Langacker(1987)的观点,基体是一个述义所参照的辖域,侧画是基体被凸显的部分。一个表达式的语义值不单取决于基体,也不单取决于侧画,而是两者的结合。此外,"负极性"也是 let alone 和"更不用说"构式共同存在的显著语法特征。let alone 时常与 not、no、never 等否定副词连用,形成否定。"更不用说"所连接的小句中,也经常使用"不""没有"等表示否定的词。从语义来看,两者所连接的并列语(X A Y)与(X B Y)有着复杂的蕴含关系,即(X A Y)→(X B Y)。在这种蕴含关系下,说话者在谈及由 let alone 所连接的(X A Y)与(X B Y)时,会预设一个维度,在预设的维度下,将(X A Y)与(X B Y)所传递的信息进行量化,(X A Y)的信息量往往大于(X B Y)。随机抽样的语料分析显示,let alone 与"更不用说"的语义韵均呈现消极,两者常常伴有表示消极语义的词语。从语用来看,在英语构式 let alone 与汉语构式"更不用说"中,B 小句的语用力度均大于 A 小句。因为 A 小句所携带的信息往往大于 B 小句,所以使得 A 小句对 B 小句形成支撑。而且借助于构式义消极"退返性递进关系",B 小句中的语义项都是在语义连续统上倒退一步,变成 A 小句中的语义项,这就是形成 B 小句的语用力度大于 A 小句的原因。根据认知语法(Langacker 1987:145),这是顺序扫描(sequential scanning)认知方式带来的识解效果。顺序扫描强调连续感知,显示认知变化,如起床、洗漱、出门、乘交通、上班;而整体扫描(summary scanning)是将对象同时作为一个整体感知的,显示同质性,如可以说"他不能上班"。正是顺序扫描这种认知方式促成了消极的"退反性递进关系"构式义。

　　二者的差异性有两点。首先,汉语"更不用说"构式中,本身有否定副词"不",从而对整个 B 小句做出句法否定;而英语 let alone 构式没有否定标记,是通过在 A 小句中使用 hardly、not、never 等否定副词从而达到否定 B 小句的效果。其次,英语 let alone 的句法结构较为固定,有两种方式——F<X A Y let alone B>和 F<X A let alone B Y>;而汉语的"更不用说"构式位置相对灵活,可以放在句首、句中或句末。在没有逻辑重音标记的情况下,人们通常会添加"(连)……都/也……",以使句子更加通顺。关于否定标记的差异性主要是由英汉否定范畴的辖域差异造成的,英语的否定辖域往往比汉语的大,汉语的否定辖域相对小而具体。例如,汉语"我认为他**不**是一个好老师",否定标记直接使用在子句的谓语前;而同样的句子,英语则是"I **don't** think that he is a good teacher.",否定标记使用在主句的谓语动词前,而不是从句,但二者表达的意思是相同的。关于二者位置的灵活性差异,主要是由英汉语概念化(conceptualization)的方式不同引起的。英语let alone 构式概念化时副语义特征为方向固定、右向,所强调内容均位于构式右侧。而汉语"更不用说"构式概念化时,其副语义特征为方向不固定,左右向均可。这一概念化方式的差异在英、汉语中有许多证据,如存在动词等。

4. 结语

通过对比研究发现,英汉构式 let alone 与"更不用说"存在四点共性、两点差异性。两者的共性在于:它们都为基体-侧画意象,基体衬托侧画;都有否定标记词;A 小句所承载的信息量多于B 小句;都呈现出消极的语义韵,形成一种"退返性递进关系"构式义,因此二者的 B 小句语用力度都大于 A 小句。差异则在于,汉语"更不用说"构式本身有否定副词"不",而英语 let alone 构式则没有,是通过在 A 小句中使用 hardly、not、never 等否定副词并借助于构式义从而达到同样的效果。基体-侧画结构共性是由背景-图形认知规律所决定的。语用力度前弱后强是顺序扫描认知方式带来的识解效果。英汉否定范畴的辖域差异和英汉民族概念化方式的不同则可以很好地解释二者在否定标记和位置灵活性方面的差异。

参考文献

[1] Brugman, C. & Lakeoff, G. Cognitive topology and lexical networks. In Dirk Geeraerts (ed.) Cognitive Linguistics:Basic Readings[A]. Berlin/New York:Mouton de Gruyter, 1988.

[2] Lakoff, G. *Women*, *Fire*, *and Dangerous Things* [M]. Chicago:University of Chicago Press, 1987.

[3] Fillmore, C. J. Frame Semantics[G]. In Linguistic Society of Korea (ed.), *Linguistics in the Morning Calm*. Seoul:Hanshin Publishing Co., 1982.

[4] Fillmore, C. J., Kay, P., O'Connor, M. C. Regularity and Idiomaticity in Grammatical Constructions：The Case of Let Alone[J]. *Language*, 1988, 64(3)：501 – 538.

[5] Fillmore, C. J. Construction Grammar. Course Reader for linguistics 120A [Z]. Berkeley, 1990.

[6] Goldberg, A. E. *Constructions: A Construction Grammar Approach to Argument Structure*[M]. Chicago：The University of Chicago Press, 1995.

[7] Goldberg, A. E. Construction：A New Theoretical Approach to Language [J]. *Journal of Foreign Languages*, 2003, (03)：1 – 11.

[8] Goldberg, A. E. *Constructions: Constructions at Work*[M]. New York：Oxford University Press, 2006.

[9] Goldberg, A. E. Constructionist Approaches [G]. Hoffmann, T. & Trousdale, G. (eds.). The Oxford Handbook of Construction Grammar. Oxford：Oxford University Press, 2013：15 – 31.

[10] Kay, P. The Limits of Construction Grammar [G]. Hoffmann, T. & Trousdale, G. (eds.). The Oxford Handbook of Construction Grammar. Oxford：Oxford University Press, 2013.

[11] Langacker, R. W. Foundation of Cognitive Grammar, Vol. I：Theoretical Prerequisites[M]. Stanford：Stanford University Press, 1987.

[12] Langacker, R. W. Construction Grammars：Cognitive, Radical, and Less So：Cognitive Linguistics Internal Dynamics and Interdisciplinary Interaction[J]. *Cognitive Linguistics*, 2005.

[13] Verhagen, A. *A Construction of Intersubjectivity: Discourse*, *Syntax and Cognition*[M]. Oxford：Oxford University Press, 2005.

[14] 刘玉梅.Goldberg 认知构式语法的基本观点——反思与前瞻[J].现代外语,2010,(2)：202 – 209.

[15] 王淼.从构式语法的角度探讨形式习语 let alone[J].科教文汇旬刊,第六期：133 – 134.

[16] 王寅.认知构式语法[J].外语学刊,2011,(2)：28 – 34.

[17] 肖任飞,张芳.熟语化的"（更）不用说"及相关用法[J].语言研究,2014,(1)：112 – 118.

[18] 高文成,张丽芳.论认知语言学心理真实性和解释自然性[J].西安外国语大学学报,2014,(3)：26 – 29.

[19] 熊学亮.增效构式与非增效构式——从 Goldberg 的两个定义说起[J].外语教学与研究,2009,(5):323-328.

[20] 杨坤.认知构式语法的基本思想及最新发展[J].西南大学学报社会科学版,2015,(1):153-159.

[21] 张滟."X(连)A 都/也 Y,更不用说/别说 B"框架下的"连"字结构语义—句法界面研究——反观汉语句法类型与语义类型的联系[J].外语教学,2010,(2):19-22.

[22] 张滟.构式"XAY let a lone B"与"X(连)A 都/也 Y,更不用说/别说 B"的语义—句法界面研究——基于"交互主观性"认知观[J].中国外语,2010,(1):38.

(作者通讯信息:上海理工大学
gaowencheng@usst.edu.cn)

汉英 A & B 并列二项式词序的认知研究

马永田

1. 引言

人们不能同时阐述两个或更多的概念,需要按照一定的顺序来遣词造句,因此词序成为语言研究不可回避的一个问题。英语把 and 定性为并列连词,将由其连接的两个成分所组构的表达称为"并列二项式"。A & B 并列二项式指由两个单词并列组成的表达,其中的词汇可以是名词、动词、形容词、副词或介词,但 A 词和 B 词需保持词性一致。书写时,and 一般不可省略,但可用连词号"-"代替,有时也用 or 替换,表示选择。汉语中也存在对应表达,可译为"A 和 B"或"A 与 B","和"字或"与"字可以省略。例如,peace and plenty 既可以译为"和平与富足",也可以译为"和平富足"。

A 词和 B 词同时出现,久而久之形成固定搭配,语言学家称之为"成对词""耦合词组"或"孪生套语"。汉英语中此类搭配数量繁多,且用法多样,可充当句子各种成分。语义上,A 词和 B 词意义相近、相关或相反。语用上,一些 A & B 并列二项式的整体意义在长期使用中发生了变化,不再是两词义之和。语法上,A & B 并列二项式中的 A 词和 B 词顺序固定,如 black and white(黑白)和 good and evil(善恶)中的两个单词(汉字)不可相互置换。但是,我们发现,在诸如 cap and gown(衣帽)、flesh and blood(血肉)、here and now(此时此地)等表达中,一方面两个英语单词(汉字)词序(字序)不可颠倒,另一方面汉英对应表达词序相反。

对此,一些学者(如卢卫中 2002;刘世英,曹华 2006)从象似性角度出发探讨此类表达的词序规律。然而,强调语言结构与人的经验结构、概念结构相似的象似性过于笼统,对 A & B 并列二项式词序理据阐释不够充分。因此,另一些学者(如 Birdsong 1979;王寅 1998)引入了标记性概念,认为此类结构遵循非标记在前而标记在后的排序规律。但是,标记性的划分又过于繁琐,对一些语言反例无法做出合理的解释,同时在语言、认知和现实世界之间人为设置了一个术语,反而增加了此类结构的阐释难度。据此,基于以往学者的研究,本文对汉英 A & B 并列二项式的词序进行综合全面的探讨,一方面论述此种语言结构词序的认知制约模型及其具体表现,另一方面对各个模型之间的关系以及汉英之间的异同加以说明。

2. 汉英 A & B 并列二项式词序认知制约模型探讨

语言、体验和认知之间存在密切关系。首先,体验和认知犹如硬币的两面。人们与世界的互动体验决定认知加工,认知加工又强化了互动体验,二者相互依存,互为辩证,最终在语言中得以映现。然而,体验有直接和间接之分,或者说有着主观体验和客观体验的不同,而认知也有程度上的高低差异。一般而言,建立在直接体验基础上并通过认知加工所产生的概念,或者说外在客观现实通过认知镜像映现或表征所产生的概念,认知程度高,心理透明度强,在各种语言之间存有较多共性。相反,建立在间接经验上并通过认知加工所产生的概念,或者说以主观心理感受为主的体验,其认知度低,心理透明度也弱,在各种语言之间表现出较大歧异。语言是认知主体基于身体和现实世界的互动体验并通过心智中的认知加工形成的。"语言结构在某些方面应用经验结构或世界结构,同时也包含说话人对现实世界所施加的视角"(Croft 1990:164)。换言之,语言不仅是人类认识活动的产物,同时也是一种认知工具,体现了人类的认知心理和世界经验,折射出某一民族观察、感知、理解世界所独有的思维范式。因此,认知语言学视角下的语言研究是双向的,既可以通过对语言现象的探讨揭示其后隐含的人类认知活动规律,也可以从分析人类认知心理和体验入手探讨语言结构的成因。

　　当前认知语言学的主体研究方法倾向于后者,即用语言同人们的心智活动和社会、物质经验的关系对语言现象做出解释或部分的解释(徐盛桓,陈香兰 2009:21‐28)。王寅(2015:24‐31)也有类似的主张:现实世界中若干现象决定人们在心智中形成对应的认知方法,其又成为语言之成因,这也为语言研究和教学带来了一片新天地。具体而言,概念结构和理性不可能用形式逻辑来精确描述,但可以用具有经验和认知特征的认知模型来描写(文旭 2001:29‐36)。认知模型包含复杂的认知概念,与人们的具身体验、思维倾向、心理感知以及行为习惯密切相关,带有一定的完形性和结构性,可适用于不同语言。我们认为,汉英 A & B 并列二项式的词序排列受诸多认知模型的制约,这主要包含 8 种情形:

2.1　时序模型

　　时序模型指 A & B 并列二项式中的 A 词和 B 词遵循一定的时间和空间顺序。事件按照时间先后发生,不同事件之间也存在前后关系。因此,人们对事件的认知也遵循时间先后,先注意较早发生的事情,后注意较晚发生的事情。这种认知方式应反映在 A & B 并列二项式中,表现为表示较早的时间表达处于表示较晚的时间表达之前,或者说先发生的事件表达置于后发生的事件表达之前,如太阳每天东升西落,就有 rise and fall(升降)的并列表达,而 question and answer(问答)也是日常生活先问后答场景的真实写照。汉英语中其他类似表达还有 ancient and modern(古今)、before and after(先后)、first and last(始终)、off and on(断断续续)、out and away(出走)、son and grandson(子孙)。英语中有一些典型的按照时间先后排列的 A and B 并列二项式,如 born and bred（土生土长）、cut and dried（陈套的）、dead and buried（不值得再考虑）、grin and bear（默默忍受）、hit and run（肇事逃逸）、sink and swim（沉浮）、spit and polish（非常仔细地擦洗）、trial and error（尝试错误法）、touch and go（一触即发）等。同样，汉语中也有一些典型的表示时间先后的此类表达，如"捕食""裁缝""出游""翻腾""浮动""酒意""拘留""青黄""烧烤""生长""湿润""收支""涂抹""吞吐""往返""阅读""云雨""宰割"等。

事物在空间上存在着远近、高低或上下等位置差异。由于地球的球体形状，人们在海边观察从远处驶来的帆船时，总是先看到高高的桅杆，等船靠近后才看到下面的船身。因此，人们形成高、远与时间靠前对应，低、近与时间靠后对应的认知习惯。当人们描述空间事物时，一般也按照此种观察习惯，从高到低，先上后下，由远及近。在 A＆B 并列二项式中，这种认识方式表现为含有"高/远"或同等意义的词汇位于具有"低/近"或同等意义的词汇前，英语中此类表达有 far and near（远近）、hand and foot（手脚）、heaven and earth（天地）、high and low（高低）、up and down（上上下下）等。汉语中也有一些典型的表示空间顺序的表达，如"山水""项背""头足""眉目""天壤""遐迩"。

两个先后发生的事件之间往往存在一定的逻辑关系。人们在采用 A＆B 并列二项式表述时，也遵循时间上的前因后果或者先条件后结果的顺序，即表原因或条件的词汇在前，表结果的词汇在后。汉英语中此类表达包括 cause and effect（因果）、law and order（法律与秩序）、live and learn（活到老，学到老）、peace and plenty（和平富裕）、power and authority（权威）、research and development（研发）、wear and tear（磨损）。英语中有一些典型的按照逻辑先后顺序排列的 A and B 并列二项式，如 down and out（被击倒不能再战）、give and take（礼尚往来）、laugh and grow fat（心宽体胖）、near and dear（亲密的）、slow and sure（慢而稳）。同样，汉语中也有一些典型的隐含此类逻辑关系的表达，如"安乐""富足""风浪"

"干渴""功名""迷信""浅显""亲近""穷苦""松散""烟火""喜爱""炎症"。

2.2　好坏模型

好坏模型主要涉及 A & B 并列二项式中 A 词和 B 词互为反义的情况。在生活中，人们会遇到诸多问题和判断。这些问题和判断可分为两大类：好与坏。答案似乎也只有两个：肯定或否定。一般而言，好的答案或者肯定的回答会给人们带来积极的感受，坏的答案或者否定的回答带来的往往是消极的感受。人们具有趋利避害的天性，总是希冀和追求真理、善良、美丽、健康、荣誉、优秀、富裕、喜悦、友谊和幸福等美好的事物和积极的情感，排斥和躲避虚假、邪恶、丑陋、损失、疾病、死亡、祸端、贫穷、耻辱、痛苦等有害、危险的事物和消极的感受。因此，当面临好坏两种选择时，人们会首先考虑好的选项；而当同时提及某一事物积极和消极两方面情况时，人们习惯上也先说好的、积极的一面，将坏的、消极的一面放于后边提出。

好坏模型在汉英 A & B 并列二项式中表现为积极情感词汇放在消极情感词汇前面，或者说正面、肯定意义词汇置于负面、否定意义词汇之前。汉英语中前者相关表达包括 advantages and disadvantages（利弊）、boom and bust（兴衰）、gain and loss（得失）、good and evil（善恶）、profits and loss（盈亏）、strength and weakness（优劣）、weal and woe（福祸）、survive or perish（生死）；后者相关表达有 confirm or deny（承认否认）、haves and have-nots（富国和穷国）、likes and dislikes（好恶）、positive and negative（肯定否定）、pros and cons（正反）、rights and wrongs（是非）、true or false（真假）。汉语中有一些典型的表示好在先、坏在后，或者肯定在前、否定在后的并列二项式表达，如"安危""褒贬""畅滞""成败""甘苦""劳逸""然否""荣辱""雅俗"。但是，也有一些汉语 A & B 并列二项式违背了好坏模型，表现出坏在前、好在后的词序倾向，如

"悲喜/欢"（joy and sorrow）、"贫富"（rich and poor）、"输赢"（win or lose）、"毁誉"（praise or blame）、"哭笑"（laugh and cry）、"敌友"（friend and foe）等。

2.3　自我中心模型

"自我中心"模型（Lyons 1979：638）或"我第一"模型（Cooper & Ross 1978：67）指人们习惯上将自身看作万物的尺度，位于宇宙的中心。这种认知心态表现为人们将自己的国家或家乡看作世界的中心，情感上有一种认同感，心理上有一种归属感。在日常生活中，这种认知习惯表现为人们做事时，会采取一种"自利"的心态，从自我出发，首先考虑自身的需求或得失。此模型应用在 A & B 并列二项式中，表现为说话者以自身为参照点来观察和描述世界，首先描述时空上与自身接近的概念，然后提及相远的概念。汉英语相关表达有 Chinese and foreign（中外）、here and there（到处）、home and abroad（国内外）、in and out（里外）、land and sea（陆海）、this and that（这那）、today and tomorrow（今明）、coming and going（来去）、import and export（进口出口）。汉语的"今昔"和"今后"一样，均是从当前时间"今"出发描述过去和将来的时间。汉语中也有一些表达违背自我中心模型，表现为指示时空久远的表达在前，表示临近的时空表达在后，如"迟早"（sooner or later）、"水陆"（land and water）。

2.4　重要模型

在人们的心理认识中，重要的事物或人往往前置，被赋予突出的地位。比如，开会时前排座位一般留给领导。人们在同时做几件事情时，也往往按照事情的轻重缓急，先做重要的事情，接着做次要的事情，把无足轻重的事情置于最后。这种认知心理反应在 A & B 并列二项式中，表现为表示重要事物或人的词汇往往置于表示次要事物或人的前面。当然，事物重要与否是相对而言的，往往有一个比较的对象。例如,人类往往将自身看作世界的主宰,凌驾于自然和其他事物之上。在社会生活中,人们习惯上将有控制力或权力的人或事物置于重要的地位,或者说,统治者或控制者比受统治或受控制者重要。受基督教上帝创造男人(Adam)在先、女人(Eve)在后的观念,以及封建社会男尊女卑思想的影响,人们传统上也将男性看得比女性重要。一般而言,价值高的事物比价值低的事物重要,公众比个人重要,名声比物质利益重要。因此,汉英语中就有以下 A & B 并列二项式表达：man and nature(人与自然)、beauty and beast(美女与野兽)、animals and plants(动植物)、cops and robbers(警察与小偷)、father and son(父子)、wife and children(妻儿)、officers and soldiers(官兵)、Mr. and Mrs.(先生夫人)、father and mother(父母)、husband and wife(夫妻)、brother and sister(兄妹)、master and apprentice(师徒)、male and female(男女)、bachelor and spinster(未婚男女)、warlock and witch(男巫和女巫)、public and private(公私)、fame and fortune(名与利)。汉语中有一些典型的重要事物在先、次要事物在后的 A & B 并列二项式,如"嫡庶""干群""公婆""姑嫂""荤素""金玉""警匪""君臣""将士""郎舅""龙凤""龙虎""门户""婆媳""仁义""僧俗""士女""文武""智勇"。

在日常生活中,人们喜欢在某种饮料中兑以其他饮料饮用,或将某种食物配以其他食物食用,这种勾兑或搭配事物的命名也体现了重要模型,即将指示主要饮料或食物的词汇置于前面,以突显其重要性。此类英语 A & B 并列二项式有 brandy and water(兑水白兰地)、bread and butter(涂黄油的面包)、coffee and milk(加牛奶的咖啡)、ham and eggs(鸡蛋配火腿)、fish and chips(炸鱼薯条)、fruit and cream(放奶油的水果)、rice and chicken(鸡肉配米饭)、tea and sugar(加糖的茶)、soup and salad(色拉配汤)、whisky and soda(加苏打的威士忌)等。我们发现,汉语中对此类事物的表述往往采取相反的语序,即将指示重要食物或饮料的词汇放在后面。

　　当论及身兼两职或同时具有两种身份的人的时候,汉英表达也不尽相同。英语习惯上将指示主要身份或职务的词汇放于前面,把表示兼职或次要身份的词汇置于后面,此类英语 A & B 并列表达式有 an editor and publisher(编辑兼出版商)、a secretary and typist(秘书兼打字员)、a statesman and poet(政治家兼诗人)。此类表达还涉及事物名词,如论述并置组构成一套工具的两个事物时,英语遵循重要模型,将表示主要事物的词汇放于表示次要事物词汇前面,相关表达包括 bow and arrow(配有箭的弓)、cloak and sword(带剑的斗篷)、cup and sauce(杯碟)、lock and key(带钥匙的锁)、pen and paper(纸笔)、rod and line(有线的鱼竿)、rope and pulley(绳索)、watch and chain(带链的表)。

2.5　突显模型

　　人们有确定注意力方向和焦点的认知能力,这是形成突显模型的认知基础。某些事物或事物的某一方面相对于其他事物或同一事物其他方面而言,能够首先引起人们的注意,成为认知焦点,得到突显。突显模型应用到 A & B 并列二项式中,表现为指示主要焦点的事物或事物突出方面的词汇常置于表示次焦点事物或事物次要方面的词汇之前,或者说,显著性高的词汇前置,显著性低的词汇后置。一般而言,大的、厚的、长的、宽的、浓的、多的以及颜色深的事物相对于小的、薄的、短的、窄的、淡的、少的或浅色的事物而言,更能引起人们的视觉注意,占用更多的视觉资源,得到认知突显。因此,汉英语中均有 large and small(大小)、thick and thin(厚薄)、long and short(长短)、wide and narrow(宽窄)、more or less(多多少少)、black and white(黑白)等并列二项式。

　　突显模型不只局限于视觉感知,还涉及听觉、触觉和心理感觉等方面,表现出多种情况。例如,相对于速度慢的事物而言,快速运动的事物能首先引起人们的感知。同样,绷紧的事物也比松散的事物更能引起人们的察觉。因此,英语中就有 fast and slow(快慢)、fast and loose(松紧)的表达。其他涉及认知突显模型的相关英语 A & B 并列二项式还包括:有生命比无生命突出,如 the alive and the dead(生者死者);动物比静物突出,如 man-machine(人机);典型比非典型突出,如 headache and fever(头疼脑热);整体比局部突出,如 hand and fingers(手和手指);中心比边缘突出,如 body and limb segment(躯体节段);确定比不确定突出,如 definite and indefinite articles(定冠词和不定冠词);一般比特殊突出,如 time and tide(时光和潮水);明显比隐晦突出,如 overt and covert contact(明来暗往);包含比被包含突出,如 skin and bone(皮包骨头);具体比抽象突出,如 body/heart and soul(全心全意)等。

　　汉语中也有一些典型的遵守突显模型的 A & B 并列二项式,如"唇齿""动静""国家""饥渴""经络""口舌""人烟""人财""岁月""伤病""鞋袜""张弛"。和英语不同的是,汉语有时将隐晦放于明显之前,如"血肉"(flesh and blood);将静物放于动物之前,如"花鸟"(birds and flowers);将局部放于整体之前,如"日月"(day and month);将抽象位于具体之前,如"此时此地"(here and now)、"时空"(space-time)。同样,英语也有违背突显模型的并列二项式:将局部放于整体之前,如 track and field(田径);抽象位于具体之前,如 mind and body(身心);非典型的放于典型之前,如 rain or shine(晴雨)。

2.6　省力模型

　　省力模型指人们在运用语言表情达意或进行交流时,往往采取最节省力气的方式。这也符合人们的处世原则,即以最少的付出去获取最大的收获。此模型应用到语音上,表现为说话人说话时尽量减少发音器官的活动,或者说尽量减少口腔或舌头相关肌肉的运动。发音省力的一个典型例证为英语否定前缀 in-在 possible 前变体为 im-,因为/m/和/p/均为双唇音,在一起发音更省力。在英语 A & B 并列二项式中,发音省力主要表现在 A 词和 B 词的元音发音上。一般而言,发音时口腔由开到合比从合到开省力,因此,A 词的元音口腔开合较大,而 B 词的元音口腔开合较小。同样,口型由扁唇到圆唇相比由圆唇到扁唇省力,所以在 A & B 并列二项式中,B 词往往包含圆唇元音,而 A 词中的元音多为展唇元音。这与 Quirk(1985)和 Allan(1987)所提出的"含有高元音的词汇先于包含低元音的词汇,含有前元音的词汇先于包含后元音的词汇"也无二致。高元音先于低元音或者口腔由开到合的相关表达有 might and main(全力)、odds and ends(零碎物)、toss and turn(辗转反侧);前元音先于后元音或者嘴唇由扁到圆的相关表达包括 really and truly(千真万确)、scrape and screw(省吃俭用)、well and good(心满意足)。

省力模型还体现在 A 词相对 B 词发音更容易。一般而言,字母或音节少的单词较字母或音节多的单词发音容易。因此,音节少的词先于音节多的词,如 horse and rider(马和骑手)、the one and the only(唯一的);词首辅音字母少的先于辅音字母多的,如 curse and swear(咒骂)、fair and square(公平)。辅音相对元音发音省力,因此,如果一个单词以元音字母开头,另一个单词以辅音字母开头,则辅音字母开头的单词位于前面,如 free and easy(随意的)、honest and earnest(诚实可信的)、bright and early(清早)。此外,当 A&B 并列二项式中两个单词元音发音相似或相同,A 词和 B 词的顺序由开头的辅音确定时,也遵循口腔由开到合的特点,如 hard and fast(严格的)、hustle and bustle(熙熙攘攘)、huff and puff(气喘吁吁)、rough and tough(强壮的,粗野的)、toil and moil(做苦工)。

汉语虽无元音、辅音之说,但存在着声母和韵母的区分。总体而言,声母和韵母对词序的影响较弱,而声调由于在汉语音系中有着突出的地位而备受关注,在汉语中起着调节词序的作用。汉语有四声八部之分,即阴平、阳平、阴上、阳上、阴去、阳去、阴入、阳入。汉语 A & B 并列二项式中两个汉字的发音也遵循一定的声调准则,使得说话人以最省力的方式去发声交流。廖暑业（2006：12）指出:"绝大多数汉语异调词组合在一起时,自左往右按照中古音的平上去入四声排序,表现为'平>上>去>入'的顺序。"如此,发音省力模型有时会与上文所提及的其他几项模型不一致,从而造成汉英词序相逆的情形,如违背自我中心模型的"迟早"（sooner or later）和"水陆"（land and water）,分别遵循了上声（"迟"）去声（"早"）组合和去声（"水"）入声（"陆"）组合。违背突显模型的"轻重"（heavy and light）、"血肉"（flesh and blood）、"花鸟"（birds and flowers）,分别遵循了平声（"轻"）入声（"重"）组合,阴入（"血"）阳入（"肉"）组合,平声（"花"）去声（"鸟"）组合。违背好坏模型的"悲欢"（joy and sorrow）遵循了阴平（"悲"）阳平（"欢"）组合,"贫富"（rich and poor）遵循了上声（"贫"）入声（"富"）组合。同样,"输赢"（win or lose）遵循了平声（"输"）上声（"赢"）组合,"毁誉"（praise or condemnation）遵循了去声（"毁"）入声（"誉"）组合,"哭笑"（laugh and cry）遵循了平声（"哭"）入声（"笑"）组合,"敌友"（friend and foe）则遵循了上声（"敌"）去声（"友"）组合。

2.7　审美模型

　　爱美之心,人皆有之。人们不仅喜欢美食、美声、美味,而且喜欢美景。一切美好的事物都能给人的各种感官带来愉悦之感。具体到视觉而言,外形匀称的事物具有一种平衡的形态美,让人赏心悦目;而形体失衡的事物则让人眼睛不适,心生反感。当然,匀称和平衡也是一种生活视觉习惯。人们生活在自然界中,每天观察到的建筑物、树干或他人大都是上窄下宽,动物和鸟类则是前窄后宽。在英语句子中,这种视觉习惯表现为尾重头轻,即句尾较长,句首较短。在英语 A & B 并列二项式中,此种审美或视觉习惯表现为形体较短的词汇往往位于形体较长的词汇之前,或者说 B 词比 A 词字母多,词形长。一般而言,在英语 A & B 并列二项式中,当 A 词和 B 词词义相近或相同时,英语往往遵循词形审美模型,将字母多且长的单词置于字母少而短的单词之后。英语中此类并列二项式十分丰富,相关表达包括 airs and graces(装腔作势)、as and when(当……时候)、bear and forebear(一忍再忍)、bells and whistles(附加的修饰物)、bits and pieces(零星杂物)、dim and distant(遥远的)、each and every(每一个)、fairness and impartiality(大公无私)、first and foremost(首先)、fun and pleasure(娱乐)、high and mighty(趾高气扬)、ifs and buts(花言巧语)、lean and lanky(瘦长的)、leap and bound(跳跃)、long and lasting(持久的)、pick and choose(挑挑拣拣)、pins and needles(如坐针毡)、rules and regulations(规章制度)、sad and sorrow(悲伤)、save and except(除……以外)、tears and tatters(破烂的)、tender and delicate(娇柔)、vice and crime(罪恶)、ways and means(方法)、wit and wisdom(聪明才智)。

与省力模型相似,审美模型也往往违背前文所提到的其他几种模型。方块形状的汉字,由于没有词形长短,并不遵循审美模型,因此有时会出现汉英 A & B 并列二项式词序相反的情形。这种情形涉及的 A & B 并列二项式中的 A 词和 B 词意义相对或相反,相关表达有 art and literature(文艺)、bed and breakfast(食宿)、cap and gown(衣帽)、cart and horse(马车)、eat and drink(饮食)、ebb and flow(潮涨潮落)、fire and water(水火)、food and clothes(衣食)、foot and mouth disease(口蹄疫)、fur and feather(禽兽)、hot and cold(冷热)、pen and paper(纸笔)、toing and froing(来回)、twos and threes(三三两两)、vice and virtue(善恶)、widow and widower(鳏寡)等。

2.8　可及性模型

可及性指"一个人在说话时,从大脑记忆系统中提取一个语言或记忆单位的便捷程度"（许余龙 2000：321）。一般而言，人们对于常见、熟知的人或事物，会抱有一种友好、爱恋的心理。当此类人、事物与他人、他物被同时概念化时，在说话人心理表征上，它们的可及性较强，更容易得到认知加工，在语言表达中也处于优先的位置。例如，孩子小时候多由妈妈照顾，和妈妈的感情往往比和父亲的深。当遇到困苦惊险时，人们脱口而出的往往是"妈妈"。因此，当和爸爸相提并论时，人们（尤其是小孩子）往往将妈妈放于爸爸之前，英语就有 mum and dad 的并列表达。同样，孩子们受婶母、舅母、姨妈等的关爱也较叔父、舅父和姨夫多，因此英语中也有 aunts and uncles 的并列表达。在婚礼上，较新郎而言，穿着婚纱的美丽新娘更能唤起宾客们的友爱之情，心理可及性也更强，因此英语中也有 bride and bridegroom 的表达。同样，在其他场合，人们也习惯将女士放在男士前面提起，如 ladies and gentlemen 已成为一个固定表达。在赛马场上，相对于骑手而言，人们更为关注奔跑的马儿，因此也有 horse and rider 的并列二项式。当然，这可能也有 Cooper & Ross（1975：105）所称的"礼貌原则"（politeness convention）的制约。不过，我们认为，礼貌原则主要用于同时提及他人和说话人的场合，如在"Melly and I would feel so much easier and safer if Scarlett were with us"中，通过将他人放于自我之前，体现了一种谦逊的处世态度。

3. 各模型竞争合作及认知度差异

综上所述，汉英 A & B 并列二项式中 A 词/字和 B 词/字的词序确立，是各个模型共同作用和制约的结果。各模型之间相互竞争，互相影响。总体而言，这些模型遵循着语音优先、语形其次、语义靠后的顺序，呈现出重音、重形而轻义的倾向。也就是说，在其他方面同等的情形下，首先遵循发音省力，其次考虑形式美观，最后参照 A 词/字和 B 词/字的语义关系排序，这也符合人类语言发展先有声音、再有图像、后有文字的顺序。

　　本文虽然列举了汉英 A＆B 并列二项式词序的 8 种制约模型,但正如 Haiman(1985)所言,许多语言普遍规则只是认知倾向而已,并不是绝对的限制。这些模型并非泾渭分明,非此必彼。相反,各个模型之间交叉重叠,相互联系,如重要模型和突显模型有相通之处,重要的事物往往在认知主体的感知中得到突显;反之,得到认知突显的事物在认知主体心理表征上的可及性也较强。还有,发音省力模型和词形审美模型也有交集,音节少的单词其词形相应也短。

　　总之,各模型之间存在一定的家族相似性,共同组成一个模型范畴,如此,造成某一 A＆B 并列二项式同时受多种模型共同支配的情形。例如,bow and arrow(弓箭)、cup and sauce(杯碟)、rope and pulley(绳索)等表达既适合重要模型,也适合审美模型。同样,horse and rider(马和骑手)在应用可及性模型的同时,也符合发音省力模型。此外,按照对某一 A＆B 并列二项式的不同理解,可将其归为不同支配模型,例如 life and death(生死)被理解为两个时间段时,符合时序模型;如被解释为两种选择,则符合好坏模型。这一表达同时也符合词形前短后长的审美模型和元音发音从高到低的省力模型。

　　建立在体验哲学基础上的认知语言学和别的语言学一样,遵循概括的承诺,试图寻找蕴藏在人类大脑中具有普遍性的语言根本机制,探索潜在的语言共性或一般原则。认知语言学也遵循认知的承诺,并将其置于头等重要的地位。因此,当概括的承诺和认知的承诺彼此吻合时,这些原则在认知上是真实的;倘若不吻合,认知承诺则应居于首要地位(文旭 2001:29－36)。纵观文中所概括的词序认知模型可以看出,认知承诺度高的模型,其制约性和概括性相对较强,汉英之间表现出较多共性;相反,认知承诺度低的模型,其制约性和概括性相对较弱,汉英之间表现出较多的差异。

　　首先,汉英 A＆B 并列二项式的词序在仅涉及物质世界的时序模型上呈现出高度的一致性。这是因为对时空先后顺序的体验直接客观,能够镜射于人们的认知中,心理透明性强,认知承诺度高。相对而言,重要性、可及性、好坏和自我中心等认知模型和人们的感知心理关系密切,属于间接体验,主观性较强,在人们的认知心理中透明性弱,认知承诺度低。例如,重要性是一个相对概念。某一事物重要与否,虽和客观物质世界具有一定关系,但主要受人们主观认知心理的影响。汉英两个民族重要性认知习惯的不同,导致相关 A＆B 并列二项式表达顺序不一致,如关于两种食物或饮料搭配的表达词序往往相反,兼有两种身份的人的相关表达也呈现不对称情形。另外,好坏也和人们的认知心理关系密切,主观性较强,心理透明性较弱,认知承诺度较低,所以一旦和认知承诺度较高的发音省力模型冲突,汉民族往往牺牲好坏模型,采用发音省力模型来构建语言。

同样,审美模型认知度较高,对 A＆B 并列二项式词序的制约力也较强。英语特有的字母书写方式导致其采用词形审美模型来安排词序,而方块状的汉字则不受此模型的制约。因此,当审美模型与其他模型一致时,汉英表达相符。但如果词形审美模型和其他模型冲突,英语会牺牲其他模型,维持审美模型,如此,造成汉英 A＆B 并列二项式表达词序有时一致,有时不一致。一致的如 the dead and the wounded（死伤）,不一致的如 the sick and the wounded（伤病员）。就严重性而言,"死亡"之于"受伤",一如"受伤"之于"生病",更能得到人们心理上的重视,但由于词形审美制约,导致后者汉英表述顺序相异。

认知的承诺也包含文化的因素,不同民族的认知带有各自文化的烙印。受文化差异的影响,一些汉英 A＆B 对应并列二项式表达词序也不一致,如汉语"水火"是受汉民族"金木水火土"五行排序的影响,而英语 track and field 则是受历史上先有径赛后有田赛的制约。此外,一些典型的汉英 A＆B 并列二项式词序也体现出汉英两个民族各自独有的文化,如"姑嫂""郎舅"是受汉民族内外有别、父系为亲的亲属观念影响,而"文武"则反映了中国古代社会重文轻武的社会观念。相反, kith and kin 反映了西方文化不像中国文化那样注重亲缘关系, 亲情相对淡漠, 更注重友情; 而 guns and butter、hawks and doves 以及 military and civilian 则体现了英语民族尚武好斗的精神。同样, rain or shine(不论晴雨)也体现了中英两国的气候差异。在习惯大陆性干旱天气的汉民族看来,"晴天"是典型的天气,"雨天"是非典型天气, 而习惯海洋性多雨气候的英国人则感到下雨是典型天气, 晴天是非典型天气, 故汉英两种语言虽均采用突显模型, 却出现了不同的词序。

文化的影响也体现在其他因素同等的情形下, 如人体前后差异较大, 容易区分, 汉英语便均有 front and back(前后)的表达。但由于人体左右两侧对称, 难以区分, 受汉民族"左为贵"和英语民族"右为好"的价值影响, 汉英两种语言虽均遵循好坏模型, 却产生了"左右"和 right and left 的不同表达。然而, 由于人直立行走的特点以及人体垂直方向上的非对称性, 使得垂直方向比水平方向更为突显, 因此汉英语中另外两对表示方位的"纵横"(in length and breadth)和"经纬"(longitude and latitude)保持了语序一致。

就语言自身而言, 汉语 A & B 并列二项式概念表述形式相对多样, 同一概念可有不同的语言组织方式, 如既可以说"表里", 也可以说"里外"(internal and external)。同样,"迟早"也可以表述为"早晚"(sooner or later),"输赢"即"胜负或胜败"(win or lose), 而"食宿"在古汉语中也可表述为"宿食"(bed and board)。因此, 从某种意义上说, 汉英之间某些看似语序相反的表达仍然保持着一致。相对而言, 英语 A & B 并列二项式词序较为灵活, 如 old and young 和 young and old、there and then 和 then and there 在语言中均可使用, 而对应汉语由于受封建社会长幼有序的宗法、伦理观念影响, 只有"老少""老幼"和"老小"等表达。

4. 结语

本文主要探讨了汉英 A & B 并列二项式的词序情况, 发现其词序排列有着内在规律,受众多认知模型的制约。这些模型和认知主体的认知习惯或思维模式密切相关,同时也深受认知主体社会物质体验的影响。对语言词序的研究可以帮助人们探索认知世界的一般规律,进一步证明语言不仅是现实世界在人们心理上的一种投射,也是人们对世界认知加工方式的写照。然而,多维的认知体验投射到一维的语言上,难免会发生一定程度的扭曲变形,同时汉英语言各具特性,汉英两个民族认知习惯以及文化也存有差异,这些因素导致完全普适的认知模型很难存在。这对语言研究者而言意味着较大的挑战,但却彰显出语言的无穷魅力。

参考文献

[1] Allan, K. Hierarchies and the Choice of Left Conjuncts (With Particular Attention to English)[J]. Journal of Linguistics, 1987, 23(1): 51 - 77.

[2] Cooper, W. E., Ross, J. R. Word Order[M]//Grossman R E, San L J, Vance, T. J. (Eds.) Papers from the Parasession on Functionalism. Chicago: Chicago Linguistics Society, 1975: 57 - 72.

[3] Croft, W. Typology and Universals [M]. Cambridge: Cambridge University Press, 1990.

[4] Haiman, J. Iconicity in Syntax[M]. Amsterdam: John Benjamins, 1985.

[5] Lyons, G. Semantics[M]. Cambridge: CUP, 1979.

[6] Pinker, S., Birdsong, D. Speakers' Sensitivity to Rules of Frozen Word Order[J]. Journal of Verbal Learning and Verbal Behavior, 1979, 18 (4): 497 - 508.

[7] Quirk, R., Greenbaum, S., Leech, G., et al. A Comprehensive Grammar of the English Language[M]. London: Longman, 1985.

[8] 廖暑业.汉语反义语素合成词及其习得研究[D].暨南大学,2006.

[9] 刘世英,曹华.英汉词序象似性对比研究[J].外语教学,2006,27(6): 27 - 30.

[10] 卢卫中.词序的认知基础[J].解放军外国语学院学报,2002,25(5): 5 - 9.

[11] 徐盛桓,陈香兰.认知语言学研究面临思维方式和认识工具的巨大变革[J].中国外语,2009,06(5): 21 - 28.

［12］许余龙.英汉指称词语表达的可及性［J］.外语教学与研究,2000,（5）：
　　　321－328.

［13］王寅.体认一元观：理论探索与应用价值——心智哲学的新思考［J］.中
　　　国外语,2015,（2）：24－31.

［14］文旭.认知语言学：诠释与思考［J］.外国语（上海外国语大学学报）,
　　　2001,（2）：29－36.

（作者通讯信息：岭南师范学院

马永田　mytcd@126.com）

英汉合成复合词对比研究

王 伟

1. 引语

近年来,"句法-形态"接口问题持续受到语言学家的关注。复合词兼有句法和形态的某些特征,因此逐渐成为研究热点。何元建(2013)认为,"合成复合词的构词原则仍是研究重点。"根据 Caballero *et al.* (2008)的研究,"由形态驱动所造成的同句法词序的偏离"是 VO 型语言 NV 合成复合词(synthetic compounds,例如 *skyscraper*,*witch hunt*)独有的现象。英语 OV(向心结构)/VO(离心结构)合成复合词均为以动词为核心的从属复合词(参见 Scalise & Bisetto 2009)。OV 复合词有 4 种基本形式:OV-*er* (*or*)、OV-*ing*、OV⁻零后缀、OV⁻多种后缀(参见 Adams 1973:61)。现代英语是典型的 SVO 语言,在句法层面,VO 结构占据优势。但是在构成名词复合词时,OV 结构[具体表现为 OV-*er*(*or*)、OV-*ing*]具有能产性,处于强势,而 VO 结构不具有能产性。近年来,学者们(Kayne 1994,Alice & Campbell 1995,Croft 2001)从不同视角对英语 OV 复合词的强势以及 VO 复合词的弱势进行了解释。李亚非(2010 学术交流)[①]甚至将该问题称为"现代语言学的一个主要谜题(*a major mystery in modern linguistics*)。"Croft(2001)认为,从跨语言的角度看,动宾(VO)和宾动(OV)这两种词序的出现频

[①] 2010—2014 年,笔者通过电子邮件同 Heidi Harley、李亚非、Richard Kayne、Anna Maria Di Sciullo、Antonietta Bisetto、Ray Jackendoff、刘晓林等学者进行了学术交流,文中标明"学术交流"之引文皆为以上学者电邮原文的汉语译文,特此说明,同时向以上学者致谢。

率都很高,每种词序均可见于近半数世界语言之中。这两种词序出现的几率大致相等,而选择哪一种词序在本质上是任意的。Chao(1968)曾对汉语复合词进行了分类描写。顾阳、沈阳(2001)、Packard(2000)、冯胜利(2004)、何元建(2004,2013)、程工(2005)、庄会彬、刘振前(2011)都对汉语合成复合词进行过专题研究。同英语相似,汉语合成复合词的研究焦点也集中在构成复合词的 VO 和 OV 成分的词序上。现代汉语句法的基本词序也是 SVO。Ceccagno & Basciano(2009)认为,汉语复合构词持续产生中心语居右的复合词(名词、动词及形容词)、中心语居左的复合词(动词)、双中心语复合词(名词、动词及形容词)以及离心复合词。庄会彬和刘振前(2011)则认为,"汉语中 V 和 O 为单音节的合成复合词主要是构词规则作用的结果,上古汉语中表现为 OVH 型,中古、近现代汉语表现为 VOH 型。由于韵律因素制约,现代汉语中 V 和 O 为双音节的合成复合词通常无法遵循现代汉语的构词规则,而只能继续沿用上古汉语的构词规则,从而表现为 OVH 型。此外,缩略构词机制也给现代汉语带来部分 OVH 型复合词。"

现代英语和汉语在句法上同属 SVO 语言,VO 词序在句法层面均居于强势,具备对比研究平面。本文采用定量与定性方法,通过语料统计对比分析 OV/VO 结构复合词在英汉语中的分布情况,从"句法-形态"及历时视角对比英汉合成复合词的异同,分析其各自成词机制。

2. 语料选取与数据统计

在语料加工方面,我们选用 *Macmillan English-Chinese Dictionary for Advanced Learners*(2005)并提取了其中具有 OV-*er*(*or*)(93 词)和 OV-*ing*(55 词)结构的复合词,然后将汉语对应复合词及短语进行了分类统计(结果见表 1、表 2;词序数据统计结果见表 3、表 4)。

表 1 英语 OV-*er* 结构复合词与汉语对应复合词

English（Total：93）		Chinese（Total：93）	
Construction	**Samples**	**Constructions**	**Samples**
O+V-*er*(*or*) （93）	1. arse-licker	1）V+O+H （61）	1. 拍马屁者
	2. asylum-seeker		2. 避难者
	3. beekeeper		3. 养蜂人
	4. bloodsucker		4. 吸血鬼
	5. body snatcher		5. 盗尸人
	6. carpetbagger		6. 投机家
	7. cigarette lighter		7. 打火机
	8. circuit breaker		8. 断路器
	9. coat hanger		9. 晾衣架
	10. coffee maker		10. 煮咖啡器
	11. dishwasher		11. 洗碗机
	12. doorkeeper		12. 看门人
	13. drought excluder		13. 通风管
	14. earth mover		14. 推土机
	15. fire-eater		15. 吞火魔术师
	16. fire-raiser		16. 纵火者,放火者
	17. fire extinguisher		17. 灭火器
	18. fortune-teller		18. 算命先生
	19. gasholder		19. 储气罐
	20. gate-keeper		20. 看门人
	21. glassblower		21. 吹玻璃工
	22. goalkeeper		22. 守门员
	23. hairdresser		23. 理发师
	24. hairdryer		24. 吹风机
	25. headhunter		25. 猎头公司
	26. holidaymaker		26. 度假者
	27. icebreaker		27. 破冰船
	28. job seeker		28. 求职者
	29. lawmaker		29. 立法者
	30. lawnmower		30. 割草机
	31. leaseholder		31. 承租人

English（Total：93）		Chinese（Total：93）	
Construction	Samples	Constructions	Samples
O+V-*er*（*or*） （93）	32. letter opener	1）V+O+H （61）	32. 裁纸刀
	33. lie detector		33. 测谎仪
	34. lightning conductor		34. 避雷器,避雷针
	35. moneylender		35. 放债机构
	36. office holder		36. 居要职者,任公职者
	37. painkiller		37. 止痛药,镇痛药
	38. pallbearer		38. 抬棺者
	39. pathfinder		39. 开拓者,探路者
	40. peacekeeper		40. 维和士兵
	41. pea-shooter		41. 射豆枪
	42. pencil pusher/ pen-pusher/ pencil sharpener		42. 卷笔刀,削铅笔器
	43. pile driver		43. 打桩机
	44. potholder		44. 防烫布垫
	45. ratepayer		45. 纳税人
	46. rock climber		46. 攀岩者
	47. shit stirrer		47. 惹麻烦者
	48. shock absorber		48. 减震器
	49. shoemaker		49. 制鞋匠,修鞋匠
	50. skyscraper		50. 摩天大楼
	51. snake charmer		51. 玩蛇人,弄蛇人
	52. soothsayer		52. 占卜者,预言者
	53. stamp collector		53. 集邮者
	54. stargazer		54. 观察天体者,研究 天体者
	55. stretcher-bearer		55. 抬担架者
	56. taxpayer		56. 纳税人
	57. tiebreaker		57. 决胜题
	58. tongue twister		58. 绕口令
	59. typesetter		59. 排字员,排字机
	60. woodcutter		60. 伐木工
	61. woodpecker		61. 啄木鸟

续　表

English（Total：93）		Chinese（Total：93）	
Construction	Samples	Constructions	Samples
O+V-*er*(*or*) （93）	1. policyholder 2. shipbuilder 3. snowblower 4. water softener	2）V + O + H/O+V+H （4）	1. 投保人（V+O+H）/ 保险单持有者（O+ V+H） 2. 造船公司,造船厂 （V+O+H）/船舶制 造厂,船舶制造公 司（O+V+H） 3. 吹雪机(车)（V+O+ H）/积雪清除车（O+ V+H） 4. 软水剂（V+O+H）/ 硬水软化剂（O+V+ H）
	1. babysitter 2. billposter 3. bread winner 4. face-saver 5. globetrotter 6. moneygrabber 7. number cruncher 8. storyteller 9. trendsetter 10. wageearner	3）V + O + DE+N（10）	1. 照看小孩的人 2. 张贴广告的人 3. 养家的人 4. 保全面子的事 5. 周游世界的人 6. 贪财的人 7. 捣弄数字的人 8. 讲故事的人 9. 引领时尚的人 10. 挣工资的人
	1. beachcomber 2. gunrunner 3. streetwalker	4）ADV + V + O + N （3）	1. 海滩拾荒者 2. 私运军火者 3. 街头拉客妓女
	1. bounty hunter	5）ADV + V+O+DE+ N（1）	1. 为获得赏金而搜捕 罪犯的人

English（Total：93）		Chinese（Total：93）	
Construction	Samples	Constructions	Samples
O+V-*er*（*or*） （93）	1. cash dispenser 2. cassette recorder/ 　player tape recorder	6）ADJ+ V+O+N（2）	1. 自动提款机 2. 盒（卡）式录音机
	1. cocktail shaker 2. potato peeler	7）N+V+ O+N（2）	1. 鸡尾酒调酒器 2. 马铃薯去皮器
	1. copy writer 2. film maker	8）N+V+ O+N（2）	1. 广告文字撰稿人 2. 电影制片人
	1. housebreaker	9）V+O+ V+O+N（1）	1. 破门入室者
	1. sight-seer	10）V+O+ H/V+N（1）	1. 观光客（V+O+H）， 　游客（V+N）
	1. housekeeper	11）V+O（1）	1. 管家
	1. scriptwriter	12）V+O+ H/V+O（1）	1. 撰稿者（V+O+H）， 　编剧（V+O）
	1. strikebreaker	13）V+O+ H/N+N（1）	1. 破坏罢工者（V+O+ 　H），工贼（N+N）
	1. straphanger	14）V+O+ V+H（1）	1. 拉吊带站立者
	1. mind reader	15）V+V+ O＋DE＋N （1）	1. 能看透别人心思 　的人
	1. nail-biter	16）ADV+ V+O+DE+ N/V＋O＋ ADJ+ADJ+ DE+N（1）	1. 习惯咬指甲的人 　（ADV+V+O+DE+ 　H）；令人紧张激动 　的情形（V+O+ADJ+ 　ADJ+DE+N）

表 2　英语 OV-*ing* 结构复合词与汉语对应复合词

English（Total：55）		Chinese（Total：55）	
Construction	Samples	Constructions	Samples
O+V-*ing* （55）	1. arse-licking 2. ball bearing 3. bedwetting 4. beekeeping 5. bell-ringing 6. billposting 7. bridge-building 8. buck-passing 9. carjacking 10. child bearing 11. cattle raising 12. decision-making 13. fault-finding 14. fox-hunting 15. goalkeeping 16. haymaking 17. horse-riding/ 　　horseback riding 18. house-hunting 19. housekeeping 20. lawmaking 21. lovemaking 22. matchmaking 23. muckraking 24. number crunching 25. peacekeeping 26. prize-giving 27. problem-solving 28. risk-taking 29. rock climbing 30. scaremongering	1）V+O（35）	1. 拍马屁 2. 滚珠 3. 尿床 4. 养蜂 5. 鸣钟 6. 张贴广告 7. 改善关系 8. 推卸责任 9. 劫车 10. 生孩子 11. 养牛 12. 决策 13. 找茬儿 14. 猎狐 15. 守门 16. 制备干草 17. 骑马 18. 寻找住房 19. 管家 20. 立法 21. 做爱 22. 做媒 23. 揭开黑幕 24. 捣弄数字 25. 维持和平 26. 颁奖 27. 解决问题 28. 冒险 29. 攀岩 30. 制造恐慌

English（Total：55）		Chinese（Total：55）	
Construction	Samples	Constructions	Samples
O+V-*ing* （55）	31. stamp collecting 32. stocktaking 33. streetwalking 34. strikebreaking 35. trendsetting	1）V+O(35)	31. 集邮 32. 盘存,清点存货 33. 招嫖 34. 破坏罢工 35. 引领时尚
	1. carol singing 2. coal mining 3. flower arranging 4. housewarming 5. job-sharing 6. shipbuilding 7. typesetting	2）V+O+H （7）	1. 唱颂歌活动 2. 采煤业 3. 插花艺术 4. 温居聚会 5. 轮岗制 6. 造船业 7. 排字工作
	1. asset-stripping 2. bookbinding 3. fish farming 4. fundraising 5. price-fixing 6. timesharing	3）V+O/ O+V(6)	1. 倒卖资产（V+O）, 　资产倒卖（O+V） 2. 装订图书（V+O）, 　图书装订（O+V） 3. 养鱼（V+O）,水产 　养殖（O+V） 4. 筹集资金（V+O）, 　资金筹集（O+V） 5. 操纵物价（V+O）, 　价格垄断（O+V） 6. 分时（V+O）,时间 　共享（O+V）
	1. blood poisoning	4）V+O+ H/O+V(1)	1. 败血症（V+O+H）, 　血中毒（O+V）
	1. thanksgiving/ 　Thanksgiving	5）V+O+ H/V+O(1)	1. 感恩节（V+O+H）, 　感恩（V+O）

续　表

English（Total：55）		Chinese（Total：55）	
Construction	Samples	Constructions	Samples
O+V-*ing* （55）	1. profit-sharing	6）V＋O＋ H/O＋V＋H （1）	1. 分红制（V＋O＋H）， 利润分成制（O＋V＋ H）
	1. channel hopping/ channel surfing	7）ADV＋ V＋O（1）	1. 不停地换电视频道
	1. brass rubbing 2. family planning	8）V＋V（2）	1. 拓印 2. 计划生育
	1. horse-trading	9）［V+O］＋ ［V+O］（1）	1. 讨价还价

表 3　英语 OV-*er* 结构复合词与汉语对应复合词及短语词序数据表

English（Total：93）		Chinese（Total：93）	
Construction	Numbers	Constructions	Numbers
OV-*er*（*or*）	93	1）V＋O＋H	61
		2）V＋O＋H/O＋V＋H	4
		3）V＋O＋DE＋N	10
		4）ADV＋V＋O＋N	3
		5）ADV＋V＋O＋DE＋N	1
		6）ADJ＋V＋O＋N	2
		7）N＋V＋O＋N	2

续　表

English (Total: 93)		Chinese (Total: 93)	
Construction	Numbers	Constructions	Numbers
OV-*er*(*or*)	93	8) N+V+O+N	2
		9) V+O+V+O+N	1
		10) V+O+H/V+N	1
		11) V+O	1
		12) V+O+H/V+O	1
		13) V+O+H/N+N	1
		14) V+O+V+H	1
		15) V+V+O+DE+N	1
		16) ADV+V+O+DE+N/V+O+ADJ+ ADJ+DE+N	1

表 4　英语 OV-*ing* 结构复合词与汉语对应复合词及短语词序数据表

English (Total: 55)		Chinese (Total: 55)	
Construction	Numbers	Constructions	Numbers
O+V-*ing*	55	1) V+O	35
		2) V+O+H	7
		3) V+O/O+V	6
		4) V+O+H/O+V	1

续　表

English（Total：55）		Chinese（Total：55）	
Construction	Numbers	Constructions	Numbers
O+V-*ing*	55	5）V+O+H/V+O	1
		6）V+O+H/O+V+H	1
		7）ADV+V+O	1
		8）V+V	2
		9）［V+O］+［V+O］	1

　　上述分析结果显示，OV-*er*(*or*)和 O+V-*ing* 结构英语复合词的汉语译文既包括合成复合词，又包括一部分词组，二者并非复合词的一一对应关系。我们将重点讨论中心词（head）位置和复合词内部词序这两个问题。

3. 数据结果对比分析

3.1　中心词位置对比分析

　　统计结果显示，OV-*er*(*or*)(93)和 O+V-*ing*(55)结构英语复合词的中心词［即-*er*(*or*)，-*ing*］一律右向，遵守右向中心词规则（Right-headedness Rule，参见 Williams 1981）。Jackendoff(2012 学术交流)指出，"英语复合词的本质是中心词（head）居于末尾。"Di Sciullo(2012 学术交流)指出，"复合词的中心词往往居右。"为何 VO 词序在英语复合词中不具备能产性？Kayne(2012 学术交流)认为"或许这涉及格（case）的因素。"Bisetto(2012 学术交流)持类似观点——"英语复合词中心词居右。"同英语相比，汉语复合词的中心词位置则较为复杂，其中 OV-*er*(*or*)所对应的汉语词（短语)共包含 16 种结构(见表 1、表 3),其中 V+O+H(61)和 V+O+H/O+V+H(4)结构具有右向中心词,而 V+O 结构("管家""编剧")则不具备右向中心词。V+O+H(61)结构中包括 55 个复合词(例如"理发师""承租人")和 6 个短语(例如"吞火魔术师""居要职者");共有四组复合词兼有 V+O+H/O+V+H 结构(例如"投保人"(V+O+H)/"保险单持有者"(O+V+H))。OV-*ing* 所对应的汉语词(短语)共包含 9 种结构(见表 2、表 4),其中 V+O+H(7)、V+O+H/O+V(1)、V+O+H/V+O(1)和 V+O+H/O+V+H(1)结构具有右向中心词,而 V+O(35)和 V+O/O+V(7)结构则不包含右向中心词。V+O+H/O+V+H 结构向心复合词的中心词(H)居右,而 V+O/O+V 结构离心复合词则不含有中心词。庄会彬、刘振前(2011)认为,汉语合成复合词受右向中心词规则(Right-hand Head Rule)制约;而何元建(2013)则指出,比如"签名"之类的离合词既是名词,也是动词,我们不能说它作名词时是"中心语素右向",作动词就是"中心语素左向",所以它不受规则的制约。OV-*er*(*or*)复合词的中心词-*er*(*or*)多表示"人、工具、机构、物品及动物"等范畴,因此其汉语对应词(短语)(V+O+H̲/O+V+H̲)中的中心词多为表示"人、机、公司、药、鸟"等的词;而 O+V-*ing* 结构英语复合词的中心词-*ing* 多表示"动作、状态"等范畴,其汉语对应词(组)(V+O/O+V)是离合词,既是名词,也是动词,不受右向中心词规则制约(参见何元建 2013)。另一方面,由于翻译的缘故,有些英语复合词的汉语对应词有可能包含中心词,也可能不包含中心词。例如 scriptwriter 的汉语对应词"撰稿者(V+O+H)"具有右向中心词,而"编剧(V+O)"则不包含右向中心词,这也印证了尽管语义相同,但表层结构有可能不同。

3.2　内部词序对比分析

同中心词位置相比,英汉合成复合词内部词序问题更受关注。VO 结构复合词属词根复合(root compounding),不具备能产性,产生的复合词数目有限（例如：*breakwater*，*hunchback*，*pickpocket*，*shut-eye*，*sing-song*，*watchword*，*pick-me-up*，*scoff-law*，*seek-sorrow*，*do-good-er*，*kill-joy*，*cut throat*，*wagtail*，*turn stone*，*catchfly*）。何元建（2013）认为，（英语）合成复合的动词必须有屈折形态，语序一定跟句法相反，而且非常能产。统计数据显示，在尚未统计 OV -_零后缀_，OV -_多种后缀_ 这两种 OV 模式的情况下，OV-*er*（*or*）（93）和 O+V-*ing*（55）结构英语复合词远多于 VO 模式复合词（15），是能产模式。同英语合成复合词相比，汉语合成复合词允许 V+O+H、V+O+H/O+V+H、V+O+H/O+V、V+O+H/V+O、V+O、V+O/O+V、V+V 以及 [V+O]+[V+O] 等多种词序并存（参见表 1-4）。其中 V+O+H 结构（61+7=68）最能产，其次是 V+O 结构（35）、V+O/O+V 结构（6）以及 V+O+H/O+V+H 结构（4）等。OV-*er*（*or*）和 O+V-*ing* 模式在英语中的强势不同，VO 词序似乎在汉语合成复合词内部词序中占据优势，而且在某些情况下汉语复合词允许 VO 和 OV 两种词序并存。我们将从历史语言学、句法-形态一体说以及韵律构词等视角对比英汉合成复合词的成词机制和内部词序差异。

3.2.1　历史语言学视角

　　Alice Harris & Lyle Campbell（1995：201）认为，"动词+名词"语序复合词并不直接且必然反映特定复合词成词时该语言短语的词序。复合词不反映其形成之初的词序，但反映先前的短语词序。这似乎与英语的语言事实相符，因为 OV 复合词与古英语的 SOV 句法相关。Lehmann（参见 Alice Harris & Lyle Campbell 1995：204）认为，长久以来，复合词都被认为是句子的省略形式。Givón（参见 Alice Harris & Lyle Campbell 1995：204）也持类似观点。在从句法进入词法后，旧句法的清晰语轨保留下来，见诸复合词中。本文的语料统计显示，OV 模式在合成复合词能产性上居于强势。OV 模式形容词可以上溯至早期现代英语时期，例如 lovelorn（参

见李赋宁 1991：57－58）。要验证古英语句法词序残留假说,应当
充分调查 OV 模式与古英语 SOV 词序的对应关系,并找到相应的
语言事实依据。与古英语相似,上古汉语的句法也以 SOV 词序为
主(参见王力 1980,Li & Thompson,史存直 1986)。按照 Alice &
Campbell(1995：201)的词序保留假说,上古汉语的复合词应当遵
循 O+V+H 模式。为验证这一观点,我们以"者"为中心词(即 H),
检索了中国台湾地区"中央研究院"上古汉语标记语料库,得到了
5 000 个词条(统计结果如表5、表6 所示),其中 V+O+H(者)模式
占据绝对优势;而 O+V+H(者)模式则不具备能产性,仅在《左传》
中检索到"肉食者"和"熟食者"两个例子。

表5　V+O+H(者)模式复合词及短语

V(单音节)+O(单音节)+H(者)	V(单音节)+O(双音节)+H(者)
1. 知我者	1. 动万物者
2. 立本者	2. 挠万物者
3. 革物者	3. 燥万物者
4. 主器者	4. 润万物者
5. 执币者	5. 有适子者
6. 执玉者	6. 有过失者
7. 受酬者	7. 有国家者
8. 执幕者	8. 有田禄者
9. 牵马者	9. 有两妻者
10. 无籍者	10. 无职事者
11. 无养者	11. 无夫家者
12. 无子者	12. 无侧室者
13. 无母者	13. 无田禄者
14. 无主者	14. 服公事者
15. 无忧者	15. 理万物者
16. 无情者	16. 争墓地者
17. 无纪者	17. 掌摈士者
18. 无声者	18. 逆军旅者

续　表

V（单音节）+O（单音节）+H（者）	V（单音节）+O（双音节）+H（者）
19. 无道者	19. 犯师禁者
20. 无节者	20. 献车马者
21. 无事者	21. 献熟食者
22. 无父者	22. 献田宅者
23. 无妻者	23. 进矛戟者
24. 无夫者	24. 进几杖者
25. 无车者	25. 受珠玉者
26. 有纪者	26. 受弓剑者
27. 有权者	27. 饮玉爵者
28. 有声者	28. 食果实者
29. 有德者	29. 生人心者
30. 有学者	30. 明其义者
31. 有德者	31. 能其事者
32. 有功者	32. 正其心者
33. 有爵者	33. 诚其意者
34. 有功者	34. 治其国者
35. 祭主者	35. 产万物者
36. 掌事者	36. 欺三军者
37. 受财者	37. 食卫粟者
38. 犯禁者	38. 亡邓国者
39. 亡矢者	39. 求亡妻者
40. 杀人者	40. 为人子者
41. 献甲者	41. 利社稷者
42. 献杖者	42. 执玉帛者
43. 献粟者	43. 违君命者
44. 献米者	44. 为人臣者
45. 献捷者	45. 用私道者
46. 进剑者	46. 用私义者
47. 进戈者	47. 破三军者
48. 效犬者	48. 举大事者
49. 送葬者	
50. 佩玉者	
51. 削地者	

续　表

V（单音节）+O（单音节）+H（者）	V（单音节）+O（双音节）+H（者）
52. 得之者 53. 好女者 54. 饮酒者 55. 食肉者 56. 食言者 57. 取衣者 58. 畏罪者 59. 奔丧者 60. 用财者 61. 念母者 62. 为政者 63. 弑君者 64. 从人者 65. 继天者 66. 受甲者 67. 守藏者 68. 补过者 69. 犯命者 70. 当道者 71. 守业者 72. 克敌者 73. 救火者 74. 救人者 75. 求媚者 76. 事君者 77. 从政者 78. 作乱者 79. 割地者 80. 争名者 81. 攻秦者 82. 立义者 83. 知己者 84. 悦己者 85. 弱楚者 86. 攻魏者	

表6　O+V+H(者)模式复合词

O(单音节)+V(单音节)+H(者)
1. 肉食者 2. 熟食者

表5、表6的统计结果显示，上古汉语中，V+O+H是能产模式，而O+V+H结构不具备能产性。但是上古汉语似乎允许这两种词序同时存在。例如在《礼记》中，我们检索到了"食肉者"这个词条，而在《左传》中则找到了"肉食者"一词。即便是在《左传》这一本书中，既有"肉食者"（O+V+H），也有"食言者"（V+O+H）。因此不妨大胆假设，汉语合成复合词从古汉语直至现代汉语一直允许VO和OV两种内部词序存在，但VO词序占据优势。该假说有待大规模语料统计的证实。从本文的语料统计来看，现代汉语中，V+O+H结构(68)和V+O结构(35)具有能产性，另有6组复合词允许V+O/O+V结构并存，4组复合词允许V+O+H/O+V+H结构并存。

3.2.2　句法–形态一体化和韵律视角

不对称理论（Asymmetry Theory）是由Kayne（1994）推动发展的。对于英语VO/OV两种词序在句法和形态层面上不一致的问题，Kayne（2012学术交流）更倾向于认为复合词构词是句法的一部分。在英语VO句序出现之时，OV语序就已经存在于构词法了。Harley（Lieber & Štekauer 2009）也支持用句法理论解释复合词成词机制。她认为，分布形态学（Distributed Morphology，简称DM）框架力图为构词法提供全面、清晰、彻底的句法理论的解释。复合词过程是"词法即句法"（morphology-as-syntax）的最理想的例证。当词根（或包含词根）中心词合并时，复合词便形成了。按照DM理论，合成复合词的构造过程如下：在一个词根本身与范畴化终端节点合并之前,短语成分首先与该词根合并。因此,truck driver 是由[(truck drive)er]结构形成的,而不是由[truck(drive r)]结构形成的。√DRIVE 通过合并√TRUCK 和一个名词化的 n° 中心语,中心语从其补语中移入 n°,这个结构再作为√DRIVE 的论元合并。Harley(2010 学术交流)支持运用分布形态学理论解释汉语复合词问题。在汉语学界,顾阳、沈阳(2001)、Packard(2000)、何元建(2004,2013)、程工(2005)分别从句法-形态一体化角度解释汉语合成复合词的成词机制。我们以 O+V+H 模式复合词"硬水软化剂(water softener)"为例,它由一个底层结构的 VP 短语附加中心词推导而来(如图 1 所示)。

Packard(2000)运用 X 界标理论推导汉语复合词,但未解释 V+O+H 和 O+V+H 模式的成词机制差异。何元建(2004,2013)坚持用"中心语素右向规则""句法入词的结构""模式联体记忆(pattern-associated memory)""回环构词(loop morphology)"以及"经济原则"等原则解释汉语合成复合词的构词机制,但在 O+V+H 模式的成词机制问题

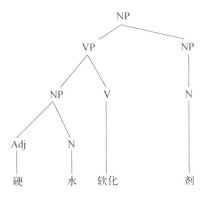

图 1　OVH(硬水软化剂)

上受到庄会彬、刘振前(2011)的质疑。此外,刘晓林等(2015:408)认为,"汉语的作格化发生在句法层面,总体上对语序产生了较大影响;英语的作格化发生在词法层面,基本不对语序产生影响。"

与句法-形态一体化视角不同,冯胜利(1999,2004)从音系(韵律)角度解释汉语合成复合词的构词机制,韵律构词也反映了汉语合成复合词与英语不同的独特成词机制。对于 V+O 结构的离合词而言,[1#1]和[2#2]是较常见的音步。统计结果显示,在

6 组复合词中 V+O/O+V 结构并存,在 4 组复合词中 V+O+H/O+V+H 结构并存。如表 5 所示,V+O+H、V+O 结构复合词(组)采用 [2#1]、[2#2]、[1#1]等音步组合,而 O+V+H,O+V 结构复合词则采用[3#3]、[2#3]、[2#2#2]、[2#2]、[1#2]等音步组合。

表 7 V+O/O+V 和 V+O+H/O+V+H 结构复合词音步分析

English	Chinese	
OV-*er*, OV-*ing*	V+O+H, V+O	O+V+H, O+V
policyholder	投保人[2#1]	保险单持有者[3#3]
shipbuilder	造船公司[2#2],造船厂[2#1]	船舶制造厂[2#3],船舶制造公司[2#2#2]
snowblower	吹雪机(车)[2#1]	积雪清除车[2#3]
watersoftener	软水剂[2#1]	硬水软化剂[2#3]
asset-stripping	倒卖资产[2#2]	资产倒卖[2#2]
bookbinding	装订图书[2#2]	图书装订[2#2]
fish farming	养鱼[1#1]	水产养殖[2#2]
fundraising	筹集资金[2#2]	资金筹集[2#2]
price-fixing	操纵物价[2#2]	价格垄断[2#2]
timesharing	分时[1#1]	时间共享[2#2]
blood poisoning	败血症[2#1]	血中毒[1#2]
profit-sharing	分红制[2#1]	利润分成制[2#3]

[2#1][“造船厂”“吹雪机(车)”“软水剂”]是 V+O+H 复合

词的常用音步,而[2#3]("船舶制造厂""积雪清除车""硬水软化剂")则是O+V+H复合词的常用音步,这符合冯胜利(1999)的论断。韵律构词说对V+O+H/O+V+H结构并存的复合词构词具有一定解释力,也是对句法-形态一体说的有力补充。

4. 结语

通过对比分析,我们发现,同汉语相比,英语词法和句法不同构,其词法规则和句法规则边界清晰,都处于强势地位。在句法层面,VO词序占据优势;而VO词序进入词法,必须经过句法操作转换词序,由VO变为OV词序。VO词序在英语词法中处于弱势,不具备能产性。与英语相比,汉语的词法和句法边界相对模糊。汉语复合词的成词机制诠释了"句法-词法"一体化思想,句法(VO)直接进入词法(VO)是汉语复合词的重要来源,这也印证了汉语词法句法同构的观点。缩略构词(Ceccagno 2009)被称为元复合词(metacompounds),也是汉语复合词的成词机制。同时,汉语复合词构词还受到韵律因素的影响。当然,对英汉合成复合词的成词机制及内部词序问题的进一步解释有赖于更大规模的历时和共时语料对比调查。

参考文献

[1] 程工.汉语"者"字合成复合词及其对普遍语法的启示[J].现代外语, 2005,(3):232－238.

[2] 冯胜利.《汉语的韵律、词法和句法》[M].北京:北京大学出版社,1999.

[3] 冯胜利.动宾倒置与韵律构词法[J].语言科学,2004,(3):12－20.

[4] 冯胜利.语体语法:"形式-功能对应律"的语言探索[J].当代修辞学, 2012,(6):3－12.

[5] 顾阳,沈阳.汉语合成复合词的构造过程[J].中国语文,2001,(2): 122－133.

[6] 何元建.回环理论与汉语构词法[J].当代语言学,2004,(3):223－235.

[7] 何元建.汉语合成复合词的构词原则、类型学特征及其对语言习得的启示[J].外语教学与研究,2013,(4):483-494.

[8] 李赋宁.《英语史》[M].北京:商务印书馆,1991.

[9] 刘晓林,王文斌,谭仁山,陈文碧.《英汉历史语言学视野下的英汉语序对比研究》[M].上海:上海外语教育出版社,2015.

[10] 麦克米伦出版公司.麦克米伦高阶英汉双解词典[Z].北京:外语教学与研究出版社,2005.

[11] 史存直.《汉语语法史纲要》[M].上海:华东师范大学出版社,1986.

[12] 王力.《汉语史稿》[M].北京:商务印书馆,1980.

[13] 庄会彬,刘振前.汉语合成复合词的构词机制与韵律制约[J].世界汉语教学,2011,(4):497-506.

[14] 台湾地区"中央研究院""上古汉语标记语料库"http://app.sinica.edu.tw/cgi-bin/kiwi/akiwi/kiwi.sh? ukey=1186873344&qtype=-1

[15] Adams, V. *An Introduction to Modern English Word-formation* [M]. London: Longman, 1973.

[16] Bickernton, Derek. *Language and Species*[M]. Chicago: University of Chicago Press, 1990.

[17] Caballero, Gabriela, Michael J. Houser, Nicole Marcus, Teresa McFarland, Anne Pycha, Maziar Toosarvandani, Suzanne Wilhite, Johanna Nichols. Nonsyntactic ordering effects in noun incorporation [J]. *Linguistic Typology*, 2008, 12(3), 383-421.

[18] Ceccagno, Antonella. Metacompounds in Chinese [J]. *Lingue e linguaggio*, 2009, VIII. 2, 195-212.

[19] Chao, Yuen Ren. *A Grammar of Spoken Chinese* [M]. Berkeley: University of California Press, 1968.

[20] Harley, Heidi. Compounding in distributed morphology[A]. In Lieber, Rochelle and Pavol Štekauer (eds.) *The Oxford Handbook of Compounding*[C]. Oxford: Oxford University Press, 2009, 129-144.

[21] Harris, Alice & Campbell, Lyle. Historical Syntax in Cross-Linguistic Perspective[M]. Cambridge: Cambridge University Press, 1995.

[22] Kayne, Richard S. *The Antisymmetry of Syntax. Linguistic Inquiry Monograph Twenty-Five*[M].Mass.: The MIT Press, 1994.

[23] Li, Charles N, Sandra A. Thompson. *Mandarin Chinese: A Functional Reference Grammar*[M]. Berkeley: University of California Press, 1981.

[24] Lieber, Rochelle and Pavol Štekauer. Introduction: status and definition of compounding[A]. In Lieber, Rochelle and Pavol Štekauer (eds.). *The Oxford Handbook of Compounding*[C]. Oxford: Oxford University Press, 2009, 3 - 18.

[25] Packard, Jerome. *The Morphology of Chinese: A Linguistic and Cognitive Approach*[M]. Cambridge: Cambridge University Press, 2000.

[26] Scalise, Sergio and Antonietta Bisetto. The classification of compounds [A]. In Lieber, Rochelle and Pavol Štekauer (eds.). *The Oxford Handbook of Compounding*[C]. Oxford: Oxford University Press, 2009, 34 - 53.

(作者通讯信息: 北京第二外国语学院
wangwei.sandy@bisu.edu.cn)

英汉语音对比教学模型及其可行性研究
——以元音对比为例

文　兵　　陈梓燊

1. 引言

英语语音学家 Gimson 曾说过,掌握一门语言,必须学会其几乎 100% 的语音,而掌握其 50%—90% 的语法和 1% 的词汇就足够了(张伶俐 2007:1)。对于一门语言的学习,语音的重要性不容忽视。一方面,它与诸如词汇、听力等语言学习的其他方面紧密联系;另一方面,它又是有效交际的基本保障。从这个意义上说,语音教学作为外语教学不可或缺的起始环节显得尤为重要。然而对于最大的二语英语学习群体——中国学生来说,英语语音总体掌握情况并不理想。原因主要有以下几个方面:第一,中国学生缺少英语使用环境,对英语的接触主要集中在英语课堂,难以保证语音的学习和固定;第二,母语汉语对英语学习有负迁移影响,语音层面的负迁移尤其突显;第三,中小学英语教师语音状况参差不齐,且缺乏系统而专业的英语语音教学方法和经验,不能在英语学习的初、中级阶段有效地帮助学生学习语音;第四,高校大学英语课一般没有专门的语音学习环节,各高校英语专业开设语音课的情况也不统一,导致学生的语音多靠自我训练或"吃老本"维持。

针对这一现状,本文将提出一种全新的英汉语音对比教学模型(Chinese-English Phonetic Contrastive Teaching Model)。与以往研究中有关英汉语音对比教学的简单语言对比描述不同,该模型以对比语音学为理论基础,试图搭建一套完整的、可操作性强的、理论与实践相结合的英汉语音对比教学模型,通过对比方法的运用系统讲授英语语音,能有效帮助学生避免汉语语音的负迁移。本文以汕头大学 2016 级英语专业 70 名学生为研究对象,以他们大一第一学期语音课期初(前测)和期末(后测)朗读录音为语料,对两次录音进行错误分类统计与对比分析,以论证该方法的可行性。该教学模型已成为笔者经过多年教学实践积累并完善的一整套"高校英语专业语音教学课程模块"的一部分①,也是其中的核心部分,这一教学模型的研究对英语语音的教与学都有重要意义。

2. 现有研究的不足

关于英汉语音对比的研究不在少数,研究成果也各有侧重。

大多数研究都是通过文字描述对英、汉两种语音中的细类进行对比。比如孙芙蓉(2009)对音位、超音位分别进行了对比,并且提出了几条语音教学的实战策略。吴青华(2007)认为外语界对语音教学问题的探讨明显少于其他领域,并提出将英汉两种语音进行对比研究和对比教学不失为一种良策。他对英、汉语的语调和声调、重音分布、节奏和音渡等超音位特征进行了对比。但类似这样的对比仅停留在语言描述层面,一般都是各自表述,缺乏统一的对比框架,对差异的显示比较有限。

有些研究将英、汉语音在统一框架下进行对比。比如李玉芬(2005)从自己的教学实践出发,对英、汉语的元音、辅音做了对比,其中元音对比部分还分别列出了英、汉语单元音的音位图。张金生(2002: 57)援引徐通锵(2001),提到基本元音系统构型(configuration),认为英语单元音系统构型呈四方形,汉语则呈三角形。这些研究以对比语言学理论为基础,将英、汉语音放在音位图、系统构型等同一框架下进行对比。这样的对比有理论依据。

---

① 整个教学模块包括英汉对比教学、英美音分组教学、量身纠错、一对一辅导、活动展示等诸多内容。鉴于篇幅有限,本文将只简介英汉对比教学这一环节。

统一的框架提供了可靠的对比基础，能够很好地显示所描述项目的差异；但也有不足之处，比如李玉芬的单元音音位图是英、汉各自作图，没有真正将两种语言的元音音位图合二为一，更加直观地显示差异。张金生的双元音倒是在同一张音位图上画出了英、汉四对相似音的音位，但单元音部分却没有如法炮制。另外，对于如何将对比的结果用于教学也没有提及一些具体可行的办法。

还有些研究者谈及了英、汉语音对比与教学的关系，比如孙芙蓉（2009）、孙全才（2009）等。这些研究既有理论层面的对比研究又有教学层面的实践策略，有意识地将语音研究与教学实践结合起来。但这些研究仍可见不足：一方面，教学层面只是一些建议或经验之谈，缺少完整可行的教学模型；另一方面，也缺少实证性研究来论证英汉语音对比教学方法的可行性。

基于以上的讨论，本文试图对现有研究的不足进行弥补。第一，以元音对比为例，在运用音位图作对比框架的基础上，将英、汉元音的音位图重叠，更加直观清晰地显示两者的音位差异，避免缺乏系统性的、各自为营的单纯语言对比描述；第二，提出一整套具体的、可操作性强的语音对比教学模型，将对比的方法与教学实践有机结合起来；第三，以汕头大学 2016 级英语专业学生大一第一学期语音课的期初、期末录音作为语料，对比两次录音的错误类型和频次，以实证的方式论证该教学模型的可行性。

3. 理论框架

要理解英汉对比语音教学法，需要了解语言迁移理论、对比分析假设和语音对比方法。

3.1 语言迁移理论

对于"语言迁移（language transfer）"的概念，学界看法不一，但基本观点为：语言迁移是指一种语言系统对另一种语言系统的影响，通常是 L1（第一语言）对 L2（第二语言）的影响。如果 L1 和

L2 有相似的特征,学习者会得益于 L1 对 L2 的正迁移[positive transfer,也叫有益迁移或促进(facilitation)],而 L2 与 L1 的特征差异巨大则会导致负迁移[negative transfer,也叫有害迁移或干扰(interference)]的发生(Mitchell 2013:191)。语言迁移在语言学习的各个层面都会发生。就语音层面而言,英汉两种语言在语音上的差异是造成中国学生语音学习问题的主要原因。

为了降低发音的错误,对比分析法(Contrastive Analysis)被引入语音教学。最早运用对比方法的是 Charles Fries,他非常强调对比教学内容的重要性。他指出:"最有效的教学内容就是那些基于所教授语言进行的科学描述以及与学习者母语进行的对比描述"(Freeman & Long 2012:52)。之后,Lado 又对这一观点进一步做了论证:

> 我们假定,学生在接触外语时,会感到其中有些特征易学,有些难学。那些与本族语相似的要素,他们会感到简单;而那些不同的要素,他们会感到困难。教师如果将学生的本族语与他们所学的外语加以比较,那么就可以更好地了解真正的学习困难所在,并能更好地组织教学(Lado 1957:2;许余龙 2010:209)。

3.2　对比分析假设

对比分析法引入语音教学带来的新问题是:对比分析在多大程度上可以促进教学? 对比分析的心理学基本原理通常称为对比分析假设(Contrastive Analysis Hypothesis),学界对这一假设历来就有不同的解释,其中最为典型的是强假设和弱假设。强假设认为:"通过语言之间的比较,可以预测外语学习中将会出现的困难和错误"(许余龙 2010:222;Lee 1968);弱假设认为:"对比分析并不具有预测能力,而只有诊断能力"(许余龙 2010:223)。强假设现在很少有人支持,弱假设也并不十分令人满意,而后来的研究又发现"差异不一定会造成语言学习中的困难,而对困难的预测也并非百分之百地准确"（林立 2007：28），反而常常造成最大困难的是相似而并非差异（Freeman & Long 2012：96）。这一观点笔者在多年的语音教学中深有体会：那些差异巨大的音往往不会造成干扰，比如［iː］和［ɑː］，一个是高前元音，一个是低后元音，发音位置相去甚远，学生从来不会混淆；反而是那些既相似但又不完全相同的音才极易造成负迁移，比如［iː］、［ɪ］和汉语的/i, 衣/的区别就经常困扰学生。这一观点我们通过试验性研究也得到了证实，因此我们将根据这一观点而不是语言迁移论的最初表述提出我们的初始假设（详见 5.1 节）。

3.3　语音对比方法

　　语音对比是对比语言学的一个重要组成部分。对比语言学认为："任何对比都是建立在某一共同基础上的对比，这个共同对比基础（tertium comparationis，简称 TC，也译作第三对比项）其严格定义为：一项具体语言对比研究的对比基础，是对两种或两种以上语言进行对比描述的共同出发点或参照点，它通常是语言中普遍存在的（或至少是两种语言所共有的）某种属性或范畴"（许余龙，2010：27）。语音学研究语音的发生、传递和感知……语音的研究也就自然地分成三个主要领域分别对应这一过程中的三个步骤：发音语音学、声学语音学和听觉语音学（胡壮麟，2013：20），因而从理论上来说，语音学对比可以分别在这三个语音描述框架中进行（许余龙，2010：50）。许余龙教授也在他的《对比语言学》中明确指出了发音语音学对于外语教学的意义以及如何进行发音语音学对比：

　　　　在发音语音学对比中，我们可以用国际语音协会制订的一套国际音标作为对比基础，因为国际音标主要是根据语音的发音，在对迄今所研究过的世界上各种语言进行分析研究的基础上制订出来的。在对比中，我们可以先分别用国际音标对两种语言的语音进行描述，然后对比它们的发音部位和方法有什么不同。应用语音学对比主要是发音语音学的对比,因为研究和对比两种语言在发音上的差别对于指导外语教学有更直接的意义(许余龙,2010:50)。

　　比如要对比两种语言中的元音,我们可以根据其发音特征,把它们在同一张舌位图上表示出来,看看哪几对元音具有相同或相近的舌位,一对相近的元音之间的舌位差别又是如何,等等。这张元音舌位图便是元音发音对比描述的对比基础(许余龙,2010:28)。

这种方法的提出由来已久,但始终停留在研究层面。据笔者对中国大陆已出版的近十种英语语音教材所做的不完全统计,未见一种教材将英汉两种语言的元音在同一个音位图(即上文所说的舌位图)中对比呈现,可见语音对比的理论与教学实践仍处于脱节状态。当然我们不排除语音教师实际教学过程中会有意无意地加入英汉对比的部分,但没有真正将两种语言的语音放入同一框架下进行的对比描述,其教学过程也必然缺乏系统性和可操作性。

正是基于以上空白,笔者自 2012 年开始逐步设计出一整套基于语音对比理论的教学模块并应用于汕头大学英语专业的语音教学课程中,收到极好的效果与反馈。本文的撰写就是在此基础上进行的教学实践对理论研究产生反作用的一次尝试。

4. 英汉语音对比教学模型简介

发音语音学对比涉及的内容很广,比如元音对比、辅音对比、英汉音节对比、汉语声调与英语语调对比、英汉重音对比等等,其中任何一组都可以做出十分详尽的对比内容,并据此设计具体的教学环节帮助学生规避汉语负迁移,提高和改善英语语音学习的效率和效果。但由于篇幅有限,本文仅以元音对比教学环节为例,介绍英汉对比教学模型,并用学生的前测、后测录音的对比论证该模型的可行性。

语音对比教学模型分为如下四个环节:理论模型搭建、对比描述示范、课堂练习讨论、课后复习巩固,其中前两个环节是关键,是该教学模型的核心部分。下面我们主要介绍这两个环节。

4.1 理论模型搭建—重叠音位图是关键

英语的元音相当于汉语的韵母,为叙述简便,我们统一用元音来指称。英语中有 20 个元音,包括 12 个单元音和 8 个双元音;而汉语有 15 个元音,其中单元音 6 个①,双元音 9 个。尽管"把它们(元音)在同一张舌位图上表示出来(许余龙,2010:28)"的方法在理论上早就被提出,但在已有文献中却没有发现一个学者真正这样去做,仅有张金生(2002:59)等为数不多的研究者把英汉双元音的四对相似音在同一张音位图(即舌位图)中表示出来,单元音的对比几乎全部是各自作图,用文字分别进行描述。我们认为,在同一张音位图中将两种语言的单元音或双元音同时标画出来(因为舌位图是一个统一的框架,我们也可以理解成将两种语言的舌位图重叠)可以非常直观地显示两种语言元音的异同,也便于教师进行第二步的对比描述示范。据此我们将英汉两种语言的元音音位图进行重叠显示。先看英、汉单元音音位图重叠前与后的情况。

英、汉单元音音位图重叠前:

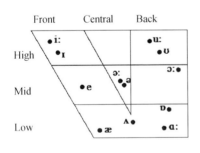

图 1　英语单元音

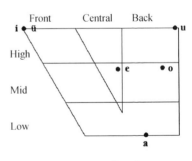

图 2　汉语单元音

---

① 汉语单元音中的 i 和 ü 共用一个舌位。

英、汉单元音音位图重叠后：

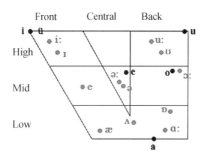

图3　英、汉单元音音位对比图

再来看英、汉双元音音位图重叠前与后的情况。

英、汉双元音音位图重叠前：

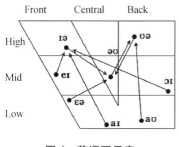

图4　英语双元音

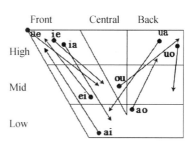

图5　汉语双元音

英、汉双元音音位图重叠后①：

如图3和(下页)图6所示,重叠后的英、汉单元音音位图和双元音音位图可以清晰地显示出两者之间的差异,为第二步对比描述示范做好了理论准备。

①　我们的对比是在相似音之间进行,所以跟其他学者做法一样,英、汉双元音对比图仅画出四对相似音。

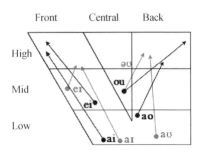

图 6 英、汉双元音音位对比图

4.2 对比描述示范-理论与实践的接口

有了重叠后的音位对比图,教学时的对比描述与示范就有了参照的基准。这里要特别注意,对比描述不能像以往研究中那样,对英、汉单元音或双元音只做分别的、整体的描述,而要在此基础之上,对每组相似音做统一的、具体的描述,即对每组相似音几乎所有指标的细微差别进行描述:1. 舌位(tongue position),包括高、中、低(high, mid, low)与前、央、后(front, central, back),分别指舌的高度(与口腔开合度一致)与舌头抬起最高部分的前后位置;2. 唇形(shape of lips),分为唇圆[roundedness,包括圆唇(rounded)和扁唇(unrounded)]和唇突[protrusion,包括高唇突(high-protrusion)、中唇突(mid-protrusion)和低唇突(low-protrusion)];3. 滑动(gliding),即发音时口腔是否滑动;4. 时值(duration),主要是长、短元音(long and short vowels)的区别等①。需特别注意的是,舌位可以通过音位图中的小圆点的位置进行描

---

① 关于英、汉元音的时值长度可参照以下公式:英语长元音=英语双元音>汉语单元音=汉语双元音>英语短元音。我们可以设定汉语的一个音节(即单、双元音)的长度为一拍(或一个单位的时值),等于英语长元音与短元音时值和的平均值,那么以上公式可大约表示为:2 拍>1 拍>0.5 拍。时值或拍是一个相对概念,而非绝对数值或定值,根据每个人说话的语速有所不同,但其相对长短保持稳定即可不影响辨义。

述;时值可以通过英语国际音标中的长音符号";"来判断;但唇形是音位图所不能反映出来的,描述时不能忽略。另外,英、汉语元音发音时口腔滑动情况也有明显差异,描述时也必须特别强调。

下面举例说明,先看英汉语单、双元音的整体对比描述:

> 从整体上说,英、汉语单元音呈现如下差异:
>
> 一、英语单元音有 12 个,汉语有 6 个,数量只有英语的一半。
>
> 二、英语有长、短元音之分,汉语没有。
>
> 三、从英、汉单元音音位小圆点的毗邻程度可知,两者相似发音有 5 组,差别有大有小(留待具体对比描述时详述)。
>
> 四、英语单元音发音时口形不变,汉语则有不同程度的滑动。
>
> 从整体上说,英、汉语双元音呈现如下差异:
>
> 一、英语有 8 个双元音,汉语有 9 个,数量相当,但相似音只有 4 对(留待具体对比描述时详述)。
>
> 二、发音均有滑动。英语滑动较慢,与单元音中的长元音时值相当,过程交代完整,音色圆润饱满;汉语滑动较快,时值介于英语长、短元音之间,明显短于英语双元音,过程较短,结果清晰。

从英汉单、双元音中各选取一组举例说明:

单元音举例:汉语/i,衣/vs.英语[i:]和[ɪ],可根据下表进行各项指标的对比描述,并作出示范:

表 1　英、汉单元音对比描述举例

语言	单元音举例	舌　　位		唇　　形		滑动	时值
		高中低	前央后	唇圆	唇突		
汉语	/i,衣/	高,已经达到顶点	前,已经达到顶点	扁	低	略微滑动	1 拍
英语	[i:]	高,比/i,衣/略低	前,比/i,衣/靠后	扁	低	不滑动	2 拍

语言	单元音举例	舌　位		唇　形		滑动	时值
		高中低	前央后	唇圆	唇突		
英语	［ɪ］	高,比［i:］再略低	前,比［i:］略后	扁	低	不滑动	0.5 拍
口腔开合度	/i,衣/<［i:］<［ɪ］						

双元音举例：汉语/ei,欸/vs.英语［eɪ］,可根据下表进行各项指标的对比描述,并作出示范：

表 2　英、汉双元音对比描述举例

语言	双元音举例	舌　位		唇　形		滑动	时值
		起始位置	终止位置	唇圆	唇突		
汉语	/ei,欸/	位于中前区中低位置	位于高前区高前位置	始终扁	始终低	滑动明显	1 拍
英语	［eɪ］	位于中前区中前位置	位于高前区中低位置	始终扁	始终低	滑动更明显且幅度大于汉语	2 拍
口腔开合度	/ei,欸/>［eɪ］	/ei,欸/<［eɪ］					

5. 英汉对比语音教学模型的可行性

5.1　初始假设

根据上文 Freeman & Long（2012：96）的观点以及我们预先做

的试验性研究,我们提出假设:

中国学生在学习英语元音时,那些有汉语相似音的元音出现汉语负迁移的几率最大。

下面我们来验证这一假设。

根据图 3 和图 6 英汉单、双元音音位对比图以及我们的假设,与汉语位置毗邻的英语音位是出现汉语负迁移几率最大的音位,现将这些音位列表如下:

表 3　英语元音中的汉语负迁移预测表

英语元音	汉语相似元音
［iː］	/i,衣/
［ɪ］	
［ɜː］	/e,鹅/
［ə］	
［ʌ］	/a,阿/
［ɑː］	
［uː］	/u,乌/
［ʊ］	
［ɒ］	/o,喔/
［ɔː］	
［eɪ］	/ei,欸/
［əʊ］	/ou,欧/

英语元音	汉语相似元音
［aɪ］	/ai, 爱/
［aʊ］	/ao, 奥/

5.2　研究设计

我们选择 70 名汕头大学英语专业一年级新生（2016 级）作为受试者，以他们期初和期末的录音作为前测和后测的对比语料，以检测该教学模型的效果。这样做的原因有二：第一，学生在中学阶段已学习过多年的英语，包括基本的英语语音知识，但尚未受过专业的语音训练，当然也完全没有接触过英汉对比语音教学模型，那么前测录音中应该大量存在汉语负迁移造成的语音问题；第二，他们全部选修了笔者开设的"英语语音"（English Pronunciation）课程，在同一时段（即大一第一学期）接触专业的语音学习与训练，英、汉对比语音教学模型是其中的一个重要环节。

研究分为三个阶段：第一阶段，通过期初的前测录音搜集学生在接触该模型学习之前英语单、双元音中的主要发音问题；第二阶段，通过期末的后测录音再次搜集学生英语单、双元音中仍然存在的问题，经过一个学期的系统学习，预期学生对英语元音的掌握有明显提高；第三阶段，将前、后测录音问题进行对比，以证明该模型的有效性。

前、后测录音要求学生朗读指定的、涵盖所有相似音位的若干组单词或篇章（见附录 1、2 和附录 3），以作业的形式收回并用提前设计好的错误类型（见附录 4、附录 5）进行批改标注。每条错误类型的描述前都有对应的数字代码，批改时只需标注出代码即可，并将批改与错误类型都反馈给学生，帮助他们准确了解到自己语音的不足之处。

5.3　假设验证

5.3.1　前测录音情况

前测录音要求学生朗读 13 组含所有英语单元音的单词共 39 个和 8 组含所有英语双元音的单词共 24 个,根据附录 4 和附录 5 的错误类型统计如下:

表 4　前测录音错误统计

单　元　音		
错误类型代码	错误出现频率	百分比(%)
1－2	34	48.57
5－1	33	47.14
5－4	22	31.43
4－7	22	31.43
4－1	20	28.57
2－2	20	28.57
3－5	16	22.86
2－7	15	21.43
4－2	14	20.00
3－9	13	18.57
1－1	11	15.71
1－4	9	12.85

续　表

单　元　音		
错误类型代码	错误出现频率	百分比（%）
3 - 4	9	12.85
5 - 5	9	12.86
4 - 9	8	11.43
3 - 7	7	10.00
1 - 5	7	10.00
2 - 3	5	7.14
2 - 9	5	7.14
5 - 8	5	7.14
2 - 8	4	5.71
3 - 11	4	5.71
3 - 1	3	4.29
1 - 6	2	2.86
2 - 11	2	2.86
1 - 7	1	1.43
2 - 1	1	1.43
2 - 10	1	1.43
3 - 8	1	1.43
4 - 11	1	1.43
6 - 1	1	1.43

续　表

双　元　音		
错误类型代码	错误出现频率	百分比(％)
2－1	36	51.43
3－1	19	27.14
5－3	18	25.71
4－1	17	24.29
6－2	15	21.43
7－1	8	11.43
4－2	7	10.00
5－2	5	7.14
1－1	4	5.71
1－3	4	5.71
7－2	4	5.71
8－1	4	5.71
3－3	3	4.29
2－3	2	2.86
6－1	2	2.86
1－2	1	1.43
2－5	1	1.43
2－6	1	1.43

续　表

双　元　音		
错误类型代码	错误出现频率	百分比（%）
5 - 7	1	1.43
7 - 3	1	1.43
7 - 4	1	1.43
8 - 3	1	1.43

　　表格中标为灰色的部分是英音与美音的差异造成的错误，我们分析时将这部分去除①，再将这些错误进行分类统计，如表5所示：

表5　前测录音错误分类统计

元音　　　　错误分类	单　元　音			双　元　音		
	错误类型	频次	百分比	错误类型	频次	百分比
语际错误②	1-1;1-2;5-1;1-4;1-5;2-3;3-4;3-5;5-4;5-5	148	77.89%	1-1;1-2;2-1;2-5;3-1;4-1;6-2;8-1	96	73.28%
语内错误③	1-6;1-7;2-1;2-2;2-9;2-10;2-11;3-1;3-8;5-8;6-1	42	22.11%	1-3;2-3;2-6;3-3;4-2;5-7;6-1;7-1;7-2;7-3;7-4;8-3	35	26.72%

---

① 英美音分组教学也是我们语音课教学的一个特色，旨在解决学生英美音混杂的问题，方法同样是音位对比。鉴于篇幅限制，这一部分将另文专述。
② 由汉语相似音造成的负迁移错误。
③ 由英语内部相似音造成的非迁移类错误。

　　上表的统计数据表明,汉语负迁移造成的学生发音问题在单元音中占 77.89%,在双元音中占 73.28%,而由英语内部相似音干扰造成的错误分别为 22.11% 和 26.72%。由此可见,汉语负迁移造成的学生发音问题是语音学习过程中的主要问题。对于汉语负迁移造成的发音错误,我们可以做进一步的分类和说明。

　　汉语负迁移在单元音方面主要表现为以下三类:

　　第一,音长负迁移。英语单元音有长、短元音的区分,也就是说,音长在英语中是参与辨义的特征之一。而汉语则没有这个区分,汉语每个音、每个音节的音长都相同,发音长短主要是感情色彩或语用方面的需要,而不是辨义特征,因此学生在发音时常常受汉语影响,把长元音发得偏短,或短元音发得偏长,如 1 - 1、1 - 2、1 - 4、1 - 5、5 - 1。统计显示 70 个受试学生中 45 个在发 [iː] 和 [ɪ] 时发生错误。

　　第二,滑动负迁移。英语单元音发音时口腔不滑动,而汉语则有小幅度(相对于双元音而言)且程度不同(比如/e,鹅/比/i,衣/的滑动幅度略大)的滑动,如 2 - 3。

　　第三,舌位负迁移。英、汉语中相似单元音的舌位都是接近但不同的,因此极易混淆而发生负迁移;另外,舌位的变化会对口型甚至唇形产生连带的变化,因此也会在这两个方面发生负迁移,如 3 - 4、3 - 5、5 - 4、5 - 5。

　　汉语负迁移在双元音方面主要表现为以下两类:

　　第一,舌位负迁移。由于双元音由两个单元音组成,单元音中的舌位问题会直接影响双元音的发音舌位,如 1 - 1、1 - 2、2 - 1、3 - 1、4 - 1。

　　第二,滑动负迁移。英语双元音滑动幅度大,时值长;而汉语双元音滑动幅度小,时值短,因此也是容易发生负迁移的,如 6 - 2、8 - 1。另外,由于时值长短不易把握,有时也会引起双元音中两个音素发音分配比例的问题,如 2 - 5。

　　由英语内部相似音干扰造成的错误也占有一定的比例,比如单元音的 2-1、2-2 就是[æ]和[e]两个音区分不清造成的,对于这种类型的错误同样可以通过对比的方法来向学生详细描述,但这部分不属于本文的讨论范围,故不再展开说明。

5.3.2 后测录音情况

后测录音要求学生朗读《新概念英语》第二册第 3 课的短文 "Please Send Me a Card",并以作业的形式收回进行批改,将结果与前测结果进行对比。后测录音邀请了 13 级工商管理专业的聂彩玉同学来做评分。彩玉选修过笔者的语音课,成绩优异,有非常强的语音模仿能力和判断力。通过对彩玉进行培训,在确保她掌握了批改录音作业的方法之后,让其对 70 份后测录音进行批改,共进行了两遍,第一遍批改标注,第二遍校对以确保没有误听或误标的情况发生。

对于后测录音朗读内容和批改者的选择需做如下说明:

第一,选择这篇短文是因为其包含了表 3 所列出的全部的 5 组英汉单元音相似音和 4 对英汉双元音相似音(见附录 3),可以检测出学生前测录音中出现的错误在一学期的学习和练习之后是否得到改善。

第二,选择短文而不再选择让学生朗读前测时相同的单词,是因为经过一学期的学习和训练,学生单发一个音或一个单词会非常注意舌位、口型、滑动等发音要领,其结果很可能不是自然状态下的发音情况。选择篇章朗读,学生的注意力会放在篇章整体方面,比如语调、发音技巧、语义关联等等,这时每个单词中的单个音就是自然状态下的发音,可以比较真实地反映出学习的效果。

第三,选择语音成绩优秀的学生而不是笔者或第二作者再次批改是为了避免主观性[1]。由于受试学生是笔者的学生兼第二作

---

① 第二作者陈梓桑系汕头大学 13 级英语专业学生(16 届毕业生),从笔者处获取了全部的录音语料,并负责了全部的统计工作,数据部分全部来源于她的学士学位论文(笔者为其指导教师)。

者的师弟师妹,如果由笔者本人或第二作者来进行批改,难免会有先入为主或为了达到假设的预期结果而在批改中带入主观因素,因此邀请两位作者以外的第三方做批改最为合适。彩玉同学与受试学生非同一专业,年级也相差很多,而且录音不提供受试者的姓名信息和前测结果,这样就保证了后测结果尽量客观。

第四,选择中国人而非外教进行批改是因为本文研究的是英汉对比语音教学,主要讨论汉语语音对英语语音学习的负迁移影响,如果选择母语为英语的外教,他们当然可以判断录音中的英语发音是否有错误或有问题,但却不能判断这个错误或问题是否由汉语负迁移造成,因此不能运用我们针对英、汉语而设计的错误类型来进行批改,这样一来,后测与前测就不能在同一框架下进行描述和标注,其对比结果也就没有意义了。

对学生后测录音的统计结果如下:

表 6 后测录音错误统计

单　元　音		
错误类型代码	错误出现频次	百分比(%)
1－2	16	22.85
2－2	9	12.86
4－1	9	12.86
2－9	8	11.43
2－10	5	7.14
3－4	5	7.14
2－1	3	4.29

单　元　音		
错误类型代码	错误出现频次	百分比（%）
3－5	3	4.29
3－10	3	4.29
2－11	2	2.86
5－1	2	2.86
6－1	2	2.86
1－1	1	1.43
1－4	1	1.43
2－3	1	1.43
2－5	1	1.43
2－7	1	1.43
4－7	1	1.43
5－2	1	1.43
5－10	1	1.43
双　元　音		
错误类型代码	错误出现频次	百分比（%）
3－1	12	17.14
6－1	10	14.29

双　元　音		
错误类型代码	错误出现频次	百分比（%）
6－2	8	11.43
5－2	4	5.71
1－2	1	1.43
5－1	1	1.43
5－4	1	1.43
5－7	1	1.43

我们同样将这些错误进行分类如下：

表 7　后测录音错误分类统计

元音 错误分类	单　元　音			双　元　音		
	错误类型	频次	百分比	错误类型	频次	百分比
语际错误	1－2；1－4；5－2；3－4；3－5；1－1；5－10；5－1；2－3	26	44.83%	3－1；5－1；6－2	21	60%
语内错误	2－1；2－2；3－10；2－10；2－9；6－1；2－11；2－5	32	55.17%	1－2；6－1；5－7	14	40%

我们把前测、后测的统计进行对比发现：错误频次总数由原来的 321 骤降到 93，降幅达到 71.01%，其中汉语负迁移造成的学

生发音问题在单元音中的频次由原来的 148 降低到 26,在双元音中的频次由原来的 96 降低到 21,降幅也分别高达 82.43% 和 78.13%,如图 7、图 8 所示:

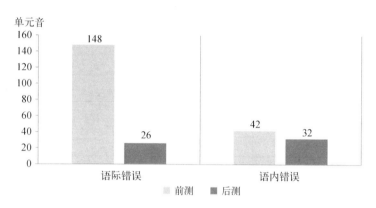

图 7　前、后测英语单元音错误频次对比

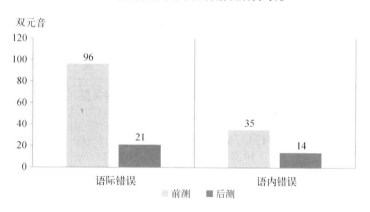

图 8　前、后测英语双元音错误频次对比

5.3.3　结果分析

根据上一节的数据统计与对比(见图 7、图 8),我们可以做如下分析:

首先,总体来看,不管是语际错误还是语内错误,错误频次都明显下降,说明经过一个学期的学习与训练,学生的英语元音发音状况有了明显的改善。

其次,横向来看,语际错误频次降幅明显高于语内错误频次降幅,前者为82.43%和78.13%,后者为23.81%和60%,这说明英汉对比语音教学模型对减少语际错误效果明显,有效地帮助学生规避了英语元音学习中汉语负迁移的影响,但对于语内错误的作用是相对有限的。反思教学过程,尽管笔者在教学过程中也会对英语语内的相似音进行对比描述和示范,比如[ʌ]和[ɑː]、[uː]和[ʊ]等,但大多是参照汉语相似音同时进行对比,如[ʌ]和[ɑː]是参照/a,阿/进行对比描述,[uː]和[ʊ]是参照/u,乌/进行对比描述。而只有[e]和[æ]这一组,因其没有汉语相似音,而单独进行了两者的语内对比描述。但后测结果显示,混淆这两个音的错误代码2-1、2-2仍然存在,而两者频次相加总数由原来的21降至12,降幅为42.86%,这说明语内对比描述也有一定的作用,只是相对语际对比而言需要加强。另外,后测结果中仍然出现了前测结果中就已经出现过的语内非相似音之间的错误,如2-10、2-9、6-1、2-11。这类错误并不在教学内容之内,因为根据我们的假设,并非任意两对元音之间都会造成负迁移或干扰,那么这些相似程度较低的音之间的混淆错误有可能是偶发性的(四个错误的频次全部低于10,本身也不具有显著性),比如因为练习不够或由于紧张;也有可能是学生个人的发音习惯造成的(比如受方言的影响)等等。

第三,纵向来看,单、双元音语际错误的降幅分别为82.43%和78.13%,比较接近,这说明重叠音位图显示相似音差异,加上语言对比描述与示范的方法对单、双元音的发音改善效果都很显著[①];二者的后测频次也比较接近,分别为26和21,说明通过相同方法

---

① 辅音的描述方式与元音不同,不是用音位图显示舌位,而是以辅音表的形式显示发音部位与发音方式,因此对比语音教学模型对辅音的教学采用的对比手段也不相同,由于篇幅有限,需另文专述。

的学习和训练,错误频次可以降低至一个相对稳定的范围。但前测频次悬殊比较大,分别为 148 和 96,高出了 54.17%,这一点可以解释为:英语单元音数量比双元音多,且大多以音长为特征成对出现;双元音则没有,因为汉语音长不参与辨义,汉语每个相似音均对应两个英语单元音,那么一长一短两个单元音对应一个汉语相似音,比英、汉双元音一对一产生错误的几率自然要高。

5.4 假设修正

我们在初始假设部分列出了英、汉语单、双元音的相似音,认为这是汉语负迁移发生几率最大的音位,这一点已经由假设验证部分的数据予以证实。但根据列出的错误类型,我们发现,负迁移并不像我们预测的那样全部是汉语相似音位代替英语某个音位(比如用/i, 衣/来代替[i:]和[ɪ],对应单元音错误类型的 1-4 和 1-5,频次分别为 9 和 7),而是有时也会发生用英语中某个音位的相似音位来代替这个音位(如用[i:]代替[ɪ],对应单元音错误类型的 1-2,频次为 34)。如果认为后者就不属于负迁移,那么这类错误就应该归入语内错误,之前的统计也要重新做大的调整。但我们认为这种错误仍然属于汉语负迁移造成的错误。原因如下:

许余龙(2010: 56-57)提出,音位系统的构成①包括音位系统中音位和音位变体的分布情况,两种语言进行音位对比时,音位数量少的语言比音位数量多的语言单个音位的音位变体分布要广,如汉语和英语。也就是说,一些在英语中属于不同音位的音,在汉语中却只是同一音位的不同音位变体。张金生(2002: 57)也提到:"一个元音不代表一点,而代表一个区域,这个区域由表示该元音具体因素或音位变体的一些距离相近的点构成"。据此我们可以得知:汉语单元音少,每个音位在音位图上占据的区域也就更大,变体之间差异也较英语大,那么对于母语为汉语的英语学习者

---

① 即上文张金生(2002: 57)、徐通锵(2001)提到的"音位系统的构型(configuration)"。

来说,学习英语单元音时就会出现少对多的关系(汉英单元音数量分别为 6 和 12,比率为 1：2),一个音位至少会对应两个音位(比如：/i,衣/同时对[iː]和[ɪ])。我们认为少对多的关系比多对少的关系更容易产生负迁移,因为在迁移选择上有了更多的干扰项。具体到我们的研究,不管是用/i,衣/代替[iː]或[ɪ]还是用[iː]代替[ɪ],归根到底都是由于汉语的/i,衣/干扰造成的,因为即使是用[iː]代替[ɪ],那也是因为英语[iː]的位置仍处于汉语/i,衣/的音位变体区域内,而不会是因为学生掌握了英语的[iː]又立刻用来对英语的[ɪ]发生语内负迁移了。

据此我们对初始假设修正如下：

> 中国学生在学习英语元音时,那些有汉语相似音的元音出现汉语负迁移的几率最大。负迁移分为直接负迁移(direct negative transfer)和间接负迁移(indirect negative transfer)两种。前者是指直接用汉语相似音代替英语某个元音的现象,后者则是指用汉语相似音音位分布区域内的某个音位变体代替英语某个元音的现象,两者都属于语际错误而非语内错误。

修正后的假设对于语言迁移理论也是一个修正和补充,至少在语音层面的迁移是适用的。另外,根据以上音位系统的构成理论,我们进一步提出：从发音语音学的角度来说,一个语言中所有元音的发音构成一个连续体(continuum),因为不管元音数量多少,一个语言中的所有元音都要划分整个口腔,音位之间没有清晰的边界,只有渐进过渡的区域,一个音发得越靠近音位点所在位置听起来就越标准;反之,发音离音位点位置越远则听起来越不标准,超过这个区域听起来就会像另外一个音了。这也说明,连续体概念也同样适用于听觉语音学,对于交际中听话人对说话人语音的正确理解、语音教学中教师对录音作业的批改和对学生发音的纠正都有着重要意义。

6. 结语

本文基于笔者多年的语音教学经验,简要介绍了一套包含重叠音位图等创新手段在内的英汉语音对比教学模型，并运用一手的学生录音作为语料进行了定量对比研究，论证了该模型的可行性；通过对研究结果的详细分析，提出了直接负迁移、间接负迁移以及发音连续体等概念，对语言迁移理论尤其是对语音层面的迁移现象做了有益的修正和补充。

参考文献

[1] Freeman, D. L. & Long, M. H. *An Introduction to Second Language Acquisition Research* [M]. Beijing：Foreign Language Teaching and Research Press, 2012.

[2] Lado, R. *Linguistics Across Cultures* [M]. Ann Arbor：University of Michigan Press, 1957.

[3] Lee, W. R. Thoughts on contrastive linguistics in the context of language teaching. Alatis J. ed. *Contrastive Linguistics and Its Pedagogical Implications* [M]. Washington, D. C.：Georgetown University Press, 1968.

[4] Mitchell R., Myles, F. & Marsden, E. *Second Language Learning Theories* (3rd ed.) [M]. Oxford：Routledge, 2013.

[5] 陈梓桑.论语音课中汉英对比教学的可行性和必要性——以汕头大学2016级英语专业学生为例[D].汕头大学学士学位论文,2017.

[6] 胡壮麟.语言学教程(第四版中文本)[M].北京：北京大学出版社,2013.

[7] 李玉芬.英汉对比在英语语音教学中的运用[J].南宁师范高等专科学校学报,2005,(4)：94-96.

[8] 林立.第二语言习得—理论与实践[M].北京：高等教育出版社,2007.

[9] 孙芙蓉.汉语语音对英语语音习得的迁移研究与教学启示[J].长春大学学报,2009,(9)：108-110.

[10] 孙全才.英汉发音的对比特征与英语语音教学[J].连云港职业技术学院学报,2009,(1)：78-80.

[11] 吴青华.浅谈英语语音和普通话差异对语音教学的影响[J].牡丹江大学学报,2007,(5)：115-116.

[12] 徐通锵.基础语言学教程[M].北京：北京大学出版社,2001.

[13] 许余龙.对比语言学[M].上海：上海外语教育出版社,2010.

[14] 张金生.英汉元音对比与英语语音教学[J].解放军外国语学院学报, 2002,(1)：56－59.

[15] 张伶俐.英语语音教程[M].武汉：华中师范大学出版社,2007.

附录 1：前测单元音录音作业内容[英式音标]/美式音标/

单元音录音作业内容：

第 1 组　前元音[i:]/ i /：keep　seat　feet
第 2 组　前元音[ɪ]/ ɪ /：sit　bit　fish
第 3 组　前元音[e]/ ɛ /：pen　ten　best
第 4 组　前元音[æ]/ æ /：mad　man　lamp
第 5 组　后元音[ɑ:]/ ɑ /：art　card　large
第 6 组　中元音[ʌ]/ ʌ /：love　such　cup
第 7 组　后元音[ɔ:]/ ɔ /：talk　walk　ball
第 8 组　后元音[ɒ]/ ɑ /：hot　not　lot
第 9 组　后元音[u:]/ u /：food　fool　two
第 10 组　后元音[ʊ]/ ʊ /：good　book　cook
第 11 组　中元音[ə:]/ ɚ /：sir　shirt　bird
第 12 组　中元音[ə]/ ɚ /：teacher　doctor　farmer
第 13 组　中元音[ə]/ ə /：ago　again　China

附录 2：前测双元音录音作业内容[英式音标]/美式音标/

双元音录音作业内容：

第 1 组　合口双元音[eɪ]/ e /：pay　day　take
第 2 组　合口双元音[əʊ]/ o /：no　go　boat
第 3 组　合口双元音[aɪ]/ aɪ /：tie　die　fight
第 4 组　合口双元音[aʊ]/ aʊ /：cow　bow　down
第 5 组　合口双元音[ɔɪ]/ ɔɪ /：boy　joy　voice
第 6 组　集中双元音[ɪə]/ ɪr /：tear　dear　fear
第 7 组　集中双元音[ɛə]/ er /：pair　bear　dare
第 8 组　集中双元音[ʊə]/ ʊr /：poor　sure　moor

附录 3：后测篇章录音作业内容

Please send me a card

Postcards always spoil my holidays. Last summer, I went to Italy. I visited museums and sat in public gardens. A friendly waiter taught me a few words of Italian. Then he lent me a book. I read a few lines, but I did not understand a word. Every day I thought about postcards. My holidays passed quickly, but I did not send cards to my friends. On the last day I made a big decision. I got up early and bought thirty-seven cards. I spent the whole day in my room, but I did not write a single card!

附录4：英语单元音错误类型

单元音错误类型

1. [iː]-/ɪ/和[ɪ]-/iː/
- 1-1. [iː]时值偏短或开合度太大，像短[ɪ]
- 1-2. 短[ɪ]时值偏长或开合度太小，像长[iː]
- 1-3. [ɪ]太靠前，发音太靠近[iː]
- 1-4. 长[iː]开合度太大，像汉语的"衣"
- 1-5. 短[ɪ]开合度太小，像汉语的"衣"
- 1-6. 短[ɪ]舌位偏低，听上去像[e]
- 1-7. 短[ɪ]舌位偏高，听上去像不滑动的[ei]
- 1-8. 长[iː]舌位偏低，听上去像不滑动的[ei]

2. [ə]-/ɛ/和[ɛ]-/æ/
- 2-1. [e]口型过大，听上去像[ɛ]
- 2-2. [ɛ]口型不够大或动作不够长，像[e]
- 2-3. [e]口型偏大且滑动，听上去像汉语的"诶"或"哀"
- 2-4. [æ]口型偏小且滑动，听上去像汉语的"诶"或"哀"
- 2-5. [ɛ]口型偏大或时值偏长，介于[e]和[ɛ]之间。
- 2-6. [æ]口型偏小或时值偏短，介于[e]和[æ]之间
- 2-7. 英音[æ]太靠前，像美音的[æ]
- 2-8. 美音[æ]太靠后，像英音的[æ]
- 2-9. [ɛ]太靠前，像[e]
- 2-10. [e]口型偏小，听上去像[ɪ]
- 2-11. [ɛ]太靠后，像[ʌ]
- 2-12. [æ]口腔开得太大，发音太靠近[a]，像[a]

3. [ɑː]-/ɑ/和/ʌ[ʌ]-/ʌ/

3-1. [ɑ]发音太靠前，像[ʌ]或[ɒ]
- 3-2. [ɑ]舌位太靠后，像汉语的"啊"
- 3-3. 英音[ɑ]口型太扁，听上去像[æ]
- 3-4. [ɑ]口型略太扁，舌位略偏前，像汉语的"阿"
- 3-5. [ɑ]发音偏靠前，像汉语的"阿"
- 3-6. 英音/ʌ/口型不够小，像美音的/ʌ/
- 3-7. 英音[ʌ]口型偏靠前，像美音的/ʌ/
- 3-8. [ʌ]发音太靠前，像[ɑ]
- 3-9. [ɑ]过于靠后，太贴近声门了
- 3-10. [ɑ]唇形偏小，听上去像[ɒ]
- 3-11. 美音/ʌ/口型过小了，完全像/ə/了
- 3-12. [ʌ]舌位偏后，听上去像[ɒ]

4. [ɔː]-/ɔ/和[ɒ]-/ɒ/
- 4-1. 美音[ɔ]口型不够大，像美音[ɑ]
- 4-2. 英音[ɔ]口型不够小，像美音
- 4-3. [ɔ]口型太扁且加了卷舌音
- 4-4. [ɔ]舌位太低，像[ɑ]
- 4-5. 英音[ɒ]口型偏大，太紧了
- 4-6. [ɔ]舌位偏高，像美音
- 4-7. 美音 /ɒ/太靠前，像英音的[ʌ]
- 4-8. 美音 / ɑ /太靠前，像美音的[ʌ]
- 4-9. [ɒ]口型偏小，像[ʌ]
- 4-10. [ɔ]口型偏后，像汉语的"阿"
- 4-11. 英音[ɒ]口型太大，像美音 / ɑ /

5. [ʊ]-/u/和[u]-/ʊ/

5-1. 短[ʊ]口型略小或时值偏长，像长[u]
- 5-2. 短[ʊ]开口的大的音
- 5-3. 长[uː]和短[ʊ]口型区别不明显
- 5-4. [ʊ]舌位太靠后，唇过突，像汉语的"乌"
- 5-5. 短[ʊ]舌位太靠前，像英语的"乌"
- 5-6. 长[uː]舌位偏后，双唇不够前突，像[ʊ]
- 5-7. [ʊ]加了卷舌音
- 5-8. [u]口型偏大，像[ʊ]
- 5-9. 短[ʊ]舌位太前太低，像[ə]
- 5-10. 短[ʊ]有滑动，像汉语的"欧"
- 5-11. 长 [uː]口型偏大，像[ɔ]

6. [ə]-/ɜ/和[ɜ]-/ə/
- 6-1. 长[ɜ]唇形偏圆，听上去像拖长了的[u]
- 6-2. [ɜ]舌位偏前，听上去像[e]

7. 整体问题
- 7-1. 单元音口型控制不够好，有滑动
- 7-2. 长音偏短，时值不够长
- 7-3. 短音拖音偏长，不够干脆
- 7-4. 英音字母音发音有卷舌音
- 7-5. 美音字母音发音卷舌不到位或卷舌不够自然
- 7-6. 美音字母音完全卷舌
- 7-7. 单独或加入单词中发音不一致
- 7-8. 美音字母有时候卷舌不卷
- 7-9. 美音字母音时无字母却卷舌了或字母橙舌过度
- 7-10. 音标或单词末尾轻轻加了一个错音

附录5：英语双元音错误类型

双元音错误类型

1. [eɪ]-/ə/
- 1-1. [eɪ]滑动过程太快，太像汉语的"欸"
- 1-2. [e]没有滑动，听起来像拖长了的[e]
- 1-3. [eɪ]舌位略低像[æɪ]，导致整体听上去像[aɪ]

2. [əʊ]-/ɵ/
- 2-1. [əʊ]中[ə]音不够扁平，像汉语拼音的 o，整体听上去像汉语的"欧"
- 2-2. [əʊ]两个音滑动衔接快，太像汉语的"欧"
- 2-3. [əʊ]中[ə]音舌位略靠[ɑ]，整体听上去像 əʊ "
- 2-4. [əʊ]末尾加了卷舌音
- 2-5. [ə]的时值过长，[ʊ]的时值过短。
- 2-6. [ə]中间前有一点点[r]的音声

3. [aɪ]-/aɪ/
- 3-1. [aɪ]中[a]音不够靠后或滑动过程太快，太像汉语的"爱"
- 3-2. [aɪ]中[ɪ]音偏弱，听上去像[aɪ]平均分配
- 3-3. [aɪ]中[a]段的像[ɔ]，整体听上去像[ɔɪ]

4. [aʊ]-/aʊ/
- 4-1. [aʊ]中[a]音不够靠后或滑动过程太快，太像汉语的"奥"
- 4-2. [aʊ]中[a]口型太小，听上去[ʊ]，导致整体听上去像[əʊ]
- 4-3. [aʊ]末尾加了卷舌音

5. [ɔɪ]-/ɔɪ/
- 5-1. [ɔɪ]中两个元音时值平均分配，[ɪ]时值略长了
- 5-2. 美音[ɔɪ]中[ɔ]口型偏小，像英音
- 5-3. 美音[ɔɪ]中[ɔ]口型偏大，像美音的长[ɔː]
- 5-4. 美音[ɔɪ]中[ɔ]口型偏像[ə]，导致整体听上去像[aɪ]
- 5-5. 美音[ɔɪ]中[ɔ]口型偏像[ə]，导致整体听上去像[aɪ]
- 5-6. [ɔɪ]中第二个音[ɪ]加了[a]，像汉语的"嗷"
- 5-7. [ɔɪ]中两个音中间加了[a]，变成了[ɔaɪ]

6. [ɪə]-/ʊ/
- 6-1. [ɪə]中[ɪ]舌位略微靠后、靠下，听上去像[eə]
- 6-2. [ɪə]中[ɪ]舌位略微靠前、靠上，变成[ɪ]或[ɪ]口型了

7. [eə]-/ʊ/
- 7-1. [eə]中[e]音发音略短[ɪ]，导致整体听上去[ɪə]
- 7-2. [eə]中[ə]音发音偏后，像[ʌ]
- 7-3. [eə]中[e]音发音太像[æ]，整体听上去像三元音[eaə]
- 7-4. [eə]中[ə]段偏弱，听上去像拖着的[e]

8. [ʊə]-/ʊ/
- 8-1. [ʊə]中[ʊ]的口型过大，双唇前突过大，像长[uː]或汉语的"乌"
- 8-2. [ʊə]中[ə]音太轻，几乎听不到了
- 8-3. [ʊə]中[ə]的口型过大，像短[ɒ]
- 8-4. [ʊə]中[ə]发成了铺音[ɪ]，整个听上去成了[ʊɪ]

9. 整体问题
- 9-1. 双元音整体发音饱满，滑动不够
- 9-2. 合口双元音[ʊ]音发音饱满，滑动不够
- 9-3. 集中双元音[ʊ]音发音饱满，滑动不够
- 9-4. 英音集中双元音末尾有卷舌遗弊
- 9-5. 美音集中双元音末尾卷舌不到位或未卷舌
- 9-6. 合口双元音时值分配不合理（2/3-1/3→1/2-1/2）
- 9-7. 集中双元音时值分配不合理（1/2-1/2→2/3-1/3）
- 9-8. 双元音过渡平滑平滑，有点间断
- 9-9. 单读音标和放入单词中发音不一致
- 9-10. 美音集中双元音卷舌过小，不自然
- 9-11. 集中双元音读得太跳跃，时值约为单元音
- 9-12. 双元音末尾有鼻音化现象，加了[n]的声音
- 9-13. 单词或音标末尾习惯性地加一个[t]或[d]

（作者通讯信息：汕头大学
文兵：bwen@stu.edu.cn
陈梓桑：zschen17@connect.hku.hk）

英汉语位移运动事件中的移动体对比研究

郑国锋　陈　丽

1. 导言

　　认知语义学认为语言意义是概念结构的体现,意义建构是概念化,其根本问题是研究概念结构与感知经验的外在世界之间的关系。Talmy(1985)将运动事件定义为移动体运动或维持运动的情形,包括四个要素:移动体(figure)、参照物(ground)、移动(motion)和路径(path),其中移动体是相对于参照物在路径上做出移动的物体。运动事件有两类:位移运动事件和非位移运动事件。前者的移动体有明显的空间移动,后者的移动体则保持既有空间位置,不做位置移动。① 自该分析模式被提出以来,移动与路径得到了相对深入而透彻的研究,而对另外两个要素——移动体与参照物,却关注甚少,没有得到深入研究。有鉴于此,本文主要聚焦英汉语位移运动事件中的移动体,以期深化对运动事件的跨语言研究。有关参照物的研究以后将专文讨论。

　　移动体的性属特征对于整个运动事件的表征与理解影响很

---

① 比如:
　　(1) a. The pencil rolled off the table.
　　　　a`. The pencil lay on the table.
　　　　b. 汗从头上一直流到脚后跟。
　　　　b`. 汗珠挂满他的脸庞。
　　(1a)、(1b)中移动体 pencil 和汗珠相较于参照物 table 和头上发生了空间位移;与其不同,移动体 pencil 和汗珠在(1a`)、(1b`)表达式中始终位于参照物之上,其相对位置未有改变。

大。既有研究(Chu 2004,2007,2011;李雪 2008 等)依照"移动主体优先于参照物"的语言表达原则(Talmy 1978,1988,2000a)讨论了语言认知与句法功能的互动,认为移动体与主语存在着高度对应关系。Talmy(2000a)、Langacker(2007)等认为,虚拟位移表达式中的位移主体必须具备"无生命性""无位移性"以及"空间延伸性"等限制性语义特征;钟书能、傅舒雅(2016)认为,英汉虚拟位移主体还应具备连贯性语义特征。既有研究从移动主体的句法功能、具体性属特征两方面深化了对移动体的认识。我们认为,英汉位移移动体研究还应该采用定量研究的方法,对英汉语真实与虚拟位移移动体的各个性属特征进行准确的描写,从而得出更具解释力的跨语言结论。

　　本文依据 Talmy(1996,2000a)所提出的运动事件的前景-背景理论,通过自建英汉双语平行语料库,抽取移动体的生命度、可移性、复合性、移动体与主语/话题的互动等四个性属特征讨论英汉语位移运动事件的移动体。自建英汉双语平行语料库语料来自英汉语各两部总长度比较一致的叙事文作品及其译文: Tender Is the Night(Fitzgerald 1956)及其中译本《夜色温柔》(陈丽 2006),The Portrait of a Lady(James 1991)及其中译本《一位女士的画像》(项星耀 1984),《骆驼祥子》(老舍 1999)及其英译本 Camel Xiangzi(Shi Xiaoqing 1981),《沉重的翅膀》(张洁 2004)及其英译本 Heavy Wings(Goldblatt 1989)。选取该四部作品作为语料来源的主要理由是其中有较多的空间移动,富含本研究的目标构式。以 The Portrait of a Lady 为例,该作品以国际题材著称,主要人物足迹遍及纽约、伦敦、巴黎、罗马、佛罗伦萨等欧美主要城市,非常契合本研究的特点。这些语料均含有两次以上的参照点转换,具有宏事件特征(Bohnemeyer 2007)。认知上为点状的参照物作为位移的起点、经过点或终点,在移动体的空间转移过程中具有"路标"作用,因而是我们识解位移运动过程的最佳标准。以此为标准选取的语料,空间位移显著,特征明确,属典型的位移运动事件构式,与不合格语料的差别容易识别。基于此,我们共搜集到合格的英语语料 201 例、汉语语料 224 例。英语语料中 134 例为英语原文语料,67 例为英语译文语料;汉语语料中 71 例为汉语原文语料,153 例为汉语译文语料。

2. 移动体的生命度

生命度(animacy)是人们对于移动体的基本赋值之一。Comrie(1989 Chap. 9)列出了基本的生命度等级:人类>非人类生物>无生命物,类似的研究还有张伯江、方梅(1996)、钟书能(2008)等人的研究。根据移动体的生命度,我们赋予其"有生"(+)和"无生"(-)两个参数。依据我们自建语料库的检索结果,移动体类别和比例如表 1。

表 1　移动体类别与比例

文本类型		有生(+)		无生(-)	
		数量	百分比	数量	百分比
英语	原文	104	77.6%	30	22.4%
	译文	37	55.2%	30	44.8%
	总计	141	70.1%	60	29.9%
汉语	原文	46	64.8%	25	35.2%
	译文	110	71.9%	43	28.1%
	总计	156	69.6%	68	30.4%

分析表 1 我们发现:首先,英汉语中大部分移动体有生,其中英语占比 70.1%,汉语占比 69.6%,有生移动体在两种语言里的分

布类似。这也基本符合人类的认知规律，会动的一般被认为是有生命活力的，比如飞禽走兽、昆虫游鱼都是靠着生命的活力迁徙辗转。

其次，英汉语中各有30%左右的无生移动体，比如桌子、椅子、河流、山岳等。如下所示。

（2）①a. Mo Zheng slides a rickety **stool** out from under the table with his foot.

　　a'. 莫征用脚勾出放在桌下的**凳子**。

　　b. **Sunlight** filtering through the branches of the tall poplars would slant in through the window and shine the hardwood floor of the assembly hall.

　　b'. **阳光**透过高大的白杨树枝，透过宽敞的玻璃窗，洒在礼堂的地板上。

　　c. A **ball** comes sailing over from the basketball court and hits Zheng Ziyun in the heel.

　　c'. 一个**篮球**从球场上飞了过来，直捣郑子云的脚后跟。

根据自建语料库，这些物体进入运动事件图式成为无生移动体，呈现出三种情况。第一，该图式为致使移动图式，即移动体无移动能力，但在外界的作用下，发生了位移改变。如（2a）中，stool（凳子）属于无生物，不具有移动能力，是在 Mo Zheng 的作用下才移出了参照物 table。其次，该图式为虚拟位移，即"以动态事物为基本参照点的结构来系统而广泛地描述静态场景的语言现象"（Talmy 1996）；换言之，位移并未发生在现实世界中，而是发生在人们的认知世界里。比如（2b）中，移动体 sunlight（阳光）和 stool（凳子）一样，也是无生物，但在此次事件中它穿过了树枝，溜进了窗子，洒在了地面，经历了一番复杂运动。与（2a）不同，sunlight（阳光）的移动人们视觉上感知不到，其运动

---

①　如无特殊说明，本文以下例句来源皆为自建叙事文语料库。

的体验由人们认知上的顺序扫描(Langacker 1987:145)触发。第三类为自移事件(Talmy 1988),即移动体在无外力作用下自身位置发生了移动①,(2c)中无生移动体 ball(篮球)位置虽由球场转移到"郑子云的脚后跟",但似乎并无明显外力作用于其上,其物理位置的改变多因为引力、惯性等自然力量。

　　关于移动体生命度的讨论表明:英汉语中有生与无生移动体分布相似,有生移动体与无生移动体在两种语言里各占70%和30%。其次,对于通常认为不具有移动能力的无生物体,我们的研究表明,在致使移动图式、虚拟位移或自移事件中它们可以进入位移运动事件构式成为无生移动体。

3. 移动体的可移性

　　与物体生命度密切相关的是物体的可移性(movability),即能否移动,一般认为这是移动体的固有特征。Chu(2007,2011)以经验为认知基础,认为世界上的物体依据其可移性的高低构成一个等级序列。在该序列中,居于上部的是那些有意志力、自我约束力及客观上独立的物体;居于下部的是那些不独立、自我约束不强和缺少意志力的物体。一共有6类,依次分别是:1)"人类和动物"2)"交通工具"3)"天然可自移物"4)"无法自移但独立存在的无生物"5)"不独立存在但可以分离的物体"6)"不独立存在且不能分离的物体"。就(2)而言,(2a)的 stool(凳子)、(2c)的 ball(篮球)很明显无法自我移动,是独立存在的个体,没有生命,属于"无法自移但独立存在的无生物";sunlight(阳光)普遍存在,无法分割,虽然我们可以用 shaft(束)、ray(缕)等量词界定,但在人们的普遍认知里,阳光是无法分割或者剪切的,因此属于"不独立存在且不能分离的物体"。其他类别比如 train(火车)属于"交通工具"

---

① 这里所指的外力是指明显的外部力量,比如拍打、推挤等有形致使力量,而不包括诸如地球引力、热力等一般意义上非致使、无形的力量。

类;"天然可自移物"指由于地球引力等自然力量而具有可移性的物体,比如 flood(洪水)、smoke(烟雾)等;"不独立存在但可以分离的物体"是那些除非由于非常强大的外部力量才会移动,一般情况下不会移动的物体,比如 church(教堂)、tree(树)等,在概念化的过程中会被归为不可移物。Chu(2007,2011)认为,在可移性等级序列中位置高的,往往被概念化为"移动体",而低的则被分配为参照物的角色。检索我们的语料,汉语语料中共有移动体 254个,这其中 171 例属于"人类和生物",占比 67.3%;英语语料也展示了相似的情形:216 个移动体中 146 例属于"人类和生物",占比67.6%。这完全符合我们的一般认知规律,即具有意志力的个体最易移动。但是其他数据则与 Chu(2007,2011)的移动序列不一致。在我们的英语和汉语语料中排在第二位的均为"天然可自移物",排在第三位的均是"不独立存在且不能分离的物体",排在第四的均是"无法自移但独立存在的无生物",排在第五的均是"交通工具",排在第六的均是"不独立存在但可以分离的物体"。因此依照我们的计算数据,可充当移动体的物体序列是:"人类和生物">"天然可自移物">"不独立存在且不能分离的物体">"无法自移但独立存在的无生物">"交通工具">"不独立存在但可以分离的物体"(见表 2、表 3)。

表 2　汉语移动体的可移性序列①

移动体类别	沉重的翅膀	骆驼祥子	夜色温柔	一位女士的画像	小计	百分比
1. 人类和生物	30	29	50	62	171	67.3%
3. 天然可自移物	9	3	14	8	34	13.4%

① 表 2、3 中的序号,如"6. 不独立存在且不能分离的物体"为 Chu(2007,2011)的排序,为便于比较,特此保留。

续 表

移动体类别	沉重的翅膀	骆驼祥子	夜色温柔	一位女士的画像	小计	百分比
6. 不独立存在且不能分离的物体	3	6	3	12	24	9.4%
4. 无法自移但独立存在的无生物	9	4	2	0	15	5.9%
2. 交通工具	0	0	7	1	8	3.1%
5. 不独立存在但可以分离的物体	0	1	1	0	2	0.8%
总计	51	43	77	83	254	100%

表 3　英语移动体的可移性序列

移动体类别	Heavy Wings	Camel Xiangzi	Tender Is the Night	The Portrait of a Lady	小计	百分比
1. 人类和生物	13	29	56	48	146	67.6%
3. 天然可自移物	5	6	13	6	30	13.9%
6. 不独立存在且不能分离的物体	2	4	0	12	18	8.3%
4. 无法自移但独立存在的无生物	9	3	1	0	13	6.0%
2. 交通工具	0	0	5	0	5	2.3%
5. 不独立存在但可以分离的物体	3	1	0	0	4	1.9%
总计	32	43	75	66	216	100%

不难看出,除去居首的"人类和动物",两个序列差异很大,几乎余下的每个位置都发生了变化,而且英汉语相同。

以"交通工具"为例,Chu 认为该类物体会优先于其他物体被分配到移动体的位置上,并以例(3)说明:

(3) a. 我追上了汽车。

a'. 汽车追上了我。

b. 汽车追上了摩托车。(Chu 2007)

(3a)中"我"位于前景位置,是移动体;"汽车"位于背衬位置,因为在移动序列上"我"高于"汽车"。(3a')颠倒了二者的位置,"汽车"成为移动体,"我"成为背衬,结果是该表达式成为受限制的合格表达式。只有当比如"我"是逃犯、窃贼等,而"汽车"为警用车时,才能成为合格的表达式。(3b)在"前景"与"背衬"位置上安排了两个在移动序列上相同的物体:"汽车""摩托车",从而使该表达式不再受限。这个例子也表明,移动性并非成为移动体的决定性因素,这和我们第一部分通过语料库研究所发现的有生移动体占主导、无生移动体其次的结论一致。

那么在我们的语料中为什么"交通工具"作为移动体的比例远低于"天然可自移物""不独立存在且不能分离的物体"等一般意义上可移性(movability)更低的物体呢?我们认为两个因素值得考虑。首先,也是最重要的,作为交通工具的汽车、火车、马车等在人们的心理空间(Fauconnier 1985, 1997;Croft & Cruse 2004;王文斌 2004 等)中的凸显属性是工具性,而非移动性,因此在人们的认知中交通工具作为重要的生活资料,首先是工具,而不是会移动的物体。我们以交通工具范畴的典型成员"汽车"作为检索项,随机选取北京大学中国语言学研究中心(CCL)现代汉语语料 500例,查询模式为普通查询。查询结果表明,仅有 16 例将"汽车"表征为移动体,仅占约 3%。在绝大多数用例中"汽车"表征作代步工具,或者限定成分。比如:

(4) a. 当你坐在连续多次转弯的[汽车]上,从身体上的动觉
　　　与平衡觉得到的信息,你的身体正随车身而运动……
　　　(Young, 1984)

　b. 20世纪初,电子技术、化学合成燃料、内燃机和[汽车]
　　　制造技术投入到生产中。进入20世纪中叶,微电子
　　　和计算机技术、生……(Young, 1984)

"汽车"在(4a)中是乘用工具,提供了移动体活动的背衬,在(4b)中与"制造"一起组构为"技术"的背衬,句法上形成限定成分。

同时,我们以car作为检索项,随机从BYU-BNC(Brigham Young University-British National Corpus)中选取500条英语例句。查询结果与汉语大体类似,仅有99例将car表征为移动体,约有20%;在80%以上的用例中car是作为代步工具、限定成分或参照物出现的,比如移动的起点、终点,或是移动的范围,因此检索出很多诸如in a car, out of a car, car park, car door一类的构式。当然,不可忽视的是由于汽车在西方国家的普及程度、必要性上远高于中国,西方国家已经成为"车轮上的国家",car作为移动体在语言构式中出现的几率增多。相信随着汽车日益在中国普及,这种趋势也会在汉语构式中得到越来越多的体现。

第二个不可忽视的因素是交通工具本身是无生的,如上所述,这不符合人们对移动体的一般认知。古代的交通工具由牲畜驱动,到了近代改由内燃机驱动,但它们的运动都是在人类主导下进行的,这自然导致语言使用者在生成语言构式时优先将有生物体配置在移动体或动作支配者的位置,而无生的交通工具成为旁语,以工具、地点、范围等方式出现在位移构式中。

可移性分析表明,可移性是成为移动体的重要条件,但并非必要条件,其移动能力的高低,并不能成为判断其句法实现的唯一因素。Chu(2007,2011)等认为物体在可移性序列上的位置越高,其充当移动体的可能性也越大。本文的研究表明这一结论值得商榷。

4. 移动体的组合性

除了关注移动体的两个认知属性,我们也关注到移动体的一个物理属性:移动体的组合性。日常阅读和学习中,我们注意到一个位移构式中的移动体并不总是只有一个。我们的自建语料库统计表明,英语和汉语中各有94.5%和94.2%的位移构式中只包含一个移动体;也各有约5%的位移构式中包含不止一个移动体,构成复合移动体。比如:

> (5) a. 但**她**和**我**的一个朋友在复活节从纽约前往芝加哥时陷入了困境。
>
> b. 像**接吻**和**拥抱**这类缠绵的接触,会通过皮肉直接传导到她的意识的表层。
>
> c. **客人**和新订购的**餐具**几乎同时到了。

我们检索复合移动体构式发现:复合移动体可分为"关系平行"型(4例)和"致使"型(18例)两类,"致使"型占绝对多数。"关系平行"型复合移动体组成成分一般同质、同类或充当相同的论旨角色(袁毓林2002),顺序上不分先后,重要性上没有差别。以(5)为例,(5a)中的两个移动体均为有生,(5b)中的两个均为无生,都出现在了复合移动体的位置。"她"和"我"、"接吻"和"拥抱"同质同类,没有致使关系,属于伴随或共同移动;(5c)中的"客人"和"餐具"虽不同质、同类,但充当相同的论旨角色——主题。

"致使"型复合移动体的组成部分间存在致使行为,即一部分移动体(A)的移动导致了另一部分移动体(B)的位置改变。根据我们设定的移动体有生(+)、无生(−)参数,"致使"型复合移动体可有如下四个亚类:

> (i) A(+)→B(+):有生致使组合(13例)
>
> (ii) A(+)→B(−):有生与无生致使组合(3例)
>
> (iii) A(−)→B(+):无生与有生致使组合(2例)

(iv) A(-)→B(-)：无生致使组合(0 例)

在统计到的组合移动体中,最多的是(ⅰ)有生致使组合,英语7 例,汉语 6 例,展示了移动体与致使事件的基本特征：有生,一部分移动体的移动导致了另一部分移动体的位置改变。比如：

(6) a. The first time she brought him home from the precinct station.

　　b. 叶知秋第一次把他从派出所领回。

"she"和"him"、"叶知秋"和"他"均参与了派出所到家之间的位置移动,作为移动体都是有生的。在"she"和"him"、"叶知秋"和"他"之间还存在着"致使"的关系,即"she"和"叶知秋"分别导致或诱发了"him"和"他"的位置变化。

其他组合示例如下：

(7) a. (祥子)从门洞中把铺盖搬进来……

　　a′. He brought in his bedding from the doorway. (A(+)→B(-))

　　b. 一辆顶篷可折叠的旅游**汽车**把一对**母女**从火车站送到了高斯酒店。

　　c. Two or three sweeps of the broom took him from one end to the other …(A(-)→B(+))

在我们的语料库内没有检索到(iv)无生致使组合的用例。但检索"国家语委现代汉语平衡语料库"和 The Corpus of Contemporary American English（COCA）,我们很容易得到类似(7d、7e)的英语和汉语用例：

　　d. The first *trains* served mainly to carry goods between towns that canals did not reach …

　　e. 几挂马车拉来了八印大铁锅,拉来了小米,拉来了篷布。

移动体的组合性是其内部关系的外化,是语言使用者概念化的体现,是各种移动主体互动的结果。本部分讨论表明:首先,复合移动体总量不大,而且往往出现在致使移动构式中(如 6a、6b、7a、7a`、7b、7c、7d、7e),移动体之间的关系为施事—受事关系。其次,充当施事的移动体可以是有生(如 6a、6b、6a、6a`),也可以是无生(如 7c、7d、7e),并以有生移动体居多。

5. 移动体与主语/话题

　　移动体的各个性属特征是其句法功能实现的基础。如前所述,认知语言学认为,一个运动事件是若干概念成分参与的复合体,包括移动体、参照物、移动和路径等。移动体是移动的实施者、路径的经过者、参照物的攸关方。Talmy(2000b)认为移动体是注意的中心,因此反映在句法结构上移动体的句法角色等级更高,往往被配置在主语/话题位置上。根据我们的语料计算,在英汉语位移构式中分别有88%和82%的主语/话题由移动体充当(如(6)中的"she"和"叶知秋"),非移动体主语/话题仅有15%(如(7c)中的"Two or three sweeps")。据此我们认为,英语和汉语移动体主语/话题与非移动体主语/话题分布具有类似的规律(表4)。

表 4　移动体与主语/话题

语类	主语/话题类别	数量	百分比
汉语	非移动体主语/话题	28	13%
	移动体主语/话题	196	88%
英语	非移动体主语/话题	37	18%
	移动体主语/话题	165	82%

　　这说明在实际语言运用中,英汉语使用者比较一致地将移动

体概念化为事件的前景(figure),在人们的认知中享有明显的凸显(windowing)。既有研究(李雪 2011;范立珂 2013;Chu 2004 等)也佐证了这一发现。我们下面的讨论重点放在英汉语中移动体不作主语/话题的情况。

在我们收集的语料中,非移动体主语/话题句共有 23 例,其中英语 9 例,汉语 14 例。这些用例中,14 例为虚拟运动事件表达式,9 例为真实运动事件表达式。就语类而言,虚拟运动构式中汉语有 11 例,英语有 3 例;真实运动构式中,汉语 3 例,英语 6 例,显现出汉语非移动体主语/话题句中虚拟运动占据明显优势,英语非移动体主语/话题句中真实运动占据优势(表 5)。

表 5　非移动体主语/话题句

	英语	汉语	百分比
虚拟运动事件表达式	3	11	60.9%
真实运动事件表达式	6	3	39.1%
总计	9	14	100%

这其中相当一部分与思想、眼神、健康、颜色等的变化有关,共11 例,约占 47.8%,其中英语 4 例,汉语 7 例。这些构式中,移动体不作主语/话题,主语/话题是思想、眼神、健康、颜色等的宿主。它们一个重要的共同点在于真正的移动体往往是主语/话题的一部分或者特征,或被融合进方式动词,因此我们称其为移动体融合构式(figure-conflating construction)。比如:

(8) a. He glanced from the money to Xiangzi.

　　b. 她们……从病中走到死亡。

句法结构上,"he"与"她们"是这里的主语/话题,但在我们的心理空间中,明显感觉到了物体的移动,只不过这类移动不涉及物理学意义上的位置改变,因为移动的不是"he"或者"她们"这些有形实物,而是"he"的"视线"(8a)和"她们"的"健康"(8b)一类的概念或者抽象事物。(8a)是一个典型的视线路径构式(line of sight)(Talmy 2000a;郑国锋等2017),方式动词glance融合了移动体,介词"from"和"to"界定了该事件的起点(money)与终点(Xiangzi),构成了完整的视线运动的路径。Talmy(2000a)指出,受限于他的研究主要讨论时空中有形物体的表达,(8b)一类的构式不属于其虚拟运动事件的讨论范畴,原因是此类构式"不是空间隐喻"(non-spatial metaphor);但同时他也认为,所有语言隐喻一般都具有虚拟性①。Matsumoto(1996)认为运动事件有两个核心特征:方向性(directionality)和时间性(temporality)。方向性意味着一个运动事件里含有地点的改变,有从原点到终点的移动;时间性意味着运动事件包含着过程。(8b)完全符合这两个特征:"病中"和"死亡"是事件的原点与终点,而且它可以和时间状语搭配,移动体为主语——她们的"健康",比如:

    (8b′)她们十几年来从病中走到死亡。

    这说明了这一变化持续的过程历时很长,"走"得很辛苦;同时也证明了这是一个合格的运动事件表达式。

    以上讨论表明,英汉语位移运动事件构式中主语/话题主要由移动体充当。移动体不作主语/话题的情况下,汉语非移动体主语/话题句中虚拟运动占据明显优势,英语非移动体主语/话题句中真实运动占据优势。移动体融合构式是英汉语使用者表达自己在客观世界里的运动体验的重要手段,真正的移动体往往是主语/话题的一部分或者特征,或被融合进方式动词。

---

① 原文为:Linguistic metaphor as a whole fits as a category within the framework of general fictivity(Talmy 2000a)。

6. 结论

　　本文运用 Talmy 的认知语义学理论,并基于自建的含有两个及两个以上参照物的英汉语位移运动事件构式语料库,定量分析了英汉语运动事件移动体的生命度、移动性、组合性以及移动体与话题/主语的互动。我们发现:总体而言,英汉语位移事件移动体的相似多于相异。其中,接近 70%英汉语移动体为有生,30%左右的移动体为无生。无生移动体主要进入致使移动图式、虚拟位移图式和自移图式。可移性是成为移动体的重要条件,但不是必要条件。94%以上的移动体为单独移动体,复合移动体可以分为关系平行型和致使移动体。在英汉语中 85%的主语/话题由移动体充当,非移动体主语/话题仅有 15%。汉语里,非移动体主语/话题主要出现在虚拟运动构式中;英语里,非移动体主语/话题主要出现在真实运动构式中。我们发现英汉语使用者利用移动体融合构式表达自己在客观世界里的运动体验,这其中真正的移动体往往只是主语/话题的一部分或者特征,或被融合进方式动词。

参考文献

[1] Bohnemeyer, J., N. J. Enfield, J. Essegbey, I. Ibarretxe-Antuñano, S. Kita, F. Lüpke, and F. K. Ameka. Principles of event segmentation in language: The case of motion events[J]. *Language*, 2007, (3): 495 – 532.

[2] Chu, C. Event Conceptualization and Grammatical Realization [D]. PhD Dissertation, University of Hawaii, 2004.

[3] Chu, C. Movability effect and the assignment of figure and ground of motion (A), In J. Xing (ed.). *Proceedings of the Eighteenth North American Conference on Chinese Linguistics* (NACCL – 18)[C]. Los Angeles: University of Southern California, 2007: 121 – 133.

[4] Chu, C. Movability effect and the assignment of figure and ground of motion[J]. *Journal of the Chinese Language Teachers Association*, 2011,

（2）：49-69.

[5] Comrie, B. *Language Universals and Linguistic Typology: Syntax and Morphology*[M]. Chicago：The University of Chicago Press, 1989.

[6] Croft, W. & A. Cruse. *Cognitive Linguistics*[M]. Cambridge：Cambridge University Press, 2004.

[7] Fauconnier, G. *Mental Spaces*[M]. Mass.：The MIT Press, 1985.

[8] Fauconnier, G. *Mappings in Thought and Language*[M]. Cambridge：Cambridge University Press, 1997.

[9] Fitzgerald, F. S. *Tender Is the Night*[M]. New York：Charles Scribners Sons, 1956.

[10] Goldblatt, H. *Heavy Wings*[M]. New York：Grove Weidenfeld, 1989.

[11] James, H. *The Portrait of a Lady*[M]. Oxford：Oxford University Press, 1991.

[12] Langacker, R. W. *Foundations of Cognitive Grammar (vol. 1): Theoretical Prerequisites*[M]. Stanford：Stanford University Press, 1987.

[13] Matsumoto, Y. Subjective motion and English and Japanese verbs[J]. *Cognitive Linguistics*, 1996, (2)：183-226.

[14] Shi X. *Camel Xiangzi*[M]. Beijing：Foreign Languages Press, 1981.

[15] Talmy, L. Figure and ground in complex sentences [A]. In J. H. Greenberg (ed.), *Universals of Human Language*, vol. 4: Syntax[C]. Stanford：Stanford University Press, 1978：625-649.

[16] Talmy, L. Lexicalization patterns：Semantic structure in lexical forms [A]. In T. Shopen (ed.), *Language Typology and Syntactic Description (vol. 2): Grammatical Categories and the Lexicon* [C]. Cambridge：Cambridge University Press, 1985：57-149.

[17] Talmy, L. Force Dynamics in Language and Cognition[J]. *Cognitive Science* 12：1988, (1)：49-100.

[18] Talmy, L. Fictive Motion in Language and "ception"[A]. In P. Bloom, M. Peterson, L. Nadel & M. Garrett (eds.), *Language and Space*[C]. Cambridge, MA：MIT Press, 1996：307-384.

[19] Talmy, L. *Toward a Cognitive Semantics (Vol. I): Concept Structuring Systems*[M]. Cambridge, MA：MIT Press, 2000a.

[20] Talmy, L. *Toward a Cognitive Semantics (Vol. II): Typology and Process in Concept Structuring*[M]. Cambridge, MA：MIT Press, 2000b.

［21］陈丽.夜色温柔［M］.武汉：长江文艺出版社/湖北人民出版社,2006.

［22］范立珂.位移事件的表达方式研究［D］.上海外国语大学,2013.

［23］老舍.骆驼祥子［M］.北京：人民文学出版社,1999.

［24］李雪.英汉移动动词的词汇化模式差异及其对翻译的影响［J］.外语学刊,2008,(6)：109-112.

［25］王力.20世纪现代汉语语法八大家：王力选集［M］.长春：东北师范大学出版社,2002.

［26］王文斌.概念合成理论研究与应用的回顾与思考［J］.外语研究,2004,(1)：329-339.

［27］项星耀.一位女士的画像［M］.北京：人民文学出版社,1984.

［28］袁毓林.论元角色的层级关系和语义特征［J］.世界汉语教学,2002,(3)：10-22.

［29］张伯江,方梅.汉语功能语法研究［M］.南昌：江西教育出版社,1996.

［30］张洁.沉重的翅膀［M］.北京：人民文学出版社,2004.

［31］郑国锋,陈璐,陈妍,林妮妮,沈乐怡.汉语发射路径现象探析［J］.华东理工大学学报(社会科学版),2004,(3)：110-116.

［32］钟书能.生命度——构建语言意义的核心因素［J］.北京第二外国语学院学报,2008,(4)：24-31.

［33］钟书能,傅舒雅.英汉虚拟位移主体认知对比研究［J］.外语学刊,2016,(2)：32-36.

（本文部分内容已在《西安外国语大学学报》2018年第3期发表）

（作者通讯信息：华东理工大学

郑国锋：zgfcl@sina.com）

中西文化比较研究

Contrastive Cultural Studies

英汉时空概念化方式差异：时空分立与时空同态

刘正光　　徐皓琪

1. 引言

空间和时间是万事万物存在的基础。事物在空间中体现其形状和特质，事件在时间中发生、进行和持续。在欧美的分析哲学传统下，空间和时间被看作二元对立的两个世界，主流观点是人们往往以空间的经验来认识时间。本文试图证明一个新的假设：汉语里的时空关系并不像欧美语言那样是分立的，而是同态的或者是融合在一起的。

2. 英语：时空分立

Langacker(1987：183；2013：98)指出，名词表示空间存在(THING)，动词表达事件或时间的过程或关系(PROCESS OR RELATION)。这一对表达时空关系的语言范畴在进入语言使用时，入场(时空定位)(grounding)方式截然对立。

2.1　名词和动词入场方式迥异

英语里，名词和动词进入使用时，都必须首先入场或定位，否则不符合语法和语言使用的原则和要求，这反映出英语的本质特征是实现过程(沈家煊 2016)。"入场"方式的差异是区分名词性成分与限定小句的概念组织方式的重要手段(Langacker 2008：272)。

英语里名词性成分入场有显性、隐性、间接三种方式：

［1］ a. *The* new head just arrived.

　　　 b. *Some* people don't like *his* idea of taking the trouble to make food by themselves.

作为入场成分，［1a］中的 the 让 head 获得有定解读。［1b］中的非定量限定词some 和物主代词his 分别表示所指对象的无定状态和有定状态。［1b］中的 his idea 是典型的间接入场方式。Idea 是随着表示定指的领属构式的入场而入场的。例［1］体现的是显性入场方式；例［2］则是隐性入场方式：

［2］ a. The man was drinking *beer* when the car passed by.

　　　 b. *I* like beer. 　　c. *California* is a big state.

［2a］的 beer 显示，物质名词往往以零形式入场。［2b］-［2c］中的人称代词和专有名词本来就表示现实世界中的特定存在，其内在语义本身就能为概念化主体建立起认知关联，是一种内在性的入场。

显性入场是英语常见的入场方式，冠词、代词、指示语、量化语等是常见的入场标记。概而言之，表示空间存在的名词性成分入场主要通过表达空间属性意义的"指示"和"量化"两个语义策略。因为名词性成分本身表示恒定性"存在"，入场标记主要体现在识别其存在的方式。"指示"和"量化"是帮助人们识别一个物体区别于另一个物体而存在的最好参数。

动词作谓语时体现小句入场。小句表达概念化主体对世界现实的概念化过程。这个现实包括事件和稳定的情形（Langacker 2008：297 - 299）。英语里，三种成分可以充当动词的入场手段：时态、体态和情态，其中时态是必备成分。

［3］ She *was* enrolled by Qinghua University, while Xiao Wu (*was*) enrolled by Peking University.

英语句子里，谓语动词实际上承担两项功能：一是报告事件的发生或状态的出现；二是通过形态变化体现时间关系，进行时间定位,实现入场。be 被称为"系动词",其根本作用在于将小句"入场"。按照 Langacker(1987,2008,2013)的观点,句子里动词必须"入场"成为限定形式,否则在认知上就无法确定其表达的意义。例[3]里的 be 除了作为助动词构成被动语态外,还承担表达过去时间的作用,当然还有"人称"与"数"的关系。

2.2　谓语动词的强时间性

活动都是在空间和时间中存在或发生的。活动或事件的发展进程体现着时间的维度。但不同语言体现时间过程的方式和程度各不相同。

[4] She *has been* reading the book for quite some time.

句中有两个助动词时只有第一个助动词具有例[3]所示的两个功能,第二个助动词只充当构式的构成要素:has 的功能是构成完成体,表达现在时间;been 的功能是进行体的构成要素。

2.3　特征句的泛时化

类指句、中动句、宾语隐形句只能用一般现在时。这种限制产生于这类句子所表达的概念范畴,如:

[5] a. Pandas eat bamboo.

b. The book sells well.

c. Smoking kills.

例[5]中的动词虽然都是行为动词,但在这些句子中都不是报告事件的发生,而是说明主语的"特征"或"习性"。"特征""习性"一般都是稳定甚至是恒定的状态。一般现在时在英语里的最典型用法之一就是表达永久性的状态或特征。因此,形式与概念是高度吻合一致的。从认知的角度看,一般现在时表达的时间在时间轴上是没有具体定位的,实际上是一个任意时间,这就是所谓的泛时化(panchronization)。泛时化表达同在时间,与特征和习性具有概念上的相容性。但从句法形式上看,表达了时间关系。

2.4 动词非限定形式的无时化

非谓语动词又称动词的非限定形式,不能充当谓语的根本原因在于它们在句中没有入场或时间上没有定位。"非限定形式"反映其认知状态,"非谓语动词"体现其语法功能特征。然而,未入场的动词虽不能做谓语,但仍具有动词的许多分布特征,如带论元、有体的变化等等;同时又获得了名词、形容词和副词的功能,可以转喻性地表达空间意义,达到了动态平衡,但在形态上与谓语动词相比就失去了时间定位这一关键性要求了。如:

[6] *Reading a good book* is like *having a great conversation* with a great man.

[7] *Having finished his book*, he went abroad for a holiday.

[8] He was very disappointed in *not being invited* to the party.

[9] *To comply with* the regulations of the company is what you should do.

例[6]是一般体,例[7]是完成体,例[8]是动名词的被动形式。就功能而言,例[6]中的动名词分别做主语和宾语;例[7]中的-ing 分词做状语;例[8]中的-ing 分词做介词宾语;例[9]中的不定式做主语。主、宾语都具有空间意义。例[6]-[7]还表明它们能带自己原有的论元。动词非限定形式无时化不能充当谓语正好从另一个角度证明了英语谓语动词的强时间性。

3. 汉语:时空同态

3.1 文化渊源

根据维基百科(http://www.wikipedia.org),英语里宇宙最初指空间世界;现代物理学中,指时空概念(spacetime)。在现代汉语里,"宇宙"是一个空间概念,是"天地万物的总称"(《辞海》)。但在中国先民时代，"宇"和"宙"是两个不同的字，如高诱（2014：5）注：宇，屋檐也；宙，栋梁也；"四方上下曰宇，古往今来曰宙"。宇宙是一个空间上无限、时间上永恒、空间和时间同时存在的概念。

古代先民以人居建筑的屋檐和屋梁来表示空间和时间，可从"宇宙"二字中都有一个"宀"代表民居建筑得到解释。一所房子如果没有"栋梁"是不安全的，故"宙"在房屋的构造中最重要，也最受重视。至今农村自建房屋的时候，"上梁"还要举行隆重的仪式。高亨（2010：205-206）《周易古经今注》："屋栋在上，下有坚强不屈梁柱支持之，屋始不倾，乃为吉"。"宙"关系到房屋的安危，是房子在时间的流逝中保持完好状态的物质基础，同时也是先民子子孙孙安好生活的保障。因此，"宙"的存在意味着古往今来，即时间的存在（刘志基 1996）。

3.2 汉语造字中的时空同态

汉字的形体笔画遵循的是语言线性时间编码原则（笔顺规则、部件组合规则），但它仍带有非线性的图像（空间）编码属性（孟华 2014：17）。在空间图像编码中，一个重要的原则是画面形象要素的空间布局是对现实的临摹。当部件布局是对现实的临摹时，它也受非线性空间法则支配。如"日"在下列汉字中所居位置不同，意味着意义不同。可见这些字的形体结构具有线性时间编码和非线性空间编码双重属性。当"日"在左边或上边时，一般表示早晨或较早的时间；当"日"在下边或右边时，一般表示较晚的时间，如下午、黄昏等，再进一步可喻指"黑暗"或"光照不到的地方"，如"旮旯"。这就是典型的时空同态的反映（以下文字释义主要引自《说文解字》电子版：www.guoxuedashi.com）：

晨：会意。从臼，从辰，辰时也。辰亦声。本义：星名，即房星。清晨。

杲：明也。从日在木上。日出明亮："其雨其雨，～～出日。"明亮；光明："如海之深，如日之～。"高远："是故民气～乎如登于天，杳乎如入于渊。"

旦：旦字上面一个日字，表示太阳；日下面的一横表示地平线。所以旦的本意为太阳从地平线上升起，指早晨太阳刚刚升起的时候。

早：会意。小篆字形，上面是"日"，下面是"甲"。"甲"的最早写法像"十"，指皮开裂，或东西破裂。"早"即天将破晓、太阳冲破黑暗而裂开涌出之意。

曦：多指早晨的阳光。曦中的"禾"和"戈"的横是连在一起的。

晞：有两个基本字义：1）破晓：东方未晞；2）干，干燥：晨露未晞。

晗：出自《集韵》，该字的部首为日字旁，基本字义为天初明。雪后初晴的早晨，寓意天将明；迎接美好的清晨，给予希望。

普：从日从并。日无色也。近远皆同。普：日无色也。

旭：从日，从九，亦声。"九"指1—9共九个自然数的最后一个，引申为"最后"。"日"与"九"联合起来表示"太阳上一旅程的最终时刻"。

旧：经过长时间使用或放置的；依前；从前的。

昏：解释为昏暗的样子、头脑昏沉、精神倦怠，出处为《说文》：昏，日冥也。暮：古字作"莫"，像太阳落到草丛中，表示天将晚。

3.3　汉语名词和动词无须入场，直接入句

汉语和英语的根本差别可概括为"构成"过程和"实现"过程（沈家煊2016）。这个论断的意思是，汉语里的名词和动词可以直接入句充当句子成分，而英语则必须先入场，如：

> [10] 老师买了书。

例[10]里的"老师"在谓语动词前，作有定解读；"书"在谓语动词后，作无定解读。然而，无论是有定解读的"老师"还是无定解读的"书"都没有入场标记引导入场，直接入句了。

　　正因为时间关系在谓语中并不是必要成分,动词的有无不是成句的绝对条件,这就为汉语作为话题型语言奠定了基础。汉语里表达主语的特征[11a]和身份[11b]可不需要判断词"是"。即使表对比的[11c],动词也可省去。

> [11] a. 新来的领导(是)女的,年轻漂亮。
>
> 　　 b. 他就(是)一老师,你们不要为难他了。
>
> 　　 c. 她(上)清华,小吴(上)北大。

3.4　谓语动词的弱时间性

3.4.1　名词谓语句

　　如前所述,名词表达概念中存在的"物",具有空间的属性,主要充当主语、宾语。动词的主要作用之一是表达命题的时间关系,充当谓语。但汉语里名词谓语句是一种常见的表达方式,如[12a]中的"都……了"强调实体变化的过程,以空间性实体来转喻性地表达"过程"意义。[12b]中的"四十里地"蕴含着走完这段路程所需的时间。[12c]中的"星期五"具有序列意义,同样蕴含时间的进程。[12d]中"好脾气"含有相对的等级和变化意义。

> [12] a. 你女儿都大姑娘了。
>
> 　　 b. 这里距市区四十里地。
>
> 　　 c. 今天星期五了,还没有一点消息。
>
> 　　 d. 老王好脾气。
>
> [13] a. 我长沙人,他成都人。
>
> 　　 b. 那张桌子三条腿。

　　[13]其实也可做顺序义的理解:地理名词表面上无法有顺序义或程度义。但每一个地理名词都有一个地理位置,在地球上有不同经度和纬度,构成一个序列或集合,在该序列中具有顺序义。"桌子"腿的数量可以构成一个序列的集合,如三条腿、四条腿、六

条腿、八条腿等构成的桌子。名词空间意义里的"等级、序列、程度"等意义能够方便地蕴含时间过程意义,实际上就是时空同态的典型表达方式之一。[12d]和[13]虽然时间进程的意义不明显,但所表达的特征与身份意义实际上也蕴含着泛时的"现在"。

有时候,名词谓语句中名词并不表示"等级、序列、程度"等意义,然而使用也相当多,以前学界并没有提供多少解释,主要有两种情况,如:

> [14] a. 窗前一盆君子兰。　　　　b. 小李,老王的老婆。

例[14a]、[14b]表面上看没什么抽象的语义规律,事实上都表示"领有关系"。[14a]是动词性领有关系,即"有"的意思,是人类语言中具有类型学意义的领有关系;[14b]表示亲属"领有关系"。"领有关系"的本质是事件图式(Heine 1997),其本身就含有一定的时间性。名词谓语句表面上只有表达空间关系的名词,由于它们构成事件图式性领有关系,从而具有了弱时间性。

3.4.2　无动词句

无动词句表面上与名词谓语句相似,其实在结构和语义上差别较大,如:

> [15] a. 一人之下,百人之上。(并列关系)
>
> 　　b. 一手粮,一手钱。(假设或条件关系)
>
> 　　c. 一样的出身,一个天上,一个地下。(整体话题切换到局部话题)
>
> 　　d. 两个人你一言我一语。(同上)
>
> 　　e. 您就她这么一个亲人。(关系式领有关系)
>
> 　　f. 我们一家八口人。(存在式领有关系)
>
> 　　g. 他这个人,人面兽心。(话题与述语)

例[15]中的各句,语义关系和结构都更复杂,如括号中的说明所示。这类句子不可能补出一个省略了的动词,即根本不可能用动词省略说来解释,因为动词的分布特征基本上不能补进来,如插入时体助词,大多不能前面加修饰语。各句通过语境获得了时间义。[15a]强调地位变化的过程。[15b]暗示着事件发生的先后次序。[15c]暗示起点一样,但终点(结果)却不一样,也表达了变化的过程。[15d]因话轮的交替进行而具有时间进程意义。[15e]为"存在式领有关系",即"动词性领有关系",时间性和空间性都弱,但并存。[15f]虽然语义上表达的是关系式领有,但在构成上也是动词性领有关系,与[15e]相同。[15g]中的"人面兽心"既指"他"的特征,也指"他"的本性变化的结果,也具有过程义。

一个自然的问题是,为什么汉语中无动词句这么普遍?仔细考察会发现,无论无动词句表达何种语义关系,都可以概括为一个更抽象的意义,即"出现的状态"。状态既具有空间的样态性,也具有时间的延续性。

Langacker(1987:220)指出,状态可以定义为一种朴素的无时间进程的关系。虽然状态本身没有时间意义,但是状态出现之前必定经历一个事件或行为的过程,这是转喻思维的结果。汉语里表达特征(状态)的方式特别丰富,正好符合汉语的一个基本特性,即汉语是一种主观化程度很高的语言。一个句子表达的命题时间性和空间性越强,其客观性就越高。时间性和空间性的弱化有利于说话人从现实(realis)话语世界转向非现实(irrealis)话语世界,这就是思维和语言的虚拟性(virtuality)。虚拟性能够有利于说话人更好地表达对世界的看法与认识(刘正光2016)。

3.4.3　名词谓语句、无动词句的时间"推移性"

名词谓语句、无动词句表达的时间意义都是外在时间意义,即名词短语或名词性成分本身并不一定具有时间意义。其时间意义都是在语言使用中或在更大的认知域中获得的,如衔位的名词可以从两个维度来理解其时间意义,如[16]是通过两者各自的变化过程形成一个比较性的发展过程,而体现时间意义。

[16] 我们俩同学，我才处长，他却司长了。

绝对处所词表面上看是空间意义非常强的词，如北京、石家庄、郑州、武汉、长沙、广州。但由于人类活动或空间运动的缘故，从其中的任一城市到另一城市，便自然地将这些城市的位置进行了排序，它们的空间位置共同构成了一个抽象的位置图式，人们在这样的空间位移中，赋予了它们时间意义，如：

[17] 长沙一过，就快终点站广州了。

衔位名词和绝对处所词的顺序义可以看成是其内在的语义要素，是一种范畴性的语法意义，因而比较容易充当谓语，体现出说话人所赋予的时间意义。但有些情况下，即使名词没有顺序义（包括程度义），也可在语境中获得：

[18] a. 快过来，一个部队的老战友了，还用介绍么！

b. 你都专家了，这么简单的问题还解释不了吗？（刘顺
2003：76 - 77）

"战友""专家"的语义要素里并不含有顺序义，但在语境的作用下，获得了一定的顺序义，即"老战友"是经历了一定时间，彼此比较熟悉、了解的并肩作战的同伴，其中的"老"与句尾的"了"充当了顺序义产生的语境；"专家"指在学术、技艺等方面有专门技能或专业知识全面的人；"都"和"了"意味着以前不是，现在是了，暗含着一个变化的过程。邢福义（2001：261）指出，这样的名词短语具有"推移性"，它所表示的概念是由相对的概念推移而来的，原来并非如此。这也说明名词短语含有时间过程意义。

3.4.4　时体标记的时空意义

陆俭明（2005）指出，"山上架着炮"可以有两种解读，一种表示存在，如[19b]句，存在具有空间性；一种表示事件，如（19c）句，事件具有时间性。

［19］a. 山上架着炮　　b. 炮架在山上。　　c. 山上正在架设炮。

"着"作为一个表示"动作持续"的标记,与英语中的 be+-ing 有很大的不同。"着"既可表示静止的状态或存在,也可表示进行中的动作,汉语里"着"的"存在"意义和"事件"意义系统地并存着。然而,其表达形式没有区别,都是"处所名词短语+动词+着+名词短语"。这典型地说明,即使抽象的语法概念标记如"着"也能够同时表达"空间"(存在)和"时间"(事件)意义。而英语里的进行体只能表示时间意义。

3.5　名动包含

名词表示空间中的存在物,其种种形态变化表现的语法意义一般与空间位置有关;动词表达活动或事件的时间进程,其各种变化表现的语法意义一般与时间特征相关(陈平 1988)。

英语里,名动界限分明,彼此对立。名词和动词作为语法范畴是语法分析基本的元概念术语。名词是指称语,动词是述谓语,说的是它们作为语用范畴的特征(沈家煊 2016：83-85)。但汉语中名词和动词既是语法范畴,也是语用范畴。语用范畴包含语法范畴。在这个包含格局里,名词就是指称语,动词就是述谓语,但指称语不都是名词,述谓语也不都是动词(同上：1)。这一观察揭示了汉英两种语言的本质差别。但这样的论述逻辑上并不能自然得出名词包含动词的结论。在本文看来,沈家煊论述的汉语"名动包含"现象,实际上是时空范畴的互含。这种现象的出现应从思维的层面找据。我们认为,这个理据就是时空同态。

下面我们先看沈家煊提供的名动包含的证据：功能转换、形态分布、零句的指称性与述谓性。

3.5.1　功能转换无须形态变化

英语里,名词的典型功能是作主语和宾语,其次是定语和补语；动词只充当谓语。试比较：

[20] a. 他写小说。

b. 他喜欢写小说。

c. 写小说是他最喜欢的一件事情。

d. 他打算明年写（本）小说。

[21] a. He writes novels.

b. He likes writing novels.

c. Writing novels is one of the things he likes most.

d. He intends to write a novel next year.

[20]里"写小说"先后充当谓语、宾语和主语，没有任何形式上的变化。汉语里体现名词短语空间性意义的重要标志之一是数量词出现在名词短语前，组成"数+量+名"的构式。"小说"前都没有使用数量短语表明"小说"的弱空间性，与动词"写"结合成一个整体表示一个事件。相反，英语动词短语 write novels 在[21a]中作谓语，必须用限定形式，用一般现在时，表明"写小说"是他的职业性工作；在[21b]、[21c]中分别作宾语和主语，由动词功能转换成名词功能，形态上变化为动词的-ing形式。有趣的是，汉语里无论是职业性的还是未来的行为，都可只用"写小说"来表达。但英语里，习惯性行为用动名词，未来的行为用不定式，如[21d]所示。汉语动词的功能转换不需任何标记手段，从某种程度上说明动词由于没有时间上的定位，因而方便地获得了空间意义而具有指称性。而英语里必须采用动词的非谓语或名物化形式。

3.5.2　名动包含的形态分布证据

沈家煊(2016)从五个方面提供了相关证据：

第一，动词作指称语的时候跟名词一样可以加"这"来加强指称，如[22]。第二，修饰名词用形容词，一般不用副词；修饰动词既用副词也用形容词，如[23]。第三，否定名词用"没"，一般不用"不"；否定动词既用"没"也用"不"，或者说，"没"既可以否定名

词,也可以否定动词,如[24]。第四,连接名词用"和",一般不用
"并";连接动词既用"并"也用"和"。同样,"和"既可以连接名词性
成分,也可以连接动词性成分,如[25]。第五,指代名词性成分用
"什么",一般不用"怎么样";指代谓词性成分既用"怎么样"也用"什
么",即"什么"既可替代名词性成分,又可替代谓词性成分,如[26]。

[22] 我就佩服他这吃(这饭量),他可是太能吃了。

[23] 周密地调查一下/周密地调查这里的情况/已经周密地
调查过了(状语)

[24] 不去、没去/*不车、没车

[25] 多余的房子只能卖和出租。

[26] 看什么? 看电影。看什么? 看下棋。

这些归纳和总结对我们论证汉语时空同态具有非常重要的启
发意义。这五方面的证据有一个高度一致的特征,即用来标记动
词性(谓词性)成分的语法标记或方式,都可用标记名词性成分的
标记或方式取代。换句话说,汉语里,时间意义或关系的表达都可
用表达空间意义的标记或手段来实现。这自然就意味着空间和时
间的同态。

3.5.3　零句的指称性与述谓性

沈家煊(2016:103)在赵元任(Chao 1968/2011)提出的"零句
(minor sentence)是汉语的根本"基础上,推导出名动包含的格局,
如例[27]所示:

[27] a. 不下雨三个月了。　　　　b. (他)不死一百岁了。

c. 电影儿我看报了,没什么好的。 d. 我死了丧事从简。

e. 我死了你顶好再嫁。

[27a]中的"不下雨"作为主语,指称一种状态,"三个月了"述
说主语所处状态的持续。[27b]中"(他)不死"是条件性主语,
"一百岁"述说一种结果。[27c]中的"电影儿我看报了"本身就是

一个话题性主谓句,在整个句子中充当主语,指称一个讨论的话题。[27d]中"我死了"充当主语表示时间,"丧事从简"充当谓语对前面的话题主语加以说明。[27e]中"我死了"表示条件,"你顶好再嫁"作为述语说明条件产生后的结果。动词性成分和主谓短语作主语在保留其事件性(时间意义)的同时,也获得了指称性(空间意义)。名词性成分充当谓语则刚好相反,在保留其空间性意义的同时获得了时间性意义。主谓短语既能作主语也能作谓语则集中体现了空间性和时间性的特征。

3.6　超越名动包含

名动包含能有效解释汉语里动词做主、宾语的问题,但过于强调名词的基础地位,过分强调了其空间性特征。有一些现象需进一步拓宽理论思路,才能做出更好的解释,比如观察到的下列类型现象1)—3)(转引自马庆株 1998:70-75):

1)名词后接方位词表示过程意义

抽象名词,尤其是活动性或事件性名词,如:战争、仪式、手术、雷雨、酒会、晚饭等等,后接方位词组成"名词+前、后、以前、以后"构式,表示过程意义。名词后接方位词具有指称义,这是名词的空间属性特征,但表达过程意义却是时间属性特征的反映。这种情况正好与动词后接方位词构成一个有机的整体,说明名词和动词与方位词连用都可以体现空间意义和时间意义的并存。

2)动词后接方位词获得弱指称性

"动词+中"表示过程意义,"动词+下"表示"控制"意义,其控制对象常为指人名词,如:包围、参观、爱护、保护,等等。能这样与方位词组合的动词还有很多,但必须是表达过程意义或者是生命度较高的动词,其或多或少都会具有指称意义,即同时兼有时间义和空间义。

3)动量词+名词:时间意义弱化、空间意义增强

有过程义和陈述义的名词用于"动量词+名词",形成"数量

名"结构,如:一次会议、一场雨、一顿饭,等等。动量词本来是说明动词状况的,时间性强于空间性,与具有过程义或陈述义的时间意义名词连用时,强化了空间意义与时间意义的同时存在,或模糊了二者之间的对立性。

4)名量词+动名兼类词:高指称性

有些兼属名词的动词可前面用名量词,组成指称性很高的体词性偏正结构,如"一层顾虑、一段经历、一项调查",用时空同态的观点来看待上面三种情况的语言使用,能够更好地发现它们之间的相互联系和相互作用以及动态关系。

5)名词重叠具有时空量化意义

重叠是汉语最重要的形态手段之一,可充当主语、谓语、宾语、定语和状语。重叠后最基本的意义是"量",如例[28]([28b]-[28d]转引自吴吟、邵敬敏2001):

[28] a. 我心里疙疙瘩瘩的。(谓语)

b. 我们风风雨雨几十年终于走到了今天。(状语)

c. 这是我们家族世世代代的心愿。(定语)

d. 让这段文字为我们作证,生生世世永不变。(主语)

"名词、动词、形容词不管是单音还是双音,各自重叠后都能变为摹状性词语"(沈家煊2016:106),即重叠产生描述性意义。[28a]描述心理活动或变化;[28b]通过描绘两种情状的交替出现而具有了时间意义;[28c]-[28d]包含着彼此之间的相继相续而具有了时间意义,体现出纵向的延长(吴吟、邵敬敏2001)。

6)"副+名"与"形+动"表达方式

按照语法的一般原则,形容词修饰名词,组成定中结构;副词修饰动词,组成状中结构。但是,在现代汉语里,副词修饰名词已经越来越多地出现在日常语言使用中。如(29)中,当名词接受副词修饰后,其空间意义弱化,特征意义浮现,暗示着状态的变化或行为举止的表现。从这个角度看,名词受副词修饰时获得了一定的时间意义。

　　[29] 他今天在晚会上的表现很绅士。

　　动词受形容词修饰,尤其是双音动词受形容词修饰,也是汉语使用中的常见现象。王文斌(2015)在论及汉语的空间性时列举了"大""小"等形容词分别修饰动词的很多用例,如:大吃大喝、大胜、小打小闹、小叙,等等。沈家煊(2012)认为这是名动包含的证据之一,因为双音节化对动词所产生的作用是"动性减弱,名性增强",即单音节动词是动强名弱,而双音节动词是动弱名强。张伯江(2012)也有类似看法,即双音节动词的动性弱,动词的双音化具有名词性效应。

　　7) 复现虚词的时空同态

　　除了动词表达时间意义外,虚词或功能词也可表达时间或空间意义。

　　[30] a. 又哭又闹、又吃又拿、又唱又跳
　　　　 b. 又细又长的手指、又圆又大的耳朵
　　[31] a. 时断时续、时走时停、时红时绿
　　　　 b. 时深时浅的酒窝、时大时小的煤层
　　[32] a. 这条山路很不好开,一边(是)悬崖,一边(是)高山怪石。
　　　　 b. 他一边开车,一边和我聊天。
　　[33] a. 房前屋后、身前身后、车前车后、山前山后
　　　　 b. 课前课后、饭前饭后、会前会后
　　　　 c. 生前死后、赛前赛后、学前学后

　　"又……又""时……时"本来是表达时间意义的格式,如[30a]和[31a]表达行为的反复、状态的并存或相继;也可以表达空间意义,如[30b]和[31b]。但[31b]也可理解为蕴含了时间意义,指不断变化的状态。"一边……一边"本来是空间意义的格式,如[32],却往往可以表达时间意义,此时"一"可以隐去,但隐去后,语音上的停顿没有了,如[33]。"前、后"既可以指空间,如

[33a]；也可以指时间，如［33c］。值得注意的是［33b］，其中的"课、饭、会（议）"虽是名词，但本身具有时间意义，可以说是处于［33a］与［33c］之间的中间状态，但时间意义更为突出。

复现性格式不仅仅在虚词中使用，实词中的存在动词"有"和数词"一"也可以有类似虚词的复现用法，如：

［34］a. 有房有车、有山有水、有权有势、有大有小、有长有短、有粗有细

　　　b. 有说有笑、有吃有穿、有升有降、有赚有亏、有胜有败、有输有赢

［35］a. 一天一夜、一桌一椅、一凹一凸、一坑一洼、一山一水（皆为名词）

　　　b. 一事一议、一步一跪（名词、动词）

　　　c. 他一说一劝，女孩就同意了。（动词、动词）

［34a］列举空间中的存在物，但"大""小""长""短""粗""细"都是表达空间属性特征的形容词转喻以后表示存在物。［34b］列举的行为事件在继承了构式的空间意义的同时，还获得了事件所蕴含的时间意义。数词一般是修饰名词，但在汉语里可以修饰动词，如"五讲四美三热爱"，其解释类同于［35］。

4. 结语

本文在论述英语时空分立的基础上，从汉语的文化渊源到汉字的构造，再到汉语的语法系统，提出了翔实的证据证明了"汉语时空同态"的假设。这样的论证为沈家煊先生的"名动包含"理论提供了认识论基础，同时也在更大范围内对汉语的所谓"特殊"现象做出了统一自洽的解释，为全面理解汉语的本质性特征和汉语综合性思维特征提供了事实依据和理论解释的思路，具有方法论意义。

参考文献

［1］陈平.论现代汉语时间系统的三元结构［J］.中国语文，1988，（6）：401－421.

［ 2 ］ 高亨.周易古经今注［M］.北京：清华大学出版社,2010.

［ 3 ］ 高诱.淮南子注［M］.上海：上海古籍出版社,2014.

［ 4 ］ 刘顺.现代汉语名词的多视角研究［M］.上海：学林出版社,2003.

［ 5 ］ 刘正光.虚拟性与句法语义的逻辑关联问题［J］.外语教学与研究,
2016,(1)：36‐48.

［ 6 ］ 刘志基.汉字文化综论［M］.南宁：广西教育出版社,1996.

［ 7 ］ 陆俭明.现代汉语语法教程（第三版）［M］.北京：北京大学出版
社,2005.

［ 8 ］ 马庆株.汉语语义语法范畴问题［M］.北京：北京语言文化大学出版
社,1998.

［ 9 ］ 孟华.汉字主导的文化符号谱系［M］.济南：山东教育出版社,2014.

［10］ 沈家煊.“名动词”的反思：问题和对策［J］.世界汉语教学,2012,(1)：3‐16.

［11］ 沈家煊.名词和动词［M］.北京：商务印书馆,2016.

［12］ 王文斌.从“形动结构”看行为动作在汉语中的空间化表征［J］.外语教
学与研究,2015,(6)：803‐813.

［13］ 吴吟,邵敬敏.试论名词重叠式语法意义及其他［J］.语文研究,2001,
(1)：12‐16.

［14］ 邢福义.邢福义选集［C］.萧国正编.长春：东北师范大学出版社,2001.

［15］ 张伯江.双音化的名词性效应［J］.中国语文,2012,(4)：338‐346.

［16］ Chao, Y. R. A Grammar of Spoken Chinese［M］. Beijing：The Commercial
Press, 1968/2011.

［17］ Heine, B. Cognitive Foundations of Grammar［M］. Oxford：OUP, 1997.

［18］ Langacker, R. Foundations of Cognitive Grammar［M］. Stanford, CA.：
Stanford University Press, 1987.

［19］ Langacker, R. Cognitive Grammar：A Basic Introduction［M］. Oxford：
OUP, 2008.

［20］ Langacker, R. Essentials of Cognitive Grammar［M］. Oxford：OUP,
2013.

（本文刊于《外语教学与研究》2019 年第 2 期）

（作者通讯信息：湖南大学
刘正光：bwzgliu@126.com）

"温和的女性主义"：华裔美国诗人陈美玲的中国传统女性观[①]

张跃军

1. 引言

中国元素是当代华裔美国诗人陈美玲（Marilyn Chin，1955—）笔下重要的表现主题。她被称为新古典华裔美国诗人（吴冰，王立礼 2009：501）。她曾在马萨诸塞大学阿默赫斯特分校获中国语言文学学士学位，并赴中国台湾省学习古汉语，赴斯坦福大学研习中国古典文学。她还是《艾青诗选》的英译者。女性形象频繁出现于陈美玲笔下，她被视为左倾激进女权主义者（同上）。她对此辩解道："我的缪斯喜欢挑事。她了解自己的历史，她是女性主义者。她在诗中申明自己的需求，并引导着我。这是温和的女性主义（softly-feminist）的诗篇"（转引自 Tabios 2010：280）。她还称："有人说我的缪斯是学究的女性主义，因为我读过西苏，所以就以身体来写作。我当然受阿德里安娜·里奇和西苏这样重要的女性主义者以及巴巴和斯皮瓦克的后殖民批评的影响。……我的缪斯主要关切女性的痛苦，首先是我母亲的痛苦。我的女性主义源自个人和家庭经验。女性主义和政治的话语为我的作品增加了影响力"（同上）。里奇与西苏、巴巴与斯皮瓦克俨然形成了两个阵营，前者强调性别的作用，后者则看重意识形态等因素。身为知名诗人的里奇公开宣称："我把自己视为激进的女性主义者，而之后不

① 本文为福建省社会科学规划项目"当代华裔美国诗歌研究"（编号：FJ2016B181）的阶段性研究成果。

久……作为女同性恋者"（Rich 1986：viii）。里奇个性张扬，西苏则要"温和"一些。巴巴和斯皮瓦克皆来自第三世界并成功跻身美国顶尖大学和精英阶层。巴巴的女性主义关注后殖民主义；斯皮瓦克则思想驳杂，承继了经其介绍而在美流行的德里达解构主义思想，并将女性主义和解构主义、后马克思主义、后殖民及后现代思想融于一体。自称"后殖民、太平洋边缘、女性主义的中美诗人"（Yao 2010：190）的陈美玲，其"温和的女性主义"观念既立足于社会政治，同时又源于个体和家庭经验，体现了个人温度和情感，并传达出所在文化母体即中国传统文化的立场。

研治亚裔美国诗歌的重要著作《外国口音》指出：亚裔美国诗歌的写作经历了三种"修辞模式"，即种族抗议、抒情见证以及族裔（或伦理）抽象（同上：10）。这些修辞模式即写作策略折射出亚裔在美的历史变迁：从备受漠视和欺凌，到以相对疏离的姿态观照生活，再到以陌生化的美学手法直面族裔的核心议题。从19世纪后期华人成规模地赴美至今，华裔美国诗歌从传达个体心声和诉求，逐渐走向大众化和社会性。前者如天使岛（Angel Island）诗歌，后者如20世纪六七十年代随着"文化再申明"（cultural reclamation）运动而广为人知的诗歌创作。在此过程中，性属问题一直敏感而关键，它和族裔属性一样，成为亚裔美国文学的核心议题。本文以陈美玲为例，探讨其"温和的女性主义"如何体现中国传统的女性观。

2. "温和的女性主义"秉承中国女性传统美德

陈美玲首部诗集《幼竹》的开篇诗《始之终》（Chin 1987：3，以下陈美玲的引文只标注年代和页码）记述了自己的两位先辈：移民美国的爷爷长眠于曾参与修建的美国铁路，而一千年前的先人则在修建长城中死去。美国铁路和中国长城跨越时空遥相呼应。作为后辈，诗人在爷爷百岁诞辰之际喝着绿茶写诗纪念。该诗标题"始之终"重在终点，且蕴涵了始与终的辩证关系。而诗人的女性身份则以天赋的母性特质象征着起点,如此便形成了诗中所称的"终之始,始之终",指涉始亡之循环。横跨中美、纵贯历史与现实的时空交织,构成了诗的背景,赋予该诗以历史感和在场性,并建构了陈美玲诗歌的张力与质感。

在《幼竹》中,《地主的妻子》《政客的妻子》和《不加修饰的丧祭》(同上:11－14)三首诗前后相连,主人公均为身处中国的女性。《地主的妻子》讲述一度是"广东最富的女人"后来在物质和情感上的失落、被边缘化,因为她的地主丈夫而逃亡美国,"跨坐着匹兹堡三条交叉的河流"。她从未爱过自己的丈夫,她唯一爱的人在延安。诗中一笔带过中国几十年的变迁,如地主与乡民的冲突、日寇与汉奸肆虐的岁月。支撑这位社会底层的女人的是牧师劝慰她的生存哲学。《不加修饰的丧祭》的主角也是地主的妻子,其丈夫死去已久,故该诗观照的是历史而非现实。《政客的妻子》中,女人那出身上中农家庭、不屑孔孟的丈夫吴某正竞选工会副主席,她为之拉票。他此前被发配,后返回,此刻正在散发着玫瑰味道的西厢房。这些诗中的妻子地位卑微,在时代变幻中却不甘随波逐流,体现了中国女性隐忍坚韧的品质。

《祖母诗》(同上:31－32)标题后面加了括号,内写"坚硬的翡翠"。诗的首节写道:"我的祖母苍老,不像/杜甫、长江、北京那样老,/它们永远都老。/我的祖母苍老,饱经风雨/历经五千年的爱和风骤雨狂。"这个叙述祖母的语调仿佛波澜不惊,实则是隐而不彰。陈美玲的作品自传色彩明显,该诗亦写家中的三代女性:生活于中国的祖母平中见奇,具有翡翠般的恒久与自信。在美生长的"我"个性张扬,自我意识强烈。母亲移居美国,但作为过渡人物存在感较弱。祖母在艰难的历史环境下坚韧地生活。移居美国的母亲无法自我掌控,举步维艰。相对于这些女性,"我"的父亲则养狗,打麻将,靠《易经》给人算命,其所作所为更反衬出中国女性的忍辱负重和坚韧刚强。

《最后的裹脚女人》(同上:33)中的主角也是在美的华人女

性，"她蹒跚着告诉我们关于/淘金者的遗孀，不比你我高，/从牛车和推车下拖出她们的男人"，"我看见她脚踝处绷带发黑/可讲的还有很多，而可看的却很少。""脚踝处发黑的绷带"说明了女主人公日子的艰难，"可讲的还有很多"无声地诉说着其坚忍与刚强。西方20世纪的女性主义在解构逻辑的驱使下，从谋求男女平等走向颠覆男权，不乏形式大于内容的迂执和偏激，而陈美玲诗中所传达的"温和的女性主义"则秉承温柔敦厚、隐忍坚毅的中华传统美德，如此可为西方激进的女性主义提供来自中国的借镜。

3. 中华传统对于美国同化的制衡

陈美玲第二部诗集《风去台空》中《我如何得到那个名字》（1994：16‒18）副标题为"论同化"，该诗表现了性属、族裔等议题。开篇写道："我是玛丽莲·陈美玲"，并夸赞该表达中第一人称单数和系动词的确定，避免了"成为"（becoming）的不确定性。诗人坦承，在"天使岛与大洋的某处/当我的纸儿子父亲"沉迷于风光无边的"金色肉弹"玛丽莲·梦露，把女儿的名字"美玲"改成英文中读音相近的"玛丽莲"。19—20世纪之交的中国民不聊生，一些华南和华东沿海居民冒险横渡太平洋赴美讨生，有的人希望投亲靠友却无亲属在美，只得伪造身份，于是便产生了只存在于证明材料中的"纸儿子""纸女儿"。"纸"即身份证明，至关重要。陈美玲的父亲为女儿更名，如同《祖母诗》中的女儿企图将自己涂成白色，同样旨在身份的同化。

诗的第三部分中，"这位伟大的陈姓家长"貌似回应了女儿的质疑。他责怪女儿"过于怠倦，不能为家人的命运而战"。面对冷漠、控制欲强大的父亲，女儿希望以死逃脱父亲的控制，"于是，我等待临近的死神。/而他的死亡也是隐喻的事实/成为我的昏睡的遗嘱①"。如果说父亲企图通过更名的同化作用使女儿融入美国

---

① "遗嘱"的原文"testament"也可理解为"证明"。

主流社会,女儿则认为玛丽莲·梦露与中国女性贤淑端庄的形象设定相去甚远,因而抗拒父亲的安排。于是,女儿在第四节中的口吻超越了调侃和揶揄,变得放肆、无所忌惮。

亚裔曾被视作典范少数族裔(model minority),《我如何得到那个名字》似乎挑战了这种对亚美身份认同的建构,挑战了对亚裔静态和单一化的理解。有论者称,该诗“通过对自我意识的嘲讽的甚至戏仿的‘展览’”,把诗中女儿的身份“分割成‘女性、本土、他者’,而这种自我意识能够融合她的内在分裂,连接她的过去与当下”(Yao 2010:204)。诗中的女儿作为第二代华人,积极平衡美国与中国、历史与现实的张力,在外来与本土之间搭建桥梁。同时,女性身份在诗中既是一个明确的性别存在,又作为隐喻,和黄皮肤华裔的身份标识一样,在白人男性统治的国度努力克服性别和族裔劣势,争取身份认同。该诗第二节在批判关于亚裔是所谓“典范少数族裔”的偏见之后,似乎不经意地提及诗人威廉斯(William Carlos Williams)和贝里曼(John Berryman),或许隐含了对美国诗坛男性白人中心的无声抗议。陈美玲第三部诗集《纯黄狂想曲》多次探讨母女关系的主题,如《在轮回①水域左转》(2003:22‑23)。诗中写道,母亲坟墓旁的一汪圣水有不少蠓虫与青蛙;在一处道路分叉处,“我选择了/少人踏足的那条”,来到母亲的墓地静坐良久,“轻缓的细雨净化了我的身体/我依然渴望她的子宫/无法分离”。诗人似乎暗示对于中华文化母体的认同。该诗结尾处的喟然长叹“除了失去母亲,还有什么空虚?”是对失去文化本源的哀叹,是逆“同化”和回归中华文化传统的努力。

陈美玲当过双语康复专家,她把此经历写进了诗集《风去台空》。其中《悲伤的吉他之歌》(1994:25‑26)讲述了一个感人至深的故事:1988年夏,诗人曾现场聆听一位吉他手的演唱,颇受触动。两年后,深陷情感困境的诗人偶然从车载广播中听到这位吉

---

① “轮回”来自原文“Samsara”的意译;该词也可选择音译,指水域的名称。

他歌手献歌给自己，百感交集，认识到女性尤其需要唤醒沉睡的自我。陈美玲坦承受汤婷婷影响很大（同上：26），该诗回应了汤婷婷名篇《女勇士》（1976）的结尾，同时致敬唐朝诗人白居易的《琵琶行》。诗中便利店的阴阳标志、这位歌者的名字"石兰"（Stone Orchid）、青岛啤酒，以及与白居易、汤婷婷的勾连，无不明确指向中华文化。两年间在不同心境下聆听同一歌者的演唱，让诗人与故国文化产生了强烈共鸣。该诗和《在轮回水域左转》一样，氤氲着女性温柔敦厚、细腻宽容的中华传统美德，帮助诗人走出困顿，重拾勇气，面对生活。

4. 女性身体与性的多重隐喻

《古代主题变奏：醉酒的丈夫》（2003：49－51），顾名思义，是写丈夫醉酒后的行为。诗的每节都以"狗在朝着门吠叫"开始，对此诗人解释道："狗吠在很多民歌中是一种常见的开场。醉酒的丈夫也是常见的角色。这种情况下，我指的是乐府中的诗篇"（同上：106）。狗吠的确常见于乐府，虽然未必在开场，如《鸡鸣》中的诗句"鸡鸣高树颠，狗吠深宫中"。汉乐府《有所思》写女子思念当初和情郎的缠绵，有"鸡鸣狗吠，兄嫂当知之"之句，从此"鸡鸣狗吠"常借指男女幽会。这应和了西汉《易林》之《随之既济》中"富年早寡，独立孤居。鸡鸣狗吠，无敢问诸"（尚秉和313）之说。后者指鳏夫与寡妇夜间往还，惊鸡动狗，已然败露。陈美玲该诗中的醉酒丈夫是回自己家，但自家的狗狂吠不止，并"嗅着他犯罪的裆部/嘴巴似乎要把那里咬下来"，这表明他刚在外面私会了别的女人。关于男人醉酒，中国文学自古以来不乏表现，欧阳修《浪淘沙·今日北池游》有"纵使花时常病酒，也是风流"之句，称男人醉酒也风度翩然，这正是中国古代文人骚客诗酒风流、潇洒不羁之说的写照。李白的新乐府诗《杨叛儿》以"君歌杨叛儿。姜劝新丰酒"始，诗中有"君醉留妾家"之说，表现了青年男女的郎情妾意、爱情甜蜜。与中国古代男士的表现恰成对照，《古代主题变奏：醉酒的丈夫》中酩酊大醉的丈夫是以施暴者的形象出现的。他跌跌撞撞走上楼梯，牛仔裤脱至脚踝，衣领上还沾有其他女人的口红。妻子开始企图拿手枪自卫，但后来把枪藏入抽屉，假装睡去，希望能侥幸逃过一劫。但失去理性的"主人和入侵者"仍从身后侵犯了她。值得注意的是，丈夫口中的"外国老婆"（gook-of-a-wife）、"少女新娘"（teenage bride）显示，这是一桩跨国婚姻，夫妻年龄悬殊，且妻子很可能为一名亚裔（"gook"是对来自韩国、日本、菲律宾等地人的蔑称）。该诗以汉乐府为背景，表现了当代美国的家暴行为。它融合时空转换、族裔矛盾和家庭暴力等因素，赋予了该诗以巨大的阐释张力。

《风去台空》中的《野蛮人来了》（1994：19）开头写道："车辚辚，马萧萧，野蛮人来了。／我们在等什么，年轻的适婚女人指向长城，野蛮人来了。"注解显示，该诗创作灵感来自希腊现代诗人卡瓦菲（C.P. Cavafy，1863–1933），其《等待野蛮人》一诗呼吁同胞同仇敌忾抵御入侵者。当代南非作家、诺贝尔文学奖得主库切（John Maxwell Coetzee）著有同名小说，抨击种族主义制度。卡瓦菲和库切笔下的野蛮人是异族，而陈美玲该诗中的"野蛮人"则是"你的父辈、兄弟、老师、情人，他们显然是异类"；他们成了民族和文化纯洁性的威慑，成了局外人，被用来转移对于国家问题的关注（Madsen 2005：70）。中国历史上修建长城旨在阻止关外"野蛮人"的入侵，但该诗中的女性却试图守护长城，守卫国家政权。诗中对于异族入侵的焦虑，很大程度上源于女性身体被外族侵犯的威胁（同上：71）。女性身体在此超越人物个体，隐喻了国家主权；而对女性身体的守护则意味着对主权完整性的坚守，甚至成为民族、国家抵御外来入侵的象征（Zhou 2006：71）。

陈美玲深受美国现代诗歌大师庞德的影响，盛赞庞德对李白《长干行》的挪用成就了"现代主义时代最优秀的诗篇之一"，并称"庞德能够超越自我，将自己的声音注入一位古代中国女性体内"（2004：116），以中国古代女性的身份发声，通过时空转换，实现了对李白的改造。这种超越国别、时空和性别的"位移"，实践了多元文化立场。她在这点上比庞德更具优势：身为华裔，她谙熟中华文学与文化传统，且能用汉语写作。她以中文挑战英语的透明性和适宜度，以中国文化元素强化作品内涵的多元性，并借此挑战主流话语的霸权姿态，展现其诗歌主题和立场判断。

　　作家写作过程中，身体不是纯粹客观和疏离的，而是以不同方式参与进来，并成为创作主体的一部分。亚美文学中，亚裔女性的身体和性成为意识形态和身份认同的标志。女性之性（feminine sexuality）作为一种标示，意味着"伦理的或民族的背叛，尤其当性游走于进步与传统、现代性与'旧世界'、美国与亚洲之间"；"亚美女性作家不仅把性建构限定为忠实，而且把它视为一种政治规劝的工具，重新把'不忠实'理解为对压制性威权的拒斥"（Bow 2001：11）。萨义德一语道破东方学（即东方主义）在族裔和性属上的合谋："东方学自身是一个彻头彻尾的男性领域；像现代社会为数众多的专业领域一样，它在考察自身及其对象时戴着性别歧视的有色眼镜"（萨义德 1999：264）。处于边缘和弱势的一方总是异常敏感，这种敏感未始不是一种自我保护，避免遭受伤害。陈美玲身为华裔女性诗人，作为性属和族裔的双重弱势方，对此类话题会感同身受，《野蛮人来了》便宣示了她在该话题上抗拒威权的立场。

5. 结语："温和的女性主义"的他山之石效用

　　陈美玲曾经指出："我相信我们正处在一个多元文化的文艺复兴时期，女性与有色诗人正在创作美国最好的诗歌。我说这话并不只是'政治正确'。……亚美文学、拉丁文学、非裔文学、土著美国文学等领域人才萌发，女性诗人赓续了艾略特、弗罗斯特、庞德、威廉斯等传承的现代主义遗产。我们是使之'日日新'的人"（转引自 McElroy 2006：211）。她的自信不是凭空而来，而是立足于对于文化交融的时代趋势以及对少数族裔女性诗人的充分了解。

　　亚美文学选集《大号的唉咦！中美与日美文学选集》指出，亚美文学真伪的判断标准,是作家采用了"民族的"(即异化的)或"本土化的"(即同化的)策略(Chang 1996:85)。《我如何得到那个名字》中父亲为女儿更名,是希望她融入美国文化主体,此即本土化和同化、归化策略。父亲认同白人审美观念,而作为诗人的女儿则展示出对中国文化的认同以及试图平衡中美文化的努力。

亚美历史是边缘化的历史,因此亚美诗人争取被美国接纳,认为这是"对我们以及我们工作的认可,是将其作为我们内在的美国声音"(Hongo 1993:xiii)。亚美诗歌被认可,标志着其成为多元性美国的有机组成部分,而不是被排异。它像一条开放的船,进入美国水域,体现了美国文化中对应于"苛刻的多元文化主义"的"开明的多元文化主义"(Chang 1996:86)。当然,要防止将亚美诗歌挪用为对于移民和同化的霸权叙事,以免美国与美国性沦为外来移民寻求美国梦的目的论终点。所谓美国性是个开放的概念,向新来者开放空间的同时也敞开了阐释的可能性。陈美玲的"温和的女性主义"以他山之石的姿态,丰富了美国性的内涵,彰显了美国社会与文化的多元性。"美国抒情诗被自我和我不满足的东西所占据。我痛恨笼统地为所有少数族裔诗人发声,但我们有此议程。我们必须超越自我"(转引自 Tabios 2010:281),陈美玲如是说。好的文学作品必须超越特殊性和有限性,展现普遍性和普适性。陈美玲身为第二代移民,对美国当代政治、文化语境具有深刻的理解。她在为亚美文学选集《异见之歌》所作的序中指出,"我们的责任在于把经典从大一统的、单一语种和文化的因而单调的命运中抢过来。需要我们这些'族裔'作家来挽救美国文学,以防其成为少见多怪的'白色噪音'"(Chin 1991:4)。她立足于庞德、威廉斯等诗歌大师所开创的道路,但注入了中国文化元素。她的诗歌被称为"反诗学"(counterpoetics),以其异质性丰富了主流美国诗歌传统,或按陈美玲自己的话来说,"破坏了典律的顺序。在成就之树上撒尿。让世界通过少数族裔的透视镜来看待该主题"(转引自 Yao 2010:193)。她清醒地认识到自己加入挑战现存秩序的行列中，为现存美国文学增加了多元性和丰富性，其"温和的女性主义"丰富了美国既有的女性主义传统。

　　作为华裔美国诗人，陈美玲的女性观有别于美国白人诗人。以里奇关乎女性主义的短诗《权力》（Rich 1978：3）为例，开篇是一个施工现场："在历史的土地沉淀物中//今天挖土机 从侧面的碎土挖出/一个小瓶 琥珀色 完美 一百岁了/用来治感冒 或抑郁 一种奎宁水/让人存活于世 在隆冬的季节"。接下来笔锋一转："今天我在读居里夫人/她肯定知道自己 得了辐射病/她的身体好几年 被她提炼的/元素轰炸着/似乎她始终否认/为何患上白内障/指尖皮肤 为何开裂溃烂/直到她拿不起 试管或铅笔"。两节前后相接，但其间的关联何在？读者在困惑中迎来了诗的结尾，而答案也隐含于末行："她走了/一个名女人 否认/自己受了伤 否认/伤来自和权力同一地方"。该诗诞生于 1974 年，美国第二次女性运动余温尚存，里奇便是其中的活跃分子。诗中的"试管"所含的无疑是铀，如合理利用将产生巨大能量，但其放射性却是致命的。居里夫人作为两获诺贝尔奖的科学家，便是由于长期接触铀，罹患恶性白血病而逝世。本诗标题"Power"既指铀裂变激发的巨大能量，又指政治权力。诗的前半部写女性运动已然成为历史，仿佛土里的埋葬物；后半部分借居里夫人的例子，指出女性运动的成功需要巨大的牺牲，就像居里夫人为了科学事业、为了人类健康而牺牲自我，虽然她对此持否定态度。可见，里奇对于女性运动是支持的，她曾宣称自己是"激进的女性主义者"，并在创作和社会活动中坚持该立场。而陈美玲只能以不同的策略表现自己的女性观。她对政治有兴趣，但只是委婉地表达诉求。出于个人的写作策略，她时常从个人和家庭经验出发，迂回接近论题。另外，她笔端的蕴藉含蓄是内敛沉潜的中国人的美学表现，有别于外向而开放的美国人的直抒胸臆，这庶几可在陈美玲与里奇的对比中一斑窥豹。

　　在 1995 年的一次访谈中，陈美玲谈及作为诗人、女性和亚裔美国人的责任感:"我自视为先驱者……我是许多声音的管道:历史的、古代的、当代的女性的声音。多数是女性的声音"(转引自 Zhou 2006:66)。鉴于早期华人在美的缄默,她意识到自己这一代所担负的历史责任:充当多重管道,替缄默多时的华人发声,尤其是多年来处于社会底层的女性。她称:"我认为诗歌有其使命。我这么想也许不聪明,但我想诗歌要说教、启发,使世界变得更好。否则,为何写诗?"(转引自 Tabios 2010:281)相对于奥登所谓"诗不成事"(Auden 1994:248)①的论断,陈美玲相信诗歌的力量,她的"温和的女性主义"内在于温柔敦厚、隐忍刚毅的中华文化传统,是华美文学乃至美国文学中一道独特的风景。她的女性观立足于个体和家庭经验,同时体现了中国传统文化的立场,因为后者是前者不可或缺的背景。在一个文化系统中,边缘化群体所产生的艺术常在"现实主义的支配"(grip of realism)下,承受"再现的负担",并矫正对于霸权性文化的曲解(Chang 1996:85)。美国的白人中心难免视角的盲点,其对于社会的观察或失之偏颇,而少数族裔等边缘化群体的观察恰是对此的补充,即可矫正来自中心的盲视,并偶得洞见。仿佛美国黑人领袖杜波依斯当年所谓"黑即是美"的矫枉过正,其实质正是多元性主导时代的去中心化和颠覆中心。如是观之,陈美玲的"温和的女性主义"诗歌创作是以边缘趋近中心的一种努力,包含了中国传统女性观对美国女性主义思想的拓展与补充。

参考文献

[1] 萨义德,爱德华.东方学[M].王宇根译.北京:三联书店,1999.

[2] 尚秉和.焦氏易林注[M].北京:中国大百科全书出版社,2005.

[3] 吴冰,王立礼.华裔美国作家研究[M].天津:南开大学出版社,2009.

---

① 奥登的原文是"Poetry makes nothing happen"。查良铮先生译为"诗无济于事"。

[4] Bow, L. Betrayal and Other Acts of Subversion: Feminism, Sexual Politics, Asian American Women's Literature[M]. Princeton: Princeton University Press, 2001.

[5] Chang, J. Reading Asian American Poetry[J]. MELUS, 1996, 21(1): 81–98.

[6] Chin, M. Dwarf Bamboo[M]. New York: Greenfield Review Press, 1987.

[7] Chin, M. Dissident Song: A Contemporary Asian American Anthology [M]. M. Chin et al. (eds.) Santa Cruz, CA: Quarry West, 1991: 3–4.

[8] Chin, M. The Phoenix Gone, the Terrace Empty [M]. Minneapolis: Milkweed Editions, 1994.

[9] Chin, M. Rhapsody in Plain Yellow[M]. New York: W. W. Norton & Company, 2003.

[10] Chin, M. An interview with Marilyn Chin [J]. The Indiana Review, 2004, 26(1): 112–120.

[11] Hongo, G. ed. The Open Boat: Poems from Asian America[M]. New York, London: Anchor Books, 1993.

[12] Madsen, D. L. ed. Dictionary of Literary Biography, Vol. 312 [M]. Detroit: Gale, 2005.

[13] McElroy, C. ed. Page to Page: Retrospectives of Writers from The Seattle Review[M]. Seattle: University of Washington Press, 2006.

[14] Rich, A. The Dream of a Common Language: Poems 1974–1977 [M]. New York: W. W. Norton & Co., 1978.

[15] Rich, A. Blood, Bread, and Poetry: Selected Prose 1979–1985 [M]. New York, London: W.W. Norton & Co., 1986.

[16] Tabios, E. Black Lighting: Poetry-in-progress[M]. Philadelphia: Temple University Press, 2010.

[17] Yao, S. Foreign Accents: Chinese American Verse from Exclusion to Postethnicity[M]. New York: Oxford University Press, 2010.

[18] Zhou, X. Ethics and Poetics of Alterity in Asian American Poetry[M]. Iowa City: University of Iowa Press, 2006.

收稿日期: 2018 - 08 - 17
作者简介: 张跃军, 博士, 教授。研究方向: 英美文学与文论。

Scolding "Brothers" and Caring "Friends": Discursive Construction of the Identity of Mediation Helpers in China

Youping Xu

1. Introduction

Mediation, an effective way of dispute resolution in China, can be dated back to the Western Zhou Dynasty (1066 B.C.– 771 B.C.) when records on mediation were found in copper ware inscriptions [32]. As a millenniums-old tradition in China, mediation has already been "integrated within their society" [28]. However, the mediation work conducted in China differs a lot from what the English word *mediation* would suggest [14]. Among other differences between Chinese and western styles of mediation, the existence of a special group of participants in mediation, termed as "mediation helpers" in this paper, is undoubtedly one of the very secrets that keeps mediation efficient in China.

It is a common practice in China that "at any point the mediators may rely on the distinctly Chinese approach of bringing in third parties" [28]. Article 20 of the People's Mediation Law of the People's Republic of China (2011) provides who can be invited during the mediation:

> Based on the nature of the disputes, the people's mediator may, upon the consent of parties, invite the relatives, neighbors or colleagues thereof to participate in the mediation. The people's mediator may also invite people with relevant expertise or specific experience and members of relevant social organizations to participate in the mediation.

> The people's mediation committees support local personnel who are fair and upright, keen on mediation and well-acknowledged by the masses to participate in the mediation.

From Article 20 it can be found that three types of people might be invited as the third parties: (1) old acquaintances who know the parties well; (2) experts who have professional knowledge or expertise; and (3) the local personnel who excel in their good reputation and upright integrity. It can also be found that it is the people's mediator who invites people to participate in the mediation and assist the mediation as a whole. By contrast, while "it is not unusual for parties to bring friends, family members or work colleagues to the mediation to assist them in the process, through advice, reassurance or merely making up the numbers"[2] in the western mediation, these lay assistants or supporters who are invited by parties themselves are often sided with and work for one particular party. They differ from what is discussed here in this paper.

Since the phrase "the third parties" is merely a general description of participants other than parties in mediation and fails to capture the function of these participants, this paper coins a new term, "mediation helper", to refer to this unique group of people in China's mediation and defines it as follows: mediation helpers refer to the third parties who might be old acquaintances of parties, experts or the local personnel that are invited by the mediator to assist the mediation as a whole.

This paper, based on the authentic data extracted from the Gold Medal Mediation (GMM for short), one of the innovative forms of people's mediation in China, aims to analyze how mediation helpers, who are actually strangers to parties, relate their suggestions and opinions with the parties and then persuade them to settle disputes. Under the socio-cultural linguistic framework of identity proposed by Buchholz and Hall[3], this paper intends to address the following three questions:

(1) How do mediation helpers in GMM discursively construct their identity of scolding "brothers" and caring "friends" through language?

(2) Why do mediation helpers construct such an identity?

(3) What impact will their discursively constructed identity have on the parties, the mediator and the settlement of the disputes?

In Section 2, the components of and expectations for mediation helpers in the GMM will be introduced. Section 3 will introduce how data are collected, transcribed and analyzed in this paper. Section 4 will analyze how non-expert mediation helpers' identity as scolding "brothers" and caring "friends" is discursively constructed through four types of indexical processes. Based on the relations of sameness and relations of power, Section 5 will explore the underlying social and cultural factors that contribute to the construction of mediation helpers' identity. In Section 6 the positive and negative impact brought by mediation helpers' identity will be discussed and in Section 7 a conclusion will be drawn.

2. Mediation helpers in the GMM

Shortly after the Mediation Law of the People's Republic of China came into force on January 1, 2011, there emerged 38 TV mediation shows in the first half of 2011 in China [10] and more similar shows were on the air later on. However, the GMM produced by the Satellite TV Channel of Jiangxi TV Station in collaboration with the provincial department of justice has undoubtedly been one of the hit shows and the focus of academic studies[6, 12,33] since its debut on March 21, 2011.

Compared with other reality TV mediation shows, the great success of the GMM has much to do with its grand team of mediation consisting of 12 + X people [16]. This team often includes two or more parties to the dispute, one mediator, one hostess, seven mediation helpers, and if needed, X participants who are generally family members or friends of the parties. The seven mediation helpers are volunteers selected by the TV station from thousands of applicants nationwide. According to the official online application form[1], there are two basic requirements for potential mediation helpers. First of all, in addition to great individual qualities such as being warm-

---

① http://jptj.jxntv.cn/signup.shtml. Accessed December 15, 2016.

hearted, sharp, objective and compassionate, legal knowledge or rich life experiences are also crucial in becoming a qualified mediation helper. Moreover, mediation helpers are expected to play an active role in the on-going mediation such as observing what is going on, expressing their own opinions and putting forward suggestions for parties.

Among the seven mediation helpers in the GMM, there are generally one lawyer and one psychological consultant who normally exert influence on parties with their professional knowledge. While there have been rich studies on the construction of the professional identity[15], little attention has been paid to the construction of non-experts and how they influence others in the interaction. In this paper, we will only focus on the five non-expert mediation helpers and analyze how they discursively construct their unique identity in the GMM, that is, as scolding "brothers" and caring "friends" during the mediation.

3. The data

The data used in this paper are collected from the GMM which stages one episode of mediation program almost every day. Even though the GMM has gradually extended its scope of mediation to deal with more types of disputes, such as labor contract disputes, divorce disputes undoubtedly continue to be one of the most heatedly discussed topics in the GMM.

Table 1 Number and percentage of episodes with *lihun* (divorce) in the title of mediation programs in the GMM

Year		2011	2012	2013	2014	2015	Total
Total episodes		281	345	358	332	333	1 649
episodes with *lihun* (divorce) in the title	No.	11	22	18	26	20	97
	%	3.9%	6.4%	5.0%	6.6%	6.0%	5.8%

As is shown in Table 1, from 2011 to 2015, despite slight differences, episodes of mediation programs including *lihun* (divorce) in the title of the GMM mediation programs take up about 5.8% in all. A further search with the key word *hunyin* (marriage) in the titles reveal that there are 7.8% marriage-relevant disputes in the GMM, of which divorce disputes are one of the prevailing topics. It can be thus inferred that there are actually more divorce-related disputes mediated by the GMM. Due to the length and the time limit, 10 episodes of mediation programs on divorce-related disputes in 2014 and 2015 were downloaded from Soku, a website specializing in providing aired TV programs, including the GMM[①].

Each episode which has been edited lasts for about 40 minutes and follows a similar procedure of mediation in the GMM: a) the hostess introduces and welcomes all the participants and asks the parties to state their claims; b) the hostess guides the parties to tell their own stories so as to find out the issues; c) mediation helpers analyze the problems and put forward suggestions; d) the mediator provides further analysis; e) mediation helpers conduct shuttle or joint meetings for the parties; f) the hostess announces the result of the mediation; and if any, g) the parties sign on the settlement agreement and the mediator seals on it. It is a pity that with the edited episodes, it is hard to grasp a full picture of what has been said and done by the mediation helpers. However, it is still possible to analyze their performance when we go through closely the interaction of them with parties in steps d) and e).

Thus, the author first goes through each episode to get the

---

① http://www.soku.com/search_video/q_%E9%87%91%E7%89%8C%E8%B0%83%E8%A7%A3+2015? spm=a2h0k.8191407.0.0. Accessed January 24, 2016.

background information of the disputes, and then transcribes the conversation between the mediation helpers and the parties following the transcription rules proposed by Du Bois et al.[7] (see Appendix 1). After a careful examination of the data, it is interesting to notice that non-except mediation helpers tend to align themselves with parties and establish a common ground with them. They regard themselves as peer, fellow townsman, elder brother or an old man of parties who are addressed as Old Guo, Uncle or Aunt, and the parties in return regard mediation helpers as teachers, Aunts or Sisters.

4. Discursive construction of the identity of mediation helpers

From an interdisciplinary perspective, Buchholz and Hall (2005) propose a socio-cultural linguistic framework of identity and put forward five key principles of this framework: emergence, positionality, indexicality, relationality and partialness. This framework "provides the best current guideline for the study of identity construction"[18] and has been a framework that "others find useful enough to apply to their own data"[5]. For example, Li and Ran apply Bucholtz and Hall's indexical and relational principles to the analysis of professional's self-through-other identity construction in a Chinese televised debate[15].

Among the five principles, the principle of indexicality is "fundamental to the way in which linguistic forms are used to construct identity positions"[4]. There are four main indexical processes that discursively construct the identity, i. e., labeling, implicature, stance taking, style marking and code choice. Based on the data, this paper summarizes ways in which non-expert mediation helpers discursively construct their identity through indexical processes (see Figure 1). In the following sub-sections, concrete examples will be used to illustrate how each indexical process is used to help mediation helpers construct their identity.

Figure 1   Indexical processes in the GMM

4.1   Labeling

Labeling, that is, overt mention of identity categories and labels, is the most straightforward way that a speaker discursively constructs his or her identity. These identity categories and labels have much to do with social identities, which may be associated with "specific knowledge and abilities, a specific job, specific tasks and duties, overall goals, norms and values, feelings of belonging to a group or social category, and so on"[26]. As is shown in Figure 1, through self-labeling and labeling the parties, mediation helpers overtly mention their own identity categories and how their identity categories are related to the parties. In return, terms of address used by parties may reveal the (in)effectiveness of mediation helpers' identity construction.

4.1.1   Self-labeling of mediation helpers

During mediation, it's common for mediation helpers to introduce their own social identities, such as an experienced old man, an elder brother or a peer who has a similar experience with parties. In this way, they aim to shorten the psychological distance between themselves and the parties. The following extract is taken from a divorce dispute between a second-marriage couple, disputing over who should live in their new apartment, Husband's son who is going to get married or Wife's senior parents. Due to pressure and interference from the son, the husband threatens to divorce his wife if she disagrees. While efforts made to change the husband's attitude are fruitless, the hostess of the GMM makes a phone call to the son and mediation helpers start to persuade him.

> Extract 1
>
> 观察员：好，小郭，你好。我是一个跟你同龄的人，所以我非常能理解你现在心理上的一些压力，以及对父母离异给你伤害的看法，因为我从小父母也是离异的。我觉得应该是这样的，父亲和这个白阿姨他们关系好与不好，不是我能决定的，但我可以……（20140107）
>
> MH：Hello, Little Guo. I am one of your peers, so I could fully understand your psychological stress and your views on the divorce of your own parents, because my parents were also divorced when I was young. I think things should be like this, that is, it is not up to me whether Father has a good relationship with this Aunt Bai. But I could ...

Here, the mediation helper who is in his thirties evokes social categories to address himself, the son and the parties. Specifically, he labels himself as "同龄人"（peers）of Husband's son "小郭"（Little Guo）who is only 27. The word peer[1] refers to "a member of

---

[1] http://www.oed.com/view/Entry/139725?rskey = wN4Xbs&result = 1. Accessed February 4, 2017.

the same age group or social set; a contemporary". Beginning with similarities in terms of age, the mediation helper further activates their similar life experience. "When acting or speaking as group members, social actors may (or need to) activate many of these properties associated with a social identity, such as specific abilities, knowledge and other social representations shared by the group" [26]. In this way, the mediation helper intends to construct his identity as a peer and a caring "friend" who shares much in common with him.

Besides, instead of using your father and your step-mother, the mediation helper addresses the parties from the perspective of Little Guo, that is, "父亲" (Father) and "白阿姨" (Aunt Bai). It is similar to the tradition in the northern part of China where people tend to call their friend's parents "咱爸咱妈" (our father and our mother) to show closeness. However, instead of using "母亲" (Mother) to address the step-mother, the mediation helper follows Little Guo and calls her Aunt Bai. By so doing, the mediation helper aims to convince Little Guo that he is a caring "friend" who puts his feet in Little Guo's shoes and comes up with suggestions that are for his good sake.

4.1.2 Labeling the parties

The way in which speakers address their interlocutors is largely determined by "the characteristics of the person being addressed (e.g. adult, male, married or titled), factors that characterise the relationship between the speaker and the person addressed (like role, age, blood relationship) and the attributes of the situation (e.g. intimate, formal or informal)" [8]. Compared with the western style where given names are advocated to be used to shorten the distance between the parties and the mediator[3], what happens in China seems to alienate the mediators from the parties. In general, mediation helpers may use Mr. X and Mr. Y to address parties. Sometimes, they will also use "女方" (the female party) and "男方" (the male party) to refer to parties. This kind of seemingly strange practice of using the family name of parties is partially because of the nature of TV mediation which has a duty to protect the parties' privacy. Besides, it is largely because of the Chinese tradition that it is rude to address unfamiliar people with their given names. It will be even offensive to call people older than you with their given names.

Nevertheless, mediation helpers in the GMM find alternative ways to tone down this kind of alienation of using family names. They may add "old" or "little" before the parties' family names to show closeness and familiarity. For example, in Extract 1, the male party are called "老郭" (Old Guo) and his son "小郭" (Little Guo). The word *old* may denote the seniority of age. However, on most occasions, it can also be an indicator to show that the interlocutors are old friends who know each other well for a long time. It implies familiarity and closeness. Similarly, the word *little* is often used to refer to young people who are inexperienced and needs guidance and help from others. It implies caring and affection.

In addition to adding modifiers like *old* and *little* before the family names, mediation helpers may, when possible, also find other ways to address parties. Calling elder parties Uncle and Aunt is one of the effective ways for mediation helpers to construct their identity. For instance, in Extract 5 below, the parties are both over their sixties. To show closeness, the mediation helper chooses Uncle and Aunt to address the couple. In this way, the mediation helper intends to regard herself one of the family members of the old couple and establish a common ground with them.

4.1.3 Labeled by parties

While mediation helpers use social categories to label themselves and parties to construct their expected identity, parties also label mediation helpers during the mediation, which may reveal the effects of the mediation helpers' identity construction. On most occasions, parties may call mediation helpers teachers, Aunt or Sister.

Data show that except for the mediator who is himself a teacher in a university always termed as "胡老师" (Teacher Hu) (see Extract 2), mediation helpers as a whole may also be called teachers by parties. This kind of collective address term is frequently used by parties at the very beginning of the mediation when they state their claims. They may say something to the effect that "I want to let the teachers tell whose fault it is". They may also thank mediation helpers for their help at the end of mediation to the effect that "Thank you, teachers". This kind of collective term of address is chosen by parties largely because it is a tradition to regard people who are knowledgeable and helpful in resolving disputes as teachers. As Han Yu, a great writer in the Tang Dynasty (768 – 824), once said, a teacher is one who could propagate the doctrine, impart professional knowledge, and resolve doubts. Thus, it can be inferred that parties think highly of the work of mediation helpers as a whole. However, they seldom address a single mediation helper as teacher. Instead, they may add "aunt" or "sister" in front of their family names, as is shown in Extract 2 below.

Extract 2

女　方：廖阿姨,胡姐,我今天在这里向你们保证(3S),[我]

观察员:嗯。

女　方:我以后一定(郑重地点了几下头)会过得很好。

观察员:(挥舞拳头,做加油状)那就很好。

女　方:帮我也谢谢胡老师。(20140612)

FP: Aunt Liao and Sister Hu, today I promise to you two here (3S) that [I]....

MH: Um.

FP: I will definitely (grandiosely nodding her head several times) lead a better life in the future.

MH: (waving her right fist in the form of a fighting gesture) That's great.

FP: Help me to thank Teacher Hu.

This extract is taken from a case where the wife, a 22-years-old first marriage woman, is forced to get divorced by her husband's family who attempt to have the ex-wife come back. After a separate talk with two mediation helpers in the chamber, she decides to quit from the broken marriage and start over. To show her determination and gratitude, she chooses the two mediation helpers Aunt Liao and Sister Hu respectively. It can be seen from the addressing terms that the efforts of the two mediation helpers are well acknowledged by the young wife and their identity as caring " friends " has been successfully constructed.

4.2　Implicature

Compared with labeling, implicature is a less direct way to construct identity because it requires additional inferential efforts for interpretation[4]. However, this kind of seemingly effortful indirect means of identity construction is sometimes crucial in the GMM. It is particularly true when parties become resistant towards a position explicitly held by the mediation helpers. One of the effective ways of using implicature is to tell a story about the mediation helpers' similar life experience.

The example below is taken from the same case with Extract 1. After several rounds of persuasion, the husband still blindly insists that his own son have to get married in the new apartment. Otherwise, he would be an irresponsible father and feel guilty for the rest of his life. Apparently, Old Guo has developed attitude inoculation[21] which leads him to strengthen his existing attitudes and beliefs and builds resistance to future counterarguments. In Extract 3, to avoid Old Guo's further resistance against persuasion, the mediation helper resorts to implicature and shares her own story with him.

> Extract 3
>
> 观察员：老郭,我想跟你说,真正的像我们年轻人……在结婚的时候没有房子是很正常的事。我结婚的时候是借别人的房子,一直在那里呆了差不多半年的时间,一直到我怀孕,后来才住到妈妈家去的。我也并没有觉得说因为这个,老人就如何对不起我,没有这种感觉。(20140107)
>
> MH: Old Guo, I want to tell you that it is quite normal for us young people ... to get married without a house. When I got married, I borrowed a house from others. I lived there for about half a year until I was pregnant and moved to my mom's house. I didn't feel that my parents owed me a lot because of this.

Here, to set the scene and make her story relevant to the present case, the mediation helper chooses the affectionate social labels "老郭"(Old Guo) to address the male party and "我们年轻人"(us the young people) to associate herself with his son. However, instead of directly criticizing Old Guo's unreasonable idea, the mediation helper tells her own story. To get the implied meaning of her story, Old Guo has to do some inferential work, which may temporarily distract his attention from stubbornly refusing others' counterarguments. In this way, the mediation helper aims to invite Old Guo to get the implicative of her story and get rid of his unnecessary mental burden.

4.3　Stance taking

Stance taking is another important means through which the speaker displays evaluative, affective and epistemic orientations to the ongoing talk [4]. Among many approaches to the study of stance, Martin and White's analyses on evaluative resources[19] are of great use. In the GMM, mediation helpers frequently use the evaluative resources of judgement to align/disalign themselves with parties' behaviors, and resort to different kinds of engagement and graduation resources to enhance the effectiveness of their judgment.

The example below is taken from a divorce dispute where the wife wants to divorce because her husband uses a sharp knife to threaten and intimidate her after a fierce quarrel. Unlike previous three examples where mediation helpers use labels such as Old Guo and Uncle to affectionately address the parties, the mediation helper here resorts to formal social labels, that is, "游女士"（Ms. You）and "董先生"（Mr. Dong）, to call the couple. The choice of these two social labels implicitly exhibits the mediation helper's intention to show his disagreement with what they have done.

Extract 4

观察员：游女士,你的丈夫是个一身毛病的人,……但是我要
善意地提醒你一句,……你在自身的性格和毛病中
不做总结,你今后走入新的生活,你还要栽跟头……

> 董先生,我这里也告诫您一句,真正的男人,不要说拿刀,如果你做得像一个男人,一个眼神就可以将你的妻子镇住。你的心胸非常不开阔,而你的思想又极其简单幼稚。(20140629)

MH: Ms. You, your husband is a man full of shortcomings … but I still want to kindly remind you that … if you fail to reflect on your own personality and shortcomings, you will still fail in the future when you are married again … Mr. Dong, I also want to warn you that a real man, if you could behave like a real man, you could even use the expressions in your eyes to keep your wife under control, without using anything, let alone a knife. You are a very narrow-minded person, and your ideas are extremely simplified and naïve.

Here, the mediation helper employs judgement resources to evaluate both parties. To start with, he resorts to the judgment of esteem and evaluates the normality (how unusual someone is) of parties[19]. He uses the word "毛病"(shortcomings) twice to point out that the husband is full of shortcomings and the wife is also in need of finding out her own personality problems and shortcomings. Besides, he uses adjectives such as "不开阔"(narrow-minded) and "简单幼稚"(simplified and naïve) to evaluate the capacity (how capable they are) of the husband.

To enhance the effectiveness of his judgement, the mediation helper also resorts to pronouncement "我要"(I want to) to provide both parties with his suggestions. Pronouncement is one of the engagement resources involving "authorial emphases or explicit authorial interventions or interpolations"[19]. By pronouncing directly that the suggestion and the warning are made by himself, the mediation helper assumes an integrated participant role of author, animator and principal [11], bearing full responsibility for the suggestion and the warning. Besides, graduation resources such as "一身"（full of）, "非常"（very）and "极其"（extremely）are used to enhance the force of the mediation helper's evaluation on the husband.

The evaluative words and phrases may be unpleasant to ears in Extract 4. However, as the idiom in Chinese goes, good advice is unpleasant to the ear. Only the bosom friend who cares a lot about you will say ill words in front of you. Thus, through negative judgement, the mediation helper in Extract 4 constructs his identity as a bosom friend of the parties who is not afraid of telling the truth and speaking ill words in front of them.

4.4　Style marking and code choice

According to Bucholtz and Hall, "in addition to micro-level linguistic structures like stance markers and style features, entire linguistic systems such as languages and dialects may also be indexically tied to identity categories"[4]. In the GMM, the lawyer and the psychological consultant tend to indexically construct their identity through micro-level linguistic structures, such as the intensity of terminologies. By contrast, non-experts may rely heavily on the macro-level resources such as switching to a particular dialect to align themselves with parties. While it is not appropriate to pick up the dialectal accent during the mediation which might be a hindrance of understanding by the public, they may use an informal style of talking and replace standard mandarin expressions with dialectal lexicons whenever possible.

Extract 5

观察员：叔叔,您让我想起了天津的一道名点,小吃,是麻花。

> 我觉得您是一个特拧巴的人,跟麻花似的……而阿
> 姨呢,没注意到您这块安全感的缺失……所以您心
> 里头特别不得劲……只有咱们把自个儿的心放敞亮
> 了,才能够把安全感给对方……(20161223)

MH:Uncle, you remind me of one of the famous refreshments in Tianjin, namely, a snack called the deep-fried twisted dough. I think you are a very twisted person, hard to feel at ease, like the deep-fried twisted dough … But Aunt failed to notice that you are lack of a sense of security … so you feel very uncomfortable … Only when we become broad-minded can we give a sense of security to the other.

In Extract 5, both of the couple are in their third marriage and come from Tianjin, a municipality located in the northern part of China. To align herself with both parties, the mediation helper not only employs social labels such as Uncle and Aunt to call the parties, but also uses the dialectal lexicons special to the northern part of China to show closeness, including "拧巴"(twisted, hard to feel at ease), "不得劲"(uncomfortable), "咱们"(we), "自个儿"(my) and "敞亮"(broad-minded).

5. Influencing factors

According to Bucholtz and Hall, identity is actually a relational phenomenon which often acquires "social meaning in relation to other available identity positions and other social actors"[4]. There are three types of relationality, namely, relations of sameness and difference, realness and fakeness, power and disempowerment[4]. Our data reveal that in the GMM, mediation helpers tend to resort to the relations of sameness and power in mediation, the construction of which is under the influence of social and cultural factors. It is worthwhile noting that when there are no distinct lines between different types of relations, socio-cultural factors are also interrelated.

5.1 Social factors

With far-reaching changes in China's economy and rapid development of urbanization, versatile changes in China's social life take place as well. For example, millions of farmers migrate from their native villages and start to live in urban centers. According to *The City Blue Paper: Report of China's City Development No. 8*[①] released in 2015, the rate of China's urbanization has reached to 54.8% in 2014, and it is estimated that the rate will exceed 60% in 2020 and reach to about 70% in 2030. However, the influence of the basic social structure of China and the centuries-old social traditions can never be undermined.

According to Fei [9], the basic structure of the Chinese society was *Chaxugeju* (differential mode of association) based on ranked categories of social connections. He finds that the central feature of the Chinese society "is like the circles that appear on the surface of a lake when a rock is thrown into it. Everyone stands at the center of the circles produced by his or her own social influence. Everyone's circles are interrelated. One touches different circles at different times and places" [9]. In other words, each person's social life in China is "built from networks created from relational ties linking the self with discrete categories of other individuals" [9]. This kind of relational ties may be based on kinship or spatial relationships[9].

While the modern society may rely more on rules and laws

① http://www.cssn.cn/dybg/gqdy_sh/201510/t20151019_2500238_3.shtml. Accessed May 5, 2017.

[31], in daily life, people in contemporary China still favor the basic social structure tempered in a familiar society [17]. Thus, despite dramatic changes taking place in China, Fei's finding concerning how Chinese relate with others still "offers pithy insights into the constitution of Chinese society" [22].

In the GMM, mediation helpers are strangers to parties in daily life. However, by constructing an identity of "friends", they hope to emphasize the similarity between them and the parties. They resort to kinship or special relationships to establish interpersonal connections with parties (see Extract 5). Likewise, in the following example, the mediation helper constructs an identity of an elder brother so as to make his suggestions relevant to the male party.

Extract 6

观察员：我觉得你现在的想法就是不给自己留有后路。我只
　　　　是作为一个老大哥的过来人的想法，不是在说教你。

男　方：（点头）是的。是的，你说的我很赞同。(20150617)

MH: I think what you are doing now is leaving yourself no route to retreat. This is just my own thought as an elder brother. I'm not lecturing you.

MP: (nodding his head) Yes, yes, I quite agree with what you said.

In Extract 6, the mediation helper is a male civil servant whose own social identity may have little to do with this case and has no connection with the male party. However, in order to establish interpersonal ties with the party, he appeals to his social properties and identifies himself as an elder brother. From the male party's affirmative response, it can be found that the mediation helper is successful in this regard.

Thus, by highlighting the shared qualities, such as being young people (see Extract 3) and coming from the same place (see Extract 5), and similar experiences, such as growing up in a divorced family (see Extract 1), the mediation helpers in the GMM intend to make their own circles touch with the parties' and establish some kind of social connections through their overlapping circles. It is in this process that "transformation[from the unfamiliar to the familiar] occurs ... Familiarity, then, is born of the fusion of personal identities"[30]. This kind of familiarity arising out of similarity between the mediation helpers and the parties will establish a common ground which makes persuasion more effective.

5.2　Cultural factors

While the construction of the identity of caring "friends" in the GMM is largely subject to the basic social structure in China which emphasizes similarity in interpersonal relationships, the identity of scolding "brothers" is mainly dependent on the relation of power and authority which is well grounded in the Chinese culture. These cultural factors mainly include Confucian teaching that acknowledges the power and authority of the elder brother and the influence of friends, Chinese recognition of life experiences of the old people, and the long-established practice of taking criticism as an effective tool of mediation.

Confucius advocates a harmonious society where *li*, a set of moral and customary principles of polite conduct, plays a vital role. *Li* embodies five basic relations in the society: ruler and subject, father and son, husband and wife, elder and younger brother, and friend and friend[1]. In the 21st Century, while the first three types of relations need new interpretations, the requirements for the last two types of relations are still effective [24]. In the GMM, mediation helpers often establish relational ties with parties as elder and younger brother or as friend and friend.

Extract 7

观察员：……你离了她，还有别的女人看到今天这场节目放出来，还有哪个女人愿意跟你在一块？你如果走了这一步，你想想你今后的路。我总可以告诉你，你的苦日子在后头。我是老人看得多了。

男　方：（沉默）（20140107）

MH：... If you divorce her, how dare any other woman who might watch today's program marry you？ If you take this step, think about your future. I can assure you that you will lead a bitter life in the future. This is because I am an old man who experienced a lot.

MP：（silence）

Here, the mediation helper is a retired official in his sixties. When the male party who is over 50 years old blindly insists on divorce due to trivial housing problems, the mediation helper calls himself "老人" (an old man) who has experienced a lot and starts to criticize the male party like an elder brother. According to Confucius, when it comes to the relations between elder and younger brother, the younger one should be respectful of and show deference to the elder one. It is thus obvious that the family elder has absolute authority in the family. It is because of this kind of power and authority of an elder brother that the male party in Extract 7 kept silent and listened to the mediation helper's lecture.

In addition to the power and authority enjoyed by the elder brother, another cultural factor, that is, Chinese highly value life experiences and are willing to learn from others' experiences, plays a vital role in mediation. This tradition can be traced back to the ancient China where people stay in the same place for such a long time that "the experiences of one's ancestors with this familiar patch of earth are passed down and necessarily become one's own experiences"[9]. In Extract 7, the label "an old man" also implies that his experiences will be helpful to the young. As an old Chinese saying goes, if you don't take an old man's advice, you may soon encounter difficulties and failures and regret not having listened to them. Thus, it is quite common in China for old people to lecture the young and warn them against doing silly or wrong things.

　　Similarly, the mediation helper in Extract 8 labels himself as an elder brother. However, different from pure warning and a relatively mild way of lecturing in Extract 7, the mediation helper in Extract 8 begins to criticize and scold the male party.

Extract 8

观察员：你丢不丢人哦？你尽在糟蹋自己的老婆。你不懂得
　　　　珍惜，你不像个男人……

男　方：（摇头）

观察员：你摇什么头？你教不乖啊，[你啊]

男　方：你讲这句话我插一句话，我不会打电话[给她的]

观察员：你还老讲，我刚才就在骂你这个事。我教都教不乖
　　　　你(4S)。我作为一个兄长，我想挽救你，想把你这
　　　　个幸福生活找回来。你榆木脑袋啊！今天要是我骂
　　　　了你，你醒过来了，你好好求求她，她能回来。
　　　　（20140726）

MH: Don't you feel ashamed? You are ruining your own wife.
　　　You don't know how to cherish. You are not like a man.

MP: (shaking his head)

MH: What are you shaking you head for? You are hard to teach
　　　clever. [You]

MP: Since you mentioned this, I'll add something. I won't call

[her]

MH: You just keep talking about this. Just now I have scolded you for this. I just can't teach you clever (4S). As an elder brother, I want to save you and help you find your happy life back. You the knuckle head. If you can wake up today after I have scolded you, you go and beg her. She will come back to you.

Here, through the label "兄长" (an elder brother) and evaluative resources such as "You are not like a man", the mediation helper constructs his identity as an elder brother. However, different from others who may listen to the lecture patiently, the male party in this case first shook his head to show his objection and then interrupted to state his opinion. However, his interruption was taken as a symbol of stubbornness by the mediation helper and was followed by more severe criticism. The harsh words such as "You the knuckle head" may be shocking to westerners. However, in view of such a traditional Chinese cultural factor as emphasis on criticism as a means of showing concerns, it might be acceptable for mediation helpers to behave in such a seemingly aggressive and offensive way. It's another way to show concerns and care.

Studies reveal that education on the parties and criticism of the parties are two of the frequently used techniques in family mediation in China [27]. Actually, these two techniques are often used together, because criticism may be part of the education work in meditation. In China, most people still believe that it is out of affection that parents and the elder siblings beat and scold the young and that only in this way can the problematic young be taught to become a better person. At present, such physical abuse as beating will be avoided in education. However, scolding and criticism is still widely used. As can be found in Extract 8, the mediation helper repeatedly emphasizes that he intends to teach the male party how to be clever by scolding him. For him, an elder brother is authorized and obliged to criticize and scold the improper behaviors of the younger brother so as to help him find his happy life back.

6. Impact

The construction of the identity as scolding "brothers" or caring "friends" by mediation helpers in the GMM is conducive to the mediation as a whole. In particular, it is helpful for the mediator to find the real issues of the disputes and for the parties to realize their own problems. Nevertheless, it is not without problems.

6.1　Positive influence

As an innovative form of mediation, the team of mediation helpers in the GMM is regarded by the producer as one of the important keys to their success[16]. Their first positive contribution to the mediation is that they may help parties to find out problems existing in parties' marriage by looking back and acquire skills needed in life by looking forward (see Extract 4). This kind of selective inclusion of side issues which are often "unrelated (but relatable)" to legal issues resembles what Judge Judy has done in a televised court show in America[25]. According to van der Houwen [25], the handling of side issues is crucial for Judge Judy to invoke moral values. Similarly, in TV mediation, the handling of side issues can also enable mediation helpers to find out the root of the disputes for parties and provide a model of dispute resolution for the audience.

In addition, mediation helpers may approach the disputes from different perspectives and come up with various ways of dispute resolution. For example, in the case aired on 20140107, one mediation helper intends to persuade the male party's son by labeling himself as one of his peers and a "friend" (see Extract 1) while others focus on the male party himself either by being a caring "friend" (see Extract 3) or a scolding "brother" (see Extract 7).

Thirdly, quite different from co-mediators in the western-style mediation who are also bound by the code of conducts for mediators, the mediation helpers in the GMM who identified themselves as "brothers" or "friends" of parties are not mediators themselves and enjoy much more freedom. As a result, they may also assist the mediator to find the core issues of the disputes and genuine thoughts of parties by saying or doing things that are improper for the mediator to say or do so. For example, mediation helpers may scold and criticize the parties (see Extract 7 and Extract 8) so as to warn them or to wake them up.

Extract 9

观察员：这电视一播出去，全中国的人都在看你，全都要骂你
　　　　儿子，你知道吗？

男　方：我老了我不要人养活，对不对？

……

（画外音：不满大家对他的严厉批评和指责，郭先生一怒之下
扬长而去。见此情景，观察员廖喜玉迅速追了出去）（20140107）

MH: When the program is on TV, the audience of the whole country is watching you and will all condemn your son. Do you know that?

MP: When I am old, I need someone to support me, isn't it?

…

(Voiceover: Dissatisfied with harsh criticism and accusation against him, Mr. Guo left the mediation room. Seeing this, the mediation helper Liao Xiyu quickly ran after him.)

Similarly, as shown in Extract 9, when all persuasive efforts turn out to be futile and the mediation comes to a deadlock, the mediation helper turns to warn the male party adverse consequences his son may face. As Wall and Blum have found, Chinese mediators often play a more active role in community mediation than American mediators and exert more efforts on the successful resolution of the disputes[28]:

> If you like, Chinese mediators can be characterized as a live-in aunt. She is always present, sometimes overbearing, but usually well intentioned. She tries to head off family problems before they arise and brings a moral backboard to the discussions. If her persuasion fails, she, perhaps shifting tacks, tries again.

Indeed, mediation helpers in the GMM are far more active and creative than mediators described by Wall and Blum. In Extract 9, when the male party intends to leave the mediation venue, there is a mediation helper who immediately runs after him to take him back to mediation. It seems to be against the parties' free will. However, while all sorts of mediation are voluntary, some are more voluntary than others[13] and there exist a continuum of voluntariness for parties and a continuum of pressure from the mediators[29]. When parties come to mediation because they cannot reach an agreement themselves, they may well expect pressure from the mediation team and "are capable of accepting it as part of the work"[20]. As a result, as scolding "brothers" or caring "friends", it may be quite natural and understandable for mediation helpers to go further, such as stopping an angry party from quitting the mediation and dragging him back.

6.2　Remaining problems

While mediation helpers who construct an identity of scolding "brothers" or caring "friends" in the GMM are helpful to the parties, the mediator and the mediation as a whole, there are still some remaining problems. Unbound by such constraints on the mediator as impartiality, confidentiality and due respect for parties' free will, mediation helpers are vested with too much power and flexibility. To start with, as "brothers" or "friends", they may talk in a causal or even a harsh way, like Extract 8. Even though these words may sound reasonable and are to the point, they may still be offensive to parties and do harm to the "rule of law" [23].

In addition, as a well received TV program, the GMM claims that it assumes the responsibility to educate the public and to publicize the legal knowledge. As a result, the mediation models and ways to tackle disputes on TV mediation programs expected by the public show how conflicts should be resolved, how the emotions of the disputants should be addressed, and how the relational aspect of the conflict should be tackled [6]. However, if mediation helpers merely act like "elder brothers" or "friends" in the real life, they may provide few role models for the public in handling their own disputes. Therefore, there is an urgent need to set up a code of conducts for mediation helpers in the GMM, which may offer guidelines for their construction of a more effective identity.

7. Conclusion

Through data analysis, it is found that mediation helpers discursively resort to indexical tools to construct their identity of scolding "brothers" and caring "friends". Their construction of such a particular identity is subject to social and cultural factors that can be explained by the principle of relationality. It is found that such social factors as the way Chinese tend to establish relational ties through kinship or special relationships propel mediation helpers to seek common ground with parties and emphasize the sameness between them. Besides, due to cultural factors such as Confucius teaching of being deferent to elder brothers and honoring friends' experiences, mediation helpers often highlight their authority and power in offering suggestions. While their discursively constructed identity contributes to the mediation as a whole, there is still an urgent need for further regulations to standardize their conducts.

Based on the authentic data from the GMM, this paper explores a unique group of mediation participants, i. e., mediation helpers, offers a working definition therefor, and analyzes how they assist the mediation through their discursively constructed identity of scolding "brothers" or caring "friends". It is actually the very secret that makes mediation in China vigorous and effective. It will hopefully add new insight to the existent literature on mediation and enrich the scope of application of Bucholtz and Hall's[4] framework of identity to a non-agonistic context, such as the co-operative context of mediation in the GMM. However, this paper only focuses on non-expert mediation helpers' identity construction, leaving professionals such as lawyers and psychological consultants untouched. Future research may take the team of mediation helpers as a whole, analyzing how professional and non-professional identities are constructed respectively and how they interact with each other.

参考文献

[1] Bahm, Archie J. *The Heart of Confucius: Interpretations of "Genuine Living" and "Great Wisdom"* [M]. Fremont, CA: Jain Publishing, 1992.

[2] Boulle, Laurence & Nesic, Miryana. *Mediation: Principles, Process,*

Practice[M]. Chatswood: LexisNexis Butterworths, 2001.

[3] Boulle, Laurence & Colatrella, Michael T. & Picchioni, Anthony P. *Mediation: Skills and Techniques* [M]. Newark, NJ: LexisNexis/Matthew Bender, 2008.

[4] Bucholtz, Mary & Hall, Kira. Identity and Interaction: A Sociocultural Linguistic Approach[J]. *Discourse Studies*, 2005, 7(4 - 5): 585 - 614.

[5] Bucholtz, Mary & Hall, Kira. Finding Identity: Theory and Data[J]. *Multilingua*, 2008, 27(1/2): 151 - 163.

[6] Deng, Yiheng & Xu, Kaibin & Fu, Xiaoqiu & Ma, Sang. Mediating Conflict on TV: Discourse Analysis of Gold Medal Mediation[J]. *China Media Research*, 2013, 9(4): 5 - 14.

[7] Du Bois, John W. Transcription Design Principles for Spoken Language Research[J]. *Pragmatics*, 1991, 1(1): 71 - 106.

[8] Ervin-Tripp, Susan. Sociolinguistics [A]. In L. Berkowitz (ed.). *Advances in Experimental Psychology 4*[C]. New York: Anchor, 1969, 91 - 165.

[9] Fei, Xiaotong. *From the Soil: The Foundations of Chinese Society* (translated by Zheng Wang and G. Hamilton)[M]. Berkeley: University of California Press, 1992.

[10] Feng, Bo. Tiaojielei jiemu shoushi zhidao jiexi (Analysis on Rating Trends for Mediation Programs)[J]. *Rating China*, 2011, (7).

[11] Goffman, Erving. *Forms of Talk* [M]. Philadelphia: University of Pennsylvania Press, 1981.

[12] Hawes, Colin S. and Shuyu Kong. Primetime Dispute Resolution: Reality TV Mediation Shows in China's "Harmonious Society"[J]. *Law & Society Review*, 2013, 47(4): 739 - 770.

[13] Hedeen, Timothy. Coercion and Self-determination in Court-connected Mediation: All Mediations Are Voluntary, but Some are More Voluntary than Others[J]. *Justice System Journal*, 2005, 26(3): 273 - 291.

[14] Huang, Philip C. C. Divorce Law Practices and the Origins, Myths, and Realities of Judicial Mediation in China[J]. *Modern China*, 2005, 31(2): 151 - 203.

[15] Li, Chengtuan, and Yongping Ran. Self-professional Identity Construction Through Other-identity Deconstruction in Chinese Televised Debating

Discourse[J]. *Journal of Pragmatics*, 2016, 94: 47 - 63.

[16] Li, Jianguo. Jinpai tiaojie: tiaojie tongzhihua de shichang — Fang Jiangxi dianshitai fu taizhang, Jiangxi dianshitai weixing pindao zongjian Li Jianguo (Gold Medal Mediation: Mediating the Homogeneous Market-Interviewing Li Jianguo, Deputy Director of Jiangxi TV Station and Director of Satellite TV Channel of Jiangxi TV Station) [J]. *China Advertising*, 2011, (5): 113 - 114.

[17] Liu, Shaojie. Shuren shehui cunzai de helixing (On the Reasonableness of the Existence of the Familiar Society) [J]. *People's Tribune*, 2006, (10): 16 - 18.

[18] Locher, Miriam. A. Relational Work, Politeness, and Identity Construction [A]. In Antos, Gerd and Eija Ventola (eds.). *Handbook of Interpersonal Communication*[C]. Berlin: Mouton de Gruyter, 2008, 509 - 540.

[19] Martin, James & White, Peter R. R. *The Language of Evaluation: Appraisal in English*[M]. London: Palgrave/Macmillan, 2005.

[20] Matz, David. Mediator Pressure and Party Autonomy: Are They Consistent with Each Other? [J]. *Negotiation Journal*, 1994, 10(4): 359 - 365.

[21] McGuire, William J. The Effectiveness of Supportive and Refutational Defenses in Immunizing and Restoring Beliefs against Persuasion [J]. *Sociometry*, 1961, 24: 184 - 197.

[22] Nee, Victor. From the Soil: The Foundations of Chinese Society (Xiangtu Zhongguo) (Book Review) [J]. *Contemporary Sociology*, 1994, 23(5): 764 - 765.

[23] Pan, Qingyun. Dangxia dianshi tiaojie jiemu zhong de falv quehan (Legal Defects in Current TV Mediation Programs) [J]. *Journal of Shanghai University of Political Science & Law (The Rule of Law Forum)*, 2013, 28(3): 141 - 142.

[24] Sha, Ying. Shishu rujia falv sixiang zhong de Li (A Study on Li in the Legal Thoughts of Confucianism)[J]. *Journal of South-central University for Nationalities (Philosophy and Social Science)*, 2003, (2): 25 - 27.

[25] van der Houwen, Fleur. If it doesn't make sense, it's not true: How Judge Judy creates coherent stories through common-sense reasoning according to the neoliberal agenda[J]. *Social Semiotics*, 2015, 25(3): 255 - 273.

[26] van Dijk, Teun A. *Society and Discourse: How Social Context Influence Text and Talk*［M］. Cambridge, New York: Cambridge University Press, 2009.

[27] Wall, James A. Jr., Dong-Won Sohn, Natalie Cleeton, and Deng Jian Jin. Community and Family Mediation in the People's Republic of China ［J］. *International Journal of Conflict Management*, 1995, 6(1): 30-47.

[28] Wall, James A. Jr., and Michael E. Blum. Community Mediation in the People's Republic of China［J］. *Journal of Conflict Resolution*, 1991, 35 (1): 3-20.

[29] Xu, Youping. Burying Attitudes in Words: Linguistic Realization of the Shift of Judges' Court Conciliation Style［J］. *Semiotica*, 2016, 209: 397-418.

[30] Yang, Mayfair. The Gift Economy and State Power in China［J］. *Comparative Studies in Society and History*, 1989, 31(1): 40-41.

[31] Yang, Yuhong. Chaxugeju sixiang de xiandai quanshi (Modern Interpretation to the Differential Mode of Association)［J］. *Academics*, 2013, (2): 145-156.

[32] Zhang, Jinfan. *Zhongguo falv de chuantong yu jindai zhuanxing*(Traditions of Chinese Law and Its Modern Transformation)［M］. Beijing: Law Press, 1997.

[33] Zhang, Yafei, and Li Chen. Exploration of Factors Leading to Successful Mediation: A Regression Analysis of Reality TV Mediation Show Episodes in China［J］. *International Journal of Conflict Management*, 2017, 28(1): 24-49.

（本文已在国外期刊发表,信息如下:Xu, Youping, 2019. Scolding "Brothers" and Caring "Friends": Discursive Construction of the Identity of Mediation Helpers in China. International Journal for the Semiotics of Law 32:135-153.https://doi.org/10.1007/s11196-018-9574-9)

（作者通讯信息:广东外语外贸大学
xuyouping003@aliyun.com)

论扎迪·史密斯《摇摆时间》的
移民身份认同

马红旗　石雨晨

1. 引言

扎迪·史密斯(Zadie Smith, 1975—　)是英国最具影响力的新生代作家之一。作为青年一代作家的代表,她被推举为"种族、年轻、女性"的代言人,她的小说与故事中的角色经常都是种族混杂或文化杂糅的。从 2004 年开始直至 2016 年底,国内有 52 篇、国外有约 179 篇相关学术文章介绍或分析扎迪·史密斯的作品;而 2016 年新出版的小说《摇摆时间》(Swing Time),相关研究才刚起步。截至 2017 年上半年,国外仅有从种族问题角度出发的两篇研究论文;国内对《摇摆时间》的分析研究还几乎为零。因此,本文拟紧扣作品中的身份认同这一主题,结合作品主要人物分析,探讨个体身份认同中的合法性、对抗性和规范性问题。

认同的社会建构总是发生在标有权力关系的体系里。根据卡斯特(Manuel Castells)的观点,构建身份认同的形式和来源分为三种,也可以说是三个不同的层面,即合法性认同(Legitimizing identity)、抗拒性认同(Resistance identity)和规划性认同(Project identity)。三种认同分别产生了与之相应的公民社会、共同体和个体这三个概念,其内在的逻辑关系非常紧密。对于个体而言,身份认同中的合法性、抗拒性和规划性问题其实就是其身份构建问题在不同层面上的反映。此三种认同方式如果不能得到有效的实现,其身份构建就不能说是成功的。对于移居他乡的移民来说,身份构建问题始终是他们要面对的最为敏感的问题之一。扎迪·史密斯在《摇摆时间》中便是以敏锐而细微的笔触多视角地展现了当代英国社会中移民群体的身份认同现状及其危机。基于此,本文拟从上述三个层面对主人公"我"的身份构建问题展开讨论,以揭示出小说的深层主题意义。

2. 合法性认同:根基破碎,无所适从

"认同是行动者自身的来源,也是自身通过个体化(individuation)过程建构起来的"(Giddens 201),因此,为了探求"我"的构建认同危机的原因,细观"我"构建认同的形式和来源十分必要。首先,"我是谁"这一传统的命题遇到新的挑战。传统意义上,家庭对个人的成长除了最基本的性别定义和经济支持以外,更重要的是家庭会塑造一个人的社会行为与观念以及构建其身份。一个人会成为什么样子、在生活中扮演什么样的角色以及某种价值观的形成都是以亲属网为基础的(Aceves 120)。小说中"我"的身世如同小说作者一样,父亲是一位英国白人,母亲是一位牙买加黑人移民。在现代社会与传统文化的碰撞面前,"我"一方面在努力寻找根基,寻求自身的价值;而另一方面,现实却总是事与愿违地与"我"业已形成的身份定位产生冲突,对身份内涵的困惑与日俱增。

从"我"的成长历程来看,由于母亲的知识分子情怀,加之父亲早前出轨事件的负面影响,"我"更愿意接收来自母亲的教育和规范。可以说,母亲成了"我"的精神导师,是对"我"产生巨大影响的家人。作为一位牙买加裔英籍移民,母亲对种族、肤色、性别、阶级、社区权益等等都有着坚定而激进的价值观。母亲的强势作风及其对"种族"观念认识的固执己见极大程度上影响了"我"对种族身份的认知。幼时,"我"对母爱必须"完全服从",在数次疑惑之后无奈领悟到"我"只有一个身份,那就是她的女儿。长大后,母亲的行为更是在潜移默化地影响着"我"的种族意识的形成。比如母亲在家中草坪上掘土挖坑来建造蔬菜园,而且用"挖坑"来暗示对自己的种族与历史的刨根问底。她将白人比作"人

人都喜欢的玫瑰"（Smith 60），讽刺只有白人才有"播散种子的机会"（60），而那些带有少数族裔身份的移民却要掘地三尺来极力寻求其历史和文化身份和平等公民性的认同。在母亲看来，这泥土来自过去，装盛着既往，却又可以用它来制成"花瓶"（61），并由此凝视未来；泥土之中还可以培育出一朵"花"，这一朵花儿恰恰便代表了"我"。可见，母亲就是要让"我"植根于黑人族裔的历史，让牙买加之花在这只"花瓶"中成长、绽放。而"我"也在母亲的精心培育之下完全接受了其顽固的族裔意识的熏陶，甚至形成了对于母亲的某种程度上的依赖："只有自己的母亲可以从地里'挖'出一个花瓶，还能在其中养上一朵花"（同上，62）。

其次，"合法性认同指的是由社会的支配性制度所引入，以扩展和合理化它们对社会行动者的支配"（卡斯特 6）。在家庭之外，学校便是"我"最早接触到的在一定程度上代表了"社会的支配性制度"影响的场所。舞蹈学校的经历使"我"初尝到个体在权力体系中构建认同所遭受到的失落。"我"的一切努力在母亲看来都是幼稚的喜好，而好友崔西的努力在她看来则是破落家庭不得已的选择而已。"不要忘记，我不是那样养育你的。那个愚蠢的舞蹈课就是崔西的全世界了。这不是她的错，毕竟她就是这样被养大的。但你是聪明的孩子，你知道你来自哪里、将要去到哪里"（Smith 31）。母亲的教育横刀拦截了我的天性。在母亲的高压下，"我"不得不放弃了跳舞而选择了另一条中规中矩的求学之路。相比于崔西进入的"几乎所有女生都是印度裔或巴基斯坦裔或生来狂野"的女子学校，"我"进入了母亲心目中的理想学校，学校里一半都是黑人（即便其中三分之一是母亲不喜欢的"杂种"）；剩下的一半是白人，一半是南亚裔。母亲认为，"我"与多样的族裔人群——尤其是中等及中等以上阶层的孩子——建立友谊尤为重要。她希望"我"在学校这个环境中获得的不仅是课堂的知识和技能，同时也能够对族裔文化及族裔人群有更深层次的了解。

然而，母亲的偏执并没有能够成功地将"我"塑造成和她一样的族裔身份坚定、作风泼辣独立的知识女性。相反,却让"我"在现实的混杂人群中时常感受到无所不在的无所适从和无助。"我"一方面无法摆脱母亲的深刻影响,另一方面又在内心深处对母亲形成了一定程度上的抵触和反叛。"我"的退学便是这种矛盾心理的具体体现。

当个体逐步建立起来的身份得到主体社会价值体系的认可,得到主流社会文化群体的接收,其合法性认同才得以实现。也就是说,个体要参与并融合到主流社会群体中去。"我"积极投身艾米领导下的援非助学慈善事业这一事实表明了"我"内在的寻求社会认同的诉求。然而,由于母亲在"我"的内心种下的少数族裔意识的种子已经生根发芽,"我"的族裔意识极为敏感。也正因为如此,"我"求同的努力饱受挫折。一方面,"我"尝试将白人社会中常见的体系或方法带入非洲的环境——艾米创办的女子学校,但是当"我"想用英国高水准的教育方法解决非洲英语教育问题时,却被人误解为"白人"的趾高气扬:"我"在英语课上打断了当地英语老师的教学,让那位老师坐在"我"原来坐的位子上,静静聆听"我"的"正确"的教育方式。而慈善团体的负责人则批评"我":"你刚才做的事情只是在羞辱一个老师"(同上226)。这一事件让"我"深深地体会到在白人眼中我是黑人而在黑人面前我又是白人的尴尬。

这样的尴尬在与艾米的矛盾冲突中也得到了充分的展现。艾米是一位个性非常鲜明的白人,她十分自信,我行我素,不仅在事业上众星捧月,在生活和团队中她也是说一不二的中心。她是"我"从小的偶像,为她工作是"我"梦寐以求的事情。但是随着女子学校工作的开展,"我"愈发失去了对她的理解,认为她做慈善只是为了增加她自身人气的一个幌子,对于改变当地的贫困落后并没有什么实质性的影响。而艾米刻意不让我知晓其在非洲当地领养孩子的做法让"我"与她之间的矛盾彻底爆发。站在"我"的立场,隐瞒少数族裔身份的"我"遭到了艾米白人团队的排斥;而那位因为被艾米领养而被视为"幸运得不能再幸运的孩子"(Smith 419),在我看来,只不过是艾米买来用以装点门面的众多奢侈品中的一件而已——艾米领养一个孩子就像她"预订一款日本限量版包包一样简单"(Smith 423)。"我"由此对其所代表的那个白人团体产生了反感,甚至痛恨。不得不说,"我"的这种认识的形成,很明显是在一定程度上受到了其内在的族裔敏感神经的影响。这条神经的形成与母亲的言传身教密不可分。

由此可见,家庭的影响,尤其是那条代表少数族裔意识的敏感神经的存在,使"我"的合法性认同的基础从一开始就布满了裂纹。"我"对社会的支配性制度的合法性产生了怀疑和动摇,也就无法允许社会的支配作用对"我"的身份构建产生足够的影响。其结果就是"我"对合法性的认知支离破碎,在"黑"与"白"之间摇摆不定,无所适从。

3. 抗拒性认同:缺乏支点,亦非归属

身份认同的产生不仅是依靠社会文化的建构,也包含着自己对自己的认识。在形成这种自我认识或者自我描述的过程中,抗拒性认同也是身份形成的来源之一。抗拒性认同"由那些其地位和环境被支配性逻辑所贬低或诬蔑的行动者所拥有"。在埃兹奥尼(Amitai Etzioni)的理论中,"抗拒性认同"导致了共同体的形成(116)。形成这样的共同体的必要性就在于它提供给个体以支撑。它会帮助个体明确其"身份参照点(即我属于哪里以及我所在的群体中怎样看待其他群体)"(Walda-Mandel 1)的存在。明确的身份参照点会给个体提供归属感。而《摇摆时间》中"我"的归属感之所以始终飘忽不定,缺乏笃实的基础,是因为其身份参照点受到了以下三个方面的影响和干扰。

首先,父亲的形象及其私生子的出现让"我"明确地知道"我"不属于哪里。当原本在"我"心目中温和的白人父亲意外地为家中带来了两个白人私生子,父亲的形象在"我"心中便化为了欺骗

的化身。当"我"被迫对视那个十五六岁的女孩艾玛时,"我"清晰地意识到"我们两人没有任何共通之处……如此不同的两种生物怎么会有着同一个源头呢?"(44)而在"我"看向父亲的二十出头的私生子约翰时,一个更加二元对立的想法出现了:"看着这个男孩,我发现我无法否认他的正统。他才应该是我父亲的儿子,谁看到都会这么说的。而我才是意外……他是正确的一方,我是错误的一方"(46)。通过这一经历"我"确定了自己作为一个棕色女孩和白人不仅仅是肤色的不同,他们在家中形成的白人群体,明显地将"我"和母亲排除在外,时刻提醒着"我"不属于白人社会。

其次,在"我"成长的过程中,母亲对学校制度的强势态度对"我"产生了潜移默化的影响,其强势的激进思想和行为让"我"觉得"我"可能应该属于哪里。比如在母亲参加家长会的时候,她"在屋子开道,我尾随着她,看着她威吓老师,无视他们想要谈论我的进步的意图,却给出一系列的即兴讲座,控诉着学校管理的竞争力低下、地方议会的盲目和愚蠢、对'有色人种老师'的迫切需求……"(42)这种强势令"我"觉得骄傲和自豪,在"我"眼中,母亲"就像一个女王",是"胜利者"(42)。如果对于小学生来讲,学校象征着权威,那么母亲可以凌驾于权威之上,"我"自然会对母亲产生出一种"敬畏之情"。因此,当母亲提及肤色、种族等等概念的时候,虽然童年的"我"依然懵懂,但心中深深地将这种晦涩词汇与权威划上约等号,将母亲的理论熟记于心,"我"似乎明白了"我"应该属于哪里。

然而母亲行为上存在的悖论以及社会上的人们的某些观点又往往会使"我"的意识产生动摇。比如在同学莉莉的生日聚会上,面对莉莉母亲的指责,母亲如同律师一般为崔西做了辩护。她虽然在种族问题上坚持着黑人和亚洲人应当是团结一致的,但是却将莉莉母亲对崔西嘲笑巴基斯坦同学的控诉看作是"典型的资本家道德"(82),而且在离开那间房子的时候对两个女孩喊叫道:"你们觉得你们是她们的一员吗? 你们真这么想吗?"(82)在回家的路上，母亲又为"我"和崔西上了一堂有关种族主义中的外号的历史课。她这种将一切问题都和种族问题挂钩的态度在一定程度上其实是忽略了普遍的与种族无关的处事原则，一味强调肤色的重要性的同时，无意中降低了社会行为的适用性，由此，母亲的这些言论导致"我"对其宣扬的族裔意识产生了动摇。

　　"身份参照点"的确立有时需要从本群体中寻找英雄形象来形成支撑，因为"文化英雄对群体的身份与骄傲来讲是一种重要的符号"（Aceves 169）。"我"对黑人网球运动员谢尔顿的支持就表明了这一点。而当这样的英雄本身的身份遭受到质疑甚至挑衅时，个体的"抗拒性认同"则会在根本上受到冲击。所以，当餐馆说"仔细看看吧。这不是黑人，是棕色人种，和你一样。……可能他也是一半一半，和你一样。所以，这解释了一切。……一半的赢家"（Smith 327）的时候，我先是感到无比的恼怒，继而陷入深深的彷徨——如果老板的话切中了要害，那么"我是谁？""我还能代表黑人群体吗？""我还能在黑人群体中找到归属感吗？"显然，"我"没有找到肯定的答案。

　　第三，作品中另一位主要人物崔西是作为"我"的参照系的一个存在。而通过与崔西漠然心态的对比，更加凸显出"我"要寻找支点的努力其实并不成功。母亲一直强调"我"和崔西是不同的，因为崔西来自一个特殊的"单亲家庭"，她的父亲总是在监狱里，而且他的家庭暴力和离家出走更是成为这个家庭难以摆脱的噩梦。因而"我"会在崔西面前趾高气扬，甚至鄙视崔西一家。正因为如此，我们给予崔西的帮助并没有令崔西感激涕零，反而"控诉我们绑架了她，试图去控制她，我们一直都在试图去控制她……"（Smith 233）。崔西所谓的"绑架"既表明她对母亲反复强调和渲染的族裔身份的不认同，同时也表明"我"自认为身在其中的那个群体其实非常模糊，甚至虚幻。崔西的"抗拒"显然加深了我对自身身份的怀疑。

　　通过以上这三个方面的分析不难看出，"我"既没有找到确定属于自己的"共同体",也无法确定自己到底是否属于"被支配性逻辑所贬低或诬蔑的行动者"(Etzioni 116)。没有族群共同体作为依托,缺乏明确稳固的身份参照点,抗拒性认同自然也就无法实现。

4. 规划性认同:方向不定,主体难成

"身份是一种社会建构的产物"(Barker 216),这句话本身就表达了个体与社会或者集体的关系。如何在已有的文化材料的基础上构建一种新的、重新界定其社会地位并因此寻求全面社会转型的认同,这一"规划性认同"的过程产生了阿兰·图海纳(Alain Touraine)所说的"主体",即集体的社会行动者。通过主体,个体才在自身的经验中达到了完整的意义(转引自卡斯特 8)。文化身份的形成经过了交流性的互动,包括影响这些互动或者被这些互动影响(Bradford, Burrell and Mabry 314)。在《摇摆时间》中,"我"恰恰是在这样的交流性互动中举棋不定,摇摆彷徨。换言之,"我"一方面受其母亲影响,意欲寻根溯源以保持族裔意识的纯粹和独立;另一方面,在大的社会氛围之中,又有要融入英国白人社会以确立明晰的文化身份并进一步实现主体价值的诉求。

童年时代的"我"在母亲的强力灌输之下,经历了由对牙买加文化之根的陌生到心向往之的转变。"我"一度认为重建自己的牙买加文化身份就是自身主体趋于完整的方向。然而母亲在传统和现实之间来回跳跃的实用主义的教育方法却又总是令"我"在这个方向的选择上显得茫然而又不知所措。兰伯特叔叔似乎是一个传统的坚守者。而"我的母亲从未拜访过兰伯特,除了圣诞节,但奇怪的是她总坚持着要让我和父亲去拜访他,不过总是附带着一个条文就是我们要保持警觉,我们要注意不被'拉回过去'"(22)。让父亲带着"我"去拜访兰伯特叔叔,这有几分英国当下的社会现实与少数族裔传统碰撞的意思。而母亲警告"我"不要"来来回回",显然是在提醒"我"要立足当下才有出路。

守住当下就意味着要投身到被广泛认可的社会事业中去，在主体价值建构的过程中实现自身个体的价值。正因为如此，母亲曾拉着"我"参与她投身其中的一些政治生活，希望将我塑造成她一样的移民二代。而相比于母亲的影响，"我"对移民以及黑人群体的关注更多是在加入艾米的非洲救助慈善工作后自发产生的。艾米提出她的"政治思想"是"我们应该做出改变"（125）。所谓的"我们"指的是"像她一样的人，经济富裕且具有全球的影响力、刚好也喜爱自由和平等、渴望公正、感觉自己有义务用自己的财富来做些善事的人"（125）。受母亲的影响，"我"一开始认为这是"天真的"，也怀疑过这是不是只是"白种女人拯救非洲"的过时而无知的噱头（153）。但是当"我"真正加入这个慈善团队后，"我"亲眼见到了非洲村庄的疾苦、政治的动乱、村民为教育的付出以及受到的限制，也实实在在地感受到了白人对非洲的误解。"我"也真正认识到了这份工作的现实意义。"我"努力置身其中并做出贡献，希望让自己真正成为这个集体的一部分，努力让自己的这种集体身份变得明确且稳固。

"集体身份描绘了一种群体设计，这种设计使每一个成员都可以得到认同。这在人的意识中是非常强烈且生动的，它是人们行为的动力"（Assmann 132）。而在艾米的这个集体中，"我"失望地发现，这个集体并非一种群体"设计"，而是艾米个人意志的产物，是为她所用的一种存在。"我"原本以为"我"在这个团队中的特殊性——肤色棕褐，身上流了一半黑人的血液——会让"我"在非洲的慈善活动中更有发言权，能够充分发挥自己的主体作用。然而，事与愿违，"我"的肤色并没有为"我"带来优势。并且"我"与艾米之间的分歧也越来越深，以至于感觉遭到排斥，并最终离开这个集体。艾米及其团队对"我"的惩罚则宣告了"我"努力寻求获得这种集体身份、确立主体意识的尝试彻底失败。

经历了如此的挫败，再加上母亲的病重，"我"在满怀失望时选择了回归到最初的地方——"我"从小生活的社区，希望在移民群体中找回一种归属感。"我"再次见到了童年的伙伴崔西。然而沧海桑田,当"我"见到崔西的堕落和麻木后,"我"内心受到的冲击更大。崔西已经不再是儿时那个灵动的女孩,而是变成了一个"紧张肥胖的中年妇女,她穿着毛巾布睡裤,踏着一双家居拖鞋,套了一件黑色运动衫,上面只写了一个大写的词:顺从"(400)。她分别和白、棕、黑三种肤色的三个男人生了三个孩子。她放弃了舞蹈的梦想,在贫穷琐碎的生活中挣扎。更让"我"无法接受的是,面对如此的现实,崔西却不以为意,仍在炫耀其生活的合理性,比如成为一个单亲母亲总比"我"这样一个"大龄剩女"要充实许多。而且,崔西依然坚持认为"我"和母亲并不属于她所在的这个族裔群体;我们和主流社会的白人一样,属于试图控制她的那类人。当崔西的家门在"我"的身后关上时,何去何从依然是个问题。

5. 结语

通过对"我"身份建构中的合法性认同、抗拒性认同、规范性认同的分析,"我"的身份危机得以在不同层面揭示。其根源是"我"在面对多元文化混杂的社会时,由于家庭的影响和个人理解的偏差,始终无法建立起一种包容且温和的心态。这正是扎迪·史密斯的《摇摆时间》提出的一个在全球化背景下具有普遍性的社会问题。"全球化不仅带来了平等化……同时也带来了文化多元性的新形式"(Walda-Mandel 72)。如何去面对? 这是每个个体都需要解决的问题。在《摇摆时间》中,史密斯再次站在移居他乡的个体的立场上,通过主人公身份构建失败的教训强调了开放的心态和包容的胸襟的重要性。当然,身份的形成是一直处在"未完成且持续形成"的状态(Hall 222),它并不由一个人的过去所决定。相信经历了重重挫败之后的"我"也会以一种平和包容的心态去面对未来。如此,她的"摇摆时间"也许能就此结束了。

参考文献

[1] Aceves, Joseph B. *Identity*, *Survival*, *and Change: Exploring Social/ Cultural Anthropology*[M]. New Jersey: General Learning Press, 1974.

[2] Assmann, J. *Das kulturelle Gedächtnis: Schrift*, *Erinnerung und politische Identität in frühen Hochkulturen* [M]. München: C. H. Beck, 2002.

[3] Barker, Chris. *Cultural Studies: Theory and Practice*[M]. Los Angeles, London: SAGE, 2008.

[4] Bradford L., N. A. Burrell, and E. A. Mabry. Negotiating Cultural Identity: Strategies for Belonging [A]. In Mary Fong et al. (eds.). *Communicating Ethnic and Cultural Identity*[C]. Maryland: Rowman & Littlefield Publishers, 2004. 313 - 27.

[5] Castells, Manuel. *The Power of Identity*, *The Information Age: Economy*, *Society and Culture*. Trans. Xia Zhujiu and Wang Zhihong[M]. Beijing: Social Sciences Academic Press, 2001.

[6] Etzioni, Amitai. *The Spirit of Community: Rights*, *Responsibilities*, *and the Communitarian Agenda*[M]. New York: Crown, 1993.

[7] Giddens, Anthony. *Modernity and Self-Identity: Self and Society in the Late Modern Age*[M]. Cambridge: Polity Press, 1991.

[8] Hall, Stuart. Cultural Identity and Diaspora[A]. In Jonathan Rutherford (ed.). *Identity: Community*, *Culture*, *Difference*[C]. London: Lawrence & Wishart, 1990. 222 - 39.

[9] Smith, Zadie. *Swing Time*[M]. New York: Penguin Press, 2016.

[10] Walda-Mandel, Stephanie. "*There is No Place Like Home*": *Migration and Cultural Identity of the Sonsorolese*, *Micronesia*[M]. Heidelberg: Universitätsverlag Winter, 2004.

[11] 曼纽尔·卡斯特.信息时代三部曲:经济、社会与文化,夏铸九、王志弘译[M].北京:社会科学文献出版社,2001.

(作者通讯信息:南开大学
mahongqi@nankai.edu.cn)

Consumerist American Masculinity and Its Influence on Contemporary Chinese Masculine Ideal

Chang Qu

1. Introduction

For the past thirty years interdisciplinary investigations centering on the body have deepened our understandings of how "the meanings and markings of bodies have come to be culturally constituted" (Rosenberg and Fitzpatrick 1). From Foucault to Judith Butler and others, theoretical and historical studies present bodies as "complex, fluctuating, and interrelated sites of meaning production and as loci at which relations of power are constructed, enforced, and resisted" (2). Gender identity is not *real*, in that it is not biologically predetermined or static. Instead, it is constructed by gender displays, which are essentially performances of a gender *ideal*. Today, this ideal is largely created and manifested in consumerist pop cultures, especially commercials, and is predominantly achieved by consumption.

After the World War II, the United States became an imperial superpower with its economic, military, and cultural influence reaching across oceans and continents. The U.S. is also home to the growth of a distinctive body-centric popular culture[10] that celebrates the consumerist ethos of modernity. And the omnipresent modern consumer body that American culture promotes to the world is essentially, in Baudrillard's words, not just a site of consumerism but itself "the finest consumer object" (Baudrillard 129). In the era of today, muscular bodies, and more importantly, taste and appearance of financial success have become the necessity for a *real* man (Alexander 535). In order to be *him*, men have to buy what *he* has. Men's desire to maintain patriarchal power is thus utilized into shaping them into docile consumers, and masculinity constructed as a product available for consumption.

Meanwhile, China opened up to the world in the late 1970s, and the nation looks drastically different ever since. The dominant ideas — the ideal Chinese man — have since departed far from the traditions. In fact, "Chinese masculinity ideals have undergone more fundamental changes in the last 30 years than at any other time in the last 3 000" (Louie 5). The traditional ideal man manifested in "the image of an educated gentleman who scorns monetary and material concerns" has since been "valiantly and virtuously struggling to lead a moral life in a materialistic and uncouth world" (Louie 89).

What, then, does Chinese masculinity look like today? How does it change over time? And in what way do the omnipresent American modernity and American manhood have an impact on contemporary Chinese masculine ideals? Through examining the manifestations of ideal men in both American and Chinese popular TV commercials, this paper investigates the similarities of American and Chinese masculine ideals, points out the influence of American consumerist masculinity on Chinese manhood today, and essentially argues that ideal masculinities in both cultures have been constructs *of* and *for* the hegemonic power structure. But first, what exactly does the American consumerist masculinity look like today?

2. Consumerist capitalism and the American masculine ideal

Seidler stated that in fact men constantly have to struggle to achieve and maintain their competitive level of masculinity, that it is "not something we as men can be relaxed and easy about. It is something we have to constantly prove and assert" (151). Since the late 20th century, Western societies have shifted from modern industrial capitalism based on production to postmodern consumerist capitalism (Baudrillard 409). While white, middle-class males have witnessed a displacement of their cultural authority due to the "social anxiety emerging as a result of the effects of rapid globalization, mass consumerism, women's expanding participation in the workforce and the increasing visibility and rise in socio-economic power of formerly marginalized and culturally diverse populations" (Muller and Holliday 431), traditional hegemonic gender identity and order are sustained and reinforced by displays of constructed *simulacra* (Baudrillard) of male elites as ideal manhood in luxury branding and advertisements with their accent on conspicuous signage and aestheticizing of the body and lifestyle. *He* — the ideal man — derives his identity entirely from his success in the capitalist marketplace, as he accumulated wealth, power, and status (Kimmel, 30). Gender anxiety and fears experienced by contemporary middle-class white males for losing their cultural and social authority and capitals have therefore turned them to vulnerable objects of this *hyperreal* (Baudrillard) images of ideal transnational business male elites constructed by consumerist capitalism.

The heteronormative masculinity in traditional form is expressed in four stages, namely, the Big Wheel (always have to be in charge), the Sturdy Oak (never show vulnerability and emotions), No Sissy Stuff (never be affectionate towards other men), and Give 'Em Hell (aggression and violence), which, to conclude, demonstrates how "a 'real man' must never, ever resemble women, or display strongly stereotyped feminine characteristics" (David and Brannon 14). With the changing masculine model, this hard, expressionless male body is loosened when *his* very identity is built not by his ability to produce and supply, but by his "look," which ironically is a stereotypical feminine characteristic. And this mutation of forms and expressions of masculine identity is believed to be rooted in anxieties such as self-doubt and fear of not finding a place in the new social structure (Alexander 535). Although it is true that such feminization of the masculine body around consumption practices may promise an ease of gender distinctions, it has not necessarily brought about "concomitant feminization of the public sphere" (Muller and Holliday 432). On the contrary, the consumerist culture has produced "forms of upper middle-class consumption aimed at sustaining the traditional powerbase of heteronormative masculinity"

(Muller and Holliday 432).

On the other hand, while scholars such as Kam Louie (2002) have been troubling the "normal" and "natural" models of masculinity set by the West, and emphasizing the plurality of masculinities in local contexts, the Western hegemonic gender order still dominates globally through trades and communications. Thus, whether it is called "transnational business masculinity" (Connell) or "marketplace manhood" (Kimmel), the model of the successful business elites emerged in the globalizing world in the postcolonial era (Connell), and the world is now "placing strategic power in the hands of particular groups of men — managers and entrepreneurs" (20). These men, according to Connell, are highly atomistic, competitive and largely distanced from social or personal commitments (34), and therefore embody traditional masculinity in a neo-liberal form.

In line with Judith Butler's idea of gender performativity, in today's popular culture, gender display is not biologically predetermined, but performances of a gender *ideal*: "One might just as well say there is no gender identity. There is only a schedule for the portrayal of gender" (Goffman 8). In the era of late consumerist capitalism, images and symbols have the power to subvert reality; and the constructed representation of reality is not necessarily based on the reality itself, not even referencing it (Baudrillard). Instead, we have substituted "signs of the real for the real itself" (351). Gender depictions in advertisements, therefore, do not represent how people act realistically, but tend to portray what people want to have or gain (Goffman). Ever since the early twentieth century, advertisers started to develop commercials aiming to excite consumption by associating people with intangible desires (Smith 15). Through fetishizing and commodifying the beautiful and openly sexual male body, which is displayed as a vehicle of pleasure and self-expression, and associated with hedonism and leisure, the commercial images of the ideal manhood emphasize heavily the importance of appearance and the "look" (Featherstone), achieved, of course, by consumption.

Example: 2012 Rolex commercial "Making of Rolex Deepsea Challenge with James Cameron"

In this 2012 commercial, James Cameron is welcomed into a modern international style building, which seems to be the headquarter of Rolex, and subsequently becomes the narrator of the process of Rolex's making of the Deepsea Challenge experimental watch that he wore during the challenge of him making history with the deepest-ever solo dive into the Mariana Trench — the ocean's deepest point. His hair and beard are well groomed, his pitch is low, his voice stable, calm, and confident. It is not his muscular body, but rather his confidence and comfort in this public working sphere as well as his "cleverness" that demonstrate his masculinity. Together with his age and business suit, it is made very easy for the audience to accept and respect his *authority* as a man. The tone of the background where he sits, or the tone of the entire commercial rather, is grey and neutral. That plus the blue glass corresponds to the exact color scheme that he is wearing — a well tailored black designer suit with white shirt and a blue tie — looking "professional," "modern," and "masculine," which not only indicates that he belongs to that public space, but also presents him as an economic elite with great *taste*, and more importantly, with the buying power to afford his suit and his Rolex.

After Cameron shows up and starts his narration, the commercial displays the team that make the watch. "I've always had a respect for fine craftsmanship and engineering design." he says, "Going from essentially a new idea, to finished CAD, to machinable working program ... that is phenomenal." This "small, highly motivated, experienced team working in a very short period of time to do something that other people would tell you is impossible" is consisted only of men, with the exception of one woman placing the crystals on the analog dial of the watch and stamp on the back of it. From the design team to the man putting the gear system of the watch together to the testing team, everything relevant to creativity and everything revolving around operating machines are exclusively distributed to men. Women, of course, are only good at some nonessential craftsmanship, with their "natural" focus on details. Not only are they irrelevant to what makes the watch and the team so "phenomenal," but also, compared to the men, she is working alone, in a space where the background is hidden, so that the relationship between her and the working public space is minimalized.

Further, James Cameron is one of the world's most acclaimed directors, and therefore, it is unlikely that he did the challenge of solo-diving for money or professional needs, but rather, it is a leisure activity for him. The representation of ideal masculinity here thus belongs to the leisure class, which consists of social and business elite who are able to detract themselves from labor and productivity and instead engage in pecuniary activities. Members of leisure class attempt to display their status as social elite and gain social capital through their pattern of consumption. Cameron's challenge as well as his watch therefore serve as the benchmark for his elite status, and a statement that he is above laboring activities and laboring class, in that he can afford to be frivolous with the level of material life. Again, today's society has entered a stage where everything becomes a commodity, so that contemporary manhood is not only a product of commodification, but also a commodity itself. By displaying the luxurious commodities and his buying power, which, in this case, are his designer suit, his watch, and his leisure activities, the ideal man creates a consumption model for the lower-status groups to emulate in an attempt to increase their own status and social capital. In order to be *him*, one needs to buy into this commodity defined form of masculinity, and have the same buying power to afford his style, his taste, and his leisure.

Last but not least, the commercial ends with a display of the perfection of the look of the watch and its technology as a thing to worship. The emphasis about the Deepsea Challenge watch in the commercial fits perfectly into the hypermasculine discourse of modernity and principles of efficiency, precision, and rationality, as well as individualism. Displays of achievements in public spheres are mostly exclusive to men, with the reinforcement of the implicit sexual division of labor and the glorification of man, masculinity, and technology. In short, this Rolex commercial utilizes the norms of gender roles and performatives, and further turns such "natural" gender identities as commodities.

3. Contemporary Chinese men

China's economic reform and opening up to the globalizing world have brought about a revolution in almost all aspects of people's lives. Back in the 1970s, it was the workplace that determined a person's, or a family's standard of living: from small consumer items such as birthday cake and weekly movies to food and apartment, to social welfare, the enterprise provides almost everything for the employees (Davis 2). Thus, living standards became homogeneous for people working for the same factory: "family members lived in comparable homes, took the same buses to work, confronted similar food shortages, and faced an equally limited choice of leisure activities and selection of clothing. ..." (3). People at the time shared a similar lifestyle, status, and a homogenous "look."

It was the economic reform that enabled people to climb up the social ladder and commit business activities. As Hooper mentioned, if China's pattern of burgeoning consumerism and increasing integration into the global economy sounds any familiar, the country really distinguishes itself by the dramatic change in the country's social environment — If the three decades before the initiation of reform and opening up in 1978 was an era of "imposed austerity and asexual representations," then post-1978 China has witnessed the creation of "a gendered consumer culture" (Hooper 173), where both men and women are "being utilized to create and manipulate personal desires, both as consumers and as sexualized objects of consumption" (167). The "gender erasure" era that stressed "equality" between men and women in a sense that they should produce and appear exactly the same way now completely disappeared, and the nation-state witnessed the arising of a consumer and post-feminist society that stresses gender division of labor.

Furthermore, the economic reform not only swept away the

asexual hero archetype, but also denounced the gentry-class, self-controlled *junzi* as the cause of the "emasculation" of the Chinese nation.

What did not go through a crisis, however, is men's superiority to women ensured by cultural concepts, institutional arrangements and status identification (Wu 155). As L. H. M. Ling argues, economic development, in particular, is the site of the enactment of hypermasculinity: "[G]lobalization carries with it an association of capital-intensive, upwardly mobile hypermasculinity. This is opposed to an implicitly closed, localized, service-based, and socially regressive hyperfemininity" (278). Anything backward is considered feminine, and anything smacking of femininity is denigrated in order to glorify masculinity.

Meanwhile, money becomes power, and man's income and buying power for the first time in Chinese history become one of the most important variables to determine manhood. As Geng Song states, "As a result of the redistribution of wealth and power and the emergence of the nouveau riche, masculinity is now primarily defined in terms of wealth," and "the hegemonic definition of masculinity is a man *in* power, a man *with* power, and a *man of* power" (406 – 407).

Therefore, to many keen observers such as Hooper, China probably came closer than virtually any other society in history in removing previous constructions of gender roles and identity. The new desired Chinese man, as a result, is no longer the Confucian gentry man, but a site of consumerism and the "finest consumer object" (Baudrillard 129). He is thus a product of the current commodification of every realm of society, the embodiment of vicarious achievement, and the epitome of conspicuous consumption and leisure.

Example: *2016 Gionee M2017* (*Cellphone*) *Commercial*
Gionee is one of China's largest smartphone companies. Compared to a lot of the stereotypical "copycat" smartphone manufacturers, however, Gionee is targeted towards a more expensive market.

Among all the company's smartphone products, M2017 is the most expensive. The model was launched in December 2016, with prices for the basic specs starting from ￥6,999 (approximately $1,054). And if you wish to get crocodile, for example, the price can go as high as ￥16,999 (approximately $2,560). In fact, it states specifically on the ad (above) that the phone is a "logo of success."

On the company's official website, it describes the phone as specifically geared towards businessmen: "With a professional and focused attitude, adhering to the principle of simplicity, efficiency and ease of use, we provide a complete set of mobile solutions for business travel and social networking." All of the keywords in the ads, from "professional," "efficiency," to "travel" as a manifestation of mobility, are highly associated with the modernity and hypermasculinity. In order to appeal to the mobile and transnational business elites, it even has a feature called "Abroad Assistant" that provides lower-cost data overseas, all kinds of conversion information, as well as LTE coverage.

The contemporary discourse of Chinese masculine ideal is constructed through mass media texts. In a minute-long commercial of M2017 debuted at the phone's launch event, the overarching theme is a description of the "successful men of the time." There are multiple "successful" men in it. Some of them are more mature, some are younger. Noted, all of the settings where these men appeared were public spaces, and the overall color theme of the commercial is rather cool-toned, mostly grey and blue which, I guess, makes everything look more "professional" and "masculine."

The commercial opens up with the scene where a well-suited man walks slowly towards a huge skyline view of supposedly downtown Shanghai. "They establish themselves based on the tendency of the day," narrated simultaneously by a low-pitched "manly" voice in the background, "and they set their eye on the globalized world." The scene then switched to a close-up shot of his eye, then the skyline of New York City. Thus, the opening of the commercial in actuality makes it crystal clear that the "successful men of the time" are no one but transnational business elites.

Next, there is a close-up shot of a grey haired man in a black dress shirt and a cravat — elite class indeed. Instead of having a stiffer, more traditional work attire like a white shirt and a tie, his outfit, especially the cravat, not only shows that he has a great taste of style and can afford his style, but also illustrates that his status is higher than the white-collar class who have a more formal dressing code in corporate office. His form is in deep shadow, but the light illumined his face, which looks serious and determined. His wrinkles and hair stand for his experience; his glasses embody his wisdom. He has his chin resting on one hand as though he is in some sort of deep thoughts. There are really not many emotions on his face — another performative act of his masculinity. Besides, he has rather deep facial features, especially a tall nose bridge, which is somewhat atypical among Chinese. Apparently, the "Chineseness" of ideal Chinese men has been eroded. What becomes more important is his elite status and his "look" that has a transnational appeal.

The next scene is a well-suited younger looking man standing on top of New York City. The color of his suit mingles well into the tone of NYC. He opens up his arms as if he owned the city, as emperors own their empires. Simultaneously, the narrative goes, "They seize their opportunities and climb up the ladder." Apparently, NYC has become the symbol of the ultimate goal of successful Chinese businessmen, which once again shows the impact of globalization on the contemporary Chinese construct of ideal manhood. He has to be transnational.

Then the camera turns to a group of six young men and a young woman talking and having drinks together. The fact that the room looks like a corporate office and that the men are still wearing their work attire indicates that it may as well be a pastime after work. However, the only woman in the scene who only has her back visible is wearing a bodycon dress with long wavy hair. Unlike the men in the room, her outfit is not particularly "work appropriate." Of course, one can argue that she may as well be resisting the dressing code in public spaces made by men which is essentially declaring that public/work spaces belong to men, and women have to give up their femininity and somewhat be a man in order to enter it. In this particular commercial that glorifies hypermasculinity though, such possibility is very unlikely. Rather, she looks like a necessary adornment to a group of young men who are entertaining themselves.

Moreover, in a subsequent close-up shot of four of the men cheering together, there is a white man. He is not the center of the group's attention. Instead, he is smiling and cheering at a younger Chinese man. After a "century of humiliation" where China was in constant defeat by the West from the 1840s till the establishment of People's Republic of China, the nation is desperate to seek the hypermasculine modernity.

Then there come leisure activities. First there is a middle-aged man playing golf. He is in a white polo shirt and white pants, which again matches the background color of the green golf court. He brandishes his golf club confidently, which also indicates that he belongs in this social setting. There is no trace of labor or productivity by any means in this scene. Contemporary ideal Chinese men thus need to be the leisure class, namely social and business elite, who are able to detract themselves from productivity and engage in pecuniary activities. Members of leisure class display their elite status and gain social capital through their pattern of consumption. His leisure activities therefore serve as a logo for his identity, and a statement that distinguishes himself from laboring activities and laboring class. Moreover, there are three women standing behind him. At first glance you would think all three of them are caddies. After all, they all wear yellow shirts and white hats, blending into the green trees in the background in order for the male to get all the attention. There is really not much difference between the three women — they even stand together in the exact same pose. The only thing that sets them apart is that one of them is holding a golf club. We do not know her relationship with the man, for there is no mutual communication between the two. She is just standing there and staring at the man playing. Women are needed in the scene only because masculinity is a concept of bigotry — it is essentially defined by what is not feminine. *He* is actively playing golf and enjoying himself, whereas *she* is either a nobody passively standing in the background appreciating his skills, or working as a caddy serving him. At the same time, different from the traditional asexual *junzi* who is supposed to restrain himself from temptations, being attractive to women becomes a necessity for men to be considered ideal in today's China.

Other scenes include a well-suited man enjoying the panorama view of the urban skyline and playing a Go stone in his hand in front of the French window in his huge modern corporate office. There is also a group of suited men talking business with an assistant-looking woman following behind. And the commercial finally ends with a man on the peak of a snow mountain as if he was standing on top of the world, while the narrative goes, "They are the successful men of the time."

By displaying their designer suits, their fancy corporate offices, their leisure activities, and more importantly, their transnational success and their mobility: the ability to travel, participate in sports, climb up the ladder, and slide into multiple social roles freely, the ideal men create a consumerist model for the lower-status groups to emulate. In order to be *him*, an ideal man, they need to first buy what he has: his "look" and his lifestyle. In this specific case, they have to buy his phone: Gionee M2017 — one of the most expensive phones on the market — the "logo of success."

Meanwhile, women's liberation movements in China can be traced back to the May Fourth New Culture Movement in 1919. Now that China has opened up to the globalized consumerist economy, the increasing economic opportunities for women seem to give women more space for self-expression and social mobility. In reality, however, there has been an ever-enlarging gap between genders in the labor and consumer markets. When the state has developed into a certain phase where female labor is less needed, the discourse started to instead encourage women to leave work and go back to homes.

4. Conclusion

Nowadays, "consolidating states throughout the world became

intensely preoccupied with regulating and shaping the bodies of inhabitants ... in ways that would facilitate governance, promote the growth of commerce and national influence, and forge dominant majoritarian views of an optimal citizen" (Rosenberg and Fitzpatrick 7). Meanwhile, the American masculine construct attained global appeal by its transnational media circulation. The consumerist male body has become omnipresent, and the "look" of a successful business elite has become the necessity for a *real* man. As a result, men's desire to maintain patriarchal power is utilized into shaping them into docile consumers. The ideal man is constructed not just as a site of consumerism, but "the finest consumer object" (Baudrillard 129). That is to say, the transnational businessmen are considered ideal for their consuming power displayed by their look, but at the same time, they are themselves objects for others to consume. In order to *him*, men have to buy what *he* has.

Transnational media circulations helped associate this consumerist masculine ideal with a compelling modernity, which is particularly appealing to contemporary Chinese men. Therefore, the ideal man in China today resembles nothing like the Confucian *junzi*, but is individualistic, mobile, transnational, and more importantly, defined by consumerism. The perceived masculinity crisis in contemporary China and the consequent national movement of "seeking masculinity" is actually a manifestation of Chinese nationalism. It is the ambition to "make China great again" that results in the disappointment of traditional Chinese men and the reverence for modernity and manhood. Consequently, Chinese masculinity is losing its Chineseness, and becomes very similar to the American consumerist masculine ideal of the transnational business elites. Therefore, Chinese nationalism is becoming simultaneously transnationalism.

Although this globalized hypermasculinity suffers from internal contradictions and existed local ideologies, all of these patriarchal competitions, however, share a common ground of subordination of women and femininity. The discourse of modernity itself is considered hypermasculine (Ling 1999). Achievements in public spheres and economic activities are exclusive to man, and everything private and non-competitive is considered feminine. This is a further reinforcement of the implicit sexual division of labor and the glorification of man and masculinity " dispersed through and disguised as modernization and internationalization" (Ling 278).

REFERENCES

[1] Alexander, Susan M. Stylish Hard Bodies: Branded masculinity in *Men's Health Magazine*[J]. *Sociological Perspectives*, 2003, 44(4): 535 – 554.

[2] Baudrillard, Jean. The Precession of Simulacra [A]. In John Storey (ed.). *Cultural Theory and Popular Culture: A Reader*. 4th Ed [C]. Harlow, England: Pearson Prentice Hall, 2009. 409 – 415.

[3] Butler, Judith. *Gender Trouble: Feminism and the Subversion of Identity* [M]. New York and London: Routledge, 1999.

[4] David, Deborah and Brannon, Robert. *The Forty-nine Percent Majority: The Male Sex Role*[M]. Addison-Wesley Pub.Co., 1976.

[5] Du, Xiang-Yun. *Gender and Diversity in a Problem and Project Based Learning Environment*[M]. River Publishers, 2011.

[6] Featherstone, Mike. The Body in Consumer Culture[J]. Theory, Culture & Society, 1982, 1(2): 18 – 33.

[7] Goffman, Erving. *Gender Advertisements* [M]. New York: Harper & Row, 1976.

[8] Hooper, Beverley. Flower Vase and Housewife: Women and Consumerism in Post-Mao China[A]. In: Sen K and Stivens M (eds.) *Gender and Power in Affluent Asia*[C]. London: Routledge, 1998.

[9] Kimmel, Michael S. *Masculinity as Homophobia: Fear, Shame, and Silence in the Construction of Gender Identity* [M]. H. Broad and M. Kaufman, CA: sage, 2005.

[10] Kimmel, Michael S. *The Gender of Desire: Essays on Male Sexuality* [M]. New York: State University of New York Press, 2005.

[11] Louie, Kam. *Theorizing Chinese Masculinity: Society and Gender in China*[M]. Cambridge and New York: Cambridge University Press, 2002.

[12] Louie, Kam. *Chinese Masculinity in a Globalizing World*[M]. London

and New York: Routledge, 2015.

[13] Muller, Vivienne and Holliday, Penelope Ann. When everything old is new again: class, consumerism and masculinity in Alasdair Duncan's Metro[J]. *Journal of Australian Studies*, 2009, 33(4). (2009): 431‐443.

[14] Connell R. W. Masculinities and Globalization [J]. Men and Masculinities, 1998, 1(4): 3‐23.

[15] Patz, Henrike Stefanie. Gender and Technology: The 'Female Factor' in Software Design. MA thesis[D]. Vienna University of Technology, 2011.

[16] Song, Geng. *The Fragile Scholar: Power and Masculinity in Chinese Culture*[M]. Hong Kong: Hong Kong University Press, 2004.

[17] Song, Geng. Chinese Masculinities Revisited: Male Images in Contemporary Television Drama Serials[J]. *Modern China*, 2010, 36(4): 405‐26.

[18] Wajcman, Judy. *TechnoFeminism*[M]. Cambridge: Polity Press, 2004.

[19] Wu, Xiaoying. Introduction: Social Change and Chinese Women [J]. *Social Sciences in China*, 2010, 31(2): 130‐134.

[20] Yang, Guobin. *The Power of the Internet in China: Citizen Activism Online*[M]. New York: Columbia University Press, 2009.

（作者通讯信息：中国海洋大学

quchristine@126.com）

翻译研究
Translation Studies

翻译与国运兴衰

王东风

0. 小引：假如没有翻译

标题空间有限，实际上想说的是：翻译兴则国兴，翻译衰则国衰，翻译亡则国亡。汉唐盛世以降的中国国运的兴衰充分地说明了这一点。

就地缘政治与军事而言，翻译意味着"知己知彼"，那么不翻译意味着什么？在"知己知彼，百战不殆"这一至理名言的参照之下，后果只能是"屡战屡北"。

就经济、文化而言，翻译意味着"对外交流""取长补短"；那么不翻译就意味着闭门造车，闭目塞听，自绝知识拓展之门，最终只能沦为井底之蛙。于是，翻译便成了文明程度的标杆、文化进步的标志。

从文化的角度而言，翻译引进知识，知识成就智慧，智慧建构文明与富强。

假如没有翻译，我们的世界会是什么样子？我们的中国会是什么样子？

这个问题目前大概也只有搞翻译研究的人才会愤愤不平地纠结于心。他们会认为，没有翻译，何来世界的文明、进步、繁荣与和平？没有翻译，人类可能还在为了填饱肚子而在原始森林之中摸爬滚打、茹毛饮血。一个不翻译的民族注定是愚昧的民族，等待着它的只能是被动挨打。

然而，对于当今大多数人来说，他们在幸福或不幸福的生活中早已忘记了他们的衣食住行吃喝拉撒无处没有翻译留下的痕迹。

人们之所以选择忘记，是因为那翻译的痕迹或已模糊不清，或像空气一样仿佛不存在。

国学大师季羡林说：

> 中华文化这条长河，有水满的时候，也有水少的时候，但却从未枯竭。原因就是有新水注入。最大的有两次，一次是从印度来的水，一次是从西方来的水。而这两次的大注入依靠的都是翻译。**中华文化之所以能常葆青春，万应灵药就是翻译**。翻译之为用大矣哉！（季羡林 1997：2）

从历史的角度看，一个若隐若现的规律应该引起我们的关注：中国国运兴衰的曲线与翻译事业兴衰的曲线若即若离，大体一致。

1. 新知注入第一波：佛经翻译与汉唐盛世

汉唐盛世，中国国运兴衰的曲线在中国历史上第一次摸高，而那时，翻译事业兴衰的曲线也正在高位盘旋。

回到历史原点：秦始皇统一六国之后，发动了中国历史上第一次大规模的文化清洗运动：焚书坑儒。曾经百花齐放、无比繁荣的先秦诸子百家的思想随即凋零，只剩一个法家。到了汉代，也是罢黜百家、独尊儒术的一枝独秀的局面。正是在这样的文化背景之下，佛经进来了。佛经的翻译，除了带来宗教的兴盛之外，它还对中国文化进行了一系列的新知输入行动：佛经中的哲学、伦理学、逻辑学刺激了中国思想界的复兴，如宋明理学；佛经中的偈颂刺激了中国诗歌的勃兴，如诗歌的声律；佛经中的叙事刺激了中国小说的发生，如《西游记》；佛教中的绘画和禅宗思想刺激了中国绘画和雕塑艺术的发展，如莫高窟；佛经中的语言刺激了中国语言的升华，如四声的提出、大量词汇的引进；佛经的翻译刺激了中国对外文化交流的昌盛，如丝绸之路；佛教中的音乐刺激中国民乐的繁荣，等等。

在如此全方位的刺激之下，中国的国运自然随之腾飞。

曾几何时,在中国大地,倾国倾城者,除了美女之外,还有翻译家!

《高僧传》中记载了后秦皇帝苻坚为争夺两位佛经翻译大师而不惜发动战争的故事:

> 时符坚素闻安名,每云:"襄阳有释道安,是神器,方欲致之,以辅朕躬。"后遣符丕南攻襄阳,安与朱序俱获于坚,坚谓仆射权翼曰:"**朕以十万之师取襄阳,唯得一人半。**"翼曰:"谁耶?"坚曰:"安公一人,习凿齿半人①也。"(释慧皎 1992:181)

道安何许人也? 佛经翻译时代的大翻译家是也,著名的"五失本三不易"就是他提出来的。历史上那个著名的襄阳之战,居然是前秦世祖宣昭皇帝苻坚为迎请道安而发动的一场战争(378年2月至379年2月)。这算是一个暴力"倾城"的案例。

苻坚打襄阳竟然是为了引进人才! 听上去有点让人匪夷所思,难以置信。是不是佛教圈内以讹传讹的夸张说法? 查阅史书,发现此言非虚。据《十六国春秋别传·卷四·前秦录》载:

> 十三年,太史奏有星见于外国之分,**当有圣人之辅,中国得之者昌。坚闻西域有鸠摩罗什,襄阳有释道安,并遣求之。**

《晋书》中虽然没有说苻坚打襄阳是为了引进人才,但《晋书》中的一段话,却从另一个侧面看出苻坚对道安那不一般的器重:

> 坚(苻坚)……游于东苑,命沙门道安同辇。权翼谏曰:"臣闻天子之法驾,侍中陪乘,清道而行,进止有度。三代末主,或亏大伦,适一时之情,书恶来世。故班姬辞辇,垂美无穷。道安毁形贱士,不宜参秽神舆。"坚作色曰:"**安公道冥至境,德为时尊。朕举天下之重,未足以易之。**非公与辇之荣,此乃朕之显也。"命翼扶安升辇,顾谓安曰:"朕将与公南游吴、越,整六师而巡狩,谒虞陵于疑岭,瞻禹穴于会稽,泛长江,临沧海,不亦乐乎!"(《晋书·载

---

① 习凿齿,东晋名士,因有腿疾,被苻坚称作"半人"。

记十四·符坚下》)

其实,这里话说得更重:"朕举天下之重,未足以易之"——拿天下都不足以换一个道安,这里就不是"倾城"了,而是"倾国"了。由此看来,《高僧传》里的记载就有一定的可信度了,至少体现出符坚对道安不一般的器重。

襄阳之战不久,符坚为"求"另一位"圣人"鸠摩罗什不惜又发动了一场战争。《高僧传》对这场战争的起因做了如下记载:

> 时符坚僭号关中。有外国前部王及龟兹王弟并来朝坚,坚引见,二王说坚云,西域多产珍奇,请兵往定,以求内附。至符坚建元十三年(公元三七七年)岁次丁丑正月,太史奏云:"**有星见于外国分野,当有大德智人,入辅中国。**"坚曰:"**朕闻西域有鸠摩罗什,襄阳有沙门释道安**,将非此耶。"即遣使求之。至十七年(公元三八一年)二月,善善王、前部王等,又说坚请兵西伐。十八年(公元三八二年)九月,坚遣骁骑将军吕光、陵江将军姜飞,将前部王及车师王等,率兵七万,西伐龟兹及乌耆诸国。临发,坚饯光于建章宫,谓光曰:"**夫帝王应天而治,以予爱苍生为本,岂贪其地而伐之乎,正以怀道之人故也。朕闻西国有鸠摩罗什,深解法相,善闲阴阳,为后学之宗,朕甚思之。贤哲者,国之大宝,若克龟兹,即驰驿送什。**"(同上:49-50)

《高僧传》的记载与其他史书形成了互证。于是,在襄阳之战以后,符坚又派大军去攻打西域重镇龟兹,为的就是要迎请他心目中的"国之大宝"鸠摩罗什,而不是"贪其地而伐之"。最终,符坚手下大将吕光率大军"讨平西域三十六国"(《晋书·载记十四·符坚下》),攻下龟兹,"求"到了鸠摩罗什。这算是一个暴力"倾国"的案例。

如果说道安和鸠摩罗什因他们的聪明才智而引来暴力"倾城"、暴力"倾国"的话,那么另一位佛经翻译达人玄奘取经回国时在长安则引发了一场魅力"倾城"。当年玄奘取经回国,长安官民倾城而出,万人空巷,为的就是一睹其尊荣。《续高僧传》对这一

盛事做了如下描述:

> 以贞观十九年正月二十四日届于京郊之西。道俗相趋,屯赴
> 阗闉,数十万众如值下生。将欲入都,人物諠拥,取进不前,遂停别
> 馆,通夕禁卫,候备遮断,停驻道旁。从故城之西南至京师朱雀街
> 之都亭驿,二十余里,列众礼谒,动不得旋。……致使京都五日,四
> 民废业,七众归承,当此一期,倾仰之高,终古罕类也。(道宣
> 2014:119)

玄奘回国后,受到了唐太宗极高的礼遇,而唐太宗并不是个佛
教徒,他器重玄奘不是因为他在佛教上的造诣,而是他明显高人一
筹的智慧、见识、勇气、坚忍和才干。

> 帝以法师学业赅赡,仪韵淹深,每思逼劝归俗,致之左右,共谋
> 朝政。(彦悰、慧立 1989:141)

可见,唐太宗赏识玄奘,并不是因为宗教原因,而是看重他的
才学,这样的才学是可以帮助君王治国理政的,因此唐太宗曾两次
屈尊恳请玄奘参与辅政,但都被一心要做佛经翻译的玄奘婉拒了。

道安、鸠摩罗什和玄奘这三位高僧大德之所以能达到义贯两
乘、荃晓三藏、学通三教的境界,翻译是一个必不可少的能力。他
们因为翻译,而比一般人多了一个巨大的知识来源,懂外语能翻译
让他们别有一双慧眼可以洞悉另一个文化圈的知识体系,所以他
们的智慧才达到远远高出同时代人的水准。

佛经凝聚着释迦牟尼的智慧,原本就是一个哲学、逻辑学、伦
理学的思想体系,而且充满了文学的气息,因此佛经的引进实际上
是极大地刺激了本土人文思想的复兴。一个时代的振兴不能说与
那个时代的精英群体的思想进步没有关系。如果一个国家的精英
阶层思想落后,那个国家的治理也不可能有很好的发展。古代帝
王重视这类人才,与其说是因为宗教的原因,不如说是为了安邦定
国之需。苻坚认为,道安这样的"神器"是可以"以辅朕躬"的;而
他的太史也认为,外国那位"大德之人"(即鸠摩罗什)是可以"入

辅中国"的，"中国得之者昌"。而在唐太宗的眼里，玄奘则"堪公辅之寄，因劝罢道，助秉俗务"（同上：133）。

在古代中国，盛唐时期也正是佛经翻译的鼎盛时期。玄奘去世之后，佛经翻译开始走弱，直至晚唐武宗灭佛，翻译事业迅速枯萎，而唐朝的国运也迅速走向灭亡。晚唐六个皇帝有两个（武宗和宣宗）都是因为信道教服金丹而亡。最后，国破家亡，整个国家进入了黑暗而血腥的五代十国时期。

唐朝之后是北宋。北宋立国之后，迅速恢复佛经翻译，重建译场。有意思的是，社会繁荣也随之而来，农业经济、手工业、商业乃至工业和科技都有了迅速的发展。北宋的造船、矿冶、纺织、染色、造纸、制瓷等手工业在生产规模和技术上都超过了前代。尤其是闻名于世的指南针、印刷术和火药三大发明，都出现在这个阶段。但1082年，即元丰五年，一心寻求变革的宋神宗却废除译场，汉唐以降的佛经翻译至此宣告结束。再看国运兴衰的曲线，我们会不无惊讶地发现：1126年金军攻入开封，次年，废宋帝，北宋亡（1127年）。

金军退走之后，赵构立刻在南京（现在的河南商丘）建立了南宋政权。但不做翻译的南宋，没撑多少年（1127—1279），便被元军所灭。宋朝遂被元朝所取代。

表面上看，佛经翻译与唐宋的兴衰没有直接关系，但为什么翻译不作为之后，就出现国家灭亡的结果？又为什么只要做翻译了，国家就会出现繁重昌盛的图景？这是因为，翻译的一大功能是引进知识，因此翻译的存在就意味着思想层面上的一种包容、开放和进取，意味着对外交流的活跃，意味着国际交往时的知己知彼。佛经翻译表面上看只是一种宗教文献的翻译，但佛经中不可避免地会包含种种原本不为我们所知的知识，这些知识会开拓人们的视野，激发人们的创造力，从而推动思想的进步、生产力的发展乃至民族的复兴。反之，如果国家层面上出现翻译不作为，则思想会逐渐变得封闭保守、闭目塞听，跨文化知识更新中断，久而久之难免会走向知识枯竭、积弱而亡的下场。

2. 新知注入第二波：西学东渐与现代繁荣

记得在一个文献中看到，徐光启是明朝唯一一个明白人。为什么这么说？

为什么林则徐被认为是"近代中国开眼看世界第一人"（范文澜1947：19）？

为什么汤若望，一个外国传教士，会被册封为一品高官？

为什么在中国这个有着五千年文明的国度，19世纪末的严复居然被认为是"启蒙"思想家？时至今日，他仍被我们的总理李克强认为是"第一批放眼看世界的人"？

又为什么，胡适在年仅二十多岁时的一番作为，就被后世称为是"中国文艺复兴之父"（"the Father of the Chinese Renaissance"）（Fleischmann 1967：224）①？

为什么？

因为，他们都有一个共同的身份：翻译家，如同佛经翻译时期的道安、鸠摩罗什和玄奘。

翻译让他们多了一双慧眼，借此他们可以看到旁人看不到的东西。那"东西"小而言之是一个文化圈的知识，大而言之则是整整一个世界。因此，其知识的体量注定不同于一般人，当一个有智慧的人同时又拥有了阅读异域文本的能力，其能力必然会卓尔不群。

外来文明对中国的第二次新知输入，最初也与宗教有关。西方传教士为了在中国传教，与中国知识分子一起翻译了大量的西方宗教和科技文献。通过这些翻译，西方文化的方方面面，先是科技成果、宗教文化，继而是更加广泛的人文社科知识，开始进入中

---

① 另见见美国哥伦比亚大学校庆250周年对胡适的介绍 http://c250.columbia.edu/c250_celebrates/remarkable_columbians/hu_shih.html

国的视野。

第二次大规模的外来新知输入主要来自欧美，主要内容是科技和人文社科，分三个阶段。明末清初为第一个阶段，科技翻译是这一阶段的主体；清末民初是第二阶段，人文社科翻译是这一阶段的主体；第三阶段是改革开放之后，西方文化的全方位翻译是这一阶段的主体。三个阶段的翻译，一次比一次强度大、范围广，而中国的国家命运也随着这三次翻译阶段的起起伏伏而艰难前行，一步一步地从落后走向了发达，从贫穷挨打走向了国富民强。

西学东渐的第一个阶段是耶稣会士的翻译。虽然历史上把这个阶段定为明末清初，并且将这一阶段视为中国翻译史上的第二次翻译高潮，但实际上，以科技翻译为主体的耶稣会士翻译主要是在明末，最主要的人物是利玛窦、汤若望、徐光启。他们所翻译的文本涉及数学、天文、生物、医学、地理、农业、语言文学、哲学、教育、机械和兵器制造，等等。利玛窦去世后（1610 年），礼仪之争随即浮出水面，中西冲突加剧，朝廷开始禁教，科技翻译活动逐渐没落。但在明军跟清军的初次交手中，明军却正是利用由利玛窦和徐光启开启的中西交流之便，引入了西洋火器"红衣大炮"。仿造这些火炮的人就是传教士汤若望，他还写了一本有关火炮的专著，名为《火攻切要》。如果这背后没有翻译的助力，这样的交流、引进和仿造均不可能实现。明军最初在与清兵的血战中，正是红衣大炮力保明朝城池不失。努尔哈赤正是被红衣大炮所伤，最后因伤重不治而亡。明熹宗特封红夷大炮（即红衣大炮）为"安国全军平辽靖虏大将军"。相比之下，没有与西方交流的八旗军队，再怎么骁勇善战，也难敌强大的火炮攻击。若不是后来明朝内部发生内乱（朝廷内部窝里斗和李自成率起义军打进京城），明朝未必那么快就被清朝所灭。

西学东渐的第二个阶段是清末民初。清初的顺治、康熙皇帝对明末传教士所带来的西洋科技非常重视，因此与传教士过从甚密，并开启了清朝的鼎盛时期——康乾盛世。传教士汤若望正是在顺治的特批下坐上一品大员的位置的。后来的雍正坐享其成，继承了康熙皇帝创下的伟业，但却由他埋下了一个祸根：因为与西方宗教之间的礼仪之争而下令禁教。如果仅仅是因为宗教原因而禁教，未必会给国家带来直接的危害；但如果因为禁教而关闭了与西方的交流，就是另一回事了。于是，短暂的康乾盛世之后，清朝很快就尝到了翻译不作为的苦果。正是在清朝因为禁教而闭关锁国的这几百年里，西方爆发了工业革命，而清朝因为两耳不闻窗外事，便完全失去了与西方同步发展的机会。待西方把工业革命凝聚而成的国力投入对外扩张之时，清政府才无比惊骇地意识到，自己已成挡车的螳螂，别说两次鸦片战争中西方列强的坚船利炮了，就借西方宗教幌子武装起来的太平军，就差点拿着洋枪洋炮轰翻了大清帝国。而太平天国的一群农民何以爆发出那么强大的能量？其背后实际就有着密集的翻译运作：《圣经》的翻译给太平天国带来造反的政治理据，洪秀全据此迅速凝聚了人心和人气。尽管清政府在一败涂地时又想起了当年打得他们落花流水的红衣大炮，只可惜乾隆皇帝在位期间大搞文字狱，烧掉了有关火炮制造的资料，以至于造出来的火炮还不如明朝的红衣大炮。清政府这时才发现闭关锁国的危害，亡羊补牢，开始洋务运动，并向海外派遣留学生，却无意之间开启了史称的第三次翻译高潮，也就是本文所说的第二次新知注入的第二个阶段。

如果说明末翻译家们的翻译还未让那时的中国人意识到西方的强大、自己的落后，那么鸦片战争中西方列强的坚船利炮则着实让中国人见识到了枪炮的恐怖，而清末翻译家对西方思想的翻译则让中国的知识精英意识到了闭关锁国的可怕，那种井底之蛙的状态才是落后挨打的根本原因。翻译所起到的就是启蒙的作用。于是，一批政治精英与翻译联手，对我们那行将干涸的"中国文化长河"展开了一个又一个"救亡保种"的行动：洋务运动——戊戌变法——五四运动……，直至"十月革命一声炮响，给中国送来了马克思列宁主义"……再到改革开放让中国走上了富强的快车道。

中华民族终于由翻译而被启蒙,睁开了沉睡千年的眼睛,告别闭关锁国、蒙昧无知,开始走上了现代化征程。

正是由于翻译家可以通过翻译遥看万里之外的西方,他们才得以在那自命普天之下莫非王土的明、清帝国,痛彻地感受到了西方的强大,一种发自内心的紧迫感、危机感使徐光启早早地发出了"欲求超胜,必须会通;会通之前,先须翻译"的呼声,其中的"超胜"一语正是他睁眼看到了西方世界之后的深切感悟,从中可以清楚地看出,他已经意识到了西方的强大、中国的落后。也正因为如此,他才会有"超胜"西方的诉求和渴望。在那个弱肉强食、殖民主义狼烟四起的时代,落后固然可怕,但认识不到自己的落后,反而自以为老子天下第一,则更可怕。明清时期的翻译家们的可贵就在于他们通过翻译清醒地意识到了自己国家的落后;而更加可贵的是,他们已经找到克服落后、力求"超胜"的法宝——翻译。

清末洋务运动时期,政府向海外输送留学生,其中一位被送到英国留学的青年才俊学成回国后,开始翻译西方的人文社科的学术成果,此人就是严复。与此同时,他的同乡林纾则开始大量翻译西洋文学。国外的知识在被封锁了数百年之后再次开启对中国这条文化长河的新知注入模式。不久,留学归来的孙中山,更是从林肯的"葛底斯堡演说"中,把美国式的"三民主义": *of the people, by the people, and for the people*,翻译成了"民有、民治、民享",并从中悟出了符合当时中国国情的"三民主义":民族、民权、民生,并把法国大革命的口号 *liberté、égalité、fraternité* 译成"自由、平等、博爱",唤起了全国人民的斗志,最终推翻了腐朽落后的清王朝,结束了统治中国长达数千年的封建帝制。再往后,"十月革命的一声炮响,给中国带来的马克思列宁主义",(其实"炮响"只是个比喻,本体则正是"翻译"),中国共产党成立,在马克思列宁主义思想的指导下,推翻三座大山,建立了新中国。

新中国成立后,翻译活动虽然有了一些限制,但并没有停止,源语文本主要来自苏联,新中国的文化和经济建设也因此而在极短的时间内实现了飞跃。

到了 1978 年,中国实行改革开放,对外翻译活动逐渐全面展开,这就是第二次新知注入的第三个阶段。这是中国历史上规模最大、方位最全的翻译活动。有一个非常值得关注却一直被忽略的因素,有必要在这里提一下。改革开放的一个标志性举措是恢复高考,大学课程设置的标志性举措是外语成为必修。在此,国家做了一个非常英明但在当时却被很多人不理解的一个决定:让全体大学生都学外语。回顾历史,我们不难看出,这是要我们全体大学生都要做“开眼看世界”的人。几十年过去了,中国的经济腾飞,让世界大吃一惊。但是,如果没有这么多年来大学培养的这一大批具有“开眼看世界”能力的大学生,中国的腾飞是不可能达到今天这个高度的。

从当代翻译学的角度看,所谓翻译,未必只是语言文字层面的有形翻译,听懂、看懂外文其实就是一种无形的翻译过程。西蒙甚至认为:“因为邂逅(encounter)了外语而受了启发之后写出来的东西”就算是翻译了,其中“包括因创造性的介入而产生的效应”(Simon 2006)。如此说来,人们在阅读外语文献之后,只要写出与那些文献有关联的文本,发表出与那些文献有关联的观点,那就算是翻译了。如此说来,典型案例就是孙中山在“邂逅”了林肯的“三民”之后,创造性地提出了自己的“三民主义”。在此,按西蒙的逻辑来看,假如孙中山没有看到林肯的“三民”,也就没有他的“三民主义”。有意思的是,美国 1942 年 7 月 7 日为纪念“中国七七抗战 5 周年”发行了 1 枚面值 5 美分的蓝色邮票,为西蒙的这个翻译定义提供了一绝佳的注脚。该邮票左边是林肯头像,下书:*OF THE PEOPLE*,*BY THE PEOPLE*,*FOR THE PEOPLE*。右边是孙中山头像,下书:民族、民权、民生——显然就是把孙中山的“三民”当作了林肯的“三民”的译本。

改革开放以来,无数国外文献被有形地或无形、直接或间接地翻译到中国，中国也因此从国外学到了无数我们原先不知道的知识。正是在这些知识的推动下，我国国运的发展曲线已经高高崛起。与此相关的是，我们翻译活动的曲线也高高崛起。改革开放仅仅40年所凝聚的国力即已超过欧洲数百年的努力。在这背后，翻译的功绩，岂能无视？

这让我们想到了当年日本的崛起。日本的现代化进程自明治维新时开始加速，其脱亚入欧理念的背后是大规模的翻译活动的支撑，而且在翻译方法上抛弃了过去从中国典籍寻词意译的方法，同样是加速度式地开始采取片假名音译的方法来翻译西方的新概念和新术语，日本的国运也随之迅速崛起。

如今的中国，已然无比繁荣。这是个只要是个大学生就能做翻译的时代，因此翻译的地位就已被高度边缘化。但在明清时期，能翻译西方的天文、地理、算术、哲思、文学的中国人却没有几个。徐光启、李之藻、严复、林纾等就是其中的佼佼者。而在一个时代，作为少数几个能够通过翻译看到外部世界的人，自然可以称得上是"第一批放眼看世界的人"。

我们一直都以为，贫穷才会挨打，但却没有继续追问：为什么贫穷？实际上，作为一个国家，不翻译才会贫穷，继而挨打；因为不翻译才是落后的根本原因：不翻译，就意味着没有对外交流，因此就无法对"打"你的国家做到"知己知彼"；而又由于没有对外交流，我们就无法把别国好的东西学回来，取长补短。也正因为如此，西方有学者就说过这样一句话：对一个国家或民族来说，"不翻译，就是找死"（Translate or die）（参见 Gentzler 1993：9）。因此，要想在豪强林立的地球村立于不败之地，我们就应该拿起翻译这个"万应灵药"。我国改革开放恢复高考之后，为什么要所有的大学生都学外语，道理就在这里。冥冥之中，我们拿起的居然是三百多年前被徐光启发现的"超胜"法宝。从改革开放之后国力超速发展的结果来看，不得不佩服当年的顶层设计是何等英明。

3. 翻译为何可以开眼看世界？

　　翻译为何可以开眼看世界？那是因为翻译可以直接阅读异域的文化，获取本土文化所没有的知识，因此在思想上能够超越本土文化的知识局限，从而能够将本土的优劣与异域的优劣进行比较。由于翻译是一种精英文化行为，而精英阶层在通过翻译而获得了异域的知识宝库之后，可以发挥其精英阶层的洞察力、判断力、影响力和执行力，实施取长补短的文化战略，有效地提升本土的知识结构，推动社会的进步。一个国家和民族如果不翻译，其知识结构就注定是封闭而狭隘的，那就无法了解其他国家和民族的优劣长短，自身的发展注定是闭门造车式的摸索。而那些发达的国家和民族，他们正是通过翻译洞悉了其他国家和民族的优势，及时弥补自身的短板，从而得以在有着同样的丛林法则的国际社会之中立于不败之地。

　　《圣经》中巴别塔的故事，实际就是告诉我们翻译可以爆发出通天的力量。中国曾经也如欧洲一样，小国林立，经历过七国不同语、齐楚不同文的时代，后来逐渐归并，最终在秦始皇手中才有了中国的统一。战国时期表面上的征伐不断，隐含着国与国之间的交流，因而也隐含着密集的翻译运作，最终成就大一统。到了盛唐时期，中国的国力可谓傲立世界。其背后，佛经翻译只是表明这个华夏民族所采取的一种文化态度，更深层次的交流还有通过丝绸之路与各国的交流。

　　为什么汉唐时期的中国那么强大？这是因为翻译在其中起了不可忽视的作用。汉唐时期不仅有佛经的翻译，更有西域的开发和丝绸之路的开通。早在周朝就有了翻译官——象胥；早在唐代就有了具有翻译馆功能的机构——鸿胪寺。而鸿胪寺的象胥却不管佛经的翻译，而是管外交翻译。从唐朝画家阎立本留下的"职贡图"可以看出，唐朝时期的对外交流是非常频繁的。也正因为有了对外交流，我们会发现，凡是周边国家有什么好的东西，我们都会很快地化为己有。

欧洲的繁荣在某种程度上也与中国一样。欧洲至今还是小国林立,国与国之间也曾经是征伐不断,但也正因为如此,才有了国与国之间的交往,也才有翻译的运作。欧洲正是在这样国与国的交流之中逐渐繁荣起来的。最具标志性的翻译事件是古罗马对古希腊的征战之后对古希腊文明的翻译,它为欧洲走向富强打下了坚实的基础。此外,欧洲列强多属海洋国家,海洋国家往往资源匮乏,因此海洋国家的一个共同特征就是重商,重商者必重对外交流。欧洲列强正是在不断的对外交流中,遍取各国所长,终于成就了欧洲的繁荣。而翻译正是对外交流不可或缺的媒介。

北美广袤的大地原本没有什么国家的概念,因此也谈不上古代中国和古代欧洲那样复杂而多变的跨文化交流,因此在欧洲人发现北美之前,那里基本上就是一片蛮荒之地,但也并非无人区,只是当地原住民还处在近乎原始的生存条件之下,足见没有翻译的文化存在几乎是没有文明、没有开化的原始社会。这片新大陆的发现,激发了欧洲各国继而世界各地前往北美的移民潮,密集的翻译活动随之而起。这一后来被叫作美国的移民国家为什么能在极短的时间之内就雄踞全球,一个不可忽视的原因就是翻译:美国是世界第一翻译大国。相比几乎没有什么翻译活动的旧大陆,相比至今生活在丛林深处毫无翻译的个别土著部落,可以清楚地看出"翻译强则国强,翻译弱则国弱"这一命题的意义之深远。

4. 结语

虽然孤立地看,中国历史上朝代的更迭有其直接而特定的政治原因,国家层面做不做翻译与朝代的更迭之间似乎毫无关联,但把国运兴衰的曲线与翻译事业兴衰的曲线相关联,我们会看出这两条曲线始终是双飞双落的。为什么会这样?其实从翻译的角度稍加思索,就可以看出其中的关系并非八竿子打不着。做一个绝对一点的假设,这样会看得更清楚:假如我们中国人都不懂外语,因此也不做任何翻译,那么我们还会有今天这样的繁荣富强吗?还真不要以为这样的假设是异想天开。想想明朝,在徐光启开始做翻译之前,国人还有谁能够翻译西方文献? 也只有他,在通过翻译了解了西方之后,才意识到了西方的强大,从而发出了"欲求超胜,必须会通;会通之前,先需翻译"的呼吁,可是在当时那一片普天之下莫非王土的盲目自大的情绪下,他发出的声音显得是那么微不足道。

我们都把中国今天的繁荣归功于改革开放,但似乎谁都没有把改革开放与翻译联系在一起。从翻译在体制内被高度边缘化的现状来看,翻译的地位似乎无足轻重。但试问:如果没有翻译,我们怎么"开放"? 开放的一个主要目的就是要学习国外先进的知识,但这个目的的实现是无论如何也离不开翻译的。中国今天的繁荣与翻译之间的关系由此可见一斑。

当今世界,发达的国家,也是翻译繁荣的国家;最不发达的国家,也是翻译最不发达之所;最不发达的民族,更是绝无翻译之地,那里甚至还地处与世隔绝的原始森林深处。

翻译之所以能影响一个国家或民族的盛衰,是因为翻译是一种学习,因此它的一大功能是引进知识,而知识则会造就权力,推动进步,建构富强。因此,对一个国家来说,翻译是一种文化态度,它反映出的是这个国家精英阶层的一种学习态度,一种包容的胸怀。可以毫不夸张地说,一个不翻译的国家注定难以发展。

当年严复的翻译激起了一位西方学者强烈的兴趣,此人叫本杰明·史华兹(Benjamin Schwartz)。有感于严复的翻译,他写了一本书,叫 *In Search of Wealth and Power: Yan Fu and the West*(《寻求富强:严复与西方》)。仅从书名看,即可看出该书实际上是从一个不同的角度印证了本文的主题立意所指:翻译兴则国兴,翻译亡则国亡。

参考文献

[1] Fleischmann, Wolfgang Bernard. *Encyclopedia of World Literature in the 20th Century*[M]. New York：Frederick Ungar Publishing Co. 1967.

[2] Gentzler, E. *Contemporary Translation Theories*[M]. London and New York：Routledge, 1993.

[3] Simon, S. *Translating Montreal*[M]. Montreal・Kingston・London・Ithaca：McGill-Queen's University Press, 2006.

[4] 本杰明・史华兹.寻求富强：严复与西方,叶美凤(译)[M].南京：江苏人民出版社,1995.

[5] 道宣.续高僧传,上[M].北京：中华书局,2014.

[6] 范文澜.中国近代史,上编,第一分册[M].上海：生活・读书・新知上海联合发行所,1947.

[7] 季羡林.《中国翻译词典》・序,林煌天(编)《中国翻译词典》[A].武汉：湖北教育出版社,1997.

[8] 释慧皎.高僧传[M].北京：中华书局,1992.

[9] 彦悰,慧立.大唐大慈恩寺三藏法师传,卷六,载《唐玄奘三藏传史汇编》[M].台北：东在图书公司,1989.

(作者通讯信息：中山大学
eastwindwang@163.com)

严复《原富》翻译的
文章学研究

张德让

1. 问题的提出

严复译笔"骎骎与晚周诸子相上下"(吴汝纶 1981：vii)，"所译书以瑰辞达奥旨"，且"文章光气长垂虹"(陈宝琛 1990：17，19)。但直到21世纪，严复翻译的文章学特色才由潘文国(2008)提出。严复的文章学译论，宏观上以"文章正轨，亦即为译事楷模"的"信达雅"为代表，体现了鲜明的中国文章学传统，对重新审视严复译笔和传统译论多有启发，目前已取得一系列成果(详见潘文国 2008,2011,2012,2014)；微观上以其回应梁启超批评《原富》文笔渊雅为代表，其要点有三：为文"非务渊雅也，务其是耳"；文体"必先为之律令名义"；"学理邃赜"之书应讲求"声之眇""形之美""辞之衍"。相关研究重点讨论了严、梁之争(如惠萍 2014；蒋林 2015)，而严复以上三个观点的文章学内涵有待揭示，以深化严复翻译的文章学研究。

2. 务其是：务情正，务理精

梁启超批评严复翻译《原富》：其文笔太务渊雅，刻意摹仿先秦文体，非多读古书之人，一繙殆难索解，夫文界之宜革命久矣。况此等学理邃赜之书，非以流畅锐达之笔行之，安能使学童受其益乎？著译之业，将以播文明思想于国民也，非为藏山不朽之名誉也(梁启超 1990：267)。对此，严复回应的第一个重要观点是"非务渊雅也，务其是耳"：

> 窃以谓文辞者，载理想之羽翼，而以达情感之音声也。是故理
> 之精者不能载以粗犷之词，而情之正者不可达以鄙倍之气。中国
> 文之美者，莫若司马迁、韩愈。而迁之言："其志洁者，其称物芳。"
> 愈之言曰："文无难易，惟其是。"仆之于文，非务渊雅也，务其是
> 耳。（王栻 1986：516）

严复翻译"务其是"深受韩愈为文"惟其是"的影响，"务其是"
即"务理精""务情正"。

首先，严复的"务其是"源自韩愈的"惟其是"，立足点是"信"。
韩愈在《答刘正夫书》中针对"文宜易宜难"这一问题提出："无难
易，惟其是尔。如是而已"（韩愈 2016：231－232）。韩愈之旨，其
弟子李翱在《答王载言书》中进一步解释曰："其爱难者，则曰文章
宜深不当易；其爱易者，则曰文章宜通不当难。此皆情有所偏滞而
不流，未识文章之所主也"（刘熙载 2015：123－124）。即为文如刻
意走难、易两个极端，其结果必然"深""通"两失，皆是歧途，而正
途就是"惟其是"，"是"即"正""真"（刘熙载 2015：103）。韩愈
"文无难易，惟其是"这一主张被严复用于翻译，可谓"辞无雅俗，
务其是"。在严复看来，"文辞"是用来"载理想""达情感"的。但
理有精粗，情有正邪，因而辞有雅俗。《原富》原文"理精""情正"，
译文必须走司马迁、韩愈式的美文之路，避免"粗犷之词"和"鄙倍
之气"，所以严复的"务其是"即"务理精""务情正"。文辞渊雅是
其核心，但非为渊雅而渊雅，而是以渊雅的译文传达蕴含"精理"
和"情正"的渊雅的原文。

其次，严复"务其是"即"务理精"。严复认为斯密《原富》"独
其择焉而精，语焉而详，事必有征，理无臆设"（严复 1981a：译事例
言 8）。该书的核心思想是其经济自由主义学说，包括分工理论、
货币理论、价值论、分配理论、资本积累理论、税赋理论等，为英国
古典政治经济学奠定了坚实的理论基础，不但理精，且不乏"无时而
不诚"的"科学公例"，而非就事论事的"缘物之论"（严复 1981a：译
事例言 11）。这种区别，决定了两者的语言表达也不能等同：

缘物之论,所持之理恒非大公,世异情迁,则其言常过,学者守而不化,害亦从之。顾缘物之论,为一时之奏札可,为一时之报章可,而以为科学所明之理不可。科学所明者公例,公例必无时而不诚。(严复 1981a:译事例言 11)

"缘物之论"往往时过境迁,过去正确之理现在可能成为错误之论,而非"穿越时空"的科学道理,不能固守不化。"缘物之论"的"一时"性,决定了其语言表达宜用奏札、报章之类的"一时"性俗语,不求行远;反之,科学公例是"超越时空"的真理,宜用雅辞,利于行远。严复这一"二分法"体现了他的语体观及其语言价值观。

再次,严复的"务其是"即"务情正"。而"务情正"的前提是原文"情正"。在严复看来,斯密创作《原富》的"情正"至少有二:一是"指斥当轴之迷谬"(严复 1981a:译事例言 9),重点是对重商主义的批判。具体来说,就是对欧人视金银为财富、贸易保护主义、垄断等愚蠢行为的批判(晏智杰 2011:98,100,104),对当时商贾以重税牟利的"疾首蹙额之思"(严复 1981a:译事例言 11),对建立殖民地以掠夺金银的英国东印度公司追求一时之利的斥责——"徒为大盗,何裨人伦!"(严复 1981a:译事例言 12)等等。二是斯密潜心著述经济自由主义的经世情怀。斯密生于欧洲"大变将作"(严复 1981a:斯密亚当传 4)之际,此时,"自由平等之义,所在大昌。民处困厄之中,求其故而不得",同时"英国债之积已多""英人无释负之一日"。对此,斯密"欲取经世之要而一理之"(严复 1981a:斯密亚当传 5)。因此,斯密创作《原富》渗透了他提倡经济自由主义学说的强烈经世情怀,"其爱国深,故其用意切;其见理明,故其立言决也"(王栻 1986:920),与其《道德情操论》相得益彰。

斯密以上两个方面的"情正"也激起了严复相应的"情正":一是严复赞同斯密"指斥当轴之迷谬"。斯密反对欧人视金银为财富,与外国通商追求贸易顺差,极力限制、抵制进口。对此,严复认为"斯密能独醒"（严复 1981a：译事例言 10）。斯密批评保商主义"优内抑外"，"名曰保之，实则困之"（严复 1981a：译事例言 10）。严复继而指出，保商谋利不但"非大公"，对本国商业也"足沮遏"，且一旦形成风气，万难变革。联系到中国实际，严复叹曰："此变法之所以难，而维新之所以多流血也。悲夫！"（严复 1981a：译事例言 11）斯密对英国殖民地的批评"最为剽击而不遗余力"（严复 1981a：译事例言 11），严复赞曰"呜呼！贤已"（严复 1981a：译事例言 12）。可见，严复与斯密有诸多共鸣的"情正"。二是严复的经世情怀。严复认为《原富》"所指斥当轴之迷谬，多吾国言财政者所同然"（严复 1981a：译事例言 9）。因此，针对国内士大夫"以言利为讳"，又"习于重农抑商之说"（吴汝纶 1981：吴汝纶序 1）的现状，严复痛心疾首地告诫国人，经济学近关"中国之贫富"，远系"黄种之盛衰"（严复，1981a：译事例言 13），警告如果再"自安于愚，……数十百年以往，吾知黄人之子孙，将必有太息痛恨于其高曾祖父之所为者。呜呼！可不惧哉！"（严复 1981a：译事例言 14）总之，斯密著述充满了"情正"，严复翻译也同样"情正"。而"情之正者不可达以鄙倍之气"，所以文辞渊雅成为严复的不二选择，具体论述见下文第三节有关声形辞与严复的文章学译论。综上所述，"理精"需要雅辞，"情正"也需要雅辞，而严复本人认为其国学之长"……徒文辞耳，而又不知所以变化"（王栻 1986：516）。这既是严复的自谦和自信，又是对梁启超批评他"文笔太务渊雅"的不屑，并在与张元济的通信中再次强调：梁氏"谓仆于文字刻意求古，亦未尽当；文无难易，惟其是，此语所当共知也"（王栻 1986：551）。

3. 律令名义：非二代莫属

严复回应梁启超的第二个重要观点，是文体"必先为之律令名义"（王栻，1986：516）。律令指句法、章法；"名义"指词汇，实指译名。严复对这两个问题的回答，从译文"达"的文章学视角来说，都是在维护战国、隋唐两代古文的地位。首先看"律令"。在严复看来欧洲文章自古至今没有所谓的实质性的"革命"："持欧洲挽近世之文章，以与其古者较，其所进者在理想耳，在学术耳，其情感之高妙，且不能比肩乎古人；至于律令体制，直谓之无几微之异可也"（王栻 1986：516）。

严复分析了欧洲近世文章的变与不变，认为与其古人相比，变在于思想和学术的进步，而其情感表达不如其古人；不变在于其律令体制，几乎与其古人一般无二，没有所谓的"革命"。就是说欧洲近代学术是以古文章来写新思想。有了这种判断，严复自然认为斯密的文章之法亦如古人的律令体制，其译笔也应该确定一个中国与西方古人"等值"的文章之法。

这个所谓的"等值"章法有三个选择：西文之法、晚清时文与中国古文。严复对这三种可能的律令体制进行了比较，对前两种持否定态度："闵然循西文之法而为之，读其书者乃悉解乎？殆不然矣。若徒以近俗之辞，以取便市井乡僻之不学，此于文界，乃所谓凌迟，非革命也"（王栻 1986：516‑517）。第一，西文文法难成严复翻译的律令。就句法而言，严复从第一本译著《天演论》起，就强调"西文句中名物字，多随举随释，如中文之旁支，后乃遥接前文，足意成句"。对此，仿拟原文句法的结果必然是译文不通，严复的做法是"将全文神理，融会于心，则下笔抒词，自然互备"（严复 1981b：xi）。就章法而言，《原富》虽然改变了《天演论》的做法，"于辞义之间无所颠倒附益"，但对"文多繁赘而无关宏旨"（严复 1981a：译事例言 13）之处的删节还是比较普遍，其中不乏传统文章学的考虑，有待进一步专论。第二，近俗之辞也不能定为严复翻译的律令。从原文角度来说，如上文所论，《原富》不是"缘物之论"，而是"科学公例"，须用雅辞；从读者角度来说，斯密的原著是"学理邃赜之书也，非以饷学童而望其受益也"，而严复译文也"正以待多读中国古书之人"，只能用雅辞，如用近俗之辞则是对文界的"凌迟"——"言庞意纤，使其文之行于时，若蜉蝣旦暮之已化。

此报馆之文章,亦大雅之所讳也"(王栻 1986:516,517)。正因为如此,严复"平生所作报端文字,向不存稿"(王栻 1986:664)。

既然西文和时文都难以作为翻译的律令,那么剩下的路子只有古文了。严复反问梁启超:"既知文体变化与时代之文明程度为比例矣,而其论中国学术也,又谓战国隋唐为达于全盛而放大光明之世矣,则宜用之文体,舍二代其又谁属焉?"(王栻,1986:516)纵观中国文章,先秦两汉、隋唐二代为文达到了历史的顶峰,司马迁、韩愈更可谓两代文章之魁首,是后世写文章的学习典范,也非为严复翻译律令莫属。由于《原富》"学理邃赜",严复更倾向于先秦文体,这与《天演论》的文体律令一致,即"实则精理微言,用汉以前字法、句法,则为达易;用近世利俗文字,则求达难"(严复 1981b:xi)。因此,《原富》擅长师法《史记》、诸子散文等笔法,讲究骈散杂糅、沉郁顿挫、文理密察。虽然如此,严复的译文不乏创新,甚至被尊为逻辑文的开先河者(钱基博 1990:383)。

再看看"名义",即译名。

近年来,严复译名研究多关注其失败的原因(如黄克武,2012:97;蒋骁华,2015:63-64)。仅就译名的效果而论,容易忽视严复"名义"观背后的文章学情结。

严复认为,译名至难在于西方术语"中国所无""或有之而为译者所未经见"(王栻,1986:518)。前者的解决办法是"即义定名"(严复,1981b:xii);后者则"回观中文","取西字最古太初之义而思之,又当广搜一切引申之意,而后回观中文,考其相类,则往往有得,且一合而不易离"(王栻 1986:519)。即通过考据,沿流讨源,再回观中文,寻求译名等值。严复《原富》的译名基本上为"回观",重要原因是严复认为中国自古虽没有严格意义上的经济学,但有类似的义理,甚至从三代的《大学》《周官》《管子》《孟子》《史记》《汉书》到唐宋的杜甫、王安石等,对此都有所阐发(严复 1981a:译事例言 7-8)。因此,《原富》译名很注重"回观中文"。如翻译"trade""回观"了《尚书》中的"食""货",翻译"bread""回观"了《广雅》《方言》，翻译"monopoly""回观"了孟子之"垄断"，翻译"butcher's meat""回观"了《说文》《南史》《周官》中的"胰膳"（严复1981a：13,55,67）。严复的不少译名还渗透着浓厚的佛教情结，如"无遮通商"（free trade）、"常住母财"（fixed trade）"回观"了佛教的"无遮大会"和"无常"；"赖耶版克"（Royal Bank）的"赖耶""回观"了梵语的"王家"（吴建林，转自黄克武2012：26）。

在这种无经济学之名但有其实的思想指导下，严复的"回观"之法自然延伸到其他译名，甚至翻译生活用语也注重用词雅洁，与古文"律令"保持高度一致，如用"芦菔芥菘"（turnips, carrots, cabbages）代替"芜菁、萝卜、椰菜"；用"薮草"（artificial grasses）代替"人工培植之草"；甚至直接声明有意回避俗语，如lottery译为"阄博"，不用俗称"彩票"；butter译为"腼"，不用俗称"牛奶油"；cheese译为"火鼎蠡"，不用俗称"牛奶饼"（严复1981a：102,148,205）。

4. 声形辞：扎根于文章学传统

严复在否定俗文之后，提出第三点回应，"故曰：声之眇者不可同于众人之耳，形之美者不可混于世俗之目，辞之衍者不可回于庸夫之听。非不欲其喻诸人人也，势不可耳"（王栻1986：517）。严复把声形辞之"雅"引入翻译学，肯定了文章学传统对翻译的文采要求（潘文国2012：6）。严复这一主张深受扬雄、刘勰等人的文章学思想影响，折射了严复文章经世"以自了国民之天责"（王栻1986：517）之志，同时审视读者，流露出他文辞渊雅难求知音的苦闷。

严复"声之眇""形之美""辞之衍"之说来自扬雄的《解难》。扬雄晚年由文学转向经学，但其为学追求玄默淡泊，视离章辨句之徒为庸夫，一心求圣人之道，甚至敢于拟经，仿拟《论语》创作《法言》，仿拟《周易》创作《太玄》，与当时流行的以利禄为目的的经学格格不入（刘韶军2011：9,48）。但《太玄》"观之者难知，学之者难成"，于是作《解难》道："若夫阂言崇议，幽微之途，盖难与览者同也。昔人有观象于天，视度于地，察法于人者，天丽且弥，地普而深，昔人之辞，乃玉乃金。彼岂好为艰难哉？势不得已也。"这里，扬雄一方面强调"势不得已"：天地人之大道幽微艰深，其辞势必相应地"太玄"；另一方面不乏《解嘲》口吻：世俗众人惑于名利，不求圣人之道，故难以与之论说闳言崇议，因为"大味必淡，大音必希；大语叫叫，大道低回"。对此，扬雄慨叹，唯求知音于后世："是以声之眇者不可同于众人之耳，形之美者不可混于世俗之目，辞之衍者不可齐于庸人之听"（班固 1989：393，394）。以上体现了扬雄的"明道"观、古典主义文学观及精英主义立场（王青 2011：290，291），在这个意义上，严复深受扬雄文章学观的影响。

严复自比扬雄，指出他译作中"声之眇""形之美""辞之衍"并非有意为难读者，而是"势不可耳"，因为斯密的经济自由主义学说不但学理精深，而且"文章之妙，喻均智顽，则自有此书而后世知食货为专科之学。此所以见推宗匠，而为新学之开山也"（严复 1981a：译事例言 8）。对此，严复"用笔精悍，独能发明奥赜之趣，光怪奇伟之气，决当逾久而不沈没"（王栻 1986：538）。但严复骎骎与晚周诸子相上下的译笔，也常常遭遇难觅知音的窘困，颇有扬雄《解嘲》《解难》之味，这种苦闷严复多次提及：《原富》每每示人，读者"……皆极口赞许笔墨之佳，然于书中妙义实未领略，而皆有怪我示人以难之意。天乎冤哉！仆下笔时，求浅、求显、求明、求顺之不暇，何敢一毫好作高古之意耶？"（王栻 1986：535）从"笔墨"上说，严复译文是好文章，"求顺"很成功。但就《原富》中西方经济学说而言，严复虽然注重"求浅、求显、求明"，然而其底线可能是用渊雅的译文来翻译渊雅的原文，更为关键的问题是读者缺乏相关经济学知识，对其中妙义难以领略。译者虽无心刻意"示人以难"，故作"高古"，但读者会有意这样揣度，难怪严复"啼笑皆非"，疾呼"冤哉！"从而感叹"不宜于并世中求知己"（王栻 1986：535），这与扬雄的命运和叹息如出一辙。但他受天演思想的影响，自信地说："革命时代，学说万千，然而施入人间，优者自存，劣者自败，……"（王栻 1986：699）这种自信也如扬雄所云，期待千年后能觅知音。

　　严复"声之眇""形之美""辞之衍"也是对刘勰等人文章学的继承。《文心雕龙·情采》云:"立文之道,其理有三:一曰形文,五色是也;二曰声文,五音是也;三曰情文,五性是也"(刘勰 2007:288)。文章不能缺少形、声、情,对此,严复认为:

　　　　今夫文字语言之所以为优美者,以其名辞富有,著之手口,有以导达要妙精深之理想,状写奇异美丽之物态耳。如刘勰云:"情在词外曰隐,状溢目前曰秀";梅圣俞云:"含不尽之意,见于言外,状难写之景,如在目前";又沈隐侯云:"相如工为形似之言,二班长于情理之说"(王栻,1986:699)。

　　以上严复所引,可能来自南宋张戒的《岁寒堂诗话》①,并认同"三人之论,其实一也"(陈良运 1999:121)。从这个角度来说,这里的"一"就是刘勰《文心雕龙》中的"隐秀"说:"隐也者,文外之重旨者也;秀也者,篇中之独拔者也。隐以复意为工,秀以卓绝为巧"(刘勰 2007:363)。严复译文既注重传达出含蓄精深之情理,又注重表达之"辞约旨丰""言近意远"。当然,如果刻意追求"晦塞为深,虽奥非隐,雕削取巧,虽美非秀矣"(刘勰 2007:367)。严复深知此理,在翻译中努力协调好晦涩、雕削和隐秀的关系,提出了"博力"论。

　　为了恰当地处理好隐秀,严复重于与原文进行"博力":"然每逢义理精深、文句奥衍,辄徘徊踯躅,有急与之博力不敢暇之概"(王栻 1986:537)。每每翻译义理精深、文句奥衍之处,"步步如上水船,用尽气力,不离旧处"(王栻 1986:527)。但严复"博力"的结果,不但以其瑰辞传达了原文之奥旨,而且译文博得了"雄笔""雄文"之赞誉,可见严复的译文既成功地做到了隐秀,从文章来看又可以垂远。严复博力的前提是为了让读者易懂,但对一般

---

① 周汝昌等人认为,以上引文是张戒对《隐秀》等的错误"揽述""撮述"。详见陈良运.勘《文心雕龙·隐秀》之"隐"[J].复旦学报,1999(6).

读者来说,严复的译文似乎难免"晦塞为深""雕削取巧",用梁启超的话来说,就是"文笔太务渊雅,刻意模仿先秦文体"。对此,严复一再否认:"遇理解奥衍之处,非三易稿,殆不可读。而书出以示同辈,尚以艰深为言;设其轻心掉之,真无一字懂得矣。呜呼!此真可与知者道,难与不知者言也"(王栻 1986:527)。三易其稿的目的是化解原文的晦涩,但读者还是认为译文很"艰深","虽高文典册,如杨云未遇知音,且覆酱瓿"(王栻 1986:534-535),严复难逃扬雄的苦闷。

5. 结论

　　严复的翻译思想与实践深深扎根于中国传统学术和文章学。本文所论的文辞"非务渊雅也,务其是耳",文体"必先为之律令名义","学理邃赜"之书应讲求"声之眇""形之美""辞之衍"等观点,分别侧重于原文、译文和读者三个视角,回答了如何使译文成为好文章,与"信达雅"文章正轨一脉相承,构成了严复文章学翻译理论重要体系,对进一步基于英汉对比研究严复译本特色和严复翻译笔法均有启发作用。严复《原富》等译文是文章学翻译研究的宝贵语料,对其细读有助于进一步认识严复文章学译写的魅力,对译者从双语到"双文"能力的提升有实践价值,对如何用外语讲好中国故事也有反向的借鉴价值。

参考文献

[1] 班固.汉书·扬雄传,郑万耕校释,太玄校释[M].北京:中华书局,1989:387-397.

[2] 陈宝琛.清故资政大夫海军协都统严君墓志铭[A].牛仰山,孙鸿霓编.严复研究资料[C].福州:海峡文艺出版社,1990:17-19.

[3] 陈良运.勘《文心雕龙·隐秀》之"隐"[J].复旦学报,1999,(6):144.

[4] 韩愈.韩昌黎文集校注(上).马其昶校注,马茂元整理[M].上海:上海古籍出版社,2016.

［5］ 惠萍.严复与近代中国文学变革［M］.北京：社会科学文献出版社,2014.

［6］ 蒋林.严复与梁启超关于译语之争的焦点透视［J］.中国翻译,2015,(2)：26‑30.

［7］ 蒋骁华.大声不入里耳——严译新词未流行原因研究［J］.外国语文研究,2015,(3)：62‑67.

［8］ 梁启超.绍介新著《原富》［A］.牛仰山,孙鸿霓编.严复研究资料［C］.福州：海峡文艺出版社,1990.266‑268.

［9］ 刘韶军.杨雄与《太玄》研究［M］.北京：人民出版社,2011.

［10］ 刘熙载.艺概注稿.袁津琥校注［M］.北京：中华书局,2015.

［11］ 刘勰.文心雕龙·周明校释译评［M］.南京：南京大学出版社,2015.

［12］ 潘文国.从“文章正轨”看中西译论的不同传统［A］.张柏然,刘华文,张思洁主编.中国译学：传承与创新［C］.上海：上海外语教育出版社,2008.13‑23.

［13］ 潘文国.文章学翻译学刍议［A］.汪榕培,郭尚兴主编.典籍英译研究(5)［C］.北京：外语教学与研究出版社,2011.2‑10.

［14］ 潘文国.译文三合：义、体、气——文章学视角下的翻译研究［J］.吉林师范大学学报,2014,(6)：93‑101.

［15］ 潘文国.中国话语和中国译论［J］.外语教学理论与实践,2012,(1)：1‑7.

［16］ 钱基博.严复的逻辑文［A］.牛仰山,孙鸿霓编.严复研究资料［C］.福州：海峡文艺出版社,1990.382‑383.

［17］ 王青.扬雄评传［M］.南京：南京大学出版社,2011.

［18］ 王栻.严复集［M］.北京：中华书局,1986.

［19］ 吴建林.论严复于《原富》内经济类名词之翻译手法及其所译名词之消亡［A］.转自黄克武.惟适之安：严复与近代中国的文化转型［M］.北京：社会科学文献出版社,2012：26.

［20］ 吴汝纶.吴汝纶序［A］.严复.《天演论》［M］.北京：商务印书馆,1981b：vi‑vii.

［21］ 严复.天演论［M］.北京：商务印书馆,1981b.

［22］ 严复.原富［M］.北京：商务印书馆,1981a.

［23］ 晏智杰.晏智杰讲亚当·斯密［M］.北京：北京大学出版社,2011.

(作者通讯信息：安徽师范大学
c128518@ahnu.edu.cn)

布迪厄社会学理论视角下
蓝诗玲的译者惯习研究
——以《鲁迅小说全集》的英译为例

王洪涛　王海珠

1. 引言

蓝诗玲,英文原名朱丽亚·洛菲尔(Julia Lovell),是英国当代著名汉学家和现当代中国文学翻译家。近年来,她成功地将鲁迅、张爱玲、韩少功、朱文、阎连科等许多中国作家的作品翻译成英文介绍给英语世界的读者①,而其英译的《鲁迅小说全集》(*The Real Story of Ah-Q and Other Tales of China: The Complete Fiction of Lu Xun*)于 2009 年被收录进著名的企鹅经典文库(Penguin Classics),出版以后备受好评,在西方产生了很大影响。

蓝诗玲对中国文学作品的成功英译引起了中国翻译学界的广泛关注,但目前中国学者对其所作的考察主要集中在蓝诗玲的翻译策略及其译作的文体风格、意义得失等微观文本层面:覃江华(2010)考察了蓝诗玲的翻译观,认为蓝诗玲洞悉文学翻译"忠实性再创造"的本质,辨析英汉语言、文体等方面的差异,关注中西文

---

① 蓝诗玲英译的现当代中国文学作品主要有:韩少功的《马桥词典》(*A Dictionary of Maqiao*, Columbia University Press, 2003)、旅英作家欣然的《天葬》(*Sky Burial: An Epic Love Story of Tibet*, Nan A. Talese, 2004)、张爱玲的《色,戒》(*Lust, Caution: And Other Stories*, Penguin, 2007)、朱文的《我爱美元》(*I Love Dollars and Other Stories of China*, Columbia University Press, 2007)、阎连科的《为人民服务》(*Serve the People*, Constable and Robinson, 2008)、朱文的 8 篇小说集《媒人、学徒及足球迷》(*The Matchmaker, the Apprentice and the Football Fan*, Columbia University Press, 2013)。目前,蓝诗玲正在翻译中国古典文学作品《西游记》(*The Journey to the West*),将由企鹅出版社出版发行。

化差异,关照译语读者的接受视域,为今后的理论研究和实践活动带来了启示;寇志明(2013)从意义解读和风格转换等方面研究了蓝诗玲的《鲁迅小说全集》英译本,通过译例分析指出了蓝译在意义解读方面的一些错误,认为蓝译为了可读性而牺牲了原文独特的文学特征;曹新宇等(2015)从主题意义和文化意义等方面分析了蓝译《鲁迅小说全集》,指出了蓝译在可读性背后的意义偏离及其对源语文化的损耗,但同时肯定了汉学家译者在丰富原作意义与内涵方面所发挥的积极作用;朱振武、唐春蕾(2015)探讨了蓝诗玲的翻译策略,指出译者要在不违忠实的基础上更加重视译语读者的接受,以循序渐进的方式推动中国文学走出国门。由此可见,尽管现有研究使我们对蓝诗玲的翻译策略、译作风格等有了比较客观、清晰的认识,但这些研究普遍囿于微观的语言分析和文本分析,难以从整体上全面、深入地解释蓝诗玲对中国文学作品英译取得成功的根本原因。

　　鉴于此,本文拟以皮埃尔·布迪厄(Pierre Bourdieu)的反思性社会学(reflexive sociology)理论,尤其是其"惯习(habitus)"理论为依托,在对蓝诗玲《鲁迅小说全集》英译本进行文本细读的同时,将蓝诗玲的英译活动置于宏观的社会文化语境之中,爬梳蓝诗玲译者惯习的形成轨迹,在此基础上分析蓝诗玲的译者惯习在翻译选材、翻译观、翻译策略等方面对其翻译活动所产生的具体影响,进而剖析蓝诗玲的中国文学英译作品成功走向英语世界的深层原因,并期望借此对当前中国文学"走出去"有所启发和借鉴。

2. 布迪厄的社会学理论及其在翻译研究中的价值

　　布迪厄在其专著《区隔:趣味判断的社会批判》(Distinction: A Social Critique of the Judgement of Taste)中,提出了著名的社会分析模式:[(惯习)(资本)]+场域=实践([(habitus)(capital)+field=practice])(1984:101)。从这个分析模式来看,

实践是场域①、惯习②、资本③三者之间互动的结果。

20 世纪 90 年代末以来，翻译学界对布迪厄的理论模式加以借鉴，探讨翻译与社会之间的"共变（covariance）"关系（王洪涛 2011：16）。"惯习"作为布迪厄社会学理论的核心概念之一，自然也得到翻译研究学者们的广泛关注。早在 1998 年，斯密奥尼（Daniel Simeoni）就已将布迪厄的"惯习"概念引入到翻译研究中，探讨译者惯习对翻译研究至关重要的补充作用（1998：1—39）。斯密奥尼将译者惯习定义为："在文化上事先被建构同时又起建构作用的行为者在迻译过程中对文化产物进行协调的过程"（同上：1；参见邵璐 2011：127）。古安维克（Jean-Marc Gouanvic）认为，"译者的翻译行为，实质上不是一种有意识的策略选择，而是在目标语文学场域所习得的特定惯习的结果"（2005：158）。由此看来，译者惯习是影响翻译实践的重要因素。正因为如此，研究译者惯习的形成轨迹显得格外重要。

同时，由于实践是在"场域""惯习"和"资本"三者互动之下形成的，因此分析译者惯习就不能不分析译者所处的场域及其所拥有的资本。

译者作为翻译活动的实践者，始终处于翻译场域之中。然而，由于"不同场域之间相互关联（the interrelation of different fields）"（Bourdieu & Wacquant 1992：109），翻译活动不仅局限于翻译场域

---

① 布迪厄将"场域"解释为具有自己运行规则的独立社会空间（Bourdieu 1993：162）。

② 布迪厄的"惯习"指的是持续的、可转换的"定势系统（system of dispositions）"（Bourdieu 1990：53；参见王悦晨 2011：7），它既是"具有结构化功能的结构（structuring structure）"，又是"被结构化的结构（structured structure）"。也就是说，惯习既能建构场域，同时又被场域所建构。

③ 布迪厄的"资本"表现为三种基本形式：经济资本（economic capital）、文化资本（cultural capital）、社会资本（social capital）（Bourdieu 1986：253）。经济资本类似于货币等经济学所讲的资本形式；文化资本表现为文凭、学历等；社会资本指个体的社会关系。这三种资本可以互相转化，转化过程中形成新的资本结构。新的资本结构一旦获得场域中其他参与者的认可，就成了象征资本（symbolic capital）。

之中,而且受制于文学场域,而文学场域又受到权力场域(field of power)的支配(Bourdieu 1993:40)。"场域内包含着众多潜在的、活跃的力量,是一个充满斗争的社会空间"(Bourdieu & Wacquant 1992:101),身处其中的参与者(包括译者)相互角逐,不断竞争,以获取资本。同时,译者要想在角逐中胜出,还需要投资各种形式的资本(同上:118)。至于投入什么资本,投入多少资本,亦即什么样的资本结构才能使得参与者在充满斗争的场域中胜出,在场域中培养起来的惯习会帮助他们"在某个场域之中认定了他们需要哪些资本,才能使自己可以存在其中"(王悦晨 2011:8),进而投资有效的资本参与到文化生产斗争之中,并且最终胜出。

　　惯习兼具"被结构化"和"结构化"两种特征。所谓"被结构化",即行为者在社会化过程中不断地把社会结构内化于心,形成自己的思维定势(即惯习),是一种"被社会化了的主体性"(布迪厄,华康德 2004:170)。惯习又是"结构化"的,意指行为者将其惯习外化,形成社会实践,并在一定条件下建构场域。作为翻译活动的行为主体,译者在接受教育、学术研究、工作等社会化过程中,形成自己的思维习惯(即译者的早期惯习),随后内化为其译者惯习,并在翻译实践中外显为自己独特的"'翻译风格',包括翻译的选材、翻译策略、译者主体对翻译本质的认识等等"(邢杰 2007:13)。惯习的这种"被结构化"和"结构化"特征同样体现在中国文学译者蓝诗玲的"社会轨迹(social trajectory)"(Bourdieu 1993:56)及其翻译活动之中,因而据此能够以主客相融、内外贯通的方式全面、深入地发掘出蓝诗玲所译中国文学作品成功走向西方英语世界的个中缘由。

3. 蓝诗玲的译者惯习与其《鲁迅小说全集》英译

　　蓝诗玲大学就读于剑桥大学中文系,毕业后曾在南京大学中美文化研究中心交换学习,在此过程中蓝诗玲的汉语水平得到快速提升,为其日后从事中国文学的英语翻译活动积累了文化资本。

在南京大学交换学习期间,蓝诗玲将其博士论文题目确定为"中国作家的诺贝尔情结",而后获剑桥大学现当代中国文学博士学位,初步形成了其喜爱中国文学、研习中国文学的学者惯习。尤其值得一提的是,蓝诗玲在撰写博士论文期间,曾来中国做采访,写信征得韩少功的同意后,着手翻译了其小说《马桥词典》,进而在此后十多年时间里先后翻译了《色,戒》《我爱美元》《为人民服务》等多部现当代中国文学作品,形成了其悉力翻译中国文学作品的译者惯习。博士毕业后,蓝诗玲在剑桥大学讲授中国文学和历史,自2007年起在伦敦大学伯贝克学院(Birkbeck College)任教,研究兴趣为中国文化和国家建设之间的关系,进一步凝塑了其深谙中国文学和文化的学者惯习。一言以蔽之,蓝诗玲自身独特的"社会轨迹(social trajectory)"(Bourdieu 1993:56),促使其形成了喜爱、研习并深谙中国文学与文化的学者惯习及其悉力翻译中国文学作品的译者惯习。这些惯习随着其翻译实践的深入,不断外化并表征在其翻译选材、翻译观以及翻译策略等方面。

3.1　翻译选材

蓝诗玲选择翻译《鲁迅小说全集》主要受到三种因素的影响:企鹅出版社的委托、对原作者及原作所蕴含象征资本的识别及其长期阅读并研习鲁迅小说的惯习的驱使。

据蓝诗玲称,企鹅出版社曾主动委托她翻译《鲁迅小说全集》(汪宝荣 2013:150)。蓝诗玲深知企鹅出版社在西方文学场域和文化场域中的权威地位,对此曾坦言:"企鹅很有影响力,他们这个文库的市场销路不错。大多数英国人都知道这个文库,买书时会受到文库选目的影响"(同上:152-3)。基于这样的认识,蓝诗玲欣然接受了企鹅出版社的委托,着手翻译《鲁迅小说全集》。

同时,蓝诗玲对鲁迅在中国现代文学史上的地位也有着清晰的认识:"鲁迅是现代中国的经典作家"(同上:151)。很显然,蓝诗玲认识到了作为中国现代文学奠基人的鲁迅及其作品会给她的翻译行为带来可观的象征资本,于是欣然同意翻译《鲁迅小说全集》。

蓝诗玲表示鲁迅是她接触到的第一个中国作家,上大学时就读过其《明天》《药》《阿 Q 正传》和《孔乙己》等作品(同上:151),认为鲁迅"集乔伊斯和狄更斯于一身"①。由此可见,蓝诗玲十分推崇鲁迅的文学作品并对其有很深的研究,而这一切都促使她形成了喜爱、熟悉鲁迅小说的译者惯习。诚如骆萍所言,译者惯习会在潜移默化中"指挥和调动译者的翻译方向"(2010:75),蓝诗玲的译者惯习就鲜明地影响甚至决定了其翻译活动的源语文本选材。

3.2 翻译观

作为文学翻译活动的主体,蓝诗玲在西方的文学翻译场域中进行中国文学作品的英译实践,自然受到西方大的文学场域的制约。蓝诗玲在《大跃进》("*Great Leap Forward*")一文中指出,中国文学作品在西方的接受并不容乐观(Lovell 2005:34)。由于西方的文学翻译场域处于其整个文学场域的边缘,文学翻译作品要想在西方得到很好的传播和接受,就需遵从西方文学场域的规则及其主流诗学观。基于这种认识,蓝诗玲的翻译非常重视译作的可接受性(acceptability):"我的目标很明确,那就是让鲁迅走向更多的普通读者"(汪宝荣 2013:152)。

同时,作为一位对鲁迅抱有敬畏之情的学者型译者,蓝诗玲在其翻译过程中也十分重视译文的准确性(accuracy)。比如,在谈及对原作进行改写这个问题时,蓝诗玲曾坦言:"翻译朱文、韩少功和阎连科的作品时,我觉得比较自由,因为作者都还在世,我可以直接问他们:'我觉得原文这儿用英文表达须自由点,因为

---

① 见 Alice Xin Liu, "Julia Lovell on translating Lu Xun's complete fiction," *Danwei*, November 11, 2009. http://www.danwei.org/translation/Julia_Lovell_complete_lu_xun_f.php.

直译行不通。我能用一个字面上不很忠实但紧贴原文精神的法子吗?'……至于鲁迅,我不敢这样做"(同上:156)。

既重视译作的可接受性又重视其准确性,这种翻译原则集中体现在蓝诗玲的翻译观之中。蓝诗玲在其译本开篇所附的《翻译札记》("*A Note on the Translation*")中,提出了自己的翻译观——"忠实性再创造(faithful recreation)"(Lovell 2009:xliv)。蓝诗玲主张:忠实是必要的,但在一味忠实影响到译文的通顺、有损译文的可接受性时,就需要译者在忠实于原文的基础上进行"再创造"。由此可见,在蓝诗玲那里,忠实与通顺并存,可接受性与准确性同等重要。这些翻译观都是蓝诗玲兼顾译文准确性和可读性、既忠实于原作又重视读者接受的译者惯习的外在显现。

3.3　翻译策略

蓝诗玲研习并深谙中国文学与文化的学者惯习及其关照普通英语读者、忠实于原作的译者惯习,促使她在翻译过程中灵活采取了诠释、删简、对应等翻译策略。

3.3.1　诠释策略

蓝诗玲关照普通读者的译者惯习及其深谙中国文学与文化的学者惯习,促使她根据自己所掌握的中国历史文化知识,通过添加注解、脚注等形式来准确地诠释原作的创作意图、背景等,从而有效地帮助普通英语读者理解鲁迅作品的言外之意、深刻寓意,比如以下两例。

　　[1] The immediate historical background to this story is the short-lived attempt in June 1917 by General Zhang Xun, a fanatical supporter of the defunct Qing dynasty, to overturn the Republic by leading his army into Beijing and returning the abdicated emperor, Puyi, to the throne. By July, the restoration was brought to an end when rival generals stormed the capital, defeated Zhang Xun and

deposed Puyi. (Lovell 2009: 61)

该例出自蓝诗玲所译《风波》("*Passing Storm*")正文前的一段译者注解(Translator's note)。细读译文会发现,这段注解诠释了鲁迅创作《风波》的历史背景,以此帮助不了解中国历史的普通英语读者更好地理解整篇译文。那么,蓝诗玲为何在其译文中添加这样一段注解呢?这显然与其深谙中国历史文化的学者惯习及其关照普通英语读者的译者惯习密切相关。

　　[2] **华老栓**忽然坐起身,擦着火柴,点上遍身油腻的灯盏,茶馆的两间屋子里,便弥满了青白的光。(《药》)

　　蓝译:**Hua Shuan** * suddenly sat up in bed. Striking a match, he lit the oil lamp, its body slick with grease; a greenish-white light flickered through the two rooms of the teahouse. (Lovell 2009: 37)

　　* Lu Xun uses words ('Hua' and 'Xia') that can also mean 'China' for the surnames of both the old man and the revolutionary, infusing the story with an intense historical symbolism.

蓝诗玲翻译"华老栓"时加了脚注,以诠释其中的象征意义:华老栓一家和夏瑜一家,合在一起即"华夏"(China),亦即中华民族。青年夏瑜、华小栓之死,暗指华、夏两家的悲哀,也象征着中华民族的悲哀。作为深谙中国文学与历史文化的学者,蓝诗玲翻译"华老栓"这个名字时,运用她所熟知的中国历史、文学知识,在脚注中简单明了地诠释了鲁迅运用象征手法所表现出来的深刻寓意。这样一来,英语读者通过阅读译文就会明白"华老栓"这个名字所蕴含的象征意义,从而产生中国读者阅读原文时所拥有的体验,这正折射出蓝诗玲关照普通英语读者阅读体验的译者惯习。

3.3.2　删简策略

蓝诗玲明确表示,"我希望我的译本对鲁迅研究者有用,但我更希望不懂中文、不了解中国的普通读者也能轻松阅读"（汪宝荣2013：159）。正是这种关照读者的译者惯习，使得蓝诗玲在翻译原文中语言、文化信息高度稠密的地方时，对其中一些与作品主题并无直接关联的因素采取适度删简的翻译策略，这尤其体现在她对其中历史文化典故、绍兴方言词的翻译上，比如：

[3] 你们和四爷商量商量去，还是再骗他一骗好。**那灯不是梁五弟点起来的么？**不是说，那灯一灭，这里就要变海，我们就都要变泥鳅么？（《长明灯》）

蓝译：You go and tell his uncle, your best bet is to play the same trick on him. The moment that lamp's put out, the whole village'll be swallowed up by the sea and we'll all turn into mudfish. (Lovell 2009：208)

将译文与原文仔细对照，我们发现蓝诗玲并没有译"那灯不是梁五弟点起来的么？"这句话。关于这一点，蓝诗玲解释道："我是故意删掉的，因为我想这儿如果直译就得用脚注，读起来会很费力"（汪宝荣2013：166）。事实上，这里删掉的是一个带有历史典故的笑话："梁五弟"实为南朝梁的建立者梁武帝，系目不识丁的茶馆灰五婶所误称。对此，蓝诗玲有着深刻的认识：删掉这个无关紧要的笑话，也不影响读者对整体内容的理解；反之，如果直译加注，则会增加普通英语读者的阅读负担。由此可见，蓝诗玲关照译语读者的译者惯习促使她在翻译过程中将阻碍读者轻松阅读的历史典故作了删节处理。

[4] "阿呀呀，你**放了道台**了，还说不阔，你现在有三房姨太太；出门便是八抬的大轿，还说不阔？吓，什么都瞒不过我。"（《故乡》）

蓝译：What are you talking about? You **work for the government** — I bet you've three concubines, and travel everywhere in a sedan car with eight carriers. Ha! You won't pull the wool over my eyes. (Lovell 2009：75)

该例中,"放了道台"指做了府以上省以下的大官,是绍兴方言。蓝诗玲曾明确表示她不懂绍兴方言,不把方言带进她的译文里(汪宝荣 2013:159)。细读译文会发现,蓝诗玲对"放了道台"作了简化处理,用简单易懂的标准语翻译了出来。事实上,这种策略贯穿于《鲁迅小说全集》所含全部绍兴方言的英译之中。对此,蓝诗玲这样解释道:"我的书主要是给普通英语读者看的"(同上:160),而这正是其一以贯之的严谨的学者惯习、关照普通英语读者的译者惯习的外在显现。

3.3.3 对应策略

蓝诗玲中西学养广博深厚。在西方文学传统中成长起来的蓝诗玲,自然熟谙西方诗学及各种语言风格;作为热爱、专修中国文学的学者,蓝诗玲对中国诗学及各种语言风格也有着深度体悟。因此,对于鲁迅自成一体、文白相间的语言风格,蓝诗玲在其英译过程中能够轻松自如地在西方诗学中找到对应的语言风格,比如:

> [5]孔乙己便涨红了脸,额上的青筋条条绽出,争辩道,"窃书不能算偷……窃书!……读书人的事,能算偷么?"接连便是难懂的话,**什么"君子固穷",什么"者乎"**之类。(《孔乙己》)
>
> 蓝译:Kong's face would flush scarlet, the veins on his forehead throbbing in the heat of discomfort. 'Stealing books is no crime! Is scholarship theft?' he would argue back, illustrating his point with a perplexing smatter of archaisms:**'poverty and learning, oft twist by jowl'**, etcetera, etcetera.(Lovell 2009:33)

该例中,"君子固穷""者乎"都是文言词,为古时读书人做文章所用。蓝诗玲深谙鲁迅的诗学观:借助文白相间的文体风格塑造一个处于新旧社会过渡阶段的读书人形象。基于这种认识,蓝诗玲在翻译中采用了对应策略,"故意用古旧(archaic)的英文去翻译"(汪宝荣 2013:165),从而既保留了原文的文学性,又充分再现了原文的文学功能,在译文中成功再现了孔乙己咬文嚼字、潦倒落魄的人物形象。细读整部译作,我们会发现蓝诗玲始终用古雅的英文来翻译原作中的文言词,这正是她忠实于原作语言风格、轻松驾驭英汉语言的译者惯习的外在表征。

4. 结语

本文以布迪厄反思性社会学原理为依托,尤其借鉴其"惯习"理论,以蓝诗玲的《鲁迅小说全集》英译为案例,探讨了蓝诗玲译者惯习的形成轨迹,在此基础上着重分析了其译者惯习在翻译选材、翻译观、翻译策略等方面对其翻译活动所产生的具体影响。由此,我们得以窥见蓝诗玲《鲁迅小说全集》英译本成为一部西方世界广大英语读者青睐①的上乘译作的深层原因。

蓝诗玲有着得天独厚的语言优势,中英文驾驭能力都很强;其中西学养广博深厚,对中西诗学均有深度体悟。蓝诗玲在接受教育、学术研究、工作等社会化过程中,形成了对权力场域、西方文学场域的深刻认识,进而形成了遵从西方诗学观、关照普通英语读者阅读习惯和审美情趣的译者惯习,因此非常重视译文的可读性。而其深谙中国文学与文化的学者惯习又促使她十分强调译文的准确性,从而形成了其兼顾译文准确性和可读性的"忠实性再创造"翻译观。在这种既忠实于原作又重视读者接受的"忠实性再创造"翻译观指导下,蓝诗玲在翻译《鲁迅小说全

---

① 本文作者收集了美亚(https://www.amazon.com/)上读者对蓝诗玲英译《鲁迅小说全集》的评论。18位来自美国、澳大利亚、比利时等国的普通读者均高度评价蓝译本,其中13位读者给予全五星评价。有的评论者称,蓝诗玲的翻译非常流畅、清晰、可读性高;有的觉得其《翻译札记》以及对鲁迅生平的介绍对他们的阅读很有帮助,认为《鲁迅小说全集》值得一读;有的读者评论道:对中国文学和历史感兴趣就必须去读蓝译《鲁迅小说全集》。限于篇幅,这里不再历数每个读者的评论。详见: https://www. amazon.com/Real-Story-Other-Tales-China/dp/0140455485/ref = sr_1_1?s=books&ie = UTF8&qid = 1467946573&sr = 1-1&keywords = The+Real+Story+ of+Ah-Q+and+Other+Tales+of+China%3A+The+Complete+Fiction+of+Lu+Xun

集》的过程中灵活采取了诠释、删简、对应等翻译策略,从而使得该译本深受英语读者的喜爱,成为一部成功走向西方英语世界的上乘佳译。

如前所述,除《鲁迅小说全集》之外,蓝诗玲还成功地将许多现当代中国文学作品译介到西方英语世界。其对中国文学的成功译介在翻译选材、翻译观和翻译策略等方面为当前广受瞩目的中国文学"走出去"带来了如下启示:首先,在翻译选材方面,我们应该优先挑选既具"世界文学普适性又有着中国文学异质性"的文学作品来译介(鲍晓英 2015:14),比如《鲁迅小说全集》《红高粱》等就具有这种特质。其次,应该秉持"广阔、动态而开放的翻译观"(吴赟 2012:92),不把"忠实"奉为唯一的准则,在保证原文信息传达准确的同时,应更加重视译文在译语文化中的可读性、可接受性。再者,可以借鉴蓝诗玲灵活、综合运用各种翻译策略的做法,因为没有唯一可行的翻译策略,也没有放之四海而皆准的翻译策略,译者需根据具体的情形灵活、变通地综合运用各种有效的翻译技巧、方法与策略。

参考文献

[1] Bourdieu, P. *Distinction: A Social Critique of the Judgment of Taste*. Trans. Richard Nice[M]. Cambridge, Mass.: Harvard University Press, 1984: 101.

[2] Bourdieu, P. The Forms of Capital [A]. In John Richardson (Ed.) *Handbook of Theory and Research for the Sociology of Education*[C]. New York: Greenwood, 1986. 241‒58.

[3] Bourdieu, P. *The Logic of Practice*. Trans. Richard Nice[M]. Chicago: Stanford University Press, 1990. 53.

[4] Bourdieu, P. *The Field of Cultural Production: Essays on Art and Literature*[C]. New York: Columbia University Press, 1993: 40, 56, 162.

[5] Bourdieu, P. and Wacquant, L. *An Invitation to Reflexive Sociology*[M]. Chicago：University of Chicago Press, 1992：101, 109, 118.

[6] Gouanvic, Jean-Marc. A Bourdieusian Theory of Translation, or the Coincidence of Practical Instances：Field, ' Habitus ', Capital and ' Illusio'[J]. *The Translator*, 2005, (2)：147 - 66.

[7] Lovell, J. *Great Leap Forward*[N]. The Guardian, 2005 - 06 - 11.

[8] Lu Xun. *The Real Story of Ah-Q and Other Tales of China: The Complete Fiction of Lu Xun*. Trans. Lovell, Julia[M]. London：Penguin Books, 2009：xliv, 33, 37, 61, 75, 208.

[9] Simeoni, D. The Pivotal Status of the Translator's Habitus[J]. *Target*, 1998, (1)：1 - 39.

[10] 鲍晓英.从莫言英译作品译介效果看中国文学"走出去"[J].中国翻译, 2015(1)：13 - 17.

[11] 布迪厄.华康德.实践与反思：反思社会学导论.李猛,李康译[M].北京：中央编译出版社,2004.

[12] 曹新宇等.可读性背后的意义偏离——从蓝诗玲英译《阿Q正传及其他中国故事——鲁迅小说全集》谈起[J].翻译论坛,2015,(2)：50 - 55.

[13] 寇志明."因为鲁迅的书还是好卖"：关于鲁迅小说的英文翻译.罗海智,译[J].鲁迅研究月刊,2013,(2)：38 - 50.

[14] 鲁迅.鲁迅小说全集[M].北京：北京燕山出版社,2009.

[15] 骆萍.翻译规范与译者惯习——以胡适译诗为例[J].西安外国语大学学报,2010,(2)：75 - 78.

[16] 覃江华.英国汉学家蓝诗玲翻译观论[J].长沙理工大学学报(社会科学版),2010,(5)：117 - 121.

[17] 邵璐.翻译社会学的迷思——布迪厄场域理论释解[J].暨南学报(哲学社会科学版),2010,(3)：124 - 30.

[18] 汪宝荣.鲁迅小说英译面面观：蓝诗玲访谈录[J].编译论丛,2013,(1)：147 - 167.

[19] 王洪涛.建构"社会翻译学"：名与实的辨析[J].中国翻译,2011,(1)：14 - 18.

[20] 王悦晨.从社会学角度看翻译现象：布迪厄社会学理论关键词解读[J].中国翻译,2011,(1)：5 - 13.

[21] 吴赟.翻译观的建立与翻译研究疆域的拓展——评许钧著《翻译概论》[J].外语教学,2012,(2)：89 - 92.

［22］邢杰.译者"思维习惯"——描述翻译学研究新视角［J］.中国翻译，2007,(5)：10－15.

［23］朱振武,唐春蕾.走出国门的鲁迅与中国文学走出国门——蓝诗玲翻译策略的当下启示［J］.外国语文,2015,(5)：108－15.

基金项目：本文系国家社科基金项目"中国古典文论在西方的英译与传播研究"(项目编号：13CYY009)的阶段性相关研究成果。

(作者通讯信息：北京外国语大学,山东理工大学

htw_wang@163.com)

中国古代科技典籍传播的翻译学路径

王 宏　刘性峰

1. 引言

自从《好逑传》(*Hao Chiu Chuan*)1761年首次在英国出版以来,中国典籍英译已经走过了250多年的历史。大量中国重要典籍英译作品先后出版问世,彰显中华民族在古代对世界文明做出的卓越贡献。但在取得进步的同时,在该领域也出现一些问题。比如,1)中国古典文学特别是古典诗歌英译本较多,而中国古代科技典籍作品的英译本偏少,世人除知道四大发明源自古代中国外,对中国古代科技的其他重要成就知之甚少;2)学者们多关注某一部古典科技作品的英译研究,如《黄帝内经》《茶经》的英译,而对中国古代科技典籍英译的总体研究框架,如对理论研究,重视不够;3)就研究视角而言,鲜有学者从理论上对中国古代科技典籍英译展开全方位的研究。仅有的一些零星的探讨,研究方法较为单一,研究路径较窄;4)历史分期模糊,易与一般中国翻译历史混为一谈,全面系统探讨中国古代科技典籍英译历史的论著较少,仅有的研究多以英译汉为主,较少涉及汉译英;5)中国古代科技典籍英译教学方面的研究较少;6)汉族科技典籍英译与少数民族科技典籍英译比例失衡,汉族科技典籍英译本居多,少数民族的科技典籍英译本偏少。

为解决以上问题,本文提出,中国古代科技典籍在世界的传播是一个系统工程,对其翻译学路径的研究需要体系化,形成相互支撑、特色鲜明的体系框架。为此,本文将梳理中国古代科技的重要成就及影响、重要典籍，并从理论研究、历史研究和应用研究三个层面探讨中国古代科技典籍传播的翻译学路径。

2. 中国古代科技重要成就及影响

中国古代人民勤劳、智慧、勇敢，在科技领域做出的贡献令世人赞叹。除了四大发明，古代中国人还在其他方面卓有贡献，在一个相当长的历史时期中一直居于世界领先地位，对整个世界的文明进步有杰出贡献。

著名英籍科学史家李约瑟博士花费近 50 年心血撰著的多卷本《中国科学技术史》通过丰富的史料、深入的分析和大量的东西方比较研究，第一次全面系统地论述了中国古代科学技术的辉煌成就及其对世界文明的伟大贡献。七卷本《中国科学技术史》的出版轰动西方学术界，被视为 20 世纪重大学术成果之一，内容涉及中国古代哲学、历史、科学思想、数学、物理、化学、天文、地理、生物、农业、医学及工程技术等诸多领域。李约瑟博士在书中指出："中国在公元三世纪到十三世纪之间保持一个西方所望尘莫及的科学知识水平。"

中国古代的发明和发现远远超过同时代的欧洲。比如，早在商代，中国已采用了十进位值制。这些记数文字的形状，在后世虽有所变化而成为现在的写法，但记数方法却从没有中断，一直被沿袭，并日趋完善。十进位值制的记数法是古代世界中最先进、科学的记数法，对世界科学和文化的发展有着不可估量的作用。李约瑟说："如果没有这种十进位制，就不可能出现我们现在这个统一化的世界了。"

在计算数学方面，中国大约在商周时期已经有了四则运算，到春秋战国时期整数和分数的四则运算已相当完备。其中，出现于春秋时期的正整数乘法歌诀"九九歌"，堪称是先进的十进位记数法与简明的中国语言文字相结合之结晶。中国发明了特有的计算工具和方法，即用"算筹"进行计算。中国古代数学以擅长计算著称于世，并逐步形成了自具特色的数学体系。

中国还是世界上最早发现磁铁指极性的国家。大约在战国时期,人们就利用磁铁的指极性,发明了磁性指向仪器"司南"。力学方面,墨子的力学成就与古希腊物理学相比,也毫不逊色。光学方面,墨子提出,光是直线传播的,并进行了小孔成像的实验,用光的直线传播解释了光通过小孔所形成的影像是倒像的道理。他对凹面镜、凸面镜和平面镜成像的原理进行了比较系统的研究,发现了凹面镜焦点的存在。李约瑟曾把墨子光学与古希腊光学进行比较,指出墨子的光学研究"比我们任何所知的希腊为早","印度亦不能比拟"。

在中国古代科学的各分支中未被近现代科学所融汇、至今仍有强烈生命力的唯有传统中医药学。中医药学体系是以中国古代盛行的阴阳五行学说来说明人体的生理现象和病理变化,阐明其间的关系,并将生理、病理、诊断、用药、治疗、预防等有机地结合在一起,形成了一个整体的观念和独特的理论。

中国古代在天文、数学、化学、医药等方面的科学知识和技术成就很早就传播到朝鲜、日本、印度、波斯、阿拉伯,并且扩散到欧洲,对世界科学技术的发展做出了重要的贡献。翻译在这中间无疑起到了至关重要的作用。

3. 中国古代科技重要典籍

中国古代科技典籍作品历史悠久,内涵丰富,涉及天文、地理、医药、农学、数学、化学、物理、工程、军事、手工制作、造纸、丝织、水利、建筑,等等。据统计,"仅中国古代医药学的著作就有万种以上,数学著作也有上千种,农学著作近 400 种"(屈宝坤 1998:3)。

据粗略统计,《四库》著录的科技文献就有 300 余种,其中以数学、天学、农学、医学、生物学和地学方面的书籍最多。《四库全书》中的科技文献,在一定程度上集中、全面地展示了中国古代数千年来丰富多彩的科技文明。这些珍贵的科技文献不仅对于保存、继承和发展中国传统文化、深入研究中国科学技术史具有重要的历史价值和学术价值,而且有些文献如农书、医书、动植物谱录、地理方面的著作等,至今仍有一定的参考价值和现实意义。

要了解中国古代科技典籍有多少,家底有多厚,可查找《中国科学技术典籍通汇》一书。该书约集国内在各自学科领域的科技史家,收录上起先秦下讫 1840 年在中国古代科技发展中起过一定作用的科技典籍和其他典籍中的科学技术为主要内容的篇章。按现代学科分类,分为数学、天文、物理、化学、地学、生物、农学、医学、技术、综合以及索引,共计 11 卷,自 1993 年 6 月由河南教育出版社陆续按卷分期出版。全书共约 4 000 万字。这是在浩若烟海的中国古代文献中对古典科技典籍的第一次全面、系统的挖掘整理。该书选用善本,即足本、精本、旧本,包括原稿本、手抄本、木刻本、活字本、石印本、影印本等,采用影印形式保留了科技典籍的原始本来面貌。

《中国科学技术典籍通汇》收录典籍总计 541 种:

《中国科学技术典籍通汇》数学卷 郭书春主编(五册)90 种
《中国科学技术典籍通汇》天文卷 薄树人主编(八册)82 种
《中国科学技术典籍通汇》生物卷 苟萃华主编(三册)42 种
《中国科学技术典籍通汇》物理卷 戴念祖主编(二册)19 种
《中国科学技术典籍通汇》化学卷 郭正谊主编(二册)47 种
《中国科学技术典籍通汇》地学卷 唐锡仁主编(五册)59 种
《中国科学技术典籍通汇》农学卷 范楚玉主编(五册)43 种
《中国科学技术典籍通汇》医学卷 余瀛鳌主编(七册)26 种
《中国科学技术典籍通汇》技术卷 华觉明主编(五册)73 种
《中国科学技术典籍通汇》综合卷 林文照主编(七册)60 种
《中国科学技术典籍通汇》索引卷

4. 中国古代科技典籍传播的翻译学路径

4.1 "中国古典科技翻译"概念及特征

"古典",是就古籍创作时间划分而言的,一般指中国"五四"

运动以前的历史时期。"科技"一词是"科学"和"技术"的简称。《现代汉语词典》（2002）对"科学"和"技术"的定义分别为："反映自然、社会、思维等客观规律的分科的知识体系"和"人类在利用自然和改造自然的过程中积累起来并在生产劳动中体现出来的经验和知识，也泛指其他操作方面的技巧和技术装备"。由此可知，"科技"指人类在认识自然和改造自然过程中所获得的知识、经验以及操作方面的技巧和设备。胡道静（2004：3）认为，科技作品指文（文学艺术）、史（历史）、哲（思想意识）之外的作品。因此，中国古典科技作品指中国在"五四"以前创作的除文学、艺术、历史、哲学等之外的其他典籍作品，内容涵盖天文、地理、医药、农学、数学、化学、物理、工程、军事、手工制作、造纸、丝织、水利、建筑等。

中国古典科技翻译是一种跨语内、跨语际、跨文化的传播活动。"首先是语内翻译：用现代汉语完整、准确地理解典籍的古汉语原文。……第二个阶段是语际翻译，即用现代英语完整、准确地表达古汉语，目的语是现代英语"（方梦之 2011：122）。这还涉及中国古代科技文化、中国现代科技文化、译入语现代科技文化之间的对话与交流。

4.2 中国古典科技翻译研究框架

自詹姆斯·霍姆斯（James Holmes）1972 年提出翻译学研究框架以来，一些学者（Susan Bassnett 1980，文军 2006，黄忠廉、李亚舒 2007，Anthony Pym 2007）对该框架进行了充实与完善。我们以此为基础，并结合中国古典科技翻译研究的实际情况，提出中国古典科技翻译研究框架（见图 1）。该框架的三个组成部分构成中国古典科技翻译研究的整体：（1）中国古典科技翻译理论研究（2）中国古典科技翻译历史研究（3）中国古典科技翻译应用研究。

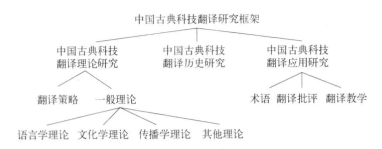

图 1   中国古典科技翻译研究框架

4.3   中国古典科技翻译理论研究

4.3.1   翻译策略研究

翻译策略决定翻译质量,体现译者的翻译思想,是翻译理论和实践必须考察的核心内容。"翻译策略是译者在翻译实践中,自认为要达到既定目标的最佳方法。翻译策略分为总体策略和局部策略两种。前者指运用于整个翻译任务中的策略(如对译文风格的考虑、对读者群的假设等),后者则集中于翻译中更为具体的操作"(转引自李德超,2005:30)。*Mona Baker*(1998:240-242)认为,"翻译策略涉及两个基本任务,即选择翻译文本和确定相应的翻译方法。两者均受文化、经济、政治因素影响。"此外,制约因素还包括翻译目的、文本类型、译者喜好与能力、读者、赞助者、翻译诗学等。

中国古典科技翻译也受上述因素的制约。以文本类型为例,中国古典科技作品既不同于普通的文学作品,也有别于现代科技文本,不能纯粹地归为 Katharina Reiss(2000)划分的文本类型(信息型文本、表情型文本和操作型文本)中的某一种,而是涵盖多个类型的复合文本。例如,我们在翻译《梦溪笔谈》时将其文本类型界定为"笔记体文本,其功能主要是传递信息,此类文本的语言特点是逻辑的,其焦点侧重于内容,其译文的目的是表达其内容"
(王宏 2010:19‒20)。据此,我们提出具体翻译策略是"涉及古
代科技内容的条目翔实、客观,语言准确、简洁,结构严谨,逻辑
性强……多用科技专门词汇,语法上多用一般现在时态,多用结构
严谨的陈述句、复句、非人称句以及被动语态等"(同上)。另外,
社会文化因素同样影响中国古典科技翻译策略。比如,明末清初,
利玛窦与徐光启、李之藻合译了多部科技作品,为了传播天主教,
利氏采取了"同化顺应"的翻译策略(文军 2006:277)。

4.3.2　语言学理论

中国古典科技翻译研究可以借鉴语言学的相关理论探讨与其
翻译过程、翻译结果、翻译作品出版与接受等相关的各种事件和现
象,有助于了解中国古典科技翻译的本质,掌握语言转换特征与
规律。

国内有学者在这方面做了有益尝试。姜欣、姜怡的科研团队
从多个语言学视角探讨了《茶经》《续茶经》的译介(超文本 2009,
语料库语言学 2009,社会符号学 2010,互文性 2010,语篇衔接
2011,模因论 2014 等)。她们认为,《茶经》《续茶经》具有较强的
模因母本效应,一旦被某些异国作者在其作品中直接引用或者翻
译成书,其语言文化模因就能在一定范围内得以复制繁衍。此外,
语料库的介入可以对研究文本做量化比较研究,为该领域的研究
提供更加科学的研究方法。

4.3.3　文化学理论

如前文所述,中国古典科技翻译是一种跨文化的传播活动,这
就决定了文化在翻译中所起的重要作用。因此,我们需要在探究
某种具体文化现象的复制与转译时,注重考察特定文化历史语境
下中国古典科技翻译的真实态势和隐身的因素。我们提出,可以
从狭义文化翻译和广义文化翻译两个方面研究中国古典科技翻

译。前者侧重具体文化现象的处理方式;后者多与"描述翻译学""多元系统研究"以及"操纵学派"等概念相关,强调"译入语文化对翻译的作用,更多致力于从目的语的文化语境中审视、考察翻译现象"(谢天振 2008:197-198)。

中国古典科技翻译之广义文化研究相对较少,现有研究(王宏 2010,蒋学军 2010,袁媛等 2010)多从狭义文化角度切入,讨论中国古典科技翻译涉及的文化现象、属性、分类以及翻译策略,尤其是文化专有项的翻译实现方式(如归化和异化)。归化方法主要有意译或意译加注、词素造词法、使用同义词、选用非文化专有项和选用目的语文化专有项等;异化方法包括音译、直译、音译加注与直译加注、文内增词、文外解释、文内解释、选用译文读者较熟悉的另一来源文化专有项等。因此,我们呼吁要重视从广义文化翻译的角度考察中国古典科技翻译,促使研究视角和手段更为立体化和多元化。

4.3.4　传播学理论

中国古典科技翻译是一种传播活动,即将原文中的中国古典科技思想、文化、知识等传播到译入语语言文化中去,是"中学外传"内容的一部分。"中学外传"指中国思想、文化、知识等向他国的传播活动,其中包括"中学西传"。但是当下学者研究多以"中学西传"为主,较少谈及中国古典科技作品在朝鲜、日本、印度等国的翻译与传播。

就"中学西传"来看,其传播方式有直接携带中国文献入欧、翻译汉语典籍和介绍中国文化人思想三种方式(许正林 2009:254)。实际上,中国古典科技的西传多依赖前两种方式,第三种方式较少。我们发现,中外古典科技翻译与传播多以外译汉为主,这有悖于传播学主张双向交流的本质要求。成中英(2005:260)指出,"传播必须是双向的、多面的、多元的、不同层次的……传播,其实就是沟通,也包含了对话在内。英文单词'communications'包含双向与对话的意义,肯定了不同个体在进行一种有意识的交流活动。"因此,将中国古典科技翻译置于社会、历史、文化大背景之下研究,我们发现,其传播交流存在诸多问题,最为突出的就是"传播与交流的失衡"。"对于中西文化交流,中国学者关注较多的是'西学东渐'。而'中学西传'的成果就显得少多了"(蒋栋元2008:137)。另外,"自 16 世纪欧洲来华传教士揭开近代意义上的中西文化交流之大幕以来,中国文化西传的主体基本上以西方人士为主,形成了西方人士'独语'的局面,中国长期处于'缺场'状态"(严加红 2011:6)。我们认为,必须采取措施对以上现象加以改变。

4.4　中国古典科技翻译历史研究

历史研究是中国古典科技翻译研究的土壤和语境,可以揭示和解释翻译实践活动中隐秘在背后的原因。结合 Anthony Pym (2007)的研究,我们认为,中国古典科技翻译历史研究的内容应涵盖历史划分、翻译考古、历史批评、解释等。

4.4.1　中国古典科技翻译的历史划分及特征

学者们对中国古典科技翻译的历史分期历来有不同观点。如谢天振(2009:110-114)将中国古代科技翻译分为:16 世纪末以前的中国科技翻译和 16 世纪末以后的中国科技翻译。李亚舒和黎难秋(2000:23)将其分为古代(汉至明初)和中古代(明、清)。其实,这些划分都以国外科技作品汉译为主导,忽视了中国古典科技作品的翻译事实。

我们认为,可以将中国古典科技翻译历史分为三个阶段:明代以前、明清至民国时期、中华人民共和国成立至今。第一阶段可资参考的记载与译作较少,这一时期主要是向印度、日本、朝鲜、阿拉伯等国家和地区传播,语言多为欧美以外的语言,并且以佛教传播和经商传播为主。第二阶段处于中国古典科技外译的第一次高潮,"中学西传"超过向其他国家的传播。这一时期,传教士、外交官、商人是译介的主力,中国本土译者极少,翻译方式以介绍、摘译、选译为主,全译的中国古典科技作品较少。第三阶段是中国古典科技外译的第二次高潮,这一时期,中国本土译者占多数,翻译更具系统性,比如中国政府系统翻译出版的中国古典科技作品,如《大中华文库》之《茶经》《梦溪笔谈》《黄帝内经》《山海经》英译等,以及李约瑟博士对中国古代科技成就所作的全面系统翻译、介绍和研究。这三个阶段历史划分及其特征归纳如表 1 所示:

表 1　中国古典科技外译历史分期与特征

阶　段	时　间	特　征
第一阶段	1368 年以前	译介较少,译入国家主要有印度、日本、朝鲜、阿拉伯国家等,译入语多为欧美国家以外的语言,传播方式多为佛教传播和经商传播。
第二阶段	1368—1949 年	第一次高潮,译者主要为传教士,中国本土译者极少,介绍、摘译多,全文翻译少,译入语多为欧美语言。
第三阶段	1949 年至今	第二次高潮,全文翻译,中国本土译者占多数,翻译更具系统性,如中国政府资助系统翻译、出版,李约瑟系统译介等。

4.4.2　其他课题

中国古典科技翻译历史研究较少,现有研究(黎难秋、李亚舒 1993、1996、2000;马祖毅 2003;谢天振 2009)多以零星方式介绍中国古典科技外译历史状况,只是在某个章节简述中国古典科技作品的翻译。例如,马祖毅和任荣珍所著《汉籍外译史》专辟一章概述中国古代自然科学著作的外译,译介作品包括《梦溪笔谈》《天工开物》《新仪像发要》《内经》《脉经》《本草纲目》《洗冤集录》《九章算术》《水经注》《徐霞客游记》《泰山志》《随园食单》《农政全书》《海国图志》《中国造纸技术史稿》等,简要介绍作品、翻译与研究以及在国外的传播。此类介绍内容大都比较简单,未有深度剖析,以梳理历史事实为主,缺乏系统科学的历史描述。按照 Pym 的观点,这种介绍属于翻译考古,有关历史批评、解释课题的研究微乎其微。该领域的研究应该成为今后学界关注的重要课题之一。

4.5　中国古典科技翻译应用研究

4.5.1　术语翻译

"术语指在一个学科领域中使用、表示该学科领域内概念或关系的词语"(吴瑞红,吕学强 2014:33)。术语是一个学科发展的历史积累,也是学科发展的重要内容和发展程度的主要标志。"在任何领域,大量的术语翻译都是译者面对的重要问题,应该确保术语翻译的一致性"(Shuttleworth & Cowie,2004:166)。

术语翻译问题在中国古典科技翻译中起着十分重要的作用。傅兰雅(John Fryer)较早提出"译名统一"问题,并制定了具体规则。他认为,"'名目(译名)'是'译西书第一要事',尤其是'初译格致各书'时,必须'留意于名目,则用者初时能稳妥,后亦不必大更改'。'若翻译时配准各名,则费功小而获益大','用相同之名,则所译之书,益尤大焉'"(陈福康 2000:84)。这里,傅氏所谓"名目"即"术语"。在傅氏看来,刚开始翻译科技作品时,应注意术语翻译积累,以后再使用同一译名,即可省去诸多麻烦,对于翻译整本书以及学科发展都大有裨益。

中国古典科技术语翻译存在许多困难,以中医为例,"由于中医名词术语在西方各国语言中一般都缺乏对应语,这给翻译造成了很大的困难"(李照国 1996:31)。当然,导致这方面翻译困难的原因还有其他因素,诸如文化、语言、思维方式等。

傅兰雅较早提出古典科技术语翻译原则,即在三种情况下如何处理术语翻译问题。这三种情况是:"华文已有之名、设立新名、作中西名目字汇"(陈福康 2000:84-85)。对于第一种情况,有两种方法解决:查阅中国已有的科技、工艺著作以及传教士所著之书;另外,就是向商人或工艺、制造等方面的专家求教。第二种情况有三种解决方法:(1)以平常字外加偏旁而造新词,如铂、锌等;(2)用数字解释;(3)音译,即用汉语将外语的音标出。针对第三种情况,则需编辑术语汇总,中外文对照,附于书末。傅氏之科技术语翻译方法极为灵活、实用、有效,更易于操作,对于古代和现代科技术语翻译皆有借鉴意义。

李照国(1996:31-33)根据翻译《黄帝内经》的经验,认为中医术语翻译应该遵循自然性、间接性、民族性、回译性和规定性等原则。"民族性"原则专门针对那些在西方语言中找不到近似对应词的中医术语,不强求去对应西方语汇中毫不相干的名称,而是"按照科技英语构词法并遵循词素翻译法的要求而翻译出来的一个中医对应语。它在结构上符合英语构词法的一般要求,但在内涵上体现的却是纯中医的思想"(李照国 1996:32)。"回译性"原则指"英译的中医名词术语在形式结构上与中文形式相近",其目的是实现中医药国际交流中有效信息的双向传递。

综上,中国古典科技术语翻译不是简单的语言转换,需将历史、文化、对外传播与交流、思维方式、民族性、学科规范与发展等要素纳入术语翻译评价的参照坐标系。

4.5.2 翻译批评

借用肖维青(2010)的观点,我们认为,中国古典科技翻译批评需要以某种理论或标准作为衡量的参照,并在此参照系下对中国古典科技翻译实践(过程或结果)进行评价。当然这种标准是相对的,而非绝对的。"每一种翻译批评标准都是依据某一种翻译理论提出来的,这种批评标准体现了该理论的基本精神和原则"
(吕俊2007：1)。因此,中国古典科技翻译批评应采用多元、动态、
多维的翻译批评标准,尽力避免主观性和片面性。

　　翻译批评对于中国古典科技翻译研究而言是不可或缺的。翻
译批评可以提高中国古典科技翻译质量,揭示不同时期社会对科
技翻译质量的价值观,促进中国古典科技翻译教学发展和人才培
养水平的提高,推动中国古典科技翻译事业的整体发展,因为"在
翻译实践、翻译批评和翻译理论三者之间,起纽带作用的是批评"
(温秀颖2003：7)。

　　我们认为,中国古典科技翻译批评可以围绕作者、译者、读者、
译作与原作以及现代文文本的关系、汉语及译入语的社会-历史语
境等内容展开。在方法上,应该避免绝对的"规定性"陷阱,而应
将"规定性"与"描述性"相结合,定量分析与定性分析并用。中国
古典科技翻译批评目前仍存在一些不足。比如,就批评对象而言,
内容范围较窄,多以对《黄帝内经》和《茶经》《续茶经》的翻译为
主,其他方面的科技典籍翻译研究较少,甚至从未涉及。就批评方
法而言,多为语言、文化方面的比较,缺乏系统性的批评理论的
介入。

4.5.3　翻译教学

　　中国古典科技翻译教学是中国典籍翻译教学的必要组成部
分,对于国内翻译专业人才(从本科、到硕士、博士)的培养至关重
要。遗憾的是,目前国内尚无中国古典科技翻译方面的教材,与之
相关的教学与研究更无从谈起。故此,我们有必要在这方面做出
努力。

　　中国古典科技翻译教学是一项系统建设工程。我们建议从以
下方面着手:课程设置、内容选择、教材编写、教学方法、学生考核
评价体系、教师培养、计算机(辅助)翻译等。首先,课程设置应遵
循"合理性"原则,结合学校实际,可以将其置于"典籍翻译"课程

之下,亦可单独设置。同时,有必要引入古汉语语言文化知识的教学。其次,教学内容以适合具体学校的教学实际和目标为宜。教材编写以学生实践为主,辅以翻译方法和赏析评价。国内首部较为全面的典籍英译教材《中国典籍英译》(汪榕培、王宏主编)值得借鉴,其编写理念是"典籍英译应该理论与实践并重,在输入(读)与输出(译)之间保持一种平衡"(王宏 2009:41)。再其次,教学方法和学生考核都应该重视翻译实践,如有可能,可以将计算机技术引入教学。最后,教师培养是中国古典科技翻译教学尤为重要的一环,可选择合适的教师到具有资质的国内外科研院校、研究所深造,亦可直接引进人才。

5. 结语

本文梳理了中国古代科技的重要成就及影响和重要典籍,并从理论研究、历史研究和应用研究三个层面尝试勾勒出中国古代科技典籍传播的翻译学路径。显然,要有效实现中国古代科技典籍的对外传播,还需要考察中国古代科技典籍翻译的全过程,关注翻译主体、翻译内容、翻译渠道、翻译受众和翻译效果。我们将另外撰文对以上话题展开后续深入研究。

参考文献

[1] 陈福康.中国译学理论史稿[M].上海:上海外语教育出版社,2000.
[2] 成中英.从中西互释中挺立[M].北京:中国人民大学出版社,2005.
[3] 方梦之中国译学大辞典[M].上海:上海外语教育出版社,2011.
[4] 冯志伟.现代术语学引论[M].北京:语文出版社,1997.
[5] 黄忠廉,李亚舒.科学翻译学[M].北京:中国对外翻译出版公司,2007.
[6] 胡道静.中国古代典籍十讲[M].上海:复旦大学出版社,2004.
[7] 姜欣,姜怡,包纯睿,开蓉.《茶经》与《续茶经》的模因母本效应与对外传播现状[J].辽宁师范大学学报(社会科学版),2014,(1):119-124.
[8] 蒋栋元.利玛窦与中西文化交流[M].徐州:中国矿业大学出版

社,2008.

[9] 蒋学军.中医典籍中的文化图示及其翻译[J].中国科技翻译,2010,
(1):34-38.

[10] 李德超.TAPs 翻译过程研究二十年:回顾与展望[J].中国翻译,2005,
(1):29-33.

[11] 李照国.论中医名词术语的翻译原则[J].上海科技翻译,1996,(3):31-33.

[12] 黎难秋.中国科学文献翻译史稿[M].合肥:中国科学技术大学出版
社,1993.

[13] 黎难秋.中国科学翻译史料[M].合肥:中国科学技术大学出版
社,1996.

[14] 李约瑟.大中华文库孙子兵法英译(总序)[M].北京:外文出版
社,1999.

[15] 吕俊.对翻译批评标准的价值学思考[J].上海翻译,2007,(1):1-6.

[16] 林宗豪,王宏.古代科技典籍英译本现状及成因的传播学阐释[J].中国
科技翻译,2017,(3):60-63.

[17] 刘性锋,王宏.中国古典科技翻译研究框架构建及相关对策[J].上海翻
译,2016,(4):77-81.

[18] 卢军羽.中国科技典籍文本特点及外国译者的翻译策略研究[J].北京
第二外国语学院学报,2016,38(6):81-91.

[19] 梅阳春.古代科技典籍英译——文本、文体与翻译方法的选择[J].上海
翻译,2014,(3):70-74.

[20] 马祖毅,任荣珍.汉籍外译史[M].武汉:湖北教育出版社,2003.

[21] 穆雷,邹兵.中国翻译学研究现状的文献计量分析(1992—2013)——对
两岸四地近 700 篇博士论文的考察[J].中国翻译,2014,(2):14-20.

[22] 屈宝坤.中国古代著名科学典籍[M].北京:商务印书馆,1998.

[23] 汤金霞,梅阳春.中国科技典籍翻译策略之管见[J].外语学刊,2015,
(6):95-99.

[24] 王宏.《梦溪笔谈》译本翻译策略研究[J].上海翻译,2010,(1):18-22.

[25] 王宏.典籍英译教材建设的新尝试——介绍本科翻译专业教材《中国典
籍英译》的编写[J].上海翻译,2009,(1):41-44.

[26] 文军.科学翻译批评导论[M].北京:中国对外翻译出版公司,2006.

[27] 温秀颖.翻译理论与实践之间的纽带——翻译批评[J].上海翻译,
2003,(4):7.

[28] 吴瑞红,吕学强.基于互联网的术语定义辨析[J].北京大学学报(自然

科学版),2014,(1):33‐40.

［29］肖维青.翻译批评模式研究［M］.上海：上海外语教育出版社,2010.

［30］谢天振.当代外国翻译理论［M］.天津：南开大学出版社,2008.

［31］谢天振.中西翻译简史［M］.北京：外语教学与研究出版社,2009.

［32］张汨,文军.中国科技典籍英译本概况探究：现状与建议［J］.语言教育,2014,(4):57‐60.

［33］许明武.基于《天工开物》英译本的科技典籍重译研究［J］.语言与翻译,2017,(2):64‐69.

［34］许明武.中国科技典籍英译研究(1997—2016)：成绩、问题与建议［J］.中国外语,2017,(2):6‐10.

［35］许正林.传播理念的核心与边界［M］.上海：上海三联书社,2009.

［36］严加红.文化理解视野中的教育近代化研究：以清末出洋游学游历为实证个案［M］.西安：西安交通大学出版社,2011.

［37］袁媛,姜欣,姜怡.图示理论观照下的茶文化翻译［J］.宜春学院学报,2010,(10):64‐66.

［38］张承友,张普,王淑华.明末清初中外科技交流研究［M］.北京：学苑出版社,2000.

［39］Baker, Mona. *Encyclopedia of Translation Studies*［M］. London and New York：Routledge Taylor & Francis Group, 1998.

［40］Bassnett, S. *Translation Studies, First Edition*［M］. London, Routledge, 1980.

［41］Pym, Anthony. *Method in Translation History*［M］. Beijing：Foreign Language Teaching and Research Press, 2007.

［42］Reiss, Katharina. *Translation Criticism: The Potentials and Limitations: Categories and Criteria for Translation Quality Assessment*. trans by F.R. Erroll 2000［M］. Manchester：St. Jerome Publishing, 1971.

［43］Shuttleworth, Mark & Cowie, Moira. *Dictionary of Translation Studies*［M］. Shanghai：Shanghai Foreign Language Education Press, 2004.

基金项目：本文系国家社科基金项目"基于大中华文库的中国典籍英译翻译策略研究"(项目编号：13BYY034)的阶段性成果。

(作者通讯信息：苏州大学,南京工程学院

hughwang116@163.com)

从交互主体性视角看译者隐形

任东升　王芳

1. 引言

翻译涉及作者、译者及读者等诸多主体,各主体之间形成一个"各种因素起相互制约作用的活跃的活动场"(许钧 2003: 10－11)。活动场内的各主体交互作用产生译本,形成翻译过程的活动机制,译者在其中发挥主导作用。最早以理解的相对性著称的施莱尔马赫解释学强调译者的重要性(西风 2009: 56)。劳伦斯·韦努蒂(Venuti, 1995: 1)基于批判英美中心主义文化霸权提出了"translator's invisibility",拒绝通顺翻译而提倡译者显形,译者由此充当了社会性角色。在韦努蒂的翻译理论下,隐身的译者具有了社会功能。之后的操控学派、女性主义译论和后殖民主义译论都将这一社会功能当作反叛武器,译者从传统译论中获得解放,实现显形。我国学界也多以韦努蒂的理论为基础,探究译者隐身的社会价值。从韦努蒂提出译者隐身至今,我国学界依然对其认识不清。虽然近几年有学者逐渐从韦努蒂理论的枷锁中跳出,重新思考译者隐身,认为译者主观能动性的发挥就应该以译作中译者的隐形为目的(石红梅 2016: 18),提出译者的隐身是限制译者过度发挥主观能动性的无形尺度(张琳 2011: 154),但均未涉及译者隐身的本质问题。本文试图从现象学交互主体性角度审视翻译过程,探究翻译的内在机制,直观译者隐形的哲学本质。

2. Translator's invisibility 的汉译问题

1995 年韦努蒂在 *The Translator's Invisibility: A History of*

Translation 第一章第一页开宗明义,说明"隐身"的含义: "Invisibility is the term I will use to describe the translator's situation and activity in contemporary Anglo-American culture"(1995:1)。郭建中《韦努蒂及其解构主义的翻译策略》(2000)一文被认为是最早引介韦努蒂翻译理论的论文(蒋童2008:16),文中将 *The Translator's Invisibility* 译为《译者的隐身》。2004 年上海外语教育出版社出版的翻译研究系列丛书收录此书英文版,中文书名为《译者的隐身:一部翻译史》。2009 年外语教学与研究出版社出版了该书的中文译本《译者的隐形:翻译史论》。2011 年出版的《中国译学大辞典》收录术语 invisibility,译为"隐形",还有学者将其译为"不可见"。可以看出,目前国内学者对这一术语的汉译尚无定论。为了进一步了解该术语的汉译情况,笔者以"译者隐身/译者隐形/译者不可见"或"译者显形/译者显身/译者可见"为关键词在中国知网(CNKI)进行模糊检索,共检索到 514 条结果(检索数据截至 2017 年 12 月 20 日)。然后采用 CiteSpace 软件对检索结果进行可视化分析,获得出现次数多于 5 次的关键词分布图(图 1)。

从图中可见,采用"隐身"作为关键词的文献数量(21 篇)多于"隐形"(13 篇);但探讨 visibility 时,采用"显形"作为关键词的文献(21 篇)数量却明显多于"显身"(8 篇)。这一矛盾从侧面体现出目前 translator's invisibility 汉译混乱。如果说"正确地理解了一个术语,等于掌握了一种翻译理论"(林克难 2001:15),那么规范 translator's invisibility 的汉译在一定程度上有利于深化理论研究。

从字典解释看,"隐身"注重肉体和身份,"隐形"则强调形体。前者可以指身份的隐藏,后者则没有这层含义①。抛去"身"所具有的"身份"含义,在指代身体的概念上,"身"仅指人的肉体,而"形"则比较宽泛,既指肉体,也指形象、形体、形状、样子、神色等。

---

① 《汉语大词典》将隐身解释为:1. 不露身份。2. 犹隐居,隐而不出。3. 遮蔽身体。4. 隐匿身形;将隐形解释为:隐没形体。

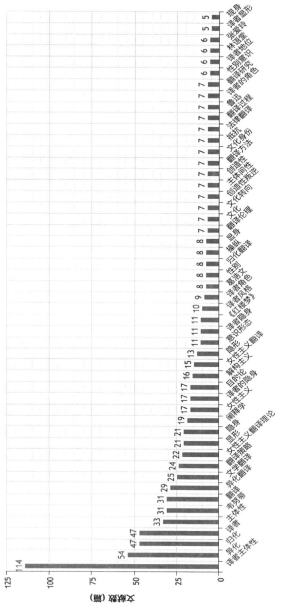

图 1　可视化分析之关键词分布

《墨子·经上》中说道:"生,形与知处也",这里的形指身体、形体,说明生命是形体与心知处于一个统一体中,这算是中国最早明确定义身心关系的说法(张学智 2005:7)。《管子》在论到人的精神活动与身体的关系时说道:"形不正者,德不来,中不精者,心不治。正形饰德,万物毕得"(2010:218)。形体端正,精神状态得以修饬,才可以正确认识和应对外物。可见,在中国古典哲学中,较多采用"形"来指代身体。此外,形与神共同构成中国古典哲学的一对范畴,在先秦时期就开始将形神作为哲学问题予以探讨。虽然"形具而神生""形神相即""形质神用"中的"形"都是指形体,但形的哲学意义远不止于此。形是一个虚实共构的物体形态,既储存了人的肉体系统,也储存了人的精神系统。形的内涵远超出身,这令隐身与隐形的内核意义也存在差异。除"隐身"之外,含"身"的翻译术语还有"瘦身翻译"(thin translation),指"译者在翻译过程中将某些信息进行删减或简化的行为理念"(冯全功 2017:105)。根据上述身与形的内涵探讨,笔者认为 thin translation 的汉译有待进一步验证,此处则不赘述。

　　我们认为,在使用译者隐身和译者隐形时应有所区分,不能混为一谈。译者隐身用于描述翻译外译者身份地位的隐匿,强调译者的社会属性,可以称为"译外隐身"。译者隐形用于描述翻译过程中译者发挥能动性令译文看不出译者痕迹的现象,涉及译者与译本之间的互动,可称为"译内隐形"。据此,可以进一步厘清与 invisibility 相对应的 visibility 的汉译。译者显身是指翻译外译者身份地位显现,即"译外显身"。而译者显形则是译者因语言、语境、文化身份、翻译意图等在翻译内显形,即"译内显形"。

　　在汉语语义中,"身"与"形"的差异令 translator's invisibility 的两种译法呈现出不同内涵。本文所要探讨的实为译内隐形。我们认为不能简单地把译内隐形看作是作者中心主义、文本中心主义和读者(译者)中心主义下的译者主体行为,不能将其涂上个体中心主义的色彩而忽略译者隐形过程中与其他主体的互动。因

而,我们尝试从交互主体性视角探究译者与其他主体的互动关系,
直观译者隐形的本质。

3. 交互主体性视角下的译者隐形

我们认为译者隐形是翻译过程中译者与其他主体交互所产
生,从交互主体性探究翻译过程有助于发现译者隐形的产生机制
及本质。

3.1　胡塞尔现象学交互主体性

20 世纪初德国现象学家埃德蒙德·胡塞尔(Edmund Husserl)
率先提出交互主体性概念,之后在《笛卡尔式的沉思》(1937)中系
统阐释了交互主体性。在胡塞尔现象学中,交互主体性表示"多个
先验自我或多个世间自我之间所具有的所有交互形式"(倪梁康
2007:256),也被称为"先验交互主体性"。西方哲学家基于胡塞
尔的交互主体性理论,在各自哲学领域中主张不同内涵的交互主
体性。如哲学诠释学家汉斯-格奥尔格·伽达默尔(Hans-Georg
Gadamer)将交互主体性用于理解文本,作为文本的"流传物"可以
"像一个'你'那样自行讲话。一个'你'不是对象,而是与我们发
生关系"(伽达默尔 2004:465;洪汉鼎译)。在伽达默尔的哲学诠
释学下,文本的意义生成于文本与解释者的视域融合过程中。尤
尔根·哈贝马斯(Jürgen Habermas)从普遍语用学出发,认为对意
义的理解应"要求表达的主体建立起一种主体间性的关系"(哈贝
马斯 2004:112;曹卫东译),因而哈贝马斯的交往行为理论的核心
问题是人与人、人与社会之间的联系与交往。可见,从胡塞尔到哈
贝马斯,交互主体性"已经从'先验的高空'完全落到了'社会性的
地面'"(张琳 2011:151)。从哲学层面看,"要想阐释与那些特属
于每个对象的视域相关的可能性结构并随之而说明各个存在的
意义,就必须进行最为广泛的和最为复杂的意向分析"(转引自
倪梁康 2000:78),因而先验交互主体性可以"在本质一般性中

分析和描述表象的、判断的和认识的体验"（胡塞尔 1998：A4；倪梁康译）。

　　交互主体性是胡塞尔现象学研究中一以贯之的主线，是"一种关注交互主体性的先验（即构造性的）功能的理论"（D.扎哈维 2001：3；臧佩洪译）。在构造中，他人不是孤立于自我的被认识对象，而是作为"陌生者"出现在自我的先验世界中，通过结对联想，我会把我自己的"自我"移入陌生者中，统摄①陌生者，此时这一陌生者被我经验到。被经验到的他人的陌生者性质消失，共现为他我。他我处于我的先验世界中，是"同一个自我的'映现'和'转递'，是我自己的一个'变样'"（朱刚 2008：87），也就是另一个自我。他人在我的先验世界中被构造为他我的同时，我的自我也会在他人的先验世界中被构造为他人的他我，因而，自我和他人就共同具有了交互主体性。自我与他人的交互主体性关系并非一对一，同一主体可以从不同的位置出发与许多他人形成交互主体性关系，"通过这种群体化，先验的交互主体性就具有了一个交互主体的本己性领域，在其中，先验的交互主体性就交互主体地构造出了一个客观的世界"（胡塞尔 2002：170；倪梁康、张廷国译）。因此，先验交互主体性既包含了主体相对于客观物质的主体性（自我对他我的构造），又包含了主体与其他主体间的相互关系。因而，交互主体性并非只是主体间的关系那么简单，而是在主体性基础上强调主体间的交互形式。

　　翻译中的交互主体性研究日益成为讨论的热点，但笔者发现，译界多将交互主体性理解为主体间的关系，且多以伽达默尔的哲学诠释学或哈马贝斯的交往理论为依据，分别从伦理道德（杨恒达 2000；许钧 2003）、对话关系（查明建、田雨 2003；刘卫东 2006）等角度展开讨论，强调翻译中各主体之间的平等交往，虽有少数学者

---

① 　胡塞尔现象学中的重要概念，"统摄"为动词，名词时采用"统觉"，在陌生感知中，"统觉"意味着"通过'结对联想'而让人、他我意识到"（倪梁康 2007：51）。详见《胡塞尔现象学概念通释（修订版）》第51页。

关注交互主体性本身的理论渊源(罗丹2009;张冬梅2010),但鲜有学者从现象学角度深入探讨交互主体性在探索翻译过程之本质方面所起的作用。

3.2　从交互主体性审视翻译过程

译者在翻译的活动场内处于中心位置,既是原文的理解主体,也是译文的阐释主体。译者以理解者身份与作者之间的交互活动场可以称为理解场;译者以阐释者身份与读者之间的交互活动场可以称为阐释场。

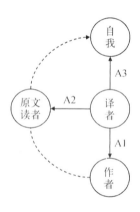

图2　理解场内的交互关系

在理解场中,译者与作者之间存在三级交互关系(见图2)。译者以原作读者身份阅读并理解原作,译者统摄作者,判断自己是否正确理解作者所要表达的语义(meaning),这是一级交互。译者统摄作者时,认为作者创作时也会统摄原文读者,此时译者也会感知到原文读者阅读原文本时的感受(sense),进一步统摄原文读者,此为二级交互。上述两级交互共现①为一个理解场内的译者"自我",这一自我理解作者所表达的语义,与原文读者有相同的阅读感受,是先验层面的自我。在上两级统觉中,译者自身在场,会对他正在统摄作者和原文读者这件事进行统摄。反观理解场内的自我以及前两级交互关系,此为三级交互。三级交互的实质是译者与作者的完美交融。

在阐释场中,译者与译文读者之间同样存在三级交互关系(见图3)。译者统觉译文读者,从而判断自己所表达的语义是否可以

---

① 在胡塞尔现象学中,"共现"指一种通过对其他躯体的原真性体现而引发的对另一个自我之内在性的间接意识(倪梁康2007:53)。

被译文读者所理解,此为一级交互。在统觉
译文读者时,译者不仅会感知译文读者的阅
读感受,而且会再次通过统觉作者感知原文
读者的阅读感受,从而判断译文读者与原文
读者的感受是否类似,此为二级交互。上述
两级交互共现为一个阐释场内的译者自我。
在上两级统觉中,译者自身在场,会对他正
在统摄译文读者和作者这件事进行统摄。
反观阐释场内的自我以及前两级交互关系,
此为三级交互。三级交互的实质是译者与
译文读者的完美交融。

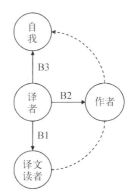

图 3　阐释场内的
交互关系

　　从客观时间看,译者先在理解场内统摄作者,然后在阐释场内
统摄译文读者。从整个主体体系来看,一级交互注重作者与译者
所传达的语义,即 A1+B1 ≈ 表达一致。二级交互注重原文读者与
译文读者的阅读感受,即 A2+B2 ≈ 感觉同一。三级交互在上两级
的基础上追求译者与作者、读者达到你中有我、我中有你的境界,
即 A3+B3 ≈ 心灵契合。三级交互逐渐递进,层级越高,译者与作
者或读者的交互越深入。

3.3　译者隐形的哲学本质

　　胡塞尔现象学交互主体性的终极目标是建立"爱的共同体"
(Liebesgemeinschaft),在爱的共同体中,"自我与他人能够以一种
更高级的方式达到统一。因此,爱的共同体也就是意味着人格单
子的相互包容"(倪梁康 2007:281)。在翻译研究中,爱的共同体
就是交互主体性语境中译者统摄作者和读者,译者自身最终消解
于翻译的两端,与作者和读者达到你中有我、我中有你的"神通"
(a true marriage of minds)(任东升 2003:33)之境,译者处于自然
隐形状态,从而分别在理解场和阐释场中实现最佳理解和阐释文
本的目的,我们认为这才是译者隐形的本质所在。它强调译者主

体性基础上的主体间交互,避免译者隐形避免落入个体中心主义的窠臼。

　　然而胡塞尔始终认为:"这个共同的、客观的世界是被设想的,它是被我与他人所意识到的,但它不是被我体验到的,因为它隐含着对没有真正被体验到的和无法真正被体验到的而是被他人体验到的周围世界"(耿宁 2011:10;倪梁康译)。这决定了交互主体性语境下,译者无法像作者本人那样领会原作的完整意义,读者同样也无法完整领会译作。在翻译的实际操作层面,所谓爱的共同体和译者自然隐形是终极目标,只是理论上的存在,但译者隐形所强调的主体交互正是限制译者过度发挥主观能动性的无形尺度。据此,我们进一步探究译者隐形对译本呈现的尺度价值,继而提出译者隐形连续体。

4. 译者隐形与译本呈现

　　在翻译过程中各主体交互最终形成译本,译本的呈现取决于主体之间的交互程度,两者共同构成一个有机整体。

4.1　译本呈现的动态性

　　胡塞尔把世界解释为原本就是交互主体以及以交互主体性的方式所构造的产物(罗海波 2013:18),在翻译中作为客体的文本也是翻译过程中主体交互而成的产物。胡塞尔先验交互主体性强调"只有当我经验到他人与我自己经验到的客体相同这一事实时,我才真正地(即直观地)把这些客体经验为客观的和实在的"(D.扎哈维 2001:4;臧佩洪译)。在交互主体性语境下,译者本己性领域内构造的他我不可能与他人的自我相同,译者无法实现自然隐形,所以上述客观实在只是一种理想,可将其称为"理想译本"。从理想译本的形成机制看,"原作与译作在纯语言即意向总体上关联,原作意识指向译作,所以才有了原作生而蕴含着可译性;译作意向指向原作,所以才有了译作是原作的衍伸"(张琳 2017:96),

理想译本正是纯语言从源语流向译语。一以贯之而形成的终极译本具有唯一性。翻译活动实际呈现的译本只能在永恒修正中无限逼近理想译本，可将其称为"呈现译本"，具有多样性。理想译本与呈现译本之间的关系可视为本体与现象之间的关系："于翻译活动而言，终极的理想译本是本体，不同的译本是现象。每一个译本都分享'理想译本'的本质属性，却又具有各自不同的偶性"（石红梅2016：16）。三级交互与呈现译本的关联见表1：

表1　三级交互与呈现译本之关联

三级交互	理 解 场	阐 释 场	呈现译本
一级交互	译者统摄作者	译者统摄译文读者	可接受译本
二级交互	译者统摄原文读者	译者统摄作者	优选译本
三级交互	译者对他正在统摄作者和原文读者这件事进行统摄	译者对他正在统摄译文读者和作者这件事进行统摄	理想译本

虽然理想译本是一种理想化结果，但每个呈现译本可以在本质属性上与理想译本相呼应，追求与这些本质属性的无限逼近，体现了译本呈现的动态性。在交互主体性视角下，呈现译本与理想译本的逼近程度取决于译者与其他主体的交互程度，即译者隐形程度。

4.2　译者隐形连续统

译者在理解场和阐释场中与作者和读者交互越好，译者理解越到位，阐释越准确，呈现译本也越逼近理想译本。一级交互中，译者要完成基本的语义转换，确保译本与原文本达到表达上的一致。二级交互中，如果译者推及译文读者的感受与原文读者的感受无法同一,则表明译者没有消解自身,即译文读者感知到的并非作者原意,而是译者的翻译意图,从而令呈现译本无法与原文达到感觉上的同一,是译者过度发挥主观能动性的结果。一旦译者没有在二级交互中隐形,三级交互所要达到的心灵上的契合则更无从谈起。由此可看出,译者隐形程度与呈现译本和理想译本的趋近程度成正比,译者隐形越强,呈现译本越逼近理想译本,译者隐形具有限制译者过度发挥主观能动性的尺度价值。因而译者隐形程度不同,译本呈现定有差异。为了便于讨论,我们对译者隐形进行精密度划分,译者隐形连续统如图 4 所示:

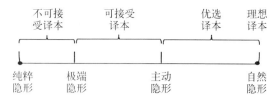

图 4　译者隐形连续统

译者隐形连续统左端的纯粹隐形是灵感说下的译者隐形,《阿里斯狄亚书简》中所述的希伯来圣经之《七十士译本》,七十二位译者翻译得一模一样,如同听写,译者是神学视角下的"听写者"角色。但纯粹隐形仅限于理论上的先验设定而不具有实践意义。极端隐形是译者在作者中心主义下被迫极力遮蔽自身,其目的并非与作者和读者交互,译者只是仆人、翻译机器,所呈现的译本多为逐字逐句翻译,译本的可读性低。主动隐形是译者发挥主观能动性、与作者和读者交互后呈现的隐形状态。主动隐形所呈现的译本根据译者与作者和读者的先验交互程度的不同而有所差异。完成一级交互,实现译本与原文本表达上的一致,由此形成可接受译本;完成二级交互,实现译文读者与原文读者感觉上的同一,由此形成优选译本;右端的自然隐形即实现三级交互,处于"神通"之境,由此形成理想译本。

5. 结论

交互主体性观照下,译者统摄作者和读者后,自身最终消解在理解场和阐释场内,这才是译者隐形的本质所在。在译者隐形连续统内,译者越接近自然隐形状态,呈现译本越逼近理想译本,译者隐形具有限制译者过度发挥主观能动性的尺度价值。然而,呈现译本的多样性往往令读者面对一种原作的多个译本而无所适从。在中国文化"走出去"中,应避免因译者认知偏差而过度显形所造成的译本扭曲呈现,而以译者隐形、逼近理想译本的优选译本进入外语世界,令读者获取对中国文学的正确认知。

参考文献

[1] Venuti, L. The Translator's Invisibility:A History of Translation[M]. London and New York:Routledge,1995.

[2] 爱德蒙德·胡塞尔.逻辑研究(第二卷第一部分),倪梁康译[M].上海:上海译文出版社,1998:A4/B13。

[3] 爱德蒙德·胡塞尔.生活世界现象学,倪梁康,张廷国译[M].上海:上海译文出版社,2002.

[4] D.扎哈维.胡塞尔先验哲学的交互主体性转折,臧佩洪译[J].哲学译丛,2001,(4):2‐9.

[5] 冯全功,侯小圆.瘦身翻译之理念与表现——以 Moment in Peking 的汉译为例[J].外语学刊,2017,(05):105‐110.

[6] 耿宁.意识统一的两个原则:被体验状态以及诸体验的联系,倪梁康译[J].世界哲学,2011,(1):6‐24.

[7] 管仲·管子,姚晓娟,汪银峰注释[M].郑州:中州古籍出版社,2010.

[8] 哈贝马斯.交往行为理论(第一卷):行为合理性与社会合理化,曹卫东译[M].上海:上海人民出版社,2004.

[9] 伽达默尔.真理与方法,洪汉鼎译[M].上海:上海译文出版社,2004.

[10] 蒋童.从异化翻译的确立到存异伦理的解构:劳伦斯·韦努蒂翻译理论研究[D].首都师范大学,2008.

[11] 林克难.为翻译术语正名[J].中国翻译,2001,(1):14-16.

[12] 刘卫东.交互主体性:后现代翻译研究的出路[J].中国科技翻译,2006,(2):5-8+47.

[13] 罗丹.翻译中交互主体性的理论渊源、内涵及特征探析[J].外语与外语教学,2009,(2):57-60.

[14] 倪梁康.现象学运动的基本意义——纪念现象学运动一百周年[J].中国社会科学,2000,(4):69-78+205.

[15] 倪梁康.胡塞尔现象学概念通释(修订版)[M].北京:生活·读书·新知三联书店,2007.

[16] 任东升.语篇翻译与译者的写作——以霍克斯"作者自云"译文为例[J].外语教学,2003,(4):33-36.

[17] 石红梅.论译者的显形——对后现代语境下译者主体性的哲学反思[J].中国翻译,2016,(3):15-19.

[18] 西风.阐释学翻译观在中国的阐释[J].外语与外语教学,2009,(3):56-60.

[19] 许钧."创造性叛逆"和翻译主体性的确立[J].中国翻译,2003,(1):8-13.

[20] 许钧.翻译的主体间性与视界融合[J].外语教学与研究,2003,(4):290-295.

[21] 杨恒达.作为交往行为的翻译[A]//谢天振.翻译的理论建构与文化透视[M].上海:上海外语教育出版社,2000.

[22] 查明建,田雨.论译者主体性——从译者文化地位的边缘化谈起[J].中国翻译,2003,(1):21-26.

[23] 张冬梅.主体间性哲学视域中的语际阐释[J].求索,2010,(5):104-106.

[24] 张琳.关于翻译主体间性的现象学阐释[J].世界哲学,2011,(1):150-156.

[25] 张琳."悬搁"上帝如何?——从现象学含义论看本雅明的"纯语言"[J].现代哲学,2017,(5):91-98.

[26] 张学智.中国哲学中身心关系的几种形态[J].北京大学学报(哲学社会科学版),2005,(3):5-14.

[27] 朱刚.交互主体性与他人——论胡塞尔交互主体性现象学的意义与界限[J].哲学动态,2008,(4):85-90.

(作者通讯信息:中国海洋大学

dongsheng_ren@ouc.edu.cn)

传承、创新与融合

——中国口译研究博士论文 20 年成果分析[①]

穆 雷 王 莹[②]

1. 引言

　　20 世纪 50 年代,西方关于口译职业的一系列研究成果的发表开创了口译研究的先河。如今,口译已成为翻译学中独立的学科分支,中国口译学科的发展和人才培养在过去 20 多年中取得了令人振奋的成绩(仲伟合 2016：8)。自 1997 年我国第一篇口译博士论文诞生至今,口译博士培养已有 20 余年发展历史,博士人才队伍不断壮大。作为青年学术队伍的主体,口译博士、博士生学术能力的发掘与培养关乎译学理论建设的长足发展(穆雷 2017：5)。

　　笔者团队长期关注翻译研究博士生培养及其在推动学科发展中的作用,主要包括博士生培养在翻译学理论建设中的作用(同上)、翻译学博士生理论意识和创新能力培养(穆雷等 2015)、"理论框架"在博士论文中的作用及建构原则(穆雷,李希希 2016)。此外,博士论文成果综述是了解译学发展脉络的重要资源,博士论文中所反映的问题亦可为人才培养带来启示。已有成果包括对1992—2013 年间我国翻译研究博士论文的考察(穆雷,邹兵2014),口译研究博士论文研究主题、视角及方法分析(仲伟合,贾

① 本文系中国外文局、中国翻译研究院委托项目"中国翻译理论研究的过去、现状与未来"的阶段性成果,并得到深圳大学人文社会科学青年教师扶持项目"面向语言服务业的特色口译人才培养"(17QNFC38)资助。

② 通讯作者

兰兰 2015;穆雷等 2016）、中法两国口译研究博士论文对比分析（邓玮,蔡小红 2018）。以上研究中,口译博士论文最新数据截至2014 年。随着近年来博士论文数量不断增加,其研究主题、研究方法、理论创新等都取得了新成果,呈现新的发展特征。因此,对口译研究博士论文的最新梳理和分析尤为必要。

2. 数据来源及分类方法

本文对中国内地与港澳台地区口译博士论文①进行考察,数据来源包括知网、万方数据库等网络资源,翻译博士培养院校线上、线下图书馆、博士论文出版物及翻译学博导、博士生所提供的信息,数据收集截至 2018 年 3 月 28 日。笔者从基本特征、研究主题、研究方法三方面对博士论文进行统计分析,参考 Pöchhacker（2016)的分类框架对研究主题进行分类标注,并借鉴仲伟合、王斌华(2010)口译研究方法论体系,自上而下从研究方法论、研究目的指导下的研究方法、数据收集及分析方法三个层面进行统计分析。

3. 基本情况分析

据不完全统计,自 1997 年香港第一篇口译博士论文问世以来,截至 2017 年 12 月 31 日,我国通过答辩的口译博士论文达 89篇,与 1997—2014 年的 47 篇（穆雷等 2016）相比增加近一倍,这一数字的变化反映出我国口译博士人才培养的迅猛发展态势。2006、2007 年翻译专业本科(BTI)、翻译专业硕士(MTI)学位获批,培养院校加大口译教学、研究师资需求,从而加快口译研究博士培养步伐。2008 年,上海外国语大学第一届翻译学博士获得学位,此后除 2009 年以外,我国每年口译博士论文数量都在 8 篇以上(见图 1),2012、2016 年论文数量分别达到 12 和 11 篇。

---

① 本文中的数据不包含在海外高校完成博士论文的中国学者。

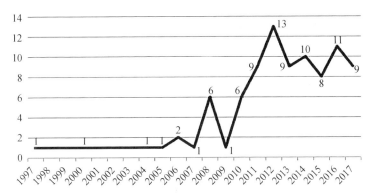

图 1　1997—2007 口译研究博士论文数量历时变化图

　　培养单位信息显示,89 名口译研究博士毕业于 17 所院校,包括 4 所外语类院校、8 所综合类院校、3 所师范类院校和 2 所理工类院校。按论文数量排序,培养口译博士人数最多的院校依次为上海外国语大学(30 篇)、广东外语外贸大学(26 篇)、北京外国语大学(8 篇)与厦门大学(4 篇),这 4 所院校的口译博士论文相加占总数的 77.3%。另外还包括台湾师范大学(3 篇)、香港城市大学(3 篇),澳门大学、四川大学、香港理工大学、香港中文大学(各 2 篇),以及北京师范大学、北京语言大学、淡江大学和上海交通大学等 8 所院校(各 1 篇)。

　　从指导情况来看,我国共有 42 名导师指导过口译研究博士论文。指导过 3 名及 3 名以上博士的导师 9 人。其中,柴明颎教授、仲伟合教授指导口译博士论文数量最多,分别为 13 篇和 11 篇。其次为梅德明教授(6 篇)、穆雷教授(5 篇)、蔡小红教授(4 篇)、董燕萍教授(4 篇)、王立弟教授(4 篇)、戴惠萍教授(3 篇)和鄢秀教授(3 名)。

4. 研究主题分析

　　学位论文的标题旨在明确概念、凝练研究内容。笔者通过热词分析工具"图悦"对口译博士论文的标题进行热词频率、权重分析，形成可视化热词权重图（见图2）。标题中出现频率最高的实词依次为"口译"（67次）、"交替传译"（20次）、"译员"（16次）、"实证"（15次）、"英汉"（12次）、"学生"（10次）和"语料库"（9次），其他高频词还包括"记忆""认知""策略""理论"和"专业"。

图2　口译研究博士论文标题热词权重图

　　通过热词分析可总结出以下特点：1）我国口译博士论文对交替传译工作方式关注较多，这与西方学者长期以来对同声传译的浓厚研究兴趣有所不同；2）口译博士论文具有鲜明的实证色彩，语料库口译研究成果增加迅速；3）口译认知过程、口译教学是我国口译博士论文重点关注的研究主题，教学研究中对"学"的关注度高于"教"和"测"；4）从翻译方向来看，英译汉比汉译英口译研究成果更多（"汉英"关键词出现8次）。

　　笔者参照Pöchhacker（2016）的研究主题分类框架对口译研究博士论文进行分类标注。数据显示（见表1），口译教育（23%）、认知过程（21%）、口译产品（17%）、口译职业（17%）是口译博士论

文关注最多的研究主题。论文数量较少的主题包括口译理论
（8%）、口译技术（3%）和口译史研究（1%）。

表1　口译博士论文研究主题分类

序号	研究主题	研究对象	论文（篇）	合计（篇）	占比
1	口译教学	口译能力习得与发展	10	20	23%
		动机、特质、情绪	4		
		教学评估	3		
		教学模式与方法	3		
2	认知过程	口译策略	7	19	21%
		理解+产出	5		
		理解	2		
		产出	4		
		输入变量	1		
3	口译产品	口译话语	8	15	17%
		源语—目的语对应	7		
4	口译职业	社会学	9	15	17%
		口译质量	5		
		口译能力	1		
5	语言与记忆	工作记忆	6	9	10%
		双语研究	3		

序号	研究主题	研究对象	论文（篇）	合计（篇）	占比
6	口译理论	翻译（口译）理论	7	7	8%
7	口译技术	教学资源开发计算机辅助口译	1 2	3	3%
8	口译史	古代史、近代史	1	1	1%

4.1　口译教学研究

　　我国口译教学研究博士论文虽在 2010 年才首次出现，但 2010—2017 年间论文数量快速增至 20 篇，在八类研究主题中占比最高（23%）。论文选题分布于教、学、测三个领域，包括口译学习者研究 14 篇、教学法研究 3 篇、教学评估研究 3 篇。对比三个领域来看，口译教学研究博士论文重点从"学"的视角关注口译学习者的能力培养、接受心理与主观感受，对口译教学法、教学评估关注较少，口译测试的设计与开发尚未涉及。

　　结合具体选题来看，从"学"的角度研究口译能力习得与发展的博士论文共 10 篇，占口译教育博士论文总数的 50%。此类研究多以翻译专业本科生、硕士生为对象，或通过新手-专家译员对比来探索口译能力的构成，口译能力与外语能力、认知能力的关系以及口译能力的发展。历时来看，2010—2014 年间，研究者集中探讨口译能力与相关能力之间的关系；2015—2017 年间，口译能力研究更加深入，研究对象着重于子能力构成与发展，如交传策略能力构成研究（许艺 2016）、交传认知能力发展研究（王茜 2016）、口译学能构成研究（刘建珠 2017）。此外，口译学习动机、情绪研究是博士论文选题中的新取向，如口译学习动机的发展研究（苏伟 2011；林薇 2014；伍志伟 2015）、口译焦虑研究（康志峰 2011）以及坚韧性人格、口译焦虑与口译表现的关系研究(邢星 2017)。

关于"测"的口译教学研究博士论文数量较少(3 篇),分别关注教师评估与发展、口译错误评估和口译课堂形成性评价。从评估主体和手段来看,贾丹(2010)的教师评估研究以教师反思为主、学生评价为辅;潘珺(2012)以学生自评为口译错误分析的主要来源;邓轶(2017)对比了学生自评的形成性评价和教师主导的课堂评价这两种不同的评价手段。

口译教学中"教"的研究有 3 篇博士论文。研究视角上,邓小文(2013)分析了口译课堂上教给学生的角色和活动,提出以学生为中心的教学模式。另外 2 篇论文通过行动研究探索口译教学模式与方法,包括口译技能教学法(徐翰 2010)和口译项目教学模式(焦丹 2014)。可以看出,以学生为中心、师生共同建构口译课堂是口译教学法研究的指导原则,教学行动研究旨在寻求提高口译教学质量和专业化水平的方法,培养学生口译能力。

4.2　口译认知过程研究

口译认知过程研究是博士论文长期关注的研究主题。自 2000 年以来,共有 19 篇论文(21%)从口译策略(7 篇)、认知整体过程(5 篇)、理解(2 篇)、产出(4 篇)等不同视角探索口译认知过程。

早期的博士论文多针对口译整体认知过程,研究对象包括法语职业译员与学生译员交传认知过程的对比(蔡小红 2000)、视译认知过程(万宏瑜 2006)、口译信息处理过程(杨承淑 2006)、口译思维过程(谌莉文 2011)和口译动态认知解释模型(赖祎华 2012)。2012—2016 年间,研究者对口译认知过程的不同阶段有所侧重,选题更加聚焦。源语理解及输入变量研究包括了对汉法口译中"脱离语言外壳"的程度研究(邓玮 2013)、口译中的句子理解(范家铭 2013)、语篇理解(梁颖 2015)、源语语速与英汉同传质量的关系(张发勇 2016)。近年来,口译产出过程研究的增多很大程度上得益于语料库研究方法的使用，以产品为媒介探索口译产出过程，如交传产出流利性的发展研究（杨柳燕 2012）和同传中的信息损耗研究（邓婕 2016；卢信朝 2017）。

从认知语言学视角开展口译认知策略研究是又一重要研究路径，研究对象涵盖监控、执行、修正、信息切分等。例如，胡敏霞（2012）通过对同传信息处理失误的分析探索译员的决策过程；虞文婷（2012）基于考试表现分析学生译员在交传中的自我监控与修正；钱芳（2013）以同传现场会议录音为语料分析英汉、汉英双向同传中译员的自我修正。此外，口译策略研究近期成果还包括使用语料库研究法对交传预制语块进行描写研究（李洋 2016），以及对口译策略发展及其对工作记忆、口译焦虑的潜在影响研究（李颖卉 2016）。

4.3　口译产品研究

口译产品研究（17%）涉及语对相对较多，包含汉（普通话、粤方言）英、汉法、汉日。由于网络资源获取更加便利、语料库研究方法和技术手段的推进，该类研究中语料形式多样，包括职业译员会议现场录音、学生译员课堂、实验录音及外宣口译、记者招待会等网络视频资源。

口译产品研究的对象包括从源语-目的语对应角度分析口译策略（7 篇），以口译语境、语篇、语体等为视角的口译话语研究（8 篇）。在源语-目的语对应研究中，7 篇博士论文皆采用语料库研究法，研究内容包括同传中的压缩策略（王永秋 2008）、长难句口译策略（庞焱 2012）、显化策略（唐芳 2014）、同传中的偏移（贾兰兰 2016）、模糊限制语的口译策略（潘峰 2017）等。自 2012 年以来，口译话语研究博士论文数量有所增加，研究对象包括口译中的语境建构（周平 2012；吴惠 2013）、口译体（肖晓燕 2014）、连贯建构（文苑 2015）、语篇难度（原蓉洁 2017）以及口译中的语言特质（严璐 2017）。

4.4 口译职业研究

口译研究的发展与口译职业化的推进密不可分。但是,我国口译职业研究博士论文直至 2008 年才开始出现。自此以后的 10 年间,口译职业成为博士论文选题的重要方向,目前已有 15 篇论文,研究视角和对象主要包括口译社会学视角研究、口译质量及职业译员口译能力研究。

职业译员的角色、规范、身份地位研究是研究者关注较多的课题(9 篇),如职业译员角色(任文 2008;詹成 2011;李丹 2013;张梦璐 2014;彭珺 2015)、口译规范(王斌华 2009;王海若 2014)、台湾地区手语译员的身份(胡叡克 2012)。其次,口译质量研究博士论文从评估主体、评估途径、评估形式与内容针对职业译员口译质量开展不同角度的研究。例如,高博(2012)以汉语单语听众为评估主体考察西汉语职业交传质量;欧阳倩华(2012)从功能语言学途径分析口译质量评估;王巍巍(2013)通过对"口译期待产品"的量化和模型建构探索口译产品质量与用户满意度之间的关系。最后,针对职业译员个人资质、能力及职业认证的博士论文数量非常少(1 篇),与口译教学研究中关注最多的口译能力习得与发展研究形成了鲜明的对比。

4.5 语言与记忆研究

语言与记忆研究是心理语言学与翻译学的交叉研究领域,包括口译工作记忆研究(6 篇)及口译过程中的双语转换研究(3 篇)。早期工作记忆研究探索了同传与工作记忆的关系(张威 2007;徐琦璐 2012)、从对句子形式的记忆看"脱离源语语言外壳"(黄一 2013)。2014 年以后的 3 篇博士论文在前人研究的基础上,对不同水平(邹德艳 2015)、不同翻译方向(郎玥 2017)译员的工作记忆开展对比研究,以及考察语言水平、工作记忆、焦虑水平对交传译员言语控制的影响(赵南 2015)。双语研究受研究者学术背景、研究设备及技术手段限制较大，目前只有 2014 年前的 3 篇论文，包括从双语研究角度考察"脱离源语语言外壳"的认知机制（张群星 2010）、交传中的并行转换（林洁绚 2013）及通过 fMRI 检测口译测验时学生译员的脑部活动（王有慧 2014）。

4.6　口译理论研究

口译理论研究博士论文始于 2004 年的口头翻译理论研究（萨列文 2004），研究成果集中出现在 2008 年（3 篇），包括顺应论在口译中的应用研究（龚龙生 2008）、同传认知理论史研究（高彬 2008）及巴黎释意学派口译理论研究（张吉良，2008）。随后，郭兰英（2012）、陈圣白（2013）分别从生态学视角出发探索了生态翻译学理论在口译中的应用。在翻译学学科创立初期，口译理论研究为学科理论探索与建设奠定了基础。但是，由于口译研究本质上属于应用研究，后续博士论文中鲜见纯理论研究，而是将理论应用于指导口译实证研究，并从研究发现中对已有理论进行修正和推进。

4.7　口译技术研究

人工智能技术对口译实践、教学产生了深远影响，但口译技术研究却明显滞后。由于此类研究对研究者学术背景和技术能力有较高要求，仅有 3 篇论文涉及该主题，包括教学资源开发（邓军涛 2014）、计算机辅助口译自主学习（刘梦莲 2010）以及对口译技术的哲学思辨（赵毅慧 2017）。

4.8　口译史研究

由于口译史料不易保存、研究者学术背景限制等原因，口译史研究一直以来是我国博士论文选题的空白地带。我国第一篇也是目前唯一的一篇口译史研究博士论文出现于 2016 年，论文考察了 1757—1842 年十三行历史上的广东通事及其翻译活动

(叶霭云 2016)。

以上分析可以看出,我国博士论文对口译教学中的能力培养、口译认知策略、口译话语、源语-目的语对应、译员角色与口译规范、口译工作记忆等选题展开较多探索。相较之下,口译测试、口译教学法、口译职业中的质量评估与口译能力的研究有待突破。首先,在口译测试研究中,我国学者以专业口译教育为导向,以本土口译学习者、从业者为对象,提出口译能力描述参数框架,研制面向综合语言能力教、学、测的口译能力等级量表(王巍巍等 2018)。该量表目前已正式颁布,其理论构念、分级验证都可为今后博士论文选题提供思路和工具。其次,我国口译教学"广外模式""厦大模式"自提出后不断进行理论和实践探索,在口译人才培养上取得了较大成就,"广外模式"也已推出系列学术文章,但目前尚未看到与此相关的博士论文选题。最后,随着我国口译职业化进程的推进,不同形式、场合的口译活动要求口译质量评估、职业译员口译能力研究须更具针对性,如区分联络口译、交传与同传在用户期待上的差异,结合医院、法庭等不同工作场合探索社区口译对译员口译能力、口译职业道德规范上的不同要求等。

5. 研究方法分析

口译研究主题的多样性要求研究者必须借鉴心理学、教育学、社会学、神经科学等相关学科中的成熟研究方法开展研究,博士论文研究方法具有鲜明的跨学科特征。笔者参考仲伟合、王斌华(2010)的口译研究方法论体系,对口译博士论文从方法论到具体研究方法进行统计分析。

5.1 实证主义方法论的核心作用

如同其他人文社科研究一样,口译研究方法论体系包含实证主义方法论和人文主义方法论两类。据统计,实证主义方法论指导下的口译博士论文共 78 篇,占 88%;人文主义方法论为指导的博士论文占 12%。从比例的悬殊中可看出，口译博士论文大多以事实数据、经验观察为基础总结客观规律，重视科学结论的客观性。

对比来看，我国港澳台地区口译实证研究比例最高，13 篇博士论文中仅有 1997 年第 1 篇论文以人文主义方法论为指导，其余均为实证研究。内地博士论文在方法论上存在一定的院校差异。以上外、广外为例，上外博士论文选题兼顾实证主义与人文主义方法论，人文主义方法论指导下的口译理论研究就有 6 篇；广外口译博士生培养尤其重视实证研究，26 篇博士论文中仅有 2 篇以人文主义方法论为指导。

5.2　研究方法的团队特色

考虑到实证研究在口译博士论文中的重要地位，笔者从研究目的出发对实证研究博士论文的研究方法进行分类考察。按研究目的的不同，口译博士论文可划分为探索性研究、解释性研究、描述性研究和预测性研究，指导研究目的的方法使用具有显著的学术团队特色。

描述性研究（58%）数量最多，主要通过对口译语料的特征描述与规律总结来回答"是什么"的问题（2014：19）。仲伟合教授的博士团队在描述性研究上成果最多，有 9 篇论文通过语料库研究法、话语分析法对口译员的角色、口译中的偏移、信息缺失等进行描述性研究。

解释性研究（20%）旨在揭示口译现象背后的原因，回答"为什么"的问题（同上）。董燕萍教授博士团队成果突出，4 篇博士论文通过实验设计分析语言、认知因素如何影响交替传译理解、转换过程以及工作记忆、语言水平、口译焦虑对言语控制、口译策略的影响。

探索性研究（12%）通常缺乏前人经验和理论根据，是对口译研究新领域、新话题的尝试性研究。穆雷教授的博士团队对口译期待产品模型、交替传译策略能力模型、口译学习动机概念模型的提出及验证都是对口译研究中核心概念的探索。值得注意的是,传统意义上的探索性研究在研究设计的严谨性和研究方法的规范性上要求并不高,但是,在口译研究博士论文中,不少探索性研究在研究方法、研究工具上较前人的研究有很大突破。

预测性研究(10%)是对变量间关系的考察,多用于口译能力习得与发展研究、口译认知研究中源语理解与口译表现的关系分析。柴明颎教授博士团队中有5篇论文通过实验法探讨口译能力与语言能力的关系,以及工作记忆、源语信息密度、语速对同传质量的预测关系。

5.3 具体研究方法的综合使用

多种研究方法的综合使用是社会科学研究的主要特色,这一特色在口译实证研究博士论文中体现得尤为显著。笔者对70篇口译实证研究博士论文①的具体数据收集方法、数据分析方法进行统计分类。需说明的是,表2中"占比"为采用某一具体研究方法的论文在70篇论文中的占比,由于许多研究综合使用多种具体方法,故比率相加大于百分百。数据显示,综合运用两种及两种以上实证数据收集方法的博士论文共38篇(49%)。使用三种及三种以上数据收集方法的论文23篇(30%)。实验法、访谈法、观察法、问卷调查法是口译博士论文三角互证中常使用的数据收集方法,以避免单一数据来源的主观性和片面性,增强研究结果的可信度。以问卷调查法为例,由于该方法受时间、地点限制少,可在短时间内获得大量数据,因此在博士论文中使用广泛(50%)。但是,问卷调查法的使用也反映出不少问题,如问卷设计不合理、问题随

---

① 口译实证研究博士论文共78篇,其中8篇缺少具体研究方法信息,故不计算在本节统计之内。

意性大、无信效度分析、附录缺少问卷信息。实验法和观察法笔者团队已有文章详述（穆雷等2016），此处不再赘述。

表2　口译实证研究博士论文研究方法统计

	研究方法分类	具体研究方法	论文（篇）	占比
数据收集方法	实证主义研究方法	实验法	37	52.9%
		问卷调查法	35	50%
		观察法	31	44.3%
		访谈法	22	34.3%
		反省式有声思维法	4	5.7%
数据分析方法	定性分析法	理论思辨法	43	61.4%
		话语分析法	32	45.7%
		内容分析法	10	14.3%
	定量分析法	描述统计法	43	61.4%
		推断统计法	20	28.6%
		语料库研究法	18	25.7%

　　口译研究方法的综合使用还体现在不同数据分析方法的运用上。定性分析方法的统计显示（见表2），61.4%的实证研究博士论文采用了理论思辨法，但仍有超过30%的论文缺乏理论思辨意识，研究结论中没有就理论贡献展开讨论。定量数据分析经历了由描述统计法向描述、推断统计法相结合的转变。除使用基本的描述、推断统计方法之外，近年来也有不少论文借鉴心理学、统计学、测

试学中的量化分析工具解决口译研究问题,如王有慧(2014)使用 SPM8 对学生译员口译测试中的磁共振数据进行分析,伍志伟(2015)、许艺(2016)使用 SPSS 探索性因素分析、结构方程模型验证性因素分析、路径分析对口译理论模型进行验证。定量分析法的另一特点是语料库研究法的使用增多,2011—2017 年间已有 18 篇博士论文自建小型语料库开展口译研究。语料库研究法虽在口译研究中出现较晚,语料的加工标注仍存在许多问题,但总体来看,已有研究为口译语料库研究领域的拓展和方法的探索做出了重要贡献。

6. 讨论与建议

6.1　学术传承与延续

推动一门学科向前发展的主力军包括了学术成熟的学者和走向成熟的学者(穆雷 2017:25)。我国口译研究博士陆续加入学科建设队伍,许多博士已成长为成熟学者。2011 年以前毕业的口译研究博士中,不少人已取得博导任职资格,如蔡小红、陈菁、张威、任文、王斌华和詹成等。这些学者不仅是我国口译研究的中坚力量,而且也通过培育口译博士实现学术传承。

笔者对 89 名口译博士的期刊发文、博士论文出版、国家社科基金项目、教育部哲学社会科学项目立项情况进行了追踪分析。1951—2017 年间,国内 CSSCI 来源期刊、扩展期刊、学报在内的 37 种外语类、翻译类期刊共刊载口译研究论文 1 031 篇①,发文最多的 15 名学者(第一作者)中,有 11 人为我国口译研究博士毕业,依次为张威(36 篇)、王斌华(16 篇)、张吉良(15 篇)、康志峰(14篇)、高彬(12 篇)、詹成(9 篇)、蔡小红(8 篇)、唐芳(8 篇)、陈菁(6 篇)、卢信朝(6 篇)、王巍巍(5 篇)。同时,我国也有不少博士

① 口译研究期刊发文数据统计截止日期为 2018 年 3 月 28 日。

在 Babel、Interpreting、Meta、Target、The Interpreter and Translator Trainer 等翻译研究国际刊物上发表论文,发文作者包括王斌华、肖晓燕、陈菁、詹成等成熟研究者,也包含唐芳、伍志伟、付荣波、潘峰、蔡仁栋等青年博士。其次,我国目前已有 21 篇口译博士论文由 John Benjamins 出版社、外语教学与研究出版社、上海外语教育出版社、厦门大学出版社等公开出版,占论文总数的 23.6%。口译博士论文的陆续出版不仅体现了学科的蓬勃发展,也为硕、博士生及青年学者提供了重要的研究基础。最后,截至 2017 年底,我国已有 9 名口译博士获国家社科基金项目立项,占口译研究国家社科基金项目总数的 37.5%;13 人获教育部哲学社科项目立项,占口译研究教育部项目的 32.5%。谌莉文、张威、高彬、康志峰博士先后获教育部项目、国家社科基金项目立项,充分体现了博士论文选题的学术延续性。

但是,通过对口译博导队伍构成的分析也可看出,口译博士培养的师资在未来一定时期内可能会出现梯队衔接问题。目前我国不少口译研究博导年龄在 50—60 岁之间,这意味着一批博导退休后,需要接班人投入口译博士生培养工作,而青年口译博士成长为成熟学者仍需一定时间积累,学术梯队的延续性是学科发展需重视的问题。我们也期待,随着国内口译博士、博士生队伍不断壮大,加之国内高校人才引进力度加大,海外留学博士回国后加入我国口译研究工作中来,可为我国口译学术队伍建设不断注入养分,实现口译研究的传承与延续。

6.2　理论发展与创新

总体来看,我国口译博士论文取得了丰硕的成果,尤其是口译实证研究博士论文坚持“问题导向”原则,立足本土口译职业、教学实践,在解决具体问题中推动理论发展与创新。然而,相比笔译研究,口译研究理论基础单薄,具有影响力的口译理论并不多,释意理论、认知负荷模型等西方口译理论是我国许多口译博士论文的理论来源。应注意的是,在理论"拿来"的同时,博士、博士生应注重批判性意识培养,对理论的科学性、适用性做出判断。以释意理论中"脱离源语语言外壳"(以下简称"脱壳")假说为例,该假说对口译研究尤其是口译教学实践与研究有重要的指导作用。但是,由于"脱壳"假说是职业译员出身的研究者对自身口译实践的经验总结和理论思辨,因此从提出至今一直存在较大争议。我国口译博士论文中,张吉良(2008)最早对"脱壳"假说进行了逻辑推理和理论思辨,指出该假说过于简单、模糊,对口译认知加工的复杂过程解释力不够。之后的博士论文中,研究者通过实验法对"脱壳"的表现形式、源语影响因素以及"脱壳"程度展开实证研究(张群星,2010;孙海琴,2012;邓玮,2013;黄一,2013;林洁绚 2013)。这些研究对假说中存在的疑惑进行回应,如意义"脱壳"是串行转换还是并行转换,不同水平译员、不同语对、源语特征下"脱壳"的程度。但从根本上来讲,目前博士论文中还缺少从神经语言学、医学等不同学科视角对"脱壳"后意义储存方式的相关研究,即研究"脱壳"的大脑运行机制。我们期望随着跨学科口译研究的多样化发展,以及研究技术、工具的进步,这些悬而未决的理论问题在未来的研究中可以得以验证。

　　理论创新是博士学位论文的基本要求。通过分析口译博士论文的讨论部分却发现,有不少论文重视研究过程,分析止步于数据特征的总结,往往忽视研究的理论贡献。实际上,我国的一些博士论文选题已涉及国际口译研究前沿,但研究者自身尚缺乏理论思辨意识。例如,前文提到的口译策略能力模型、口译学习动机模型、人格对口译表现的影响机制等都是建构、验证理论模型的很好尝试。当然,建立模型只是理论建构的第一步,从模型上升到理论还有许多工作要做,如对模型的解释力、代表性及适用范围的重复验证。理论的建构过程中,模型也会不断被修正,从而拓展我们对口译现象的认识,而这种认识最终将会推动口译理论的发展。对于博士学习阶段来讲,我们不建议青年研究者自上而下构建宏大理论，"小题大做"的逻辑思路可使研究目的更明确，研究问题操作性更强，问题导向下的理论创新也更具针对性。

6.3　学科的交叉与融合

我国口译博士论文具有鲜明的跨学科特色，翻译学、教育学、心理语言学、社会学、管理学等不同学科的交叉为口译博士论文的研究选题、研究设计、理论创新提供重要借鉴。长期以来，翻译学科与邻近学科的交叉多体现在前者对后者的单向借鉴，却鲜见翻译学科的理论、方法论对邻近学科发展的推动作用。笔者认为，随着以口译博士论文为代表的口译研究成果不断推出，口译研究对交叉学科的影响会逐渐体现，实现真正意义上的学科交叉与融合、全面的判断。

当然，学科互融需要不断提高口译研究水平，严把博士论文质量。对比国际口译研究成果（Pöchhacker 2008；Liu 2011），我国口译博士论文的质量还有待提高。目前仍有不少博士论文在研究问题、理论框架、研究设计、学术规范上存在问题。研究问题中存在伪问题，研究问题与研究发现脱节，理论框架缺失导致论文理论贡献无法凸显。研究设计上，不少博士论文在采用实验法时没有区分前实验、准实验和真实验，无关变量的控制及样本代表性说明不充分。学术规范意识的缺乏也是口译博士论文中体现出的严重问题，如附录缺少数据分析报告、研究知情同意书等。

7. 结语

口译博士论文成果分析为描绘我国口译研究发展路径、反思口译研究成就与不足提供了重要的文献资源和分析视角。我国口译研究的未来发展应以服务国家战略要求、学科建设需求为目标，在现有基础上扩大研究视野，重视对口译行业、口译教育及其社会、文化背景的研究（仲伟合 2016：8），加大对社区口译、远程口译、手语口译等不同口译工作方式的关注，将更多本土研究成果展现在国际口译研究的学术平台之上。

参考文献

[1] Pöchhacker F. The turn of interpreting studies [A]. In Hansen G, Chesterman A & Gerzymisch-Arbogast H (eds.). *Efforts and Models in Interpreting and Translation Research* [C]. Amsterdam/Philadelphia: John Benjamins, 2008. 25 - 46.

[2] Pöchhacker F. *Introducing Interpreting Studies: Second Edition* [M]. London and New York: Routledge, 2016.

[3] Liu M. Methodology in interpreting studies: A methodological review of evidence-based research [A]. In Nicodemus B & Swabey L (eds.). *Advances in Interpreting Research* [C]. Amsterdam/Philadelphia: John Benjamins, 2011. 85 - 119.

[4] 邓玮,蔡小红.中法两国口译研究博士论文对比分析[J].上海翻译, 2018,(2): 1 - 38.

[5] 穆雷.从博士生培养看翻译学的理论建设[J].中国翻译,2017,(3): 25 - 30,128.

[6] 穆雷,李希希.翻译学博士学位论文中的"理论框架"问题研究——以翻译学博士论文为例[J].中国外语,2016,(06): 94 - 101.

[7] 穆雷,王巍巍,许艺.中国口译博士论文研究的现状、问题与思考 (1997—2014)——以研究主题与方法分析为中心[J].外国语,2016, (2): 97 - 109.

[8] 穆雷,邹兵.中国翻译学研究现状的文献计量分析(1992—2013)——对两岸四地近 700 篇博士论文的考察[J].中国翻译,2014,(2): 14 - 20,127.

[9] 穆雷,邹兵,董冀卿.翻译学博士生理论研究能力和创新意识的培养——来自英国赫瑞瓦特大学的借鉴[J].上海翻译,2015,(3): 50 - 56.

[10] 王巍巍,许艺,穆雷.中国英语能力等级量表中的口译能力[J].现代外语,2018,41,(01): 111 - 121,147.

[11] 仲伟合.中国口译学科的未来发展[J].中国外语,2016,(5): 4 - 9.

[12] 仲伟合,贾兰兰.中国口译研究的发展和研究走向浅析——一项基于国

内口译研究博士论文的分析[J].中国翻译,2015,(2):19-25,128.

[13] 仲伟合,王斌华.口译研究方法论——口译研究的学科理论建构之二[J].中国翻译,2010,(6):18-24,92.

说明:限于篇幅,本文未将口译博士论文列入参考文献。

(作者通讯信息:广东外语外贸大学,深圳大学

穆雷:mulei2002@139.com

王莹:wangyingszu@163.com)

唐宋散文英语译介之旅：1923—2012
——兼论山水游记文的翻译风格

李雪丰

1. 引言

　　唐宋时期是中国古代散文发展的重要时期。纵观整个散文发展的历程，唐宋散文占有承前启后的地位。唐宋是继先秦之后散文发展的第二个高峰，这一时期散文题材广泛，名家辈出。散文发展到唐宋这个阶段，在思想上、语言上和风格上都达到了前所未有的高度，尤其是唐朝古文运动所倡导的"文道合一"和"质朴文风"的创作理念一直延续到宋朝，影响了欧阳修、苏轼等一批文学大家，也对明清两朝散文小品乃至近现代白话文的创作产生了巨大的影响。虽然受到同时期诗词兴盛的影响，散文在当时及后世的学术研究中，并未受到与其成就相匹配的重视，但是仍然有部分海内外学者对唐宋散文中的精华进行了翻译与研究。本文选取了国内外影响力较大的四本译介唐宋散文的专著，以期从中总结出唐宋散文翻译及其研究的概况；并以部分山水游记散文为例，分析各自译介的特色和风格，为今后这一时期散文翻译和研究提供可行的思路和借鉴。

2. 唐宋散文译介综述

　　散文翻译的实践至今约有百年的历史，最初的翻译实践出现于 20 世纪初。然而，对比诗词翻译百花齐放的局面，散文的翻译则呈现出片面化及零散化的特征。片面化指的是翻译的数量少且集中在个别朝代和时期；零散化主要指的是翻译篇章的零散，即专门翻译散文的译本太少，多数出现在译文集中，或与诗词合并翻译。在为数不多的散文翻译研究著作中，具有较大影响力的译本共有四个，分别是翟理斯（Herbert A. Giles）的《古文选珍》（*Gems of Chinese Literature: Prose*）、卜立德（David E. Pollard）的《古今散文英译集》（*The Chinese Essay*）、杨宪益的《熊猫丛书·唐宋诗文选》和收录了各家译文的《大中华文库·唐宋文选》（共两册）。这四个译本分别代表了不同时期国内外译者和汉学家对于唐宋散文乃至中国古代散文的翻译和研究状况，下文将单独介绍其具体情况。

2.1　《古文选珍》（*Gems of Chinese Literature*）

对中国散文的翻译最早可以追溯到 19 世纪英国汉学家翟理斯（Herbert A. Giles）翻译出版的《古文选珍》。这本书于 1923 年修订再版，分为散文和诗歌两卷，由当时上海主要印刷和出版英文书籍的 Kelly & Walsh Ltd.（别发印书馆）出版。该书收录了自先秦到晚清共 89 位作家的 186 篇文章，其中收录唐代 11 位作家、宋代 16 位作家的 63 篇散文（部分文章为节译），其中单是"唐宋八大家"的文章就占到了半数以上的比例。韩愈、柳宗元、欧阳修、苏轼、王安石五人共有 34 篇文章入选，包括《醉翁亭记》（*The Old Drunkard's Arbour*）、《赤壁赋》（*The Red Wall: Summer/Fall*）等读者耳熟能详的名篇。在"唐宋八大家"中，又以苏轼的收文数量居首，共 11 篇。

2.2　《熊猫丛书·唐宋诗文选》（*Poetry and Prose of the Tang and Song*）

国内对中国唐宋散文的译介与国外呈现了完全不同的模式。首先是起步时间较晚，其次是译介方式不同。国外多是个人出于兴趣爱好或学术研究的意义而自发性地翻译并介绍中国古代散文；而国内对散文的译介影响力较大的当属"熊猫丛书"和"大中华文库"两次由相关部门组织的大规模的中国典籍外译丛书中的散文分册。在由《中国文学》杂志社负责翻译出版的"熊猫丛书"中，散文的译介与诗歌结合在一起。1984 年，杨宪益及戴乃迭翻译出版了《唐宋诗文选》一书,收录唐宋散文共 40 篇,其中韩愈和柳宗元二人的文章最多,分别为 14 篇和 22 篇;另外还翻译了范仲淹、欧阳修、苏轼等人的文章 1—2 篇。虽然文章均为传统意义上的名家名篇,但与唐宋散文创作的数量与成就相比,还存在较大的差距。

2.3 《古今散文英译集》(*The Chinese Essay*)

翟理斯之后,20 世纪国外也出现了一些唐宋散文研究的专著和博士论文。比较综合性的译本出现在 2000 年英国学者卜立德(David E. Pollard)经由美国哥伦比亚大学出版社出版的《古今散文英译集》一书。与《古文选珍》不同,除了中国古代散文,此书也介绍并翻译了很多近现代的名家散文。古代散文从诸葛亮《出师表》(*To Lead out the Army*)开始,至清代袁枚《黄生借书说》(*Thoughts on Master Huang's Book Borrowing*)结束,共计 26 篇,其中翻译了 12 篇唐宋散文;近现代散文收录了鲁迅、周作人、丰子恺、朱自清、梁实秋、余光中、余秋雨等人的作品,共计 45 篇。就收文情况而言,虽然唐宋时期的文章数量并不多,但鉴于此书第一次对中国"散文"这一文体进行了由古至今的梳理、翻译及评介,且很多篇目之前都附有译者的评介(Translator's Note),因而具有不可忽视的学术研究价值。

2.4 《唐宋文选·英汉对照》(*Selections of the Tang and Song Dynasties*)

进入 21 世纪,"大中华文库"再次掀起了中国典籍外译的热潮。在这套丛书中,散文的译介成功地占有了一席之地,不同的历史时期都有单独的散文译文选。2012 年,北京外语教学与研究出版社出版了《唐宋文选》(全两册),是有史以来对唐宋散文译介最为广泛和全面的一次,共收录唐宋散文作家 31 人的 121 篇文章。《唐宋文选》的另一特点是译者群体丰富。与之前的译本不同,此书选取了不同译者的译文。经由外研社编辑的比较和选择,既有国外汉学家的译作，也有国内翻译家的译作，一共有约 26 位译者的文章入选，其中翟理斯的译作入选 22 篇，为各位译者之首。在收录的文章方面，为了更好地体现唐宋散文创作的风貌和发展脉络，除了海内外读者熟知的名家名篇，也有部分其他作家的文章。

　　除上述提到了四个影响力和关注度较大的译本外，国内外还有一些译者和汉学家对唐宋散文和中国古代散文进行了译介和研究。译本主要有：谢百魁的《中国历代散文译萃》（全两册）、徐英才的《英译唐宋八大家散文精选：汉英对照》、罗经国的《古文观止精选·汉英对照》、林语堂的《古文小品译英》（*The Importance of Understanding*）、刘师舜的《英译唐宋八大家文选》（*Chinese Classical Prose: Eight Masters of the Tang-Sung*）、宇文所安（Stephen Owen）的 *An Anthology of Chinese Literature: Beginnings to 1911* 等。此外，在国外高校的中国文学史和中国文学选集中也有提及，比较著名的有梅维恒（Victor H. Mair）主编的《哥伦比亚中国古代文学选》（*The Columbia Anthology of Traditional Chinese Literature*）、《哥伦比亚中国文学史》（*The Columbia History of Chinese Literature*）和孙康宜、宇文所安主编的《剑桥中国文学史》（*The Cambridge History of Chinese Literature*）等。另有一些其他的研究专著，但只是研究了部分作家或部分题材的散文，这里不再列出。详细信息如表 1 所示：

表 1　唐宋散文译本及译介专著

译者/编者	书　　名	出 版 信 息
Herbert A. Giles	*Gems of Chinese Literature: Prose. 2nd ed.*	Shanghai：Kelly & Walsh Ltd，1923
Lin，Yu-tang	*The Importance of Understanding*	New York：The World Syndicate Publishing Co.，1960

续 表

译者/编者	书 名	出 版 信 息
Liu，Shih-shun	*Chinese Classical Prose: Eight Masters of the Tang-Sung*	Hong Kong：The Chinese University Press，1979
杨宪益,戴乃迭	唐宋诗文选	北京:《中国文学》杂志社,1984
Victor H. Mair	*The Columbia Anthology of Traditional Chinese Literature*	New York：Columbia University Press，1994
Stephen Owen	*An Anthology of Chinese Literature*：*Beginnings to 1911*	New York：W.W. Norton & Co.，1996
David E. Pollard	*The Chinese Essay*	New York：Columbia University Press，2000
Victor H. Mair	*The Columbia History of Chinese Literature*	New York：Columbia University Press，2002
罗经国	古文观止精选·汉英对照	北京:外语教学与研究出版社,2005
Kang-I Sun Chang & Stephen Owen	*The Cambridge History of Chinese Literature*	Cambridge University Press，2010
徐英才	英译唐宋八大家散文精选:汉英对照	上海:上海外语教育出版社,2011
谢百魁等	唐宋文选·英汉对照	北京:外语教学与研究出版社,2012
谢百魁	中国历代散文译萃:汉英对照	北京:中国对外翻译出版有限公司,2014

3. 唐宋散文译介之共性——文本选择

　　唐宋时期涌现了一大批散文创作名家,名作佳篇不胜枚举。据《全唐文篇目分类索引》(冯秉文 2010)统计,唐代及五代十国文章共计 23 034 篇,而《全宋文篇目分类索引》(吴洪泽 2014)中共整理收录两宋三百余年间近 18 万篇文章,由此可见唐宋时期散文创作的繁荣之象。然而,这也对国内外译者文本的选择造成了一定的困扰。鉴于此情况,大部分译者首先选取了国内外读者熟知并喜爱的历代名篇进行翻译和介绍,其中又以"唐宋八大家"的文章为主。例如,刘师舜和徐英才这两位译者的译作都是只翻译了"唐宋八大家"的文章,其余则是整体译介唐宋散文或者中国古代散文的综合性译作。在上文提及的四个典型性的综合译本中,总体收文数量与"唐宋八大家"的收文数量对比如图 1 所示:

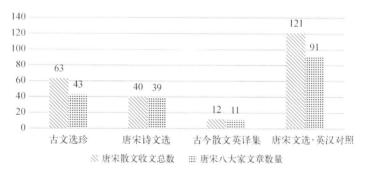

图 1　唐宋散文收文总数与唐宋八大家文章数量对比图

　　经由柱形图的对比,可以清晰地看出各译本的译者和编者在选文时的考量标准。四个综合性译本中,"唐宋八大家"的文章占据了唐宋散文翻译的绝大部分比例,其中《唐宋诗文选》和《古今散文英译集》两个译本中,几乎全部的文章都是出自"唐宋八大家"之手,另行收录的一篇译文分别为范仲淹的《岳阳楼记》和陆龟蒙的《野庙碑》。而《古文选珍》和《唐宋文选·英汉对照》中"唐宋八大家"文章的占比分别为 53.13% 和 75.2%,都达到了 50% 以上。

　　除总体收文情况以外,各个译本在各位译者的收文情况和数量上也有相似之处。经统计,上述四个译本对"唐宋八大家"中韩愈、柳宗元、欧阳修和苏轼等人文章的译介较之苏洵、曾巩、王安石和苏辙四人更多,仅有《唐宋文选·英汉对照》中八人的译文均有收录,但是韩愈、柳宗元、欧阳修和苏轼四人的文章数量远高于其他四人。其中,《唐宋诗文选》由于要兼顾同时期诗词的翻译,因而没有收录苏洵、曾巩、王安石和苏辙等四人的文章;《古文选珍》一书并未译介苏洵、曾巩和苏辙的文章;而《古今散文英译集》则没有苏洵、曾巩和王安石的文章。具体译文数量对比如图 2 所示:

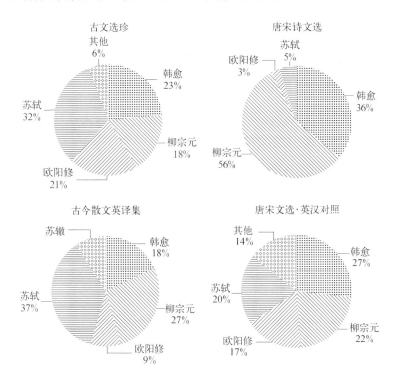

图 2　唐宋八大家个人收文数量对比

　　通过图表的展示,我们可以清晰地看出:尽管译者群体的背景不同,但在四个译本中,韩愈、柳宗元、欧阳修和苏轼四人的文章被翻译的比重都高达85%以上,这样的翻译选择恰好也与四人在中国散文史乃至文学史上的地位相匹配。据《中国文学史》记载和评述,"韩、柳的出现,使得散体文的创作生面别开,气象一变","韩、柳将浓郁的情感注入散文之中,大大强化了作品的抒情特征和艺术魅力,把古文提高到了真正的文学境地(袁行霈 2003a:398－400)";对于苏轼的评价则更高,认为"宋文、宋诗和宋词都在他手中达到了高峰(袁行霈 2003b:69)"。《中国散文史》中充分肯定了欧阳修的贡献,认为"宋代文章的发展变化和他的关系最大(郭预衡 2011:433)"。除中国学者外,部分海外学者也有类似的观点。《哥伦比亚文学史》中提道:"柳宗元的《永州八记》开创了中国古代散文'游记文学'的体例(Mair 2001:556)","苏轼的文章在唐宋八大家中是最丰富的,并且展现了最全面多样的题材和风格(Mair 2001:539)"。由此可见,中外学者对于"唐宋八大家"在唐宋散文中的代表地位都是比较认可的,以此为切入点翻译并介绍中国古代的散文也是情理之中的。

4. 唐宋散文译介之特性——翻译风格

　　除了上述的相似之处以外,唐宋散文的译介在其发展和变化的过程中,各个阶段、各个译本也存在着各自的特性,每位译者在具体文章的翻译上也体现出了不同的风格。笔者选取了翟理斯、杨宪益和卜立德三位译者的部分译文做了基础的自然语言处理分析,从词语、句法和语篇三个层面来分析各自的翻译风格。由于散文译者译文的数量和具体篇目存在差异,因此这里仅选择了三位译者译文中比例较高的"山水游记"类文章为例来分析,并全部选自于"唐宋八大家"的文章①。

---

① 　三位译者入选的文章分别为:翟理斯 8 篇:《醉翁亭记》《前赤壁赋》(转下页)

4.1　词汇与句法层面

与传统意义上的译者风格对比分析不同,由于每篇散文自身具有很多个体差异,因此数据处理时只选取了具有共性的一些指标,即词汇丰富比、词汇密度、词长分布、标点使用率、平均句长及句长分布。其中,词汇丰富比计算的是去重词长与去标点词长之间的比例,词汇密度是计算实词数与去标点词长之间的比例,标点使用率则是标点数与原始词长之间的比例,而词长①和句长分布分别以 5 和 10 为单位计算。

首先,经过自然语言处理后,词汇丰富比、词汇密度、标点使用率和平均句长这四个参数的平均值如表 2 所示:

表 2　唐宋"山水游记"文参数统计

译者	词汇丰富比	词汇密度	标点使用率	平均句长
翟理斯	54.43%	34.57%	11.81%	25.57
杨宪益	61.27%	36.22%	11.09%	22.56
卜立德	54.27%	39.37%	11.06%	24.14

经过数据处理分析之后,可以看出:在"山水游记"这个散文题材内,三位译者在上述四个参数上都存在一定的差异。其中,词汇丰富比维度下,杨宪益的译文词汇丰富程度最高,其他两位译者相似;翟理斯使用标点的频率最高,平均句长也最长,杨宪益的平

（接上页）《后赤壁赋》《小石城山记》《凌虚台记》《石钟山记》《超然台记》和《放鹤亭记》;杨宪益 11 篇:《醉翁亭记》《前赤壁赋》《后赤壁赋》《永州八记》(全 8 篇);卜立德 6 篇:《醉翁亭记》《前赤壁赋》《始得西山宴游记》《至小丘西小石潭记》《凌虚台记》《黄州快哉亭记》。

① 这里词长指单词中出现的字母数。

均句长则是最短的;而卜立德的译文在词汇密度上高于其他两位译者,但是在词汇丰富比和标点使用率上都处于最低值。就以上四个参数来看,首先是词汇丰富比的差异格外引人关注。杨宪益作为三位译者中唯一的中国译者,却在词汇丰富比上高于两位英文为母语的译者,最大的原因就是杨宪益先生高深的母语造诣,使得他对于原文本的理解更为透彻,对作者遣词造句中差异的把握更为精准。比如,在《醉翁亭记》中,"乐"这个字是全文的关键词,一共出现了 10 次,杨宪益就采用了多样的表达方式。原文中"乐"字有名词和动词两种用法,尤其是在最后一段,两种用法交替出现,十分考验译者的功力。对于名词性的"乐",杨译本主要用"pleasure"和"enjoyment"两个词来翻译,但具体到每个句子中,又有不同的表述方式。例如"山水之乐""宴酣之乐"和"山林之乐",根据原文的理解,"乐"都是"乐趣"的意思,但是译文中分别用"(He) taking pleasure in them (hills and streams)"[①]、"(they) feast and drink merrily"和"(the birds) enjoy the hills and forests(杨宪益、戴乃迭 1984:217-218)"来表达,一个译成名词,一个译成副词,另一个则直接译成了动词。在翻译动词性的"乐"时,杨宪益的表述方式同样是多变的。例如"游人去而禽鸟乐也"译成"the men have gone and the birds are at peace",译出了文字背后真正的含义,即原本的喧闹声随宾客离开而消失,禽鸟因能享受山林的静谧而感到快乐;"醉能同其乐"译成"share his enjoyment with others (when he is in his cups)"(杨宪益、戴乃迭 1984:217-218),本是动词"乐",这里灵活地解释为"分享他的快乐"。由此可以看出,杨宪益译本的词汇丰富程度得益于对原文的细微解读和精准把握。而在词汇密度方面,翟理斯的词汇密度低表明他在译文中使用实词的比例少于其他两位译者,使用更多虚词也意味着翟理斯

---

① 译文整体采用了意译的策略,打破了原文的顺序,这里只截取了部分译文,故而在括号中补足相应的主语和指代词。

在翻译的过程中,更多地将原文的短句译成了长句,因而有意识地增加了连词的使用频率。这也恰好从侧面解释了他译文有较长的平均句长的原因。

在词长分布方面,根据基础的数据处理,拟定 5 为基本单位,即词长 1—5 的为一组,6—10 为一组,11 以上为一组。鉴于篇幅原因,这里只列出三位译者参数统计的平均值,如表 3 所示:

表3　唐宋"山水游记"散文词长分布统计平均值

译者	词长 1—5	词长 6—10	词长大于 11
翟理斯	77.97%	20.36%	1.60%
杨宪益	78.92%	20.29%	0.82%
卜立德	77.47%	21.63%	0.94%

表格数据显示,三位译者都更倾向于选用较为简短的单词来进行翻译,单词词长小于等于 5 的比例均达到了将近 80%。单词长度越长,复杂度越高,则使用的频率越低。在有些译文中,甚至没有出现一个长度大于 10 的单词,比如杨宪益翻译的《小石城山记》和《石渠记》。而在词长 1—5 的这个参数下,进一步精准处理数据,可以发现,三位译者所有文章中,大约 50% 的单词长度都在 1—3 这个区间内。翟理斯的译文词长 1—3 的单词占比在 49.24% 到 52.61% 这个区间;卜立德的译文词长 1—3 的单词占比集中在 49.34% 到 51.29% 的范围之内;而杨宪益的译文略有不同,词长 1—3 的单词十一篇文本内部的差异较之前两位译者略大,最小的占比为 42.58%(《石涧记》),是三位译者中最低的;最大的占比则是三位译者中最高的,为 53.80%(《前赤壁赋》)。通过平均值的计算,可以更好地看出三者的差异(图 3)。

经统计,杨宪益译文的词长 1—3 的单词占总体单词数的平均

词长（1—3）平均值对比图

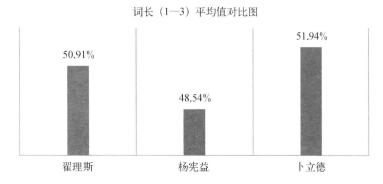

图3 唐宋"山水游记"散文词长(1—3)平均值对比

值低于50%,在用词的复杂度上略高于其他两位译者。单词的长短决定了词语的复杂度,而词语的复杂度又在一定程度上影响了文章的词汇丰富比,这也与杨宪益译文较高的词汇丰富比这一特征保持了一致,即三位译者中最高的词语复杂度和最高的词汇丰富比。

在句长分布层面,拟定10为基本单位,即1—10个单词的句子为一组,11—20个单词的句子为一组,20—30个单词的句子为一组,30个单词以上的句子为一组。在30个单词以上的这一分组里,内部差异较大,翟理斯译文中最长的句子有88个单词,杨宪益和卜立德分别是55个单词和64个单词。但从译文的整体角度及句长分布占比来考虑,还是将所有长度在30个单词以上的句子划分为一组。句长分布的数据分析和处理方法同词长分布是一致的,这里也只列出平均值进行对比和说明(图4):

根据折线图所呈现的数值,在句长分布上,三位译者译文中单词数量在11到20的句子最多,其次是21到30个单词的句子。同时,杨宪益译文的差异最明显,而翟理斯的译文句长分布在三者中相对较为平均。

唐宋"山水游记"散文之所以成为一个新兴的文体而流传至

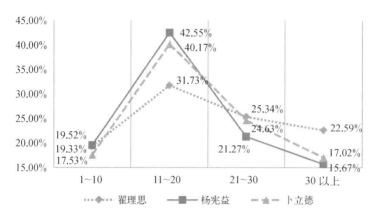

图 4　三位译者唐宋"山水游记"散文句长分布平均值

今,最大的贡献来自柳宗元的《永州八记》。这类散文多是借景抒情,反映出作者对自然、人生等方面的哲理性思考。柳宗元的文章略带骚体文的特征;苏轼的《赤壁赋》两篇虽有创新,但保留了部分赋体文的元素。鉴于这两个文体在句式方面"四六体"的特点,也就决定了原文不可能出现字数过长的句子,因而在翻译成英文时,即使考虑到词语方面的差异,单词数也不宜超过 30。三位译者也充分意识到了这一点,因而句长在 30 个单词以下的句子占了绝大部分比例。此外,骚体文和赋体文极其讲究句式的押韵和对偶,即使经过唐宋"古文运动"的改进和发展,整篇文章的句长也不会出现大的差异。反观三位译者的句长分布,杨宪益和卜立德更多考虑了原文文本本身的特点,翻译时有意识地注意同原文的句长保持一致,仅有少数句子使用了较多的单词来翻译;而翟理斯30 个单词以上的句子数量多于其他两位译者,较为明显地体现了个人的翻译风格,即打破原文句子的限制,选择更符合英语表达规范的方式重新组合译文。例如《醉翁亭记》中,原文共有 25 个句子,但翟理斯的译文只有 20 个句子。同样的情况还出现在《后赤壁赋》和《小石城山记》等多篇文章中,几乎都是同一文本所有译文中句子数量最少的。句子数量少的特征,也和上文分析统计所得的"平均句长"最长相吻合。但是,句子数量少并不意味着翻译上的简化,作为目的语为母语的译者,在目的语遣词造句方面自然有独到之处。比如《醉翁亭记》中,"醉翁之意不在酒,在乎山水之间也。山水之乐,得之心而寓之酒也"这两句话,翟理斯的译文处理得非常简单,译成用分号连接的两个复句:"But it was not wine that attracted him to this spot; it was the charming scenery which enabled him to enjoy"(Giles 1923:158)。译文虽然简短,但还是翻译出了原文的主要意思,只是没有保留原文最具特色的"⋯⋯者⋯⋯也"句式,略显遗憾。这说明翟理斯在翻译时,更多考虑的是英文的表达规范和译文的读者可接受性。

4.2　语篇层面

　　词句层面的分析可以帮助我们从微观角度了解译者风格。要想对译者的翻译风格有整体的印象,还需要从语篇角度来分析。在语篇这个范畴下,可以通过多种途径来研究译者风格,比如显化、词语搭配、衔接手段、修辞技巧等等。结合唐宋山水散文的文本语言特征,这里仅选取"显化"这一指标进行分析,并以"人称代词显化"为例来比较三位译者的差异。"人称代词显化"对语篇意义的明晰有十分重要的作用。在唐宋散文中,较少出现人称代词,有大量的"无主句"和"主语省略句"。古代汉语的这一语法特色决定了在翻译的过程中,为了让译文读者更容易理解,译者势必要在一定程度上补全主语,尤其是人称代词。结合选取的文章,对三位译者译文中人称代词使用的情况进行统计,这里人称代词限定的范围只包括六个主格的人称代词:I,You,He,She,We,They。除了统计人称代词使用的数量(表4)以外,还分别计算并比较了在译文中出现的频率,这里图表中只展现使用频率的平均值(图5):

表4 翟理斯、杨宪益、卜立德"山水游记"译文人称代词使用情况统计

	I	You	He	She	We	They	合计
翟理斯	68	15	34	1	23	15	156
杨宪益	98	51	64	0	12	36	261
卜立德	26	23	24	0	30	12	115

表4在一定程度上反映出了三位译者在使用人称代词方面的差异。翟理斯的八篇译文中,六个人称代词均有出现,但第一人称代词I和第三人称代词He的使用要多于其他的人称代词,二者占总数的比例分别为43.59%和21.79%;杨宪益的译文中也呈现出类似的情况,但I,You,He三种人称代词的使用比例更为平均,分别为37.55%、19.54%、24.52%;而卜立德译文没有明显体现出不同人称代词的使用倾向,整体使用的情况较为平均。

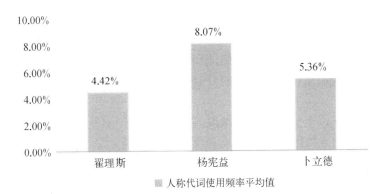

图5 翟理斯、杨宪益、卜立德"山水游记"译文人称代词使用频率平均值

就平均值对比来看,相较而言,杨宪益在译文中使用了更多的人称代词,尤其是在翻译柳宗元的《石涧记》《袁家渴记》和《小石

城山记》这三篇文章时。翟理斯的译文中并没有使用太多的人称代词来达到显化的目的。细化到三类人称代词的具体使用情况，三位译者也存在一定的差异，如图6所示：

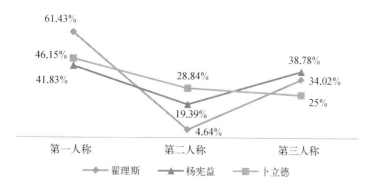

图6　翟理斯、杨宪益、卜立德三类人称代词使用频率对比

经过对比可以发现，卜立德与其他两位译者在使用人称代词方面略有不同，第一人称最多，第二人称其次，第三人称最少。其他两位译者在分布上趋同，但翟理斯的译文采用第一人称的比例远远高于其他两种人称，第二人称的使用频率不足5%。杨宪益虽然也更多地使用了第一人称，但占比却是三位译者中最低的，第三人称的使用比例却是最高的，因而三种人称代词的使用情况较为平均。

基于以上数据统计的结果，通过人称代词显化的角度来分析三位译者在"山水游记"散文译文语篇层面的差异，可以得出以下结论：第一，三位译者中，杨宪益译文的显化程度最高，其次是卜立德的，最后是翟理斯的。但仅依据人称代词这一角度，不能断定翟理斯译文整体的显化程度一定低于其他两位译者，或许其译文采用了不同的显化手段，毕竟翻译的先后时间差距较大，可以成为之后研究的关注点。第二，就三类人称代词的具体使用情况来看，普遍更倾向于用第一人称来明确原文的含义。这是建立在唐宋山水散文文本特征基础上的,山水散文多是作者在出游途中有感而发,或评价自然景物,或抒发自己的情感,因而第一人称的使用频率较其他两种人称更高。

5. 结语

唐宋散文对外译介已有近百年的历史。散文篇目众多,不同译者的选文及翻译的过程中,不仅基于个人的兴趣、文学修养和身份认同,同时还受到了时代环境、国际关系、意识形态等宏观因素的影响。本文所选取的四个译本,无论是最早的散文译本——《古文选珍》,规模最大的对外译本——《唐宋文选·英汉对照》(大中华文库丛书),还是国内第一次有组织地对外译介的尝试——《唐宋诗文选》(熊猫丛书)和第一部纵观中国散文的《古今散文英译集》,都在唐宋散文译介中具有里程碑式的意义。以山水游记散文为例,四个译本在文章的收录、翻译的风格上,都存在相似之处,在今后的研究中,应当对其中差异的部分进行更为深入的分析,以期更清晰地呈现唐宋散文译介的面貌。

参考文献

［1］ Giles, Herbert A. *Gems of Chinese Literature*: *Prose* (*2nd ed.*) ［M］. Shanghai: Kelly & Walsh Ltd, 1923.

［2］ Mair, Victor H. *The Columbia History of Chinese Literature*［M］. New York: Columbia University Press, 2001.

［3］ Pollard, David E. *The Chinese Essay* ［M］. New York: Columbia University Press, 2000.

［4］ 丁放,武道房选注.宋文选［M］.北京:人民文学出版社,2014.

［5］ 冯秉文编.全唐文篇目分类索引［M］.北京:中华书局,2010.

［6］ 郭预衡著.中国散文史(中)［M］.上海:上海古籍出版社,2011.

［7］ 吴洪泽主编.全宋文篇目分类索引［M］.成都:四川大学出版社,2014.

［8］ 谢百魁等.唐宋文选·英汉对照［M］.北京:外语教学与研究出版

社,2012.

［9］ 杨宪益、戴乃迭.唐宋诗文选［M］.北京:《中国文学》杂志社,1984.

［10］ 袁行霈主编.中国文学史(第二卷)［M］.北京:高等教育出版社,2003a.

［11］ 袁行霈主编.中国文学史(第三卷)［M］.北京:高等教育出版社,2003b.

(作者通讯信息:华东师范大学

gracelee128@163.com)

西方翻译伦理代表理论批评与反思

吕　奇　王树槐

西方学界认为,解释学传统的翻译研究(尤其是功能目的论和极端解释学代表德里达的解构主义翻译思想)提倡诠释,肯定误读,强调意义的延宕性,导致了翻译缺乏标准,令翻译实践陷入一种虚妄、怀疑、无定甚至为达目的不择手段的局面。为了挽救这一缺乏约束的权力真空局面,翻译伦理研究逐渐兴起(Pym 2007:24-44),现已成为当下翻译研究的一大重要领域。

吕俊的《跨越文化障碍——巴比塔的重建》是国内学者关注翻译中伦理道德的发轫之作,他将哈贝马斯的交往行为理论引入翻译学研究中(吕俊 2001:261-281),构建了翻译伦理研究的雏形;后又借鉴哈贝马斯的商谈伦理学正式提出了翻译伦理学的概念(吕俊,侯向群 2006:271)。其后,国内翻译伦理研究陆续展开,主要着力于四个方面:构建翻译伦理学的设想、译介国外翻译伦理研究成果、运用国外翻译伦理研究成果研究翻译实践问题和翻译伦理问题的理论探讨(骆贤凤 2009:14-17)。

过往十六载,国内翻译伦理研究以"照着说""套着说"居多,而"接着说""反着说"相对较少。诚然,西方的翻译伦理研究较之中国起步更早,理论模式也更为成熟,但前者有其产生的特定政治动机、文化背景和社会语境,并非金科玉律,也并非放之四海而皆准。然而,由于国内翻译伦理研究在"文化自觉"与"文化自信"上存在一定程度的缺失,这也导致了其"理论自觉"与"学术自信"的缺失,具体体现在"削足适履"式照搬或套用西方翻译伦理理论规约中国语境下的翻译实践要远多于以中国传统思想为视角对西方翻译伦理理论进行形而上的批评与学理上的反思。鉴于此，本文将另辟蹊径，借用中国传统的中庸思想，从伦理观、本体论和方法论三个维度对西方翻译伦理研究代表人物贝尔曼（Antoine Berman）、韦努蒂（Lawrence Venuti）、皮姆（Anthony Pym）各自提出的翻译伦理理论进行批评与反思①，洞察其学术价值与偏颇之处，并加以扬弃，以期为丰富国内翻译伦理研究路径和研究内涵作出探索与尝试。

1. 西方翻译伦理代表理论回顾

之所以选取贝尔曼、韦努蒂、皮姆及其理论为代表，主要是鉴于此三位学者在西方翻译伦理研究领域具有一定的影响力与相对的代表性以及较为成熟的翻译伦理理论。贝尔曼是西方扛起翻译伦理研究旗帜的先行者；韦努蒂是贝尔曼异质伦理的传承者，也是将翻译伦理研究提升至国际文化政治高度的推动者；皮姆是在求"异"伦理盛行的西方翻译伦理理论思潮中率先倡导求"同"思想的开拓者。以下分别对三位学者的翻译伦理理论进行简要回顾。

1.1　贝尔曼的异质伦理

作为西方翻译伦理研究的先行者和代表人物，法国当代语言学家、哲学家、翻译理论家贝尔曼于 1984 年在《异的考验》（*L'epreuve de l'etranger*）中最先提出"翻译伦理"这一概念，并且认为要构建翻译学研究框架，翻译伦理研究是不可或缺的一个领域。他主张对翻译及译者进行现时代的思考，且须从翻译史、翻译伦理和翻译分析这三个维度展开（Berman 1984：23）。

贝尔曼翻译伦理的核心在于"异质"。在他看来，翻译所作的

---

① 事实上，诸如切斯特曼、罗宾逊、赫尔曼斯等西方学者也曾提出有一定影响力的翻译伦理理论。但限于篇幅，本文仅选取贝尔曼、韦努蒂、皮姆为个案进行探索式评述，侧重典型性、代表性（representativeness），并非暗示或强调其具有普适性、普遍性（universality），也并未否认其他学者翻译伦理理论的独异性（distinctiveness）。

努力应立足于"揭露异质的存在,让读者意识到不同语言和文化之间的差异"(Berman 1992:4)。而这种异质究竟是外显还是内隐,在相当程度上依赖于译者的主观选择:译者在面临两种语言或文化间进退维谷却仍旧遭受诟病的处境时,应当以"反抗"的姿态扭转这种对翻译造成压迫的局面。而这种反抗式翻译的伦理目标是在书写层面与他者建立关联,通过引入他者异质来丰富自我,这一目标也必将正面冲击一切文化所具有的本族中心主义,击碎每一个社会都试图保有的自身纯洁无瑕的自恋情结,由此也带来了杂糅的暴力(Berman 1992:16)。

贝尔曼希冀借助伦理规约促使翻译凸显异质。他提出了"纯目标"的概念,将其视为翻译的伦理目标,这一目标要求翻译对异质抱以欢迎和尊重的态度;与纯目标本质对立的,则是"失败的翻译"(bad translation),即崇尚本族中心主义的翻译(Berman 1992:4)。贝尔曼将纯目标对应的伦理机制称为"积极伦理"(positive ethics)。与此同时,在翻译过程中,文化上的抗拒力会导致原文发生走样,这是无法避免的情形;而译者也难免会偏离翻译伦理的要求,即出现"变形"(deformation)倾向,从而构成理性化(rationalization)、明晰化(clarification)等12种变形系统(Berman 2000:288)。

总体而言,贝尔曼的翻译伦理理论可视作一种欢迎他者、反对文化自恋的模式。异质这一核心观念贯穿了他的翻译伦理理论始终。贝尔曼力图借助翻译活动来打破语言和文化的密闭圈,去迎接看似陌生的他者,进而"将外国作品原文中被隐匿的事物挖掘出来,实现对译入语民族本土语言和文化的有效建构"(杨镇源2013:59)。

1.2　韦努蒂的存异伦理

另一位倡导翻译之"异"的代表人物是美籍意大利学者、翻译理论家韦努蒂。近年来,韦努蒂在国际译坛多是站在弱势民族的立场之上,以抵抗西方话语霸权的斗士姿态出现。

　　韦努蒂所主张的翻译伦理是"存异伦理"（ethics of difference），这种翻译伦理对将翻译神秘化并视为顺理成章、无碍交往行为的"归化论"提出质疑，认为翻译必须留存译入语的异质特征（Venuti 1998：11）。韦努蒂翻译伦理理论的形成，源于他对翻译场域中不平衡权力关系的认知。他在《翻译之耻》（*Scandals of Translation*）一书中旗帜鲜明地表达了自己对于"道貌岸然"的文化霸权主义立场的反对：主观上无论译者意愿如何，客观上译者作为翻译行为主体，必然是本国体系与机构剥削、借助外国文本和文化的共谋，这种行为是"翻译中最令人不齿的丑闻与耻辱"（Venuti 1998：4），其可耻之处就在于：欧美中心主义铁幕之下的翻译，出于巩固欧美霸权话语的目的，明明压制了异质的进入，却自诩为"透明"翻译，让读者相信其读到的译文即是原文本身。这种幻象掩盖了翻译背后强势民族文化霸权在意识形态这只"看不见的手"的操控下，对处于边缘地位的弱势民族及其话语的压迫与欺凌，也使翻译沦为欧美中心主义的工具和文化殖民主义的帮凶。

　　基于此，韦努蒂极力倡导将翻译中受到压制的边缘化话语予以凸显，摆脱欧美中心主义的禁锢，以抵抗的姿态来突出语言文化上的差异，并借此作为向西方国家话语霸权和文化霸权挑战的利器，由此他提出了"存异伦理"。韦努蒂声称："我所支持的伦理立场在于能够促使翻译在阅读、写作等各方面对语言与文化差异表现出更多的尊重"（Venuti 1998：6）。韦努蒂秉承德国哲学家施莱尔马赫提出的归化（domestication）和异化（foreignization）两种翻译策略，并对归化和异化与流畅和阻抗分别从伦理层面与话语层面阐释了其运作关系。韦努蒂尤其青睐异化，认为它是一种"极为可取的……策略上的文化介入"，能够突出"外语文本中固有的语言文化异质性"，可以通过一种不流畅、陌生化或异质的翻译风格使得译者显形，同时凸显源语的异质身份。韦努蒂认为此种方式能够反抗英语语言世界不平等和暴力式的归化文化价值观（Munday 2016：226）。而后，韦努蒂又提出了"少数化翻译"

（minoritizing translation）的概念（Venuti 1998：10），并引入了美国学者刘易斯（Lewis）"妄用的忠实"（abusive fidelity）这一概念，或曰"僭越性忠实"（杨镇源，2013：93），即"承认译文与原文间存在僭越模糊的关系，不仅避免流畅式翻译，而且抵抗原语背后的主流中心文化价值"（Venuti 1995：24）。

综上所述，韦努蒂的翻译伦理理论吸收了后殖民主义和解构主义思想，他的存异伦理与贝尔曼的异质伦理有着异曲同工之处，即从伦理的视角对传统的透明翻译和归化翻译发出公开挑战，这种存异伦理不仅鼓励"异"的存在，而且号召译者（尤其是弱势民族的译者）显形，凸显边缘民族语言和文化话语，以阻抗欧美中心主义和文化霸权。

1.3　皮姆的译者伦理

较之前文所述的两位主张求"异"的学者，翻译伦理研究领军人物之一的澳大利亚学者皮姆则更为偏向于求"同"。这种"同"，体现了某种基于译者在跨文化交际中与他者的合作与协同伦理。

皮姆于 1997 年在其专著《论译者的伦理》（*Pour une ethique du traducteur*）中阐发了他的翻译伦理理论：他明确质疑贝尔曼的异质翻译伦理，认为其"过于刻板、过于抽象化"（Pym 1997：9）。在具有社会学背景的皮姆看来，贝尔曼的翻译伦理过于理想化，实用性不强，归根结底是一种以经典作品为本位的"翻译"伦理，而非以职业译者为本位的"译者"伦理，这样很容易导致译者与目标语受众和文化之间的二元对立。因此，皮姆将翻译视作"一项交际行为，是一种为某一客户而提供的针对既定接受者的职业性服务；译者所处的位置在两种文化的交界处，而并不仅仅归属其中任何一个文化社群"（Pym 1997：10－11）。

为此，皮姆主张构建一种以译者为中心的伦理，并用"译者伦理"来取代"翻译伦理"，这也为翻译伦理研究赋予了更多的职业属性，并且注入了更多的跨文化交际元素和实用主义成分。继而，皮姆又提出翻译的"文化间性"这一概念，并借鉴格莱斯的合作原则，认为翻译是一种带有合作性质的集体活动，翻译在伦理层面面临一种集体责任。他认为译者从接受翻译任务那一刻起，就不仅仅再是一个单纯意义上的使者，他（她）必须肩负起职业译者应当肩负的责任，这样才能促使他（她）所从事的工作有助于实现长期稳定的跨文化合作（Pym 1997：136-137）。

总而言之，皮姆"倾向于从译者的'文化间性'出发，针对各种形态的翻译活动，去探讨促进不同文化之间展开交往合作的译者的职业伦理。这是一种以一定的翻译目的为指导，考虑到社会、经济以及译者责任等各方面因素的功能主义的翻译伦理观"（王大智，2005：56）。从社会意义上讲，皮姆竭力呼吁翻译伦理的回归（Pym 2001：129），在描述翻译学研究盛行的译学界强调伦理规约的重要性，提醒人们对翻译伦理研究加以重视，强化翻译伦理意识，强调对职业译者的研究，并从跨文化合作的角度来审视翻译实践，这些都推动了翻译伦理研究的发展。

2. 西方翻译伦理代表理论批评与反思

诚然，上述三位西方学者的翻译伦理理论中不乏真知灼见，但某些观点或陷入非黑即白的范畴式思维（categorical thinking）与钟摆式的怪圈，或为了追求局部精彩而堕入以偏概全的陷阱，存在一定的商榷余地。

对此，我们不妨借用中国传统的中庸思想，对其加以批评、反思，进而达到补偏救弊的目的。何谓中庸？北宋程颐曰：不偏之谓中，不易之谓庸。中也者，天下之大本也；和也者，天下之达道也。致中和，天地位焉，万物育焉（王国轩 2006：46）。孔子曰：中庸之为德也，其至矣乎！民鲜久矣（张燕婴 2006：83）。可以说，中庸之道，是人最高的德性标准，是解决问题的至善之道，也是中正、中和、中行三者的融合。故而借用中庸思想对西方翻译伦理理论加以批评与反思，亦可从如下三个维度展开："中正"乃伦理观维度,意即不偏不倚,无过无不及;"中和"乃本体论维度,意即万物间的对立统一,求同存异,和而不同;"中行"乃方法论维度,意即通权达变,体用合一。

2.1　贝尔曼:强调他者差异却评判标准单一

作为最早提出"翻译伦理"概念的学者,贝尔曼对翻译伦理研究的最大贡献在于旗帜鲜明地确立了翻译伦理研究的学术地位,拓宽了翻译研究的领域。在翻译研究文化转向大潮中,尤其是后现代主义、后殖民主义、解构主义和女性主义对翻译研究造成冲击的情况下,贝尔曼力图实现对翻译的伦理规约,其异质伦理以打破本族中心主义与文化自恋主义为目标,强调尊重他者差异,主张发挥译者作用,通过他者显形来助力不同民族语言文化间的交互发展,这种交互发展观反映出贝尔曼在本体论层面寻求"中和"所作的努力,也体现了其求同存异、和而不同的伦理诉求。

尽管如此,贝尔曼异质伦理在伦理观和方法论上存在一定程度的缺陷。首先,贝尔曼将排斥异质、崇尚本族中心主义的翻译视为"失败的"翻译,而将欢迎异质、摒弃本族中心主义的翻译看作"成功的"翻译。这种评判标准未免有些简单粗暴、有失"中正",因为对待异质的态度仅仅是翻译伦理评价指标之一,不宜以偏概全,也不宜太过极端。事实上,我们很难见到绝对意义上欢迎或排斥异质的翻译,而大部分翻译都是介于这两端之间,况且译者对待异质的态度也不一定会是一成不变,而是起伏波动。因此,不宜以异质去留为标准来评判复杂的翻译行为,亦不宜以成败来为翻译贴标签,而应客观、全面地对待翻译中的异质。

其次,受到德国浪漫主义的影响,贝尔曼的"纯目标"设定或多或少有些理想化,这一点直接体现在他对待"变形"的排斥态度上。贝尔曼认为"变形"会对译文语言的建构性角色和意义重构形成阻碍,使其偏离纯目标,从而造成翻译伦理的沦落(Berman 2000:297)。这种对于"变形"的排斥态度在方法论层面未免有些僵化,缺乏一种"中行"式的通权达变,因为在翻译实践中,译本是否能够引入异质以及是否需要进行"变形",并非译者一厢情愿,而是会受到意识形态、赞助人和诗学等诸多因素的影响。例如当今译坛两位著名的汉学家、翻译家——葛浩文和蓝诗玲在翻译莫言和鲁迅的作品时,为了更易于译入语国家读者接受,均在一定程度上采取了"变形"的做法。葛浩文"在翻译《天堂蒜薹之歌》时,甚至把原作的结尾改成了相反的结局"(李景端 2014)。故而辩证来看,归化翻译在某种程度上也能实现异化干预的效果:有时译者向读者隐匿一部分语言和文化异质,实际上是间接帮助了译文融入译入语国家的语言和文化土壤,使原文带有的另一部分异质有机会扮演贝尔曼所说的"建构性角色";反之则可能会愈发远离贝尔曼所谓的"纯目标"。正如谢天振(1999:140-142)所言,文学翻译的"变形"属于一种"创造性叛逆",它是"文学传播与接受的一个基本规律",其"意义是巨大的……在文学媒介、实现影响方面所起的作用是极其明显的"。故而在方法论层面对待翻译"变形"系统不宜一味排斥,视其为异质伦理的绊脚石,而应因势利导、因地制宜、相时而动,使异质更好融入译入语国家的语言和文化土壤。

2.2　韦努蒂:挑战文化霸权却转为以暴制暴

　　如果说贝尔曼的异质伦理还带有几许纯粹的浪漫情怀,那么韦努蒂的存异伦理则颇富现实主义色彩。作为向西方话语霸权宣战的斗士,韦努蒂将翻译伦理上升到了意识形态和国际文化政治的高度,并高度关注翻译实践背后不公正的文化政治等因素,而这一点正是贝尔曼所忽视的。毕竟翻译不是发生在真空当中,不是乌托邦式的存在,翻译伦理应当结合当下文化政治语境,更多地将现实因素纳入考量范畴,才能更为有效地发挥其作用。从这层意义上讲,韦努蒂的存异伦理在方法论上具有某种"时中行权"的现实意义。

　　然而物极必反，韦努蒂的存异伦理存在泛意识形态化倾向。诚然，意识形态对于翻译活动有着重要的影响甚至是操控作用，但它毕竟不是翻译的本质属性。韦努蒂将翻译伦理上升到意识形态层面本无争议，但他片面夸大意识形态在翻译中的作用，仿佛几乎任何翻译活动背后都有政治、权力和意识形态的操控。其后果是"把翻译过程中正常的语言转换、感情表达和意义传递都置于政治斗争的框架中，拒绝承认翻译在本质上也是一种具有客观规律的活动"（张景华 2009：143）。因此，在对待翻译活动的文化政治性和意识形态时既要将其作为翻译活动背后的重要影响因素，认识到强势民族文化霸权以翻译为工具对弱势民族文化话语权的压制，又要考虑意识形态之外的其他维度对翻译伦理和翻译活动的影响，不宜过分夸大其作用，造成泛意识形态化和唯意识形态化，这会掩盖翻译文本内部转换规律和本质属性。故而从方法论层面而言，"中行"应体现为存异伦理观照下异化翻译策略的适度运用、执两用中，而不宜一味追求译者的"显形"与"翻译腔"的运用，这样只会损害目标语受众的利益，过犹不及。毕竟翻译实践中"没有百分之百归化的译本，也没有百分之百异化的译本，有的只是程度的不同，从归化到异化其实是个不间断的连续体（continuum）"（张春柏 2015：13）；一流的译者一定是居于"隐身"和"显身"之间；他的译作绝不只是原文在另一语境中的简单复制，而是呈半透明状的相似物（王宁 2016：92）。一言以蔽之，译者"显形"须有度而为。

　　此外，由于韦努蒂改善译坛权力关系的愿望强烈，甚至略显激进，不免走入了"以暴制暴"的极端，致使他的存异伦理在伦理观和本体论层面均有失客观，难言"中正"，亦难言"中和"。韦努蒂的伦理立场大都建立在边缘和弱势民族本位，借助异化翻译为其语言和文化争取阵地，但在处理与欧美强势语言和主流文化关系时则放大到了不可调和的程度，这种文化仇富情结未免有些矫枉过正了。孙艺风（2014：6）也认为"韦努蒂在英美文化语境内，指摘翻译中的我族中心主义暴力，但漠视翻译对目标语文化的潜在暴力"。因此，韦努蒂一方面为营造翻译场域中强势与弱势民族语言文化平衡对等而努力，另一方面又在翻译伦理上持有过于偏颇的立场，不但并未促成译坛权力天平归于平衡，反而使得这种关系从一种不平衡走向另一种不平衡，在把强势民族视作不共戴天的仇敌的情况下，韦努蒂这种对弱势民族的"尊重"竟化作一种"祖护"，着实是由翻译之耻演变为翻译之憾了。儒家伦理强调"以德报德，以直报怨"，不提倡以暴制暴的原始正义。故而欲求"中正"，须以公平、正直的态度来对待各民族语言与文化，将翻译建立在公正的伦理立场之上。同情弱者不等于一味偏袒，不可为打破欧美语言中心主义和文化霸权"任性"而为，矫枉过正。欲求"中和"，须将翻译这一工具用作对话而非对抗，不宜盲目实行道德绑架，而应保持各民族语言和文化间的动态平衡，寻求"从双峰对峙走向融合共生"（蒙兴灿 2009：109）。

2.3　皮姆：打破二元对立却难以成全道义

　　相对韦努蒂的存异伦理，皮姆的译者伦理属于另一种意义上的务实，它更为强调翻译伦理在实践语境中的可操作性，也更突出翻译中"人"（译者）的作用。首先，皮姆借鉴格莱斯的合作原则，以"文化间性"为核心，凸显翻译伦理的主体间性意识，让译者更多地肩负起协调翻译活动参与方利益关系的主体责任，旨在实现译者与读者、审查机构、出版商、赞助人等多方行为主体间的合作共赢，而非一种你死我活的零和博弈。故而在本体论层面，皮姆这种旨在改善文化间关系的译者伦理较之贝尔曼和韦努蒂要显得更为圆融，在本体论层面体现了"中和"思想。

　　其次，皮姆主张译者打破长久以来争论不休的二元对立思维定势，转而在二元之间进行选择（Pym 2007：183），由此译者从事翻译有了更大的自由度。译者从"文化间性"出发，在翻译过程中根据客户需要，同时结合译入语文化的翻译规范，具体情况具体分析,以决定译与不译,采取何种策略去译。翻译成为了在诸多主体间关系影响和制约下的伦理抉择过程,翻译伦理也不再局限于某种单一模式,评判标准也更为灵活,这些都增强了翻译伦理在复杂实践语境中的张力,足见皮姆在方法论层面所折射出的"中行"思想。

皮姆的译者伦理虽然在某种程度上较贝尔曼和韦努蒂更具辩证性、动态性与操作性,然而其本体论层面的"中和"与方法论层面的"中行"却使得其在伦理观层面存在偏离"中正"的危险。实用与功利往往只一线之隔,合作与合谋也仅仅只一步之遥。由于皮姆的译者伦理是基于译者与他者之间的合作与互利互惠,这就很可能导致翻译伦理的功利主义倾向,使得译者为了实现利益的最大化而违背道义和职业操守。科斯基宁批评这种以"互利"为基础的逻辑有导致"伦理扭曲"的可能(Koskinen 2000: 73)。这一批评给皮姆译者伦理的美好愿景浇了一盆冷水:合作共赢并不一定意味着成全道义,甚至有可能为了牟取利益而牺牲道义。因此,要在伦理观层面力求"中正",须在译者与读者、审查机构、出版商、赞助人等多方行为主体间的合作中找到平衡之点。译者应恪守中道,坚持原则,不应唯利是图、见利忘义,亵渎职业操守和伦理底线。

此外,皮姆的译者伦理在"中正"方面还有一点不足,体现在他主张译者作为各方利益的协调者与合作关系的维持者,要在文化间的空间中保持不偏不倚的立场,不应受本国本民族立场的左右,这种对译者的角色定位未免有些理想化。例如,在时政、社会新闻报道编译中,译者通常会依照本国本民族立场对报道叙事进行操控,通过对译文叙事的介入、干预与建构来参与社会现实建构,使之根据特定目的在潜在受众中塑造本国形象。此种情形,时常使得译者难以保持绝对中立而陷入某种伦理悖论,在两难处境中面临艰难的伦理抉择。

3. 结语

以贝尔曼、韦努蒂、皮姆等学者为代表的西方翻译伦理研究比中国起步更早，理论模式也更为成熟。在特定阶段，借鉴西方翻译伦理理论是必要的。然而，国内翻译伦理研究已经走过十六载，我们不能盲从跟风，裹足不前，总是停留在译介国外翻译伦理研究成果阶段；亦不可削己之足，适人之履，不顾中国语境去生搬硬套国外翻译伦理理论。长期以来，我们对西方翻译伦理理论是心怀谦恭与敬畏之情投以仰视，而如今是时候从东方视角与其平视，与之对话。正如潘文国（2016：7）所言：大变局必然要求学术研究的转向，其中最根本的是要重新建立中国文化和中国学术的自信，转变研究立足点和视角，变一百年来的西方视角为东方视角、中国视角，变由西观中为由中观中、居中观西、中西互释。大变局下新的学术研究路子应该是：从中国实践出发，借鉴西方经验，创新中国学术。有鉴于此，本文正是以中国传统的中庸思想为视角对西方翻译伦理理论加以批评与反思，在方法论上并非意欲竖起理论的国界藩篱，也并非用"中餐"文化去简单粗暴地妄议"西餐"文化，用"筷子"去取代"刀叉"，而是胸怀"文化自觉"与"文化自信"，古为今用，洋为中用，汲取西方翻译伦理理论之养分，既看到其学术价值，又洞察其偏颇之处，对其加以扬弃。正所谓"通体融洽，主客互济，寻求古与今、中与西的圆满调和"（刘宓庆 2012：46）。

事实上，中国传统思想尚有深厚底蕴有待挖掘，中国传统译论中也不乏对译者德性的思考，只是大多湮没于印象式、点评式的散论与随感等诗性话语之中，难言缜密，难成体系，智慧的火花难以化为至理的烈焰。如能从中国传统思想和译论中寻真知，从西方翻译伦理理论中觅灼见，则对丰富国内翻译伦理研究路径和研究内涵有所启示，对国内翻译伦理理论研究实现"理论自觉"、树立"学术自信"、道出"中国话语"亦有所裨益。

参考文献

[1] Berman，A. *L'épreuve de l'étranger，Culture et Traduction Dans*

L'Allemagne Romantique［M］. Paris：Gallimard，1984.

［2］ Berman，A. *The Experience of the Foreign: Culture and Translation in Romantic Germany.* Albany：State University of New York Press，1992.

［3］ Berman，A. *Translation and the trials of the foreign.* In Venuti，L.（ed.）. *The Translation Studies Reader*［M］. London & New York：Routledge，2000.

［4］ Koskinen，K. *Beyond Ambivalence: Postmodernity and the Ethics of Translation*［M］. Tampere：University of Tampere，2000.

［5］ Munday，J. *Introducing Translation Studies: Theories and Applications*（*4th ed.*）［M］. London & New York：Routledge，2016.

［6］ Pym，A. *Pour Une Ethique du Traducteur*［M］. Arrsa et Ottawa：Artois Presses Université et Presses de l'Universitéd' Ottawa，1997.

［7］ Pym，A. Introduction：The Return to Ethics in Translation Studies［J］. *The Translator*，2001，7（2）.

［8］ Pym，A. *Method in Translation History.* Beijing：Foreign Language Teaching and Research Press，2007.

［9］ Pym，A. *Philosophy and translation.* In Kuhiwczak，P. & Littau，K.（eds.）. *The Companion to Translation Studies*［M］. Clevedon & Buffalo & Toronto：Multilingual Matters Ltd，2007.

［10］ Venuti，L. *The Translator's Invisibility: A History of Translation*（*2nd ed.*）［M］. London & New York：Routledge，1995.

［11］ Venuti，L. *The Scandals of Translation: Towards an Ethics of Difference*［M］. London & New York：Routledge，1998.

［12］ 李景端.翻译的"时尚"与坚守［N］.光明日报（第 7 版），2014 - 5 - 2.

［13］ 刘宓庆.中西翻译思想比较研究［M］.北京：中国对外翻译出版有限公司，2012.

［14］ 吕俊.跨越文化障碍——巴比塔的重建［M］.南京：东南大学出版社，2001.

［15］ 吕俊，侯向群.翻译学：一个建构主义视角［M］.上海：上海外语教育出版社，2006.

［16］ 骆贤凤.中西翻译伦理研究述评［J］.中国翻译，2009，（3）.

［17］ 蒙兴灿.后解构主义时代的翻译研究：从双峰对峙走向融合共生［J］.外语教学，2009，（3）.

［18］ 潘文国.大变局下的语言与翻译研究［J］.外语界，2016，（1）.

[19] 孙艺风.论翻译的暴力[J].中国翻译,2014,(6).

[20] 王大智.关于展开翻译伦理研究的思考[J].外语与外语教学,2005,(12).

[21] 王国轩.大学·中庸[M].北京:中华书局,2006.

[22] 王宁.全球化时代的翻译及翻译研究:定义、功能及未来走向[J].外语教学,2016,(3).

[23] 谢天振.译介学[M].上海:上海外语教育出版社,1999.

[24] 杨镇源.翻译伦理研究[M].上海:上海译文出版社,2013.

[25] 张春柏.如何讲述中国故事:全球化背景下中国文学的外译问题[J].外语教学理论与实践,2015,(4).

[26] 张景华.翻译伦理:韦努蒂翻译思想研究[M].上海:上海交通大学出版社,2009.

[27] 张燕婴.论语[M].北京:中华书局,2006.

(作者通讯信息:湖北大学,华中科技大学

吕奇:richlvq@sina.com

王树槐:wangshh@hust.edu.cn)

《三国演义》邓罗译本的
经典化研究

王学功

《三国演义》的海外传播,邓罗译本起到了非常重要的作用。邓罗译本不仅是《三国演义》的第一个英语全译本,而且完成了《三国演义》在海外的经典化过程。邓罗译本的经典化过程,即《三国演义》在英语世界的传播和接受过程,对中国文化"走出去"具有重要的启发和借鉴意义,迄今尚未引起学术界的重视。查明建认为翻译文学经典的第三种含义"指在译入语特定文化语境中被'经典化'了的外国文学(翻译文学)作品"。[1]关于经典性和经典化,埃文·佐哈尔认为:"经典性并非文本活动任何层次上的内在特征,某些特征在某些时期享有某种地位——历史学家只能将之视为一个时期的规范的证据。经典化清楚地强调,经典地位是某种行动或者活动作用于某种材料的结果,而不是该种材料本身与生俱来的性质,即文本的文学地位更多地取决于社会文化因素。"[2]安德烈·勒菲弗尔(André Lefevere)认为翻译本质上是一种改写和操控,受到文学系统内外两种力量即专业人士和赞助人系统的控制。[3](P14)综上,翻译文学作品的经典化可以定义为文学作品由译者翻译后,在译入语文化环境中,经过专业人士的评介和研究,在赞助人等社会文化因素的作用下,最终被普通读者所接受并确认为经典作品的过程。《三国演义》邓罗译本并不是一经出版便获得了经典地位,其经典化正是专业人士、社会文化因素和读者接受共同作用的结果,这些社会文化因素包括美国的出版商、高等教育机构和特定的文化环境。

1. 专业人士与邓罗译本的经典化

　　勒菲弗尔认为专业人士包括批评家、评论家、教师和译者，他们"常常对文学作品进行重写，直至为特定时代和地区的诗学观念和意识形态所接受"。[3](P14) 邓罗译本的经典化过程中，译者作为专业人士，其译作是《三国演义》传播和接受的前提，行业内拥有话语权的评论家对原作和译作的正面评论为《三国演义》翻译和传播起到了催化作用。

译者

　　邓罗（Charles Henry Brewitt-Taylor），1857 年出生于英国苏塞克斯金斯顿，1938 年在苏格兰伊利去世。1880 年新婚不久他便远渡重洋，来到中国，最初在福州船政学堂教授数学和航海术，1891—1920 年在中国海关工作，直到 1920 年退休。邓罗在中国工作、生活了 40 年，足迹辗转大半个中国，期间经历了战乱、瘟疫、丧子、前妻去世、续妻出轨、家园被烧、译稿被毁。邓罗幼年丧父的经历是他选择翻译《三国演义》的一个诱因，小说中描述的冒险故事和他的冒险精神相契合，父亲的脆弱和自杀使他潜意识里仰慕英雄主义，"不知不觉地在《三国演义》里找到了榜样。"[4](P179) 另一诱因是翟理斯（Herbert Allen Giles 1845—1935）的影响，"邓罗全译三国的想法来自翟理斯，翟理斯认为邓罗具备完成这一任务的能力和毅力。"[4](P50) 早期汉学家出于传教的目的，集中翻译中国经典文学，无暇顾及小说等通俗文学。邓罗敏锐地注意到小说是非常重要的体裁，不容忽略，而转向翻译小说，加上自身兴趣和翟理斯的启发，《三国演义》自然成了他的首选。

　　1888—1892 年邓罗多次节译了《三国演义》片段，并写了一篇评论，发表在《中国评论》（*China Review，or Notes and Queries on the Far East*）上，为全译本的出版做了准备。1925 年《三国演义》精装全译本由别发洋行在上海出版，1929 年平装本出版，两种版本的扉页都明确了服务中国读者的目的，"专备为中国人民教育和使用"[5];"鉴于对西方知识不断增长的渴求,较为便宜的版本会受到中国朋友的欢迎,他们大多数都已读过母语版,应该有兴趣阅读英语版。"[6]这与当时的社会环境相符,中国英语读者数量激增,包括20世纪上半叶大批回国的欧美留学生、国内日渐增多的掌握英语的大学毕业生和一批用英语撰述的中国知识分子。此外,别发洋行虽然是英资企业,但其影响范围主要在东南亚,这可以从它的经销渠道得到证明:"诚如别发书店的分支机构所显示的,它们的书籍运送线把下列城市紧紧地联系了起来:上海、香港、天津、横滨、新加坡、新德里和孟买。"[7]这条线路明显带有大英帝国殖民体系的印记,也说明了《三国演义》邓罗译本并非一经出版就在西方产生了广泛影响,其传播范围限于东亚及东南亚,主要在中国,服务于中国的英语读者群,全译本的出版只是完成经典化的第一步。

评论家

邓罗凭借中西兼通的学识和卓越的翻译技能保证了作品质量和可读性,奠定了《三国演义》经典化的基础。同时代的评论家对《三国演义》及译本的正面评价成为其传播接受的舆论导向,促进了经典化进程。这源于评论家在行业内的权威地位和话语权,"专业性赋予他们权威性和重要地位:他们被视为拥有垄断特定领域的资格"。[3](P14)长期深入的研究使他们的评论可信度高,容易被接受和认可,权威评论家对一部文学作品的评论会产生持久的力量,在很大程度上影响着经典化的进程。

亚历山大·韦利(Alexander Wylie)早在1867年就对《三国演义》有过精彩的评论:"出类拔萃的小说作品,中国人都没有接受并形成其民族文学的一部分。接受了欧洲小说观念的人认为小说和传奇是重要的类别,不容忽视。尽管学者们对小说存在偏见,但是小说可以洞见不同时代的民族行为和习俗,提供永不改变的语言标本,是大多数中国人获得历史知识的唯一途径,最终影响了人物的塑造,这些都是小说不能略而不谈的重要原因。这样的小说,最著名的便是《三国演义》。"[8](P161) 邓罗在《三国演义》译本前言中引用了这段话，可见他关注小说这种体裁受到了韦利的影响。韦利对《三国演义》的高度评价，因为其权威地位，自然会引起西方汉学界对这部小说及其翻译的关注。

邓罗翻译的《三国演义》得到了当时汉学界的一致承认与赞扬。金陵大学第一任校长包文（A. J. Bowen）撰写书评称赞道："西方受惠于前中国海关官员邓罗先生，他翻译了一部非常具有东方色彩的作品。……译者完成了一部非常优秀的作品，是真正的翻译而不是扩展的概述。（他）以地道的英语再现了原作者的话，尤为可贵的是，英语的行文完好地保留了原作的语气、精神和节奏。这绝不是容易完成的任务，汉语译者很少能取得这样的成功。"[9] 时任云南中国电报局局长蒙格（E. Mengel）对两卷邓罗译本都写了书评："邓罗先生完成了一项伟大的任务。我们很高兴他没有被这部巨著所吓倒，而完全翻译了出来。公众应该阅读他多年辛苦的劳动成果，以表达对他非凡努力的感激。"[10] 在第二卷的书评里，蒙格也不吝赞美，特别强调译文引人入胜、趣味盎然："这是一部消闲书，如此引人入胜、趣味盎然，恐怕大忙人一开读，什么也都不管不顾了。……第二卷完全保留了第一卷具备的趣味……书中我们读到了激动人心的场景、残酷的征战、高贵的行为和邪恶的罪行。"[11]

将邓罗译本经典化继续推进的是费子智（C. P. Fitzgerald），因为翻译作品被收入文学史是其经典化的重要一环。费子智的《中国文化简史》（*China: A Short Cultural History*）1935 年在英国出版，虽然不是一部纯粹的文学史，但其侧重点在于文学艺术的发展史，实质上和文学史的功能一样。全书分为七部分，按朝代分期，共三十章，第二十五章"戏剧与小说"介绍了《三国演义》，并大段引用了邓罗译文，如曹操杀吕伯奢一家。费子智极力称赞"《三国演义》是中国历史小说最杰出的代表，中国第一部小说，仍然是汉语最受欢迎的作品"。他还在脚注里大加赞赏邓罗的翻译："不可

能有更好的全译本了"。[12](P504)

　　需要指出的是,邓罗译本受到了一致赞扬,但并不表明邓罗译本在西方产生了广泛影响,因为评论者大多是侨居中国的汉学家,虽然不乏著名汉学家。如翟理斯认为邓罗译本"为他在当代汉学家中赢得了重要的地位,将被后人铭记"[13],但这些汉学家的影响范围局限于侨居地(中国)汉学圈。一方面,汉学家数量有限;另一方面,汉学在西方本身就是边缘学科,势微力薄。《三国演义》要为西方广泛接受,还需要等待时机。

2. 赞助人与邓罗译本的经典化

　　勒菲弗尔认为赞助人通过意识形态、经济利益和社会地位等因素来控制文学系统,"赞助人可以是个人、团体、宗教组织、政党、社会阶层、皇室、出版商,特别是报纸、杂志和大型的影视集团等媒体。赞助人竭力协调文学系统和其他系统之间的关系,这些关系合力构成了一个特定社会和文化。"[3](P15-17)勒菲弗尔突出强调了出版商和教育机构作为赞助人对文学经典化的作用,"某些机构,如有影响力的文学期刊和公认的高雅文学出版商,越来越取代了过去学术界所起的作用,允许新作品列入经典;其他机构如大学和一般教育机构,通过选择文本作为文学课程而保持经典的活力。简而言之,讲授的经典是不断印刷的经典,因此不断印刷的经典是当今社会绝大多数人接受教育所了解的经典。"[3](P20)邓罗译本首次出版三十多年后,迎来了自己的春天。美国兴起逆向文化运动,特定的文化环境使得边缘的亚洲文学成为主流,出版商不断地出版、再版邓罗译本,教育机构收录邓罗译本进入大学教材,二者合力将《三国演义》推向经典地位,使其在英语世界广为接受并产生深远影响。

出版商

　　塔特尔公司(The Charles E. Tuttle Company)由 Charles E. Tuttle(1915—1993)于 1948 年在日本东京创办,1996 年更名为

Tuttle Publishing，出版宗旨是"跨越东西"。塔特尔公司1959年在美国出版了《三国演义》邓罗译本，之后不断重印，对《三国演义》的经典化起了关键作用，使其置于经典地位。OCLC FirstSearch WorldCat①检索的结果可以证明这一结论。WorldCat数据显示，1959年之后塔特尔公司又再版发行邓罗译本12次，年份依次为1960、1970、1973、1975、1976、1980、1983、1990、2002、2003、2004、2011，其中1959和1960年版权源自1925年别发洋行版，其余10种版权源自1959年版。1960、1970、1973、1990年都同时在东京和美国佛蒙特州拉特兰郡（Rutland Vermont）出版发行；1975、1980、1983年单独在拉特兰郡出版；1976单独在东京出版。2002年出版地为波士顿和北克拉伦登，该版前有何谷理撰写的导言。2003、2004、2011年出版地为波士顿，2011年出版地还有纽约。

　　新加坡Graham Brash出版社、美国Heian International出版社和Silk Pagoda出版社对邓罗译本的传播和经典化也都贡献了一份力量。Graham Brash出版邓罗译本3次，分别为1985、1988、1995年。Heian International出版社在1999年出版1次，Silk Pagoda出版社在2005、2008年出版2次。Graham Brash出版社于1926年在印度创办，二战后迁至新加坡，1970年代归Campbell家族所有，主要出版、联合出版和重印亚洲主题的各种书籍，目标市场主要是新加坡、马来西亚、泰国、印度尼西亚等东南亚国家，次及澳大利亚、新西兰和中国。Heian取自日语，"和平"之义，旨在更好地了解不同文化以促进和平，出版主题主要涉及亚洲哲学、艺术、宗教。Silk Pagoda是一家儿童书籍出版社，出版物主要包括中日韩古典文学、民间故事、寓言等，如中国明清六大古典小说。这

---

① OCLC，Online Computer Library Center，Inc.，即联机计算机图书馆中心，是世界上最大的提供文献信息服务的机构之一。FirstSearch是其数据库平台，其基本组包括12个数据库，其中WorldCat是世界上最大的由一万多个成员馆参加的联合编目数据库，利用FirstSearch可以检索到世界上一万多家图书馆的文献资源的书目和馆藏信息。

些出版社的共同特点是关注亚洲主题,出版亚洲哲学、文学、艺术、宗教等相关书籍,为中国文学海外传播贡献了力量。尤其是Graham Brash,目标市场明确,邓罗译本的出版无形中扩大了《三国演义》在东南亚的影响。

塔特尔公司在60、70年代重印邓罗译本5次之多,这与美国当时的社会文化环境密切相关。20世纪60年代,正值美国风起云涌的逆向文化运动,"垮掉的一代"反对美国主流社会价值观和行为标准,转向边缘文化,以中日佛教禅宗思想对抗美国主流基督教思想。这种潮流在50年代末已经兴起,单单一期《芝加哥评论》(Chicago Review)就刊登了十篇有关禅宗的论文及一首禅诗附禅画。《时代杂志》(Times)有一期刊登了一篇有关禅宗的论文和艾伦瓦兹的文章。艾伦瓦兹认为"佛教禅宗一分钟比一分钟时髦"。[14](P311)在这种背景下,亚洲研究成为显学,炙手可热,美国各大学纷纷建立中国或远东研究系所,相关研究机构、项目和成果激增。"首先,10年之内,能够颁授东亚语言和研究学位的大学迅速增加到70年代初的106所;其次,截至1971年7月26日,美国大学层次的中文研究项目已增至220个;此外,西方世界1971年度的中国文学研究成果较1962年度增加近一倍。"[15]

教育机构

作为赞助人的教育机构对文学作品的发行起到很重要的作用。讲授的经典是不断印刷的经典,不断印刷的经典是当今社会绝大多数人接受教育所了解的经典。[5](P19)著名汉学家在美国高校任教,讲授中国文学,将《三国演义》作为经典作品引入英语中国文学史,作为大学教材纳入高校的课程体系,这是《三国演义》邓罗译本经典化的标志事件。

邓罗的《三国演义》译本第一次进入大学课堂由哈佛大学教授海陶玮(J. R. Hightower)完成,之后赖明、柳无忌各自编写的中国文学史都收录了《三国演义》并参考引用了邓罗译本。海陶玮的《中国文学主题提纲和参考书目》(*Topics in Chinese Literature*

Outlines and Bibliographies)于 1950 年出版,前言说明了选择翻译文本的标准:"这些翻译是精选的,……最好的译文标有星号。一个非常重要的体裁经常只有一种不充分的译本,这样前面标有问号。"[16](Pviii)邓罗译本是《三国演义》唯一译本,前面没标问号,可以推断,海陶玮认为邓罗译本是较好的译本。赖明的《中国文学史》(*A History of Chinese Literature*)1964 年出版,第十三章第一节"历史小说:三国",评述了作者、版本、人物、叙事等,最后是草船借箭的全文翻译,邓罗译本位列参考文献第一。柳无忌的《中国文学概论》(*An Introduction to Chinese Literature*),1966 年出版,书后编有"进一步阅读指南"列出了许多中国杰作的译作,其中包括《三国演义》邓罗译本。前言表达了对前辈翻译工作的感谢,"幸运的是很多中国杰作已经被翻译成英语,而且可以预料会有更多更好的翻译。……但我非常感谢前辈们因为热爱而付出的努力。"[17](Pvii)这种评价对邓罗而言,恰当而中肯。

　　《三国演义》邓罗译本不仅仅被编入文学史,进入大学课堂,而且还是学术研究的对象,被写入学术专著,作为大学教材使用。1968 年夏志清的《中国古典小说》(*The Classic Chinese Novel: A Critical Introduction*)由哥伦比亚大学出版社出版,被认为是中国明清小说现代学术研究的开山之作,专章讨论了《三国演义》。论述过程中大量参考引用邓罗译本,引文"温酒斩华雄"的注释里有清楚的说明:"在翻译这一段引文和其他各节时,我曾参考邓罗译本。"[18](P72)杨力宇(Winston L. Y. Yang)等主编的《中国古典小说》(*Classical Chinese Fiction*)1978 年出版,第四章介绍了《三国演义》的作者、演化、主要人物和主题,第七章列出了《三国演义》的翻译和研究文献,多次提及并评论了邓罗译本。杨立宇肯定了邓罗的首译之功和广泛影响,并指出了翻译的问题:"邓罗译本,唯一的全译本,有大量的错误;小说中大量的人物和事件、冗长的翻译让西方读者很难读懂。1959 年版米勒的序言应该有助于读者欣赏这部作品。"[19](P207)这是"反着说"的典型代表,虽然指出了邓罗译本的问题,但杨立宇以现代学术标准评价 50 年前服务中国普通读者的邓罗译本,客观上验证了邓罗译本在西方广为接受的事实。作为同类学术著作,玛格丽特·白瑞(Margaret Berry)的《中国古典小说》(*The Chinese Classical Novels*)于 1988 年出版,被美国图书馆协会(American Library Association)誉为"1988 年十大最好参考书之一"。该著作第二章专章讨论了《三国演义》,详细列出了翻译和学术研究文献,并附有评论,邓罗译本位列翻译书目第一。白瑞给出了与杨力宇截然相反的评论,认为邓罗译本"没有删减,可读性非常强"。[20](P71)

　　不难发现,无论是文学史还是学术著作,出版社都是著名出版社,作者都是美国各大高校知名教授,长期教中国文学,他们在各自高校主持的东亚系或中文系都是中国文学研究的重镇,比如海陶玮所在的哈佛大学燕京学社、柳无忌所在的印第安纳大学中文系、夏志清所在的哥伦比亚大学中日文系等等。他们的著作在汉学界本身就堪称经典,长期广泛地作为教材使用,培养了大批的学者、教师、翻译家等专业读者。勒菲弗尔称"高等教育的普及使文学经典化以最明显最有力的形式表现出来;而高等教育机构与出版机构紧密而有力的联合是经典化最富于表现力的典范。"[3](P22)《三国演义》邓罗译本在特定的逆向文化运动环境下,由高等教育机构与出版机构联合推动,进入美国主流诗学,到达了经典化的高潮。

3. 普通读者与邓罗译本的经典化

　　《三国演义》邓罗译本的经典化过程,普通读者的接受不应缺席,形成稳定的读者群是经典化的最终结果。稳定的读者群不仅包括专业人士、教师、专家、学者,还应包括普通读者。赖明、柳无忌的文学史虽然长期作为大学教材使用,但出版说明和前言都明确指出目标读者包括普通读者,"为了普通读者本书简化了中国姓名的拼音,"[21](Note)"作者希望这部概论能够让非专家学者了解中国文学不断的进步、持续的魅力、庞大的体量和崇高的成就。"[17](Pviii)可惜的是,在 20 世纪八九十年代的英语世界,中国文学风光不再,普通读者数量明显减少。夏志清注意到了这一现象,"曾经饥饿的读者现在吃得过饱而感到腻味了。……目前整个时代对古典作品的兴趣都在减弱,更不用说中国古典文学作品对西方普通读者的吸引力了"。[22]但是,进入 21 世纪后,中西文化交流不断深入,以日韩为代表的东亚文化圈对《三国演义》的接受、改编、开发,比如动漫、电影、电视、网游、手游、论坛等,影响到了英语世界,引发了普通读者对《三国演义》新的兴趣。互联网等新传播媒介的兴起,使普通读者更便捷地阅读和分享《三国演义》邓罗译本。

　　2010 年 HathiTrust 发布了《三国演义》邓罗译本的电子版,收录在 HathiTrust 数字图书馆。HathiTrust 是学术研究的合作者,致力于永久保存文化文献,2008 年由学联盟①和加利福尼亚大学图书馆共同发起创办,目前全世界已有 110 名成员。2014 年澳大利亚阿德莱德大学图书馆发布了网络版《三国演义》邓罗译本,参照塔特尔公司 2002 年版,使用汉语拼音取代了原来的威妥玛式拼音,极大便利了《三国演义》邓罗译本在全世界的传播。最新出版的《三国演义》邓罗译本是由亚马逊旗下的 CreateSpace 独立出版平台在 2016 年出版的,该平台自 2014 年起连续三年出版邓罗译本至今。CreateSpace 是作家自助出版平台,采用按需出版的方式向读者销售实体书,2007 年在美国开通,2012 年在欧洲开通。亚马逊凭借其品牌、网络优势及完善的读者评价系统,强化了《三国演义》在世界范围内的传播和接受。

　　笔者还调查了全球最大的英语图书读者阅读信息网络社区 Goodreads,统计数据如下图所示。

---

① 学联盟,Committee on Institutional Cooperation,由美国各地高校自愿合作组成,旨在加强高等教育,避免项目重复,降低成本。

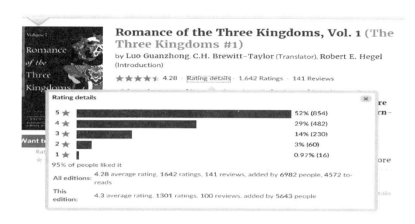

　　Goodreads 读者评价表显示,有 1 642 人评价了此书,141 人给出了评论,95% 的人评价喜欢此书。五星评价体系中,854 人给出5 星,占 52%,比例最高;482 人给出 4 星,占 29%;230 人给 3 星,占 14%;还有 60 人给 2 星,占 3%;16 人给 1 星,占 0.97%,平均分为 4.28 分。另外还有 6 982 人添加了此书,4 572 人期待阅读此书。141 条读者评论对《三国演义》邓罗译本大加赞赏,如:"这是最好的历史小说","世界文学永恒的经典","像是阅读中国风味调制的《伊利亚特》《亚瑟之死》《战争与和平》","我得说这是我读过的最好的历史小说之一。不仅聚焦于英雄们扣人心弦的战争,还有如宫廷腐败和斗争这样的内部问题。"①诸如此类的评价不胜枚举。有意思的是,很多读者不但对邓罗译本给出了极高评价,还袒露了自己阅读《三国》的原因:有的是因为喜欢电脑游戏《三国无双》,有的是看了改编的戏剧,还有的是收听了网络

_____

① 原文为"this is THE best historical novel";"one of the timeless Classics of World Literature";"It's like reading the Iliad, Mallory's Le Morte d'Arthur, and War and Peace all rolled into one and served with a Chinese sauce." "It not only focuses on amazing battles with honorable heroes but also on domestic issues such as court corruptionandpolitics." https://www.goodreads.com/book/show/158771.Romance_of_the_Three_Kingdoms_Vol_1?from_search=true#(2017/9/24)

广播。这说明《三国演义》的传播方式出现了多样化趋势，而多样化的传播无疑促进和扩大乃至验证了《三国演义》在西方的接受与影响。

4. 结语

《三国演义》邓罗译本是中国文学"走出去"的典型案例，给我们的启示在于社会文化因素对于译作经典化的决定作用。纵观《三国演义》邓罗译本的经典化，经历了漫长的过程，邓罗卓越的翻译才能和评论家的正面评价为其译本经典化铺平了道路。除了专业人士的内部力量，邓罗译本的经典化更多取决于外部社会文化因素：作为赞助人的出版商与高等教育机构联合，顺应美国20世纪60年代的文化潮流，不断出版、再版邓罗译本以及收录邓罗译本的文学史，如费子智、海陶玮的著作，都在60年代重新出版。文学史、学术著作的作者，都是美国知名大学教授，他们的著作长期作为大学教材使用，形成了大批稳定的专业读者。讲授的经典是不断印刷的经典，不断印刷的经典是当今社会绝大多数人接受教育所了解的经典，普通读者的阅读品味也必然受到出版机构和学术界的影响。高等教育机构与出版机构的联合促成了邓罗译本的经典化，高等教育机构通过选择文本进入文学课程而保持经典的活力；出版的译本为读者广泛接受，保证了译本的印刷数量，从而保证了出版机构的利润。因为有利可图，出版机构自然不断再版发行。事实证明，邓罗译本在西方不像在中国那样评价比较低，而是为稳定的读者群所接受和赞誉。

参考文献

［1］ 查明建.文化操纵与利用：意识形态与翻译文学经典的建构［J］.中国比较文学,2004,(2)：86－102.

［2］ Even-Zohar, I. Polysystem Studies［J］. *Poetics Today*, 1990, 11(1)：

17 - 19.

[3] Lefevere, A. *Translation, Rewriting & the Manipulation of Literary Fame* [M]. Shanghai: Shanghai Foreign Language Education Press, 2004.

[4] Cannon, Isidore Cyril. *Public Success, Private Sorrow: The Life and Times of Charles Henry Brewitt-Taylor (1857 - 1938)* [M]. Hong Kong: Hong Kong University Press, 2009.

[5] Brewitt-Taylor, C. H. *San Kuo or Romance of the Three Kingdoms* [M]. Shanghai: Kelly & Walsh Ltd., 1925.

[6] Brewitt-Taylor, C. H. *San Kuo or Romance of the Three Kingdoms* [M]. Shanghai: Kelly & Walsh Ltd., 1929.

[7] 王国强."侨居地汉学"与十九世纪末英国汉学之发展——以《中国评论》为中心的讨论[J].清史研究,2007,(4): 51 - 62.

[8] Wylie, A. *Notes on Chinese Literature* [M]. Shanghai: American Presbyterian Mission Press; London: Trübner & Co., Paternoster Row, 1867.

[9] Bowen, A. J. *Review: The San Kuo or The Romance of The Three Kingdoms* [J]. The China Journal of Science and Arts, 1926, 5(1): 18.

[10] Mengel, E. *Review of Recent Books of San Kuo or Romance of the Three Kingdoms* [J]. Journal of North China Branch of the Royal Asiatic Society, 1926, 57: 205 - 207.

[11] Mengel, E. *Review of Recent Books of San Kuo or Romance of the Three Kingdoms* [J]. Journal of North China Branch of the Royal Asiatic Society, 1927, 58: 210 - 211.

[12] Fitzgerald, C. P. *China: A Short Cultural History* [M]. New York, Washington: Frederick A. Praeger, 1961.

[13] Giles, H. A. Two Romances [J]. *The Chinese Student*, 1925, (1): 4 - 5.

[14] Stephen Mahoney. The Prevalence of Zen [J]. *The Nation*, 1958, 11(1): 311.

[15] 江帆.经典化过程对译者的筛选——从柳无忌《中国文学概论》对《红楼梦》英译本的选择谈起[J].中国比较文学,2011,(2): 20 - 35.

[16] Hightower, James R. *Topics in Chinese Literature: Outlines and Bibliographies* [M]. Cambridge: Harvard University Press, 1962.

[17] Liu Wu-chi. *An Introduction to Chinese Literature* [M]. Bloomington: Indiana University Press, 1966.

[18] 夏志清.胡益民等译.中国古典小说[M].南京：江苏文艺出版社,2008.

[19] Winston, L. Y. Yang, Peter Li, and Nathan K. Mao Eds. *Classical Chinese Fiction: A guide to its Study and Appreciation: Essays and Bibliographies*[M]. Boston：G. K. Hall Publishers, 1978.

[20] Berry, M. *The Chinese Classic Novels: An Annotated Bibliography of Chiefly English-Language Studies*[M]. New York：Garland Publishing Inc., 1988.

[21] Lai Ming. *A History of Chinese Literature*[M]. New York：Capricorn Books, 1964.

[22] Hsia, C. T. Classical Chinese Literature：Its Reception Today as a Product of Traditional Culture[J]. *Chinese Literature Essays, Articles, Reviews* (*CLEAR*), Vol. 10, No. 1/2 (Jul., 1988), pp. 133－152.

基金项目：2017 内蒙古社科规划外语专项课题"《三国演义》在英语世界的译介与研究"(项目编号：2017ZWY012),2017 年包头医学院科学研究基金项目"英语世界的《三国演义》研究"(项目编号：BYJJ－YF 201786)部分研究成果。

(作者通讯信息：内蒙古科技大学

jamesxgw@163.com)

专题论坛发言

Symposium Addresses

话语身份的建构：涂鸦的边缘话语分析

丁建新　　朱海玉

1. 引言

　　话语(discourse)和身份(identity)的问题一直备受国内外研究者的关注。边缘话语分析(Marginal Discourse Analysis，简称MDA)采用批评话语分析(Critical Discourse Analysis，简称为CDA)的观点，认为"话语不是语篇或文本，而是一种社会实践，是一种意义的生成方式，是一种言说方式、生活方式、生存之道，是一种味道、一种姿态或者一种气质"(丁建新2015：37)。不同的言说风格代表不同的身份，即"你说什么话就是什么人"(ibid：46)。由于人们掌握的话语资源不同，在话语实践中也就构建了他们形形色色的身份，正如Blommaert(2005)所说，话语是一个人的身份表达。

　　话语、身份、权力、亚文化是边缘话语分析关注的核心问题。丁建新(2010)首次提出了"边缘话语"，详细阐述了话语分析和文化批评相结合的边缘话语分析理论，指出边缘话语分析是一种以社会关切为本的后现代主义话语分析的新范式。它聚焦于话语与文化的不平等，意图消解"中心/边缘""主流/非主流"的二元对立，恢复从属者的声音(丁建新2013a、b)。他还指出，关注边缘话语的目的在于挖掘话语背后的弱势和不平等，其终极目标是关注边缘话语所代表的边缘社会、边缘人群与边缘文化。而事实上，他们的边缘身份并非天生注定，而是主流话语构建的，边缘话语也就成为边缘人群构建身份认同、寻求群体认同及社会认同、"寻找

'有意义的他者'的重要手段"（丁建新 2013b）。

　　涂鸦（graffiti）作为一种青年亚文化无疑是众多研究关注的焦点。国外对涂鸦的研究众多,但主要从社会学或民族志（Austin 2001;Castleman 1982;Macdonald 2001）、犯罪学（Ferrell 1995, 1996, 1997;Young 2012）、心理学（Peretti, Carter & McClinton 1977;Othen-Price 2006）、地理（Haworth, Bruce & Iveson 2013; Megler, Banis & Chang 2014）、教育（Kan 2001;Taylor 2012）等视角进行讨论,批评话语分析的研究很少。据笔者所知,国外仅有一篇博士论文（Mccormick 2004）从批评话语分析的角度探讨了主流文化和阿尔伯克基涂鸦共生文化（co-culture）之间的关系,利用菲尔克劳（Fairclough）的三维模式分析了本地媒体对涂鸦的报道,指出阿尔伯克基涂鸦共生文化的边缘地位是主流文化为了维护统治者的利益而构建的。国内对涂鸦的研究寥寥无几。其中,陈琦（2010）的专著对涂鸦文化史和各国涂鸦概况做了详细的介绍。鲁潘（Lu Pan）（2014a, 2014b）则关注中国香港地区的涂鸦,通过案例分析从社会空间、大众媒体等方面关注涂鸦隐含的政治和文化内涵。樊清熹（2013）在他的博士论文"后现代视角下的涂鸦艺术研究"中从德里达（Derrida）的解构主义、索绪尔（Saussure）的符号学、后现代社会学等多个角度解读了涂鸦这一文化现象,但是由于其分析视角过多,故而无法兼顾分析深度。因此,从现有文献来看,对涂鸦的批评话语分析仍是一片空白,而从边缘话语分析的角度来聚焦解读中国当代涂鸦可以弥补这一不足,更好地解构涂鸦亚文化中青少年的身份构建以及主流社会中不平等的话语秩序,以体现对边缘群体的关切,进而丰富了边缘话语的研究,有一定的理论和实际意义。

2. 作为青年话语的涂鸦

　　涂鸦的英语词"graffiti"来源于意大利语动词"graphere",意思是书写"to write"。它最初是指罗马考古遗址上的标记或蚀刻,一直到 20 世纪 60—70 年代,美国纽约的布朗克斯区随处可见由贫困黑人青少年涂写得歪歪扭扭的帮派符号。1970 年,一位名叫"TAKI 183"的涂鸦手(writer)开始在地铁上和地铁站大规模地涂写自己的个性签名("tag",即涂鸦时用的名字,非自己的真实姓名)。1971 年的《纽约时报》对这一表达了对社会不平等不满的文化现象进行了报道,TAKI 183 也就成了现代涂鸦的鼻祖。自此以后,涂鸦在美国大城市雨后春笋般发展起来,涂鸦作为"一种亚文化开始形成"(Ferrell 1996:7)。写手们不再满足于简单的 tag,而追求更复杂的具备个性化特征的涂鸦。涂鸦的新形式"throw-up"(倍数放大的签名,形似"泡泡字",即用双线条勾勒出签名,用另外一种颜色填充)和"masterpiece"(用多种颜色涂写一幅比较大的签名或者图片)也相继诞生。80 年代早期,涂鸦逐渐传播到了英国和欧洲大陆,以及整个世界。直到 1995 年,涂鸦才出现在中国。同年,张大力从意大利回国后,开始在北京即将拆迁的废墟上、大小胡同里、破旧的建筑上大量涂鸦配有 tag"AK‐47"的"大人头"。直到 2004 年,各种涂鸦开始出现在北京、上海、广州、深圳等各大城市。西方的涂鸦是以字母的形式出现,考虑到西方字母和中国文字的差异性,本文把涂鸦定义为未经授权或官方允许在公共空间用喷漆(spray paint)或标记笔等其他书写工具涂写的字母、汉字或图片,但是游客在景区留下的"到此一游"之类的文字、"办证"广告以及厕所里的广告等不包含在内。

　　在美国,最初的涂鸦手都来自收入很低的底层移民家庭,年龄大都在 11 岁到 25 岁之间。在国内,根据笔者的调查,涂鸦手的年龄大多在 16 岁到 35 多岁之间,也就是大家所称的"80""90""00"后。这个年龄段的青少年"开始被作为青年文化的涂鸦所吸引,并尝试在这个圈子内争取有一席之地"(Hedegaard 2014:391)。青少年之所以对涂鸦亚文化感兴趣,是因为"涂鸦群体可以看成是与主流社会平行的另一个社会"(Macdonald 2001)。在他们构筑的这个小众社会群体中,通过自己的努力,他们可以获得在主流社会中无法得到的认可、尊重、地位、权力和自由。在主流文化中，青少年一直处于从属的、辅助的、次要的地位，是社会中的边缘人。他们缺乏独立的话语权，"常常被定义为社会空间的'草根'甚至是'无根'"（沈文静 2014：3）。因此，青少年为了获得身份认同和文化话语权，寻求以涂鸦这一符号化的方式抵抗主流文化。

从上述论述中可见，涂鸦一直作为一种青年话语而存在，而青年话语正是我们边缘话语分析研究的范畴，正如丁建新（2015）所说，无论是反语言，还是女性话语、同性恋话语、青年话语、网络话语、移民话语，都属于边缘话语。

3. 话语与身份

"身份"一直是哲学、社会学、文化研究、社会心理学、话语研究等人文科学和社会科学关注的核心概念之一。但关于什么是身份的问题，鉴于各个学科所关注的侧重点不同，答案是众说纷纭。社会学家 Richard Jenkins 把"身份"定义为"个体和群体区别于其他个体和群体的特征"（2008：18），认为身份是"一个'存在'（being）或'生成'（becoming）的过程"（ibid：17），强调身份的社会互动的构建性。当代文化研究之父 Stuart Hall 提出了身份的三种概念即启蒙主体（enlightenment subject）、社会学主体（sociological subject）和后现代主体（postmodern subject）。启蒙主体把个人身份看成是一个被赋予理性和意识的统一的个体概念，强调个体内在的本质性；社会学主体强调个人和社会是相互构建的；后现代主体则认为一个人在不同的历史和文化语境下具备不同的身份，强调身份的多重性和短暂性。社会心理学家 H. Tajfel 及其同事提出了社会认同理论（Social Identity Theory），把社会认同定义为"个体的一些自我概念，这些自我概念来自他（她）所属的某一社会群体归属，以及附于该归属并与该群体其他成员所共享的情感意义与价值观"（Sokól 2012：3）。通过类化、认同、比较这一过程，个体顺利地投身于他们所属的社会群体之中。

由于身份的构建过程与话语、权力关系和意识形态紧密相连，那么 CDA 正好为此提供了一套合适的理论框架和分析方法。CDA 认为话语不是中立的，不能客观地反观客观事实。事实上，话语是一种含有意识形态的社会实践活动，对构建我们的身份有重要影响。本文正是采用 CDA 的观点，认为身份问题就是"你是谁/什么的问题"（Blommaert 2005：203）。Blommaert 把身份看成是"符号潜势的具体形式，人们通过符号资源的具体配置来构建自己的身份"（ibid：208），每一种符号行为都代表着一种身份的表达。Fairclough 和 Wodak 视身份为一个对于个体如何创造其自身意义同时作为群体的一员又如何参与各种社会实践的一种意义生产过程（引自 Van Dijk 1997）。Van Dijk 则从社会认知的角度指出，身份是"由个人和社会共同构建的，是一种心理表征"（1998：112）。人们在这种自我表征（self-representation）的过程中会把自己构建成不同的身份，如男人、学生、公务员、草根等。除了心理表征之外，他还提到，一些典型的常规实践活动、集体行动、历史事件、建筑物或其他符号都可以用来表征身份。

在 CDA 的视阈中，话语和身份密不可分，它们相互影响，相互构建。Fairclough（2003）指出，风格是身份的言说形式，是一种存在方式，话语和风格/身份是一种辩证关系。身份不是与生俱来、天生注定的，而是由话语构建、维持、转换的，是一种持续不断的过程。正如 Baker & Galasinski（2001）所说，话语是语言运用者构建自己身份、建立人际关系以及和其他群体关系的重要手段。相反，一个人的身份也决定其如何配置话语资源以符合特定的历史文化语境。例如一个青少年在学校是学生，在家是儿子，在同学聚会上就是同学。不同语境下的身份决定了他们的言说风格。当然，本文主要侧重话语的身份构建功能，即"你说什么话就是什么人"。

4. 涂鸦亚文化中的身份建构

后结构主义认为每个人的身份都不可能是固定的、永恒的；相反，身份具有流动性、不确定性、暂时性、多重性和混杂性，日益呈现碎片化的特征。每一种身份的构建都是具体的社会实践和话语的短暂性接合。青少年时期作为个人成长的关键和特殊时期，青少年常常陷入或焦虑、或紧张、或不满和身份不确定性的困扰。他们无论在家里、在学校或者社会上都缺乏话语权，因此他们的发声往往被主流话语所忽略，常常陷入"身份危机"（identity crisis）。为了解决这种身份认同的困惑，他们只好破坏主流话语所构建的"好孩子"的形象，挑战现存的社会规范，通过另类方式构筑自己的文化空间来寻求自由、独立和权力，从而抵制、颠覆、逃离主流权威话语的控制。而这种通过"打破社会规范来构建自己社会身份的另类方式通常发生在青年亚文化当中"（Taylor 2012：55），换句话说，亚文化的出现就是试图解决认同危机的象征性行动（Erikson 1968）。涂鸦，作为嘻哈亚文化的元素之一，无疑受青少年的青睐，是青少年生成意义、构建另类身份、寻求"有意义的他者"的武器。同时，涂鸦，在边缘话语分析领域中，是一种话语；准确地说，是一种青年话语，是青少年言说自己的一种方式。下文将阐释青少年是如何通过涂鸦话语构建自我身份、群体身份及寻求身份认同的。

4.1 从"Tag"到"Style"——涂鸦手个体身份的构建

语言是一种社会符号。语言不仅能够表征现实，而且是"意义生成"、建构关系的重要方式（Halliday 1978）。Halliday 还指出，语言作为社会符号不仅关注会话中的身份构建，而且还关注多模态文本如何表征身份。涂鸦，无疑是一种多模态文本。涂鸦手们在表征自己写手身份时的第一步就是给自己取一个"tag"（现代涂鸦的最基本形态，涂鸦手的签名）。在 Halliday 的社会符号学视角下，写手们的"tag"是一种符号，代表一种意义的生成，"一种姿态，与身份定位相连"（陶东风、胡疆锋 2011：199）。如果一个名字代表一种姿态的话，那么从这个意义上说，这个名字在身份构建构成中的作用不容小觑。在涂鸦亚文化中,写手们不会用他们现实生活中的真实姓名作为 tag,而是另外取一个新的名字。新的名字可以给他们带来一个新的开始和塑造另外一种身份(Macdonald 2001：70),是自我的替身和外延。拥有新的名字后,写手们可以开始一种与主流社会平行的生活,拥有自己独立的话语空间和自由,可以远离主流社会中限制他们的束缚、规矩和社会规范。当他们用新的名字踏入涂鸦亚文化时,他们就构建了一种新的身份,如同得到了重生。多数涂鸦手在给自己取 tag 时会考虑到这个符号的隐含意义,因为新的身份代表新的形象,他们希望能够超越现实创造一个更有内涵的自我。笔者曾采访了一些涂鸦手,例如,ROBBBB,这个 tag 的发音取前三个字母 ROB,而后面的三个 B 也都各有含义,第一个 B 代表写手所在城市——北京(Beijing),第二个 B 代表对他影响很大的法国艺术家 Blek Le Rat,第三个 B 代表他坚信自己将来会是 the Best One。另一个写手 GIANT 说道:"就觉着 G 开头应该挺帅的,而 giant 这个名字最合适,有巨人的意思,感觉还挺猛的"。很显然,GIANT 则希望自己像 giant(巨人)一样强大。当然不一定所有的 tag 都富有丰富的意义,比如 Miao 这个写手只是因为觉得这个签名喷起来很顺手;SHUO 刚好是写手的姓氏,并无其他内涵。写手们的 tag 是他们进入涂鸦亚文化的第一步,是他们获得"writer"身份的基础或者说"资格证"(ibid：75)。墙上涂写的 tag 代表着他们的身份、他们的存在,就如同是自我的替身。当写手们带着 tag 踏入涂鸦这个"临界空间"(liminal sphere)(Macdonald 2001)里时,他们就已经卸掉现实生活中的各种身份,创造了一个"虚拟"的自我,构建了一个另类的身份。在这个"临界空间"里,他们可以在独立、自由、权力的海洋里徜徉。正如丁建新所说,"你说什么话就是什么人"(2015：46);而在涂鸦亚文化中,则是"你涂什么鸦就是什么人"。墙上所涂写的 tag 传递了写手们的存在感,就好像他们把自己的一部分留在了那里,tag 所到之处代表了他们"虚拟"身份的运行轨迹,是写手们另类身份的具体体现和表征。它能够告诉大家他是谁，他去过哪里，但实际上大家并不知道他真实的样子，就像笔者虽然采访了ROBBBB，但是笔者并不知道他的真实姓名叫什么，他在现实社会中的身份又是什么。同时，在这个"临界空间"中，写手们可以超越阶层、性别、肤色、相貌等各种因素，凭借 tag 来创造一个新的自己，并通过努力在这个空间内获得名声、认可和尊重。总而言之，tag 给写手们"提供了一个替代自我、表征自我、体现自我、延伸自我"的形式（Macdonald 2001：195）。

除了 tag，写手们个人身份构建的另外一种方式就是他们的涂鸦风格（style）。Fairclough（2014）认为符号在表征社会实践和社会事件时有三种类型，即话语、体裁（genre）和风格。它们之间是一种辩证关系，话语的变化必然会带来体裁、风格的变化，因此也构建了不同的身份，这就是 Fairclough（ibid）所提到的话语的可操作化（operationalisation）。在 Fairclough 看来，风格就是身份或是一种存在方式（ways of being）（ibid：164），一种言说形式。因此，在涂鸦亚文化中，写手们关注的不仅是你涂什么，而且更在于你怎么涂，即你的涂鸦风格。"你创立一种风格，它就像你的签名，是你自身的一部分，是你在表达自己的一些想法，把它放在某个地方，别人看到后会辨认出这是你的作品"（Macdonald 2001：198）。写手们通过其涂写的风格给自身剪裁出与众不同的外衣来装扮他们的形象，使他们的"替身"变得别出心裁，令人过目不忘。例如，ROBBBB 喜欢在北京即将拆除的建筑上涂鸦人的身体部位，比如腿部、头部、腰部、手等部分，把人的肢体当成一种话语，通过城市废墟再语境化（recontextualization），风格迥异，意义深远。SHUO则常常选用城市街道上各个具体的场景作为背景，用黑白两种颜色涂鸦各种人物，大到国家元首小到普通小市民，关注民生。比如他在一幅大型的苹果手机广告下涂鸦了三个踮着脚尖双手举起的人，好像他们正在奋力接住广告上的苹果手机，寓意为讽刺大众盲目追捧苹果手机的现象。用"throw-up"的形式在城市街道上涂写汉字"时间"则是另外一位涂鸦手 ZEIT 的风格,希望引起大家对"时间"这个概念的思考。总的来说,涂鸦风格众多,不一而足。话语是风格的表现形式,不同的话语会形成不同的风格,而一种新的风格是"一种新的存在方式,一种新的身份"(Fairclough 等 2004:34)。涂鸦手通过选用不同的话语在涂鸦亚文化中构建了一个具有自身风格的"替身",通过他们的涂鸦,读者可以毫不费力地解构他们的身份。

4.2 从"Bomb"到"Style"——群体身份的构建和认同

群体身份,在 Van Dijk(1998)的社会认知的方法论下,可以理解成共享某种具体社会表征(social representation)的群成员身份。Van Dijk 认为建构社会表征的基础是意识形态,包含群体成员资格的标准、群体目标、活动准则、价值观和社会资源的配置等方面。同时他还提出,对群体身份的理解并不一定要局限于抽象的认知视角,还可以通过一系列典型的或常规的实践、集体行动、服饰、物体、历史古迹、英雄人物等其他符号来表征。无论从哪个方面来理解,"本质上,社会群体的形成和再生产均具有话语性(discursive nature)"(ibid:125)。社会群体由"各类群体内部话语(intragroup discourse)及界定其群体的持续活动、再生产和一致性的其他话语所共同构建"(ibid)。很显然,群体话语(group discourse)是分析群体身份的有效方式之一。像嘻哈文化其他三大元素(MC、街舞和 DJ)一样,涂鸦亚文化中也有自己独特的话语系统来构建、维持群体身份,抵抗主流话语的统治。

一方面,从涂鸦圈内行话来说,他们所用词汇呈现了"重新词汇化"(relexicalization)的特点。所谓重新词汇化,就是"旧词换新颜"(Halliday 1978:165)。Halliday 指出,重新词汇化有两种形式,一种是新的意义用旧词来表达,另外一种是旧的意义用新的表达方式。而且他还强调重新词汇化通常出现在"亚文化或者反文化的活动当中"(ibid)。在涂鸦亚文化中,写手们的行话通常借助了主流文化的词汇,但是给这些词汇赋予了新的意义。最典型的例子莫过于 bomb,在主流话语中,bomb 做名词用意思是"炸弹",做动词用是"轰炸",通常用于军事领域。而在涂鸦亚文化中,bomb 是"炸街"的意思,意为去街道上涂鸦。另一个例子为 bite,bite 的本意是"咬"的意思,而涂鸦手则用它来描述抄袭其他写手的涂鸦作品的行为;bad 在主流文化中是"坏"的意思,而在涂鸦这个亚文化圈内是指"很好或极好"的东西。像这样的例子举不胜举,如表 1 所示。

表 1　涂鸦亚文化中部分行话的意义

active	涂鸦频繁的写手	rack	偷
all city	涂鸦手的作品遍布整个城市	rads	警察
battle	写手们之间的竞争	rep	写手的荣誉
cross out	在其他写手的签名上划线	shout out	感谢某人
king	作品最多的涂鸦手	top to bottom	从头到尾把整面墙或者整辆车用涂鸦覆盖住
go over	把名字写在另外一个写手签名的上面	toy	涂鸦技术和经验还未成熟的写手
mission	一次非法的涂鸦行动	throw down	要写手参与一个团队
new Jack	新手	……	

　　限于篇幅,笔者在这里不一一列举。总之,写手们希望从主流社会的语言规范中解放出来,通过重新词汇化构建他们圈内共享的亚文化的话语系统,打破主流社会的话语秩序,抵抗其话语霸

权,使得亚文化和主流社会保持一定的界限,以维持其另类的现实、另类的身份。

　　另一方面,涂鸦手对拼贴(bricolage)的使用是其构建群体身份和寻求群体认同的重要手段。克拉克(Clarke)在人类学家列维-斯特劳斯(Claude Lévi-Strauss)的有关拼贴的理论基础之上详细地解释了拼贴的含义:"物品和意义共同构成了一个符号,在任何一种文化中,这些符号被反复地组合,形成各种独特的话语形式。然而,当这些拼贴将一个表意的物品重新置于那套话语内部的一个不同的位置并且使用相同的符号总资源库之时,或者当这一物品被置于一种不同的符号组合总体系(total ensemble)之时,一种新的话语形式就构成了,一种不同的信息也就传达出来了"(霍尔、杰斐逊2015:304)。这里的物品和意义不是凭空想象出来的,而是把借用的物品放置在一个新语境中,形成一种崭新的意义,一种风格,改变了主流社会的话语秩序。在涂鸦亚文化中,写手们把原本书写或涂写在纸质上或者传统帆布上面的签名或图片涂写在公共场所的墙面上或者地铁上这样一个全新的语境中,通过重置(relocate)和再语境化(recontextualization),这些 tags、throw-ups 和 pieces 的意义已经被重新赋义(resignified)了,颠覆了主流话语所赋予他们的传统含义。换言之,通过拼贴,这些符号形成了一种新的话语形式,一种写手们可以通过这些符号辨认出他们是否属于这一亚文化群体的"风格",建构了一种超出被主流文化束缚之外的身份认同,(这里的风格和上面所提到的写手们的个人涂鸦风格有所不同,这里的风格是一种亚文化的表现形式)。"风格"不仅仅是亚文化群体的符号游戏,更是他们身份的一种表达方式,一种对文化的认同,是一个赋予群体有效性和一致性的强有力的途径(胡疆锋、陆道夫2006)。换句话说,"风格是一种对认同的追求和建构"(陶东风、胡疆锋2011:9)。可见,涂鸦手所构建的亚文化风格是他们界定其群体身份、寻求身份认同和文化认同的重要方式。

亚文化风格的形成是群体实现其身份认同的不可或缺的手段,但单个的涂鸦手不可能在孤立的环境里实现身份认同,他们需要与其他写手通过涂鸦这一符号来沟通、对话,从而获得圈内成员的认同和尊重。正如 Halliday(1978:170)所说:"个体的主观现实是通过与他者的互动才得以创造和维持的……这种互动很大程度上是以对话的形式完成的"。在涂鸦亚文化中,写手们通过 tags、throw-ups 和 pieces 等涂鸦形式在墙上为他们自己"呐喊"来实现和同行之间的互动。通过这种方式,他们可以实现像网络交流一样的虚拟沟通,让自己的虚拟形象生动起来。通常,当他们表示对另一个写手的问候时他们会在那个写手的作品旁边签名,以示对他的认同和尊敬。从某种意义上来说,这是写手们之间简单问候的一种方式。当然,除此之外,涂鸦也是写手们用来表达同行之间的竞争、挑战、质疑、称赞、袭击、讽刺和侮辱等信息的重要途径。事实上,涂鸦这块领地和主流社会一样,也并非存在绝对的民主。相反,他们有自己的规则和制度。例如,如果一个新手想要得到同行的认可和尊重,他就必须在涂鸦签名的数量上下功夫,通常数量最多者被誉为"king"(对签名涂鸦最多的写手的极高的荣誉称号)。涂鸦技能精湛者或者勇敢者(涂鸦作为一种违法行为,写手们去越危险的地方涂鸦越受到尊敬和崇拜)是众多写手的追捧和尊敬的对象,他们在圈内的地位堪比演艺圈的明星。因此,他们在圈内拥有更多的话语权和更高的社会地位,正如 Macdonald(2001:89)所说:"资深写手在亚文化的金字塔顶端占据着难以撼动的重要地位。"当然,亚文化群体内也会存在圈内的禁忌,比如写手们不能把自己的签名涂写在另一个人的签名上面或者上方,更不能在别人的涂鸦上画一条线,这是对其他写手的攻击、侮辱,常常会引起对方的报复,从而引起"涂鸦大战"。总之,涂鸦类似于一种虚拟的沟通方式,写手们无须谋面而以墙体为媒介通过涂鸦话语顺利地实现了交流,并通过努力在这个圈子内获得认可、尊重、权力、地位和自由,实现了自我身份的追求和群体的认同,而这种认同不是由教育、阶级和财富所能带来的。

5. 结语

　　边缘话语是边缘群体抵抗主流文化、颠覆主流话语秩序、筑造自由的话语空间、构建其另类身份、获得身份认同的至关重要的利器。通过签名和形成自己的涂鸦风格，写手们建构了个人的另类身份;通过重新词汇化和拼贴,涂鸦作为一种青年话语在一定程度上解构了权威话语,创造了富有异质性的亚文化话语系统,为涂鸦手建构了有意义的"他者"的文化地位。涂鸦亚文化为写手们提供了一种群体性认同,在这个亚文化空间内,他们可以打破、逃离主流话语的藩篱,通过构筑自己的话语互动模式,无拘无束地寻求"他者"身份的认同。虽然涂鸦所承载的亚文化风格对主流文化来说只是一种符号化的抵制和游戏,是象征性解决青年问题的一种方式,但是我们可以通过对其话语的分析来呈现对边缘人群的关切,减少涂鸦亚文化对社会带来的恐慌,促进青少年这一边缘群体的健康发展,有利于社会的和谐稳定,而这正是边缘话语分析的初衷。

参考文献

[1] 陈琦.画在墙上的声音——涂鸦文化史[M].济南:山东美术出版社,2010.

[2] 丁建新.作为社会符号的"反语言"——"边缘话语与社会"系列研究之一[J].外语学刊,2010,(2):76-83.

[3] 丁建新.从话语批评到文化批评——"边缘话语与社会"研究[J].江西社会科学,2013a,(9):71-75.

[4] 丁建新.边缘话语分析:一些基本的理论问题[J].外语与外语教学2013b,(4):17-21.

[5] 丁建新.文化的转向:体裁分析与话语分析[M].天津:南开大学出版社,2015.

[6] 樊清熹.后现代视角下的涂鸦艺术研究[D].武汉：武汉理工大学,2013.

[7] 胡疆锋,陆道夫.抵抗·风格·收编：英国伯明翰学派亚文化理论关键词解读[J].文化研究,2006,(4)：87-92.

[8] 沈文静.我说故我在：反语言与身份构建的批评话语分析[D].广州：中山大学,2014.

[9] 斯图亚特·霍尔,托尼·杰斐逊,孟登迎,胡疆锋,王慧译.通过仪式抵抗：战后英国的青年亚文化[M].北京：中国青年出版社,2015.

[10] 陶东风,胡疆锋.亚文化读本[M].北京：北京大学出版社,2011.

[11] Austin, J. *Taking the Train: How Graffiti Art Became an Urban Crisis in New York City*[M]. New York：Columbia University Press, 2001.

[12] Baker, C. & Galasinski, D. *Cultural Studies and Discourse Analysis*[M]. London：Sage Publications Ltd, 2001.

[13] Blommaert, J. *Discourse: A Critical Introduction* [M]. Cambridge：University Press, 2005.

[14] Castleman, G. *Getting Up: Subway Graffiti in New York* [M]. Cambridge：MIT Press, 1982.

[15] Erikson, E. H. *Identity: Youth and Crisis*[M]. London：W.W. Norton & Company Ltd., 1968.

[16] Fairclough, N. *Analyzing Discourse: Textual Analysis for Social Research* [M]. London：Routledge, 2003.

[17] Fairclough, N., Jessop, B. & Sayer, A. Critical realism and semiosis [A]. In Joseph, J. & Roberts, J. (eds.). *Realism Discourse and Deconstruction*[C]. London：Routledge, 2004. 20-42.

[18] Fairclough, N. A dialectical-relational approach to critical discourse analysis in social research[A]. In Wodak, R. & Meyer, M. (eds.). *Methods of Critical Discourse Analysi*s[C]. Beijing：Peking University Press, 2014. 162-185.

[19] Ferrell, J. Urban graffiti：crime, control, and resistance[J]. *Youth and Society*, 1995, 27(1), 73-92.

[20] Ferrell, J. *Crimes of Style: Urban Graffiti and the Politics of Criminality* [M]. Michigan：Northeastern University Press, 1996.

[21] Ferrell, J. Youth, crime, and cultural space[J]. *Social Justice*, 1997, 24(4)：21-38.

[22] Halliday, M. A. K. *Language as a Social Semiotic: The Social*

Interpretation of Language and Meaning[M].London: Edward Arnold, 1978.

[23] Haworth, B., Bruce, E. & Iveson, K. Spatio-temporal analysis of graffiti occurrence in an inner-city urban environment[J]. Applied Geography, 2013, 38(1): 53 - 63.

[24] Hedegaard, M. Exploring tensions and contradictions in youth activity of painting graffiti[J]. Culture & Psychology, 2014, 20(3): 387 - 403.

[25] Jenkins. R. *Social Identity*[M]. London: Routledge, 2008.

[26] Kan, K. K. Adolescents and graffiti[J]. *Art Education*, 2001, 54(1): 18 - 23.

[27] Lu, P. Who is occupying wall and street: graffiti and urban spatial politics in contemporary China[J]. *Journal of Media & Cultural Studies*, 2014a, 28(1): 136 - 153.

[28] Lu, P. Writing at the end of history: reflections on two cases of graffiti in Hong Kong[J]. *Public Art Dialogue*, 2014b, 4(1): 147 - 166.

[29] Macdonald, N. *The Graffiti Subculture: Youth, Masculinity and Identity in London and New York*[M]. New York: Palgrave Macmillan, 2001.

[30] McCormick, K. A. "Tag, You're it": A Critical Discourse Analysis of the Dominant Culture and Albuquerque's Graffiti Co-culture [D]. The University of New Mexico, 2004.

[31] Megler, A., Banis, D. & Chang, H. Spatial analysis of graffiti in San Francisco[J]. *Applied Geography*, 2014, 54: 63 - 73.

[32] Othen-Price, L. Making their mark: A psychodynamic view of adolescent graffiti writing[J]. *Psychodynamic Practice*, 2006, 12(1): 5 - 17.

[33] Peretti, P. O., Carter, R. & McClinton, B. Graffiti and adolescent personality[J]. *Adolescence*, 1997, 12(45): 31 - 42.

[34] Sokól, M. *Discoursal Construction of Academic Identity in Cyberspace: The Example of an E-seminar*[M]. Newcastle upon Tyne: Cambridge Scholars Publishing, 2012.

[35] Taylor, F. M. Addicted to the risk, recognition and respect that the graffiti lifestyle provides: Towards an understanding of the reasons for graffiti engagement[J]. *International Journal of Mental Health and Addiction*, 2012, (10): 54 - 68.

[36] Van Dijk, L. A. *Discourse as Social Interaction*[M]. Thousand Oaks:

Sage, 1997.

[37] Van Dijk, T. A. *Ideology: A Multidisciplinary Approach*[M]. London：Sage Publications Ltd., 1998.

[38] Yong, A. Criminal images：The affective judgment of graffiti and street art[J]. *Crime Media Culture*, 2012, 18(3)：297－314.

（本文刊于《外语学刊》2020 年第 3 期）

（作者通讯信息：中山大学,吉首大学

jxding@sina.com）

巴兹尔·伯恩斯坦：
在结构与历史之间

胡安奇

1. 多学科视域下的伯恩斯坦研究回顾：思想渊源、阐释与误读

　　巴兹尔·伯恩斯坦（Basil Bernstein, 1924—2000）是 20 世纪英国著名的社会学家，他在语言社会学和教育社会学领域著述丰硕，影响广泛。他的作品"被各国社会学家、语言学家和教育学家所熟知"（Atkinson 1985：1），其思想对于我们理解"政治经济、家庭、语言与学校教育之间的关系做出了开创性的工作"（Sadovnik 2001）。伯恩斯坦早年阅读广泛，思想来源丰富，涉及语言学、社会学、心理学、教育学等诸多领域，胡安奇、王清霞（2018）曾对他的理论渊源做了较为细致的梳理。概括来说，伯恩斯坦前期的语言研究是基于韩礼德的功能与语境思想展开的，而后他通过阅读文化心理学家维果茨基以及符号互动论的奠基人 George Herbert Mead 的作品，逐步厘清了语言、现实与社会的关系并把语言研究同社会结构结合起来，建立了语言社会学的基本方法。在社会学方面，英国人类学家 Mary Douglas 对范畴边界与经验的结构的论述促使伯恩斯坦开始思考文化再生产过程中的语言和文化的边界和结构问题，而真正帮助他走上结构主义社会学之路的是法国社会学家涂尔干，后者在《社会分工论》中借鉴生物学、心理学等实证科学的研究范式探索个人与社会的道德一致性关系，"分析变化中的社会形态如何影响了道德规范的性质变化，并且对这些变化进行'观察、描述和分类'"（安东尼·吉登斯 1971/2013：98），这种基于

结构-功能的社会学描写方法不仅为伯恩斯坦的教育社会学研究提供可参照的建构模型,并且由于《社会分工论》"明确地在社会语言学和教育知识的传递结构之间建立了联系"(Bernstein 1975/2003:4-6),从而促使伯恩斯坦能够通过解析言语交际所隐含的社会规则来观测作为文化传递的教育实践的内在逻辑和符号控制的本质。

学界对伯恩斯坦思想体系的理论与应用研究始于20世纪80年代,他的著作已经被翻译成多国文字,在法国、美国、日本、智利、巴西、中国、澳大利亚、新西兰等国家广为传播,蔚为壮观。然而,因其理论概念繁多、抽象难懂,甚至前后矛盾,部分学者对伯恩斯坦的研究存在功利性的解读和庸俗化的应用,这其中以来自美国社会语言学界的"匮缺论"式阅读尤为突出。拉波夫通过片面地阅读伯恩斯坦早期的语言社会学著作武断地为其贴上了语言"匮缺论"的标签(Robinson 1981;Dittmar 1976:4)。而后,Stubbs(1983:79)和Tough(1977:31)专门探讨了伯恩斯坦与拉波夫在方言研究方法上的异同。二人试图表明,伯恩斯坦的语言"匮缺论"同拉波夫的"差异论"分别代表现代方言研究中的两个互为对立的立场。究其原因,这种误读主要在于研究者对伯恩斯坦的研究往往聚焦于他前期的语言社会学理论,并把伯恩斯坦归结为一位纯粹的社会语言学者,甚至是一位方言学家和语言决定论者,而较少关注"语言"同他后来的教育社会学之间的内在关联性,"语码"(code)逐步被切割成语言语码和教育语码这两个相互独立的概念单元。如此一来,尽管注意到了它在不同信息系统中的符号建构作用和社会规制力,却忽略了"语码"作为一个稳固的社会符号控制系统这一基本特征。此外,虽然已有学者逐步转向探讨伯恩斯坦作为结构主义教育学家的宏观理论品格(Atkinson,1981,1985;Sadovnik,1991)以及他同欧洲大陆哲学尤其是法国社会思想之间的承袭关系,但是较少系统阐述他的结构主义教育学的形成过程,并把他置于60年代以来的后结构主义背景之下考察其理论所蕴含的权力与话语特征。

2. 伯恩斯坦的结构主义社会学之路

2.1 语码的符号化

伯恩斯坦的教育社会学根植于涂尔干的古典社会学传统。概而论之,涂尔干致力于回答"社会秩序何以可能"这一社会学命题,并寄望于个人在遵守集体道德基础之上的"道德个人主义"(moralistic individualism)来解决个人自由与社会秩序的两难困境。在研究方法上,涂尔干遵循新康德主义的哲学理念,将社会学研究从哲学和心理学中独立出来,借用自然科学中的实证主义方法对法律、宗教、自杀等问题展开科学社会学的研究,他因此把社会学的研究对象明确为可被验证并且具有外在性、独立性和普遍性的"社会事实"(social facts),其中"道德""集体意识""集体表象""社会分工"等"非物质性社会事实"成为他最为关注的内容(涂尔干 2000;林端 2006)。涂尔干的"集体意识"作为独立的社会事实外在于社会个体而存在,不以个人意志为转移,对社会秩序的建立和社会联结的维系就如同经济生活中"无形的手"抑或是民族图腾或者宗教禁忌。涂尔干的实证主义方法以及对超越个人之上的"集体意识"的追求无疑为结构主义埋下了种子,它先在 Marcel Mauss 的功能主义社会学中生根发芽,而后经过索绪尔的共时语言学的催化,最终在列维·施特劳斯那里开出了绚丽的结构主义人类学之花。伯恩斯坦正是在这一理论范式下开展他的整个教育社会学研究的。

伯恩斯坦的语码思想(code)孕育于 20 世纪 60 年代的语言社会学调查,他从英国中产阶级和工人阶级儿童的言语使用差异中抽象出语言活动背后的社会规制力,也即最早的语言"语码"的雏形,试图从家庭角色和社会分工中为言语的表层差异寻求社会学的解释,语码的意义从词汇-语法表层过渡到语言的语义系统,被赋予了语言深层结构的基本功能,它在不同社会情景中调节社会群体的言语活动。这里的"情景"(context)不仅仅指言语行为的情景语境,它还包括宏观的文化语境和社会关系结构,后者既是社会分工的结果,也是语码规制力的源泉。然而,社会分工和权力关系对言语行为的规制力不是自发的,它必须依赖特定的中介才能发挥作用,涂尔干的社会分工论无疑为语码的结构化提供了最为宝贵的理论资源。在涂尔干那里,社会分工的最大作用不在于提高了社会生产率和它的政治经济效益;相反,"社会的凝聚性是完全依靠或至少主要依靠劳动分工来维持的,社会构成的本质特性也是由分工决定的"(涂尔干 2000:26),即是说,社会分工"不仅为社会提供了凝聚力,而且也为社会确定了结构特性"(涂尔干 2000:152—153)。伯恩斯坦据此认为,社会分工不仅形成稳定的社会结构,它还塑造不同的社会阶层关系(class relations),从而在不同社会群体中产生不平等的权力分配(distribution of power)和不平等的控制原则(principles of control),二者反过来调节着人们的社会交往形式,制约社会文化的再生产并塑造个体意识,从而实现社会分工的符号控制功能。由此伯恩斯坦认为,语码实际上是一套由社会文化所决定的社会配置机制,个体的意识形态因而被语码所建构(见图1),一般意义上的"语码"被定义为一套潜移默化中习得的控制规则,它们选择并整合相关意义以及意义的实现形式和诱发语境(Bernstein 1990/2003:10—11)。

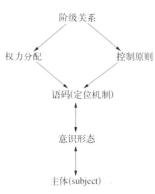

图1　语码、主体与社会

如图 1 所示,"权力"与"控制"位于语码的核心,是一切语码规制力的"场",语码实际上是社会劳动分工所产生的"权力"和"控制"在不同社会阶层中的不平等分配的一个必然结果。在伯恩斯坦的教育话语理论中,"权力"是一种范畴间的关系,它建立不同范畴之间的边界并使边界合法化,同时在社会交往中维系着边界的再生产,从而建立合理的秩序关系;"控制"则反映特定交际活动的"内部"关系,它确立交际形式的合理性并确保社会个体根据不同的权力关系选择合理的交际形式进行交际,并在此过程中实现个体的社会化(Bernstein 1996：19)。在对"语码"的符号化过程中,伯恩斯坦引入"分类"(classification)和"架构"(framing)这两个概念分别来表示阶级关系中的权力与控制在不同交际形式和话语形态中的转换机制,其中"分类"用于指代不同语境和范畴之间的关系,"架构"控制着特定社会关系下的交际行为准则。通过"分类"和"架构",权力关系转换成特定的话语形式,控制原则实现为特定的社会交际(教育关系),二者成为"不同语境之间关系的调节器,协调不同社会语境和各语境内部诸要素之间的关系"(Bernstein 1990/2003：87),在特定语境下生成合理的语篇或者话语(如图 2 所示)。由此,"语码"彻底摆脱了早期语言语码来自语言表层结构的束缚,语码同言语变体和语用规则明显区别开来,成为一套关于知识生产与传递的"结构化规则"(Principles of Structuration)(Atkinson 1985：68)。"分类"和"架构"这两个概念对于语码的符号化和结构化具有至关重要的作用,它们为语码赋予了稳定的结构要素和内部成分关系,权力和控制这两个社会学要素自然地进入教育知识话语体系(胡安奇,2018)。语码不仅具备了社会符号的基本特征,也为教育知识的结构化铺平了道路(图 3)。

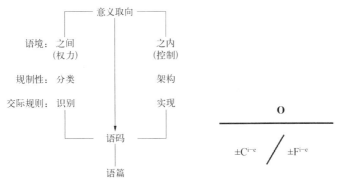

图 2　语码结构要素　　　　图 3　符号化的语码

2.2　教育知识的结构化

伯恩斯坦的结构主义教育学研究既离不开他早年的社会学训练，同时也离不开20世纪60年代如日中天的结构主义浪潮的影响。现代语言学之父索绪尔从言语活动中抽离出语言系统，把语言（langue/language）视为整体的符号系统，并在系统内部通过符号之间的差异对立关系为单个符号资源赋值，这一方法在布拉格学派的音系研究中大获成果，人们不仅寻找到了语音系统的最小对立单位，还在横聚合结构中发现了语言符号的价值系统。法国文化人类学家列维-斯特劳斯（Levi-Strauss 1967：622）认为文化和语言二者具有极大的同源性，因此通过探索人类社会中的神话、亲属关系、图腾禁忌等文化符号的"词汇"要素（lexicon）和"句法"规则（syntax）可以揭示各种社会集体现象的无意识本质。一言以蔽之，结构主义的核心任务就是寻求事物千变万化的表象背后的普遍要素以及要素之间的对立关系和规则系统，从而建立一套普遍的"无意识结构"，因此"规则""系统""关系"成为结构主义大师们对人文、艺术、社会科学研究的终极目标。伯恩斯坦孜孜以求的正是隐含在"教育实践"中的"内部语法"和"内在逻辑"，也即是作为文化再生产的教育传递（pedagogic transmission）所蕴含的符号控制规则。

在研究方法上，伯恩斯坦借助"语码"的基本构形，立足社会分工的联结与分化功能，诉诸对教育实践、对教育知识的"分类"和"架构"作用，考察社会分工和权力控制在教育知识（educational knowledge）的选择、分配、传播和评估过程中的规制作用，以及它们对个体的意识发展和社会化以及文化传递的影响。伯恩斯坦认为，教育知识是经验结构的主要调节器，在教育实践中由课程（curriculum）、教学（pedagogy）和评价（evaluation）三大信息系统来实现。其中，课程定义知识的正当性，教学是指知识传递的效度和正当性，评价定义知识传播的实现效果。相应地，教育语码可以定义为塑造课程、教学和评价背后的规制原则(Bernstein 1975/2003：77)。教育语码对教育知识的符号控制同样离不开权力关系和社会控制。与一般的语码相类似,教育实践中的权力关系主要体现在对教育知识的"分类"上,只不过这里的"分类"并不是指传统意义上用于划分范畴的区别性属性,它并不指代具体的课程内容,而是不同课程(范畴)之间的关系和"**内容之间的边界维持程度**"(Bernstein 1975/2003：80,黑体为原文作者所加),反映的是教育信息系统中课程/大纲的基本结构;"架构"体现的是"教师和学生对教授和习得的知识的选择、组织、进度以及时间的控制程度",也即"谁控制着什么"(who controls what)(Bernstein 1996：27),它决定着教育信息系统中的教学过程的角色关系结构。由此可见,教育语码可以理解为分类和架构之间的张力,分类和架构调节的是社会控制对于教育知识及其在不同教学语境下的传递者与教育内容之间的"界限"(insulation)和"边界"(boundary)。根据分类和架构的强弱程度,伯恩斯坦建立了一个教育语码的符号模型,如图 3 所示。图中,"C"代表"分类","F"为"架构","i"和"e"分别指代"内部关系"和"外部关系","O"代表不同的语码取向,也即不同程度的分类和架构的结果(Bernstein 1996：29)。根据社会控制和权力关系对教育知识的分类和架构程度,伯恩斯坦区分出两种教育语码取向:集合语码(collection)和整合语码(integrated)。一般来说,集合语码对教育知识的生产和分类作用强势,各个课程之间边界明晰,教师对课程内容的选择和组合自由度较低,它较多存在于机械团结型社会结构之中(胡安奇 2018);相反,整合语码的教育规制力较为隐蔽和间接,知识的边界相对模糊,教师和学生对教学内容的选择和整合有一定自由,它一般存在于高度分化的有机团结型社会结构之中。

2.3　教育机制的话语结构

伯恩斯坦教育社会学思想中的"教育实践"是一个意义宽广

的概念，它不仅指代普通意义上的学校教育实践，还包含社会其他场所、机构开展的知识的传递和"文化的再生产与生产"等相关联的社会语境，比如医生与患者之间的问诊交际等。他所建立的教育实践结构模型旨在解答"知识是如何成为社会个体意识的一部分"这一宏观社会学问题。伯恩斯坦（Bernstein 1996：17‑18）指出，以往社会学中的文化再生产研究往往把文化和知识视作权力关系的载体对教育开展社会病理机制的诊断（a pathological device），它凸显的是权力的工具属性，权力外在于教育，其主要问题在于缺乏对教育传递的内部结构和话语逻辑进行独立的研究。

　　伯恩斯坦借鉴乔姆斯基的语言习得机制思想（language acquisition device）来考察教育机制（pedagogic device）及其规则系统和教育知识与传递的关系。乔姆斯基认为，语言机制作为一套规则系统属于先天官能，具有意识形态上的中立性。伯恩斯坦则更加认同韩礼德的语言习得观念，即语言的意义潜势在语境中激发语言机制，因而语言机制的规则是在社会中习得的，具有一定的意识形态性和文化特性。与此相类似，伯恩斯坦提出了"教育机制"的概念来表示教育交际行为背后潜在的一套稳定的内部规则系统，它构成了教育话语的"内在语法"，调控教育实践活动对"意义潜势"也即教育话语潜势根据语境做出合理的选择（Bernstein 1996：41‑42；丁建新，2016）。伯恩斯坦指出，教育机制的规则系统由三个子系统构成："分配规则"（distributive rules）、"再语境化规则"（recontextualizing rules）和"评价规则"（evaluative rules），它们彼此关联并且呈等级分布，其中"分配规则"居于基础性地位，它调节社会群体、权力关系和知识形态三者在社会与个体意识塑造之间的关系，决定着"谁向谁在什么条件下传递什么内容"，同时创造不同的"再语境化场域"（recontextualizing field）和具有不同教育传递功能的"再语境化代理人"（recontextualizing agent），从而建构特定的教育话语形态（pedagogic discourse）。评价规则贯穿于教育机制的各个要素，把教育话语实现为具体的教育实践形式和教育语码形态。因而可以说,教育机制的再语境化产生特定的教育话语;反过来,"教育话语就是再语境化的规则"(Bernstein 1996:47;辛斌 2017)。作为规则的教育话语包含两个规则体系:教导性话语(instructional discourse)和调节性话语(regulative discourse),前者表示技能性话语(skills)以及各种技能之间的关系,后者为社会秩序性话语。伯恩斯坦认为,二者并非平等的关系。教导性话语内嵌于调节性话语;调节性话语居于主导地位,它传导的是教育过程中的"标准"(criteria)和道德秩序(moral order),是教育过程中的权势关系的直观体现。同语码中的"分类"概念一样,教育话语不是指语文、物理、化学等具体学科,亦非具体学科的内容,而是学科内部知识的生产、分类、组织以及不同学科之间的关系,它是教育机制的分配规则的具体化,是教育机构对知识的再语境化的直接结果。故此,伯恩斯坦把教育话语明确为"一种法则(rule)或者规则(principle)"。跟语言机制相类似,教育机制的规则系统相对稳定。不同之处在于,教育实践行为对教育机制的规则具有一定的颠覆性,对规则的变革具有能动的反作用。

伯恩斯坦沿着结构主义的建构模式,采用"由下至上"的视角,从社会交往活动的微观层面管窥宏观的社会结构和权力关系的传承与变革,探索人们的社会交往模式在社会个体意识的塑造、变革与再生产中受到哪些规则、实践活动和社会机构的制约,继而揭示社会中的权力分配和占主导地位的文化范畴在这一过程中的合法化和传承机制,解答社会教育实践中的"符号控制的本质"(Bernstein 1990/2003:96)。伯恩斯坦的教育机制的三大规则彼此独立又自成一个互为关联的对立系统,为教育实践中的知识传授者、习得者和知识的重构者(recontextualizer)确立了较为明确的"普遍性"和"稳定性"的结构关系。至此,伯恩斯坦完成了语码的符号化建构,并在此基础上建立了一套涂尔干式的教育社会学理论,用于阐释社会劳动分工的差异如何创造不同的意义系统和语码,并为这些意义系统进行分类,把各种不平等的权力关系的冲突模型纳入结构主义的路径。

3. 结构之上:规则的权力与历史之维

总体来说,伯恩斯坦的结构主义教育学是在涂尔干的社会分工论之上探讨教育实践作为社会控制的过程与结构。根据涂尔干的社会控制理论,由于受到不同社会分工的影响,个人与社会之间会形成有机团结和机械团结两种不同的社会控制模型,它们通过社会集体意识和集体表象系统控制着社会个体的社会化,实现社会价值观念、时空范畴等文化符号的内化。然而,涂尔干的社会学方法经过美国社会学家 Radcliffe Brown 和 Talcott Parsons 的阐释和发展被贴上了极端实证主义(arch-positivist)和结构-功能主义的标签,伯恩斯坦对此并不赞同。事实上,尽管伯恩斯坦的教育社会学始终没有偏离涂尔干主义的基本立场,但是他后期对教育话语和符号控制的论述已经实质上融合了新马克思主义(new-Marxist)关于社会阶级和权力斗争的理论以及后结构主义的权力话语思想,因而从结构主义的单一角度解读伯恩斯坦的社会理论显然已不足以把握他理论的全部。纵观伯恩斯坦的整个理论体系,他对教育传递过程的结构推演并没有完全拒斥结构的历史维度,"权力"和"话语"贯穿于他对语码和教育机制的规则系统进行结构主义描写的始终。伯恩斯坦对"语码"的符号化和结构化跟布尔迪厄社会学中的"惯习"(habitus)相类似,二者均强调宏观的文化系统的制约性,同时也注重个体的历史经验;不同之处在于,语码所包含的规则属于社会集体意识的产物,具有显著的社会阶级性,一般外在于并且先在于交往行为和教育知识,语码本身是一个先验性经验。故而,伯恩斯坦对教育实践的结构主义研究并没有停留在寻求社会分工、权力关系、语言、意识形态之间关系的"七巧板拼图"(jigsaw puzzle)和"原始社会结构"以及它们之间的横聚合系统,而是继续探求在社会分工下的权力和控制对言语行为、教育实践以及文化传递的规制原则及其结构模式,以及它们对家庭和学校所传递的符号秩序的形式和内容的控制机制。

伯恩斯坦理论体系中的"权力"的根源在于社会分工而导致的社会关系的不平等,它传递的是占主导地位的社会阶层的"声音"(voice),体现的是范畴之间和不同语境之间的界限分割和社会"配置"功能,是社会支配阶级"霸权"(hegemony)的反映:"作为符号化的'语码',它所蕴含的符号权力体现在对范畴的分类上,是一种范畴间的关系,比如性别、群体、阶级、种族、概念等,体现的是各范畴分类之间'边界'的强弱程度及合法性"(胡安奇,2018)。因此,伯恩斯坦理论中的"权力"更加接近于后结构主义者福柯的权力思想(Atkinson 1985:99-100)。福柯颠覆传统的权力观,即把权力视为"权力阶层的'所有物'"和"国家机器"固有的"元件"或者"齿轮",从属于社会上层结构,具有稳固的本质或者属性。福柯从尼采谱系学和权力意志的角度把权力视为社会系统的"一种配置、操纵、技术和运作",国家本身也是"构成'权力微物理学'中不同层级齿轮及聚点多样性的结果",就连监狱这种明显压制性和惩罚性的权力场所也不过是一种"超越国家机器的'规训附加物'"(德勒兹 1986/2006:26-28)。权力因而不再是绝对的压制性、否定性力量,它播撒于社会体系之中,并且具有肯定性的建构功能,是力与力的互动关系。"语码"作为伯恩斯坦整个社会学的理论起点和结构主义教育话语理论的支点,其本身就是社会关系中的"权力"和"控制"两个矢量上的力的合成,二者通过不同组合程度的"分类"和"架构"产生特定的语码形态和相应的教育实践形式,建构不同的意识形态。因而,在教育话语理论中,意识形态不仅是教育传递的内容,还是建立和实现各种"关系"的方式:

> 分类与架构根据不同的规则建立编码程序,塑造心灵结构。但是,特定的分类和架构背后是权力关系和基本的社会控制原则。因而从这个角度来说,分类和架构具现权力与控制,因而形成特

定的社会关系模式并继而产生不同的交际形式。这些交际形式
必定但不一定最终塑造心理结构。虽然权力维持分类(也即物
体间的隔离、边界,无论是个体的内部关系抑或是外部联系),但
它也可以通过不同程度的架构来实现。架构管控互动,且经常
处于在场,……,架构力度规制社会化的模态。

(Bernstein 1975/2003: 10 - 11)

从知识社会学(sociology of knowledge)的角度来看,伯恩斯
坦的教育话语理论要考察的是作为符号控制的知识在不同教育实
践中的实现过程,也即教育机构是如何通过知识的再语境化把权
力与控制转换为教育话语以及后者是如何塑造社会意识和人的主
体性。如前所述,"话语"(discourse)是他后期理论的关键词,反复
出现在他理论发展的不同阶段和不同层次上,有时指"学科"或者
"知识体系",有时指"关系系统",但是基本意义是围绕"教育机制"
这个概念展开的,强调的是它的规制规则(regulating principles)或
者"原则"(rules)。在这一点上,"话语"的意义直接来自福柯的话
语理论,伯恩斯坦特别指出"他对教育机制的独特语法的阐释主要
依据的是福柯的诸多作品"(Bernstein 1990/2003: 143)。抛开话
语的权力维度,伯恩斯坦的教育话语理论中的"话语"更多地接近
于它在福柯话语考古学中的意义。福柯在《临床医学的诞生》中
已经整体运用了结构主义的方法,"试图将结构主义术语——来自
索绪尔语言学——作为楔子打入历史的变革中……福柯不是将临
床分类医学向临床解剖医学的变革视作历史理性的进步,而是作
为话语的变更、词与物的关系的重组"(汪民安 2002: 66)。可见,
在话语考古学时期,福柯的主要目标是对传统观念史所推崇的起
源性、连续性和总体性的批判,通过对临床医学进行结构主义语言
学的描写,"致力于发现话语的结构规则"(汪民安 2002: 68)。然
而,福柯对话语的自治性的追求并没有割裂话语的历史语境,在
《词与物》中对文艺复兴时期、古典时期和现代时期的人文学科的
"知识型"(episteme)也即学科知识的构型规则的研究方面尤为显

著。福柯在 70 年代以前的话语考古借助话语结构消解主体在人文科学史中的支配地位跟伯恩斯坦对教育机制的普遍结构的描写具有方法论和目的论意义上的极大相似性,二者可以说为结构主义在人文学科的两次伟大实践。不同的是,福柯把话语实践的规则放置在特定历史时期的历时语境而逐步放弃了结构的共时属性,而伯恩斯坦凸显的是教育话语的社会阶级语境,放弃了结构的稳定性而强调规则"再语境化"所带来的变动性。

4. 结语

伯恩斯坦所建立的教育话语的"无意识结构"借助结构化的"语码"的基本构型,诉诸"分类"和"架构"的中介作用探讨权力与控制在教育知识的选择、分配、传播和评估过程中的规制原则,以及它们对个体的社会化和文化再生产的影响。伯恩斯坦最终所关切的并不是文化传递和教育语码如何创造社会共识,而是教育实践如何成为社会特权和控制的基础。在对言语行为和教育实践进行结构主义的抽象描写之外,伯恩斯坦借助福柯的权力话语理论并结合英国 20 世纪 70 年代新兴的知识社会学对"知识"和"课程"的批评性研究,探讨宏观的社会分工和权力关系在语言和知识两个微观层面的运作机制,也即权力关系在社会语境中如何渗透到知识的组织、分布和评价过程这个核心问题。然而,伯恩斯坦为结构化的语码和教育机制的规则系统预设了一个先在的主体,并将它根植于劳动分工和社会集体意识。

参考文献

[1] 安东尼·吉登斯.郭中华、潘华凌译.资本主义与现代社会理论:对马克思、涂尔干和韦伯著作的分析[M].上海:上海译文出版社,1971/2013.

[2] 德勒兹.德勒兹.杨凯麟译.论福柯[M].南京:江苏教育出版社,1986/2006.

［3］ 丁建新.作为文化的语法——功能语言学的人类学解释［J］.现代外语,2016,(4):459-469.

［4］ 胡安奇.伯恩斯坦语码理论的社会符号学研究［J］.天津外国语大学学报,2018,(5):84-93.

［5］ 胡安奇,王清霞.伯恩斯坦语言社会学思想渊源及其理论意义研究［J］.北京科技大学学报(社会科学版),2018,(5):14-19.

［6］ 林端,涂尔干.社会分工论［J］.清华法学,2006,(2):265-279.

［7］ 涂尔干.渠东译.社会分工论［M］.北京:三联书店,2000.

［8］ 汪民安.福柯的界限［M］.北京:中国社会科学出版社,2002.

［9］ 辛斌.语义的相对性和批评的反思性［J］.山东外语教学,2017,(1):3-10.

［10］ Atkinson, P. *Bernstein's Structuralism*［J］. *Educational Analysis*, 1981, (3):85-96.

［11］ Atkinson, P. *Language, Structure and Representation: An Introduction to Sociology of Basil Bernstein*［M］. London:Methuen, 1985.

［12］ Bernstein, B. *Class, Codes and Control. Vol. III. Towards a Theory of Educational Transmission*［M］. London and New York:Routledge, 1975/2003.

［13］ Bernstein, B. *Class, Codes and Control, Vol. IV: The Structuring of Pedagogic Discourse*［M］. London and New York:Routledge, 1990/2003.

［14］ Bernstein, B. *Pedagogy, Symbolic Control and Identity: Theory, Research, Critique*［M］. London and Bristol:Taylor and Francis, 1996.

［15］ Dittmar, N. *Sociolinguistics: A Critical Survey of Theory and Application*［M］. London:Edward Arnold, 1976.

［16］ Levi-Strauss, C. *Structural Anthropology*［M］. Trans. Jacobson, C. & Schaepf, B. New York:Anchor Books, 1967.

［17］ Robinson, P. Whatever happened to educability?［J］. *Educational Analysis*, 1981, 3(1):37-46.

［18］ Sadovnik, Alan R. Basil Bernstein's Theory of Pedagogic Practice:A Structuralist Approach［J］. *Sociology of Education*, 1991, 64(1):48-63.

［19］ Sadovnik, Alan R. Basil Bernstein［J］. *Prospects: The Quarterly Review of Comparative Education*, 2001, 31(4):687-703.

[20] Stubbs，M. *Language，Schools and Classrooms*[M]. London：Methuen，1983.

[21] Tough，J. *The Development of Meaning*[M]. London：George Allen & Unwi，1977.

（作者通讯信息：广州大学
huanqi2332@163.com）

"私下拜师"
——教师实践性知识的本土化路径探索

欧阳护华　　陈慕侨

1. 引言

　　教师的实践性知识是教师在日常自我导向的学习中形成的,具有可反思性、强烈的实践感和行动性,它是教师专业发展的主要知识基础,在教师的工作中具有不可替代的作用(陈向明 2003)。对教师实践性知识的关注与获得是教师专业发展的核心(王鉴、徐立波 2008)。目前教师发展的模式主要包括行政主导的集中培训和教学示范课或教学比赛等。从教师实践性知识的本质来看,这种自上而下的模式具有一定的局限性。首先,这种模式在相当程度上忽视教师主体性。这种教师专业成长的"平台模式"强调外在要素的决定性作用,容易忽略对代表熟人社会"经验模式"的传统、历史和人文要素的关照(林李楠 2017)。

　　教师的大部分实践性知识是只可意会不可言传的"默会知识"或"潜规则",包括学校的制度安排、工作常规、评价标准、特定的行为和做事方式等。它来自教师平时的教育实践和与同事、学生的互动,因而难以通过培训等明言的方式被"教"会,或展示的方式被直接观察到(陈向明 2003;陈向明、张玉荣 2014)。其次,这种模式尚未突破传统的权威模式。由于公开场合的交往需要维护既有的等级和面子,形成了"权威专家传授-教师倾听"的单向知识输送模式(Gao *et al.* 1996),因此专家与教师、教师与教师之间交流与协商的机会甚少。另外,这种模式忽视教学实践的本土性。它强调知识的理论性及标准化,弱化了教师知识的实践性和行动性,甚至将教学实践理想化,而对教师所关注的本土的、对情境敏感的实践问题则没有给予充分的重视。因此,教师无法在本土教学情境中应用理论,形成个人的实践性知识(陈向明 2013)。总之,这种自上而下的教师发展平台模式因弱化教师主体性、教学实践的本土性及行动性而凸显其在教师实践性知识学习中的不足。

教师实践知识的自我导向性(陈向明 2003)决定了教师个人的探索与学习是其自我发展的重要途径。然而,若教师凭借自我摸索和反复试错,其过程通常漫长而曲折,其原因之一在于学校实践共同体中单位等级制的不确定性。人类学家的长期观察表明,在单位共同体中,与实践性知识相关的信息、资源是按照等级与辈分的次序传递和分享的,许多年轻教师的职业发展路径是"轮流递进"(翟学伟 1994),且可能需要多年的"媳妇熬成婆"。这种专业发展路径带有较强的宿命性,使得不少年轻教师的主动性、积极性备受限制。在我国由单位社会向契约社会转型的过渡期,新老教师之间潜在的利益冲突使得资深教师往往自然地选择不轻易使其多年积攒的宝贵经验(秘笈)与他人分享(欧阳护华 2004;2016),这无疑会加大教师学习实践性知识的难度。

在我国教师发展的历史中,学者们对教师发展的本土路径展开探索并提出了行之有效的建议,如陶行知提出的"生活即教育""社会即学校"(苏智欣 2018)及叶澜(2015)提出的"生命·实践"教育学理论等,均为教师发展研究者探索符合国情的本土发展路径提供了优秀的理论指导。陈向明、张玉荣(2014)提出了"校本教师专业学习"的概念,认为教师学习的方式具有缄默性,教师需要参与到学校的实践中,通过默会的方式习得与内化规则、做事方式等,并形成个人的实践性知识。欧阳护华(2011)在一项教师学做科研的实证研究中指出私下场合的教师发展路径——"私聊"——在促进教师职业或教学发展方面的潜力。同时,欧阳护华(2016)提出"愿做、敢做、能做"的教师发展三部曲行动次序和逻辑,认为应该关注单位体制中教师在心理、社会行动后果上的考量与需求。这些探索开拓了我国教师专业发展的路径与方法研究的新领域。但是，从社会文化角度对教师主体以及主体性建构的本土教师发展路径的探讨依然缺乏充分的实证研究。

因此，教师的发展和学习需要一种自下而上、发自个体且得到外部社会力量支持与协作的本土路径。这种路径既需要符合教师所在的共同体实践规范，又应能帮助他们更加有效地解决实际困惑。以下，我们在前人研究基础上结合中国人际交往理论，提出"私下拜师"这一中国特色的教师发展路径，旨在进一步揭示教师实践性知识学习的本土特点，为教师专业发展提供一些启示。

2. 理论框架："私下拜师"的理论组成

据研究者观察，许多年轻教师遇到各种问题无法解决时，会私下想方设法寻求经验丰富的老教师的帮助，且其效果及可行性较高。因此，本文提出教师实践性知识学习的另一种本土化路径——"私下拜师"。

"私下拜师"路径的提出首先基于一项教师学做科研的实证研究。该研究记录了一个教师如何通过同事间私下聊天消除职业孤独、增强反省和解决教学问题的能力，成为善于合作的自信积极的人。该研究首次从理论上阐述了私下场合交往作为一种教师发展的中国路径，得到了国际学界的高度评价（欧阳护华 2011）。"私下拜师"是指年轻教师在遇到困惑时，通过中国人的私下交往方式，主动寻求资深、等级高、信息掌握量大、有相当话语权、对中国特色体制体验丰富、认识深刻的老教师的指点，以获取实践性知识。本路径关注的实践性知识，是指资深教师经过多年实践摸索、批判反思形成的"秘笈"，是能有效解决问题的默会知识（tacit knowledge, or reflection-in-action）。它反映了共同体特有的人际交往规则、实践文化；它具有缄默性，通常不会轻易在公开场合被分享，需要长时间摸索或通过交换协商来获取。该路径有别于传统、制度化的"传帮带"。"传帮带"虽然形式上也是以老带新，但是由于师徒之间身份不对等、行政压力的制约以及师傅付出与报酬不匹配的矛盾,常常无法达到良好的效果。而"私下拜师"的路径是非制度化、自愿自觉和公平合理的(详细演绎请见下面的案例)。以下研究者将先对这个路径进行理论上的建构,继而在下一个小节进行实证的演绎。在理论上,"私下拜师"可由实践共同体(Lave & Wenger 1991)、中国人公开的交往(Gao etc. 1996)及私下场合的人情互报(翟学伟 1994,2004,2007)三个理论层面组成。

实践共同体将学习视为社会实践,个体参与者的学习是其在与共同体成员的共同参与中,从合法"边缘性参与"过渡到"充分参与",构建身份,获得默会知识,包括常规、话语、工具、行为方式、规则等的一个过程(Lave & Wenger 1991;Wenger 1998)。在学校单位共同体中,年轻教师获得默会知识意味着能够逐步实现身份的转变,获取更多的话语权,为其下一步解决问题开放更多渠道,其与老教师之间的权力关系也随之发生提升(欧阳护华,2004)。然而,中国人公开与私下场合不同的交往功能又影响着年轻教师所能获取知识的质与量。

按照研究中国交际过程的学者们的发现,中国人的公开与私下交往具有互补的功能与方式(Gao et al. 1996;翟学伟 1994;欧阳护华 2004)。公开场合交往的首要功能是维持个体之间现有的等级权力关系,强化角色与身份的差异,并保持圈内的和谐关系。它大多是短期的、一次性的;信息的流动由上至下、由内而外;交际具有含蓄、听-说不对等、客气、面子关照的特点。在公开交际中,专家的面子和身份需要得到关照,并与年轻教师的身份地位区别开来,因此形成了高位者"说"与低位者"听"的不对称交际模式。老教师与新教师之间的信息资源与话语分配也是类似地不对称。

中国人私下交往的主要目的是交换信息和探讨真相,它是一种个人之间长期性的人情交换行为模式。具体来讲,中国人在相对稳定和封闭的生活和工作圈内,通过彼此之间循环性的人情交换与随之引起的权力再生产,实现了个人生活的便利和改变、个人的成长和发迹、家族的兴旺和发达等。人情交换有三种类型：恩情、人情债和礼尚往来，目的在于建立人际场的"相互性"或义务性的人情关系，从而维持一种结构上平衡而稳定的关系。人情互报是个体之间的平等协商、互惠互利。这种人情往来在长期稳定的圈子里以"口碑"方式保障了安全和公平性（翟学伟 1994,2004）。

在相对稳定封闭、低流动性、等级化的学校单位中，实践性知识扎根于语境，而等级化的信息流传方式和公私场合的交往功能区别，令年轻教师学习实践性知识的路径很艰难。因此，"私下拜师"旨在为年轻教师主动获取实践性知识打开一种思路。以下的案例将具体演示这种私下的人情交往模式是如何帮助个体教师解决具体问题进而促进其专业发展的。

3 案例：中小学教师的"私下拜师"学习秘笈

3.1 研究过程与方法

本案例采取民族志研究方法，对三位中学教师（均采用化名）进行面对面的深度访谈，以口述历史和教师的真实故事再现的形式探讨教师职业初期解惑过程中的私下拜师路径（Patton 2002；陈向明 2000）。三位教师的基本信息如表 1 所示。

表 1 受访教师基本信息

教师	性别	年龄	教龄	层次与科目	学校层次
林老师	女	30 岁	8 年	高中英语	区重点高中
苏老师	女	35 岁	10 年	初中英语	区重点中学
陈老师	男	26 岁	2 年	初中物理	省重点初中

案例研究包括以下几个研究问题：年轻教师在职业初期遇到

困惑时的感受是什么？拜师的过程以及效果对其专业发展的影响如何？拜师的安全与公平保障机制是什么？

　　研究者首先进行了先导研究，对象是来自广东三所中学的15位教师。数据分析表明，教师主要在备课、师生交流及家校交流等三个方面存在困惑，最终确定选择其中三位教师作为进一步深度访谈的对象。这三位教师与研究者是熟人，在彼此之间建立了较好的信任关系，从而确保研究中的隐私安全。研究者对访谈获得的数据转录整理后，进行开放性编码及主题化内容分析，提取规律性特征进行分析，最终确定主题。

3.2　研究发现：拜师、秘笈、点石成金

　　人情互报是教师"私下拜师"的主要途径。年轻教师通过恩情、人情债、礼尚往来等人情交换行为方式与经验丰富的教师交往，建立并维持一种平衡而稳定的关系，在这种信任关系的基础上实现其拜师学习的目的。

<u>备课上课中的轻重取舍</u>

　　如何上好课的关键之一在于备课时如何准确把握学生的需求和学习状态。老教师在重难点把握、内容取舍、学生兴趣培养、时间掌控等方面往往会有自己独特的策略和方法。然而这些带有强烈个性的秘笈有时不符合行政要求，所以不常见于公开培训或示范教学中，这需要年轻教师在与老教师的私下交往中去获得。如林老师的例子："不知道哪些知识点可以抛弃不讲。备课时什么都不敢错过……学生反映我的课死板、无亮点，不知道我讲了什么。听了几次其他教师的课，我还是无法明白如何取舍，一度很挫败，甚至怀疑自己的能力。我在办公室提出这个问题后，同事就建议我可以去请教 S 老师，说他的课堂很有创意，学生评价都很高。得到这个消息的我兴奋至极，思忖着如何去请教 S 老师。她与 S 老师不熟，印象中 S 老师比较矜持，若贸然登门拜访，或许会显得唐突，失去一个宝贵的学习机遇。于是我想起另一位与 S 老师比较

熟的同事 Z 老师，其与我是校友。于是她请 Z 吃饭，希望 Z 出面帮忙。Z 告诉我一则关键信息：S 老师喜欢骑单车运动，每天下午下班后都会骑车去逛公园。于是，我就请 Z 帮我约了 S 老师三个人一起骑车，然后又请了两位老师去吃饭。在这个过程中，Z 告诉 S 我的困惑，希望他指点一下我。后来 S 老师专门找了一个时间分享了他的心得：'每次上课必须有亮点……这就需要你备课时集中力量做好这几个亮点的活动安排，其他次要的内容可以略讲，作为课外作业；重要的内容考试前再好好过一遍。'听到这个，我有种'啊，原来还可以这样抓大放小'的顿悟的感觉，迫不及待回去尝试，结果学生反映上我的课过程愉快，考试成绩也不耽误。尝到甜头后，我依然时不时约 S 老师一起运动、聚餐，有时单独约他，有时叫上 Z 一起去。因此我与 S 老师建立了良好的关系，进而了解并学习到更多的实践性知识。这些知识大大缩短了我的试错摸索期，我的教学得到高度评价，还获得了'优秀教师'称号"（林老师语）。

权威建构中的软硬兼施

不少年轻教师在师范学校学习时已深化了人本主义的教学理念，到学校任教时倾向于与学生"打成一片"。然而在实际工作中，如果对学生"太过和蔼可亲"，往往会造成"学生眼中无老师"，引发种种教育和教学难题。因此，如何在严厉与仁慈之间取得平衡，与学生交朋友的"度"的把握是许多年轻教师面临的主要难题之一。例如，苏老师的学生在课堂上故意捣乱，投诉说其讲课内容脱离课本，她与办公室同事讨论、阅读相关名家文章之后，依然感到迷茫。她得知数学学科组有一位老教师 G 对付学生"很有一套"，可她与 G 老师交往甚少。通过主动给 G 的女儿补习英语，苏老师获得了请教 G 老师的机会并得到了诀窍：这学生啊，是既要爹，又要妈。他们既希望老师在课堂上严厉，又希望老师课后跟他们交心……先严厉后仁慈，一开始你要严厉为主，树立权威，一两个月后就可以逐步变仁慈些。据苏老师所述，"先严厉后仁慈"这一关键环节的成功,使她的自信心大涨,上课变得张弛有度,在学校也得到了很好的评价。

对话家长时的安全措施

在家校联系的问题上,年轻教师因缺乏经验,与家长沟通时往往自信不足,无法准确把握事情的轻重分寸。沟通不畅容易导致学校和家长"两边都不讨好",不少教师还因此遭到家长的投诉、骚扰甚至诬告,造成较重的心理压力,进而影响自己的正常工作。例如,陈老师曾经遇到家长质疑其学校"以考代练"模式令学生倍感挫败,在家长群发表不利于学校的言论。作为班主任,陈老师尝试过公开向家长解释学校的本意,但遭到家长更加严厉的反击。他越搅和越复杂,陷入了两难境地。

陈老师就此事请教了同办公室经验丰富的 X 老师,他与 X 老师平时在办公室有过一些礼尚往来,但真正需要拜师学艺时,他仍然郑重其事地登门拜访。有了前期的人情基础,当陈老师提出困惑时,X 老师非常热心地分享了实用的建议:在大局上要把握,家长群中大致地、不伤和气地给个导向性答案,稳住大局;然后再私下主动联系家长,跟家长交流优点(缺点少提)……先以领导或集体的决定以示权威,再具体解说缘由……和个别家长交往时需要事先安排好证据链,保障自己不受诬告。按照 X 老师的指点,在往后与家长打交道时,陈老师更加有底气,相信自己"作为老师对教育有研究、有方法"的权威,也积极使用各种交际策略,得到了家长们的尊重与配合。

4. 讨论:私下拜师的公平与安全保障

口碑效应影响教师私下拜师的成效。在学校单位共同体里,教师长期共处共事,知己知彼。这种封闭、低流动性的单位社会结构为私下交往提供了试探、摸索的充分机会,而彼此交往的长期口碑效应保障了交往双方的安全与公平性。一方面,在找师傅阶段,年轻教师通过口碑打听、寻找合适的师傅。一个教师在大家心目中性格属平易近人还是冷酷高傲、擅长教阅读还是写作、所带班级学生成绩如何等，都以默会知识的形式在教师之间流传。新教师常常需要圈内人或关系户为其搭桥牵线，接触有口碑保障的教师。再者，在私下的互动交往中，口碑对教师的行为起到公证、监督、评估的作用，新老教师均以口碑为动机调节行为的分寸，避免不当的行为。若违反合情合理、公平互换原则，则会被共同体成员以各种形式进行抵制和处罚（翟学伟，2004）。例如，一般接受了人情的老教师总会感到有压力，必须以某种方式回报，否则会留下"不通人情"的口碑。另一方面，由于私下场合交往的特殊性，有时会引来对其公平、公正的质疑，甚至有西方学者指责这种路径有可能会变相成为个别利益的"操纵"手段。事实上，许多时候年轻教师并不能一次性便与资深教师沟通顺畅，毕竟他们掌握的社会资源相对较少。然而，封闭共同体中的长期共事给了前者在漫长的时间里逐步维系交往公平的机会。这种不管资深资浅都必须为自己的人品口碑负历史责任的机制正是学校共同体得以维系平衡的要素之一，也是"私下拜师"路径的公平公正与安全的机制保障。

5. 结语

教师发展离不开教师在本土共同体中主动学习实践性知识。对于我国广大教师而言，专业发展不仅需要理论指导、标准示范，还需尽快掌握本土共同体实践的默会知识，促使自己成长为一个自信、善于反省、合作、勇于解决实际问题的专业人士（Allwright 1993；欧阳护华 2011）。学校的实践性知识扎根于校本共同体实践，但往往游离于标准化教学之外，因此年轻教师需要积极探索各种符合国情和社会规范的渠道来获取对其发展至关重要的实践性知识。"私下拜师"就是对这一思路的探索。首先，它的目的是获取学校共同体的默会知识，区别于抽象、脱离情景的理论性知识。其次，它是一种自愿的个人行为，区别于行政化主导、教师被动接受的模式。最重要的是，它的交往方式主要发生在私下场合的人情互报,以民间的权威、规则为保障,区别于等级化、制度化的公开交际功能。本文案例即展示了这种民间的、校本的探索路径的高效和可行性。

当然,本文提出的路径还属于探索阶段,旨在抛砖引玉,希望各个校本文化的教师按照自己身边具体的共同体文化传承去探索类似的路径,形成个人的实践性知识。总之,作为一种自下而上的发展路径,"私下拜师"契合共同体的实践性能补充现有行政化主导的教师发展路径;更重要的是,它的本土文化的自主性对走出中国式的教师发展道路、在国际教师发展界中讲好中国的话语有着重要的意义。

参考文献

[1] 陈向明.质的研究方法与社会科学研究[M].北京:教育科学出版社,2000.

[2] 陈向明.实践性知识:教师专业发展的知识基础[J].北京大学教育评论,2003,(1):104-112.

[3] 陈向明.从教师"专业发展"到教师"专业学习"[J].教育发展研究,2013,(8):1-7.

[4] 陈向明,张玉荣.教师专业发展和学习为何要走向"校本"[J].清华大学教育研究,2014,(1):36-43.

[5] 林李楠.乡土、教职与专业成长——一项农村优秀教师身份质性研究[J].教育研究与实验,2017,(4):45-49.

[6] 欧阳护华.单位与公民社会的碰撞:教改者的真实故事[M].北京:北京大学出版社,2004.

[7] 欧阳护华.教师聊天,教师发展:一个教师学做科研的行动研究报告[J].当代教育与文化,2011,(1):87-95.

[8] 欧阳护华.教学法改革中的组织文化与教师身份重构:人类学视野下中国教师发展的本土路径探索[J].民族教育研究,2016,(6):40-45.

[9] 苏智欣.陶行知的创新实践:杜威理论在中国师范教育中的应用和发展[J].教育学术月刊,2018,(7):3-21.

[10] 王鉴,徐立波.教师专业发展的内涵与途径——以实践性知识为核心[J].华中师范大学学报(人文社会科学版),2008,(3):125‒129.

[11] 叶澜.回归突破:"生命·实践"教育学论纲[M].上海:华东师范大学出版社,2015.

[12] 翟学伟.面子·人情·关系网[M].河南:河南人民出版社,1994.

[13] 翟学伟.人情面子与权力的再生产——情理社会中的社会交换方式[J].社会学研究,2004,(5):48‒57.

[14] 翟学伟.报的运作方位[J].社会学研究,2007,(1):83‒98.

[15] Allwright. D. *Exploratory language teaching and learning* [R]. The Brazilian Experience Presentation given at TESOL, Atlanta, Georgia, 1993.

[16] Gao, G., Ting-Toomey, S. & Gudykunst, W. *Chinese communication processes*[A]. *In M. Bond (ed).The Handbook of Chinese Psychology* [C]. Hong Kong:Oxford University Press, 1996:280‒293.

[17] Lave, J. & Wenger, E. *Situated Learning: Legitimate Peripheral Participation*[M]. Cambridge:Cambridge University Press, 1991.

[18] Patton, M. Q. *Qualitative Research & Evaluative Method*s[M]. Thousand Oaks:Sage Publications, 2002.

[19] Wenger. E. *Community of Practice: Learning, Meaning and Identity*[M]. Cambridge:Cambridge University Press, 1998.

(作者通讯信息:广东外语外贸大学,韩山师范学院
欧阳护华:198310517@oamail.gdufs.edu.cn
陈慕侨(通讯作者):elaine_cmq@163.com)

英语时光运动认知语义的
概念框架分析

秦　勇　丁建新

1. 引言

　　时间性是人的存在方式。哲学家马丁·海德格尔引领我们从胡塞尔的现象学出发,走出柏拉图的形而上学,走向本体论,解构西方哲学史"泰初之道"(logos)是世界的本源。海德格尔在《存在与时间》中写道,"语言的存在,存在的语言",认为人处于世界的"四维体"中,语言就是道说,语言就是道(2006:254)。而胡塞尔在《逻辑研究》中指出"作为无避的存在真理和作为存在之自身给予的范畴直观"(胡塞尔 1998:38)。据此,我们认为,人类在对时光运动的认知中,将散乱的感觉材料综合为统一的对象客体,这是一个从范畴化到概念结构,再到意向图式,最后形成概念框架的抽象过程。与此同时,我们的意识还将它自己构造起来的时光运动设定在它自己之外的存在,这是物体的属性,可以为人所认知。这就把我们带入对人类认知语义中时光运动之"存在就是无,无就是存在"的思考。而概念框架是认知语义系统的基本单位,为此,本文将把时光运动的认知语义放到概念框架中进行分析。

2. 分析英语时光运动概念框架的先设命题

2.1　物质性

　　物质生理机体是人类认知的载体,只有在此基础上进行的时光运动概念框架分析才具有精确的定位。无论是人类的认知系统还是语言系统都有其生理基础。1687 年，艾萨克·牛顿在《自然哲学的数学原理》中提出解释物体之间相互作用的普适万有引力定律（牛顿 2006）。172 年之后，英国生物学家达尔文在《物种起源》一书里提出生物进化论的学说，揭示适者生存的自然规律（达尔文 2005）。这两大规律的揭示对人类探究自身的认知语言世界有着不可或缺的作用。人类经过数百万年从早期猿人、晚期猿人（直立人）、早期智人到晚期智人 4 个阶段漫长的自然选择，其直立行走的生理形态已经完全适应由于地球万有引力而产生的重力竖直向下的分力作用的生存环境。在我们的日常生活中，一部分人会出现运动症，即晕车、晕船、晕机，这便是自然界选择的人类生理形态对环境变化所产生的反应。神经生理学告诉我们，人的大脑之所以能够通过感知能力获得物体光、色、声、味、力、冷、热等方面特征的信息，是因为物体通过对人的感知系统感受器的刺激产生生物电，而神经系统再把生物电传给认知系统进行解码。感官就是负责接收特定的物理刺激再将刺激转换成可被人脑理解的电化学信息的物理系统。人类的位觉器官——耳有适应其对物体定位和定量的功能结构，这便是可以感受各种特定运动状态刺激的内耳前庭器，它包括前庭的椭圆囊、球囊和三对半规管。椭圆囊、球囊的囊斑感受水平或垂直的运动变化，半规管感受速度的运动变化。椭圆囊和球囊的神经末梢在受到刺激时弯曲形变，产生电位，并将兴奋或抑制性的电信号通过神经系统中枢传给大脑，使人感知到物体的水平或垂直运动状态；而当半规管受到刺激弯曲形变，产生正电位和负电位时，这些神经末梢的兴奋或抑制性电信号通过神经系统中枢传给大脑，使人感知到物体的水平或垂直运动状态。每个人的位觉器官所受到的刺激有一个致晕阈值，超过这个限度便会产生运动症，这也是宇航员在上太空之前要进行严格的选拔和训练的原因。为此，时光作为一个概念范畴在映射的过程中拥有动态、数量、位置、颜色和用途等诸多物质属性。

① As time passed, my feelings towards the home slowly changed.（动态）

② He needed more time and specific help to speak in sentences.（数量）

③ Since time immemorial, Roman handcrafting building techniques have excited the imagination.（位置）

④ You just spend time, you waste time, you give, yeah I see, time away.（颜色）

⑤ The questions on clock time showed that a high proportion of pupils understand time expressed in terms of 12 and 24 hour clock.（用途）

2.2　动态性

时光是运动的, 动态的认知所认知的动态是永恒的。Fauconnier 和 Turner 认为, 认知是各种不同的心理结合在一起的动态流程（Fauconnier, Turner 2002：174）。根据神经语言学, 人类语言的表达在生理上有一个过程, 各种感知器官协同作用。以听说为例, 发话人说话产生的声波到达受话人时, 感知系统耳部的鼓膜产生震动后, 神经系统中枢再将生物电传给位于脑部优势半脑的布若卡氏区与韦尼克区, 认知系统和语言系统对获得的各种信息进行分析、归类、逻辑推理、范畴化等思维过程, 对物体的运动进行定位和定量, 最后再将指令经神经系统传给位于喉部的发音系统, 从而进行语言表达。认知概念框架模型中的意象图式具有普遍性、复杂性（Lakoff, Johnson 1999：498）, 我们对时光运动概念框架的分析也就是对其概念框架的定位和定量。每一种语言的认知结构和原则是互通的（Ungerer, Schmid 1996：280）。

2.3　意向性

语义具有主观意向性。"人是万物的尺度"是希腊哲学家普罗泰戈拉的经典名言,他的哲学思想具有主观性和相对性的特征。他认为,人类认识事物真理的标准是感觉,事物的存在依赖于人的感觉,只要借助感觉即可获得知识;与此同时,每个人的感觉存在差异和对立,主观和客观是相对的。这使得普罗泰戈拉成为当时的智者,也标志着古希腊自然哲学时期向后一阶段的发展。Katz-Postal 假设,句义全部由深层结构决定,如果两个表层结构意义相同,深层结构必然相同;如果表层结构意义不同,深层结构必然不同(Chomsky 1979：140－143)。其实,在转换规则的运用中,强制性转换和选择性转换并非有清晰的分水岭,往往有矛盾和冲突,这再次显示出语义从深层结构转换到表层结构不变化的假设存在问题。概念框架是一个以认知主体为基础的隐喻生成和解读的过程,具有主体间性(intersubjectivity)和主体性(subjectivity),是在主体自洽原则上的一个主观推断(王文斌 2007：3)。我们认为,转换规则是不必要的,因而反对真值条件语义说和生成派语义学的逻辑模型理论,主张在"思维性"哲学理念的基础上,采用认知语义概念框架来分析物体运动;同时认为,语法不是自主的,语义是物质世界和认知互动的产物。

3. 分析英语时光运动概念框架的变量参数

在确定认知时光运动概念框架的宏观本质的基础上,我们从感知体验的角度,用详略度、辖域、基体、侧面、突显和视角等变量参数对其进行微观的更为详细的识解(Langacker 1987, 1991, 2000)。为保证语料的真实性,本文所有例句均来自 BNC(British National Corpus)。

3.1 详略度(specificity)

人脑的思维极其复杂,包括心理学在内的所有学科对认知的研究所做出的各种模型充其量是一种假设而已。因此,我们把时光运动概念框架用粗线条进行构拟。在理想化认知模型中,我们不再考虑物体上各点之间的差别,因而将整个物体视为质点,确定概念范畴的详略差别和精细程度,这也是理想化认知模型(ICM)的基础。在和时光运动融合的空间里,物体所在的所有点的运动都是相同的,其差别大小不足以与物体所移动的距离相提并论。

3.2　直接辖域(immediate scope)

在确定观察的详略度之后,我们可以根据广义相对论和混沌理论,用由相交于原点的、度量单位相等且互相垂直的两条数轴构成的笛卡尔坐标系来定位和定量空间中物体的运动,这是一个心理空间到物理空间的折射。这里 time 的运动过程 fly 和 belt 都是作为一个整体的运动,用一个质点来描述。

⑥ Well the insurance line's due today. You due a line today?
Yeah. Time flies, doesn't it? Oh. Time fairly belts in,
doesn't it?

3.3　基面和侧面(base and file)

根据胡塞尔的现象学,人类观察到的任何意向性活动,包括认知,都只能在一定的视域(horizon)中运作。因而,在直接辖域这个基本辖域中,质点被看成侧面,笛卡尔坐标系被看成基体,两者在认知过程中相互依赖。笛卡尔坐标系是理解质点运动的基础,而质点是被笛卡尔坐标系突显的焦点。不难看出,这和罗素的摹状词理论不谋而合,其本质就是基体和侧面的缺乏性而导致的相互依存现象。

3.4　突显(prominence)

突显就是环境对质点的参照物。我们祖先数百万年日出而作、日入而息的生活方式造就先哲们认识世界的“天圆地方”的思维方式,产生具有辩证法色彩的动与静的阴阳学说。在这种情况下,物体的运动总是把地面作为参照。

3.5　视角（perspective）

我们可以用概念基型中的舞台模型（Langacker 1991：283 – 284,2000：24）来表述认知主体的视角。视角类似于 Fillmore（1977）的框架理论模式。在无标记（unmarked）的情况下,我们把认知主体在所处原点位置的顺序扫描（sequential scanning）作为视角,这种顺序包括上下、前后、左右等方向。

4. 分析英语时光运动概念框架的意向图式

在神经动态性的基础上,人类对时光运动的认知经历一个范畴—概念结构—意向图式—概念框架的抽象过程。众所周知,隐喻和借代这两种互相渗透和作用的修辞手法是人类认识世界的两种基本方法,体现我们的世界观。对于隐喻的运作机制,Lakoff 和 Johnson（1999）提出基本隐喻综合理论（the integrated theory of primary metaphor）,它由 4 个部分组成,分别为 Johnson（1997）的并存理论（Johnson's Theory of Conflation）、Grady（1997）的基本概念隐喻理论（Conceptual Metaphor Theory）、Narayanan（1997）的隐喻神经理论（Neural Theory of Metaphor）、Fauconnier 和 Turner（1996）的概念融合理论（Theory of Conceptual Blending）。对于较抽象的时光运动的概念框架,我们将其植根于身体所体验的具体的较低层次的概念域认知语义范畴来认识。据此,我们把时光的运动隐喻理解为一个经历原子隐喻、基本隐喻、复杂隐喻、概念隐喻的发展过程。囿于篇幅,本文把对英语时光运动认知语义概念框架的研究限于小句,因而只聚焦于小句的意向图式。

我们认为,英语时光运动的意向图式是系统和运动的辩证统一,因此将其分为时空方位概念结构和动作概念结构。根据 Lakoff 的"形式空间化假设"（SFH）（Lakoff 1987：283）,我们将时空方位概念结构抽象为"容器图式"（container schema）,将动作概念结构隐喻映射为"始源—路径—目的地图式"（source-pathdestination schema），这两种动觉意向图式分别是对时光运动的定位和定量。

4.1 "容器图式"——定位分析

根据 Saeed 对语义的描述，我们可以用"容器图式"将时光运动图示定位如下（Saeed 1997：116）。

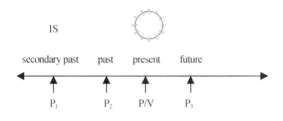

图 1　时光运动的容器图式

在图 1 中，坐标所处的空间是直接辖域 IS；坐标是基体 B，是时光运动的轨迹；原点是视角，即观察者（Viewer）所在的位置视角 V；侧面是基体上有序的任意三点：P_1、P_2、P_3，它们代表时光。根据容器图式，侧面 P 定位在基体上，基体 B 在直接辖域 IS 内，所以时光运动的侧面 P 也定位在 V 上。

时光作为"容器图式"中的侧面，其运动具有延续性、连续性和双向性的特点。

⑦ As time passed, did you ever think you'd catch anyone for this particular crime?

⑧ * As time ended, did you ever think you'd catch anyone for this particular crime?

⑨ Time flows strangely and travelers become lost for years although they think they have been walking only hours.

⑩ * Time stops and goes on to flow strangely and travelers become lost for years although they think they have been walking only hours.

⑪ In any event the tide of time will wash away any real or imagined anomaly.

⑫ * In any event the tide of time goes back to wash away any real or imagined anomaly.

⑬ If I could turn back time, if I could find a way, I'd take back those words that have hurt you.

按照动作过程发生的方式和长短,我们把动词分为延续性动词和终结性动词。根据狭义相对论,时空的观念是通过经验形成的,绝对时空无论依据什么经验也不能把握。在例⑦中,过程 passed 是延续性的,是时光运动的真实反映。在例⑧中,ended 是终结性的,与人类的认知背道而驰。观察者对时光的运动是序列扫描。在例⑨中,动词 flows 是对流水运动的隐喻。另外,我们说时光运动具有双向性,是指在直接辖域中,在由无数个连续的质点所形成的时间轴上,以观察者为基点时光运动临时分布(temporal distribution)(Saeed 1997: 116)。据此,位于基点左边的是已发生的运动,位于右边的是未发生的运动。在例⑪中,P_3 定位在 V 之后,wash away 采用情态助动词 will;而 P_1 定位于 V 之前。例⑬中的 turn back 虽然采用的是虚拟式,但表达时光倒流的语义。

在四维时空中,基体是第四维坐标,是时光运动的轨迹,具有水平性、无限性的特点。

⑭ As time goes on, if the horse stance is repeated daily, you will discover that the position can be held for longer and longer as your legs become stronger.

⑮ * As time goes around, if the horse stance is repeated daily, you will discover that the position can be held for longer and longer as your legs become stronger.

很显然,在日常生活中,我们并不会说 time goes around,而是说 time goes on。前文我们在分析时光运动的物质性和突显性的时候,谈到重力竖直向下对大脑生理功能的作用,尤其是对方位感官感知物体的水平或垂直运动状态的影响以及对我们祖先数百万年日出而作、日入而息的生活方式所形成的"天圆地方"的思维方式的影响,物体的水平运动便成为习惯性的定势思维。因此,在认知世界里,基体是水平的。在"容器图式"中,我们所说的时光运动是定位,而不是定量。斯蒂芬·威廉·霍金指出,时空可能在范围(维)上有限,但没有边缘(霍金 2002:182)。至今人类尚未完全认识自己所生存的世界,对于作为时光运动的轨迹和方向的基体是无限的,也就成为一个公设。

　　视角具有前后性、相对性的特点。

⑯ Park Smith and Philip James put on 65 and a partnership of 36 between David Smith and Gareth Evans kept Park in with a chance before time ran out.

⑰ * Park Smith and Philip James put on 65 and a partnership of 36 between David Smith and Gareth Evans kept Park in with a chance above time ran out.

⑱ When they resumed on the third afternoon after time lost for rain, they lost quick wickets, and at 214 for 6 seemed to have wasted the advantage.

⑲ * When they resumed on the third afternoon below time lost for rain, they lost quick wickets, and at 214 for 6 seemed to have wasted the advantage.

⑳ As time went on, Finch found himself more and more attached to bed.

㉑ As time goes on, Finch finds himself more and more attached to bed.

　　例⑯中两个过程 put on 和 kept 对于 P2 来说,是在 ran out 之前发生的;而例⑱中过程 resumed 在 lost 之后。视角的观察具有先后的顺序。例⑰和⑲之所以不合乎常规,是因为人类在漫长的演变中，受到强度率和关注率两种感知规律的影响，早已形成对物质世界运动前后方向的观察习惯。我们这里说视角具有相对性，是说突显是指基体和侧面的相互依赖性。观察者把在直接辖域中所观察到的临时的、邻近的、相互作用的事件进行加工，并对得到的信息进行逻辑思维。这种逻辑思维受到了视角位置的影响。例⑳中的 went on 和例㉑中的 goes on 的视角分别为 P_1 和 P_2。

4.2 "始源—路径—目的地图式"——定量分析

我们根据形式空间化假设理论，用"始源—路径—目的地"的动觉意向图式来对时光运动进行定量分析。我们所说的量是时光隐喻物体的动量，是物体在它运动方向上保持运动的趋势，也是矢量，整个图式可以表述如下：

（1）由无数个连续质点组成的基体是路径，始源和目的地是路径上任意的前后两点 P_1 和 P_2。

（2）坐标是路径，P_1 和 P_2 之间的距离也是时光运动的矢量。

（3）P_1 和 P_2 之间的距离越大，时光运动的矢量越大。

⑳ Time has taken its toll of the copies produced in the 1840s.

㉓ As time has gone by I have been more acutely aware that as important as a good knowledge of a language is, it is more effective if it is accompanied by additional technical knowledge.

例㉒中时光运动的是 1840s 内，而例㉓中时光的运动伴随着过程 have been more acutely aware。

4.3 两种图式的整合

构造是形和义的结合，是认知语法的核心（Goldberg 1995：1）。在 Fauconnier 和 Turner 的概念合成理论指导下，我们从运动概念属出发，把时光始源域和物体目标域作为两个输入空间，将它们所共有的运动概念特征融合到类属空间(generic space),从而产生融合空间(blending space),这包括约定俗成和新创结构。我们把图 2 作为时光运动概念框架的原型范畴来进行说明。

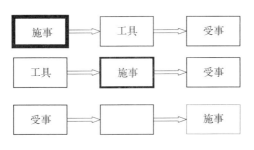

图 2　时光运动的动作链

图 2 中所呈现的三个元素分别为施事、工具、受事,它们所处的位置是直接辖域,对于观察者来说是一个舞台。箭头及其方向代表了元素的相互作用和能量流动的始源、路径和目的地。在这个动作链中,观察者可以选择不同的基体来观察时光运动的过程。

㉔ Time changed her face with wrinkles.

㉕ Wrinkles changed her face.

㉖ Her face changed.

Dowty 指出,在动作链的突显中,施事总是处于能量传递的上流,受事处于能量传递的下流(Dowty 1990:217)。这无疑会让我们想到标记象似性。我们从图 2 可以看出,施事 time 在从"上流"进入到"下流"的过程中,能量也逐渐减弱。同时从例㉔到㉖time 位置的逐渐后移使标记性逐渐减弱,这也反映了主述结构的多样性。

5. 结语

时光是运动的,动态的认知所认知的动态是永恒。概念语义框架属于概念语义系统,是我们认知世界的思维模式,具有广泛性。以此,一方面本文将英语时光运动隐喻纳入概念框架在小句层面分别进行定位和定量分析,并尝试对其句法结构建立原型范畴;另一方面,时光与空间本身就是一个奇妙的世界,人类对其的认知还很微不足道。为此,囿于认识水平,本文也只是初步地探讨,时光运动还有待多视角地进一步研究。

参考文献

［1］ 达尔文.物种起源[M].北京：北京大学出版社,2005.

［2］ 海德格尔.存在与时间[M].上海：三联书店,2006.

［3］ 胡塞尔.逻辑研究[M].上海：上海译文出版社,1998.

［4］ 霍金.时间简史[M].长沙：湖南科学技术出版社,2002.

［5］ 牛顿.自然哲学的数学原理[M].北京：商务印书馆,2006.

［6］ 王文斌.隐喻的认知构建与解读[M].上海：上海外语教育出版社,2007.

［7］ Chomsky, N. *Language and Responsibility*[M]. New York：Pantheon, 1979.

［8］ Dowty, D. R. Thematic proto-roles and argument selection[J]. *Language*, 1990, 67.

［9］ Fauconnier, G. & Turner, M. Blending as a central process of grammar [A]. In Goldberg, A. (Ed.), *Conceptual Structure, Discourse and Language*[C]. Stanford：CSLI Publication, 1996.

［10］ Fauconnier, G., Turner, M. *The Way We Think*[M]. New York：Basic Books, 2002.

［11］ Fillmore, C. Topics in Lexical Semantics[A]. In Cole, R. W. (Ed.), *Current Issues in Linguistics Theory* [C]. Bloomington：Indiana University Press, 1977.

［12］ Goldberg, A. *Constructions: A Construction Grammar Approach to Argument Structure*[M]. Chicago：University of Chicago Press, 1995.

［13］ Grady, J. *Foundations of Meaning: Primary Metaphors and Primary Scenes*[D]. University of California, Berkeley, 1997.

［14］ Johnson, C. Metaphor vs. conflation in the acquisition of polysemy：The case of SEE[A]. In Hiraga, M. K., Sinha, C., Wilcox, S. (Eds.), *Cultural, Typological, and Psychological Issues in Cognitive Linguistics* [C]. Amsterdam: John Benjamins, 1997.

[15] Lakoff, G. *Women, Fire, and Dangerous Things: What Categories Reveal about the Mind*[M]. Chicago: University of Chicago Press, 1987.

[16] Lakoff, G., Johnson, M. *Philosophy in the Flesh — The Embodied Mind and Its Challenge to Western Thought*[M]. New York: Basic Books, 1999.

[17] Langacker, R. W. *Foundations of Cognitive Grammar Vol. 1: Theoretical Prerequisites*[M]. Stanford: Stanford University Press, 1987.

[18] Langacker, R. W. *Foundations of Cognitive Grammar Vol. 2: Descriptive Application*[M]. Stanford, California: Stanford University Press, 1991.

[19] Langacker, R. W. *Grammar and Conceptualization*[M]. Berlin: Mouton de Gruyter, 2000.

[20] Narayanan, S. Embodiment in Language Understanding: Sensory Motor Representations for Metaphoric Reasoning about Event Descriptions[D]. Berkeley: Department of Computer Science, University of California, 1997.

[21] Saeed, J. *Semantics*[M]. Oxford: Blackwell, 1997.

[22] Ungerer, F., Schmid, H. J. *An Introduction to Cognitive Linguistics*[M]. London: Longman, 1996.

(作者通讯信息：湖南师范大学，中山大学

秦勇：yongqin@hunnu.edu.cn

丁建新：jxding8@sina.com)

社会与符号的互动：青年新媒体话语与"e"托邦建构

沈文静

1. 引言

"话语批评"（linguistic criticism）聚焦话语承载的差异与不平等，同时对话语作为体现差异与不平等的载体与场所的复杂性作出阐释（丁建新 2013：71）。批评话语分析作为一种生态批评（eco-criticism），实践并实现着从话语批评到文化批评的跨越（丁建新，沈文静 2013）。微观上，作为话语的"discourse"，相当于文本（text）；宏观上，大写模式的"Discourse"强调话语的"文化模式"（cultural models）（Gee 1996：127）。在这种视阈下，文本分析与社会、文化分析相结合成为批评话语分析的内在要求。丁建新（2013：71）指出，"批评话语分析的内核是话语的语境化"，辛斌、田海龙等（2018）话语研究专家对话语研究的社会责任、话语研究的问题意识等进行了阐释，因此批评话语分析应将对语言符号的选择、对词汇语法等的分析与相应语境内的社会、文化因素结合起来，进一步挖掘语言选择的深层次社会与文化动因。

批评话语分析的社会符号学视角关注符号系统的社会功能而不囿于语言结构，关注符号活动发生的具体语境而不囿于符号活动的产品。社会符号的"主体间性"（intersubjectivity）（丁建新 2007；张辉，杨艳琴 2018）强调语言的意义表达是主体间的创造性活动，身体经验与感知可协同主体间性推动语言对现实的建构。本研究所涉及的弹幕、图片、大写与小写的话语、文化、身份等皆为符号资源（semiotic resources），都具有意义潜势。而将话语、行为、身份与文化等进行链接的过程就是符号过程（semiosis），即对符号的生产与阐释。

语言是一种符号，而文字是对语言的再符号化。人类运用文字符号表现语言符号，在一定程度上拓宽了语言的使用范围。当视频图像进入话语，万事万物即集结于图像。弹幕是可视化的语言，也是可视化的图像。当今，伴随着新媒体的广泛应用，弹幕符号的传播与使用日新月异，它与主流话语、网络语言等既存在着难以切割的胶着关系，同时又显现出自己的独特性。弹幕作为一种新媒体话语成为青年表达自我存在、实现弹幕符号前景化的有效手段，隶属边缘话语的范畴（丁建新，沈文静 2013）。

毋庸置疑，基于统计数据的定量研究方法在语言研究中发挥着积极作用。然而本文立足定性研究更为关注话语本身以及话语所负载的文化身份、话语权势等信息，并沿循从文本分析到文化研究的路径，试图对取样于下文所述弹幕网站的弹幕话语符号进行剖析，以期探讨弹幕符号的话语形式特征，并进而挖掘其文化内涵，即青年如何通过弹幕话语建构"e"托邦（etopia）式的想象共同体。

2. 弹幕符号

传意释义离不开符号的表达，弹幕作为符号承载弹幕使用者对视频的反馈，即弹幕作为符号的意义所在。弹幕涵盖文字符号和非文字符号，实现了文字与图像的完美结合，是独具特色的视觉化符号。

2.1 弹幕的含义与相关研究

弹幕（barrage）一词最早应用于射击游戏中，原指子弹发射过于密集而形成幕布。在弹幕视频中，实时性、即时性的评论被平行位移至屏幕并将视频部分覆盖；弹幕使用者越多，屏幕上穿梭移动的弹幕符号越密集，犹如射击游戏里的弹幕。因此，弹幕（bullet screen/barrage discourse）可被理解为呈现于视频播放画面上的用户评论,涵盖文字与非文字符号。

　　弹幕网站的鼻祖为 2006 年日本公司 Dwango 所创的视频网站 Niconico,用户可以通过 Niconico 设置的留言式评论区对视频的内容进行评论,这些评论会伴随视频内容一起进入观者视线。国内的弹幕网站大致可分为三类:第一类,专门性弹幕网站,"A 站",即 AcFun(Anime Comic Fun);或"B 站"(Bilibili)。第二类,装置了弹幕功能的主流视频如网站,如优酷、爱奇艺。第三类,视频直播网站。

　　西方有关弹幕的研究在 JSTOR 数据库、Wiley Online Library 等链接中难觅踪迹,而国内对于弹幕的研究主要集中于影评、新闻传媒维度。例如,韩模永(2017)认为弹幕影评实现了作品中心论到观众中心论的范式变革,批评的重心从作品对观众的影响演变为观众对作品的控制与支配。熊晓庆、高尚(2018)通过分析弹幕狂欢下的审美嬗变与伦理反思,认为弹幕的实质在于消解中心价值。肖潇(2016)曾经就弹幕语言的语用特征、现状及其社会文化成因进行阐释。但总体而言,在批评话语分析、边缘话语分析理论框架内解读弹幕话语的研究比较少见。

2.2　视觉化弹幕符号:话语与图像的博弈

　　阿尔温·托夫勒(1983:227)在《第三次浪潮》中道出,未来社会将生产三种文盲:文字文化文盲、计算机文化文盲、影像文化文盲。由此可见,图文时代已然刷新了文盲的定义,哀莫大于图文时代不能读图断字。

　　语言作为一种社会符号(social semiotic),是构建社会意义的源泉。自语言诞生之日起,人类便踏足符号的世界,相应成为符号的动物。伽达默尔(Gadamer 1986/99:566)认为,"语言并非只是一种生活在世界上的人类所拥有的装备。相反,以语言为基础并在语言中得以表现的乃是:人拥有世界。对于人类而言,世界就是存在于那里的世界,但世界这种存在却通过语言被把握"。世界成像于语言之中,语言充当我们理解、阐释的媒介。"太初有道","道"即为"语词"(word)。人通过对语言的把握,对万事万物进行命名,进而把握万事万物。不可见的声音转化为可视化的文字,语言成为声音的物质化,成为一种视觉符号。

文字的式微为新媒体提供了丰沃的土壤,文学作品携手新媒体被搬上大屏幕便自带光环,叫好又叫座。携手图像,文字满血复活;与图像擦肩而过,文字举步维艰。这可谓是文字之存在的矛盾双重性。文字的发展史展现着与图像逐步剥离的过程:从图画文字到象形文字、图形文字、字母文字、拼音文字。文字逐步独立于图像,而图像也逐步摆脱文字的束缚。然而,二者又从来不曾彻底决裂,而是相依相存,共同成长。

罗兰·巴特(2011:74)曾申明:"我能往电影的图像上添加什么吗?——我想不行,来不及。面对银幕,我不能想闭眼就闭眼。一旦闭眼,再睁开眼就找不到原来的图像了。我被迫一直往下看……"。但他对日后的数字技术、虚拟技术一无所知。新媒体领衔的今天,历史已然被改写。弹幕被搬上了荧屏,它不只与影像视频共存共生,最引人深思的是它赋权(empower)于观看者。弹幕符号的出现实现了文字(话语)与图像(造型)的完美结合。弹幕话语不是用来听的,而是用来观看的,这种符号演化为一种视觉经验的再现。福柯(Foucault 1972)最引人入胜的理论框架为权力与知识,"权力"一词在法语中为"Pouvoir","知识"为"Savoir",二者的共同词根即"Voir"(看、观看)。"眼睛""观看"因此而与权力、知识构筑起微妙而交错的关系。福柯对"观看/权力/知识"关系的梳理已然触及了现代视觉制度的内核。视觉"观看"携手权力与知识,使得万事万物无处遁形。

3. 弹幕的话语特征

弹幕包括文字类与非文字类符号。文字符号类的弹幕主要表征为寄生性、隐喻性、象似性、动态性和狂欢性,而非文字类的主要示例有：

[!!!!!!!!!!!]：表感叹或惊讶,相当于语气词"啊",叹号增加,语气增强。

[。。。。。。]：句号表示话语的结束,多个句号连用表示无语、无可奈何。

[????????]：多个问号连用,疑问的气势被强化,同时传递莫可言状的复杂情感。

[=====]：等号谐音"等"。

[++++]：加号表示意见的附加,即同意前一弹幕的内容。也可记作"+1"或"+10086"。

3.1 寄生性(parasitic)

边缘话语的典型特征之一为"寄生性"(丁建新 2010: 77)。弹幕本是寄生在弹幕视频上的话语符号。这种符号对主流话语的寄生已经超越了国界与疆域,日语、英语、汉字等都是弹幕文字可以栖居的场所。而弹幕话语与其他网络语言之间并非此消彼长的关系,它们抱团取暖,相互影响。

由于日本宅文化的影响,弹幕文字可表现为对日语汉字与意义的直接挪用,如"**萌**""**燃**"。"萌え"由'燃え'衍变而来,"萌"本指见到美少女时观者热血沸腾的精神状态。热血类作品经常被冠以"燃烧"的标签,而日语中的"燃え"和"萌え"同音为"もえ"(moe)。"萌"亦指在人们脑海里闪现的纯粹喜爱、欣赏等美好情感,"卖萌"可简单理解为"装可爱"。然而"卖萌"的涵义也得以延伸,网络视频中装傻、装无知、装单纯的言行皆可称为"**卖萌**"。

根据日本汉字进行音译改装的"**傲娇**"(ツンデレ),作为日本"萌"属性的一种,通常表现为外冷内热不坦诚,傲气不易接近,争强好胜不服输。在不同环境中,"傲娇"之人会从蛮横、任性摇身一变,呈现害羞、体贴等特质。

"**打 call**"(cheer for someone,借自日语"コール",作为对视频

角色表达支持与喜爱的方式，集中表现为支持而不囿于呼喊、挥舞荧光棒），而"**打电话**"是"打 call"的衍生。"007"本为风靡全球的谍战电影系列片，"007"不仅是电影片名，亦是主人公特工詹姆斯·邦德的代号。而在马云等商界大佬推崇极度过劳工作方式"996"的今天，"007"作为"奋斗文化"（hustle culture）的终极符号也被搬上弹幕视频，展现了工作时间与其他活动时间的极端博弈：每日工作 24 小时，从早上 0 点到晚上 0 点，每周工作 7 天，在工作时长上以机器作为参照。其他示例还包括依托 Chinese 与 consumer 合成的 **Chinsumer**（在国外疯狂购物的中国人），poor 与 property 合成的 **Propoorty**（房地产），通过标准话语体系的符号拼贴以指称弹幕视频中出现的极具讽刺意味的特殊群体与现象。

3.2　隐喻性（metaphoric）

批评话语分析的认知视角认为隐喻涉及源域与靶域的映射与投射，人们可以凭借身体经验以一种概念诠释、解读另一概念（Lakoff & Johnson 1980,1999），不同的隐喻拥有不同的"意识附属装置"（ideological attachments）（Fairclough 1989：119）。

原谅我的老阿姨笑/姨母笑。

"姨母"与"老阿姨"通常拥有慈祥、温柔、爱惜幼小的特质。弹幕中，这两个词置于"笑"字前用以调侃自己年纪见长，传递一种慈祥、温柔的情感。弹幕观者在看到心仪的且年纪小于自己的偶像或明星时往往会使用这些词。

"**辣眼睛**"以及"评论/视频/人有毒"中的"**有毒**"涉及源域与靶域之间的经验投射。在弹幕中"辣眼睛"用于形容看到不该看、不好看的东西，具有不忍直视、惨不忍睹的属性。而"评论/视频/人**有毒**"表示很有吸引力，就像中毒了一样欲罢不能。

3.3　象似性（iconic）

符号学家皮尔斯（Peirce 1955：105）指出，象似性指符号

（sign）的形式或者物质方面与其所指之间的相似（similarity）或相像（resemblance）关系。象似性背后的理念是语言结构在某些方面反映、映照人的经验结构。象似性弹幕常见诸谐音、拟声或空耳化现象中。

333："散散散"，表撤退、解散。

555："呜呜呜"表哭泣。

666："溜溜溜"的谐音，赞扬别人的快捷方式，也可以写为"太6了"。

爱豆：对 idol（偶像）的空耳化或谐音。

蜜汁带感、蜜汁微笑、蜜汁击掌："蜜汁"即"迷之"，不可捉摸、意义不明、引人遐想。

3.4　动态性（dynamic）

弹幕的特殊同步性能够实现不同观者跨越时空的交流。视频时间轴与弹幕时间轴共存于弹幕视频中，尽管各异的弹幕创作者在不同时段发送弹幕，但是所有的评论都被调整固定于视频自身的时间轴上。弹幕的特殊时间性消弭了非同步性，让人感觉众人在同一时间观看同一视频，并一同进行评论、吐槽。滚动性的弹幕不断飘过屏幕，这些符号实现了静态到动态的转换。弹幕符号被观看，被视觉化。

对于描绘性与评价性的弹幕话语，我们并不能够确定哪些视觉经验出于直接的观看，哪些来自观看者自身的知识储备。在这种程度上讲，观看与知识也是相互胶着、相互渗透、相互重叠的。青年们对 A 站、B 站上视频的观看离不开知识的假设，对图像的解读并非被动接受的过程；相反，它是预先储备的知识主动发挥作用的过程。

弹幕话语并非无本之木，它裹挟着图像并寄生于图像之上。只要没有特殊语境暗示，对图像的解读就拥有多种可能性。意义会逾越图像所设定的范围，展现出种种观看的差异性。观者从图像中获知的信息是无限的,人们会把信息"投入"图像,释放多种解读的可能。然而,语言不能够自我呈现、自我释意。图像的意义亦是如此。图像的意义之别源于观看的差别。同一图像对于不同的使用者意义大不一样,基于观看者不同的性别、年龄、教育背景、兴趣爱好、知识储备等差异,观者从图像中读取的信息以及对图像的反馈存在天壤之别。因此,弹幕话语是各异的观者对视频图像进行辩证观看的产物,对于不同的图像不存在单一的定义与释义。

3.5　狂欢性(carnivalesque)

事实上,古希腊时期,舞台上演员们根据角色要求脸上所戴的面具(mask)就是我们今天所说的"社会角色"(personae)的最初含义(沈文静 2013:37)。面具可以追溯到古希腊关于狄奥尼索斯·扎格列伊的神话。人们在盛大的酒神节里各自戴上面具以祭祀这位死而复生之神。同时,面具与中世纪的狂欢文化有密切的关系,中世纪的表演仪式乃面具的衍生物。

巴赫金(Bahktin)(1998)认为我们应该跳脱狭义的狂欢节能指,在更广泛的意义层面上使用"狂欢化"(carnival)这一术语。巴赫金(据 Volosinov 1929/88:103)同时观察到意义并非栖居于说话者的思想之中,也非栖居于受话者的思想之中,而是存在于说话者与受话者的互动之中。"声音"(voice)、"复调"(polyphonic)、"多声性"(heteroglossic nature)、"对话"(dialogue)成为其理论板块里的高频词汇,与"狂欢化"相得益彰。

巴赫金(1998)"狂欢"的基本要素包括狂欢化的世界观、狂欢化的行为方式与狂欢化的话语形式。新媒体青年狂欢化的世界观主要涉及他们对弹幕、对世界的独特感受,对知识的独特设想。新媒体青年狂欢的行为活动指涉他们沉浸于弹幕网络空间中的独乐乐与众乐乐,而狂欢性的话语即他们所使用的形式多样、极具象征性的弹幕符号。

任何时间、任何地点、任何体裁的弹幕视频都不可能是单一的声音；相反，它们都是狂欢化的，都是具有对话性的。比如"**舔屏**"（观看视频时见到性感的、心仪的人或物，就想隔着屏幕舔一口，夸张式地表达喜爱与赞美）、"**哭晕在厕所**"（某人遭遇了恶搞等不好的事情，并未真的在厕所哭晕）。虽然这些话语符号有失真实、准确，但是沟通依然有效，源于他们追求的是一种游戏心态。还有一些"过客弹幕"，其内容与视频内容、其他用户所发内容皆无关联。弹幕作为破碎的而又诱人的媒介为他们提供了自我倾诉、自我娱乐的端口。一则简单的"**吃饭/加班的我飘过**"道明了弹幕使用者观影时身处何地做何事的状态。而"**How old are you**"也跳脱出本义，被改造为"怎么老是你"。

观看视频时，如果接下来的视频影音会对受众的心理造成一定的冲击，弹幕画面通常出现"**高能预警，非战斗人员请撤离现场**"，"**前方高能**"等话语。作为一种剧透，这些符号可用以提醒观众接下来会有或惊喜或消极的冲击性场景，尤其在恐怖镜头出现前，有助于保护受众的心理免受太强的刺激。"**天啦噜/天惹奴**"（OMG, Oh my god, oh my lady gaga），来源于蔡依林专属的淋语（Linglish/Linguage），经常被用于弹幕使用者发了令人惊讶之物时，随后的弹幕观者难以置信以至于借助"噜、惹、奴"等语气助词表达情感。当弹幕制作者表达笑的时候也会使用"**233**"，后面增加的 3 越多，说明笑得越厉害，所以后来的观者会聚集使用 **2333、23333、233333、2333333、23333333、233333333**……

每一种弹幕声音都构成了青年们理解与评论世界的独特方式。不同的声音以及不同话语表现出来的异彩纷呈的意识相互竞逐、碰撞、互动、对话，在弹幕池中、在现实与虚拟空间之间营造出一种复调的氛围。

4. 弹幕话语建构"e"托邦

想象共同体（imagined community）在 Anderson（2004：6 - 7）

看来是共同体成员所产生的一种集体归属感,一种内在凝聚力、向心力。这些成员虽不曾谋面,却心怀对共同体的共同想象与设想,笃定自己属于共同体成员。共同体已然超越了地理形态上的界限与疆域,它是一种"e"托邦(etopia)、乌托邦(utopia),是人们寻求的以价值趋同为基础的共享家园与精神归属(Rink 2008:207),这与新媒体空间中的 N(N≥2)次元不谋而合。

所谓"N 次元"世界,一般用来指动漫所建构的幻想性或理想性的世界(沈文静 2017)。而弹幕语话语建构的 N 次元世界,指在主流社会内青年亚文化族群所建构的一个可以逃逸其中并浸淫享受的世界,也就是 Halliday(1978/2001:170)描述的实现重新社会化所需要的"似然社会结构"(plausibility structure)。

不同族群间的分离、隔阂与对峙会将对"话语权"(discursive power)的追逐推向更为剑拔弩张的状态。话语权既是工具,亦是目的。对话语权的渴望本质上来自对丧失权力的焦虑与惶恐。弹幕符号作为一种"仪式抵抗"(ritual insult),是网络青年对另类言说方式、生存状态与身份的表演。网络空间是一个"地球村",将散落于世界各地的人们汇集于一个小小的虚拟空间内,成为虚拟社群的成员。在这方空间里,一个人的身份,无论是性别、种族还是年龄等,都可以被隐匿起来。新媒体青年可以进行身份游戏,呈现自己不同的人格特征与社会角色。有人认为互联网为人类提供了最民主的舞台,在这里社会等级差别都将被消除。然而,网络的民主化终将不过是个伪命题。

正如世界上其他任何社群一样,进入 A、B 站需要了解各种规章、制度,每个社群成员的言语也会被监控与评判,确保各种规则被遵循、执行。弹幕网站采用会员制,游客无权发送弹幕,而会员可以。会员有注册会员与正式会员之分,注册会员发送弹幕有字符限制,而正式会员无限制。但成为正式会员需通过老会员邀请或答题晋升,这也就意味着"小白们"(网络上不守礼节秩序、不自我规范的人)即便通过市面上兜售的攻略侥幸成为会员,但终因理解不了弹幕的话语本质被再度踢出局。

5. 结语

　　弹幕话语是备受青年青睐并借以观察、把握现实与世界的方式。他们选择了什么样的叙事方式，现实也就按照什么样的方式呈现于我们。弹幕符号已经远远超越了对语音、词汇语法以及语义的描摹，大大丰富着人们的听觉与视觉经验，充当着身份的说明书与文化的标签。

　　在新媒体领衔的时代，青年话语与其所衍生出的那个滚动雪球已然深入到社会与文化生活的方方面面，并以不同的身份、形式出现，持续冲击着这个扁平化的世界。一如它所背靠的社会、文化话题本身的严肃，青年新媒体话语除了承载、传递信息之外，更应该被理解为一种对生存状态与文化存在的许诺。

参考文献

[1] 阿尔温·托夫勒.朱志焱等译.第三次浪潮[M].北京:生活·读书·新知三联书店,1983.

[2] 巴赫金.巴赫金全集6卷,白春仁等译[C].石家庄:河北教育出版社,1998.

[3] 丁建新.主体间性·功能进化论·社会生物学——M.A.K. Halliday社会符号学理论述评[J].四川外语学院学报,2007,(6):26 - 30.

[4] 丁建新.作为社会符码的"反语言"——"边缘话语与社会"系列研究之一[J].外语学刊,2010,(2):76 - 83.

[5] 丁建新.从话语批评到文化批评——"边缘话语与社会"研究[J].江西社会科学,2013,(9):71 - 75.

[6] 丁建新,沈文静.边缘话语分析:一些基本的理论问题[J].外语与外语教学,2013,(4):17 - 21.

[7] 韩模永."新观众"的诞生——论弹幕影评的范式变革[J].广西社会科学,2017,(2):188 - 192.

[8] 汉斯·格奥尔格·伽达默尔.真理与方法:哲学诠释学的基本特征(下

卷).洪汉鼎译[M].上海：上海译文出版社,1986/99.

[9] 罗兰·巴特.明室：摄影札记,赵克非译[C].北京：中国人民大学出版社,2011.

[10] 沈文静.话语身份的建构——以《发条橙》中纳查奇语为例[J].北京科技大学学报(社会科学版),2013,(3)：35‐40.

[11] 沈文静.二次元社会现实的建构——以《发条橙》中纳查奇语为例[J].天津外国语大学学报,2017,(1)：1‐6.

[12] 肖潇.弹幕语言的语用特征、现状及其社会文化成因[J].北华大学学报(社会科学版),2016,(5)：20‐24.

[13] 辛斌,田海龙,苗兴伟,向明友,秦洪武,马文.六人谈：新时代话语研究的应用与发展[J].山东外语教学,2018,(4)：12‐18.

[14] 熊晓庆,高尚.经典影视剧的沦陷：弹幕狂欢下的审美嬗变与伦理反思[J].新锐视点,2018,(22)：67‐69.

[15] 颜纯钧.弹幕电影：又一个反思的样本[J].电影艺术,2016,(6)：67‐72.

[16] 张辉,杨艳琴.认知语言学的"三个轴线"与"三个层面"——第14届国际认知语言学大会侧记[J].山东外语教学,2018,(2)：10‐23.

[17] Anderson, B. *Imagined Communities: Reflections on the Origin and Spread of Nationalism*[M]. London：Verso, 2004.

[18] Fairclough, N. *Language and Power*[M]. London：Longman, 1989.

[19] Foucault, M. *The Archaeology of Knowledge*［M］. New York：Pantheon, 1972.

[20] Gee, J. P. *Social Linguistics and Literacies: Ideology in Discourses*[M]. London：Taylor and Francis, 1996.

[21] Halliday, M. A. K. *Language as Social Semiotic: The Social Interpretation of Language and Meaning*[M]. London：Arnold/Beijing：Foreign Languages Teaching and Research Press, 1978/2001.

[22] Lakoff, G. & Johnson, M. *Metaphors We Live by*［M］. Chicago & London：University of Chicago Press, 1980.

[23] Peirce, C. S. Logic as Semiotic：The Theory of Signs[A]. In J. Buchler (ed.) *Philosophical Writings of Peirce*［C］. New York：Dover Publications, 1955：98‐119.

[24] Rink, B. Community as Utopia：Reflections on De Waterkant[J]. *Urban Forum*, 2008, (2)：205‐220.

[25] Volosinov, V. N. *Marxism and the Philosophy of Language*. L. Matejka & I. R. Titunik (trans.) [M]. Massachusettes：Harvard University Press, 1929/1988.

（本文刊于《山东外语教学》2019 年第 3 期,收录时略有改动）

（作者通讯信息：华南农业大学
shenwenjing5081@126.com）

《水浒传》英译本的边缘话语分析

唐子茜

1. 引言

　　"边缘"与"中心"的二元对立长久主导着人类思维的组织模式,并深刻体现在语言与文化研究领域。近年来,关于"边缘"的研究在人文学科领域愈发呈现"非边缘化"趋势,虽谈不上炙手可热,却引起了越来越多学者的关注。"边缘话语""边缘写作""边缘叙事""文化边缘人""边缘批评""边缘想象"等概念的相继提出,大大丰富了"边缘"研究的内涵。Fairclough(1992,1995)的"三维框架理论"将"话语"视为斡旋于文本与社会之间的一种"社会实践",在很大程度上拓宽了"话语"的内涵与外延,如此,一切客观实践在一定程度上都包嵌于话语研究的范畴中,"边缘写作""边缘叙事""边缘批评"等研究实践也就自然成了"边缘话语"研究的应有之义。

　　王岳川(1997)指出,"边缘话语是被命名的,却难以准确定义"。在这里,他关注的是边缘的相对性和流动性。边缘与中心相互建构,相互渗透,总是处于不间断的流变之中,从这个层面来说,"边缘话语"的定义是相对于"主流话语"而言,并非绝对的,因而"难以定义"。丁建新(2010)首次在国内提出"边缘话语分析"理论,并系统地阐述了这一"以社会关切为本的后现代主义话语分析范式",试图借助这一范式"打通话语批评与文化批评之间的阻隔与断裂"(丁建新,沈文静 2013)。他强调"我们之所以关注边缘话语,终极目标在于边缘话语所代表的边缘社会、边缘人群与边缘文化"(丁建新 2013,2015)。他并进一步指出,"对边缘话语的关注体现了批评话语分析的社会关切"。边缘话语分析采取的是"最受苦受难者"（the most suffered）的立场（van Dijk 1986），关注的是"在现代性秩序原则的夹缝中被推向收编境地"的族群。而话语作为这些边缘群体构建身份、获取社会认同进而寻找有意义的"他者"的重要途径，必然成为其颠覆、反叛主流文化、宣称自身诉求的利器。尽管边缘话语研究已取得一定成果，但其在跨文化语境下的探讨尚未有研究涉及。因而本文试图采用边缘话语分析的方法对《水浒传》英译本中的反语言所揭示的社会文化意义进行分析、阐释。

2. 异质文化复调中的反语言

宏观上说，女性主义话语、新历史主义话语、新马克思主义话语、后殖民主义话语、后现代主义（解构主义）话语等均属于边缘话语的范畴。它们都在一定程度上表现出对主流意识形态话语的挑战、对抗甚至消弭。无论是对正统历史书写的反叛，抑或是对主流宏大叙事的改写，无一不体现着文化表征的异质性（heterogeneity）。微观上说，边缘话语包含诸如"同性恋话语、青年话语、网络话语、移民话语、反语言"等类型。而"反语言作为边缘话语的一种极端形式"（丁建新 2010），承载着边缘话语最典型、最本质的内涵。因此，我们将研究范围进一步锁定，着重关注反语言所负载的"边缘性"如何在异质文化中表征社会文化意义，并对其作为一种"另类"的话语模式在多元的社会意义空间内所呈现的复调性做出阐释。关于反语言最早的文字记录要追溯到 1567 年托马斯·哈尔曼（Thomas Harman）在 *A Caveat or Warning for Common Cursitors* 一书中对乞丐使用的黑话（cant）及俚语（slang）词汇的收集。语言学家韩礼德受到这个词汇表的启迪，率先提出"反语言"这一概念，用以描述处于社会边缘的语言表达（words spoken on the fringes of society），其同名文章 *Anti-Languages* 于 1976 年发表在 *American Anthropologist* 期刊上。韩氏（1978：164）在阐述"反语言"的定义时说,"在某些时期和某些地区我们遇到了一些由某种反社会(anti-society)所创造的特殊形式的语言,我们可以将它们称作为'反语言'。正如普通语言一样,反语言发挥着通过会话创造和维持社会结构的作用。但是它所维持的社会结构具有某种特殊的形式,其中的某些因素是非常显著的。这使得反语言获得一种以隐喻性表达方式为准则的特殊特征,并且这些特征出现在语言的各个层面:语音、词汇、语法及语义。"反语言在这几个层面上都各有特点。首先,在语音层面主要通过替换(alternation)及音位转移(metathesis)等方式来构成新词汇;在词汇、语法上表现出重新词汇化(relexicalization)及过度词汇化(over-lexicalization)的特征;在语义层面表现为隐喻性特点。反语言的这些语言结构上的特征最终服务于其重新社会化(resocialization)的功能,即在特定社会机制运作下,作为社会人的价值观、信仰、常态等社会属性的有意识的重构。反语言最重要的功能体现在其维持反社会中的人际关系时的"保密性"(secrecy)或"排外性"(inaccessible to the layperson)。而"保密性"并非使用反语言的唯一动机,它还有助于建构一个与主流社会抗衡、抵制的有阶级性的"反社会",这样的反社会并非凭空出现,而是主流社会"有意识的替代"(a conscious alternative)。反社会在阶级性上与主流社会表现出同质性,例如,波兰监狱里的囚犯以会不会说"行话"进行阶级划分,不会说的被贬为最低等,即所谓的 suckers,如 Martin Montgomery(1995)所言,越擅长于使用"行话"的人地位越高。这一阶级划分也是主流社会的属性之一,尽管划分的标准不尽相同。鉴于此,不难推断"反语言是语言的隐喻,由反语言构建的反社会则是社会的隐喻。反语言从本质上讲是反文化的话语实践,是社会语言的变体,维系反社会的身份等级秩序"(丁建新 2010)。

　　如果说反语言是同质文化中的"噪音",那么在异质文化中,它是一种"复调"话语。巴赫金(2010:3)在《陀思妥耶夫斯基诗学问题》中指出:复调有着众多的各自独立而不相融合的声音和意识，由具有充分价值的不同声音组成。其三大基本特征是：对话性、多声部性、未完成性。在当今全球化背景下，文化的同质性在一定程度上被过度消费，人们期待"地球村"里高度程式化、一致化的政治秩序、经济准则、文化融合。但质疑的声音此起彼伏，有人诟病其为"反动的乌托邦"，亦有人指出全球化导致的"趋同"是浅薄的，而导致的"逐异"却是深刻的。作为语言研究者，我们必须接受一个客观事实，即东方文化与西方文化在本质上互为异质文化，视彼此为自己的非我因素（杨乃乔 2007）。而正是由于文化的异质性，翻译学与译介学才有了产生与发展的必要性。

从跨文化交际角度来说，话语或语篇中蕴涵的文化信息的相对等值和有效的传递可谓翻译的核心要义之一。反语言作为一种重要的文化负载体，其在源语言文化中的边缘地位导致这一特殊语言现象较少受到翻译研究者的关注，从跨文化译介的理论基础与方法论上对此进行的探究更是缺乏。本文旨在挖掘反语言承载的文化信息如何以一种复调的声音在异质文化中得以重新构建、接受与传播。不同于其在源语文化中因抵制、扰乱主流话语秩序而"被收编"或受规训的处境，反语言在异质文化中却恰恰因其对目的语文化中的主流话语离经叛道的颠覆和解构而大放异彩。目的语文化读者对于来自其他文化的文学作品中千篇一律的语言教条早已厌倦，他们更期待一种充满异域情调、偏离常规的语言输入。而反语言在某种意义上满足了目的语文化受众对源语言文化的窥探欲，也是西方对于他们想象中的"东方主义"（反之亦然）进行修撰与改写的重要依据。如此，反语言在异质文化中不再被弃之如敝屣，反而以复调话语的姿态与主流话语并驾齐驱。

3.《水浒传》英译中反语言的话语分析

《水浒传》被誉为中国封建社会的"百科全书"，它深刻揭露了北宋年间封建统治阶级官吏腐朽残暴的高压政治环境下官逼民反的社会矛盾。书中充分汲取民间文学的精华，对市井草根人物做了细致入微的刻画。这些人物的边缘性和反叛性使得《水浒传》中出现了大量的反语言,其鲜明的词汇特征构成了小说重要的语言特色。因此,《水浒传》的英译效果很大程度上取决于对原文这一语言特色及其文化因素的处理。

3.1 《水浒传》中反语言的功能及词汇特征

《水浒传》中大量的粗俗语、俚语、禁忌语等反语言的使用生动塑造了宋江、鲁智深、李逵、武松、林冲等一批社会边缘群体的好汉形象。这一系列的反语言不仅对人物刻画及情节发展至关重要,更是有意识地建构了一个"梁山泊反社会"并衍生出相应的反文化,试图对封建主流社会进行抵制、反抗,表现为"被动共生"(passive symbiosis)或"主动敌意"(active hostility)甚至"毁灭"(deconstruction)。粗俗语作为反语言中最直观最极端的一种形式,包含詈骂语、暴力语言、性隐喻等,在《水浒传》中出现的频率极高,表现出反语言重新词汇化及过度词汇化的典型特征,如在指称詈骂的对象时常用厮、贼、鸟、驴、撮鸟、猢狲等。反语言的词汇、语法特征在其对应的两个英译本中也有相应的体现。尽管两位译者在选词上有共鸣,但总体来说,赛译偏向于逐字对译和直译,意在保留源语文化的异国情调,旨在"使译本逼似原著,希望不懂中文的读者至少能产生一种幻觉,即他们感到自己是在读原本"(孙建成 2008:96)。沙译则采取意译为主直译为辅的翻译方法,容易使目的语读者产生移情效果。下文将从边缘话语分析的视角探讨赛珍珠版 *All Men Are Brothers*(1933)和沙博理版 *Outlaws of the Marsh*(1980)两个英译本①中反语言的英译隐含的文化内涵及意

---

① 《水浒传》因流传广泛,版本众多。一般分为两个系统:繁本和简本。按章回数主要有:70 回本、100 回本、120 回本(还有 115 回本等其他流传较少的版本)。《水浒传》的两个英译本分别基于两个不同中文版本翻译。赛珍珠版英译基于金圣叹 70 回本评本;沙博理版前 70 回基于金圣叹 70 回本评本,后 30 回基于容与堂刻本《李卓吾先生批评忠义水浒传》(范宁:1982)。

识形态倾向。

3.2 反语言英译的话语分析案例

[1] **原文**：智深道："俺猜这个撮鸟是个剪径的强人，正在此间等买卖，见洒家是个和尚，他道不利市，吐了一口唾，闪入去了。那厮却不是鸟晦气！撞了洒家，洒家又一肚皮鸟气，正没处发落，且剥这厮衣裳当酒吃！"提了禅杖，迳抢到松林边，喝一声"兀！那林子里的撮鸟！快出来！"

——《水浒传》第五回

赛译：Lu Chi Shen said to himself, "I suppose this <u>accursed</u> is some highway robber and he is waiting here for business and seeing a priest such as I am, he considers it an evil omen and spits and hides again. But <u>he</u> has truly come upon <u>ill luck</u>. My belly is already filled with <u>anger</u> and I have no way to let it out of me. I will tear the clothes off <u>him</u> and take them to a wine shop to exchange for wine." So taking up his long staff Lu Chi Shen rushed with all his might into the wood shouting, "Ha, you <u>accursed thing</u> in the wood, come out quickly!"

沙译："That <u>bird</u> is a robber, or I miss my guess, and he's waiting for business," thought Lu. "When he saw I was a monk he knew there was no profit in me, so he spat and went away. It's just his <u>bad luck</u> that he's run into me. I've a bellyful of <u>wrath</u> and no place to get rid of it. I'll strip the <u>lout</u> of his clothes and sell them for wine money." Staff in hand, he hurried toward the forest, crying: "<u>You rogue</u> in the wood, come out quickly!"

该段是鲁智深途经赤松林险遭史进拦路打劫时自言自语的片段。鲁智深原是关西延安府老种经略相公帐前提辖官，见郑屠欺侮金翠莲父女，三拳打死了镇关西，可见是个血性中人，其言语自然粗俗鄙陋。赛译通过异化策略将两个"撮鸟"译为 accursed (thing)，该词书面语气较重，通常用在较庄重文体中，如圣经中就用到 accursed thing 一词，并定义："The 'accursed thing' meant something ' under the ban ' and marked for utter destruction."（Bible，Joshhua 6：18）。因而此处译文略显生硬，且不符合鲁智深粗犷血性的用语习惯。沙译则采用偏归化的策略，分别译为bird，rogue。Bird"鸟"在字面意义上与原文"撮鸟"正好契合，体现出中西文化的交融共通。且在英语中，bird 还有"侮辱性淫秽下流"的引申义，如英语中的詈骂语：Don't use your bird to suck my dick.这一点与中文意义相通，取这个意义来翻译"撮鸟"一词，形神兼备，且与人物形象吻合。沙译更能产生文化移情效果，更容易被英语母语者接受，也更能体现原语与目的语文化内涵的等值效果。Rogue（流氓、无赖）在表示詈骂含义时可充当 bird 的同义词，既避免了用词重复，也凸显出反语言过度词汇化的特征。由此可见，沙译的归化兼顾异化翻译策略，在该处更能捕捉到文化翻译的精髓。

在翻译"鸟晦气""鸟气"时，赛译分别译为"ill luck""anger"，沙译分别为"bad luck""wrath"。二者的译文中均未译出源语的反语言"鸟"。而在《水浒传》中恰恰是这些反语言使得人物的塑造传神而形象，如果忽略掉，翻译效果大打折扣。笔者认为，"鸟晦气"和"鸟气"分别译为"fucking bad luck"，"fucking anger"更能体现出原文中反语言的特征，也更有助于人物形象的刻画。换言之，反语言恰当传神的翻译才能赋予《水浒传》英译本以灵动与声色，译文丢失了反语言的特征则变得无滋无味。由此不难看出，在《水浒传》中反语言的作用和效果足以与主流话语相抗衡，其与主流话语的关系与其说是依附不如说是复调。反语言在异质文化中能否作为一种与主流话语并驾齐驱的话语模式而得以传播和接受也正是评判《水浒传》英译优劣的关键。

反语言的复调性还主要体现在其身份建构和认同的对话性上。它建构了言说者的社会身份，同时也设定了交谈对象的身份，二者的身份建构是在对话中完成的。鲁智深一方面通过"撮鸟""厮"等一系列反语言建构了自身粗鄙的"社会边缘者"形象，即什么人说什么样的话。另一方面,反语言也是说话者试图用来寻求和识别同一边缘群体中对象的最为有效的话语资源,即试探对方是否也说这样的话。这一身份建构和认同实则也是对话性的。换言之,鲁智深通过反语言建构了一个边缘者形象,而边缘与主流又是相互建构的。边缘相对于主流而存在,反之亦然。另外,边缘与主流的界定并非固定的,而是处于变动不居中,二者相互渗透。边缘有向主流涌入的趋势,主流也有向边缘倒灌的倾向,因此,反语言建构的社会身份是对话性的。在以上两个译文中,"撮鸟"分别被译为"bird/rogue"(沙译)、"accursed"(赛译)。"bird/rogue"具有显著的反语言特征,其建构的说话者的社会身份可明显标记为边缘者,从而具备了与源语的反语言身份建构近乎等值的复调性。而赛译的反语言特征几乎被主流话语形态所掩盖(上文提到accursed通常用于庄重语域,如圣经中),其建构的是一个主流话语群体中的说话者愤怒之下爆粗口的形象,而非一个骨子里流淌着边缘血液的"绿林好汉"形象,其反语言身份建构的复调性自然也随之消弭。由此,反语言在异质文化中的复调性在两个译本中的处理可见一斑。沙译在反语言的复调性诠释上更胜一筹。

[2]**原文**：只见那艄公放下橹,说道："你这个撮鸟！两个公人平日最会诈害做私商的心,今日却撞在老爷手里！你三个却是要吃板刀面,却是要吃馄饨？"宋江道："家长休要取笑。怎地唤板刀面？怎地是馄饨？"那艄公睁著眼,道："老爷和你要甚鸟！若还要板刀面时,俺有一把泼风也似快刀在这舱板底下。我不消三刀五刀,我只一刀一个,都剁你三个人下水去！你若要吃馄饨时,你三个快脱了衣裳,都赤条条地跳下江里自死！"

——《水浒传》第三十六回

[**赛译**] They saw the boatman put down the guiding rope and he said, "you accursed thief and two guards, you are such as do love to make afraid those men who smuggle salt. Today you have fallen into this lord's hands. Would you rather eat a bowl of broadsword noodles or would you rather eat a bowl of dumplings in soup?" Sung

Chiang said, "Honorable Captain, do not joke with us. What is a bowl of broadsword noodles and what is a bowl of dumplings in soup?" The boatman opened very wide his eyes and he said, "what joke does this lord make with you? If you would eat a bowl of broadsword noodles I have a knife sharp enough to cut the wind. Here it is under the boards of the cabin. I do not need to use three of five strokes to do it. One stroke apiece is enough and the three of you will fall into the water. If you want to eat dumplings in soup then quickly take off your clothes, you three, and leap into the river naked as you are."

[沙译] The boatman put down his oar. "You, prick, and you two police guards, it's your kind who are always squeezing us smugglers. Today you've fallen into my hands. What would you rather eat — 'deck knife noodles' or 'dumplings in soup'?" "Don't joke, sir," said Song Jiang. "What do you mean?" The boatman glared. "Who's joking! If it's 'deck knife noodles' you want, I've a blade beneath this deck which can slice the wind. I don't need three or four slashes. One cut each will dump you dead in the water. If it's 'dumplings' you prefer, take your clothes off and jump into the river naked as dumplings and drown yourselves!"

宋江在刺配途中经浔阳江上险被张横误杀。该段对话中涵盖了反语言的两大要素：詈骂语和隐喻。张横是浔阳江上的艄公，绰号船火儿。他和弟弟张顺同霸浔阳江，常在摆渡到江心时杀人劫财，与揭阳岭李俊、揭阳镇穆弘兄弟合称揭阳三霸，可见是个凶猛野蛮之人。赛译中将"撮鸟""鸟人"都译为"accursed thief"，效果同上述例一，源语言中反语言的过度词汇化特征未得到体现。而沙译则在词汇选择上更为丰富准确，prick（蠢货，笨蛋）含有性隐喻意义，指男子性器官，詈骂效果更符合人物设定。"板刀面""馄饨"本是寻常百姓的日常食物，而这里却用来指代"杀人"的方式。以张衡作为一名艄公的身份来看，小面馆和面摊应该是常去的饮食场所，故他对这类面食十分了解。用刀把人往水里砍被隐喻为厨师用板刀往沸水里削面团，称之为"吃板刀面"。逼迫对方赤裸裸地跳进水里溺死则被隐喻为煮馄饨，称作"吃馄饨"（郑鸿桥 2016）。此处张横的话语是匪盗阶层通俗的口语表达，将杀人比作烹饪面食是对主流语言的有意识的替代和戏谑，是典型的反语言，它通过隐喻建构了一个秘密的反社会，其隐秘性足以将不属于该社会群体的人拒之于千里之外，因此宋江及两个公人无法理解其话语，反语言的隐秘性和隐喻性特征被前景化。赛译中"板刀"被直译为"broadsword"（宽刃大砍刀），而沙译则领悟了此"板"非"刀板"，而是指艄公船上的"艎板"，这一点从下文中可知，故译为"deck"（甲板）。由此不难看出，沙译的意译方法更能捕捉到原文的文化内涵，而赛译的直译方法则不免文化误译之嫌。由此可见，反语言的英译必须在话语分析的基础上进行，其优劣很大程度上取决于文化层面的翻译，而非纯语言层面。

4. 结语

反语言是边缘群体获得社会身份认同的话语表征，它建构并维系反社会，反社会又催生出反语言。在这样的交互作用中，语言与社会的关系变得愈加复杂。本研究发现，《水浒传》中大量的反语言涉及丰富的社会和文化内涵。对反语言的翻译关键在于其文化信息的实现，总体来说，相比赛珍珠译本的直译方法，沙博理译本的意译为主直译为辅的方法在反语言的文化翻译上更胜一筹。笔者认为，边缘话语分析视角下的反语言英译研究以文化研究的方式尝试文学文本的翻译批评研究，为文学翻译批评打开了新的视角。然而受篇幅所限，本文最大的缺憾在于仅分析了两个英译本中的少量反语言，案例尚不够丰富，对反语言在原文本与译文本中可能的差异性未能展开论述。今后的研究可对此做进一步的探讨，并尝试对其他译本（英译或其他语种）进行分析，亦可围绕边缘话语的其他范畴展开。笔者希望此领域的研究能够为《水浒传》英译研究做出有益的贡献。

参考文献

［1］巴赫金.刘虎译.陀思妥耶夫斯基诗学问题［M］.北京：中央编译出版社,2010.

［2］丁建新.作为社会符号的反语言边缘话语与社会系列研究之一［J］.外语学刊,2010,(2)：76－83.

［3］丁建新.从话语批评到文化批评——边缘话语与社会研究［J］.江西社会科学,2013,(9)：71－75.

［4］丁建新,沈文静.边缘话语分析——些基本的理论问题［J］.外语与外语教学,2013,(4)：17－21.

［5］丁建新.文化的转向：体裁分析与话语分析［M］.天津：南开大学出版社,2015.

［6］范宁.《水浒传》版本源流考［J］.中华文史论丛,1982,(4)：69.

［7］施耐庵,罗贯中.金圣叹批评本《水浒传》(金圣叹评)［M］.长沙：岳麓书社,2006.

［8］孙建成.《水浒传》英译的语言与文化［M］.上海：复旦大学出版社,2008.

［9］王岳川.文化边缘话语与文学边缘批评［J］.文学自由谈,1997,(2)：50－54.

［10］杨乃乔.论比较诗学及其他者视域的异质文化与非我因素［J］.北京大学学报(哲学社会科学版),2007,(1)：104－113.

［11］郑鸿桥.《水浒传》反语言词语的隐喻认知［J］.贵州工程应用技术学院学报,2016,(34)：4.

［12］Fairclough, N. *Discourse and Social Change*［M］. Oxford：Polity Press, 1992.

［13］Fairclough, N. *Critical Discourse Analysis: The Critical Study of Language*［M］. New York：Longman, 1995.

［14］Halliday, M.A.K. Anti-language［J］. *American Anthropologist*, 1976, 78(3)：570－584.

［15］Halliday, M.A.K. *Language as Social Semiotic*［M］. London：Edward Arnold, 1978.

［16］ Harman, T. *A Caveat or Warning for Common Cursitors*, *Vulgarly Called Vagabonds*［M］. London: Wylliam Gryffith, 1567.

［17］ Montgomery, M. *An Introduction to Language and Society*［M］. New York: Routledge, 1995.

［18］ Shih Nai'an & Lo Kuanchung. *All Men Are Brothers*［M］. trans. Pearl S. Buck. New York: The John Day Company, 1933.

［19］ Shih Nai'an & Lo Kuanchung. *Outlaws of the Marsh*［M］. trans. Sidney Shapiro. Beijing, Foreign Languages Press: Foreign Languages Press, 1980.

［20］ van Dijk, T. *Racism in the Press*［M］. London: Edward Arnold, 1986.

（本文刊于《外语研究》2017 年第 6 期，收录时略有改动）

（作者通讯信息：广东外语外贸大学
agneszqtang@163.com）

"信息通信技术"在新媒体科学传播中的话语建构

王 晶

由于生产、复制和传播的便捷性以及来源的多元性,新媒体中的科学传播文本与传统媒介相比数量极其庞大。如此大数据的科学传播文本,对于信息通信技术(ICT)知识的传播和普及无疑很有益处。"单个文本是微不足道的,传媒的影响力是通过累积而来,是通过对某一事件的因果关系、事件主体的反复刻意的描述以及对读者的反复教导等手段来完成的"(Fairclough 1989:54)。对于这样的研究对象,大数据的语料库是开展话语分析的最佳辅助工具。本研究基于大数据挖掘和语料库,运用大量真实的文本数据厘清 ICT 科学传播的话语现状,并探究新媒体中的科学传播话语如何建构"信息通信技术"这一科学概念。

1. 新媒体话语对科学的建构作用

在信息社会,新媒体在建构 ICT 的科学概念、培育公众的 ICT 科学素养方面起着举足轻重的作用。第九次中国公民科学素质调查报告①显示,公民利用互联网及移动互联网获取科技信息的比例达到 53.4%,比 2010 年的 26.6%提高一倍多,已经超过了报纸(38.5%),仅次于电视(93.4%),位居第二。互联网已成为具备科学素质的公民获取科技信息的第一渠道。

Gerbner 曾指出,传媒对读者的影响是长久深远的,这种影响起初是细微的,但随着时间的推移和文字或图像的反复,其影响力

---

① http://education.news.cn/2015-09/19/c_128247007.htm,2017/6/8.

将呈几何式的增长（Gerbner 1986）。传媒与读者的关系复杂且相
互影响。Fairclough（1989）、Conboy（2010）等都曾论述过传媒、话语
与读者的关系，并且一致认为，传媒会根据其代表的价值观和权力
关系用话语对现实进行重构，也会根据特定的读者群来选择特定的
语言变体，从而帮助读者实现身份认同，并潜移默化地建构读者的
思想。但读者并不总是被动地被构建，不总是信息的被动接收者，
读者也能影响传媒的话语策略和文体方式。意义是在文本和读者
的互动中创造出来的（McIlvenny 1996），或者说，传媒、信息与读者
通过话语实现相互的建构。在新媒体的特定语境下，话语和读者在
科学传播的过程中相互影响和掣肘，从而完成对科学概念的建构。

新媒体所传播的科学内容涵盖各门各类，非常庞杂。我们选
择 ICT 领域作为研究对象的理由有二。首先，信息通信技术是第
三次和第四次工业革命的技术基础。其次，根据 2016 移动互联网
网民科普获取及传播行为研究报告①，从 2016 年度网民对科普内
容的关注度分布上看，信息科技成为移动端网民最关注的科普主
题，用户关注份额为 24.8%。这也是笔者将 ICT 领域的科学传播
文本作为研究对象的一个重要原因。

2. "信息通信技术"（ICT）的概念考察

基于网站流量和 Alexa 排名，我们从中国的科学传播综合网
站中选出 12 个最有影响力且最具代表性的网站作为收集语料库
文本的平台，并使用网络爬虫软件抓取出共 7 276 个 ICT 科学传
播文本，这些文本的发布时间段是 2015 年 1 月 1 日至 2016 年 12
月 31 日之间。运用T‑LAB软件基于以上文本建立新媒体 ICT 科
学传播语料库，类符（types）123 184 个，形符（tokens）5 888 541
个，类符/形符比（type-token ratio，TTR）为 0.021，可见该语料库中
的文本词汇密度（lexical density）并不高，其中出现频率仅一次的

---

① http://news.qq.com/cross/20170303/K23DV6O1.html#2,2017/6/10.

形符数量为 62 178 个。值得注意的是,T－LAB 的词汇密度计算不包括停用词。

　　首先考察"信息通信技术"这一概念在语料库中的表现。"二十世纪 70 年代以后,语言学研究将词汇看成语言的核心"(陈功,梁茂成 2017:18),我们将"信息""通信""技术"拆分并两两组合之后进行考察,得出各个词及词组的词频(参见表 1)。"信息通信技术"一词(包括"信息和通信技术""信息与通信技术"的形式)虽然是本语料库的主题,但在所有文本中出现的频数却相当低,只有 24 次,而其英文缩写 ICT 出现的频数反而较高,达到 270 次。这说明新媒体的科学传播更倾向于用便捷的英文缩写来代替。而且"信息通信"这种多词组合在科学传播文本中也并不受青睐,总共出现了 54 次,因此"信息通信技术"和"信息通信"可以不作为研究考察的重点。

表 1　本语料库及参照语料库 CNC 的"信息通信技术"词频对比

词	词频数 (本语料库)	词频率 (本语料库)	词频数 (CNC)	词频率 (CNC)
信息	41 251	0.334 9	1 637	0.171 3
通信	12 348	0.100 2	188	0.019 7
技术	72 974	0.592 4	5 978	0.625 6
信息技术	1 711	——	——	——
通信技术	264	——	——	——
信息通信	54	——	——	——
信息通信技术	24	——	——	——
ICT	270	——	——	——
信息化	3 123	——	——	——

　　在很多文本中，常常将"信息技术"与"通信技术"分开表述，而这二者在科学传播中的分布并不均衡，"信息技术"俨然成为关注的重点，出现的频数高达 1 711 次，"通信技术"只有 264 次。这大概与"信息技术""通信技术"的学科侧重点有关。相较之下，信息技术与公众的生活更为接近，作为科学传播的内容更能引起读者的兴趣，这反映出当下新媒体科学传播中"读者中心"的发展倾向。尤其值得一提的是，"信息化"一词出现的频率非常高，甚至超过了"信息技术"，达到 3 123 次，可见信息化是当下网络传播中的一个热点。

　　此外，"信息""通信""技术"在语料库中的词频数都很高，但这三个词的词频率需要和参照语料库进行对比才能显示出如此高的词频率是本语料库特有还是普遍的现象。本研究所选择的参照语料库为国家语委现代汉语语料库，简称 CNC①。通过和 CNC 的对比可以看出，"信息""通信"两词的词频率明显高于 CNC，说明本语料库与信息通信领域存在紧密的关系。但"技术"的词频率略低于 CNC。"技术"是比较宽泛的概念，可以和很多领域的词搭配使用，并不限定于信息通信领域，因此其频率的高低不能反映本语料库的核心内容，这一点可从"技术"在本语料库中的搭配看出来。显然，不能孤立地看待语料库中的词，还须考察该词的搭配。早在 20 世纪 50 年代，英国语言学家 Firth 就提出"搭配"的概念，他认为搭配是词语之间的结伴关系。在语料库索引行中，以节点词为中心，左右的词数之和为跨距（span），跨距内每个位置上出现的词即节点词的搭配词。根据 Baker 等人的研究（2013：36），本研究将跨距设置为 5。图 1 清晰地展示出主题词"技术"在本语料库中的主要搭配：在排名前 19 位的各个搭配词中，大部分（13 个）都是指向信息通信专业范畴的技术内容的搭配，如虚拟现实、人工智能、AR、成像等，两个形容词（先进、成熟）搭配，具有明显的积极

---

①　http://www.aihanyu.org/cncorpus/index.aspx，2017/6/22.

语义倾向,这可以显示当下科学传播中对于信息通信技术的态度是正面、褒扬的。剩下的4个搭配(利用、研发、试验、手段)都不具备强烈的语义倾向,较为中性。可见,虽然"技术"一词在本语料库的词频率略低于CNC,但其语义指向集中,且非常明确,和语料库的主题密切相关。

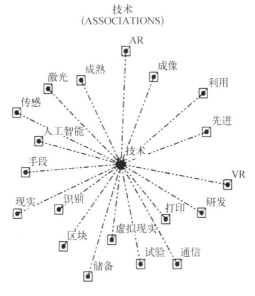

技术
(ASSOCIATIONS)

AR
成熟　　成像
激光　　　　利用
传感　　　　　先进
人工智能
手段　　　技术
　　　　　　　　VR
现实　识别　　　　研发
区块　　　打印
虚拟现实
试验　通信
储备

图1　"技术"的搭配情况

除了分析"技术"一词的搭配情况,进一步考查"信息""通信"两个词的搭配能提供科学传播文本中对于信息通信技术这一主题的更多信息。科学传播中对于"信息"的表述更偏向与公众日常生活相关的内容,如"身份证""办公室"等。即使"信息技术"一词在语料库中的频数达到了1 711次,也未能排进"信息"一词的搭配热词前20位。20个搭配词中,动词占据半壁江山(提取、传递、交换、泄露、窃取、查询、发送、收集、获取、传输)。分析这些动词的索引行可以看出,其中8个是中性词汇,另2个具有强烈的负面语义韵(semantic prosody)(泄露、窃取)。"泄露""窃取"两个词频繁地与"风险""安全""担心""摧毁"等词共现,体现出科学传播文本对于个人信息、数据信息安全事件的充分关注。与之相应,"安全"一词也位居"信息"搭配热词的第 19 位,可以看出,在对"信息"相关的科学传播内容中,科学原理并不占据重要的地位,反而是与民生相关的信息安全、信息服务等内容成为传播的主要对象,这与"通信"一词的情况正好相反。

在"通信"的搭配热词中(图 2),"信息"与"技术"都位于前 20 位,分别是第 10 位和第 15 位,这说明当"通信"一词出现的时候,两个词的共现频率也比较高。这 20 个搭配热词的分布,充分体现出科学传播中关于"通信"的内容大致分布在 3 个话题中。首先是基础通信设施和运营商,这包括了"基站""宽带""电信""运营商""网络""业务""服务""互联网""公司""手机"和"用户"共 11个词;其次是与通信技术有关的内容,包括"传输""无线""信息""技术";最后是和通信的大环境相关的内容,如"工信部""中国""发展"等。这与"信息"主要搭配公众民生的选择大相径庭,"通信"一词的共现热词更多地是从宏观或者技术的角度来展开。以

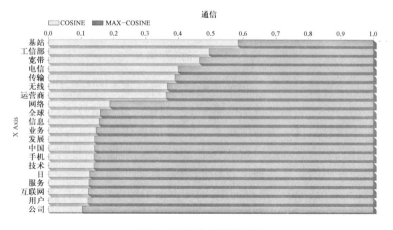

图 2 "通信"的搭配热词

上的分析呈现出本语料库中单个文本分析无法显示的词语搭配倾向,虽然人们习惯将"信息通信技术"视为一个整体,但在实际的新媒体科学传播中,传播者对这一概念所包含的 3 个词俨然产生区别对待,这或许是文本生产者们自己都没有意识到的。"词语像人类一样聚群"(梁茂成等 2010:86),在语言运用的横向序列中,一些词总是与其他词共同使用,具有很高的共现频率;而在纵向聚合关系中,一些特定的词语群也总是会被触发,表达相同或相似的主题。通过 T–LAB 对以上 3 个词的索引及搭配热词分析,揭示出隐藏在海量文本下的语用习惯,为我们对"信息通信技术"的科学传播话语的认识开启新的视角。

3. ICT 科学传播语料库的整体聚类分析

虽然对"信息通信技术"这一概念在本语料库中的话语状况已有基本的认识,但本语料库的文本爬取工作是以笔者选取的 64 个 ICT 关键词为标准展开的,这 64 个 ICT 关键词涵盖 ICT 领域的各个方面。要对本语料库的内容有一个整体的把握,仅仅考察"信息通信技术"概念显然不够,还需要对文本进行整体的聚类主题分析,以便研究者对庞杂的 ICT 科学传播主要呈现的主题有所了解。T–LAB 软件的基础文本主题分析功能(thematic analysis of elementary contexts)最终的聚类结果显示,ICT 科学传播文本共聚焦于 9 个主题,各主题的信息参见表 2。

表 2 语料库聚类主题信息

主题编号	主题名称	文本个数	百分比	前 5 个关键词
CLUSTERS 1	量子通信	1 297	10.46%	量子 计算机 光子 传感器 性能
CLUSTERS 2	数字出版	896	7.23%	出版 互联网 产业 创新 发展

续　表

主题编号	主题名称	文本个数	百分比	前 5 个关键词
CLUSTERS 3	互联网社交	1 004	8.1%	红包　直播　大家微博　粉丝
CLUSTERS 4	手机电脑及操作系统	973	7.85%	微软　苹果　谷歌安卓　Windows
CLUSTERS 5	人工智能	1 806	14.57%	人工智能　人类　机器人　围棋　学习
CLUSTERS 6	运营商与监管	982	7.92%	诈骗　运营商　电信电话　宽带
CLUSTERS 7	网络安全	1 875	15.12%	黑客　FBI　密码　攻击　加密
CLUSTERS 8	市场	1 856	14.97%	美元　季度　营收增长　下滑　市场
CLUSTERS 9	投资	1 709	13.78%	投资　融资　乐视资本　滴滴

从各主题的文本数量来看,排在前 3 位的主题分别是网络安全(15.12%)、市场(14.97%)、人工智能(14.57%)。这 3 个主题占据整个语料库近一半的文本,可见 ICT 的科学传播中侧重于以上 3 个方面的普及。根据《2016 年泰尔 ICT 深度观察》,"自 2012 年以来,全球网络与信息安全事件数量连年增加。截至 2015 年 10 月,安全事件数量达到近 6 000 万起,较 2014 年增加38%,超过2012 年安全事件数量的 2 倍"(中国信息通信研究院 2016:175)。目前网络安全形势不容乐观,攻防对抗不断升级,增加网络安全教育成为迫在眉睫的事情,因此这一主题成为 ICT 科学传播的首要关注对象也在情理之中。排在后 3 位的主题分别是数字出版

（7.23%）、手机电脑及操作系统（7.85%）、运营商与监管（7.92%），这是 ICT 科学传播话语中相对关注较少的领域。

除了文本在各个主题内的分布，我们还可以考察各个主题中文本的来源情况。本语料库中的文本爬取自 12 个科学传播网站，图 3 是文本来源与文本所属主题的分布柱状图。该柱状图并未显示各来源的文本在数量上的差别，而是显示出每个科学传播网站中的文本在各个主题的分布情况。虽然在图中显示人工智能与量子通信所占的比重最大，但当把各个来源的文本数量考虑进去时，各个主题在语料库中所占比重就与此图所显示的不同。可以看出，主题分布最为单一的是科学松鼠会（SONGSHUHUI），该网站的文本全部是人工智能的主题，文本数量最少，只有 7 篇。这 7 篇之中有 4 篇是名为"计算的极限"的系列文章，出自同一个作者；还有两篇是关于阿尔法狗，另有 1 篇是关于奥创。有限的文本与作者导致其主题的单一性。值得注意的是，与科学松鼠会属于同一创始人的果壳网（GUOKR，86 篇）虽然囊括 5 个主题，但各主题间的分布极不均衡，人工智能主题依然占据该网站绝大多数的文本。

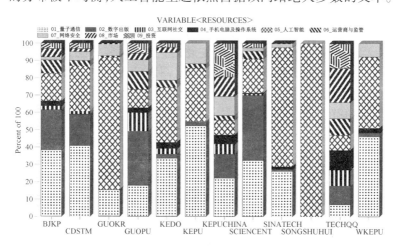

图 3　各来源文本的主题分布情况

通过科学传播文本主题的对比,从侧面反映出这两个网站的同源本质,即使一个为公益网站,另一个为商业网站,在科学传播的主题偏好上仍然具有极大的相似度。

主题分布不均的还有新浪网(SINATECH)、微科普(WKEPU)与中国科普博览(KEPU)。新浪网(204 篇)与微科普(29 篇)的绝大部分文本分布在人工智能与量子通信主题;中国科普博览除了这两个主题之外,还有相当一部分的文本有关网络安全。

在这 12 个科学传播网站之中,包含主题最全面、主题分布最均衡的是腾讯科学(TECHQQ),不仅涵盖 9 大科学传播的主题,更难能可贵的是,这 9 个主题的柱状格几乎是均等的。作为网络科学传播事业的领头羊,腾讯科学在传播文本的数量(4580 篇)上遥遥领先于其他的科学传播网站;在文本的质量上,从把握科学传播主题的均衡性来看,也对其余网站有压倒性优势。对文本主题的分布情况分析进一步证明腾讯科学网站在 ICT 传播中起着重要的作用。另外一个主题分布较为均匀的网站是科普中国(KEPUCHINA),该网站只为本语料库提供 24 个文本,在科学传播文本的生产数量上还是明显不足。

我们不仅可以通过聚类分析了解本语料库的主要主题以及其文本分布,还可以查看各个主题之间的关系。通过关联分析(Correspondence Analysis),能在二维图表(图 4)中显示以上 9 个主题之间的亲疏远近关系,从而将话语中隐含的各个主题的关联用可视化的方式呈现出来。

关联分析能发现存在于大量数据集中的关联性或相关性,从而描述语料库中某些属性同时出现的规律和模式。图 4 中,以 X 轴和 Y 轴的 0 点为中心,9 个聚类主题分布在 X 轴与 Y 轴的正负两极,各主题距离越近,相关性就越高,反之则相关性越低。我们展开关联分析的目标是要找出具有强相关性的主题,即哪个主题出现时,另一个主题有可能共现。关联分析的结果显示,9 个主题中关联系数最高的是互联网社交-投资(0.467),其次是手机、电脑

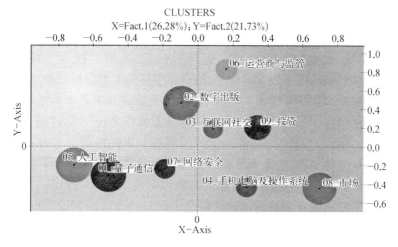

CLUSTERS
X=Fact.1(26.28%)；Y=Fact.2(21.73%)

图4 9个聚类主题的关系图

及操作系统－网络安全（0.414）、手机电脑及操作系统－市场
（0.357）。呈弱相关的关联系数集中在运营商与监管这个主题之
上，分别是运营商与监管－人工智能（0.000）、运营商与监管－市场
（0.024）、运营商与监管－量子通信（0.027）。以上对聚类主题的关
联分析能帮助研究者探索 ICT 科学传播文本的各个主题在生产过
程和传播过程中的潜在规律。例如，科学文本作者在创作互联网
社交主题相关的文本时，最可能同时写到的是与投资相关的内容；
在网络上阅读有关网络安全的科学普及文本时，最可能读到的是
介绍手机、电脑及操作系统的知识；而在创作人工智能主题的科普
文本时，基本不会提及运营商与监管方面的话题。

4. 结束语

新媒体中的 ICT 科学传播话语是一个庞杂、多元、动态、碎片
化且高速增长的研究对象，传统的话语分析方式难以全面地呈现
其特征与话语体系。本研究尝试着将语料库语言学、话语分析和
数据挖掘等领域嫁接起来，在 T－LAB 软件的辅助下，探索新媒体

话语对于 ICT 科学知识的建构。本研究发现,"信息通信技术"和"信息通信"在真实的 ICT 科学传播中并不受青睐,"信息技术"和"信息化"是更为常用的词汇,而且"信息""通信""技术"的搭配和语义韵倾向差别较大。此外,语料库整体的聚类分析结果显示,"网络安全""市场""人工智能"这 3 个大类是 ICT 科学传播中最侧重的内容,"数字出版""手机""电脑及操作系统""运营商与监管"方面则较少涉及,而各科学传播网站文本的主题分布并不均衡。从整体来看,网络 ICT 科学传播表现最突出的是腾讯科学,不仅文本数量遥遥领先,主题分布也最为均衡。Stubbs 曾说:"重复的话语结构能证明某种评价性信息不仅仅是个人的判断,也不是乖僻的论断,而是在话语社区中具有广泛的共识。一个单词、短语或句式可以引发一种文化定型"(cultural stereotype)(Stubbs 2001:215)。在新媒体中重复出现的话语(结构)会日积月累地、潜移默化地影响它的读者。通过语料库的分析,能清晰地呈现其对文本对象即 ICT 的传播定型和塑造,为当下的 ICT 科学传播话语做出描画和解析。

参考文献

[1] 陈功,梁茂成.形式语法的产生、特点及其应用价值[J].外语学刊,2017,(1).

[2] 梁茂成,李文中,许家金.语料库应用教程[M].北京:外语教学与研究出版社,2010.

[3] 中国信息通信研究院.泰尔 ICT 深度观察[M].北京:人民邮电出版社,2016.

[4] Baker, P., Gabrielatos C., & McEnery T. *Discourse Analysis and Media Attitudes: The Representation of Islam in the British Press*[M]. Cambridge:Cambridge University Press, 2013.

[5] Conboy, M. *The Language of Newspapers: From Socio-Historical Perspectives*[M]. London:Continnum, 2010.

［ 6 ］ Fairclough, N. *Language and Power*［M］. London：Longman, 1989.

［ 7 ］ Gerbner, G., Gross, L., Morgan, M., and Signorielli, N. Living with Television：the Dynamics of the Cultivation Process［A］. In Bryant J. and Zillman D. (eds.) *Perspectives on Media Effects*［M］. Hillsdale, NJ：Lawrence Erlbaum Associates, 1986：17－40.

［ 8 ］ McIlvenny, P. Heckling in Hyde Park：verbal audience participation in popular public discourse［J］. *Language in Society*, 1996, (25)：27－60.

［ 9 ］ Stubbs, M. *Words and Phrases: Corpus Studies of Lexical Semantics*［M］. Oxford：Blackwell, 2001.

（本文刊于《外语学刊》2019 年第 3 期）

（作者通讯信息：重庆邮电大学
20324313@qq.com）

阅读日志对学生思辨倾向
发展的作用研究

夏　燕　王小英

1. 引言

　　《外国语言文学类教学质量国家标准》(教育部高等教学指导委员会 2018)明确规定,外语类专业学生应具备外语运用能力、文学赏析能力、跨文化交流能力、思辨能力以及一定的研究能力、创新能力、信息技术应用能力、自主学习能力和实践能力。作为英语专业基础阶段最重要的技能课,精读课应积极响应以上要求,以复合能力培养为导向。为此,笔者根据教材内容和特点对精读教学重新加以系统设计,以阅读日志为核心,展开预习、课堂教学和复习,力图实现语言能力、思辨能力和自主学习能力的融合培养。本文主要汇报阅读日志对学生思辨倾向发展的作用。

2. 研究综述

2.1　思辨能力的两个维度

　　思辨指通过理性反思判断思想和行为的合理性和正确性,其过程是应用分析、解读、推断、评价、解释、自我调节等认知技能做出有理据的判断,而思辨能力涵盖"能力"(认知技能)和"意愿"(思辨倾向)两个维度(APA 1990;Ennis 1991, 1996;Facione 2000;Paul & Elder 2006)。理想思辨者(the ideal critical thinker)不仅有运用各种认知技能的能力,还有思辨地分析和解决问题的意愿(APA 1990)。

2.2　思辨倾向的内涵

倾向指个人的性格特征、思维习惯、情感特质,而思辨倾向指个人对思辨的信念、价值、态度和意愿,是促使个体通过思辨活动去解决问题、制定决策的稳定的内驱力(Facione 2000)。Sears & Parsons(1991)更把这些特质视为思辨者的道德品质。

Facione & Facione(1992)提出七种思辨倾向:求真性、开放性、分析性、系统性、自信心、好奇心和成熟度。求真性指勤于探索、勇于质疑;开放性指包容不同意见、认识己之不足;分析性指明辨问题性质、诉诸理性分析;系统性指解决问题的过程主次分明、有条不紊、坚持不懈;自信度指对自己思辨能力的信心;好奇心指勤学好问;成熟度指谨慎判断,充分考虑问题的复杂性、标准和证据的不确定性以及解决方案的多样性(Facione et al. 1994)。

理论上讲,"能力"和"意愿"能相互促进,思辨倾向发展越好的个人思辨能力越强,越倾向于用思辨的方式去发现、分析和解决问题或制定决策(APA 1990)。但在实际生活中,"能力"和"意愿"并不总能发展一致,有能力却不愿思辨或有意愿而能力不够的情况时常可见。实证研究证明,积极正向的思辨倾向能促进认知技能的发展(Facione 2000),也会促进学生的学术能力和学业发展(Giancarlo & Facione 2001;Stupnisky et al. 2008)。

国内学界对思辨倾向的研究目前主要聚焦在对量具的开发(如文秋芳等 2011;张莎、文秋芳 2017)和对学生思辨倾向现状的调查(如马蓉、秦晓晴 2016;文秋芳、张伶俐 2016)等方面,缺少对培养路径的探索。笔者希望本研究能抛砖引玉,吸引更多教师和学者的关注和研究。

2.3　思辨倾向量具

国际上使用比较广泛的是 Facione & Facione(1992)制定的加州思辨倾向量表(California Critical Thinking Dispositions Inventory,

CCTDI）。国内使用比较广泛的量具由文秋芳等（2011）在 CCTDI 基础之上翻译、修订而成，共有 54 道题、8 个情感维度。该量表删除了 CCTDI 中与汉语文化不吻合的题目，把系统性（systematicity）译为坚韧度，并增加了正义性维度。据研究者汇报，两轮检测证实"该量表的总体及单个维度的信度指标都符合统计要求，可以用于我国大学生思辨倾向的测量"（文秋芳等 2011：23）。

2.4　促进思辨倾向发展的教学

西方学界重视思辨倾向培养，反对以技能为中心（skills-centered）的教学（Ennis 1996；Halpern 1998；Facione 2000），强调创造思辨的文化和氛围、发展学生的元认知和自主学习能力以及培养可迁移的思辨能力（Abrami *et al.* 2008，2015；Billing 2007；Tiruneh *et al.* 2016）。

研究证实，有明确思辨能力培养目标和显性思辨教学的专业课程是培养思辨能力的最有效途径（Bensley & Spero 2014；Halpern 2014；Heijltjes *et al.* 2014）。Tishman *et al.*（1993）提倡熏陶式教育（enculturation），要求教师创造思辨的课堂文化，从教师示范、师生互动、显性教学三个方面入手全面培养学生的思辨技能和倾向。孙有中（2011）提出，思辨能力是大学教育给学生的最重要的可迁移能力，思辨教学不能局限于学科知识和课堂教学，应该培养学生真正能应用于各种情境下解决各种问题的能力。

笔者从以上研究中得到启示：要实现培养思辨型学生的目标，必须根据切实可行的教学原则重新对教学进行系统设计。既有思辨的概念、原则、方法的显性教学，又包括不同情境下的实践应用；既要强调思辨问题和情境的具体特征和多样性，又要总结不同问题和情境的共性；既鼓励学生独立思考，又提供同伴讨论、教师指导和反馈；既重视学生认知技能的训练和提高，又着眼于促进学生思辨倾向的发展。

2.5　学习日志和阅读日志

学习日志是教学中常用的一种工具,可以分为结构化(如回答问题)和非结构化(如经历描述)日志(Moon 1999),也可以根据课程分成阅读日志、写作日志、翻译日志等。学生以此记录学习过程中的收获、感想、疑问、思考或反思。国内外学界对学习日志的作用已达成基本共识:学习日志能促进目标语书面表达能力发展,促进思辨能力发展,促进对学习过程的反思、监控和调整,从而实现自主学习(Boud 2001;Cui 2006;Moon 1999;林岩 2012;姚斌,郑睿颖 2014)。

国内对学习日志的研究主要关注日志呈现的学习过程(辜向东等 2017)、学习策略(李莎莎 2010)、反思维度(孟辉等 2019)以及语言能力的发展动态(吴青 2014)等,鲜见关于如何设计阅读日志并用日志任务来培养学生思辨倾向的研究。本文将汇报这样一个尝试。

3. 阅读日志的设计和实施过程

3.1　学情

本研究的教材为《大学思辨英语教程 精读 I:语言与文化》(蓝纯,夏登山 2015),课文主要是语言学和文化主题的论说文,包括较多专业词汇、概念、知识和研究方法。学期初问卷调查结果表明,本班学生的高中英语教学基本上还是应试教育:教学以词汇、语法为主,阅读停留在表层,学生缺少独立思考的机会。因此,学生对精读课文望而生畏,不知从何入手;对课文的理解停留在语言层面,不会做深层次的分析和评价。

3.2　设计理据

Paul & Elder(2006)把思维分解为八个要素:思维有**目的**

（purposes），从特定**视角**（points of view）出发，基于某些**预设**（assumptions），用**概念和理论**（concepts and theories）来**解读和推断**（interpretations and inferences）**信息**（information），从而回答某个**问题**（question at issue），而这个答案有其**后果和影响**（consequences and implications）。把思维分解成这八个要素不仅能使自己的思考更清晰、深入，也为理解和分析他人的思考提供抓手，使评价更客观、准确。因此，笔者从思维要素入手，结合课文提出具体的、高度思辨的问题，引导学生进行思辨阅读和书面表达，从而实现语言能力、思辨能力和自主学习能力的融合培养。

3.3 具体问题设计

为帮助学生理解思维要素的概念，循序渐进地学习思辨阅读方法，前几个单元的日志问题相对简单，例如关于第二单元课文"What Is Language For?"的部分问题①：

1) 作者写这篇文章的**目的**是什么？
2) 文章讨论的**关键问题**是什么？
3) 作者采用什么**视角**？有没有考虑其他视角？如果有，是什么？
4) 作者在第 3 段提出了什么**观点**？用了哪些**例证**？
5) 作者用了哪些**关键概念**？请用你自己的语言解释这些概念。
6) 作者的论证基于什么**预设**？这些预设合理吗？
7) 作者的**结论**是什么？有什么**后果和影响**？

之后的问题逐渐细化、深入，还可能涉及一些常见的逻辑谬误（fallacy），例如关于第四单元课文"How Do We Acquire Language?"的部分问题：

1) 在课文第 2—10 段中，作者提出了什么**观点**？采用了哪些

---

① 原阅读日志的问题和回答均为英语。

例证? 这些例证可以如何**分类**? 用什么**标准**来分类? 例证是否有效地支撑了作者的观点?

2) 在课文第6—9段中,作者从两个不同的**视角**来描述和分析"第三个场景"。这两个视角分别是什么? 这两个视角对 Maggie 的反应的分析有什么不同? 视角转换对作者的论证有何影响?

3) 如果否认语言习得过程中的个体差异,认为每个个体都按照普遍模式习得语言,就犯了**分解谬误**(fallacy of division)。什么是分解谬误? 什么是**合成谬误**(fallacy of composition)? 请分别举例说明。

阅读日志的最后一项是要求学生提出自己在预习课文时没有得到解答的问题。这既能鼓励学生提问,学会思考,也能使教师了解学生的预习情况,使教学有的放矢。

3.4 日志任务的实施过程

笔者任教的精读课每周三次共六个课时。开学第一周用于导学: 第一次上课时介绍课程和学习方法,并布置第一篇课文的预习任务;第二次上课时介绍思辨认知技能、思辨倾向、思维要素等概念;第三次上课时组织学生分小组讨论第一篇课文的日志问题,进一步澄清思维要素概念,并要求学生课后书面回答日志问题。

从第二周起,每六课时完成一个单元,学生在预习时完成并提交电子版日志,教师在每单元第一次课前完成批阅和反馈。学期初,笔者只标注学生在思维要素概念和课文理解分析方面的问题,并简要说明问题的原因或引导思考方向。在学生逐渐掌握了思维要素概念和思辨阅读方法之后,笔者才开始标注学生日志中的语法、用法和表达等方面的问题,要求学生书面表达准确、清楚、简洁。

课文讲解也围绕阅读日志问题展开。对于日志问题相对简单的课文(如第二单元),课堂讨论先分析篇章结构和内容,再集中讨论日志问题，从思维要素的角度去总结课文分析。对于日志问题相对复杂的课文（如第四单元），分析课文结构和内容的过程就包含了对日志问题的讨论。课堂上，学生发言讨论，相互启发；教师组织课堂活动，补充、评价学生发言，并示范思辨过程。课后，学生综合各方意见形成自己的观点，修改书面回答，并反思整个思辨过程，完成语言与思辨的双重训练。

4. 研究方法

4.1　研究问题

　　本研究主要回答两个问题：1）阅读日志任务是否能促进学生思辨倾向的发展？2）哪些思辨倾向的发展更加明显？表现在什么地方？

4.2　研究对象

　　本文研究对象为某外国语大学英语专业一年级某班 23 名学生。入学时该班学生思辨倾向（文秋芳等 2011）均值为 4.40（数据结果请见表 1），整体呈正向，八个维度的具体表现为：求真性（3.78）和坚韧度（3.90）最差，呈负向；正向维度从低到高排序为自信度（4.05）、成熟度（4.55）、分析性（4.60）、正义性（4.60）、开放性（4.76）、好奇心（4.93）。

表 1　学期初思辨倾向问卷统计结果

思辨倾向维度	均　　值	标 准 偏 差
分析性	4.600 0	0.497 27
好奇心	4.927 5	0.524 23
坚韧度	3.895 7	0.858 90

思辨倾向维度	均　　值	标 准 偏 差
自信度	4.049 7	0.594 67
求真性	3.776 4	0.379 99
成熟度	4.548 9	0.489 58
开放性	4.760 9	0.550 08
正义性	4.601 4	0.608 73

4.3　数据收集和分析

　　本研究的数据包括：学期初的高中阶段英语学习情况问卷调查和思辨倾向问卷调查，学期末关于阅读日志教学效果的开放性问卷调查，以及学生在学期初（第二单元）、期中（第七单元）和期末（第十单元）的阅读日志中的提问。笔者对前两个问卷数据进行了描述性统计分析，对开放性问卷内容进行了内容分析，对学生提问从思辨倾向的八个维度（文秋芳等 2011）做了内容分析。受篇幅所限，下文仅汇报数据显示发展较好的四个思辨倾向的表现情况。

5. 研究结果

　　笔者对期末问卷数据和学生提问的分析显示：1）阅读日志问题提供有方向、有内容、有深度的思辨阅读训练，引导学生通过理性思考形成有理据的评价，培养了思辨的习惯、性格以及对思辨的信念，促进了学生思辨倾向的发展；2）学生的求真性、开放性、分析性和自信度等思辨倾向发展更加明显，而系统性、好奇心、成熟度和正义性等倾向表现不够充分。

5.1　求真性

　　阅读日志任务培养了学生勤于探索的求真精神。阅读日志问题不仅帮助学生加深对精读课文的理解，提高阅读理解能力，还教给学生思辨阅读的方法。期末问卷中，19 名学生（除 S7、S9、S11、S15）汇报时会有意识地用思维要素分析课外学术性文章。阅读能力的提高和思辨方法的掌握鼓励学生在课堂之外进行思辨和探索。日常生活中，学生也开始"不自觉地思考"（S2 和 S6），"会自觉或不自觉地运用思想的要素去公正理性地分析和评价我和他人的思想"（S19）。

　　学生求真性的发展还体现在敢于质疑权威，提出自己的观点。学生的中学英语教学以知识灌输为主，生活中也被要求尊师重教，这些都是大一新生相信权威、不敢质疑的重要原因。在阅读日志问题的引导下，学生通过理性思考形成判断，提出问题，逐渐变得敢于质疑，敢于提出自己的观点。期末问卷中，18 名学生（S9、S11、S13、S19、S23 除外）称自己"从以前的盲目相信权威转而开始主动思考并提出问题"（S10），"会质疑权威和推测的合理性，也更加理性地分析和评价他人"（S2）。日志中的学生提问证明学生所言不虚，在第七单元的日志中有四名学生（S4、S8、S9、S12）对作者的观点、例证等提出质疑（如 S12：How can the second experiment in paragraph 13 prove that Japanese are very emotional?），而第十单元的日志中有五名学生（S2、S4、S12、S18、S21）提出质疑（如 S4：Since every view of time has its advantages and disadvantages, so how can the author be confident that they have approached the optimum management of time?）。

5.2　开放性

　　日志任务也促进了学生开放性的发展。日志问题引导学生分析思维的视角，使其意识到不同身份立场者会采用不同视角并形成不同观点,开始关注作者立场对论证的影响,如第七单元日志中的学生疑问(S15:Whether the writer's Japanese background will make this article less objective.)和第十单元的学生提问(S12:In paragraph 12, the author says that Northern Europeans and Northern Americans seldom reconcile themselves to multi-active use of time. But in the following paragraphs, he doesn't mention the Southern Americans' attitude to linear time concept. Is this not objective enough?)。分析思维的视角使学生认识到某一观点的主观性和局限性,探究造成意见分歧的原因,因此更能理解和包容不同意见和见解。期末问卷中,22名学生(S3除外)提到会从多角度思考问题,包容不同意见。同时,学生并不盲目自信,大部分学生在提到思辨能力提高时,也强调自己还有很多不足之处,如S12"慢慢认识到了一个人看问题的局限性",S9"发现自己原来有很多主观的偏见,并且喜欢用一个固定的标准看待事物"。

5.3　分析性

学生分析性的发展在期末问卷和学生提问中都有明显的表现。阅读日志问题引导学生从思维的八个要素入手,通过理性分析形成有理据的文本解读和评价,降低了阅读理解的随意性和主观性,提高了阅读思考的条理性和逻辑性。学生逐渐学会辨别哪些问题需要深入思考,"会带着问题看文章,思考作者的论证是否有逻辑地围绕问题展开,所举的例子是否具有代表性,作者的视角、身份和经历是否影响了文章的客观性"(S1)。

第二单元日志中的学生提问有很多简单问题(如S2:What is the difference between persuasion and information talking?),语义不明的问题(如S8:Is language being invented for it's interaction or just a kind of helping the words to be remembered?),无意义的问题(如S4:Who invents such different languages?)或不相关的问题(如S7:How can we prevent our behavior from being changed by others' language?）；而第七单元（如 S14：How does the study in paragraph 8 support the point that Japanese are highly emotional?）和第十单元（如 S21：In paragraph 6, why does the author give an example of German composer to illustrate the American sense of time is not so logical all the time? Don't the Germans share the same concept of time with the Americans?）的学生提问就更具体、更有深度和意义了。

5.4　自信度

　　日志任务也提高了学生的思辨自信度。期末问卷中，23 名学生称日志任务"增强了我独立思考的勇气和信心，让我相信理性，学会从不同角度公正地评价自己和他人"（S17）。学生对自己的思辨能力的评价颇高，称自己思辨能力"疯狂增长"（S22），"独立思考的意识提高了"（S9），"有了独立思考的勇气"（S23）。

　　学生的思辨自信度还体现在他们对课堂知识的掌握和自发、自如地运用。思维要素不再只是思辨阅读的切入点，还被学生自觉或不自觉地用于其他课堂和日常生活。"在口语训练针对某一问题进行讨论时，会从不同的角度、维度思考问题，且在思考问题时会先思考该问题的 purpose 是什么，有什么导向，需要我从什么地方着手，而不是跟着感觉走"（S13）。学生发现思维要素"也能用于理解日常生活中他人的想法"（S6），"在某些人际交流过程中，对他人行为话语的分析会运用到在阅读中所学的理论，也会不自觉地注意别人的语言现象"（S2）。和感觉、直觉相比，通过理性分析得来的结论自然带给学生更大的自信。

6. 反思和讨论

　　反思本学期的教学实践，笔者得到三点启示：其一，导学务必详尽介绍课程知识、思辨知识和学习方法，为学生监控和调整自己的学习过程、实现自主学习打下坚实的基础。其二，教师反馈应力求及时、个性化,这样才能督促和鼓励学生思考,成为师生交流的重要渠道。其三,阅读日志问题不能生搬硬套思维要素,而要结合课文特点和内容,这样才能真正引导学生深入分析、客观评价课文。

　　本研究还存在一些不足之处。受时间和精力所限,本研究只考察了一个班在一个学期的情况,主要通过问卷方式收集数据。虽然有学生反思和课堂观察多方验证,但缺乏课程效果的横向对比,时间也不够长,研究的信度受到一定限制。今后的研究可以让更多的班级参与,采用实验设计的形式来进一步考察其效果。

参考文献

[1] 辜向东,洪岳,杨瑞锦."大量阅读输入"教学模式下英语专业学生的阅读态度——基于学生学习日志的历时质性研究[J].外语与外语教学,2017,(3):68‒77.

[2] 教育部高等教学指导委员会.普通高等学校本科专业类教学质量国家标准[M].北京:高等教育出版社,2018.

[3] 蓝纯,夏登山.大学思辨英语教程精读 I:语言与文化[M].北京:外语教学与研究出版社,2015.

[4] 李莎莎.英语专业学生在英语阅读策略学习过程中的差异分析[J].社科纵横,2010,(8):175‒178.

[5] 林岩.口语教学与思辨能力培养——一项对英语辩论课程中学生反思日志的研究[J].外语与外语教学,2012,(5):29‒33.

[6] 马蓉,秦晓晴.英语专业大学生的批判性思维倾向特征研究[J].西安外国语大学学报,2016,(4):60‒63.

[7] 孟辉,梁汇娟,初彤.大学生自主反思维度探析——以英语学习为例[J].中国外语,2019,(2):64‒70.

[8] 孙有中.突出思辨能力培养,将英语专业教学改革引向深入[J].外语界,2011,(3):49‒58.

[9] 文秋芳,张伶俐.外语专业大学生思辨倾向变化的跟踪研究[J].外语电化教学,2016,(2):3‒8.

[10] 文秋芳,王建卿,赵彩然,刘艳萍,王海妹.对我国大学生思辨倾向量具信度的研究[J].外语电化教学,2011,(6):19‒23.

[11] 吴青.学习日志呈现的笔译能力发展进程及其对笔译教学的启示[J].中国翻译,2014,(4):45-53.

[12] 姚斌,郑睿颖.学生反思日志在口译教学中的应用探究[J].中国外语教育,2014,(1):34-41.

[13] 张莎,文秋芳.英语专业硕士生思辨倾向的量具构建与实证调查[J].外语学刊,2017,(2):110-114.

[14] Abrami, P. C. *et al.* Instructional interventions affecting critical thinking skills and dispositions: A stage 1 meta-analysis[J]. *Review of Educational Research*, 2008, 78(4): 1102-1134.

[15] Abrami, P. C. *et al.* Strategies for teaching students to think critically: A meta-analysis[J]. *Review of Educational Research*, 2015, 85(2): 275-314.

[16] American Philosophical Association (APA). Critical thinking: A statement of expert consensus for purposes of educational assessment and instruction. Recommendations prepared for the Committee on Pre-College Philosophy (ERIC Doc. ED 315 423)[R]. 1990.

[17] Bensley, D. & Spero, R. Improving critical thinking skills and metacognitive monitoring through direct infusion [J]. *Thinking Skills and Creativity*, 2014, (12): 55-68.

[18] Billing, D. Teaching for transfer of core/key skills in higher education: Cognitive skills[J]. *Higher Education*, 2007, 53: 483-516.

[19] Boud, D. Using journal writing to enhance reflective practice. *New Directions in Adult and Continuing Education*[M]. Jossey Bass, 2001: 9-18.

[20] Cui, L. The development of reflective thinking strategic learning through journal writing[J]. *Teaching English in China*, 2006, (29): 84-111.

[21] Ennis, R. H. Critical thinking: A streamlined conception[J]. *Teaching Philosophy*, 1991, (14): 5-25.

[22] Ennis, R. H. Critical thinking dispositions: Their nature and assessability [J]. *Informal Logic*, 1996, (18): 165-182.

[23] Facione, P. A. The disposition toward critical thinking: Its character, measurement, and relationship to critical thinking skill [J]. *Informal Logic*, 2000, (20): 61-84.

[24] Facione, P. A. *et al.* Are college students disposed to think? [M]. Millbrae, CA: California Academic Press, 1994.

[25] Facione, P. A. & Facione, N. C. The California Critical Thinking

Dispositions Inventory (CCTDI); and the CCTDI Test manual [M]. Millbrae, CA: California Academic Press, 1992.

[26] Giancarlo, C. A. & P. A. Facione. A look across four years at the disposition toward critical thinking among undergraduate students[J]. *The Journal of General Education*, 2001, (50): 29 - 55.

[27] Halpern, D. F. Teaching critical thinking for transfer across domains: Disposition, skills, structure training, and metacognitive monitoring[J]. *American Psychologist*, 1998, (53): 449 - 455.

[28] Halpern, D. F. *Thought and Knowledge: An Introduction to Critical Thinking*[M]. New York: Psychology Press, 2014.

[29] Heijltjes, A. *et al.* Improving students' critical thinking: Empirical support for explicit instructions combined with practice [J]. *Applied Cognitive Psychology*, 2014, (28): 518 - 530.

[30] Moon, J. *Learning Journal: A Handbook for Academics, Students and Professional Development*[M]. London: Kogan Page, 1999.

[31] Paul, R. & L. Elder. *Critical Thinking: Learn the Tools the Best Thinkers Use*[M]. New Jersey: Pearson Prentice Hall, 2006.

[32] Sears, A. & J. Parsons. Toward critical thinking as an ethic[J]. *Theory and Research in Social Education*, 1991, (19): 45 - 46.

[33] Stupnisky, R. H. *et al.* The Interrelation of First-Year College Students' Critical Thinking Disposition, Perceived Academic Control, and Academic Achievement[J]. *Research in Higher Education*, 2008, (49): 513 - 530.

[34] Tiruneh, D. *et al.* Systematic design of a learning environment for domain-specific and domain-general critical thinking skills[J]. *Education Technology Research and Development*, 2016, (64): 481 - 505.

[35] Tishman, S. *et al.* Teaching thinking dispositions: From transmission to enculturation[J]. *Theory into Practice*, 1993, (32): 147 - 153.

（作者通讯信息：北京外国语大学
夏燕：xiayan@bfsu.edu.cn
王小英：wangxiaoying@bfsu.edu.cn）

思辨英语教学：英语
专业教师认知视角

张　虹

1. 引言

　　思辨英语教学是指致力于促进学生语言能力与思辨能力融合发展的英语教学。孙有中（2015a：III）指出："我们倡导通过思辨来学习英语，通过英语来学习思辨，将思辨一以贯之，……实现语言能力、人文素养、学科知识、思辨能力、跨文化能力和自主学习能力的相互促进、同步提升"。语言能力应包含思辨能力（孙有中2017：862），语言课程应成为培养学生思辨能力的主阵地（Dong 2015：365）。我们可以从情感态度和认知技能这两个维度理解思辨能力（critical thinking）这一概念。"在情感态度层面，思辨能力指：勤学好问、相信理性、尊重事实、谨慎判断、公正评价、敏于探究、持之以恒地追求真理；在认知技能层面，思辨能力指：能对证据、概念、方法、标准、背景等要素进行阐述、分析、评价、推理与解释，能自觉反思和调节自己的思维过程"（孙有中2015b：1）。虽然这一概念可以追溯到教育哲学家杜威，但直到20世纪80年代早期，高等教育才开始关注学生的思辨能力培养，如加州州立大学规定所有学生要达到毕业要求必须具备的思辨能力（Harmon 1980：3）。随后，关于思辨能力的研究在学界引起高度重视（Ennis 1987；Paul 1987）。进入21世纪，思辨能力受到高校的普遍关注，被认为是高等教育的重要组成部分（Davies & Barnett 2015：2；Wilson 2016：256）。当前，世界很多国家和地区，如美国、英国、新加坡、马来西亚等都将思辨能力列为高等教育目标之一。

在我国高校英语专业教育领域,研究者于 20 世纪末开始关注思辨能力。黄源深(1998:1)指出,英语专业学生和教师存在"思辨缺席"现象,培养外语人才的首要任务即是根除思辨缺席的顽症。真正开始围绕英语专业学生展开的思辨能力研究从近十年前开始涌现,有的研究从理论层面探讨培养英语专业学生思辨能力的必要性(文秋芳,周燕 2006;孙有中 2011a,2011b,2015b,2017);有的研究从实证角度展开,探讨外语类大学生思辨能力测量工具构建(文秋芳等 2009,2010a,2010b)及如何在英语专业课程中培养学生的思辨能力(李莉文 2011)。教育部和国家语言文字工作委员会 2018 年 2 月发布的《中国英语能力等级量表》中在描述阅读理解能力和书面表达策略等能力要求时,将思辨能力纳入其中。比如,在阅读理解能力八级的描述中这样规定:"在读语言复杂、熟悉领域的学术性材料时,能通过分析文本,对语言和思想内容进行深度的思辨性评析"(教育部 2018a:8)。教育部发布的《高等学校外语类专业本科教学质量国家标准》(简称《国标》)明确提出外语类专业学生应具备"思辨能力"(教育部 2018b),将英语专业课程融入思辨能力培养提到一个新高度。然而,在思辨能力教学方面,我国高校目前仍处于起步阶段,2 100 多所高校中专门开设思辨能力课程的也仅有 50 所左右,大部分都单独设在哲学系或专门的项目中,质量不高,其发展面临诸多困难(Dong 2015:354)。

高校英语专业课程改革和《国标》的顺利推行,以及在英语专业课程中融入思辨能力这一教育目标的实现,其关键在教师。然而,已有研究主要关注如何测量和培养学生的思辨能力,基本上忽视了在英语专业课程中承担思辨能力培养任务的教师。《国标》对思辨能力的教学要求对英语类专业教师发展提出了新要求和新挑战,而英语专业师资队伍在思辨能力方面存在教学能力储备不足的问题(孙有中等 2016:15)。王建刚(2017:200)通过对 5 位外语院系负责人的访谈发现,高校外语教师本身并不是合格的思辨者,亟须普及思辨能力的学习。当前,外语界尚未有从高校英语专业教师视角出发围绕思辨英语教学开展的研究。有鉴于此，本研究采用开放式问卷调查方法，试图探讨以下问题：1）高校英语专业教师是否认同应将思辨能力融入英语专业课程？2）他们在英语专业课程中融合思辨能力培养的教学过程中遇到了哪些困难？3）针对这些困难，他们的需求是什么？

2. 研究设计

2.1 研究对象

在主题为"思辨英语教学"的全国高校英语教师研修班中，来自全国21个省、4个自治区、4个直辖市各类高校的117位英语专业教师参与了本研究，其基本信息见表1。教师平均教龄11年，其中，女教师居多，占一半以上；60%以上是讲师，71.8%的教师是硕士毕业，一半以上教师来自非211/985的一般高校。他们教授的课程广泛，涵盖了英语专业技能课程（如：综合英语、高级英语、口译、视听说、写作等）和专业课程（如：美国文学、语言学、跨文化交际、中西方文化、二语习得等）。

表1　研究对象基本信息

基　本　信　息		人数	%
性别	男	9	7.6
	女	**64**	**54.7**
	未填写	44	37.7
职称	助教	8	6.8
	讲师	**71**	**60.7**
	副教授	34	29.1

续　表

基　本　信　息		人数	%
职称	教授	4	3.4
学历	本科	16	13.7
	硕士	**84**	**71.8**
	博士	17	14.5
大学级别	211/985 高校	15	12.8
	其他高校	**66**	**56.4**
	未填写	36	30.8
大学类型	外语类高校	4	3.4
	师范类高校	18	15.4
	理工科高校	**26**	**22.2**
	综合类高校	**36**	**30.8**
	高职高专	6	5.1
	其他	27	23.1

2.2　数据收集、整理与分析

　　参与研究的教师在研修班中系统学习了思辨英语教学的理论与实践。在此基础上,研究者邀请他们用书面形式回答开放性问卷中的问题。问卷包括两部分：教师基本信息和开放性问题。其中,开放性问题包括对思辨能力这一概念的认知、思辨英语教学的必要性等。本研究由于篇幅,没有呈现他们是如何理解"思辨能力"这一概念的。但通过对"思辨能力"进行概念界定的回答可以看出,他们对思辨能力这一概念有了较为清晰的认识。基于研究目的,本研究围绕三个问题展开:1) 您认为在英语教学中是否有必要融入思辨能力培养?为什么?2) 在培养学生思辨能力的过程中,您主要面临的困难和挑战有哪些?3) 如果要进行思辨英语教学,您需要哪些方面的帮助?

117 份有效问卷回收后,研究者首先对其进行编号(1,2,3,……,117);相应地,每位填写问卷的教师被编号为 T1,T2,T3,……,T117。然后,研究者将开放性问题文本数据(31 948 字)按照研究问题分别输入到 Word 文档中,之后导入质性数据分析软件 NVivo11,采用扎根理论(Strauss & Corbin 1990),根据研究问题对数据进行三级编码。首先,研究者逐字逐句阅读数据,将数据中和研究问题相关的词、短语或句子进行开放编码,提取本土概念,即一级编码。然后,找到一级码之间的联系,将表述相似意义的一级码归类到更大类属,即二级编码。在前期编码的基础上,继续仔细反复阅读突出的二级编码,直到主题慢慢浮现出来。这时,可以将二级编码提升到更理论化的三级编码。比如,在对问题 2)进行数据分析的过程中,初步产生 90 多个一级编码、10 个二级编码、3 个三级编码。表 2 示例了三级编码过程。完成三级编码后,研究者深入解读数据,并选择典型数据用于论文撰写。

表 2　三级编码示例

研究问题	一 级 编 码	二级编码	三级编码
高校英语专业教师在课程中融合思辨能力培养遇到了哪些困难?	学生积极性不高	欠缺主动性	学生
	学生基础差,疲于讲解基本语言点	语言能力低	
	学生没有勇气表达自己的观点,害怕挑战老师的权威	欠缺思辨情感意向	

续　表

研究问题	一级编码	二级编码	三级编码
高校英语专业教师在课程中融合思辨能力培养遇到了哪些困难？	自身思辨能力有待提高	思辨能力不足	教师
	思辨教学理论基础不够	欠缺教学理论	
	思辨能力相应教学手段缺失	欠缺教学方法	
	缺乏系统的教学资源，比如，设计合理的教材和丰富的影音材料	缺乏教学材料	环境
	授课课时有限，提高语言能力已耗时	没有时间	
	学校和学院对思辨能力培养的科研支持和认可不够	缺少学校和院系支持	

3. 研究发现

3.1　语言能力与思辨能力融合的必要性

　　117 人中有 110 人回答了第一个研究问题，其中 107 人（91.5%）认为有必要在英语课程中融合思辨能力培养，2 位教师认为没有必要，1 人回答"我也不知道，但是会服从领导安排和要求融入思辨能力培养"（T91）。可以看出，在英语课程中融合思辨能力培养已在高校英语专业教师群体中获得基本共识。比如，在福建某医科院校教授综合英语、英语国家概况等课程的具有 7 年教龄的教师 T71 在问卷中这样写道：

　　　　学生写作、口语呈现出千篇一律的现象，观点来源主要是网络和参考书上的范文，几乎没有自己的观点。这种鹦鹉学舌式的思维方式和惰性会在未来影响他们的一生。作为医科院校为数不多的人文学科，英语专业课应担负起培养学生思辨能力这一任务。

T71 认为英语课程不仅要促进学生语言能力的发展，更要培养学生的思维方式，并对其未来的人生负责。这一观点在其他教师中也有共识。教师普遍认为英语专业课程具有"人文性"（T56），要培养有判断力、创造力、有思想的人，课程内容和教学方式应对学生将来的生活、工作、人际关系处理等方面有益；而思辨能力是"个人综合素养的重要组成部分"（T51），"有助于学生的语言学习、研究和持之以恒地追求真理"（T48）。来自湖北某高校，具有 8 年教龄，教授英国文学史、美国文学选读等课程的教师 T47 写道：

> 文学教学中"诗无达诂"，应该鼓励学生在正确理解文本的前提下有自己的见解。

她提到的"诗无达诂"意指对同一文本的理解，不同的读者可以"有自己的见解"。能够对文本进行独立思考，做出自己的分析、判断、评价，即是思辨能力的一种表现方式。

有 2 位教师认为没有必要在英语课程中融合思辨能力培养，他们给出了自己的理由：

> 没有必要，一是因为课时有限，二是因为大一是打基础阶段，思辨能力培养针对高端人才。（T63）

教师 T63 来自黑龙江某高校，具有 29 年教龄。她一方面指出，"课时有限"是无法将语言与思辨能力同时发展的一个因素，在有限的时间里应主要关注学生的语言能力；另一方面，她认为思辨能力只有在培养"高端人才"时才有必要，大一学生只需要"打基础"，貌似高年级如大三大四的学生才是高端人才。显然，学段和年龄不应是划分高端人才的标准。有学者指出，当前我国英语专业教育主要存在的问题之一即"高端人才不足,这一现象的本质在于课程质量不高,难以培养学生的思辨能力"(庄智象,陈刚,2017:10—11)。据此,具有思辨能力即为高端人才的表征之一。而对此能力的培养不是到大学高年级才开始,而应从中小学或学前就开始。另外,来自江西某综合类高校的教综合英语和翻译理论与实践课程的具有 14 年教龄的教师 T89 写道:

> 并没有太大必要,思辨能力教育并不是英语教师的责任,学生的思维方式已经固化,并非一朝一夕能调整。

T89 认为思维培养"不是英语教师的责任",且在学生的"思维方式已经固化"的前提下,教师很难改变现状。当前,英语专业的人文学科属性这一定位已成为外语界的基本共识(胡文仲,孙有中 2006:243;孙有中 2017:860),培养学生的思辨能力理所当然是英语专业教师的责任。另一方面,学生之前可能没有养成思辨的习惯和意识,需要一定的时间进行调整,在这一背景下,英语专业教师更应承担起这一任务。《普通高中英语课程标准(2017 年版)》首次将思维品质即思维在逻辑性、批判性、创新性等方面所表现的能力和水平确定为学生通过英语学科教育必须发展和提升的重要核心素养(教育部,2018c)。这标志着中小学英语教师将担负起促进学生思维品质发展的责任。这意味着在不远的将来,进入高校的学生已经在中小学接受思辨能力发展的教育,高校教师应积极适应和对接高中英语教育,做出改变。

3.2　思辨英语教学面临的困难

117 人中有 109 人(94%)回答了此问题。虽然 91.5% 的教师认为有必要在英语课程中融入思辨能力培养,但他们在具体教学过程中面临着各种困难。按照编码频率从高往低依次是学生、环境和教师。

3.2.1　学生

85 位教师将主要困难归因于学生身上。首先,他们认为学生自身不重视思辨能力的培养,对提升思辨能力没有主动性和积极性,没有思辨意识和习惯。比如,来自河南某高校只有 1 年教龄的教师 T103 写道:

> 学生不够积极,比如布置下去话题让学生进行小组讨论,但他们并不会深入讨论,或许因为自己本身没有思辨意识。

第二,81 位教师认为学生语言能力差,不具备思辨能力培养的基础。比如,来自黑龙江某综合类大学具有 11 年教龄的教师 T116 写道:

> 学生语言基础薄弱,有时无法用英语有效表达观点,无法用例证支撑观点。

第三,52 位教师认为学生本身没有思辨的能力、知识和方法。比如,来自河北某综合类高校具有 7 年教龄的教师 T110 写道:

> 学生思辨能力缺失,无法界定问题、提出问题、论证及推演,也就无法判断、获得结论。而且他们对通识知识、时事的了解有限,视野不宽,积淀不足,难以形成自己的观点。

教师认为学生在思辨意向、语言能力和思辨能力方面的欠缺是造成自己在课程中融入思辨能力培养的主要困难。研究者认为,正是因为学生在这些方面的不足,才更需要教师积极思考如何鼓励学生养成思辨的习惯,同步提高其语言能力和思辨能力。

3.2.2　环境

56 位教师提到自己进行思辨英语教学时遇到了来自环境的影响,包括:时间不足;缺乏思辨英语教学的资源,如教材等;缺少政策、领导、同事的支持;受到中国传统社会文化的影响。比如,来自新疆某高校、具有博士学位的副教授 T86 写道：

> 我教英语专业一年级学生。在我的课堂上，当学生讨论开放
> 性问题时，总停留在比较浅显的层面。有时候我想引导学生从更
> 深层次的、文化的、critical thinking 的角度去思考，但在有限的课堂
> 时间里我主要关注学生语言的发展，学生很难给出有深度的回答。

一方面，英语专业课程课时不够，比如精读课教师会提到，在
有限的 6 个课时中要完成规定的教材内容，既要教语言又要深入
挖掘内容、培养学生思辨能力很难，这种教学进度的压力导致教师
在教学中主要在处理教材中的语言点，无暇或只会花很少的时间
设计思辨能力培养的活动；另一方面，诸多高校英语专业教师承担
着较多的课时，疲于备课、上课、批改作业，即使想精心准备一节
课，将思辨能力和语言发展融合进行教学设计，也感觉没有时间和
精力。

第二，除了时间因素外，40 位教师提到他们用的教材难度不
合适或文本内容本身缺乏思想，这些不利于系统培养学生的思辨
能力，且教师能搜索到的含金量高的资源欠缺。比如，来自甘肃某
高校具有 4 年教龄的教师 T95 写道：

> 缺乏系统的思辨英语教学资源，比如设计合理的以思辨教学
> 为导向的教材和丰富的影音材料。

第三，36 位教师提到他们面临着来自自身所处的直接环境如
同事、学院和学校规章制度的影响。来自湖北某高校具有 3 年教
龄的教师 T64 写道：

> 思辨能力的培养并非一朝一夕可成，短短三四年，如果不重点
> 培养很难有效果。重点培养？不好协调。学校不重视，因为思辨
> 能力无法量化，学校看不到对学生就业的影响。另外，老教师不支
> 持课堂上花大量时间用于学生讨论，他们觉得上课要牢记课文内
> 容和语法。如果引入思辨内容，他们认为是浪费时间。

对于年轻教师而言，政策和同事的支持很重要，尤其是教龄长的教师对他们的影响是不容忽视的。如果得不到环境的支持和老教师的认可，想尝试思辨英语教学的教师会面临压力。

最后，31位教师提到，学生受之前中小学教育的影响和中国传统文化和环境的影响，因此自己很难改变这一现状。比如，来自内蒙古有20年教龄的教师T6写道：

> 学生受中国传统思维模式和应试教育的影响深刻，难以跳脱这种思维的禁锢，也不敢挑战权威，从小到大都在高压下被动接受知识，到了大学一下子改不过来，不能适应无标准答案的问题。

T6提到的情况与已有研究一致。有学者指出，中国传统文化在儒家文化影响下总体而言是"非思辨"的，个体倾向于服从权威，中国教育传统的典型表征是权威的教师和被动的学生，中国传统教育主要以死记硬背为主，以应试为目标（Dong 2015：357）。Li（2016：274）也明确提出中国学生性格顺从，不善于挑战权威，缺乏思辨能力的训练。这些都导致了学生进入大学后，习惯于之前的学习方式和思维习惯。正因为此，高校英语专业教师更应该担负起培养学生思辨能力的重任。然而，英语专业教师是否有能力承担起这一重任还是个问号。

3.2.3 教师

68位教师提到自身思辨能力不足，且对于如何进行思辨英语教学的相关理论素养和实践知识的欠缺是将思辨能力融入英语专业课程教学的另一困难。比如，来自山东某高校具有32年教龄的教师T50写道：

> 我本人不太擅长思辨，所以也不太善于培养学生的思辨能力，而且对思辨能力这一概念不清楚，缺乏这方面的理论知识；另外，对思辨教学理论了解不够，不知道如何实施思辨英语教学，无法设计较好的思辨问题启发学生。

与教师 T50 有类似困难的教师占到被研究教师的近 60%,这一问题值得关注。有学者指出,中国思辨能力教育的障碍并不在于学生,而在于教师,由于教师能力不够,导致学生没有学习思辨能力的机会(Chen,2013)。

3.3 教师需求

教师面临上述各种困难,需要外界支持,才能有效地将思辨能力融入英语教学。基于数据分析发现,教师提出的需求主要围绕培训、资源和环境三方面。

教师(89 位)最大的诉求是多开展思辨英语教学方面的师资培训,培训内容主要是具体的思辨英语教学设计和测评方法等内容,而不是泛泛的理论介绍;培训方式层面,教师更希望多些实例示范和课堂观摩,而不局限于讲座。相关培训最好形成长效机制,有助于教师的持续发展。比如,T6 提出在培训中"展现完整教学实施过程的成功教学案例是关键"。

59 位教师提出需要丰富的和思辨英语教学相关的资源,包括系统地融入思辨能力培养的教材以及配套的课件、相关教学案例视频、专著、期刊、会议,特别需要同行之间有相互交流的平台等。比如:

> 能够在微信(群)等交流的空间和平台提出问题,与同行互动,一起探讨解决,并能得到专家们的指导和帮助。(T50)

48 位教师提出需要相关政策、领导和同事的支持。来自重庆某高校具有 10 年教龄的教师 T29 写道:

> 需要校方的支持。我们学校一味地把教学大纲当作检验教学效果的主标尺,学校某些部门领导需改变认知,不能只是将重点放在专四通过率,只重视应试,不去全面发展学生的能力。这会束缚教师的手脚,不利于教师在课堂上开展思辨活动。

除了 T29 提到的学校、领导的因素,愿意尝试思辨英语教学的教师认为自己得不到来自同事的支持，缺少团队合作，加上自己对思辨能力的理解不够，这种"孤军奋战"（T16）的局面也是一个不利因素。教师认识到有必要将思辨能力融合在英语专业课程中是一回事，而在实践中真正去做和知道怎么融合是另一回事。首先，教师需要转变传统的教学理念和方式，在教学实践中自己首先要学习成为具有思辨意识和能力的人。另外，外语院系或相关高校教师培训部门要给教师提供相关的、高质量的教师学习和交流机会，并提供教材等资源和环境方面的支持来帮助教师学会思辨英语教学的有效方法。有了具有思辨能力和思辨英语教育理论与方法的师资，才有可能切实将思辨能力真正融入英语专业课程教学中。

4. 讨论

4.1　在推进思辨英语教学改革过程中教师应发挥主观能动性

当回答第二个研究问题（即遇到的困难）时，70%以上的教师将责任归于外界，他们认为最主要的原因是学生和环境的制约。117位教师中只有18位教师在回答第三个研究问题（即教师需求）时提到自主学习是必要的，即自身要改变英语专业教学的观念，提升自身的思辨能力，加强阅读思辨英语教学相关的文献，自己尝试开展多种内容和方式的思辨英语教学，在实践中反思，通过反思不断改进教学。85%以上的教师提出的诉求都是向外的，即他们希望外界提供更多的资源、培训、支持等。需要外界的支持无可厚非，研究者对此表示理解。确实，如果没有配套的资源辅助，没有政策的扶持、领导的理解和同事的合作，教学改革的推进确实很难。

然而，研究者认为，教师自身是改革的切实推动者和实施者，在一项改革刚刚推行时，必定会遇到各种困难，在外在环境暂时很难完全满足教师需求的条件下,教师更应发挥主动性,而非只是将责任推给学生和外在环境。一位来自北京某高校的教授精读课的教师最近两年使用了基于思辨能力培养的新教材,当我问她是否教材更换后自己才开始在精读课培养学生的思辨能力,她说:"我用什么教材都是这么教学的,之前用老教材,我仍然注重对学生思辨能力的培养"(T112)。教师教学不是"教教材",而是"用教材教"。因此,有没有相应的教材是一方面,教师自身有没有思辨能力、是否具有培养学生思辨能力的意识、是否能在有限的条件下更好地发挥主动性将思辨能力融入英语专业课程是更重要的。

另一方面,针对教师将思辨能力融入英语专业课程的困难主要归结于学生的思维习惯、教育环境和文化传统等外在因素这一问题。研究者认为,如果学生没有思辨能力、思辨习惯和思辨意识,教师的作用就显得更为重要。教师要给学生创造发展思辨能力的环境,给学生深入思考的时间和敢于表达自己思想的空间。有研究发现,思维模式并不是中国学生发展思辨能力过程中不可逾越的障碍,他们可以学会思辨(Dong 2015:360)。只是当学生最初开始学习思辨时,他们往往是安静的,但一旦有思辨的环境,教师会发现学生思辨的能力并不差,而这种思辨环境的创造者首先是教师。

4.2　英语专业教学应同步培养语言能力和思辨能力

72.6%的教师提出,由于学生语言能力差导致无法在英语课程中培养学生的思辨能力。这一研究发现反映出的基本观点是,语言能力是思辨能力的基础,英语水平不高,就无法培养思辨能力。关于这一问题,已有研究提出相反的观点,即针对任何层次的语言材料,教师的精心设计都可能将学生的思辨水平推向更高层次(文秋芳,孙旻 2015)。当前,《普通高中英语课程标准(2017年版)》《国标》等都将思辨能力纳入人才培养目标,国外更是从幼儿园就开始注重对公民思辨能力的培养。如果说学生的语言能力差是英语专业教师培养学生思辨能力的一个障碍,中小学英语课堂则更不可能培养学生的思辨能力。作为教师,需要深入思考的是如何针对所教学生现有的语言能力水平设计难度和复杂度适当的任务来培养学生的思辨能力。语言能力与思维能力并行发展,处于不同语言水平的学习者都可以发展思辨能力,关键是需要教师在综合考量学生语言能力的基础上进行合理的教学设计来帮助学生发展思辨能力。语言能力和思辨能力不是先与后的关系,而是同步发展、相互促进的关系,"只有把语言教学和思辨教学融为一体,外语教学才能真正有效提高学生的语言能力"（孙有中 2017：865）。

5. 结论

　　本文通过开放性问卷调查,从教师认知、困难和需求三个维度对全国高校英语专业 117 名教师进行思辨英语教学的情况进行了调查。研究对象来自全国各地不同层次、不同类型的高校,研究结果具有一定的普遍意义。研究发现,教师基本认同应将思辨能力融入英语专业课程,但在具体实施过程中遇到来自学生、环境和教师自身的制约。他们提出开展教师培训、提供相关资源和环境支持的需求。希望本研究结果可以引起外语院系英语专业教育管理者和教师的重视,前者要了解一线教师在英语专业课程中融入思辨能力培养过程中面临的真实困难和需求,对教师给予更多支持,切实帮助教师不断更新英语专业教育理念,优化知识结构,提高其思辨英语教学的理论水平与实践教学能力。另一方面,教师自身应树立终身发展的观念,在有限的条件下发挥主观能动性,尽快适应高校英语专业教学改革和《国标》对教师提出的新要求。本研究仅是在高校英语专业课程改革初期对教师所做的探索性研究。为了更深入地了解英语专业教师在课程中融合语言能力与思辨能力培养的教学实践和遇到的困难,更好地总结新经验、新方法,未来可以通过课堂观摩、深度访谈等方法,对教师个案开展历时、深入的质性研究,或展开课例研究改进课堂教学并同步促进教师发展。

参考文献

［1］ 胡文仲,孙有中.突出学科特点,加强人文教育［J］.外语教学与研究, 2000,(5)：243－247.

［2］ 黄源深.思辨缺席［J］.外语与外语教学,1998,(7)：1,19.

［3］ 教育部.中国英语能力等级量表［M］.北京：高等教育出版社,2018a.

［4］ 教育部.普通高等学校本科专业类教学质量国家标准［M］.北京：高等教育出版社,2018b.

［5］ 教育部.普通高中英语课程标准(2017年版)［M］.北京：人民教育出版社,2018c.

［6］ 李莉文.英语写作中的读者意识与思辨能力培养——基于教学行动研究的探讨［J］.中国外语,2011,(3)：66－73.

［7］ 孙有中.突出思辨能力培养,将英语专业教学改革引向深入［J］.中国外语,2011a,(3)：49－58.

［8］ 孙有中.英语专业写作教学与思辨能力培养座谈［J］.外语教学与研究, 2011b,(4)：603－608.

［9］ 孙有中.总序.大学思辨英语教程［M］.北京：外语教学与研究出版社,2015b.

［10］ 孙有中.外语教育与思辨能力培养［J］.中国外语,2015b,(2)：1,23.

［11］ 孙有中.人文英语教育论［J］.外语教学与研究,2017,(6)：859－870.

［12］ 孙有中,文秋芳,王立非,封一函,顾佩娅,张虹.准确理解《国标》精神,积极促进教师发展——"《国标》指导下的英语类专业教师发展"笔谈［J］.外语界,2016,(6)：9－15,56.

［13］ 王建刚.浅谈外语教师思辨能力现状及培养途径——一项基于访谈的研究［J］.中国教育学刊,2017,(S1)：200－203.

［14］ 文秋芳,王建卿,赵彩然,刘艳萍,王海妹.构建我国外语类大学生思辨能力量具的理论框架［J］.外语界,2009,(1)：37－43.

［15］ 文秋芳,刘艳萍,王海妹,王建卿,赵彩然.我国外语类大学生思辨能力量具的修订与信效度检验研究［J］.外语界,2010a,(4)：19－26,35.

［16］ 文秋芳,孙旻.评述高校外语教学中思辨力培养存在的问题［J］.外语教学理论与实践,2015,(3)：6－12.

［17］ 文秋芳,赵彩然,刘艳萍,王海妹,王建卿.我国外语类大学生思辨能力客观性量具构建的先导研究［J］.外语教学,2016b,(1)：55－58,63.

［18］文秋芳,周燕.评述外语专业学生思维能力的发展［J］.外语学刊,2006,
　　　(5)：76－80.

［19］庄智象,陈刚.我国英语专业教育的问题及对策思考［J］.外语界,2017,
　　　(3)：9－15.

［20］Chen, J. On the characteristics of a critical thinking teacher［J］. *Newsletter
　　　for Critical and Creative Thinking Education*, 2013, (14)：28－30.

［21］Davies, M. & R. Barnett (eds.). *The Palgrave Handbook of Critical
　　　Thinking in Higher Education*［C］. New York：Palgrave Macmillan, 2015.

［22］Dong, Y. Critical thinking education with Chinese characteristics［C］//
　　　M. Davies & R. Barnett. *The Palgrave Handbook of Critical Thinking in
　　　Higher Education*, New York：Palgrave Macmillan, 2015：351－368.

［23］Ennis, R. H. *A Taxonomy of Critical Thinking Dispositions and Abilities*
　　　［C］//J. B. Baron & R. J. Sternberg. *Teaching Thinking Skills: Theory
　　　and Practice*, New York：W. H. Freeman and Company, 1987：9－26.

［24］Harmon, H. *Executive Order No.* 338［M］. Long Beach, CA：The
　　　California State University and Colleges, 1980.

［25］Li, L. Integrating thinking skills in foreign language learning：What can
　　　we learn from teachers' perspectives? ［J］. *Thinking Skills and Creativity*,
　　　2016, (22)：273－288.

［26］Paul, R. W. Dialogical Thinking：Critical Thought Essential to the
　　　Acquisition of Rational Knowledge and Passions［C］//J. B. Baron, & R.
　　　J. Sternberg. *Teaching Thinking Skills: Theory and Practice*. New York：
　　　W. H. Freeman, 1987：127－148.

［27］Strauss, A. & Corbin, J. *Basics of Qualitative Research: Grounded Theory
　　　Procedures and Techniques*［M］. Newbury Park, CA：Sage, 1990.

［28］Wilson, K. Critical reading, critical thinking：Delicate scaffolding in
　　　English for academic purposes (EAP)［J］. *Thinking Skills and Creativity*,
　　　2016, (22)：256－265.

（本文网络首发地址：http://kns. cnki. net/kcms/detail/32. 1001. h.
20190918.1013.004.html）

（作者通讯信息：北京外国语大学
crystalsmile630@126.com）

英汉法制新闻中人称代词的
指称与修辞

张　清　史红丽

1. 引言

　　根据叙事方式上的差异,法制新闻报道大体可以分为两类:一种是旨在记叙案件全程、还原事实全貌的记录式报道。在整篇报道中,文章采用第三方方式进行叙事,从非当事人的视角向读者客观地展现出整个案件发生的始末。这样能够在最大程度上体现出法律客观公正的基本精神。另一种报道是采用夹叙夹议方式,在讲述案件经过的同时适时插入对涉案人员的心理描写,并直接引入他们发表的言论以及提及其他相关人士的评论。这样的报道不仅能告诉读者发生了什么,还能在一定程度上分析出涉案人员作案时的主观动机、落网后的认罪表现以及社会各方对此的反响、反映。因此,第二种方式在报道案件本身之外,还能够有效地宣传案件对于社会的警示、教育意义,担负起法律报道的社会职责。与第一种相比,第二种方式有两条明显的优势:一是引导并激发读者的积极阅读意识,促进读者的思考和反思;二是能够更好地完成作者预设的交际目的并收到良好的社会效应。

　　在以上两类报道中,我们发现人称代词的使用各有特色。法制新闻属于法律语言的一个子类,其他同属于法律语言语篇的还有法律条文、法律判决书、庭审语言等。在后三者中,我们发现人称代词的使用非常罕见。如在判决书中就鲜有人称代词出现,每当回指专名(人名)时,判决书通常用“被告人”“原告”等字样替代专名,一般不会使用“他/她”“他们/他们”等人称代词。这大概是因为判决书本身要求高度的精确性,不允许任何歧义、误读的可能性发生,以避免由此产生的任何混淆,彰显法律的严谨性和威慑力。在一般语篇中则不需要如此谨慎的措辞,在使用人称代词进行回指时,常规语境条件足以使之与专有名词之间建立共指的语义关联,并根据语境需要确立所指单位。在这方面,法制新闻中人称代词的使用更接近于一般语篇。根据上述对法制新闻报道所做的分类,我们发现第一类法制新闻中的人称代词略少些,而在第二类中的人称代词已经非常接近一般语篇的使用情况。

在本文中,我们将考察英汉法制新闻报道中人称代词的使用情况及其在修辞、交际功能等方面的重要作用和意义。

2. 法制新闻中人称代词

在本文中,我们只对比分析第一类和第二类英汉法制新闻报道中的人称代词。由于篇幅所限,暂不考虑其他类型法律语篇中人称代词的情况。由于英汉语人称代词本身的指称体系不同,反映在法制新闻语篇中的英汉人称代词的表现也不尽相同。

2.1 英语法制新闻中的人称代词的分布

本文认为,英语法制新闻中的人称代词在分布上明显不同于一般语篇。这里所说的分布主要是指是否使用代词、使用多少个代词等问题。在第一种类型的报道中,这种差异非常明显,究其原因主要是受到两方面的制约。一是法律文体本身的制约。严谨性、精确性是法律语言的首要标准,法制新闻报道自然也要遵循这一规律,在代词使用上尽可能做到严谨。因此,借用法律词汇取代原有的代词,能有效提高这种严谨性。二是代词与语篇、交际目的之间呈现出相互作用的互动关系,语篇、交际目的制约着代词的使用,而代词的指称特征也影响它在语篇中的分布和使用频率。在下文中,我们将分析具体实例,以期描写、解释代词在法律语篇中的使用规律和特征。

本文分别从英、美、澳官媒网站随机抽取六篇较有代表性的法律报道做定性分析。其中有三篇属于第一类型报道,另外三篇属于第二类型报道。第一至第三篇报道为第一类型,第四至第六篇报道为第二类型,详见附件一至六。我们区分第一类型报道(1—3)和第二类型报道(4—6)的主要标准就是判断在报道中是否使用了直接引语,未使用的归为第一类,使用的归为第二类。

第一类中第一篇取自 BBC 官网,共计 211 个词,其中代词有12 个,占全篇4.7%。第二篇取自 Yahoo 官网,共计 450 个词,其中代词13 个,占全篇2.9%。第三篇取自 ABC 官网,共计208 个词,其中代词17 个,占全篇的8.1%。三篇中代词所占的平均比为4.8%。详见附录表1。从表1中,我们还可以看出三篇报道中,第一、二人称代词的使用频次为零,所有代词的用例皆为第三人称代词。这一点我们可以暂时归结为,第一、第二人称多出现在面对面对话中或是直接引语中,而第三人称更适用于转述和间接引语中。

以下为第一①、第二②、第三篇③法制新闻报道中人称代词的使用频次表。(见表1)

表1

新闻报道 人称代词			报道一 (英媒)	报道二 (美媒)	报道三 (澳媒)	总数	人称类型
单数	主格	I	1	0	0	0	第一人称
		You	0	0	0	0	第二人称
		He	3	6	5	15	第三人称

① 第一篇 2018 - 8 - 15 获取, bbc, http://www.bbc.com/news/world-asia-china-43921567#
② 第二篇 2018 - 8 - 15 获取, yahoo, https://www.yahoo.com/news/ex-cop-charged-golden-state-killer-case-due-100327690.html
③ 第三篇 2018 - 8 - 15 获取, abc, http://www.abc.net.au/news/2018-04-27/man-jailed-for-imprisoning-woman-in-six-day-ordeal/9705074

续　表

新闻报道 人称代词			报道一 （英媒）	报道二 （美媒）	报道三 （澳媒）	总数	人称类型
单数	主格	She	1	0	1	1	第三人称
		It	3	0	0	0	第三人称
	宾格	me	0	0	0	0	第一人称
		You	0	0	0	0	第二人称
		him	0	3	0	3	第三人称
		her	0	0	4	4	第三人称
	所有格	My	0	0	0	0	第一人称
		your	0	0	0	0	第二人称
		his	0	3	3	7	第三人称
		her	0	0	4	4	第三人称
		its	0	0	0	0	第三人称
复数	主格	We	0	0	0	0	第一人称
		You	0	0	0	0	第二人称
		They	1	0	0	3	第三人称
	宾格	us	0	0	0	0	第一人称
		them	2	0	0	1	第三人称
	所有格	our	1	0	0	0	第一人称
		your	0	0	0	0	第二人称
		their	0	1	0	2	第三人称

续　表

新闻报道　人称代词	报道一（英媒）	报道二（美媒）	报道三（澳媒）	总数	人称类型
总数	12	13	17	42	
代词/全文	12/211 = 4.7%	13/450 = 2.9%	17/208 = 8.1%	42/869 = 4.8%	代词/全文
第一人称代词/代词总数	2/12 = 1.7%	0/13 = 0%	0/17 = 0%	2/42 = 4.8%	2/869 = 0.2%
第二人称代词/代词总数	0/12 = 0%	0/13 = 0%	0/17 = 0%	0/42 = 0%	0/869 = 0%
第三人称代词/代词总数	10/12 = 83%	13/13 = 100%	17/17 = 100%	40/42 = 95%	40/869 = 4.6%

　　在第二类中,报道四仍取自 BBC 官网,全篇共计 276 个词,其中代词 12 个,占全篇字数的 4.3%;报道五取自 CNN 官网,共计 298 个词,代词 23 个,占 7.7%;报道六取自 ABC 官网,共计 367 个词,代词 20 个,占全篇总字数的 5.4%。

　　以下为第四①、五②、六篇③法制新闻报道中人称代词的使用频次。(见表 2)

---

① 第四篇 2018 - 8 - 15 获取, bbc, http://www.bbc.com/news/uk-northern-ireland-43933800
② 第五篇 2018 - 8 - 15 获取, bbc, https://edition.cnn.com/2018/04/28/us/waffle-house-victim-gospel-songs-trnd/index.html
③ 第六篇 2018 - 8 - 15 获取, yahoo, https://www.yahoo.com/news/ex-cop-charged-golden-state-killer-case-due-100327690.html

表 2

	新闻报道 人称代词		报道四 （英媒）	报道五 （美媒）	报道六 （澳媒）	总数	人称类型
单数	主格	I	1	4	2	8	第一人称
		You	0	1	4	5	第二人称
		He	3	0	8	11	第三人称
		She	1	2	0	3	第三人称
		It	3	0	1	4	第三人称
	宾格	me	0	1	0	1	第一人称
		You	0	3	0	3	第二人称
		him	0	1	3	4	第三人称
		her	0	2	0	2	第三人称
	所有格	My	0	0	0	0	第一人称
		your	0	0	0	0	第二人称
		his	0	1	1	2	第三人称
		her	0	2	0	2	第三人称
		its	0	0	0	0	第三人称
复数	主格	We	0	1	0	1	第一人称
		You	0	0	0	0	第二人称
		They	1	2	1	4	第三人称
	宾格	us	0	0	0	0	第一人称
		them	2	0	0	2	第三人称

新闻报道 人称代词		报道四 （英媒）	报道五 （美媒）	报道六 （澳媒）	总数	人称类型
复数	所有格 our	1	0	0	1	第一人称
	所有格 your	0	2	1	3	第二人称
	所有格 their	0	0	3	3	第三人称
总数		12	23	20	55	
人称代词/全文		4.3%	7.7%	5.4%	5.8%	
第一人称代词/ 代词总数		2/12＝ 17%	6/23＝ 26%	2/20＝ 10%	10/55＝ 18%	10/941＝ 1.0%
第二人称代词/ 代词总数		0/12＝0%	6/23＝ 26%	5/20＝ 25%	11/55＝ 20%	11/941＝ 1.2%
第三人称代词/ 代词总数		10/12＝ 83%	11/23＝ 48%	13/20＝ 65%	34/55＝ 62%	34/941＝ 3.6%

结果与分析：表1的数据显示人称代词在三篇报道中的平均使用频次为4.8%,其中,第一人称、第二人称代词占0.2%,第三人称代词占4.6%;根据表2的数据,人称代词在三篇报道中的平均使用频次为5.8%,其中,第一人称、第二人称代词占2.2%,第三人称占3.6%。根据表1和表2的结果,我们得到两条比较明显的特征:一是第二类型报道中代词的总量略高于第一类型报道;二是两类型报道中第三人称代词的数量都高于第一、二人称代词的数量,其中第一类型和第二类型报道中第三人称代词分别占据总数的95%和62%。经分析,我们认为特征一是由于报道类型不同所致。由于第二类型中包含大量直接引语,导致代词使用大幅增长;而特征二也与报道类型有关。由于第一类型报道基本上是转述事件内容,没有使用任何直接引语,因此只能借用第三人称来进行必要的

指称。而在第二类型报道中，由于大量地使用直接引语导致第一、二人称代词数量增加，因此同时导致第三人称代词使用减少。从这一点上，我们认为第二类型报道在代词使用上更接近一般新闻报道，符合我们的预期。当然，由于采样较少，以上所得数据只能算作是初步结论，更具有普遍意义的结论还需要大数据库的支持。

2.2　汉语法制新闻报道中人称代词的分布

我们采用与上文相同的方法对汉语法制新闻语料进行分析。我们分别从四个以汉语为母语的国家或地区各抽取一篇法律新闻报道。为了和上文中分析的样本保持一致，我们仍抽取案件新闻报道，暂不考虑其他报道类型，如案件分析、案件背景介绍等。另外，在这四篇报道中，两篇（第七、八篇）不含直接引语，应归属第一类型报道；另外两篇（第九、十篇）含直接引语，应归属第二类型报道。

归属第一类型的报道七取自国内官方媒体之一的新华网新华法制栏目下面的一篇报道，全文共计 462 字，人称代词只有 2 个，占总字数的 0.4%；报道八取自国内大型网络媒体之一的搜狐网搜狐警法栏目下面的一则报道，全文共计 727 字，人称代词有 15 个，占总字数的 2%；报道九取自香港主要媒体之一的大公网，全文共计 754 字，人称代词有 2 个，占总字数的 0.26%；报道十取自最早的港媒之一——星岛环球网站的一则报道，全文共计 878 字，人称代词有 13 个，占总字数的 1.5%。

以下为第七①、第八②、第九③、第十篇④汉语法制新闻报道中人称代词的使用频次。（见表 3）

---

① 第七篇 2018 - 8 - 15 获取，abc，http://www.xinhuanet.com/legal/2018-04/29/c_1122763384.htm
② 第八篇 2018 - 8 - 15 获取，sohu，http://police.news.sohu.com/20160905/n467691022.shtml
③ 第九篇 2018 - 8 - 15 获取，大公网，http://www.takungpao.com.hk/hongkong/text/2018/0429/162185.html
④ 第十篇 2018 - 8 - 15 获取，星岛环球网，http://news.stnn.cc/shwx/2018/0429/543460.shtml

表 3

		新闻报道 \ 人称代词	第一类型 报道七 （新华网）	第二类型 报道八 （sohu 网）	第一类型 报道九 （大公网）	第二类型 报道十 （星岛环球网）	总数	代词类型
单数	主格/宾格	我	0	11	0	2	13	第一人称
		你	0	0	0	2	2	第二人称
		他	0	2	2	6	10	第三人称
		她	0	0	0	0	0	第三人称
		它	1	0	0	0	0	第三人称
	所有格	我的	0	0	0	0	0	第三人称
		你的	0	0	0	0	0	第三人称
		他/她/它的	0	0	0	1	1	第三人称
	反身代词	其	1	1	0	0	2	第三人称
		自己	0	1	0	2	3	第三人称
复数	主格/宾格	我们	0	0	0	0	0	第一人称
		你们	0	0	0	0	0	第二人称
		他们	0	0	0	0	0	第三人称
		她们	0	0	0	0	0	第三人称
		它们	0	0	0	0	0	第三人称

续　表

新闻报道＼人称代词			第一类型	第二类型	第一类型	第二类型	总数	代词类型
			报道七（新华网）	报道八（sohu 网）	报道九（大公网）	报道十（星岛环球网）		
复数	所有格	我们的	0	0	0	0	0	第一人称
		你们的	0	0	0	0	0	第二人称
		他们/她们/它们的	0	0	0	0	0	第三人称
人称总数			2	15	2	13	32	占总额比
第一人称代词/代词			0	11	0	2	13	41%
第二人称代词			0	0	0	2	2	6%
第三人称代词			2	4	2	9	17	53%

　　结果与分析：在这四篇汉语法制新闻报道中,我们发现其中人称代词的使用与英语法制新闻报道遵循基本一致的规律,即第一类型报道(报道七、九)中人称代词的数量略低于第二类型(报道八、十),并且除了报道八以外,其他三篇都符合第三人称的使用频次高于第一、二人称的规律。报道八之所以特殊,是因为文本中有一段关于犯罪人本人的自述,因此大量使用了第一人称,从而造成了第一人称多于第三人称的特例,但尚不足以据此推翻第二条规律:两类型报道中,第三人称代词的用例通常多于第一、二人称的用例。除了基本遵循上文所述的规律一和规律二之外,在就英汉文本进行比对时,我们还发现汉语人称代词的用例总体上略低

于英语人称代词的用例。在这方面,可能至少存在两方面的原因:一是由于英汉人称代词系统本身的工作环境不同造成的,两者的代词系统并不能完全等同。例如在英文中,第三人称单数"it"可以指称动物的它,也可以指称事件或天气等方面的事情。反观汉语中的"它"就只能指称动物的它,并不能用"它"指称事件或天气。人称代词本身指称性质的不同自然影响到其适用环境。第二个原因可能是由于英汉语言之间的差异造成的。汉语是主语脱落型语言,主语可以是语音零形式,在这样的语言里,作主语起到回指作用的代词往往可以省略不用,这也许是上文汉语法律语篇中人称代词的总量少于英语语篇的又一原因吧。

从上述三组数据可以看出,人称代词在英汉法制新闻报道中呈现出与一般语篇中不一样的分布规律。我们认为之所以有这样的差异,大抵是由于受到法律语言文体特征、法律交际目的两方面的限制。法律文体是文体学中的一个子类,与其他类型如文学文体、新闻文体都同属于文体这个大范畴。法制新闻报道则是兼具法律文体和新闻文体两种特征,两者深度混合之后形成具有法律文体特点的新闻报道。另外一个原因是交际内容、交际方式都要受到交际目的制约并服务于交际目的。廖美珍[1]提出,目的原则比合作原则和礼貌原则能够更好地解释会话互动以及以法律为背景的会话互动活动。法制新闻报道受到目的原则的驱使,其报道的内容和形式都应该是最优化地服务于该报道所设定的法律目的,取得最大程度上的社会效应。因此,我们至少可以初步判断,人称代词在英汉法制新闻报道中的分布要受到目的原则的制约。

2.3　英汉人称代词的指称特征

据上述分析,人称代词在分布上受到目的原则的制约,不仅在法律文本中如此,在其他语篇中也是如此。但是,目的原则是一个

---

① 廖美珍 2004,目的原则与法庭互动话语合作问题研究[J],《外语学刊》No 5: p.43。

普遍性原则,它虽然能够部分地解释人称代词在法律语境中的使用特征,却不能完全解释人称代词的作用规律。这是说人称代词本身固有的指称特征并不受到目的原则的约制。人称代词的指称性主要有以下几个特征:

在功能上,人称代词主要是用于回指。人称代词本身不具备语义,也没有具体的指称单位,它的语义和指称都依赖于先行词。先行词是指先于代词出现的定指或非定指名词,一般是指在语篇中或者会话中首次出现的人物,如例1、例2所示:

　　1. John is seven years old. He is a schoolboy.

在例1中,John 是定指名词,作先行词;he 是第三人称单数,回指 John。

　　2. I ate an apple. It is delicious.

在例2中,an apple 是非定指名词,作先行词;it 是第三人称单数,回指 an apple。

与以上英语例句相同,汉语中的人称代词以同样方式回指先行词。

在本质上,人称代词属于功能性词汇,与属于实义词汇的名词不同。两者最重要的区别是:名词能够直接指称现实世界中的人物,而代词则不能。在英文中,名词写作 nominal,代词为 pronominal,仅从其名字上就可以看出两者的区别和联系。代词即代名词。代词需要通过回指作为先行词的名词才能间接地指称现实中的人物。代词是不确指,它被先行词约束,它的指称属性随着先行词的变化而变化,很多学者也把代词看作是一个变量。

在类别上,人称代词是一个语境单位。由于代词的指称特点,代词并不直接作用于单独的句子,而是作用于两个或两个以上句子的语言单位。通常有回指关系的句子一般是两个相邻的句子,如例1、例2所示。但在语境允许的情况下,代词可以回指间隔较远的句子而不会引起语义混淆。不仅如此,同一个代词还可以多次回指同一人物,甚至同一个代词还可以回指不同的人物,这个时候,我们往往依赖语境来合理解释代词的语义指向。

综上所述,我们认为人称代词的指称性质不受语境、交际目的的干扰,但是代词的使用效果和解读在很大程度上依赖语境并受到目的原则的制约。

3. 法制新闻中的能动修辞和人称代词

英汉法制新闻中的修辞是能动的修辞和积极的修辞。法律在人类社会中起到强制性规范人类行为的作用,任何不遵守法律、破坏法律的行为都将受到处罚、惩罚。树立法律的威严、培养法律意识是公民遵纪守法的首要条件。法律文体正是彰显了法律威严神圣的特征。牛洁珍、王素英[①]认为"法律英语具有复杂性、准确性、庄重性等独特的语域文体特征"。法律文本,包括法制新闻报道在内,都无一例外地凸显了这一特征。法制新闻报道中的法律特征就是能动修辞积极作用的结果。传统研究一般认为这种能动修辞主要体现在词汇和句法两个层面;而我们则进一步指出,这种修辞关系实际上延伸到句间关系。句间关系在传统上又习惯性被称为语篇衔接。人称代词的生存环境恰恰是居于句与句之间,起到语篇衔接的作用。

廖美珍[②]认同语篇衔接可以由词汇实现,也可以由句法实现。在词汇层面上有指称、替代、省略、连接、词汇衔接五种方法;在句法层面上表现为结构衔接,如平行对称结构主位、述位、已知、未知信息结构等[③]。人称代词具有指称性质,是语篇衔接在词汇层面上

---

① 牛洁珍,王素英 2010,法律英语的问题特征与翻译策略[J],《河北法学》No 3:p.148。

② 廖美珍 2005,目的原则与语篇连贯分析[J],《外语教学与研究》No 5:p.351。

③ 廖美珍 2005,转引自 Halliday & Hasan 1976,见目的原则与语篇连贯分析[J],《外语教学与研究》No 5:p.351。

的实现手段之一。由此可见，人称代词的指称和解读多在句法之上的语篇中进行。当然，人称代词也有在句内实现的用例，比如，反身代词、物主代词都可以和先行词在同一句子范围内进行指称。

在上文中，我们发现人称代词的分布受到法律文体和法律目的的约制，并注意到虽然人称代词的指称性不受语境和语用目的的影响，但是其指称效果和解读却会被影响。在以下部分，我们将论述人称代词是能动修辞的一部分，人称代词的使用受到目的原则的制约，它和能动修辞一道积极服务于法律语用目的。

3.1　人称代词的惰性特征与法律能动修辞

人称代词具有指称功能。除此之外，人称代词还是一种省略形式。通过回指之前的先行词，交际者不需要一直重复之前的名词就可以传达同样的语义，并完成交际目的。这一点符合语言的"经济原则"。人称代词虽然可以回指先行词，但是在语境的作用下，其回指的先行词却可以发生转移，造成人称代词使用上的多样性和复杂性。

人称代词具有惰性特征，它在语法上属于封闭性词汇类型，代词的数量和指称性一成不变，似乎与能动修辞相去甚远。然而，就其使用的活跃度而言，人称代词几乎可以位列前茅。在一般语篇中，代词几乎随处可见，甚至在以严谨著称的法律条例和判决书中也无可避免地使用代词。当然，这里的代词都通常用于泛指，并不指称具体人物，如例 3 为法律条款：

> 3. If a person acts as manager or provides services in order to protect another person's interests when he is not legally or contractually obliged to do so, he shall be entitled to claim from the beneficiary the expenses necessary for such assistance.　　（例句 3 引自 张瑞嵘①）

---

① 张瑞嵘 2013，法律英语中的模糊语言及其翻译策略研究［J］，《理论月刊》No 12：p.107。

　　在例 3 中, 代词 he 回指先行词 a person, 但是由于此处 a person 并不指称具体的人, 而是指称任何人, 因此, he 为泛指。

　　人称代词在语篇中的活跃度也反映在修辞方面。能动修辞要求从动态视角考察语境中各方面的互动关系。它强调修辞是一个能动的动态过程, 修辞是与语境各方面要素互动合作的结果, 修辞的程度和方法都服务于交际目的。法律语篇的交际目的通常是普法和警示公众, 在以此为目的的原则牵引下, 修辞是帮助语篇实现这一目的的最为有效的手段之一。修辞不是静态的, 它的能动特征反映在以下几个方面: 词汇修辞、句法修辞和语篇修辞。在法律语篇中, 能动的词汇修辞是指选择与读者互动性强的法律词汇, 也可以包括让读者感觉强烈的法律词汇。能动的词汇修辞不仅要求使用与法律相关的法律术语, 而且更注重词汇的"语力"。句法修辞是指法制新闻抛弃了以冗长著称的法律句子结构, 转而采用简洁易懂的新闻报道体句子, 目的在于覆盖更多的受众, 更好地完成其宣传目的。能动的语篇修辞是指句与句之间的连接, 表现在指称上更加明晰, 新信息更加突出。

　　能动修辞的最大特征是考虑到信息传达的"言之果", 即考虑法制报道受众群体的感受和反应。在当今社会, 信息科技高度发达, 信息量巨大, 晦涩难懂、读者不友好型信息很容易被湮没。在这样的时代背景下, 能动修辞大大提高了法制报道宣传的力度和效果, 具有积极的意义。

3.2　英语法制新闻中人称代词的能动修辞

　　在英语法制新闻中, 人称代词是能动修辞的一部分, 积极推动交际目的的完成。首先, 人称代词通常出现在以下这几个位置(见例 4 至例 7)。人称代词依赖语义上的指称关系将独立的句子联系起来, 从而构建出语篇单位。这种语义关联关系是通过个别词与词之间的对应关系实现的, 在句法上并没有显性表现, 至少在英语中如此。目前学界就如何判断代词是否与某个先行词之间有关

联尚无明确标准,传统上一般是通过距离判断。先行词往往存在于与代词最近的前句中,如例4,

> 4. DeAngelo was a police officer in two small California communities — Exeter and Auburn — during the 1970s. He was fired from the Auburn force in 1979 after being accused of shoplifting.
>
> （例4引自本文语料报道二,见附件2）

例4中,代词he回指上句的主语DeAngelo,完成指称任务。试比较例5,

> 5. Judge Cotterell sentenced Guy to two years in jail, but he will only spend a further three months in prison because of the time he has already spent in custody. He will then be released on a three-year community corrections order.（例5引自本文语料,报道三,见附件3）

例5中,三个代词he不仅能够共同回指宾语从句主语Guy,而且能够避开回指主句主语Judge Cotterell。此处,似乎仍能用距离进行解释,Guy比Judge Cotterell离代词he更近,并且Guy与代词he之间没有别的名词。

根据例4和例5,我们似乎暂时可以得出这样的结论:如果代词与先行词之间没有别的名词存在,代词与先行词之间有指称关系。但如果把先行词与代词的线性顺序颠倒之后,它们之间的指称关系就不存在了,如例6:

> 6. She asked if Mary could help her.

例6中,代词she不能指称Mary,her也不能指称Mary。据此,我们修改上面的结论为:如果代词与前句的先行词之前没有其他名词存在,代词与先行词有指称关系。其次,作从句主语的代词he可以回指主句主语,如例7:

> 7. DeAngelo, wearing orange jail garb and shackled to a wheelchair, spoke only a few words to acknowledge that he

understood the charges and that he was being represented by a public
defender.

（例 7 引自本文语料，报道二，见附录二）

例 7 中，两个并列宾语从句中的主语代词 he 可以共同回指主句主语。

从例 4、5、7 可以看出，代词在句法中的位置是相对固定的，否则会出现无效指称如例 6。因此，只有在不违反代词本身作用规律的前提下，能动修辞才能够借用一定的修辞方法提高代词的能动性。比如，代词可以重复使用多次回指同一个先行词，如例 5 中的代词 he。这种类似于重复的用法有两个截然相反的功能：一方面从新旧信息角度看，代词是旧信息，不是交际重点或交际目的，代词的作用只是为了延续原有信息，是新旧信息交替过程中的过渡工具。但是另一方面，正因为代词原则上可以做无限次重复，而重复本身又是一种常见的修辞手段，不断重复可以有强调突出信息的功能。如此，这种重复会将代词再次激活，有时候甚至会取代新信息成为交际焦点。可见，人称代词并不像传统上认为的那样只被动地发挥作用，如果施以恰当的修辞手段，人称代词的能动性完全可以和别的此类媲美。

另外，代词是独立的句子之间、复杂句中主句与从句之间进行连接、关联的重要媒介。在代词重复使用时，很容易形成句型结构上的并列。如例 7 所示，并列句、排比句都是重要的句法修辞手段，可以起到强调、对照的修辞效果。这一点可以说是代词的隐性能动修辞功能。

最后，正是由于代词的恰当使用，法制新闻才能兼顾法律的严谨精确以及新闻的即时性和真实性的特质。其他过于浮夸的修辞手段，如夸张、贬低、隐喻等，并不适用于法制新闻报道。既保证事实原貌的传递，又能维护法的庄严和神圣，代词的能动修辞功能无疑发挥不小的作用。

3.3 汉语法制报道中人称代词的能动修辞

汉语人称代词在几个方面都不同于英语人称代词。首先,英语代词"it"与汉语中的"它"并没有完全对应关系,如例8:

> 8. For these reasons, the jury instructions here were flawed in important respects. The judgment of the Court of Appeals is reversed, and the case is remanded for further proceedings consistent with this opinions. It is so ordered.　　　　(例句8引自张清,宫明玉①)

例8中,代词it回指前句中所指的事件,而不是具体的人物。若将例8翻译为汉语,"it"一般不能直译为"它",而是要借用汉语中的"这""那"等的指示代词来表示。

其次,汉语人称代词在形态学上要比英语代词复杂。从历时角度看,现代汉语、古代汉语各有一套指称体系,两者并不等同;从区域分布上看,各地方言都有各自的体系,与汉语普通话中的指称体系也不一致。即使只专注普通话中的指称体系,与英文代词也不相同。比较明显的差异在于汉语人称代词有敬语形式,英语中则没有,如"你"有敬语形式"您";还有谦称语等。不过,由于法制报道属于特定文体,敬语和谦语并不常见,更多的只是"你我他"这样的常规代词。如例9:

> 9. 有男职员介绍,其中一款售价3 000元有座位,车速可达40公里,强调「上斜好力,可负重200磅」,不过他表明:「哟车在街踩犯法!」但又指在私家路使用就无人理,着记者自行判断。
>
> 　　　　(例9取自本文语料,报道九,见附录九)

例9中,代词"他"回指前句中的先行词"男职员"。代词"他"的位置以及其与先行词的关系都与英语代词he无异。试比较例10:

---

① 张清,宫明玉 2013,中美刑事判决书情态对比研究[J],《山西大学学报》No 1:p.86。

10. 经查,赵某某于 1995 年至 1996 年间,其伙同他人多次实施盗窃,被盗物品价值共计 17 107.87 元。同案的二人于 1997 年分别被判处无期徒刑及有期徒刑十二年,而他却踏上了长达 20 年的逃亡之路。

（例 10 取自本文语料,报道八,见附录八）

例 10 中,代词"他"回指前句中的先行词赵某某。但值得注意的是代词"他"与先行词之间存在一个名词,但由于该名词是复数"二人",故被排除是单数代词"他"的先行词的可能性。此外,在前句中已经有一个代词"其",可以看作是"他"的变体,如此,例 10 中,实际上有两个代词"他"共同回指先行词"赵某某"。这与英语代词也没有差异。再比较例 11：

11. 4 月 27 日,8L9720 三亚至绵阳航班到达绵阳机场后,在下客过程中,一名陈姓男子觉得机舱闷热,顺手打开了飞机左侧应急舱门,导致飞机悬梯滑出受损,其行为已违反相关法律法规,目前该男子已被绵阳机场公安分局依法行政拘留 15 天,航空公司正在研究对该旅客追讨赔偿的相关事宜。

（例 11 取自本文语料,报道七,见附录七）

例 11 中,代词"其"应理解为"他的",是物主代词,回指前句中的先行词"该陈姓男子"。这里值得注意的是谓语动词"顺手"的主语本来是"他",但是却被省略了。这一点与英语不同,因为汉语是主语脱落型语言,故而可以有此省略。这样,例 11 中,只有一个语音零形式的"他"（其位置在动词顺手前面）,隐形回指先行词"陈姓男子"。

从以上例句 9—10 可以看出,汉语常规代词"你""我""他"在指称表现上与英语并无太大区别,进一步证明代词在语篇中能动发挥作用。但是,例 8 表明汉语代词"它"和英语代词"it"不等同；另外,例 11 表明汉语代词"他"可以以语音零形式回指先行词,而英语则不行。

除去词汇层面上的异同,汉语代词多次重复之后,却不能像英语一样在句法结构形成并列、排比关系，如例12：

> 12. 当年，因为害怕，逃跑的时候身份证、户口本什么都没带，久而久之<u>我</u>就成了一个'黑人'，这20年<u>我</u>一直都在比较偏僻的乡镇给人家放羊，给养鸡场喂鸡，给矿山上看场子，除了两次病得严重被人带到县城买了两次药，几乎没有再进过城。今年3月份，养鸡场的一个工人说，像<u>我</u>这样的人，国家现在有好多好政策呢，<u>我</u>这么大年纪了，就不用这么辛苦讨饭吃了。但是<u>我</u>没有身份证和户口了，所以这次<u>我</u>决定到公安机关自首，承认<u>我</u>以前干的坏事，希望能恢复<u>我</u>的身份，让<u>我</u>将来不至于死了都没个去处。
>
> （例12取自本文语料，报道八，附录八）

例12是犯罪人的一段自述，因而反复使用第一人称代词"我"，但是并没有形成英语中那样整齐的排比句，这可能与英汉句型结构差异较大有关。当然，这也可能与本段内容的自述者文化程度不高、使用口语体有关。尽管如此，我们认为代词"我"的多次重复仍然足以起到强调的修辞作用。因此，我们认为汉语代词在句法层面上也具有与英语代词同样的隐形能动修辞功能。

4. 结语

本文较详细地梳理和对比了英汉法制新闻中人称代词的分布及其修辞意义。相同点在于：无论是英语还是汉语客观叙述类型的法制新闻中，使用第三人称代词都占绝对高比例。经分析，这与文本叙事的典型特点有关，因为法制新闻报道实际上是对某个事件的转述，一般不会是当事人自述，所以使用第三人称居多；其二是英汉法制新闻中，半对话体叙事类型都出现第一二人称使用都明显增多的情况，这大概与半对话体叙事的对话属性要求发话人使用第一人称进行自述有关。而第三人称代词不具备这种自述交际功能，因此第三人称用例相对减少。不同点在于，英汉代词指称功能并不完全对应，差异比较大的如英语中的"it"可以指称婴儿、事件等，但汉语中与之对应的"它"则不能。由此，这些区别对代词使用造成了一定限制。约束代词使用的还有法律修辞。法律修辞由于其特殊的语用目的驱使,也会在不同程度上或推进或制约人称代词的使用。

参考文献

[1] 廖美珍.目的原则与法庭互动话语合作问题研究[J].外语学刊,(5): 43 - 52.

[2] 廖美珍.目的原则与语篇连贯分析[J].外语教学与研究,2005,(5): 351 - 357.

[3] 吕叔湘.近代汉语指代词[M].北京: 商务出版社,2017.

[4] 牛洁珍,王素英.法律英语的问题特征与翻译策略[J].河北法学,2010, (3): 148 - 150.

[5] 张清,宫明玉.中美刑事判决书情态对比研究[J].山西大学学报,2013, (1): 82 - 87.

[6] 张瑞嵘.法律英语中的模糊语言及其翻译策略研究[J].理论月刊, 2013,(12): 105 - 108.

[7] Evans, G. *Pronouns*[J]. Linguistic Inquiry, 1980, (2): 337 - 362.

[8] Heim, I. *The semantics of Definite and Indefinite Noun Phrases*[D]. *New York & London: Garland Publishing Inc.*, 1988.

附录

附录一 2018 - 8 - 15 获取, bbc, http://www.bbc.com/news/world-asia-china-43921567#

附录二 2018 - 8 - 15 获取, yahoo, https://www.yahoo.com/news/ex-cop-charged-golden-state-killer-case-due-100327690.html

附录三 2018 - 8 - 15 获取, abc, http://www.abc.net.au/news/2018-04-27/man-jailed-for-imprisoning-woman-in-six-day-ordeal/9705074

附录四 2018 - 8 - 15 获取, bbc, http://www.bbc.com/news/uk-northern-ireland-43933800

附录五 2018 - 8 - 15 获取, bbc, https://edition.cnn.com/2018/04/28/us/waffle-house-victim-gospel-songs-trnd/index.html

附录六 2018 - 8 - 15 获取, yahoo, https://www.yahoo.com/news/ex-cop-charged-golden-state-killer-case-due-100327690. html cnn http：//www. abc. net. au/news/2018-04-27/canberra-police-assault-afp-act-policing/9703830

　　附录七 2018－8－15 获取, abc, http：//www. xinhuanet. com/legal/2018-04/29/c_1122763384.html

　　附录八 2018－8－15 获取, sohu, http：//police. news. sohu. com/20160905/n467691022.shtml

　　附录九 2018－8－15 获取, 大公网, http：//www.takungpao.com.hk/hongkong/text/2018/0429/162185.html

　　附录十 2018－8－15 获取, 星岛环球网, http：//news. stnn. cc/shwx/2018/0429/543460.shtml

（作者通讯信息：中国政法大学, 北京外国语大学

张清：qingzh@cupl.edu.cn

史红丽：hongli3622@163）